Direito, Inclusão e Responsabilidade social

MARA VIDIGAL DARCANCHY
Coordenadora

DIREITO, INCLUSÃO E RESPONSABILIDADE SOCIAL

Estudos em homenagem a
Carlos Aurélio Mota de Souza
e Viviane Coêlho de Séllos Knoerr

EDITORA LTDA.

© Todos os direitos reservados

Rua Jaguaribe, 571
CEP 01224-001
São Paulo, SP — Brasil
Fone (11) 2167-1101
www.ltr.com.br

Produção Gráfica e Editoração Eletrônica: GRAPHIEN DIAGRAMAÇÃO E ARTE
Projeto de Capa: FABIO GIGLIO
Impressão: HR GRÁFICA E EDITORA

LTr 4686.0
Abril, 2013

Dados Internacionais de Catalogação na Publicação (CIP)
(Câmara Brasileira do Livro, SP, Brasil)

Direito, inclusão e responsabilidade social : estudos em homenagem a Carlos Aurélio Mota de Souza e Viviane Coêlho de Séllos Knoerr / Mara Vidigal Darcanchy, coordenadora. — São Paulo : LTr, 2013.

Bibliografia.
ISBN 978-85-361-2246-5

1. Dignidade humana 2. Direitos fundamentais 3. Direitos humanos 4. Direitos sociais 5. Empresas — Responsabilidade social 6. Função social 7. Inclusão social 8. Knoerr, Viviane Coêlho de Séllos 9. Responsabilidade social 10. Souza, Carlos Aurélio Mota de I. Darcanchy, Mara Vidigal.

13-03383 　　　　　　　　　　　　　　　　　　　　　　　　　　　　　CDU-342.7

Índices para catálogo sistemático:

1. Direito, inclusão e responsabilidade social :
　　　Direito　　　342.7

DEDICATÓRIA

Pouquíssimas vezes em nossas vidas recebemos a Graça Divina de encontrar pessoas a quem possamos chamar de verdadeiros amigos, seres humanos que mereçam nossa deferência, que nos compreendam e aceitem como somos, mas, nos ensinem a cada momento, nos acompanhem na prosperidade, mas, sobretudo, continuem presentes na adversidade, nos dando a certeza de que nunca estamos sós.

Uma dessas ocasiões foi quando conheci a minha querida Vivi, e lá se vão quase duas décadas! Quando a encontrei na sala dos professores de uma instituição de ensino superior onde lecionávamos e lhe perguntei se era aluna... e desde então, eu é que me tornei sua aluna, não de matérias acadêmicas, mas de lições de vida, que perpassam a razão, com uma paciência infindável, que me fez voltar a crer na humanidade...

E outra década também em breve já se completa desde que tive a grata satisfação de receber como colega de trabalho o meu grande amigo, Carlos Aurélio, outro ser iluminado, cujas atitudes dignas, leais e vindas de um cérebro privilegiado e de um coração generoso são exemplos de que os bens mais caros dessa vida realmente não têm preço...

Ambos têm a ética, a sabedoria e a humildade, atributos próprios dos juristas.

Contudo, por maior ainda que meu vocabulário fosse, por maior eloquência, empenho e criatividade que eu pudesse depositar nessas linhas, certamente jamais encontraria palavras suficientes para agradecer por todo o bem que esses dois amigos fizeram e fazem a mim e a todos que têm a sorte de conhecê-los.

Dessa forma, este livro foi pensado sob a égide da amizade, precioso bem acerca do qual existe o acordo unânime da sua importância e raridade. Ele contém a demonstração do carinho e da admiração que são dedicados por amigos, colegas, ex-alunos e por mim a Carlos Aurélio Mota de Souza e Viviane Coêlho de Séllos Knoerr, aos quais rendemos essa sincera e merecida homenagem.

São Paulo, verão de 2013.

Mara Darcanchy

HOMENAGEADOS

CARLOS AURÉLIO MOTA DE SOUZA

Formação Acadêmica

- Livre-docente pela Faculdade de Direito da UNESP/Franca-SP;
- Doutor em Direito pela Faculdade de Direito da USP;
- Mestre em Direito pela Universidade de São Paulo — USP;
- Graduado em Direito pela UniToledo e em Geografia e História pela USP.

Áreas de Atuação

- Teoria Geral do Direito;
- Dignidade humana;
- Ética;
- Sociedade;
- Direitos humanos;
- Direito — filosofia.

Experiência Profissional

- Juiz aposentado;
- Professor titular de Direito do Trabalho da Faculdade de Direito da USP (Fadusp);
- Membro do Tribunal de Ética da OAB-SP;
- Membro do Instituto Jacques Maritain do Brasil;
- Consultor jurídico e acadêmico;
- Administrador do Portal Jurídico ACADEMUS;
- Autor e coordenador de obras jurídicas.

VIVIANE COÊLHO DE SÉLLOS KNOERR

Formação acadêmica

- Doutora em Direito do Estado — Direito Constitucional pela PUC/SP;
- Mestre em Direito das Relações Sociais — Direitos Difusos e Coletivos, com ênfase em Direito das Relações de Consumo pela Pontifícia Universidade Católica de São Paulo — PUC/SP;
- Especialista em Direito pela Pontifícia Universidade Católica de Campinas — PUCCAMP;
- Graduada em Direito pela Universidade Federal do Espírito Santo — UFES.

Áreas e temas de atuação

- Direito Constitucional;
- Direito Empresarial e Cidadania;
- Dignidade da pessoa humana;
- Ética;
- Cidadania;
- Tutela de direitos difusos e coletivos.

Experiência Profissional

- Professora Universitária em Graduação e Pós-Graduação;
- Consultora jurídica;
- Pesquisadora Científica;
- Membro da Rede Nacional de Direitos Humanos;
- Autora e coordenadora de obras jurídicas.

SUMÁRIO

Apresentação 13

A responsabilidade social e o terceiro setor no tocante às patentes
    ALBERTO VIZZOTTO 15

A responsabilidade social do terceiro setor
    ALESSANDRO FREITAS DE FARIA — FLORISBAL DE SOUZA DEL'OLMO   35

Regulamentação e conscientização da responsabilidade social no mundo globalizado
    ALYSON DA SILVA LEAL 45

A luta democrática pelo reconhecimento dos catadores de materiais recicláveis
    ANDRÉA CRISTINA MARTINS 81

A governança corporativa e a função social da empresa
    ARTUR FONTES DE ANDRADE 101

Aspectos polêmicos do *habeas corpus* na justiça do trabalho
    AUDÁLIO NOVAES NETO — FLÁVIA GOMES 129

O papel da jurisprudência e a justiça
    BRÁULIO JUNQUEIRA 139

Organização empresarial à luz da ordem econômica constitucional
    CARLOS AURÉLIO MOTA DE SOUZA 157

Simples Nacional: um meio para o cumprimento da função social da empresa
CELINA YAMAO.. 177

A responsabilidade social da jornada de trabalho
ERIKA FERREIRA LIMA SILVA MARINARI BARDAÇAR....................... 201

Os turnos ininterruptos de revezamento na atividade petrolífera conforme Lei n. 5.811/79
FLAVIA GOMES DE OLIVEIRA — ROSE CLEIDE ALVES BEZERRA....... 227

Inovação tecnológica e direito na sociedade da informação: acesso judicial a medicamentos
IRINEU FRANCISCO BARRETO JÚNIOR — MIRIAM PAVANI............... 239

Dignidade humana: concepção e fundamento para (re)significação da responsabilidade social
DIOGO VALÉRIO FÉLIX — IVAN DIAS DA MOTTA.......................... 285

Função social do contrato individual de trabalho
JANAÍNA ELIAS CHIARADIA 307

Inclusão Social e Racial (*Social and racial inclusion*)
JANAINA MORINA VAZ — JOUBRAN KALIL NAJJAR......................... 337

As Vertentes da Conciliação
JOSEFA FLORENCIO.. 355

Apontamentos sobre a globalização, o papel regulatório do Estado e algumas possíveis ações da iniciativa privada no sentido da regulação e da responsabilidade social
LUÍS ALBERTO DE FISCHER AWAZU 387

Do direito fundamental de acesso à Justiça e a advocacia como instrumento de efetivação dos direitos sociais fundamentais
LUIZ ANTONIO NUNES FILHO 411

Responsabilidade civil e social
MAÍRA MOURA DE OLIVEIRA 429

Inclusão e responsabilidade social nos direitos constitucionais trabalhistas
José Cabral da Silva Dias — Mara Darcanchy 467

O fortalecimento da ação do Estado por intermédio das agências reguladoras no direito brasileiro
Masako Shirai 477

Responsabilidade socioambiental dos empresários
Michele Toshie Saito 491

A utopia do "digno" salário mínimo nacional: sob a ótica de John Rawls e de Amartya Sen
Roger Moko Yabiku 519

Os direitos fundamentais sociais na teoria de Robert Alexy: aplicação imediata por meio da ponderação
Rui Aurélio de Lacerda Badaró 539

A ética e a função social pluridimensional nas organizações empresariais
Salim Reis de Souza 557

APRESENTAÇÃO

A presente obra reúne aportes científicos de estudiosos, profissionais e juristas de expressão nos mais diversos ramos do direito, com a proposta de investigações, em vários prismas, sobre o desenvolvimento das relações jurídicas, a ampliação das possibilidades de inclusão social e a adoção de práticas socialmente responsáveis, diante dos desafios postos pela nova ordem global, onde a única certeza é a existência das incertezas.

Incertezas advindas das céleres transformações da realidade contemporânea, sem precedentes históricos, de impactos da internacionalização que têm afetado tantos paradigmas em velocidade tão crescente, que inegavelmente resultam na busca de alternativas aptas a promover a superação das desigualdades, a garantir espaços de participação das minorias e das parcelas vulneráveis e a valorizar a vida com qualidade, com base nos pilares da Declaração Universal dos Direitos Humanos.

Assim é que o leitor encontrará nesta obra uma série de questões relativas ao acesso judicial a medicamentos, ao terceiro setor, aos direitos fundamentais, à dignidade humana, à função social, à ética, ao meio ambiente, à governança corporativa, à conciliação, à cidadania e às práticas sociais das empresas, em temas constitucionais, empresariais, civis, tributários, trabalhistas, ambientais e filosóficos, com interfaces à justiça social.

Nesse sentido, a coletânea que ora se apresenta tem o intuito de contribuir para a ampliação da responsabilidade social e de todos os sentidos de inclusão, propiciando instrumentos para a conquista da cidadania e da dignidade humana, tendo como referencial teórico a transversalidade dos direitos fundamentais constitucionais com as diversas áreas do Direito, em busca de novos caminhos que levem a avanços sociais e educacionais consistentes e ao fortalecimento da democracia participativa, para o desenvolvimento digno de todos numa sociedade mais justa.

Finalizando, importante se faz o registro da enorme honra que foi a coordenação de pesquisas tão reflexivas, críticas e humanizadas, de estudiosos engajados eticamente na formação de posturas mais pró-ativas e na revisão das estruturas necessárias para que o direito possa cumprir o seu papel social, bem como o mais profundo agradecimento a todos os autores pela colaboração e apoio, essenciais para a realização deste livro.

MARA DARCANCHY
Doutora em Direito

A RESPONSABILIDADE SOCIAL E O TERCEIRO SETOR NO TOCANTE ÀS PATENTES

Alberto Vizzotto

Mestre em Direito Regulatório e Responsabilidade Social da Empresa pela Universidade Ibirapuera em São Paulo. Bacharel em Direito pela Faculdade de Direito de Franca FDF/SP. Especialista em Direito Civil e em Direito Processual Civil pela Faculdade Autônoma de Direito — FADISP/SP. Pesquisador Científico integrante de Grupo de Pesquisa certificado no CNPq. Membro fundador do Instituto Brasileiro de Direito Regulatório — IMBRADIR. Autor de obras jurídicas, capítulos e artigos científicos. Gestor Fazendário na Secretaria de Estado da Fazenda em Minas Gerais, desde 2008.

A Responsabilidade Social e o Terceiro setor no tocante às Patentes

DO TERCEIRO SETOR

A Constituição da República Federativa do Brasil (CF/88), em breve síntese, dispõe que o Estado Democrático de Direito brasileiro destina-se a assegurar o exercício dos direitos sociais e individuais, a liberdade, a segurança, o bem-estar, o desenvolvimento, a igualdade e a justiça como valores supremos de uma sociedade fraterna, pluralista e sem preconceitos, e tem como objetivo republicano construir uma sociedade livre, justa e solidária, e promover o bem de todos. O princípio ético do bem comum, centro de gravidade da ética social, apoia seu conceito no valor solidariedade social, característica essencial do Estado Democrático brasileiro, e se apresenta intimamente relacionado à ideia de interesse público.

Afirma Ives Gandra da Silva Martins Filho (2008) que nenhum indivíduo pode alcançar seu fim particular senão enquanto parte do todo em que está inserido, de modo que apenas colaborando na consecução do fim comum e concorrendo na criação de condições para que os demais membros da sociedade alcancem seu bem particular é que se atinge o próprio bem.

No mesmo sentido, Eduardo Prado de Mendonça (1959) assevera que é em torno do significado de bem comum que se vai estruturar a sociedade, uma vez que este sustentará o espírito das instituições sociais, os instrumentos da vida social, colunas em que se assenta a vida humana nas suas intercomunicações. Já quanto ao bem da sociedade, ressalta que esta não é um ser metafísico, mas, sim, um todo moral, instituído de pessoas humanas, essas sim, são seres metafísicos; o bem da sociedade deve ter sentido igualmente em vista do bem do homem.

É neste sentido que se deve entender o conceito de bem comum, como o bem próprio à sociedade.

Diante deste quadro, merecem realce as organizações que se destinam à homenagem ao bem comum e à consagração do interesse público, mas que, contudo, não são integrantes da administração pública e tampouco são empresas.

Não se enquadram no conceito de Estado (chamado primeiro setor), porque, apesar de visarem à consecução do interesse público, são entes de direito privado e lidam com recursos públicos tanto quanto com privados.

Tampouco se enquadram no conceito de mercado (chamado segundo setor), pois, a despeito de serem privadas, não visam ao lucro, ainda que possível sua obtenção.

Estas entidades filantrópicas, não governamentais, desenvolvem importante papel complementar às ações do Estado, em suas diversas esferas, em busca do fortalecimento da democracia e da justiça social. A estas organizações convencionou-se chamar terceiro setor, justamente por não se amoldarem com precisão no conceito de nenhum dos outros setores.

Neste contexto, ao analisar a relação entre a democracia e o terceiro setor, Joaquim Falcão (2006, p. 66) ressalta que uma das causas do desenvolvimento do terceiro setor no Brasil foi a tradição ibérica de altruísmo e de solidariedade social, o que salutarmente poderia servir de inspiração às grandes empresas multinacionais. Vejamos:

> Um dos fatores determinantes da intensidade, do crescimento e da legitimidade do Terceiro Setor no Brasil, em especial das fundações, foi justamente a terra fértil arada séculos atrás pela forte tradição ibero-americana de solidariedade social, de que muito nos orgulhamos: as santas casas de misericórdia, as beneficências portuguesa e espanhola, por exemplo. A tradição de dar de portugueses e espanhóis, de doar inclusive importantes legados imobiliários, transformou a Igreja Católica, que Gilberto Freyre chamava de cimento da unidade nacional, no maior proprietário urbano de muitas cidades brasileiras, no principal gestor privado de bens tornados de interesse público.

Esta poderia ser tarefa principal para as grandes empresas multinacionais de origem ibero-americana: renovar e modernizar esta tradição ibérica que está a necessitar, sobretudo nas áreas de assistência à pobreza.

Sobre o início do desenvolvimento de atividades do terceiro setor e sua evolução no Brasil, destaca Rosa Maria Fischer (2005) que a ampliação da atuação social das empresas bem como da formação de alianças entre as empresas e a sociedade civil organizada se deu com maior vigor a partir de meados da década de 1990 e que a tendência que se nota é a de fortalecimento da participação do terceiro setor, ou sociedade civil organizada, em razão da visibilidade deste setor em razão da atuação da mídia e do papel desempenhado por entidades que cuidam de propagar o conceito de responsabilidade social empresarial.

Neste diapasão merecem destaque os trabalhos de divulgação, incentivo e conscientização desenvolvidos por institutos como, v. g., Instituto Ethos, Instituto

Akatu, Fundação Instituto de Desenvolvimento Empresarial e Social (Fides), Associação de Dirigentes Cristãos de Empresas (Adce), Grupo de Institutos Fundações e Empresas (Gife) etc.

Sustenta, ainda, Rosa Maria Fischer (2005) que até o ano de 1998 as práticas de cunho social realizadas pelas empresas ou por essas em conjunto com a sociedade civil organizada eram desconhecidas em nosso país; as empresas que desenvolviam tais ações não as divulgavam e tampouco evidenciavam o próprio relacionamento com entidades do terceiro setor, por considerar que tal temática dizia respeito somente ao âmbito interno da sociedade empresária e às decisões pessoais daqueles que a geriam. Tal fato ocasionou, até então, a falta de um conhecimento sistematizado sobre o tema. No entanto, a partir desse momento, pesquisas, estudos acadêmicos, materiais de divulgação institucional e ampla cobertura jornalística vêm sendo produzidos e realçando a atuação social de empresas e de suas parceiras com a sociedade civil organizada.

Sendo assim, para que se consolide a atividade da sociedade civil organizada é imprescindível, segundo Joaquim Falcão (2006), que se rompa na coletividade o estigma de que apenas aqueles que exercem mandatos eletivos são representantes legítimos da sociedade. Sustenta o mesmo autor, em aparente paradoxo, que a democracia representativa nunca obteve tanto sucesso e nunca foi tão insuficiente, ao mesmo tempo, para lidar com problemas em âmbitos comunitário, nacional e global, como atualmente.

Nesta esteira, para que a democracia adquira maior efetividade, essa deve desenvolver-se concomitantemente de modo direto, representativo e participativo, de modo que possam passar a ser atores principais não só os eleitores, mas esses em conjunto com o cidadão, o homem situado, enquanto integrante de uma sociedade civil atuante por meio de associações, fundações ou entidades representativas e comunitárias.

Neste mesmo sentido, ressalta Rosa Maria Fischer (2005), um dos motivos determinantes para a existência de um ambiente propício ao estreitamento de relações entre o Estado, o mercado e a sociedade civil organizada foi o contexto político brasileiro da década de 1990, o qual ampliou os espaços para que a cidadania fosse exercida e para que houvesse formas organizadas de participação. Papel importante foi desempenhado pela CF/88, a qual fortaleceu os princípios democráticos de convivência social e expandiu os direitos civis. Além disso, ainda que desacelerada pelas dificuldades de se instaurar as reformas necessárias, a proposição de descentralização administrativa do Estado indicou uma maior autonomia para as comunidades locais, muito embora ainda haja muito a ser feito para promover o aperfeiçoamento da gestão pública.

Antônio Jacinto Caleiro Palma (1998) sustenta que o crescimento do terceiro setor se deu em razão de quatro grandes crises que se relacionam com o campo de atuação da sociedade civil organizada. Em síntese, a ineficiência do Estado Social, que não se mostrou capaz de atender aos anseios das camadas mais carentes da sociedade, por falta de recursos, planejamento e estrutura; a fragilidade de um pretenso desenvolvimento sustentado apresentado por alguns países, o que ocasionou uma rápida exclusão social, em decorrência da diminuição das taxas de crescimento; a crise do socialismo, que representava, para muitos, uma esperança de justiça social; aliadas ao conjunto de problemas ambientais, sociais e, até mesmo, econômicos, abriram espaço para a expansão do âmbito de ação da sociedade civil organizada.

Neste diapasão, Cláudio Lembo (1998), ao recordar que o Brasil ainda é um país injusto socialmente, apregoa que o debate sobre o papel da sociedade civil organizada, ou entidades não governamentais sem fins lucrativos, não deve se ater ao âmbito da globalização, mas, sim, ao do localismo, vertente nova no cenário nacional. Afirma, ainda, que vivemos em uma nação individualista, em que se é muito solitário e pouco solidário, de maneira que a contribuição do terceiro setor se dá no sentido de romper um perverso ciclo histórico.

Ao analisar o terceiro setor sob a óptica dos direitos humanos, Flávia Piovesan e Carla Bertucci Barbieri (2008, p. 122) afirmam que a origem do termo "terceiro setor" é ponto controverso, sendo que para alguns apresenta origem norte-americana e para outros apresenta uma origem muito mais remota, de modo que sua gênese se daria com a criação do Estado e a conceituação de sociedade civil. Quanto ao conceito de terceiro setor, asseveram que também esse não é pacífico na doutrina, mas que seus elementos essenciais são a não governabilidade, a autogovernabilidade e a não lucratividade. Sustentam, ainda, que é possível a relação entre Estado e terceiro setor e a consequente ação conjunta entre eles pressupõe que a transferência de recursos públicos para o terceiro setor se dê com observância da ordem constitucional-legal e com a garantia de que os princípios da administração sejam observados tanto pelo Estado como pelo ente do terceiro setor. Nesta esteira, afirmam que:

> Neste contexto, a implementação dos direitos humanos está condicionada, de um lado, à existência de um *Estado forte no campo das políticas públicas*, e, de outro, à vitalidade da *sociedade civil como agente transformador* do Estado e do mercado.
>
> Reitere-se, por fim, o legado da Conferência Mundial de Direitos Humanos de Viena de 1993, ao afirmar a relação indissociável entre direitos humanos, democracia e desenvolvimento. *A realização dos direitos humanos há que celebrar o encontro destes valores, sob a inspiração do princípio da prevalência da dignidade humana e sob o protagonismo de uma sociedade civil vigilante, ativa, plural e emancipatória.* (g. n.).

Neste cenário, seja motivado pela possibilidade de majoração dos lucros, por conta de um ambiente socioeconômico favorável, ou movido por sentimentos nobres apoiados na ética, o fato é que o empresariado atuante no país valora, atualmente, de forma diversa a atuação da sociedade civil organizada.

Rosa Maria Fischer (2005) expõe que paulatinamente os dirigentes de sociedades empresárias vêm se conscientizando de que condições socioeconômicas desfavoráveis são grandes limitadoras da perspectiva de lucratividade de suas atividades, o que pode ser notado em maior grau quando há busca por um posicionamento acentuado na economia globalizada.

Destaca, essa mesma autora, que a forma mais corriqueira de manifestação da atuação social empresarial é a doação, o patrocínio, as campanhas de apoio a instituições ou programas específicos. Salienta que não é possível traçar uma relação entre o capital estrangeiro, presente em nossa economia nos dias de hoje, e o aumento da participação empresarial em atividades em conjunto com o terceiro setor, mas o que se pode determinar é que tal aumento relaciona-se à inserção brasileira no sistema econômico mundial e às novas exigências de competitividade empresarial decorrente do processo de globalização; tal posicionamento mercadológico acarreta diversas exigências, tais como a necessidade de transparência de procedimentos, de práticas gerenciais, de políticas, além da necessidade de se nivelar às empresas de padrão global.

Entende Rubens Aprobatto Machado (1998) que para ganhar em produtividade e, consequentemente, ganhar economicamente, além do investimento em capital físico, é necessário que se invista na valorização e no desenvolvimento do capital humano; de modo que a integração entre eles, capital físico e humano, deve se pautar pela garantia aos direitos fundamentais consagrados pela Declaração dos Direitos Humanos e assegurados pela Constituição da República, especialmente quanto à educação, saúde, segurança no trabalho e moradia, possibilitando uma maior contribuição do trabalhador para o desenvolvimento da atividade empresarial.

Sobre o modo como se relacionam o terceiro setor e o mercado, Rosa Maria Fischer (2005) afirma que, apesar de algumas empresas preferirem desempenhar de modo autônomo as ações socialmente responsáveis, o formato de parceria é o formato predominante em razão de ser potencialmente mais eficiente e menos dispendioso; vejamos:

> As parcerias não constituem a forma exclusiva, mas uma das mais frequentes para que as empresas executem suas ações sociais. Verifica-se a tendência de buscarem esse tipo de arranjo ou de considerarem que essa forma de trabalho pode ser mais eficiente e reduzir os custos da atuação social. Número significativo de empresas prefere, porém, deter a autonomia e a exclusividade de suas ações. Questões como falta de confiança, carência de informações, experiências frustradas permeiam essa tendência de rejeição do trabalho em colaboração.
>
> (...) Do que se estudou, é possível inferir que as alianças intersetoriais propiciam o *fortalecimento institucional*, propagam conceitos de *cidadania responsável*, viabilizam projetos e programas sociais específicos. Se assumirem um componente estratégico, podem se propor a *influenciar as políticas*

públicas, criando, com suas ações, fatos e resultados que redirecionem as estratégias e as diretrizes do Estado. Nesse sentido, poderão *vir a ser fortes direcionadoras de processos de mudanças estruturais do contexto socioeconômico do país, contribuindo efetivamente para a transformação social*. (g n.).

Sendo assim, a atuação do terceiro setor, notadamente quando atua em conjunto com o mercado e em benefício da consagração de valores éticos, caros à sociedade, tem o condão de influir em quão digna será a vida das pessoas atingidas, direta ou indiretamente, pela referida atuação, de modo que tal atividade propicia verdadeira homenagem à busca pela consagração do interesse público. Sendo assim, clara se torna a afirmação de que Estado, mercado e terceiro setor devem compartilhar a mesma identidade de desígnios, especialmente no que tange à valorização da pessoa humana.

Importante acontecimento acerca do tema ora sob análise foi a vigência, em 27 de novembro de 2009, da Lei n. 12.101 (Lei da Filantropia), a qual trata, entre outras providências, da certificação das entidades beneficentes de assistência social e regula os procedimentos de isenção de contribuições para a seguridade social.

A referida lei recebeu críticas por confundir os conceitos de imunidade tributária e de isenção. Visou a conferir maior segurança jurídica às entidades filantrópicas ao simplificar os procedimentos em busca da diminuição da quantidade de processos administrativos e judiciais, ainda que carente de regulamentação, até o momento da publicação deste trabalho.

O Ministério da Previdência Social, em razão de uma tentativa de desburocratização, teve sua participação no procedimento transferida para a Receita Federal do Brasil. Consequentemente, a lei buscou ofertar resposta mais célere a tais entidades no que se refere à concessão da certificação das entidades beneficentes de assistência social, a qual passou a ter validade por prazo variável entre um e cinco anos.

É possível notar, por meio das disposições legais, que o Estado chamou para si a incumbência de determinar as políticas públicas desejadas ao estabelecer certos requisitos para a certificação da entidade beneficente.

Quanto às entidades de saúde, ponto polêmico é o inciso II do art. 4º da lei ora sob análise, o qual estabelece como requisito para que uma entidade faça jus à certificação a oferta da prestação de seus serviços ao Sistema Único de Saúde (SUS) em percentual não inferior a 60%. Há temor de que, com os valores atualmente praticados pelo SUS no que tange à retribuição dos serviços prestados à população pelas entidades, percentual tão elevado possa gerar a inviabilidade econômica das referidas entidades e, em decorrência disso, acabar por minguar a atuação do terceiro setor em serviços de saúde.

Insta salientar que a obtenção de lucro não é proibida para as entidades integrantes do terceiro setor, é vedada apenas a distribuição deste aos instituidores ou administradores das mencionadas entidades. É cediço que o lucro decorrente da atividade filantrópica deve ser reaplicado na própria atividade. No entanto, uma entidade filantrópica que acumule constantes prejuízos acaba por se tornar inviável e, portanto, a esta resta não prestar adequadamente seus serviços ou cessar as atividades, medidas socialmente nefastas.

A política pública assumida pelo Estado no que se refere à saúde, muito embora haja as críticas, foi a de fortalecimento do SUS.

Quanto à educação, a lei estabelece que para que a entidade faça jus à certificação esta deva conferir a gratuidade do ensino a 10% dos alunos, de modo a beneficiar àqueles que possuam renda de até um e meio salário mínimo por pessoa da família; e, também, bolsas parciais em outros casos. No que tange ao ensino superior, o Estado elegeu como política pública o fortalecimento do Programa Universidade para Todos (Prouni), desenvolvido pelo Ministério da Educação (MEC); em razão disso pode-se questionar sobre a ocorrência de ofensa à garantia constitucional da livre-iniciativa e do livre direito associativo.

Quanto à assistência social, cabe destacar que o art. 2º da Lei Orgânica da Assistência Social ainda não foi regulamentado. O conceito de carência ainda carece de delimitação. A despeito disso, a Lei da Filantropia determina que o atendimento por parte da entidade de assistência social deve ser totalmente gratuito e continuado para quem dele necessitar. A política pública eleita pelo Estado foi a de fortalecimento do Sistema Único de Assistência Social (SUAS), pois, em consonância com o disposto pelo art. 20 da Lei da Filantropia, a comprovação do vínculo da entidade de assistência social à rede socioassistencial privada no âmbito do SUAS é condição suficiente para a concessão da certificação, ou seja, faz presunção de filantropia.

Crítica merecida pela Lei da Filantropia se dá pelo fato de restringir a participação da sociedade civil, que era maior no regime anterior, atualmente notada somente nos Conselhos locais, ou seja, nos Conselhos Municipais de Assistência Social e no Conselho de Assistência Social do Distrito Federal, situação essa que deveria ser alterada por ocasião da regulamentação da lei.

DO CONTEÚDO DO DIREITO INTELECTUAL

O Direito Intelectual compreende na sua formação os direitos autorais e os direitos industriais, ambos integrantes da denominada propriedade imaterial, termo que se refere a bens jurídicos intangíveis. Essa categorização lógico-jurídica é definida em razão da classificação das espécies de direitos subjetivos na órbita do Direito Privado e é relacionada aos conceitos derivados da evolução do racionalismo jurídico, o que ensejou a tutela legal às criações emanadas do intelecto humano.

Esses direitos do homem, enquanto criador intelectual, materializam-se nas criações do espírito, de cunho estético ou mesmo utilitário, conforme o caso, em razão da possibilidade de exploração econômica pela elevada diversidade de usos das obras intelectuais na sociedade moderna. Isso em decorrência da valoração promovida pela ideologia liberal burguesa, com destaque para os movimentos políticos do liberalismo e do capitalismo, de que são também manifestações jurídicas as declarações políticas dos direitos do homem e do cidadão. A ideia de um Direito Intelectual foi engendrada em 1877 quando o jurista belga Edmond Picard aventou a tese de inserção dessa nova categoria jurídica, em vista da insuficiência da clássica divisão tripartite dos direitos (direitos pessoais, direitos obrigacionais e direitos reais), sendo intitulada teoria dos direitos intelectuais, tendo sido adotada para elaboração da lei belga de 1886 que importou na sua aceitação por meio de convenções internacionais e, posteriormente, nas leis internas de vários países.

O Direito Brasileiro optou por tratar o Direito Intelectual como sendo uma manifestação do direito de propriedade, tendo a exclusividade como incentivo, que recai sobre as mais variadas e intangíveis formas de criação resultantes do esforço intelectual.

Em razão disso, pode-se afirmar que a propriedade intelectual consiste no fenômeno jurídico que vincula pessoas — sujeitos de direito — a bens incorpóreos ou imateriais — objetos de direito — e contém a propriedade industrial e os direitos de autor. A propriedade industrial, por sua vez, trata das produções humanas com aplicação industrial e tem na patente sua expressão mais eloquente. A CF/88, em seu art. 5º, XXIX, estabelece que a lei garantirá aos inventores privilégio temporário para a utilização de seu invento e garantirá, também, proteção às criações industriais, à propriedade das marcas, aos nomes de empresas e a outros signos distintivos, tendo em vista o interesse social e o desenvolvimento tecnológico e econômico nacional.

Nos dizeres de José de Oliveira Ascensão (2004), a expressão "propriedade intelectual" surgiu com o fito de preparar um entendimento favorável ao reconhecimento e à expansão do direito de autor ante o advento da Revolução Francesa no século XVIII que emergiu para abolir privilégios. Nesse diapasão, tal nomenclatura possuiu um aspecto pragmático, a fim de situar os bens jurídicos protegidos no rol das propriedades, numa leitura de sacralização da propriedade individual à luz do liberalismo jurídico.

Ademais, a gênese dos direitos intelectuais em espécie constitui-se na criação do espírito humano que se rege pelos interesses materiais do indivíduo como modo de exteriorização da personalidade do autor (mediante pensamentos e a transmissão de sensações, sentimentos, conhecimentos etc.), estabelecendo-se por instrumentos mecânicos tangíveis ou simplesmente perdurando na dimensão incorpórea do que se expressa (desprovido do emprego de suporte fático) de acordo com a necessidade do criador intelectual.

Bittar (2004) sustenta que os direitos intelectuais em espécie cumprem finalidades estéticas (de deleite, de sensibilização, de aperfeiçoamento intelectual, como nas obras de literatura, de arte e de ciência), bem como atende a objetivos práticos (de uso econômico ou doméstico, de bens finais resultantes da criação como móveis, máquinas etc.), incorporando-se ao mundo do Direito em razão da diferenciação em dois sistemas jurídicos especiais quanto ao Direito de Autor e ao Direito de Propriedade Industrial.

O Direito de Autor em sentido objetivo é o ramo que regula as relações jurídicas decorrentes da criação intelectual e a utilização das obras protegíveis, desde que pertencentes ao campo da literatura, das artes e das ciências. O Direito Industrial aplica-se às criações de feitio utilitário, voltadas para a satisfação das necessidades humanas imediatas, sendo dotadas de uso empresarial, afigurando-se nas patentes (invenção, modelo de utilidade, modelo industrial e desenho industrial), marcas (de indústria, de comércio, ou de serviço e de expressão ou sinal de propaganda), indicações geográficas e cultivares (para as variedades vegetais).

Assim, a justificativa teleológica para a bipartição do Direito Intelectual apoia-se na valoração dos bens de natureza utilitária cujo interesse mais imediato para a vida humana submete-lhes a um prazo menor de exclusividade do criador.

Em contrapartida, os direitos decorrentes das criações do espírito que atendem aos requisitos necessários voltados para o aprimoramento cultural são munidos de maior alcance social, o que exige lapso de proteção patrimonial estendido.

É inteligível que o Direito Intelectual conceitua-se como propriedade imaterial ou incorpórea na qualidade de gênero, tendo como espécies ou ramos os direitos autorais e os direitos de propriedade industrial.

O acordo TRIPS (*Agreement on Trade Related Aspects of Intellectual Property Rights*) — ou Acordo sobre Aspectos dos Direitos da Propriedade Intelectual Relacionados ao Comércio (ADPIC) — emergiu no cenário internacional no sentido de reconhecer a extrema importância da propriedade intelectual para o desenvolvimento socioeconômico-cultural da humanidade.

A Organização Mundial da Propriedade Intelectual (OMPI), criada em 1967, é um dos organismos especializados da Organização das Nações Unidas (ONU), sendo responsável pela administração da Convenção de Berna para proteção das obras literárias e artísticas.

A razão de ser dos Direitos do Intelecto funda-se na tutela jurídica que se exige nos tratados e nas convenções internacionais, assim como nas legislações internas da maioria dos países integrantes da Organização Mundial do Comércio (OMC), entidade supranacional criada em 1995, cujos Estados-membros em sua totalidade são signatários da Convenção da União de Paris (CUP), alusiva aos direitos industriais de 1883, bem como da Convenção de Berna, relativa aos direitos autorais, datada de 1886, com suas respectivas revisões posteriores.

O denominado sistema de proteção da propriedade intelectual mundial é composto das entidades supracitadas, de modo que a OMPI atua na harmonização legislativa do direito de propriedade intelectual e a OMC cuida dos aspectos relacionados ao comércio internacional com base no TRIPS/ADPIC, gerando obrigações de conduta na ordem internacional exigíveis dos Estados-partes.

A OMC, ao regular os direitos intelectuais em espécie, teria transformado tais direitos em mercadoria como mero componente do mercado internacional, ignorando o elemento personalístico ou cultural. José de Oliveira Ascensão (2004) designa esse fenômeno como a representação da hegemonia da vertente empresarial sobre a criação intelectual no campo do que o jurista português qualifica como das empresas de copyright, cujos efeitos se expandem na economia da informação, que estaria sendo alvo de apropriação privada em contraposição ao direito da cultura (liberdade da informação).

Em suma, o conteúdo do Direito de Propriedade Intelectual, ou simplesmente Direito Intelectual, reveste-se de uma relevância ímpar na sociedade contemporânea em razão da diversidade de questões vitais na formulação de políticas e diretivas que implicam consequências incomensuráveis no comportamento dos indivíduos, das instituições privadas e públicas, de alcance nacional e internacional.

Por conseguinte, esse caráter crucial exige dos teóricos da Ciência do Direito a tomada de posicionamentos capazes de contribuir para a pacificação dos interesses e o deslinde das controvérsias resultantes das relações sociais e jurídicas disseminadas no meio social, político, econômico etc.

A FUNÇÃO SOCIAL DA PROPRIEDADE E O PRINCÍPIO DA DIGNIDADE HUMANA

A CF/88 é permeada por diversos dispositivos que tratam da função social da propriedade. O Código Civil Brasileiro de 2002 (CC/02), em contraposição ao Código Civil de 1916, reconheceu o direito de propriedade caracterizado por sua função social; a posse *pro labore* e sua respectiva função social; a transferência dos imóveis urbanos abandonados ao domínio dos municípios; a concessão do direito de exploração de recursos minerais de pequeno valor em favor do proprietário do solo etc. Cabe destacar que a consagração dos direitos difusos e coletivos também contribuiu sobremaneira para que o ideário clássico da propriedade individual passasse a ser encarado com maior dinamicidade e compatibilidade com os interesses preponderantes existentes na sociedade.

Atualmente, não se pode ter outro entendimento senão o de que a propriedade é um direito fundamental de todos, e o princípio da dignidade da pessoa humana, que é tido como diretriz de todas as relações jurídicas e constitui objetivo republicano, não será alcançado senão quando cada indivíduo possa desenvolver, em sua plenitude, todas as suas potencialidades.

Sobre o princípio da dignidade da pessoa humana, Célia Rosenthal Zisman (2005) dispõe que tal princípio é irrenunciável e sua preservação depende da proteção e garantia aos direitos fundamentais. Acrescenta, ainda, que os direitos fundamentais que compõem a dignidade humana são exercíveis independentemente de positivação pelo Estado e que, quando esse o faz, tal ato tem caráter apenas declaratório; tanto é assim que, quando o Estado não positiva os direitos fundamentais ou mesmo quando descumpre as normas positivadas, a dignidade humana deve ser garantida pela comunidade internacional. Neste sentido, Marçal Justen Filho (2006, p. 11) ressalta que o consenso entre os cidadãos que legitima o Estado imprescinde da observância dos direitos fundamentais; vejamos:

> O tema da legitimação se relaciona com o modo de comunicação entre o governo e a sociedade. Se o direito não encontra seu fundamento de validade em uma base religiosa ou puramente moral, e como não pode manter-se pela via da força, então a única alternativa restante é o consenso dos cidadãos. Esse consenso, na democracia, é obtido por meio do respeito a procedimentos.
>
> Mas esse consenso pressupõe, primeiramente, a possibilidade de cada indivíduo ser tratado como igual, como titular de direitos insuprimíveis. Não há consenso entre indivíduos que se qualificam como desiguais. Portanto, é indispensável o reconhecimento dos direitos fundamentais para haver o consenso.

Desta maneira, pertinente se faz recordar os pensamentos de Marcio Sotelo Felippe (1996, p. 67), pelos quais:

> O conceito burguês de "livres e iguais" remete à totalidade ideológica, indivíduos que oferecem no mercado a força de trabalho, mas que sofrem o constrangimento econômico próprio do capitalismo. (...).
>
> A consciência jurídica forjada pelo jusnaturalismo e pelo Iluminismo pretende os indivíduos construindo uma experiência jurídica e moral em que o outro recebe o tratamento correspondente ao conceito de uma totalidade de partes universais-concretas, o que corresponde à ideia de que nenhum homem é meio, ou todo homem é fim em si mesmo. Nesse sentido deve ser entendida, por exemplo, a norma constitucional que diz que os homens são livres e iguais, e aceita a tensão lógica que resulta dessa hermenêutica em face da estrutura social dada. Essa tensão lógica é, mais uma vez, o dualismo "tradição-dignidade", o juízo de valor sobre o que é dado, e que está na base de nossa intervenção, potencial ou efetiva, sobre o existente. A diferença é que, nesta quadra histórica, não se reivindica outra norma, mas um sentido específico, aquele que se descortina ante o postulado segundo o qual os homens são livres e iguais: a totalidade real e concreta.

Tal passagem denota a importância da maneira como se analisa a norma posta. Não se pode analisar um dispositivo isoladamente do sistema em que esse se encontra, tampouco analisá-lo em discordância com os princípios e valores fundamentais que compõem a essência desse mesmo sistema.

Contudo, não se pode olvidar que as proposições até aqui levantadas não podem se resumir à mera retórica inútil e ineficiente, de forma que políticas públicas coerentes com os princípios e valores constitucionalmente consagrados sejam viabilizadas de modo concreto. Outro não é o entendimento de Marçal Justen Filho (2006, p. 19), vejamos:

> (...) a atividade administrativa estatal continua a refletir concepções personalistas de poder, em que o governante pretende imprimir sua vontade pessoal como critério de validade dos atos administrativos e invocar projetos individuais como fundamento de legitimação para a dominação exercida. A concepção de Estado Democrático de Direito é muito mais afirmada (semanticamente) na Constituição do que praticada na dimensão governativa. Isso deriva da ausência de incorporação, no âmbito do direito administrativo, de concepções constitucionais fundamentais. É a visão constitucionalizante que se faz necessária para o direito administrativo brasileiro, o que importa a revisão dos conceitos pertinentes ao chamado *regime de direito público* (...).

Tal afirmação remonta aos pensamentos de John Locke (1994), para quem a terra e toda produção espontânea da natureza, como frutas e animais selvagens, pertencem à humanidade em comum. Ninguém possui originalmente o domínio privado, excluindo o resto da humanidade, sobre os bens que se encontram, ainda, em seu estado natural. Nesse estágio o domínio é coletivo. A propriedade é constituída por meio do trabalho, isto é, com a transformação dos bens naturais. Tal direito, porém, não era absoluto, pois como limite para o direto de propriedade o homem só pode se apropriar, através do trabalho, do suficiente para sua existência sem desperdício.

O princípio da função social da propriedade, dessa maneira, compõe o próprio perfil desse direito.

O proprietário deve usar e desfrutar o bem, exercendo esse direito em prol da coletividade. Segundo José Afonso da Silva (2001, p. 256), a função social da propriedade pode manifestar-se "conforme as hipóteses, seja como condição de exercício das faculdades atribuídas, seja como obrigação de executar determinadas faculdades de acordo com modalidades preestabelecidas".

Insta salientar que é corrente na doutrina o entendimento de que a função social não integra o conceito de propriedade, apenas o limita. Corroboram tal posicionamento as ideias de Luis Edson Fachin (1988, p. 18), das quais se extrai que "A doutrina da função social da propriedade corresponde a uma alteração conceitual do regime tradicional; não é, todavia, questão de essência, mas, sim, pertinente a uma parcela da propriedade que é a sua utilização".

Data maxima venia, apesar de a função social da propriedade se manifestar por meio de limitações ao uso ou da propriedade, seu conceito não mais pode ser analisado apenas por esta faceta. O próprio conceito de direito implica o de limite, o de dever. Em um Estado Democrático de Direito, que pelo simples fato de descrever direitos acaba por delimitá-los, em um momento em que o Direito se volta à consagração do bem comum, tutelando o interesse público, não se pode conceber direitos absolutos, ou seja, direitos que não tragam para o seu titular quaisquer espécies de responsabilidades. O enfoque mais adequado acerca do direito de propriedade é aquele que traz no seu bojo a ideia de função social; ideia essa que integra a sua estrutura.

Em razão do todo exposto é lídimo concluir que só há propriedade se houver função social.

Em razão disso, o *animus abutendi* encontradiço no postulado do Código de Napoleão, segundo o qual *"la propriété est le droit de jouir et disposer des choses de la manière plus absolue"*[1], deve ser relativizado. Por força da função social da propriedade (frise-se, parte integrante deste instituto), o proprietário não pode dispor de maneira absoluta de seu bem, qualquer que seja, se isso ferir o interesse da coletividade.

O direito de propriedade não pode mais ser encarado de modo estático, tampouco como tendo o caráter absoluto que em outros tempos lhe foi conferido. Nesse sentido, também se encontram os pensamentos de Melhim Namem Chalhub (2000, p. 1), segundo os quais: "A estrutura do direito de propriedade reflete a realidade econômica, política e social de cada época, de modo que sua concepção é fruto de contínua adaptação de acordo com as transformações por que passa a organização social."

Nesta esteira, corrobora tal entendimento a obra de Fábio Konder Comparato (1986, p. 75):

> Quando se fala em função social da propriedade não se indicam as restrições ao uso e gozo dos bens próprios. Estas últimas são limites negativos aos direitos do proprietário. Mas a noção de função, no sentido em que é empregado o termo nessa matéria, significa um poder, mais especificamente, o poder de dar ao objeto da propriedade destino determinado, de vinculá-lo a certo objetivo. O adjetivo social mostra que esse objetivo *corresponde ao interesse coletivo* e não ao interesse do próprio *dominus: o que não significa que não possa haver harmonização entre um e outro*. Mas, de qualquer modo, se se está diante de um interesse coletivo, essa função social da propriedade corresponde a um poder-dever do proprietário, sancionável pela ordem jurídica. (g.n.).

Contudo, importante ressaltar que a função social não pode servir de motivação para expropriações arbitrárias, sem que haja a justa indenização, em dinheiro ou em

---

(1) Em tradução livre: a propriedade é o direito de gozar e dispor das coisas da maneira mais absoluta.

títulos da dívida pública ou agrária, pois o direito de propriedade está assegurado pela norma constitucional de garantia, trazida pelo art. 5º, inciso XXII, da CF/88. Aliás, em razão das disposições constitucionais, pode-se afirmar que a propriedade não corresponde a um direito absoluto, visto que a propriedade poderá ser desapropriada por necessidade ou utilidade pública e, por força do art. 5º, XXIV, desde que esteja cumprindo a sua função social, será paga a justa e prévia indenização em dinheiro.

No entanto, caso a propriedade não esteja atendendo a sua função social, poderá haver, em razão do disposto pelo art. 182, § 4º, III, a chamada desapropriação-sanção pelo Município com pagamentos em títulos da dívida pública ou, por força do art. 184, com títulos da dívida agrária pela União Federal para fins de reforma agrária, não abrangendo, nesta última hipótese de desapropriação para fins de reforma agrária, a pequena e média propriedade rural, assim definida em lei, e não tendo o proprietário outra, e a propriedade produtiva, em razão do que dispôs o art. 185, em seus incisos I e II.

Nesse diapasão, é lídimo afirmar que a propriedade não mais poderá figurar como um direito a que o Estado deva ter uma postura estática ou indiferente. Tal afirmação surge da necessidade de o Estado intervir nos conflitos sociais decorrentes da aplicação do modelo liberal puro nas relações sociais. Isso significa que a sociedade deve extrair benefícios do exercício do direito de propriedade, e que o interesse coletivo não pode ser subjugado pelo interesse particular. Em razão do todo exposto, pode-se concluir que a função social da propriedade não pode ser interpretada de outro modo senão como sendo essencial ao direito de propriedade, integrando a sua estrutura e encarando-a como uma riqueza destinada à produção de bens que satisfaçam às necessidades sociais como um todo.

DA FUNÇÃO SOCIAL DA PROPRIEDADE INTELECTUAL

Em consonância com a lição de Fábio Ulhoa Coelho (2007) pode-se afirmar que o empresário titular da patente tem o direito de, com inteira exclusividade, explorar economicamente o objeto correspondente, de maneira que, para que outra pessoa possa explorar o bem patenteado, se faz necessária, em regra, a autorização ou licença do titular da patente. Insta salientar que a patente, assim como toda a propriedade intelectual, consubstancia uma situação jurídica subjetiva engendrada artificialmente pelo Estado nos moldes de um estatuto proprietário com o fito de garantir ao criador o direito de exploração exclusiva de sua criação.

A CF/88 atrela o conceito de propriedade ao de função social em vários dispositivos — v. g., nas hipóteses em que a propriedade é tida como direito e garantia individual e como princípio da ordem econômica, exige-se a observância de sua função social — de modo que, no direito brasileiro, a garantia da propriedade não pode ser compreendida sem atenção à sua função social. A propriedade deixa de ter como única função atender aos interesses particulares de seu titular e passa a homenagear o bem-estar social, de forma que a propriedade é participada, mas não partilhada. Não se pode olvidar que, como ressaltaram Gustavo Tepedino e Anderson Schreiber (2004), não existe na CF/88 garantia à propriedade, mas apenas garantia à propriedade que cumpre a sua função social.

A CF/88 consagra em seu texto diversas modalidades de propriedade (v. g., arts. 5º, XXIX; 170, II; 182; 186 etc.), contudo, ao referir-se à função social da propriedade, não fez qualquer distinção. Sendo assim, é lídimo concluir que a função social da propriedade integra toda a variedade dos chamados estatutos proprietários, ou seja, integra a disciplina legal de cada uma das situações jurídicas subjetivas concernentes à propriedade.

Toda a gama de proteções aplicável à propriedade privada é, no que couber, extensível àquelas situações jurídicas subjetivas artificialmente desenvolvidas sob a forma de um estatuto proprietário, como é o caso da propriedade industrial e, em rigor, de toda a propriedade intelectual. A formulação da proteção dessas situações se dá com base no modelo proprietário justamente para atrair a eficácia protetiva conferida pelo sistema jurídico à propriedade privada.

Desta forma, não se pode olvidar que toda a gama de proteções aplicável à propriedade privada é, no que couber, extensível àquelas situações jurídicas subjetivas artificialmente desenvolvidas sob a forma de um estatuto proprietário, como é o caso das patentes e, em rigor, de toda a propriedade intelectual. A formulação da proteção dessas situações se dá com base no modelo proprietário justamente para atrair a eficácia protetiva conferida pelo sistema jurídico à propriedade privada. No entanto, diferentemente do que fez para a propriedade imobiliária urbana e rural, cabe ressaltar que para estas outras situações engendradas sob a forma de um estatuto proprietário a CF/88 não explicitou os requisitos mínimos para que se consagre sua função social.

Todavia, em um Estado Democrático de Direito, não se pode conceber a ideia de direitos absolutos, de modo que o próprio conceito de propriedade trazido pela CF/88 contempla no seu bojo a ideia de função social. Em outras palavras, não há na CF/88 propriedade, ou qualquer outra situação engendrada sob a forma de um estatuto proprietário, senão aquela que observa a sua inerente função social.

DA PROPRIEDADE INTELECTUAL E DE SUA RELAÇÃO COM O TERCEIRO SETOR

Não se pode desconsiderar a relação existente entre o terceiro setor e a propriedade industrial. Neste diapasão, Luís Felipe Balieiro Lima (2008, p. 238) coloca que por serem dotadas de personalidade jurídica as organizações sociais de interesse público podem ser titulares de direitos intelectuais; vejamos:

> (...) Não importando se sob o formato de associação ou de fundação, a ONG tem personalidade jurídica constituída. Na prática, tem registro de pessoa

jurídica, é cadastrada na Secretaria de Receita Federal (recebendo para tanto o seu número de Cadastro Nacional da Pessoa Jurídica — CNPJ), obrigatoriamente tendo sede e endereço.

Por mais banal que possa parecer, sem estes requisitos preenchidos, não seria na prática uma entidade, qualquer que fosse, obter a titularidade de direitos de propriedade intelectual.

Ela não existiria no ordenamento jurídico, não podendo assim desenvolver nenhuma atividade de forma lícita. Em suma, não teria como preencher os requisitos básicos demandados pelos formulários de depósitos de pedidos perante o INPI, nem poderia ser considerada titular de direitos autorais.

A ONG é, portanto, sem nenhuma sombra de dúvida, plenamente capaz de possuir, ter a propriedade e de usufruir de qualquer dos direitos de propriedade intelectual aqui abordados.

Continuando em sua análise sobre a relação entre as entidades do terceiro setor e a propriedade intelectual, destaca o mesmo autor (2008, p. 242) que as organizações da sociedade civil de interesse público podem, de modo eficiente, atuar em atividade de certificação, através do registro de marca de certificação, atestando a conformidade de certos produtos aos ideais da área de atuação da referida organização, ou mesmo cita o autor atuar na pesquisa e no desenvolvimento de medicamentos não atrativos ao setor farmacêutico, como o faz, v. g., a já mencionada iniciativa Medicamentos para Doenças Negligenciadas, DNDI, filiada à organização Médicos Sem Fronteiras. Destaca, ainda, que outro importante papel exercido pelas entidades do terceiro setor corresponde ao de fiscalização no que tange ao exercício dos direitos industriais por parte do mercado; vejamos:

> É importantíssimo o papel do "controle de condutas" e de fiscalização propriamente dita que as ONGs exercem, para com atitudes ou omissões de certas empresas, que possam, **de alguma forma, se utilizar de prerrogativas legais de maneira abusiva.**

Conforme já afirmado, os direitos de propriedade intelectual não são absolutos (e nem podem ser). Não cumprido o seu papel social, devem de alguma forma ser colocados à disposição dos interesses coletivos: seja por meio do instituto da caducidade, seja por meio da licença compulsória.

As entidades do Terceiro Setor têm um papel primordial nesta questão. É inquestionável que a palavra "ONG" traz na opinião pública, ao menos num primeiro momento, uma imagem de simpatia, de alinhamento.

Ao combaterem "interesses dos grandes" sem o intuito de auferir o lucro, elas acabam por formar uma imagem de justiça social, e através da exploração desse poder que a sua imagem exerce na sociedade, elas acumulam maior poder de diálogo — e mesmo de combate.

Assim sendo, se transformam em fundamental instrumento para fiscalizar o controle e a utilização dos monopólios criados pelos direitos de propriedade intelectual, quanto ao seu emprego.

Diante do todo até agora exposto, não se pode olvidar que o papel exercido pelas entidades classificadas como integrantes do terceiro setor cumprem importante papel na consagração dos mais basilares princípios do Estado Democrático de Direito brasileiro, seja por acrescer valor ao processo democrático, seja por influir em questões de saúde pública, enfim, a sociedade civil organizada, ao lado do Estado e do mercado, detém o poder-dever de apresentar ações socialmente responsáveis que zelem pela valorização da pessoa tida como fim e nunca como meio para o alcance das finalidades e dos objetivos da comunidade em que se insere.

REFERÊNCIAS BIBLIOGRÁFICAS

ASCENSÃO, José de Oliveira. *Direito autoral*. 2. ed. Rio de Janeiro: Renovar, 1997.

BITTAR, Carlos Alberto. *Direito de autor*. 4. ed. São Paulo: Forense Universitária, 2004.

CHALHUB, Melhim Namem. *Propriedade imobiliária:* função social e outros aspectos. Rio de Janeiro: Renovar, 2000.

COELHO, Fábio Ulhoa. *Manual de direito comercial:* direito de empresa. 19. ed. São Paulo: Saraiva, 2007.

COMPARATO, Fábio Konder. Função social dos bens de produção. In: *Revista de direito mercantil*. v. 63. São Paulo, 1986.

FACHIN, Luiz Edson. *A função social da posse e a propriedade contemporânea (uma perspectiva de usucapião imobiliária rural)*. Porto Alegre: Fabris, 1988.

FALCÃO, Joaquim. *Democracia, direito e terceiro setor*. 2. ed. Rio de Janeiro: Editora FGV, 2006.

FELIPPE, Marcio Sotelo. *Razão jurídica e dignidade humana*. São Paulo: Max Limonad, 1996.

FISCHER, Rosa Maria. Estado, mercado e terceiro setor: uma análise conceitual das parcerias intersetoriais. *RAUSP: revista de administração*. v. 40, n. 1, jan./mar., 2005. p. 5-18 / 658.

JUSTEN FILHO, Marçal. *Curso de direito administrativo*. 2. ed. São Paulo: Saraiva, 2006.

LEMBO, Cláudio. Postura solidária rompe ciclo de 500 anos de injustiças sociais. In: *A contribuição do 3º setor para o desenvolvimento sustentado do país*. São Paulo: CIEE, 1998.

LIMA, Luís Felipe Balieiro. Entidades do terceiro setor: sua relação com a propriedade intelectual. In: *Aspectos jurídicos do terceiro setor*. Cristiano Carvalho, Marcelo Magalhães Peixoto (coords.). 2. ed. São Paulo: MP Ed., 2008.

LOCKE, John. *Segundo tratado sobre o governo civil:* ensaio sobre a origem, os limites e os fins verdadeiros do governo civil. trad. Magda Lopes e Marisa Lobo da Costa. Petrópolis: Vozes, 1994.

MACHADO, Rubens Aprobatto. Desenvolvimento econômico das empresas depende da valorização do capital humano. In: *A contribuição do 3º setor para o desenvolvimento sustentado do país*. São Paulo: CIEE, 1998.

MARTINS FILHO, Ives Gandra da Silva. *O princípio ético do bem comum e a concepção jurídica de interesse público*. Disponível em: <http://www.jusnavigandi.com.br>. Acesso em: 9. ago. 2008.

MENDONÇA, Eduardo Prado de. In: *Anais do III Congresso Nacional de Filosofia*. Realizado em São Paulo, de 9 a 14 de novembro de 1959, em comemoração dos centenários de CLÓVIS BEVILAQUA e PEDRO LESSA e do cinquentenário da morte de EUCLIDES DA CUNHA. São Paulo, Instituto Brasileiro de Filosofia, 1959.

PALMA, Antônio Jacinto Caleiro. Organizações da sociedade civil, exemplos de eficiência e bons resultados. In: *A contribuição do 3º setor para o desenvolvimento sustentado do país*. São Paulo: CIEE, 1998.

PIOVESAN, Flávia. BARBIERI, Carla Bertucci. Terceiro setor e direitos humanos. In: *Aspectos jurídicos do terceiro setor*. Cristiano Carvalho, Marcelo Magalhães Peixoto (coords.). 2. ed. São Paulo: MP Ed., 2008.

SILVA, José Afonso da. *Curso de direito constitucional positivo*. 19. ed. São Paulo: Malheiros, 2001.

TEPEDINO, Gustavo; SCHREIBER, Anderson. A garantia da propriedade no direito brasileiro. In: *Revista do Advogado*, n. 76, jun de 2004.

ZISMAN, Célia Rosenthal. *O princípio da dignidade humana*. São Paulo: IOB Thomson, 2005.

A RESPONSABILIDADE SOCIAL DO TERCEIRO SETOR

Alessandro Freitas de Faria

Especialista em Direito Processual Civil (UFA) e em Direito Militar (UCB). Assessor Judiciário do Tribunal de Justiça do Estado do Amazonas.

Florisbal de Souza Del´Olmo

Mestre e Doutor em Direito. Professor no Curso de Mestrado em Direito da URI, Santo Ângelo, RS. Professor convidado da UFAM, Manaus, AM, da UFSC e da UFRGS. Membro da Academia Brasileira de Direito Internacional. Autor de obras jurídicas.

A Responsabilidade Social do Terceiro Setor

CONSIDERAÇÕES INICIAIS

O presente capítulo propõe-se a mostrar que existe uma tendência de cisão da responsabilidade social atual por meio de duas frontes, uma concentrada no primeiro setor, governamental, e de direito, o detentor do dever, e outra, no Terceiro Setor, quem, de fato atua em diversos ramos sociais. Trata-se de uma análise qualitativa, cujo objeto é examinar as funções das organizações sem fins lucrativos. O estudo mostra apontamentos importantes acerca de conceitos e da legislação pertinente. O desenvolvimento se dá sobre a responsabilidade social dessas entidades filantrópicas. Não se tem com isso a intenção de esgotar o tema, mas tão somente introduzi-lo para apresentar essa nova forma de gestão estatal em parceria com as paraestatais, que, por sua vez, também se coadunam com a iniciativa privada. Assim, por meio de pesquisas bibliográficas, artigos jurídicos e afins, bem como por números estatísticos da Previdência Social, pôde-se constatar o crescimento do Terceiro Setor. Observa-se com isso a necessidade de implementação de recursos financeiros ao setor, que atua na realização de políticas públicas, minorando as carências da sociedade, implementando os setores mais carentes com a busca da inclusão das minorias desfavorecidas.

1. APONTAMENTOS

Cumpre inicialmente ressaltar quem são os dois primeiros setores que antecedem ao objeto de nosso estudo.

O primeiro setor é o Estado Governamental, responsável pelas ações sociais e político-econômicas do País, enquanto o segundo setor, ao contrário, é o não governamental, o privado propriamente dito, tendo em suas agruras o objeto de lucro e sem desenvolver serviços de caráter público.

Já o terceiro setor não envolve a busca de fins lucrativos e é constituído por organizações não governamentais, criadas por lei específica (art. 37, incisos XIX e

XX da Constituição da República Federativa do Brasil de 1988), e que desenvolvem ou geram serviços de caráter público.

Para ROTHGIESSER (2002, p. 2), Terceiro Setor seriam iniciativas "... *privadas que não visam lucros, iniciativas na esfera pública que não são feitas pelo Estado. São cidadãos participando de modo espontâneo e voluntário, em ações que visam ao interesse comum*".

Esses entes, de situação peculiar, também denominados de entidades paraestatais, organizações não governamentais (ONGs), entidades filantrópicas ou entidades sem fins lucrativos, desenvolvem atividades não exclusivas do Estado, mas principalmente sociais e sob o regime do direito privado.

De acordo com Fernandes (1994, p. 10), coordenador do Movimento Viva Rio, o Terceiro Setor diferencia-se do Primeiro (Governo) e do Segundo (Mercado), pois mobiliza recursos privados para promover ações em benefício público.

Infere ainda que em tal setor "*A participação dos cidadãos é essencial para consolidar a democracia e uma sociedade civil dinâmica é o melhor instrumento de que dispomos para reverter o quadro de pobreza, violência e exclusão social que ameaça os fundamentos de nossa vida em comum*" (p. 12).

Segundo Rezende (1999, p. 82), o terceiro setor ou as ONGs possuem a mesma denominação, no entanto, a última citada tem sido mais vinculada às organizações que tenham suas finalidades direcionadas às questões que atingem genericamente a coletividade, definindo esse setor como "*aquele que congrega as organizações que, embora prestem serviços, não são estatais, não visam ao lucro com empreendimentos efetivados, neste estando incluídas, portanto, as associações, as sociedades sem fins lucrativos e as fundações*".

As fundações, as entidades sem fins lucrativos e as ONGs atuam neste relevante meio, até mesmo, por algumas vezes, substituindo o Estado nas responsabilidades sociais a ele atinentes.

Para Thompson (2005, p. 44), as ONGs, adeptas aos valores democráticos e à participação cidadã, são um ator social que identifica o não governamental e o não lucrativo com o opositor, alternativo.

No que se refere às Fundações Públicas em geral, essas possuem natureza jurídica de direito privado, mas sempre sem fins lucrativos, trazendo em sua especificidade o interesse público cultural, educacional, religioso, moral, assistencial ou ligado à pesquisa. Possuem autonomia administrativa, patrimônio próprio, e suas receitas são advindas do poder público ou de doações do setor privado.

Quanto às Organizações não Governamentais, são entidades com finalidade pública que atuam nas áreas de combate à pobreza, que cuidam do meio ambiente, desenvolvimento sustentável e de infinitas áreas da assistência social. Seus recursos são provenientes dos entes estatais, do setor privado, de vendas e produtos, de doações da população em geral e de repasse de verbas de outras organizações mundiais.

Soares (2008, p. 5) conceitua terceiro setor como sendo composto de diversas organizações que possuem como característica principal a não valoração econômica, criadas pela iniciativa privada, com interesses públicos e sociais, contornos participativos, cooperativos e solidários, apoiadas no trabalho contratado.

Contudo, observe-se que as entidades do Terceiro Setor são regidas pelo Código Civil (Lei n. 10.406, de 10 de janeiro de 2002) e juridicamente são constituídas sob a forma de associações ou fundações. Apesar de serem comumente utilizadas as expressões "entidade", "ONG", "instituição", "instituto" etc., essas denominações servem apenas para denominar uma associação ou fundação, únicos modelos reconhecidos juridicamente.

1.1. As Organizações da Sociedade Civil de Interesse Público (OSCIP)

A Lei n. 9.790, de 23 de março de 1999, dispôs o que e quem seria o "novo terceiro setor", ou seja, as pessoas jurídicas de direito privado sem fins lucrativo, identificado-as como Organizações da Sociedade Civil de Interesse Público (OSCIP). Para isso, traz como suas características o princípio da não lucratividade.

Vejamos alguns artigos dessa importante norma jurídica:

> Art. 1º Podem qualificar-se como Organizações da Sociedade Civil de Interesse Público as pessoas jurídicas de direito privado, sem fins lucrativos, desde que os respectivos objetivos sociais e normas estatutárias atendam aos requisitos instituídos por esta Lei.

Assim, nem os sócios ou mesmo aquelas pessoas que se relacionem com as entidades teriam direito ao lucro, pouco importando a nomenclatura a elas dirigida.

Em relação aos seus patrimônios, que são próprios, em caso de extinção da entidade, devem ser encaminhados a outra entidade, preferencialmente que tenha o mesmo objeto social da extinta, nos termos do inciso IV do art. 4º da referida lei.

Para que sejam admitidas legalmente como OSCIP, necessitam, ainda, tais entidades desenvolver alguma das atividades constantes no art. 3º da Lei n. 9.790/99, que entendemos oportuno transcrever, na íntegra, a seguir:

> Art. 3º A qualificação instituída por esta Lei, observado em qualquer caso, o princípio da universalização dos serviços, no respectivo âmbito de atuação das Organizações, somente será conferida às pessoas jurídicas de direito privado, sem fins lucrativos, cujos objetivos sociais tenham pelo menos uma das seguintes finalidades:
>
> I — promoção da assistência social;
>
> II — promoção da cultura, defesa e conservação do patrimônio histórico e artístico;
>
> III — promoção gratuita da educação, observando-se a forma complementar de participação das organizações de participação das organizações de que trata esta Lei;
>
> IV — promoção gratuita da saúde, observando-se a forma complementar de participação das organizações de que trata esta Lei;

V — promoção da segurança alimentar e nutricional;

VI — defesa, preservação e conservação do meio ambiente e promoção do desenvolvimento sustentável;

VII — promoção do voluntariado;

VIII — promoção do desenvolvimento econômico e social e combate à pobreza;

IX — experimentação, não lucrativa, de novos modelos sócio-produtivos e de sistemas alternativos de produção, comércio, emprego e crédito;

X — promoção de direitos estabelecidos, construção de novos direitos e assessoria jurídica gratuita de interesse suplementar;

XI — promoção da ética, da paz, da cidadania, dos direitos humanos, da democracia e de outros valores universais;

XII — estudos e pesquisas, desenvolvimento de tecnologias alternativas, produção e divulgação de informações e conhecimentos técnicos e científicos que digam respeito às atividades mencionadas neste artigo.

Parágrafo único. Para os fins deste artigo, a dedicação às atividades nele previstas configura-se mediante a execução direta de projetos, programas, planos de ações correlatas, por meio da doação de recursos físicos, humanos e financeiros, ou ainda pela prestação de serviços intermediários de apoio a outras organizações sem fins lucrativos e a órgãos do setor público que atuem em áreas afins.

Não obstante a diferenciação apresentada pela lei em comento, que teve por um de seus objetivos estabelecer parceria dessas entidades com o poder público, as características das organizações do terceiro setor são basicamente as mesmas.

Milani Filho (2004, p. 9) resume essas características da seguinte maneira:

- Não há proprietários;
- Possuem autonomia para conduzirem suas atividades e administração;
- Suprem parte do papel do Estado atendendo necessidades sociais;
- Possuem estrutura e presença institucional;
- São dotadas de interesse social e visam proporcionar benefícios à sociedade na qual atuam;
- São unidades econômicas;
- Necessitam de recursos para manter suas atividades, podendo a fonte ser pública ou privada;
- Não distribuem resultados aos seus membros, reinvestindo os superávits obtidos;
- Podem gozar de privilégios fiscais conforme a legislação vigente.

Note-se, com as características acima de rol taxativo, que essas organizações que compõem o terceiro setor e o novo terceiro setor possuem uma relevante responsabilidade social.

Convém recordar que o denominado novo terceiro setor surgiu com o implemento da Lei n. 9.790/99, criando-se uma nova qualificação para as pessoas jurídicas de direito privado sem fins lucrativos.

A lei, conforme já referido, dispôs quem seriam especificamente essas pessoas para facilitar-lhes o acesso aos recursos públicos, com o que a União reconheceu legalmente as entidades sem fins lucrativos, ou as denominadas Organizações não Governamentais.

1.2. Posição Econômica Mundial

Atualmente, quando vemos o Brasil assumir a sexta posição na economia mundial, tem sido bastante referido o crescimento econômico, deixando-se de observar os dados de 2012 do Programa das Nações Unidas para o Desenvolvimento (PNUD), em que o país do futebol e do samba amarga a octogésima quarta posição no *ranking* mundial, dentre 187 países avaliados em reação ao Índice de Desenvolvimento Humano (IDH). Acerca dessas diferenças sociais é que se exalta a importância do Terceiro Setor, que integra basicamente os serviços voluntários ou empregos criados nas mais diversas funções, setor esse que passaremos a analisar com mais clareza.

2. DA RESPONSABILIDADE SOCIAL

Para analisar a responsabilidade social do terceiro setor torna-se imprescindível a abordagem ao trabalho voluntário, estimulada e até por vezes patrocinada pelo próprio Estado.

Nesse âmbito, ninguém melhor que Landin *et. al.* (2000, p. 11), que conceituam o trabalho voluntário como o exercido por cidadão que, "*motivado pelos seus valores de participação e solidariedade, doa seu tempo, trabalho e talento, de maneira espontânea e não remunerada, para causas de interesse social e comunitário*".

O reconhecimento do trabalho voluntário foi formalmente abordado com a edição da Lei n. 9.608, de 18 de fevereiro de 1998, a denominada *lei do voluntariado*, que em seu artigo primeiro o define como o trabalho prestado pela pessoa sem fim lucrativo e sem gerar obrigações trabalhistas ou previdenciárias.

No que se refere à responsabilidade social de cada ente do terceiro setor, são as ações socialmente responsáveis que devem ser inerentes às organizações que se proponham a preencher as lacunas expostas pela ausência ou insuficiência das ações do poder público a fim de suprir as demandas da sociedade não atendidas pelo Estado ou pela iniciativa privada.

Fernandes (2005, p. 26), partindo dessa ideia, presume que a esfera pública não se limita ao âmbito do Estado, mas inclui a cidadania e entende que a vida pública é feita de atividade cidadã e não tão somente de atos de governo.

É evidente que o crescimento abrupto das organizações do terceiro setor deve ser apontado às falhas do poder público, que, inerte, deixa aos dois outros setores a execução das políticas sociais.

As propostas de suprimento das necessidades básicas do bem público executadas por outros setores, ressalte-se, não possuem o condão de substituir a ação estatal, muito pelo contrário, devem ser desenvolvidas em conjunto, de forma articulada com o objetivo de torná-las mais eficazes ao combate social a que se destinam.

Esse tipo de organização adota diversas formas de trabalho, inclusive o já referido e significativo trabalho voluntário e o trabalho formal, regido pela Consolidação das Leis Trabalhistas (CLT).

Para Rifkin (1997, p. 20), a sociedade civil cria capital social e empregos, sem, no entanto, diferenciar organizações sem fins lucrativos de sociedade civil, e mostra a importância do setor na relação entre perda de emprego na indústria e na geração de emprego.

Com o avanço econômico, as organizações do terceiro setor passaram a se preocupar com a administração dessas entidades, haja vista o crescimento dos desafios e problemas que surgiam com a gestão.

Enfatiza-se nas últimas décadas que as paraestatais têm evoluído de forma exagerada, de modo a assumir aspectos fortemente transformadores.

Assumem, assim, um papel participativo social relevante, com investimentos advindos da iniciativa privada. Evoluem administrativamente disponibilizando treinamento de seu pessoal voluntário e contratado.

As paraestatais, mais do que se adequaram ao sistema capitalista competitivo, passaram a ser administradas como se fossem empresas para angariar mais investimentos e até mesmo credibilidade. Não por poucas vezes se assiste, na televisão, a propagandas de entidades filantrópicas com apoio de entidades privadas que se utilizam da filantropia do terceiro setor para a promoção empresarial. Poderíamos afirmar que se trata de quase um sistema cooperativo de finalidades diversas.

Para Tenório (2006, p. 14), após os anos 90, o terceiro setor se viu obrigado a focar em sua missão e repensar o funcionamento para enfrentar os desafios vindouros.

A fim de que se intensifique a promoção do desenvolvimento social, deve-se dar a devida condição às políticas sociais, o denominado "local", onde estão os elementos dessas políticas, ou seja, as parcerias privadas e públicas devem reunir os interesses políticos para alavancar o desenvolvimento social local.

Harvey (1989, p. 71) enfatizou que o território local é produto e elemento ativo nas decisões de localização de capital, de forma a sustentar uma maior articulação e ou cooperação entre a administração pública e os interesses privados e sociais, as denominadas parcerias público-privadas.

Ocorre que os problemas que envolvem a descentralização do poder público são muito maiores do que aparentam ao público em geral. Todos somos, muitas vezes, paralisados pela burocracia enraizada desde os primórdios da formação do poder público, provenientes do Brasil império e toda a corte que se sustentava com as riquezas daqui extraídas. Hoje, somos levados a acreditar que a mesma burocracia serve para fiscalizar e até impedir que existam desvios dessas verbas, para que elas possam atingir o fim pretendido.

Contudo, acreditamos que uma descentralização dos programas setoriais, que priorize o envolvimento dos entes governamentais com os demais setores da iniciativa privada, facilitaria a participação social já adequada às realidades sociais. Ocorre que em níveis estadual e federal o pacto federativo ainda não tem definidas as funções a serem desenvolvidas por cada ente. Entende-se que à União caberia a coordenação, implementação, análise de projetos, verificação de viabilidade e definição de critérios para a aplicação e distribuição equitativa dos recursos.

Landim (2002, p. 24), em sua obra *ONGs e universidades: Desafios para a cooperação na América Latina*, ao discorrer sobre o apoio das entidades filantrópicas, afirma que as especificidades dessa colaboração dão-se sobre o pano de fundo dos vícios históricos da relação entre Estado e Sociedade, em que forte é a marca do corporativismo, do clientelismo e de transferências de fundos públicos para mãos privadas.

Não obstante as adversidades governamentais, o Brasil é um Estado complexo, compreendendo mais de 5.500 municípios, cujas administrações e capacidades financeiras nunca são equânimes.

Para Draibe (1996, p. 58), a União continuaria com a finalidade de estabelecer diretrizes e orientar recursos para o desenvolvimento e definindo estrategicamente as prioridades sociais.

Como vem ocorrendo com a implementação do Programa de Aceleração do Crescimento (PAC), o Governo Federal já demonstra a preocupação na definição e estratégias de combate à pobreza e políticas, principalmente com o desenvolvimento sustentável. É evidente que o PAC é um sistema de investimentos macroeconômicos que não envolve diretamente o objeto do nosso estudo, qual seja, o desenvolvimento do Terceiro Setor. No entanto, a criação de empregos dele proveniente, com políticas sociais que envolvam oportunidades aos setores menos favorecidos, podem integrar o desenvolvimento dos locais que são objeto dos trabalhos das entidades sem fins lucrativos, daí a importância de políticas conjuntas viáveis.

Trata-se do fortalecimento das políticas sociais mais desenvolvidas e operadas pelo terceiro setor, não se podendo excluir as ações não governamentais das ações público-administrativas em rol de promoções pessoais ou financeiras que visem a um fim diverso do que se discute.

Para Hofling (2001, p. 31), o Estado é visto como propagador de atividades políticas, envolvendo-se nos diversos ramos da sociedade. Contudo, esse mesmo

Estado não pode ser reduzido à burocracia, sendo de responsabilidade do Estado o implemento das políticas públicas, que não podem ser reduzidas a políticas estatais.

Por fim, exposta a importância do setor em estudo, cumpre-me demonstrar seu crescimento no Brasil.

Segundo o Ministério da Previdência e Assistência Social (2012), em 2006, existiam pouco mais de 5.200 entidades filantrópicas com registro e que detinham a Certificação de Entidades Beneficentes de Assistência Social (CEBAS), em que são cadastradas apenas as entidades isentas. Em 2012, são 5.761 entidades filantrópicas, o que demonstra um aumento em mais de 10% no número dessas entidades.

Ressalte-se que os números aqui analisados se referem às entidades com certificação (CEBAS). Não se analisou o número total de entidades sem fins lucrativos, pois essas ultrapassam 200 mil organizações em todo o Brasil. Contudo, as que possuem relevância para o nosso estudo fazem parte do Cadastro do Ministério da Previdência e Assistência Social.

Portanto, o que esse apresenta é a formação de uma nova denominação de espaço público, com condições para as mais diversas práticas ao exercício da cidadania, sendo tendente o terceiro setor crescer ainda mais, preenchendo as funções do Estado na atuação social.

CONCLUSÃO

Em suma, convive-se hoje no Brasil com o Terceiro Setor fazendo as vezes do Estado quase inerte e não participativo. Setor esse que vem assumindo a responsabilidade do Estado e desenvolvendo os mais diversos meios de implementação social. As entidades sem fins lucrativos têm-se aprimorado para receber investimentos e angariar credibilidade junto à iniciativa privada, solucionando seus problemas de gestão. Têm investido em qualificação de pessoal profissional e voluntário.

Com o surgimento da Lei n. 9.790/99 — Lei das Organizações da Sociedade Civil de Interesse Público (OSCIP) —, criou-se uma nova qualificação para pessoas jurídicas de direito privado sem fins lucrativos, facilitando o acesso aos recursos públicos, o que demonstra o reconhecimento legal das ONGs pelo Estado.

As entidades sem fins lucrativos buscam a participação e a inclusão cidadã a fim de atender os grupos historicamente excluídos. Por isso, cabe à União ratificar a atuação do Terceiro Setor com incentivos federais e com leis que possibilitem o desenvolvimento desse importante trabalho. Por outro lado, não basta a publicação da Lei das OSCIP, faz-se necessário a efetiva liberação de verbas públicas ao setor.

Portanto, ao buscarem a minoração das carências da sociedade, as fundações são a alternativa de mobilização social. Fortalecem a democracia, implementam os setores mais carentes e buscam a inclusão das minorias desfavorecidas.

REFERÊNCIAS BIBLIOGRÁFICAS

DRAIBE, Sonia et. al. (1996). Políticas sociales y programas de combate a la pobreza en Brasil. In: RACZYNSKI, Dagmar (ed.) (1996). *Estrategias para combatir la pobreza en América Latina: programas, instituciones y recursos*, BID/CIEPLAN, Santiago.

FERNANDES, Rubens. C. *Privado porém público:* o terceiro setor na América Latina. Rio de Janeiro: Relume Dumará, 1994.

FERNANDES, Rubem César. O que é o Terceiro Setor? In: IOSCHPE, Evelyn Berg (Org.). *3º Setor: Desenvolvimento social sustentado.* 3. ed. Rio de Janeiro: Paz e Terra, 2005.

HARVEY, David (1989). *From managerialism to entrepeneurialism:* the transformation in urban governance in late capitalism. Geografiska Annaler.

LANDIN, Leilah e SCALON, Maria Celi. *Doações e trabalho voluntário no Brasil — uma pesquisa.* Rio de Janeiro: Sete Letras, 2000.

LANDIM, Leilah. Múltiplas Identidades das ONGs. In: HADDAD, Sérgio. (Org.). *ONGs e universidades:* Desafios para a cooperação na América Latina. São Paulo: Peirópolis, 2002.

MINISTÉRIO DA PREVIDÊNCIA E ASSISTÊNCIA SOCIAL — MPAS — *Cadastro das entidades isentas.* Disponível em: <http://www020.dataprev.gov.br/pls/filantro/filan$filan.querylist>. Acesso em: 17 mar. 2012.

PNUD <http://www.pnud.org.br/pobreza desigualdade/reportagens/>. Acesso em: 16 mar. 2012.

REZENDE, Tomáz de Aquino. *Roteiro do Terceiro Setor.* Belo Horizonte: Publicare, 1999.

RIFIKIN, Jeremy. Identidade e natureza do terceiro setor. In: IOSCHPE, Evelyn Berg (Org.). *3º Setor. Desenvolvimento social sustentado.* Rio de Janeiro: Paz e Terra, 1997.

ROTHGIESSER, Tanya L. *Sociedade Civil Brasileira e o Terceiro Setor.* Disponível em: <http://www.terceirosetor.org.br/>. Acesso em: 18 mar. 2012.

HOFLING, Eloisa de Mattos. *Estado e Políticas (públicas) sociais.* 2001. Disponível em: <http://www.scielo.br/pdf/ccedes/v21n55/5539.pdf.> Acesso em: 18 mar. 2012.

SOARES, A. C. A. A. *Desafios gerenciais de organizações do terceiro setor de Belo Horizonte na percepção de seus gerentes.* Dissertação (Mestrado em Administração) — Faculdade Novos Horizontes, Belo Horizonte, 2008.

TENÓRIO, F. (Org.). *Gestão de ONG's:* principais funções gerenciais. Rio de Janeiro: Editora da Fundação Getúlio Vargas, 2006.

THOMPSON, Andrea A. Do compromisso à eficiência? Os caminhos do Terceiro Setor na América Latina. In: IOSCHPE, Evelyn Berg (Org.). *3º Setor: Desenvolvimento social sustentado.* 3. ed. Rio de Janeiro: Paz e Terra, 2005.

REGULAMENTAÇÃO E CONSCIENTIZAÇÃO DA RESPONSABILIDADE SOCIAL NO MUNDO GLOBALIZADO

Alyson da Silva Leal

Advogado no Sul de Minas Gerais. Mestre em Direito Regulatório e Responsabilidade Social pela Universidade Ibirapuera — UNIB/SP. Especialista em Direito Empresarial pela Pontifícia Universidade Católica de Minas Gerais — PUC/MG. Professor de Direito Internacional Público e Direito Internacional Privado da Universidade de Campus de Alfenas/MG.

Regulamentação e Conscientização da Responsabilidade Social no Mundo Globalizado

1. CONSIDERAÇÕES INICIAIS

A globalização sentida e vivida por todos durante os últimos anos traz avanços, mas há de se questionar sobre seus efeitos colaterais. Continuamos por enfrentar mazelas como a desigualdade social, a pobreza e tensões sociais que nos levam a indagar se de fato caminhamos pela melhor estrada, se o sistema econômico dá chances para todos e se propaga valores que nos levam a uma vida melhor em sociedade.

Com o advento do sistema capitalista, intensifica-se a ação de empresas transnacionais por todos os cantos, recrutando funcionários das populações locais com mão de obra mais barata, a fim de que o resultado final da produção seja realmente competitivo no mercado global acirrado, em face da propagação do liberalismo e o fim dos entraves comerciais entre os países.

Se, por um lado, isso leva ao aumento dos impostos locais, o que significa a construção de mais estradas, reparos e investimentos em infraestrutura, por outro, suscita a dúvida sobre as vantagens percebidas pelo entorno local, diga-se, funcionários, consumidores, comunidade, meio ambiente.

Com o aumento do número de empresas por todas as partes, o ser humano se descobre em um mundo preconizador de um estilo de vida de bem-estar, sinônimo de felicidade, liberdade, segurança e, portanto, evolução. Ou talvez não.

Se o sistema é excelente porque nos move, é também amedrontador se pensarmos que os padrões difundidos nos colocam sempre insatisfeitos.

Porque verificam-se padrões de comportamento neste mundo pós-moderno que a todo tempo nos predispõe à prova de nossa capacidade inventiva em nos aperfeiçoar, reinventar, adaptar, numa busca incessante para a adequação ao que propõe o sistema consumista.

A sociedade, em grande parte, para ter os itens que prometem ser a solução para os problemas da ausência de tempo, sinônimo para uma vida mais confortável e instrumento condutor ao bem-estar, faz o que pode — e até mesmo o que não pode — para não ficar para trás.

A condução por padrões difundidos por todas as mídias que prometem ser a garantia para o encontro do reconhecimento e do sucesso, em uma tentativa de cópia dos heróis pós-modernos, difundidos e aceitos muitas vezes sem grandes questionamentos, não seria uma falsa promessa que o caminho é o adotado? E será que existe algum mal em copiarmos esses heróis? Que heróis são esses?

Existiria algum problema em realizar sacrifícios descomedidos para aparentarmos ser quem não somos, mas gostaríamos de ser?

Uma reflexão pontual sobre o preço pago para "sermos" nesta sociedade é fundamental; se a liberdade auferida em detrimento do fruto do trabalho é liberdade de fato; se a competição acirrada do sistema não leva à destituição de valores essenciais para a vida em sociedade.

No mesmo sentido, para a sociedade importa saber qual deve ser o papel a ser desempenhado pelos sujeitos envolvidos no processo capitalista, sob pena de tornar o sistema econômico inócuo e sem sentido.

2. BREVES REFLEXÕES SOBRE A GLOBALIZAÇÃO

No decorrer da última década do século XX, extraordinárias mudanças foram percebidas por milhões de pessoas diante de um mundo moldado por novas tecnologias, novas estruturas sociais, uma nova economia e uma nova cultura a ser desenhada.

Em meados da década de 1990 surgia a Organização Mundial do Comércio (OMC), que, frente à globalização econômica, caracterizava-se pela propagação do livre-comércio como uma nova ordem que viria beneficiar todas as nações, gerando uma expansão econômica mundial, cujos frutos acabariam chegando a todas as pessoas, inclusive às mais pobres.

Em sua obra *Conexões Ocultas*, Capra (2005, p. 140) faz uma reflexão sobre as redes do capitalismo global, afirmando que a informática desempenhou papel decisivo na ascensão das ligações em rede (networking) como nova forma de organização da atividade nos negócios, na política, nos meios de comunicação e nas organizações não governamentais.

Ressalta, todavia, que vários problemas surgiram frente à nova ordem (2005, p. 141):

> Entretanto, um número cada vez maior de ambientalistas e ativistas de movimentos sociais logo percebeu que as novas regras econômicas estabelecidas pela OMC eram manifestamente insustentáveis e estavam gerando um sem-número de consequências tétricas, todas elas ligadas entre si —

desintegração social, o fim da democracia, uma deterioração mais rápida e extensa do meio ambiente, o surgimento e a disseminação de novas doenças e uma pobreza e alienação cada vez maiores.

A revolução global da informática e da comunicação baseada no uso de tecnologias novas e revolucionárias, com destaque para a Internet — um sistema global feito de milhares de redes interconectadas, ligando milhões de computadores e aparentemente capaz de uma expansão e diversificação infinitas —, representou uma democratização da informação e a propagação dos ideais capitalistas.

O modelo keynesiano da economia capitalista, baseado em um contrato social entre o capital e o trabalho e em um controle sutil dos ciclos econômicos nacionais por meio de medidas tomadas pelo poder estatal — elevação ou redução das taxas de juros, aumento ou diminuição dos impostos —, utilizado por várias décadas após a Segunda Guerra Mundial, teve de ser reestruturado quando a crise do petróleo abateu-se sobre os países industrializados no fim da década de 1970, junto com uma inflação galopante e um desemprego gigantesco.

Afirma Capra (2005, p. 147):

> Os economistas keynesianos concentraram-se na economia interna de cada país, desconsiderando os tratados econômicos internacionais e a rede comercial global que se tornava cada vez maior; esqueceram-se do imenso poder das empresas multinacionais, que se tornaram os elementos principais da cena econômica mundial; e por último, mas não menos importante, ignoraram os custos sociais e ambientais das atividades econômicas, como ainda estão acostumados a fazer a maioria dos economistas.

> Reagindo à crise, os governos e empresas ocidentais encetaram um doloroso processo de reestruturação do capitalismo, ao mesmo tempo que um processo paralelo de reestruturação do comunismo — a *perestroika* de Gorbachev — ocorria na União Soviética. O processo de reestruturação do capitalismo foi marcado pela gradativa anulação do contrato social entre o capital e o trabalho, pela desregulamentação e liberalização do mercado financeiro e por muitas mudanças empresariais criadas para incentivar a flexibilidade e a capacidade de adaptação. Realizou-se de modo pragmático, por tentativa e erro, e teve efeitos muito diferentes nos diversos países do mundo — desde os efeitos desastrosos da "*Reaganomics*" sobre a economia dos EUA até a bem-sucedida mistura de alta tecnologia, competitividade e cooperação da economia japonesa, passando pela resistência ao sucateamento do bem-estar social na Europa Ocidental. Mas, por fim, a reestruturação do capitalismo impôs uma disciplina econômica comum aos países da nova economia global, através da atividade dos bancos centrais e do Fundo Monetário Internacional.

Ressalta Capra (2002, p. 149) ainda que as tecnologias sofisticadas de informática e telecomunicações permitem que o capital funcione em tempo real, gerando oportunidades de investimento pelo planeta inteiro, o que faz com que as margens de lucro no mercado financeiro sejam, em geral, muito mais altas do que na maioria dos investimentos diretos:

> As novas empresas criadas para a internet, as famosas "ponto.com", que durante certo tempo acusaram aumentos prodigiosos de valor sem dar lucro algum, são exemplos marcantes da dissociação entre ganhos financeiros e ganhos produtivos na nova economia. Por outro lado, também o valor de mercado de empresas sólidas e produtivas diminui drasticamente, arruinando as empresas e levando a gigantescos cortes de pessoal apesar de um bom desempenho contínuo, em virtude simplesmente de mudanças sutis no ambiente financeiro das mesmas empresas.

O processo de globalização econômica está intimamente conectado a grandes países capitalistas, às principais empresas multinacionais e instituições financeiras globais, destacando-se o Banco Mundial, o Fundo Monetário Internacional e a Organização Mundial do Comércio. No mesmo sentido, continua Capra (2005, p. 150):

> As economias grandes, dotadas de bancos fortes, geralmente são capazes de suportar a turbulência financeira, sofrendo somente danos limitados e temporários; mas a situação é muito menos confortável para os chamados "mercados emergentes" da metade sul do globo, cujas economias são pequenas em comparação com os mercados internacionais. Em virtude do seu forte potencial de crescimento econômico, esses países tornam-se alvos preferenciais para os jogadores do cassino global, que fazem investimentos gigantescos nos mercados emergentes mas retiram esses investimentos com a mesma rapidez ao menor sinal de enfraquecimento da economia.
> Quando fazem isso, desestabilizam as economias pequenas, desencadeiam a fuga de capitais e criam uma crise de grandes proporções. Para recuperar a confiança dos investidores, o país aflingido geralmente é induzido pelo FMI a aumentar as taxas de juros, ao preço devastador do aprofundamento da recessão local. As recentes quebras de mercados financeiros lançaram cerca de 40% da população mundial numa recessão profunda!

Como importante consequência da concentração exclusiva nos lucros e no valor das ações, há um significativo aumento de fusões e aquisições empresariais, numa constante em que os proprietários de grandes empresas fazem aquisições hostis para penetrar em novos mercados, para crescer, comprar tecnologias especiais desenvolvidas, provocando mudanças estruturais rápidas e drásticas para as quais as pessoas encontram-se despreparadas, causando instabilidade, tensão e medo.

Sobre essa insegurança, afirma Bauman (1999, p. 41):

> A manipulação da incerteza é a essência e o desafio primário na luta pelo poder e influência dentro de toda a totalidade estruturada — antes e acima de tudo na sua forma mais radical, a da moderna organização burocrática e particularmente da burocracia do Estado Moderno.

Afirma Hobsbawm (2007, p. 11) sobre os reflexos da globalização:

> Primeiro, a globalização acompanhada de mercados livres, atualmente tão em voga, trouxe consigo uma dramática acentuação das desigualdades econômicas e sociais no interior das nações e entre elas. Não há indícios de que essa polarização não esteja prosseguindo dentro dos países, apesar de uma diminuição geral da pobreza extrema. Este surto de desigualdade, especialmente em condições de extrema instabilidade econômica como as que se criaram com os mercados livres globais na década de 1990, está na base das importantes tensões sociais e políticas do novo século.

Ainda sobre o assunto, Bauman (1999, p. 16) discorre sobre as consequências da globalização e a mobilidade gerada às pessoas que investem:

> A mobilidade adquirida por "pessoas que investem" — aquelas com capital, com dinheiro necessário para investir — significa uma nova desconexão do poder face a obrigações, com efeito, uma desconexão sem precedentes na sua radical incondicionalidade: obrigações com os empregados, mas também com os jovens e fracos, com as gerações futuras e com a autorreprodução das condições gerais de vida; em suma, liberdade face ao dever de cumprir para a vida cotidiana e a perpetuação da comunidade. Surge uma nova assimetria entre a natureza extraterritorial do poder e a contínua territorialidade da "vida como um todo" — assimetria que o poder agora desarraigado, capaz de se mudar de repente ou sem aviso, é livre para explorar e abandonar às consequências dessa exploração. Livrar-se da responsabilidade pelas consequências é o ganho mais cobiçado e ansiado que a nova mobilidade propicia ao capital sem amarras locais, que flutua livremente. Os custos de se arcar com as consequências não precisam agora ser contabilizados no cálculo da "eficácia" do investimento. (...)
>
> O efeito geral da nova mobilidade é que quase nunca surge para o capital e as finanças a necessidade de dobrar o inflexível, de afastar os obstáculos, de superar ou aliviar a resistência; e, quando surge, pode muito bem ser descartada em favor de uma opção mais suave. O capital pode sempre se mudar para locais mais pacíficos se o compromisso com a "alteridade" exigir uma aplicação dispendiosa de força ou negociações cansativas. Não há necessidade de se comprometer se basta evitar.

Essa onda de incertezas, gerada pela possibilidade de alternância de locais de investimento, gera grande impacto na medida em que essa liberdade global do movimento, em que se buscam os melhores mercados, com as melhores condições para a produção e a obtenção de maior margem de lucro possível, ofusca questões de ordem social.

À medida que as empresas se reestruturam e assumem a forma de redes descentralizadas, ligadas a redes de fornecedores e prestadores de serviços, as tradicionais comunidades da classe trabalhadora praticamente desaparecem em detrimento dos contratos individuais, o que significa que o trabalho perde a sua identidade coletiva e seu poder de negociação.

Afirma Capra (2005, p. 155):

> A fragmentação e a individualização do trabalho e o gradativo sucateamento das instituições e leis de bem-estar social, que cedem à pressão da globalização econômica, significam que a ascensão do capitalismo global tem sido acompanhada por uma desigualdade e uma polarização social crescentes. O abismo entre ricos e pobres aumentou significativamente, tanto em nível internacional quanto dentro de cada país. (...)
>
> O capitalismo global fez aumentar a pobreza e a desigualdade social não só através da transformação das relações entre o capital e o trabalho, mas também por meio do processo de "exclusão social", que é uma consequência direta da estrutura em rede da nova economia. À medida que os fluxos de capital e informação interligam redes que se espalham pelo mundo inteiro, eles ao mesmo tempo excluem dessas redes todas as populações e territórios que não têm valor e nem interesse para a busca de ganhos financeiros. Em decorrência dessa exclusão social, certos segmentos da sociedade, certos bairros, regiões e até países inteiros tornam-se irrelevantes do ponto de vista econômico.

Com a mais recente tecnologia para movimentar largas somas de dinheiro mundo afora, a globalização ofertou mais oportunidades aos extremamente ricos de ganhar dinheiro mais rápido, não causando, entretanto, impactos positivos na vida dos mais pobres.

No mínimo é fantasiosa a ideia de que, como se comporta o sistema atual, a liberdade de comércio e a mobilidade de capital é o caminho para a multiplicação de riqueza para todos.

E a mentira da promessa de multiplicação de riquezas é obtida pela mensagem subentendida de que os próprios pobres são responsáveis por seu destino e que o problema, amplamente difundido pela mídia, está restrito à questão da fome.

Bauman acrescenta (1999, p. 81):

> As notícias são pautadas e editadas de modo a reduzir o problema da pobreza e privação apenas à questão da fome. Esse estratagema mata dois coelhos com uma cajadada: a verdadeira escala da pobreza é omitida (800 milhões de pessoas são permanentemente subnutridas, mas cerca de 4 bilhões — dois terços da população mundial — vivem na pobreza) e a tarefa a enfrentar é limitada a arranjar comida aos famintos. Mas, como assinala Kapuscinski, essa apresentação do problema da pobreza (como exemplifica uma edição recente do *The Economist* que analisa a pobreza mundial sob o título "Como alimentar o mundo") "degrada terrivelmente e praticamente nega a condição humana plena das pessoas a quem supostamente queremos ajudar". O que a equação "pobreza = fome" esconde são muitos outros aspectos complexos da pobreza — "horríveis condições de vida e moradia, doença, analfabetismo, agressão, famílias destruídas, enfraquecimento dos laços sociais, ausência de futuro e de produtividade" —; aflições que não podem ser curadas com biscoitos superproteicos e leite em pó. Kapusscinki lembra que perambulou por vilas e aldeias africanas, encontrando crianças "que imploravam não pão, água, chocolate ou brinquedos, mas uma esferográfica, pois iam à escola e não tinham com que escrever as lições."

Além da alienação das pessoas que não enxergam os problemas advindos da economia globalizada, também há constante fomento por uma insatisfação contínua, conduzindo-as a estilos e padrões de vida livremente concorrentes, em uma sociedade de consumidores que tenta aniquilar a subjetividade do sujeito, transformando todos em mercadorias.

3. DE UMA SOCIEDADE DE CONSUMO PARA UMA SOCIEDADE CONSUMISTA

O sistema capitalista, no qual as pessoas forçosamente são inseridas, transformando-se ao mesmo tempo em promotoras das mercadorias e nas próprias mercadorias que promovem, causam impactos relevantes na vida social.

Afirma Bauman (2008, p. 20):

> Na sociedade de consumidores, ninguém pode se tornar sujeito sem primeiro virar mercadoria, e ninguém pode manter segura sua subjetividade sem reanimar, ressuscitar e recarregar de maneira perpétua as capacidades esperadas e exigidas de uma mercadoria vendável. A "subjetividade" do "sujeito", e a maior parte daquilo que essa subjetividade possibilita ao sujeito atingir, concentra-se num esforço sem fim para ela própria se tornar, e permanecer, uma mercadoria vendável.

Observando-se que o mercado obedece a regras nas quais o destino final de toda a mercadoria é ser consumida por compradores, que os compradores desejarão obter mercadorias para consumo se — e somente se — consumi-las por algo que prometa satisfazer seus desejos e, por fim, que o preço depende da credibilidade da oferta e da intensidade do desejo, Bauman (2008, p. 19) cita Slatter, ao afirmar que:

> o retrato dos consumidores pintado nas descrições eruditas da vida de consumo varia entre os extremos de "patetas e idiotas culturais" e "heróis da modernidade". No primeiro polo, os consumidores são representados como o oposto de agentes soberanos: ludibriados por promessas fraudulentas, atraídos, seduzidos, impelidos e manobrados de outras maneiras por pressões flagrantes ou sub-reptícias, embora invariavelmente poderosas. No outro extremo, o suposto retrato do consumidor encapsula todas as virtudes pelas quais a modernidade deseja ser louvada — como a racionalidade, a forte autonomia, a capacidade de autodefinição e de autoafirmação violenta. Tais retratos representam um portador de "determinação e inteligência heroicas que podem transformar a natureza e a sociedade e submetê-las à autoridade dos desejos dos indivíduos, escolhidos livremente no plano privado.

Cabe aos consumidores o engajamento para que não se tornem invisíveis, ignorados, ridicularizados ou rejeitados entre os demais, mas impulsionados a todo momento para que se tornem notados, comentados e destacados.

Bauman (2008, p. 21) enfatiza:

> Nesses sonhos, "ser famoso" não significa mais nada (mas também "nada menos") do que aparecer nas primeiras páginas de revistas e em milhões de telas, ser visto, notado, comentado, e, portanto, presumivelmente desejado por muitos — assim como sapatos, saias ou acessórios exibidos nas revistas luxuosas e nas telas de TV, e por isso vistos, notados, comentados, desejados... "Há mais coisas na vida além da mídia", observa Germaine Greer, "mas não muito... Na era da informação, a invisibilidade é equivalente à morte". A recomodificação constante, ininterrupta, é para a mercadoria. Logo, também para o consumidor, equivale ao que é o metabolismo para os organismos vivos.

Os consumidores são cada vez mais estimulados a usar a internet como opção segura e controlada, evitando encontros face a face.

Apesar das comodidades oferecidas, dos produtos estarem todos devidamente especificados, sem necessitar de se indispor com um vendedor, de se perder o precioso tempo, por outro prisma a internet acaba por se tornar ferramenta de desabilitação social, já que através dela não se necessita mais se dirigir a alguém, nem mesmo um olhar que revele personalidades, pensamentos, emoções íntimas.

Tornou-se muito mais confortante usar o *mouse*. Os desejos também continuaram sendo apenas os de cada um, que podem ser satisfeitos a qualquer momento sem a influência do vendedor, com apenas alguns *clicks*, que, ao contrário das lojas não virtuais, estão abertas 24 horas e à disposição.

O consumismo através da internet está presente, inclusive, na busca por parceiros. Isso porque os usuários interessados são estimulados a utilizar essa mídia como uma opção que evita o risco e a imprevisibilidade dos encontros "face a face". E assim como buscam produtos em catálogos, na busca por um parceiro ideal, passam de um *site* para outro.

Bauman (2008, p. 25) explica:

> A companhia de seres humanos de carne e osso faz com que os clientes habituais das agências de encontro pela internet, adequadamente preparados pelas práticas do mercado de produtos, sintam-se constrangidos. Os tipos de mercadorias com os quais foram treinados a se sociabilizar são para tocar, mas não têm mãos para tocar, são despidas para serem examinadas, mas não devolvem o olhar nem requerem que este seja devolvido, e assim se abstêm de se expor ao escrutínio do examinador, enquanto placidamente se expõem ao exame do cliente. Podemos examiná-las por inteiro sem temer que nossos olhos — as janelas dos segredos mais privados da alma — sejam eles próprios examinados. Grande parte da atração exercida pelas agências da internet deriva da reclassificação dos parceiros humanos procurados como os tipos de mercadorias com as quais os consumidores treinados estão acostumados a se defrontar e que sabem muito bem manejar. Quanto mais experientes e "maduros" se tornam os clientes, mais ficam surpresos, confusos e embaraçados quando chegam "face a face" e descobrem que os olhares devem ser devolvidos e que, nas "transações", eles, os sujeitos, também são objetos.

E entre as maneiras que o consumidor enfrenta a insatisfação, a principal é descartar os objetos que a causam.

Como uma mercadoria, as pessoas escolhem umas às outras por seu rótulo e enfrentam a insatisfação através do descarte daquilo que as fazem sofrer.

Afirma Baulman (2008, p. 32):

> Uma relação pura centralizada na utilidade e na satisfação é, evidentemente, o exato oposto de amizade, devoção, solidariedade e amor — todas aquelas relações EU-VOCÊ destinadas a desempenhar o papel de cimento no edifício do convívio humano.

A relação pura retratada por Bauman, inspirada por práticas consumistas, promete que a passagem para a felicidade será fácil e livre de problemas, enquanto faz a felicidade e o propósito reféns do destino — é mais como ganhar na loteria do que um ato de criação e esforço. Difícil é frear o consumismo vivenciado, uma vez que é meio para sustentar a economia do convívio humano. Consumismo é atributo da sociedade, que a coloca em movimento. É um tipo de arranjo social resultante da reciclagem de vontades, desejos e anseios humanos rotineiros, transformando-se na principal força propulsora e operativa da sociedade, uma força que coordena a integração e a estratificação social.

Anteriormente à sociedade consumista, vivíamos em uma sociedade de produtores: a apropriação e a posse de bens que garantissem o respeito e o conforto eram as principais motivações dos desejos nessa sociedade, comprometida com a segurança estável e a estabilidade segura; os padrões de reprodução se davam em longo prazo.

É o princípio modelo da fase sólida da modernidade, fase da segurança. Uma era de fábricas e exércitos de massas, de regras obrigatórias e conformidades às mesmas, com estratégias burocráticas de dominação para evocar disciplina e subordinação, na padronização e rotinização do comportamento individual.

Bauman (2008, p. 42) define a era sólido-moderna da sociedade de produtores:

> A sociedade de produtores, principal modelo societário da fase "sólida" da modernidade, foi basicamente orientada para a segurança. Nessa busca, apostou no desejo humano de um ambiente confiável, ordenado, regular, transparente e, como prova disso, duradouro, resistente ao tempo e seguro.
>
> Na era sólido-moderna da sociedade de produtores, a satisfação parecia de fato residir, acima de tudo, na promessa de segurança a longo prazo, não no desfrute imediato de prazeres. Essa outra satisfação, se alguém se entregasse a ela, deixaria o sabor amargo da imprevidência, se não do pecado.

Combatia-se, portanto, na sociedade de produtores o consumo imediato. A satisfação estava na promessa de segurança a longo prazo. A utilização do potencial de bens de consumo precisava ser adiada quase indefinidamente. Mas o desejo humano de segurança e os sonhos de um "estado estável" definitivo não se ajustam a uma sociedade de consumidores. Um ambiente líquido-moderno é inóspito ao planejamento, investimento e armazenamento de longo-prazo.

Vivemos numa cultura agorista e apressada, face, em parte, pelo impulso de adquirir e juntar, de descartar e substituir.

Nesse sentido, Bauman (1998, p. 23) discorre:

> No mundo pós-moderno de estilos e padrões de vida livremente concorrentes, há ainda um severo teste de pureza que se requer seja transposto por todo aquele que solicite ser ali admitido: tem de mostrar-se capaz de ser seduzido pela infinita possibilidade e constante renovação promovida

pelo mercado consumidor, de se regozijar com a sorte de vestir e despir identidades, de passar a vida na caça interminável de cada vez mais intensas sensações e cada vez mais inebriante experiência. Nem todos podem passar nessa prova. Aqueles que não podem são a "sujeira" da pureza pós-moderna.

De fato, a maioria dos bens valiosos perde seu brilho e sua atração com rapidez, e se houver atraso eles podem se tornar adequados apenas para o depósito de lixo, antes mesmo de terem sido desfrutados. Na economia consumista, baseada no excesso e no desperdício, mais produtos estão indo para o lixo.

Afirma Bauman (2008, p. 63):

O argumento apresentado pelo consumo crescente ao pleitear o *status* de estrada real para a maior felicidade de um número cada vez maior de pessoas ainda não foi comprovado, e muito menos encerrado. O caso permanece em aberto. E à medida que os fatos relevantes são estudados, as evidências em favor do queixoso se tornam mais dúbias e pouco numerosas. Com a continuação do julgamento, as evidências em contrário se acumulam, provando, ou pelo menos indicando fortemente, que, em oposição às alegações do queixoso, uma economia orientada para o consumo promove ativamente a deslealdade, solapa a confiança e aprofunda o sentimento de insegurança, tornando-se ela própria uma fonte do medo que promete curar ou dispersar — o medo que satura a vida líquido-moderna e é a causa principal da variedade líquido-moderna de infelicidade.

A maior atração de uma vida de compras é a oferta abundante de novos começos e ressurreições. As pessoas são impulsionadas, na grande maioria das vezes diga-se ludibriadas, por uma estratégia de atenção contínua à construção e reconstrução da autoidentidade, que também pode representar um impulso de se preocupar com os outros (não no melhor sentido) e o desejo que os outros se preocupem conosco, aumentando certamente uma dependência perigosa e a ausência de capacidade de selecionar o que lhe é mais favorável.

Não há espaço nessa sociedade, portanto, para preocupação com o próximo, onde sempre se precisa de mais e nunca se tem o bastante.

Os membros se ajustam para viver de forma individual, estruturados em torno dos *shoppings centers* em que as mercadorias são simplesmente procuradas, encontradas e obtidas.

As crianças são diretamente envolvidas com as coisas materiais onde todos precisam e devem ser e têm de ser um consumidor por vocação.

O pobre é forçado a gastar o pouco que tem para "ser". É forçado a gastar o pouco que tem com objetos de consumo sem sentido e não com suas necessidades básicas, para evitar a perspectiva de ser provocado e humilhado socialmente.

Nessa busca desenfreada, Martins (2009) observa:

> Há a adoção de um equipamento de identificação, como trajes, calçados, adornos pessoais e objetos complementares, como óculos, relógios e agora o celular, que no seu cenário de ocultamento cotidiano, que é a rua, lhe permita imitar quem não é, mas gostaria de ser, a elite cujos padrões são difundidos pelo cinema, pela televisão e pelos jornais e revistas.

A sociedade está impregnada por um padrão de consumo e de comportamento peculiares, que nega o ser em detrimento do ter.

Ainda segundo Bauman, os membros da sociedade de consumo são eles próprios mercadorias de consumo.

Há a exclusão dos que ficam parados, em uma negação enfática da procrastinação; convive-se com a velocidade, o excesso e desperdício; vida de aprendizado rápido, mas também de esquecimento veloz; as notícias são dadas de pé pelos apresentadores dos telejornais, uma vez, que se sentados, tem-se a impressão de que a notícia tem uma duração mais duradoura e profunda; vive-se em uma possibilidade infindável de novos começos; observa-se uma crescente fragilidade e superficialidade dos vínculos humanos; o espaço virtual passa a ser o espaço natural de seus membros; há uma proliferação de comunidades guarda-casacos, com a facilidade de se entrar e sair à vontade dos lugares públicos, sem qualquer relacionamento mais duradouro com o outro; vive-se em uma comunidade cibernética livre dos riscos da socialização.

O consumidor satisfeito significa a ameaça mais apavorante na sociedade de consumo na medida em que a promessa de satisfação só permanece sedutora enquanto o desejo continua insatisfeito. O consumidor satisfeito não coloca em movimento o consumismo e, portanto, representa ameaça à economia orientada para o consumo.

Bauman (2008, p. 64) acrescenta:

> Se a busca por realização deve prosseguir e se as novas promessas devem ser atraentes e cativantes, as promessas já feitas devem ser rotineiramente quebradas e as esperanças de realização, frustradas com regularidade. Cada uma das promessas deve ser enganadora, ou ao menos exagerada. Do contrário, a busca acaba ou o ardor com que é feita (e também sua intensidade) caem abaixo do nível necessário para manter a circulação de mercadorias entre as linhas de montagem, as lojas e as latas de lixo. Sem a repetida frustração dos desejos, a demanda de consumo logo se esgotaria e a economia voltada para o consumidor ficaria sem combustível.

Na sociedade consumista busca-se incessantemente pela negação da responsabilidade, desculpando-se a todo instante pelas ações prejudiciais, justificando os atos e eximindo de proibições com base na ausência de intencionalidade.

Mas o principal dano colateral do consumismo, segundo Hochschild, citado por Bauman (2008, p. 153), é a materialização do amor:

> Expostos a um bombardeio contínuo de anúncios graças a uma média diária de três horas de televisão (metade de todo o seu tempo de lazer), os trabalhadores são persuadidos a "precisar de mais coisas". Para comprar aquilo que agora necessitam precisam de dinheiro. Para ganhar dinheiro, aumentam sua jornada de trabalho. Estando fora de casa por tantas horas, compensam sua ausência do lar com presentes que custam dinheiro. Materializam o amor. E assim continua o ciclo.

Numa sociedade de consumidores — um mundo que avalia qualquer pessoa e qualquer coisa por seu valor como mercadoria — os consumidores falhos são "inúteis e perigosos".

O consumo excessivo representa sucesso, autoestrada que conduz ao aplauso e à fama: é sinônimo de felicidade. A miséria dos que ficam de fora, como malogro causado coletivamente, é justificada como prova de um pecado cometido individualmente. Supõe-se que a subclasse da sociedade de consumidores seja um agregado de vítimas individuais de escolhas individuais erradas. Mas a pergunta que poucos se lembram de fazer é se de fato há oportunidades para todos.

4. UMA NOVA ORDEM MORAL: LIBERALISMO X COMUNITARISMO

Mediante o quadro apresentado, em uma experiência inegável que o mundo se torna um ambiente vivido como incerto, incontrolável e até mesmo assustador, não se pode deixar de lado uma reflexão que se fixe em objetivos éticos que se estendam além da esfera da responsabilidade pessoal.

Ao mesmo tempo que se torna evidente que os seres humanos gritam para que sejam tratados como organismos vivos, capazes de pensar, sofrer, organizar-se e construir valores, a sociedade atual orienta-se ao culto do prazer e ao poder.

Elizete Passos (2009, p. 26) comenta:

> No primeiro aspecto (prazer), desenvolveu um hedonismo que, longe de levar ao bem-estar das pessoas, fomentou seu isolamento, sua depressão e a falta de perspectiva para o futuro. No segundo aspecto (poder), o poder econômico ganhou o mais alto alcance, fazendo o ser humano voltar-se totalmente para a procura dos meios que possibilitem o crescimento de seu poder econômico. Assim, a sociedade capitalista em que vivemos gerou

relações materiais e sociais que dividem a população em classes antagônicas: uma que desfruta dos benefícios do poder e outra que sofre as consequências do poder. Todos desejam o bem-estar material, mas apenas alguns o conseguem e desfrutam dele.

Dentro dessa realidade, a concepção moral também se orienta na exploração do ser humano pelo ser humano, onde o egoísmo, a hipocrisia, o lucro e o individualismo são incentivados e até cultuados. A lei é do "salve-se quem puder"; cada indivíduo confia apenas em si mesmo e empreende todos os esforços em prol da realização de seus interesses. Em função disso, tudo se tornou lícito, inclusive o conhecimento da existência do outro. O coletivo foi esquecido; aliás, para a manutenção dessas relações, o coletivo não pode ser um objetivo.

O que é valorizado não é o ser humano com anseios naturais à sua existência, mas como ferramenta produtiva, capaz de tornar-se útil aos interesses do sistema, alienando-o continuamente para que se submeta ao produto de seu próprio trabalho, tratando as coisas por ele criadas como meta fundamental da vida.

Complementa Elizete Passos (2009, p. 27):

> A moral que vigora em nossa sociedade baseia-se na exploração do ser humano e no aviltamento da pessoa. Não se preocupa em saber o que é bom para ele, e sim o que é benéfico ao processo produtivo, ao capital em que o egoísmo e o culto do eu tornaram-se qualidades e sinônimos de progresso e maturidade.
>
> Essa prática moral identifica-se com as necessidades de justificação e acomodação necessárias a uma sociedade regida pela desigualdade e pelo processo de exploração interna e externa. Desse modo, nossa moral despreza as virtudes públicas da justiça social, igualdade e liberdade e valoriza os ditos "vícios" individuais, tais como: sexo, vestimenta, descanso, ou seja, prende-se no moralismo privado, deixando de lado a moral pública.
>
> O fato é que, através de mecanismos individuais ou institucionais, a sociedade faz com que os indivíduos tenham um tipo de comportamento que satisfaz a seus interesses, estabelecendo relações materiais e sociais perversas, na medida em que quer fazer de todos fiéis servidores dos direcionamentos do capital.

Bauman (1998, p. 244) discorre sobre o antagonismo entre essa linha divisória do liberal e do comunitário, chamando a atenção que a contradição entre eles é genuína e não há ginástica filosófica que possa saná-la:

> Esse é um problema demasiado real numa sociedade organizada em torno de princípios liberais, e um problema que os comunitários pretendem atacar

e resolver. No entanto, o problema consiste em contrapor a capacidade prática de escolher aos requisitos impostos aos indivíduos pela necessidade de escolher, ao passo que os comunitários propõem, em vez disso, sanar as penosas consequências da desproporção, não elevando os direitos ao nível das possibilidades que a condição de liberdade acarreta *in potentia*, mas convertendo em virtude as restrições impostas ao exercício do direito de escolher e, assim, dificultar ainda mais a efetivação desse potencial de liberdade. Como tantas vezes na prática da engenharia social, o remédio proposto tem toda possibilidade de tornar a enfermidade grave.

Os valores são mais importantes do que os direitos dos indivíduos, ou a tarefa da "sobrevivência" que deve ter primazia sobre habilitações individuais são lemas que agradam a consciência humanitária e têm todo direito a importunar a complacência liberal, uma vez que procedem das camadas excluídas, que se afligem com a falta de possibilidade de escolher numa sociedade em que ser um indivíduo é equivalente a ser um livre selecionador, mas em que a liberdade de escolha prática é um privilégio, e uma vez que esses lemas são empregados como advertências de que a obra de promoção da liberdade está longe de completa, e que a sua conclusão exigirá fazer algo para retificar a atual redistribuição de recursos, que priva grandes setores de pretensos indivíduos do exercício de sua individualidade.

Arremata Bauman (1998, p. 245):

O comunitarismo não é um remédio para as falhas inerentes do liberalismo. Tanto o comunitarismo quanto o liberalismo são projeções de sonhos nascidos da contradição real inerente à difícil situação dos indivíduos autônomos. Cada um é apenas uma projeção unilateral que, a bem da própria coerência, tende a atenuar o fato de que nenhuma das virtudes da difícil situação do indivíduo pode sobreviver à eliminação de seus infortúnios. Em todas as circunstâncias, a vida do indivíduo autônomo não pode deixar de ser atravessada entre os dois extremos igualmente sem atrativos, e essa travessia requer que a liberdade seja aceita conjuntamente com os riscos que acarreta. Passar ao largo da tentação de sacrificar a liberdade em nome da condição livre de riscos é toda a possibilidade de vida significativa e dignificada que os indivíduos humanos podem sensatamente esperar, por mais que os filósofos façam para impedi-los de encarar essa verdade.

É pertinente, assim, a afirmação que é inverídica a velha máxima que só existe uma verdade.

Isso porque a liberdade do homem em proceder suas escolhas só de fato existe quando se respeita a pluralidade de valores, longe da unicidade, baseada na imposição de valores.

Explica Elizete Passos (2009, p. 29):

A liberdade é o cerne dessa nova ética. Entendida como supressão de todo o tipo de coação, interna e externa, e de toda repressão imposta pela lei ou pela necessidade. Em outras palavras, o ser humano torna-se livre quando consegue olhar a realidade de forma mais simples, mais alegre e menos séria. Quando ele consegue ultrapassar o modelo de trabalho alienado, centrado na seriedade e na falta de prazer. Livre da repressão e da exploração, representativas de uma sociedade comprometida apenas com a produtividade, com o lucro desmedido e com o sucesso a qualquer preço.

Apesar da hegemonia que os valores capitalistas mantêm, no mundo atual, cresce a consciência que não basta viver, que a vida não pode resumir-se a ganhar dinheiro sem sequer ter tempo para gastá-lo, que, além das necessidades físicas, os indivíduos possuem as espirituais (amizade, prazer, cultura, descanso). O novo discurso filosófico (pós-modernidade) partilha desse ideal voltando-se para a vida prática e distanciando-se das fórmulas e dos saberes estabelecidos. É no bojo dessas possibilidades que essa nova moral, que pode ser identificada como emancipatória, se coloca.

Essa ética pode ser assumida como a da justiça social, ao colocar em primeiro plano o bem, em detrimento da defesa da lei moral. A ela não interessam as condições de raça, classe ou sexo, pois seu compromisso é com a liberdade de escolha de todos os indivíduos e com a superação de toda a forma de exploração e dominação, inclusive aquela que tem sido exercida pela razão sobre os instintos e sentimentos. Essa proposta procura trabalhar com o sério ao lado do prazer e do belo. (...)

Só através da transgressão à ordem estabelecida o ser humano terá condições de alcançar a liberdade e eleger o seu próprio caminho. O que não significa "o reino da liberdade", a falta de limites e critérios, mas sim a substituição de critérios externos por internos, pela escolha responsável, que é, sem dúvida, o paradigma ético mais eficaz para assegurar a convivência pacífica entre os indivíduos e reconhecer os contrários. (...)

Acreditamos que somente numa sociedade igualitária, onde os indivíduos tenham os mesmos direitos de participar das decisões e execuções dos projetos sociais, onde o trabalho seja desenvolvido cooperativamente por todos, onde a marginalidade e o preconceito sejam abolidos, será possível o desenvolvimento de uma moral cujos valores sejam representativos de todos os indivíduos, e a vida humana seja respeitada em todos os sentidos. No dizer de Vásquez (1975, p. 39), "uma nova moral, verdadeiramente humana, implicará numa mudança de atitude diante do trabalho, num desenvolvimento do espírito coletivista, na eliminação do espírito de posse, do individualismo, do racismo e do chauvinismo; trará também uma mudança radical na atitude para com a mulher e a estabilização das relações familiares. Em suma, significará a realização efetiva do princípio kantiano que convida a considerar sempre o homem como fim e não como meio".

Por outro lado, como dissemos, não devemos lutar contra a individualidade, e sim contra o individualismo. As qualidades individuais devem ser respeitadas e assumidas dentro da esfera pública, criando condições para que seus anseios e desejos possam ser realizados, desde que não se transformem em egoísmo e individualismo. Situações que deixariam de reconhecer a existência do outro e passariam por cima de qualidades como tolerância, cooperação social e equidade.

É necessário reconhecer, portanto, que, embora estejamos inseridos em um modelo capitalista que propaga o livre mercado, deve-se, sobretudo, antes mesmo da liberdade, defender o respeito à dignidade das pessoas e a justiça social.

Acima da liberdade de contratar, propalada pelo regime democrático de direito, deve existir uma observância aos direitos dos consumidores, à proteção do meio ambiente e da responsabilidade social da empresa.

5. RESPONSABILIDADE SOCIAL

Nesse esteio, em muito se tem debatido a respeito da ética nos negócios, da filantropia empresarial, filantropia estratégica e cidadania empresarial, termos que em nosso país são substituídos costumeiramente pela expressão responsabilidade social.

Passos (2009, p. 65) explica o uso dessas terminologias:

> Os primeiros estudos no país afirmavam que o termo era "controvertido e de difícil precisão" (Duarte *et al.*, 1986). Segundo os autores, havia quem o entendesse como obrigação legal, comportamento ético, ou filantropia e caridade.
>
> Mais recentemente, em trabalho de 1999, Shommer *et al.* asseguram que o termo continua sendo de difícil precisão, agora já envolvido com outros conceitos, tais como: filantropia empresarial, filantropia estratégica, cidadania empresarial e ética nos negócios.
>
> As autoras nos ajudam a encontrar um caminho ao discutirem cada um desses conceitos em particular. Por exemplo, dizem que no Brasil há uma rejeição ao termo filantropia, porque o mesmo está impregnado de significados que o conduzem à ideia religiosa de caridade e doação. Afirmam que há quem prefira cidadania empresarial, por achar que ele é mais amplo e pode incluir práticas filantrópicas e de responsabilidade social; entretanto, que ele é mais apropriado a ações voltadas para a comunidade, realizadas

por empresas a partir da criação de fundações e institutos. Por fim, que em nosso país é mais comum o uso da expressão responsabilidade social para as ações praticadas por empresas. Em suas palavras: "no Brasil a ideia de responsabilidade social é mais utilizada diretamente relacionada à ação empresarial, lucrativa, podendo incluir ou não ações filantrópicas ou com a comunidade" (p. 5).

A responsabilidade social pressupõe muito mais do que uma ação responsável por uma empresa que age de forma correta, considerando a consciência e o compromisso com mudanças sociais.

Tais práticas e objetivos sociais não podem ser misturados com interesses comerciais e econômicos, em que pese indiretamente ser revertido para as empresas todos os benefícios de se praticar atos que contribuam para a sociedade de maneira pró-ativa na luta com os problemas sociais.

Fundamental, portanto, o papel desempenhado pelas empresas no processo de desenvolvimento e justiça social.

Muitas empresas começam a realizar atividades pensando suas estratégias e missões dentro da comunidade, de caráter eminentemente social, inimagináveis para organizações capitalistas.

A globalização, na medida em que fornece uma evolução dos meios de comunicação e das tecnologias de informação, influi também nas condutas dessas empresas, já que seus atos passam a ser cada vez mais públicos, demandando um cuidado maior com a própria imagem da empresa.

A informação de condutas condenáveis de qualquer empresa como abuso do meio ambiente, exploração de seus funcionários, chega aos consumidores em qualquer parte do planeta de forma instantânea.

Mas há de se afirmar que a responsabilidade social das empresas deve ser mais do que uma preocupação que possa arranhar a imagem e prejudicar os negócios, mas, sim, partir de uma integração voluntária, não significando respeitar e cumprir as necessidades legais e realizar o seu objetivo do lucro, mas privilegiar a visão do empreendimento como parte responsável por um ambiente e uma sociedade.

Cappelin e Giuliani traduzem a responsabilidade social da empresa nos seguintes termos:

> Na busca de eficiência e excelência empresarial, parece não ser mais satisfatória a tradicional alquimia do cálculo custo-benefício com o aumento da produtividade e a ampliação das vendas no mercado. Os critérios de avaliação do sucesso começam a incorporar dimensões que vão além da organização econômica e que dizem respeito à vida social, cultural e à preservação ambiental. Pode-se dizer que a eficiência não é só "fazer as coisas bem", segundo as regras de mercado, mas é "fazer as coisas boas" segundo princípios éticos.

Ocorre que ainda muitos empresários insistem em basear suas ideias na Teoria do Acionista (STOCKHOLDER THEORY — MILTON FRIEDMAN), segundo a qual os acionistas adquirem ações da empresa com a única finalidade de maximizar o retorno de seu investimento, cabendo aos administradores essa tarefa, fazendo com que a empresa obtenha o maior lucro possível.

Disso resulta uma visão individualista, na qual os dirigentes de uma empresa privada sentem-se obrigados a privilegiar os interesses dos acionistas, que não visualizam em um primeiro momento que os negócios podem conviver com a ética e que tal parceria é necessária e benéfica à vida dos seres humanos e das empresas, acima da questão do lucro.

6. A REGULAMENTAÇÃO DA RESPONSABILIDADE SOCIAL COM ÊNFASE NO DIREITO INTERNACIONAL

Questão tormentosa merecedora de atenção é a problemática em se saber se ao regulamentar a responsabilidade social estaria se descaracterizando o instituto, que para alguns autores deve apresentar cunho eminentemente filantrópico, pressupondo consciência, compromisso e livre iniciativa para com as mudanças sociais.

Tal argumento, entretanto, merece ser rebatido na medida em que o Estado, ao dividir com empresas a responsabilidade em proporcionar uma vida mais digna para as pessoas, não desautoriza, mas, muito pelo contrário, abre espaço para que referidas empresas reconheçam seu importante papel não só com acionistas e clientes, mas também para com os seres humanos, para a construção de uma sociedade melhor, através de uma prática orientada pela ética, além das obrigações legais e econômicas.

Práticas sociais não podem ser aqui utilizadas com interesses comerciais e econômicos, o que quer dizer que devem os envolvidos atuar sobremaneira com ética, e não buscar agregar à marca de seus produtos vantagens econômicas, advindas, irrefutavelmente, através da credibilidade dos trabalhos realizados por meio da responsabilidade social.

Por todo o exposto, a questão de que cabe ao Estado de forma estanque a responsabilidade por toda a forma de assistência e serviços que tivessem como fim o bem-estar social e às empresas privadas proporcionar lucros aos seus acionistas deve ser superada.

A partir desse critério, persistem divisões de grandes empresas privadas em três grandes modelos, conforme Passos (2009, p. 166):

> Aquelas que visam apenas ao lucro e são assumidamente negócios; as que se colocam como organizações sociais e procuram satisfazer aos interesses de uma rede de pessoas e, por último, as empresas socialmente responsáveis, que não se preocupam apenas com o lucro econômico, mas também com o social, com a transformação social. Infelizmente, essas são em número bem menor do que as duas anteriores.

Indubitavelmente, na mentalidade e na prática de muitos empresários e dirigentes de empresas, basta tão somente pagarem seus impostos e criarem empregos para terem cumprido com suas obrigações.

Tal visão encontra-se ultrapassada na medida em que a responsabilidade social não mais pressupõe ação responsável pelas empresas com os segmentos com quem lidam, mas um verdadeiro compromisso com mudanças sociais: a construção de uma sociedade mais justa, solidária, honesta, melhor para todos, orientada pela ética, vencendo questões que se limitam com as obrigações assumidas perante os acionistas, obrigações legais e econômicas.

Há de se reiterar que a responsabilidade social realizada não pode servir como marketing para as empresas que dela se utilizam como filosofia, uma vez que é sabido que há maior aceitação por parte dos consumidores dos produtos e serviços de empresas consideradas socialmente responsáveis, não confundindo tal prática com interesses comerciais e econômicos.

Afirma ainda Passos (2009, p. 167):

> A verdadeira responsabilidade social deve voltar-se para a promoção da cidadania e do bem-estar tanto do público interno quanto externo. As empresas precisam colocar seu conhecimento, seus instrumentos de gestão e seus recursos econômicos a serviço de seus colaboradores, dos membros da sociedade e da defesa do meio ambiente.
>
> Não poderia ser diferente, pois, sendo a responsabilidade uma questão ética, as empresas precisam comportar-se de forma justa com todas as pessoas com quem elas relacionam-se direta ou indiretamente: colaboradores, clientes, fornecedores, consumidores, acionistas e comunidade. Precisam ficar atentas às necessidades das pessoas que são afetadas por elas, não como uma postura legal ou filantrópica, mas como compromisso e responsabilidade. A responsabilidade social só existe em empresas que foram além das obrigações impostas e absorveram conscientemente outras.

Daí em que possa parecer existir uma incongruência entre a responsabilidade social e a regulação estatal, porque a responsabilidade social regulamentada não se coaduna com o ideal do voluntarismo necessário à filantropia, é fato que para a implementação e a disseminação desses valores é necessário em princípio um órgão superior capaz de orientar práticas filantrópicas.

Mesmo que se defenda arduamente que a responsabilidade social deva ter o voluntarismo como referência obrigatória, há de se afirmar que tal consciência é abafada pela tão difundida busca incessante do lucro, daí se tornar fundamental que o Estado intervenha, regulamentando na medida em que beneficia, favorece e estimula a prática do humanismo, da ética e da solidariedade para com o todo.

É fato que há uma forte tendência mundial, internamente em muitos Estados, ajudando a desenhar essa nova estrutura denominada de Estado Regulador.

Ultrapassados os ideais extremos de países como a Inglaterra de Margaret Thatcher e de Ronald Reagan nos Estados Unidos, que na década de 1980 acreditavam que com a implementação de um Estado Mínimo que defendesse a liberdade econômica como princípio fundamental desaguaria no bem-estar social (*welfare state*), ao flexibilizarem leis e não intervirem no mercado econômico, cabendo ao próprio mercado prover o bem-estar social, remetendo-nos inclusive, recentemente, à uma crise no setor financeiro imobiliário americano, criando uma pane econômica de ordem mundial sem precedentes, e, também, sistemas centralizadores, como o da União Soviética, onde o Estado era a própria economia, não havendo espaço para a livre-iniciativa, rompendo-se em 1989, parece razoável a necessidade de existir um Estado Regulador equilibrado.

Aqui, a presença estatal não deve se fazer sentir, mais uma vez, por medidas extremas, não se rendendo nem ao clientelismo e à troca de favores das multinacionais, ferozes para a obtenção do lucro, e nem mesmo ao assistencialismo descomedido, fazendo gerar mais impostos.

O Estado regulador deve não somente delegar para a iniciativa privada a execução de obras e serviços que até então eram de sua função exclusiva, mas, também, como fiscalizador, incentivar a prática da responsabilidade social através, por exemplo, de concessão de benefícios fiscais.

O ideal, portanto, é fazer intervenções na economia, através de regulamentações que inibam o espírito selvagem da busca incessante pelo lucro, diminuindo a brutalidade que se vive em função do sistema capitalista, sem que para isso se descaracterize a responsabilidade social desempenhada pelas empresas que dela possam se beneficiar.

Conforme já aludido, não se pode mais ter uma visão tacanha de que intervenções no sistema financeiro impliquem na ampliação do papel do Estado na economia e que por isso signifique a retomada de sistemas centralizadores e autoritários.

A crise econômica iniciada em 2008 mostrou, de maneira clara, que as forças de mercado que atuam livre de regulações do Estado são altamente prejudiciais para a sociedade como um todo.

A regulamentação é salutar na medida em que freia a devastação dos recursos naturais, que devoram fontes de energia e geram toneladas de resíduos, além de, conforme amplamente debatido, gerar a inclusão social efetiva, com um Estado que não esteja comprometido pela lógica patrimonialista e clientelista que favorece interesses privados minoritários.

Com a existência de regras bem definidas, justas aos olhos dos que participam do jogo econômico, sem se esquecer do ser humano, que deve figurar como protagonista e não como mero coadjuvante, a prosperidade virá como resultado para todos, com a sobrevivência e a sustentabilidade da humanidade, em um ambiente bem melhor do que aquele em que se vive atualmente.

No âmbito interno dos países, a regulamentação pode e deve se tornar viável, mas não se pode fechar os olhos para a mesma questão em âmbito internacional, na medida em que, no contexto da globalização, a problemática persiste em âmbito mundial.

Afinal, o respeito pela dignidade da pessoa humana e pelos direitos humanos básicos devem ser acatados e não menosprezados por redes de fluxos financeiros nas quais o capital se movimenta em ritmo acelerado, passando rapidamente por vários lugares na busca frenética das melhores oportunidades de investimento.

Essa afronta de contornos mundiais e não somente domésticos deve-se ao fato de, conforme já aludido, a sociedade internacional, ao contrário do que ocorre com as sociedades nacionais organizadas, ser ainda descentralizada.

Afirmar Rezek (2010, p. 1):

> No plano interno, a autoridade superior e o braço forte do Estado garantem a vigência da ordem jurídica, subordinando compulsoriamente as proposições minoritárias à vontade da maioria, e fazendo valer, para todos, tanto o acervo legislativo quanto as situações e os atos jurídicos que, mesmo no âmbito privado, se produzem na sua conformidade. No plano internacional não existe autoridade superior nem milícia permanente. Os Estados se organizam horizontalmente e dispõem-se a proceder de acordo com normas jurídicas na exata medida em que essas tenham constituído objeto de seu consentimento.

Considerando que o legislador interno não consegue normatizar todas as problemáticas notadas em face da globalização e que o Direito Internacional, não só por se caracterizar pela ausência de centralização e soberania supranacional, mas pela coordenação dos Estados, que somente agem por livre consentimento, a regulamentação da responsabilidade social pode se tornar inócua nas relações interestatais.

Afirma Menezes (2005, p. 111):

> O Direito Internacional é transformado pelo processo de globalização que oferece um leque de temas a serem regulados, e o obriga, de alguma forma, a possibilitar mecanismos que deem uma resposta à sociedade que se desenha e aos temas que se abrem em um horizonte ainda não totalmente descoberto.

Menezes cita temas que ganham maior relevância e se põem como desafios à regulamentação, como a globalização do comércio mundial, que envolvem não somente regras internacionais e transnacionais sobre bens e serviços, bem como a problemática da efetivação da proteção internacional dos direitos humanos, haja vista a inexistência de mecanismos efetivos que freiem o desrespeito em vários Estados às mulheres, crianças, aos deficientes físicos, além da permanência do preconceito racial.

Situação não menos diferente, portanto, é a questão da regulamentação da responsabilidade social, na medida em que o capitalismo tem se espalhado pelo mundo inteiro, elaborado intencionalmente pelos grandes países capitalistas, pelas empresas multinacionais e instituições financeiras globais.

Afirma Capra (2005, p. 154):

É certo que a nova economia enriqueceu uma elite mundial de especuladores financeiros, empresários e profissionais da alta tecnologia. Nos níveis mais altos, ocorreu uma acumulação de riqueza sem precedentes na história, e o capitalismo global também beneficiou algumas economias nacionais, especialmente em certos países asiáticos. No todo, porém, seus efeitos sociais e econômicos são desastrosos.

A fragmentação e a individualização do trabalho e o gradativo sucateamento das instituições e leis de bem-estar social, que cedem à pressão da globalização econômica, significam que a ascensão do capitalismo tem sido acompanhada por uma desigualdade e uma polarização social crescentes. O abismo entre os ricos e os pobres aumentou significativamente, tanto em nível internacional quanto dentro de cada país.

O capitalismo global fez aumentar a pobreza e a desigualdade social não só através da transformação das relações entre o capital e o trabalho, mas também por meio do processo de "exclusão social", que é uma consequência direta de estrutura em rede da nova economia. À medida que os fluxos de capital e informação interligam redes que se espalham pelo mundo inteiro, eles ao mesmo tempo excluem dessas redes todas as populações e territórios que não têm valor e nem interesse para a busca de ganhos financeiros. Em decorrência dessa exclusão social, certos segmentos da sociedade, certos bairros, certas regiões e até alguns países inteiros tornam-se irrelevantes do ponto de vista econômico.

Capra ainda discorre sobre os impactos sentidos sobre a ecologia (2005, p. 156):

Um dos princípios do neoliberalismo reza que os países pobres devem dedicar-se à produção de uns poucos produtos específicos para exportação a fim de obter moeda estrangeira, e devem importar a maior parte das demais mercadorias. Essa ênfase na exportação levou ao rápido esgotamento dos recursos naturais necessários para a produção de produtos agrícolas de exportação em um grande número de países — água doce que é desviada dos essenciais campos de arroz para zona de coleta de camarões; o plantio intensivo de espécies que precisam de muita água, como a cana-de-açúcar, o que culmina no esgotamento do lençol freático; o uso de terras férteis para a monocultura de produtos de exportação, como a soja; e o êxodo rural forçado de um número incalculável de agricultores. No mundo inteiro temos inúmeros exemplos de como a globalização está agravando a destruição ambiental.

O sucateamento da produção local em favor das importações e exportações, que é a tônica das regras de livre-comércio da OMC, aumenta dramaticamente a distância "da terra à mesa". Nos Estados Unidos, cada bocado de comida viaja, em média, mais de 1.600 quilômetros antes de ser comido, o que impõe sobre o meio ambiente uma carga enorme. Novas rodovias e aeroportos cruzam florestas antes intocadas; novos portos destroem mangues e habitats litorâneos; e o maior volume de transporte polui o ar e provoca frequentes derramamentos de petróleo e de produtos químicos. Estudos feitos na Alemanha indicam que a contribuição da produção não local de alimentos para o aquecimento global é de seis vezes maior do que a produção local, em virtude do aumento das emissões de CO_2.

Capra conclui (2005, p. 159);

Uma vez que o ganhar dinheiro é o valor máximo do capitalismo global, os representantes deste procuram sempre que possível eliminar as legislações ambientais com a desculpa do "livre-comércio", para que as mesmas legislações não prejudiquem os lucros. Assim, a nova economia provoca a destruição ambiental não só pelo aumento do impacto de suas operações sobre os ecossistemas do mundo, mas também pela eliminação das leis de proteção ao meio ambiente em países e mais países. Em outras palavras, a destruição ambiental não é somente um efeito colateral, mas um elemento essencial da concepção do capitalismo global. Conclui Goldsmith: "Evidentemente, não é possível proteger o nosso meio ambiente dentro do contexto de uma economia de livre-comércio global que busca o crescimento econômico incessante e, portanto, tende a fazer aumentar cada vez mais os efeitos maléficos das nossas atividades sobre um ambiente já fragilizado."

É imperioso afirmar que a ascensão da sociedade em rede através da forte globalização é acompanhada pelo declínio da força da soberania interna dos Estados Nacionais.

Isso porque os governos locais são cada vez menos capazes de controlar a política econômica nacional, colocando em questão sua autoridade e legitimidade, sem não deixar de citar a desintegração dos Estados face ao forte *lobby* de empresas multinacionais que financiam campanhas eleitorais em troca de políticas favoráveis aos interesses comerciais específicos.

As empresas multinacionais, por exemplo, cujo poder cresceu demasiadamente em todo esse processo, por meio de inúmeras fusões e aquisições, são impiedosas ao baixarem artificialmente os preços com o intuito de arruinar empresas pequenas que se dedicam ao mesmo ramo de atividade; distorcem informações relativas aos potenciais perigos de seus produtos; coagem os governos a eliminar quaisquer restrições, seja de cunho legislativo ou tributário, que não os favoreçam economicamente, sob o pretexto de criar empregos e trazer desenvolvimento, esquecendo-se os mais desavisados que entram e saem dos países com extrema facilidade, não se importando com os estragos humanos e ecológicos que provocam, uma vez que não se vinculam à cultura local, mas somente com o compromisso de auferir lucro, onde quer que seja, custe o que custar.

Hobsbawm (2007, p. 114) alerta que diante da globalização econômica há um cenário de ameaça constante à democracia, onde o governo não é para o povo, tendo em vista que a tomada de decisões ocorre em detrimento das forças das multinacionais, levando a tomada das decisões para o mais distante possível do alcance da publicidade e da própria política, concluindo:

> Enfrentaremos os problemas do século XXI com um conjunto de mecanismos políticos flagrantemente inadequados para resolvê-los. Esses mecanismos estão efetivamente confinados no interior das fronteiras dos Estados nacionais, cujo número está em crescimento, e se defrontam com um mundo global que está fora do seu alcance operacional. Nem sequer está claro até que ponto eles podem ser aplicados em territórios vastos e heterogêneos que têm esquemas políticos comuns, como a União Europeia. Eles se defrontam e competem com uma economia mundial que opera efetivamente por meio de instâncias bem distintas, para as quais considerações de legitimidade política e de comunidade de interesses não são aplicáveis — as empresas transnacionais. Essas empresas contornam a política na medida das possibilidades, que são muitas. Acima de tudo, os mecanismos políticos enfrentam os problemas fundamentais do futuro do mundo em uma era em que o impacto das ações humanas sobre a natureza e o próprio planeta como um todo tornou-se uma força de proporções geológicas. A solução, ou a mitigação, desses problemas requererá — tem de requerer — medidas que, com quase toda certeza, não encontrarão apoio na contagem de votos nem na determinação das preferências dos consumidores. Esta não é uma perspectiva encorajadora, seja para a democracia a longo prazo, seja para o planeta.

O modo de se obter os meios de planejar ações globais que contornem a força do processo econômico global que controla os mecanismos políticos é imperioso. A ausência de controle, conforme colocado, nem de longe é salutar.

Afirma Bauman (1999, p. 66):

> Em poucas palavras: ninguém parece estar no controle agora. Pior ainda — não está claro o que seria, nas circunstâncias atuais, "ter controle". Como

antes, todas as iniciativas e ações de ordenação são locais e orientadas para questões específicas; mas não há mais uma localidade com arrogância bastante para falar em nome da humanidade como um todo ou para ser ouvida e obedecida pela humanidade ao se pronunciar. Nem há uma questão única que possa captar e teleguiar a totalidade dos assuntos mundiais e impor a concordância global.

Resta claro que a atual ordem jurídico-estatal internacional baseada na soberania dos Estados nacionais não é garantia de uma ordem justa.

7. CONFERÊNCIA DE HABILIDADES E COMPETÊNCIAS PARA O CONSUMIDOR

Nessa sociedade internacionalizada todos somos partes integrantes e vivas da globalização e estamos interligados nesta rede complexa.

Ao nos tornarmos consumistas, face à ascensão do capitalismo global que busca elevar ao máximo a riqueza e o poder de suas elites, percebemos também que somos coniventes com um sistema insustentável, gerando um ambiente econômico, social e cultural que degrada a vida, tanto no sentido social quanto no sentido ecológico.

O grande desafio que se apresenta neste século certamente passa pela mudança de valores que atualmente determina a economia global, para chegarmos a um sistema compatível com as exigências da dignidade da pessoa humana e da sustentabilidade.

Passo importantíssimo a ser dado é educar a todos para que se tornem consumidores com habilidades e competências, forçando o sistema a ofertar bens e serviços compatíveis com as necessidades de todos, distribuindo mais efetivamente tais bens e desestimulando gastos desnecessários.

Hoffe elucida (2005, p. 500):

> Cabe a cada geração, em vez de apenas consumir, cultivar a capacidade de fazer uma poupança tridimensional (e não apenas econômica): uma "poupança conservadora para o futuro", nomeadamente, uma manutenção de instituições recursos; b) uma "poupança aquisitiva por meio de investimentos" (de capital, infraestrutura, tecnologias futuras); e c) uma "poupança preventiva por meio de reservas", a saber, o impedimento de guerras, catástrofes ecológicas, colapsos econômicos ou sociais. Na realidade do mundo dos Estados, todavia, acontece exatamente o oposto, pois se prioriza o consumo. Enquanto o PIB acusa um aumento das despesas atuais, ou seja, dos encargos sociais, das despesas com setor de saúde, do sistema de aposentadorias e das amortizações das dívidas públicas, registra-se uma redução das despesas futuras, isto é, dos investimentos em educação e em outras áreas de infraes-

trutura social e material. No entanto, o grande aumento da quota-parte de consumo no PIB em detrimento da quota-parte de investimentos significa uma injustiça cometida contra as gerações vindouras.

Uma conscientização geral sobre a questão do consumismo se faz imperiosa, na medida em que não se pode aceitar que a coletividade atual deprede e usufrua deliberadamente, sem qualquer responsabilidade e obrigação em recompor e recompensar o meio ambiente, com algo equivalente, para as próximas gerações.

Acrescenta Hoffe (2005, p. 497):

> Um outro corresponsável é o fracasso estrutural do mercado: enquanto as vantagens advindas de ações degradadoras do meio ambiente beneficiarem os agentes ativos, ao passo que desvantagens cabem à coletividade, ou seja, enquanto existir um abismo entre vantagem distributiva e dano coletivo, a degradação ambiental será racional.

Os consumidores precisam reconhecer as empresas multinacionais que esquivam-se das medidas de proteção ambiental tomadas por determinados Estados nacionais e que se dirigem a países com baixos padrões ecológicos, ou seja, com leis e tratados internacionais que não ofertam o necessário rigor de preservação, mantendo uma conduta de não consumir referidos produtos, sempre que possível.

Até porque a proteção ambiental não é luxo para ricos, mas para os pobres que sofrem diretamente as consequências da poluição do ar, do aumento do volume de lixo e da água não tratada.

Bauman acrescenta (2008, p. 174):

> Uma regra central e amplamente incontestada, já que não escrita, de uma sociedade de consumo é que ser livre para escolher exige competência: conhecimento, habilidades e determinação para usar tal poder.
>
> Liberdade de escolha não significa que todas as opções sejam corretas — elas podem ser boas e más, melhores e piores. A alternativa escolhida acaba sendo prova de competência ou de falta da mesma. Supõe-se que a "subclasse" da sociedade de consumidores, os "consumidores falhos", seja um agregado de vítimas individuais de escolhas individuais erradas, e tomadas como prova tangível da natureza pessoal das catástrofes e derrotas da vida, sempre um resultado de opções pessoais incompetentes.
>
> Em seu influente trabalho sobre as raízes da pobreza atual, Lawrence C. Mead destacou a incompetência dos atores individuais como principal causa da persistência da pobreza em meio à abundância, e do sórdido fracasso de todas as sucessivas políticas do Estado para eliminá-la. Pura e simplesmente,

os pobres carecem de competência para avaliar as vantagens do trabalho seguido do consumo — fazem escolhas erradas, colocando o "não trabalho" acima do trabalho e assim se isolando das delícias dos consumidores legítimos. É por causa dessa incompetência, diz Mead, que a invocação da ética do trabalho (e, de forma indireta mas inevitável, também dos fascínios do consumismo) cai sobre ouvidos moucos e deixa de influenciar as escolhas dos pobres.

E acrescenta (2008, p. 176):

Para os pobres da sociedade de consumidores, não adotar o modelo de vida consumista significa o estigma e a exclusão, enquanto abraçá-lo prenuncia mais do que impede a chegada...

Contrariando os valores cultuados pelo sistema, uma mudança de concepção se impõe para o bem de todos: o despertar para valores esquecidos não atrelados a bens materiais; uma nova visão sobre quem de fato são os heróis da sociedade globalizada, bem distante daqueles que se preocupam tão somente com o próprio bem-estar e a própria riqueza; a contaminação pela sede do conhecimento e não pela ambição fomentada pela busca desenfreada pelo lucro, o cultivo de hábitos esquecidos e ofuscados como o exercício por todos da cidadania e da não indiferença aos problemas alheios que, de fato, pertencem a todos, tornando as relações menos desfragmentadas e superficiais.

8. CONSCIENTIZAÇÃO DAS ATIVIDADES EMPRESARIAIS NO ÂMBITO INTERNACIONAL: A ECONOMIA DE COMUNHÃO

A desregulamentação financeira internacional, fundamento da doutrina liberal, indubitavelmente se demonstrou no decorrer dos tempos como fator preponderante para crises não só financeiras, como as experimentadas recentemente em 2008, mas sobretudo nas relações humanas.

Em que pese a globalização ter sido definida como um triunfo do liberalismo, restou claro que várias implicações pela avidez com que as empresas multinacionais exploram os recursos locais são extremamente prejudiciais para a maior parte da população.

Certamente, todos os países, com maior ou menor intensidade, possuem pessoas pobres, que vivem à margem da sociedade, cujos problemas, advindos do sistema capitalista, o Estado é incapaz de resolver solitariamente, como melhoria e qualidade de vida da sociedade.

Uma empresa multinacional não mais pode apenas ater-se à obrigação de cumprir as leis, pagar seus impostos e atentar-se para as condições adequadas de segurança e saúde dos trabalhadores.

Toda empresa deve ir além, zelando pelos seus valores morais, da mesma forma que zela pela sua qualidade, por suas marcas e seus produtos.

As atividades empresariais devem despertar para os quadros de miséria ao seu entorno e para o fato de que esses cenários constituem enormes riscos às possibilidades de realizações de seus intentos estratégicos negociais.

Que a prática da responsabilidade social não se torne meio para obtenção de resultados financeiros, mas, sobretudo, estratégia para melhorar o relacionamento entre funcionários, fornecedores, clientes e todos os demais envolvidos, oferencendo ambiente de trabalho adequado, salário justo, oportunidades de ascensão profissional independentemente de raça, sexo, cor.

Que sejam difundidos produtos seguros, bem projetados, com preço justo, através de propaganda veicular clara e não enganosa, que respeitem o meio ambiente com embalagens biodegradáveis, recicláveis, que protejam o meio ambiente contra a contaminação do ar e da água.

Que as empresas se preocupem mais com a sociedade, apoiando empreendimentos comunitários que favoreçam os menos privilegiados, apoiando o ensino, a arte, a saúde e programas de benefício comunitário.

Conforme claramente demonstrado, o modelo econômico vigente não se demonstra suficiente para garantir a satisfação do indivíduo e o seu bem-estar na sociedade.

Valores humanitários que resgatem as relações sociais entre os indivíduos de todas as classes, despertando-os para a importância da partilha, se tornam imprescindíveis.

Humanizar a economia impõe-se na medida em que em uma verdadeira economia de comunhão seja capaz de destinar parte de seus lucros para atender às necessidades mais urgentes de pessoas que estejam em dificuldades econômicas, difundindo a cultura da solidariedade, da paz e da legalidade, do cuidado com o meio ambiente dentro e fora da empresa, promovendo relações de abertura e confiança recíprocas entre todos, enfocando a pessoa humana, e não o capital.

9. CONCLUSÕES

A evolução humana que a trouxe até aqui não quer dizer que pôs fim e nem mesmo que tenha aparado velhos problemas. Entre avanços e retrocessos, e estagnações, o homem vive em um contexto social marcado pelo medo, pela insegurança, como se vivia antes mesmo de estar inserido em sociedade.

O sistema consumista, por ora entendido como necessário para a manutenção das relações entre os povos, fomentador de evoluções e conquistas inimagináveis, também fez dissipar a concorrência desleal, a desigualdade, o convívio desfragmentado e superficial entre as pessoas.

O sistema capitalista, que tem em sua essência o lucro como mola propulsora, vem conduzindo toda a humanidade a intermináveis buscas por intensas sensações onde nunca se está satisfeito, onde o prazer deve ser imediato, mas nunca satisfatório, condenando aqueles que procrastinam, rotulados como desconhecedores dos prazeres da vida.

Uma mudança se impõe. A começar pela retomada da consciência que a felicidade não pode estar integralmente relacionada à obtenção de bens materiais, onde super-heróis e protagonistas da vida real não se banalizem ao simples entendimento que devam ser pessoas economicamente bem-sucedidas.

Todos têm direito a participar dessa rede intrincada na qual se envolvam e dependam uns dos outros, sem que se faça oposição à "sujeira da sociedade", como são vistos os pobres, desempregados, que têm de fato muito a contribuir e participar.

Condições efetivas para a integração de boa parte da parcela da humanidade através de boa educação, meios dignos de sobrevivência, respeito, inclusão e evolução profissional são fundamentais para que a outra parcela não se sinta amedrontada e refém.

O Estado, as Organizações Internacionais, as empresas — principalmente as transnacionais — e os indivíduos, todos têm papel fundamental para superar o mal-estar vivenciado na pós-modernidade.

A começar pelas transnacionais, que devem suprir as lacunas não solucionadas pelo Estado, criando, dentro, no seu entorno e em todos os demais lugares ao seu alcance, uma relação de mútuo apoio em que se firme a solidariedade como filosofia, na busca pelo bem-estar de seus funcionários, a satisfação plena do consumidor e o sentimento de dever (e não obrigação) cumprido para com o espaço onde esteja inserido.

Não se está aqui dizendo que o lucro não é meta, mas o lucro pelo lucro — aquele que explora, e, portanto, cria uma cadeia prejudicial para os envolvidos na relação de consumo — deve ser combatido.

Aos Estados, frente à facilidade de mobilização das empresas e ausência de responsabilidade com o meio inserido, em detrimento do capital sem amarras, cabe criar mecanismos, não só internamente, mas no plano internacional, seja através de tratados, *soft laws*, conferências ou em suas cortes, para que tais empresas arquem com as consequências nefastas da ausência de uma filosofia de responsabilidade social.

Estados e transnacionais, juntos, devem laborar para que outros valores e outros modelos sejam transmitidos, evitando a propalação do prazer instantâneo incutido pelas possibilidades do consumismo, já que as consequências redundam na desfragmentação das relações interpessoais.

A regulação dos Estados deve amealhar também meios que despertem a consciência das pessoas no que tange à miséria.

Todos nós somos responsáveis pelos destinos dos que passam pelas mais severas privações, não cabendo mais a falsa argumentação que os pobres são responsáveis por seus destinos e que a liberdade de capital é caminho para a multiplicação de riqueza para todos.

Os governos e a própria sociedade não podem, inclusive, entender a pobreza como problema relacionado à fome, mas, sim, e concomitantemente com as condições de vida, moradia, saúde, cultura, estabilidade emocional e familiar, fortalecimento dos laços sociais.

O que se há de pensar de alguém que imita quem não é, mas gostaria de ser? É necessário, portanto, conscientizar para que os consumidores deixem de ser ludibriados a todo tempo e que gozem da liberdade advinda da racionalidade forte, da autonomia marcante e da capacidade de autodefinição.

Que as pessoas não tenham medo de ser moralistas e defender aquilo que acreditam, sem ter de se justificar com a velha frase "faço isso não por moralismo". O combate ao moralismo só tem a disseminar ideias que contribuem para um sistema demasiadamente permissivo, tornando mais uma vez as relações humanas desfragmentadas e superficiais.

O ser humano, que deve pertencer ao cerne da discussão, não pode ter sua subjetividade aniquilada, tornando-se mercadoria, ao passo que deva a todo tempo estar se modificando e se enquadrando aos padrões do que o sistema lhe impõe, como uma peça de vitrine a ser apreciada.

As relações interpessoais não são relações de consumo. Sob pena de, não estando satisfeitos, findarmos em banalizar ou descartar uns aos outros, como fazemos com as mercadorias que não mais nos agradam. Aliás, nessa cultura dos excessos e desperdícios, há de se afirmar que muitas "mercadorias" estão indo para o lixo.

A preocupação e a devida importância ao próximo é função de todos. Não solapemos a confiança e o sentimento de insegurança que é fonte de medo e infelicidade em detrimento de um consumismo. Devemos entender que o consumismo sustenta a economia do convívio humano, mas não o convívio humano em si.

Isso vale para as relações entre as família pós-modernas, nas quais os filhos ganham tudo o que querem, mas não recebem tudo o que mais precisam. Os pais devem entender a importância da presença, se não quantitativa, pelo menos com qualidade para a transmissão dos valores necessários e tão esquecidos, não buscando suprir essa ausência com a "materialização do amor".

Os trabalhadores e chefes de família não podem deixar que o lucro e o espírito consumista conduzam a um aparente conforto que requer mais horas de trabalho e, consequentemente, menos tempo para as relações interpessoais tão fragilizadas.

Pelo viés das empresas, o lucro também não pode se transformar em fator de exploração das pessoas, seja pela prática de trabalhos forçados, pelas condições precárias e insalubres de trabalho ou por salários muito baixos. É imprescindível assegurar condições de trabalho decentes, menos repetitivas e alienadas, que o trabalho seja bem remunerado, para que as pessoas sintam prazer em trabalhar.

Visão que merece ser revista por muitos empresários, inclusive, é concernente à questão dos salários praticados. A ideia de que não se pode pagar salários justos, dignos e condizentes com o ofício realizado porque talvez se perderia a competitividade deve ser superada pela concessão de benefícios que só têm a aumentar a produtividade.

É verdade que o livre mercado mundial estimula a criatividade, mas a solidariedade e a filantropia global devem ser invocadas sempre, contra a distorção da concorrência mais grosseira e criminosa existente.

Mais uma vez, mas nunca demais, afirmar que as transnacionais podem colaborar de maneira decisiva para a reversão do cenário pós-moderno. Isso porque detêm mais conhecimento na medida em que se infiltram nas mais diversas culturas e, portanto, sabem como podem trabalhar a questão social nos mais diversos pontos do planeta.

As transnacionais podem tornar efetiva a responsabilidade social à medida que colaborem junto aos governos das mais diferentes localidades para uma política socioeconômica que vise a combater a fome, a pobreza, o subdesenvolvimento e questões de cunho ambiental, não se restringindo ao cumprimento das legislações locais de cunho trabalhista e tributário.

Nesse compasso, os Estados nacionais devem criar força internacional (e não só no âmbito interno) que desintegre empresas que cometam a concorrência desleal, os monopólios, oligopólios e cartéis, a fim de que de fato tenhamos um livre mercado que se coloque a serviço do bem-estar coletivo.

A regulamentação estatal internacional é imperiosa na medida em que crie atos normativos ambientais e que fiscalize o seu cumprimento, em detrimento dos representantes do capitalismo global, que com a desculpa do livre-comércio querem solapar tais legislações, pois não é possível proteger nosso meio ambiente dentro do contexto de uma economia de livre-comércio global.

Para tanto, que se dissemine o enfoque internacional à responsabilidade social das transnacionais, onde os costumes internacionais, os Princípios Gerais do Direito e os tratados concedam o devido enfoque indicativo para as transnacionais, primando pelo monismo, em uma sociedade global com objetivos comuns, com mútuo auxílio entre os povos, instaurando-se uma ordem única e coerente a reger a coletividade.

Que também as *soft laws* induzam os Estados nacionais, através de seu cunho ideológico, a reproduzir dispositivos em seu ordenamento jurídico interno atentando-se para a questão da responsabilidade social.

Não mais ouvidemos da forte influência normativa externa, já que vivemos em um processo de descentralização de fontes e a inevitável desfragmentação do Direito

Internacional, o que não quer dizer que não exista efetividade dos atos normativos internacionais. Pelo contrário, é preciso entender que o Direito Internacional não caminha e nem tem condições para tanto, em detrimento da soberania de cada Estado, de caminhar a passos tão rígidos como no direito interno.

Deve prevalecer a boa-fé dos Estados envolvidos para a proteção do homem frente ao mal-estar da pós-modernidade, que é questão de direitos humanos e, como tal, merece a devida atenção internacional, refletindo princípios e questões éticas e ideais.

No espaço internacional, não se pode mais aceitar que organizações internacionais como a Organização Mundial do Comércio sucateiem as leis do bem-estar social através de ideias liberais que, conforme amplamente discorrido, transformam a mercancia em um tabuleiro de interesses com consequências que levam à desintegração social, deterioração do meio ambiente, pobreza, exclusão, exploração.

Não que o liberalismo deva ser de todo combatido. Mas que caminhe lado a lado com o comunitarismo, ainda que isso implique difundir o ideal de que não basta viver para si, no individualismo, colocando os bens em detrimento da defesa da lei moral, já que as necessidades humanas superam o individualismo físico, necessitando-se do outro.

Isso porque, no sistema socialista, tudo era em prol do comunitário, e no capitalismo tudo é em prol do que é benéfico ao processo produtivo: ao capital, em que o egoísmo e o culto do eu tornaram-se qualidades e sinônimo de progresso e maturidade. Onde fica o homem? Segundo Kant, deveria ser o fim, e não o meio.

A responsabilidade social é ponte de equilíbrio entre o comunitarismo e o liberalismo.

E mesmo que se fale da incongruência entre a responsabilidade social e a regulamentação do Estado, posto que segundo alguns autores afirmam deve ser proveniente de uma postura espontânea, desprovida e filantrópica, os Estados ainda assim devem de toda sorte intervir porque a ideia do lucro e do individualismo é ainda forte e presente, o que não deve ser motivo para descaracterizar as boas ações envolvidas.

10. REFERÊNCIAS BIBLIOGRÁFICAS

ACCIOLY, Hildebrando. SILVA, G. E. do Nascimento. CASELLA E BORBA, Paulo. *Manual de direito internacional público*. 16. ed. São Paulo: Saraiva, 2008.

AMARAL JÚNIOR, Alberto do. *Introdução ao direito internacional público*. São Paulo: Atlas, 2008.

BAUMAN, Zygmunt. *Globalização, as consequencias humanas*. Rio de Janeiro: Jorge Zahar Ed., 1999.

_____. *O mal-estar da pós-modernidade*. Rio de Janeiro: Jorge Zahar Ed., 1998.

_____. *Vida para consumo:* a transformação das pessoas em mercadorias. Rio de Janeiro: Jorge Zahar Ed., 2008.

BOBBIO, Norberto. *A era dos direitos.* Rio de Janeiro: Campus, 1992.

_____. *Elogio da serenidade e outros escritos morais.* São Paulo: UNESP, 2002.

CAPPELIN, Paola; GIULIANI & Gian Mario. Compromisso social no mundo dos negócios. In: *Boletim do Ibase Orçamento e Democracia,* n. 11, fev. 1999.

CAPRA, Fritjof. *As conexões ocultas:* ciência para uma vida sustentável. São Paulo: Cultrix, 2005.

COMTE-SPONVILLE, André. *Pequenos tratados das grandes virtudes.* 2. ed. São Paulo: WMF Martins Fontes, 2009.

ENGELS, Friedrich. *A origem da família, da propriedade privada e do estado.* São Paulo: Centauro, 2002.

GONÇALVES, Ernesto Lima. *Responsabilidade social da empresa.* Faculdade de Medicina/USP. Ver. Administração Empresarial: Rio de Janeiro, out-dez. 1984.

HABERMAS, Jurgen. *O futuro da natureza humana:* a caminho de uma eugenia liberal? São Paulo: Martins Fontes, 2004.

HOBBES, Thomas. *Do cidadão.* São Paulo: Martins Fontes, 1998.

HOBSBAWN, Eric. *Globalização, democracia e terrorismo.* São Paulo: Companhia das Letras, 2007.

HOFFE, Otfried. *A democracia no mundo de hoje.* São Paulo: Martins Fontes, 2005.

História do Século XX: volume 3: de 1973 aos dias atuais: a caminho da globalização e do século XXI. São Paulo: Companhia Editora Nacional, 2007.

HUSEK, Carlos Roberto. *Curso de direito internacional público.* 9. ed. São Paulo: LTr, 2009.

KELSEN, Hans. *Teoria geral do direito e do estado.* São Paulo: Martins Fontes, 2000.

KOSKENNIEMI, Martii. *Fragmentation on international Law*: difficulties arising from the diversification and expansion of international law: report of the Study Group of the International Law Comission. Geneva: UN, 1º de maio a 9 de junho e 3 de julho a 11 de agosto de 2006. 58º sessão.

LOCKE, John. *Segundo tratado sobre o governo.* São Paulo: Abril Cultural, 1973.

LUHMANN, Niklas. *Sociologia do direito I.* São Paulo: Tempo Brasileiro, 1983.

PAULO II, João. *Laboren exercens.* Poliglota Vaticana, 1981.

MARTINS, José de Souza. O medo da classe sem destino. Artigo Publicado no Jornal *Estado de São Paulo* em 14.6.2009.

MELLO, Celso D. de Albuquerque. *Curso de direito internacional público.* 9. ed. atual. e ampl. Rio de Janeiro: Renovar, 1992. V1.

MENEZES, Wagner. *Ordem global e transnormatividade.* Ijuí: Unijuí, 2005.

PASSOS, Elizete. *Ética nas organizações.* São Paulo: Atlas S.A., 2009.

RAMINA, Larissa. *Direito internacional convencional.* Ijuí: Unijuí, 2006.

REZEK, Francisco. *Direito internacional público:* curso elementar. 12. ed. São Paulo: Saraiva, 2010.

RIBEIRO JÚNIOR, João. *Teoria geral do estado & ciência política*. 2. ed. Bauru, SP: Edipro, 2001.

SALEME, Edson Ricardo. As organizações não governamentais no contexto brasileiro: implicações jurídicas. Artigo científico publicado em *Responsabilidade Social nas Relações Laborais*. LTr Editora, junho de 2007.

SANTOS, Julio César Borges dos. *Curso de direito internacional público*. São Paulo: Liv. e Ed. Universitária de Direito, 2009.

VARELLA, Marcelo D. *Direito internacional público*. São Paulo: Saraiva, 2009.

A LUTA DEMOCRÁTICA PELO RECONHECIMENTO DOS CATADORES DE MATERIAIS RECICLÁVEIS

Andréa Cristina Martins

Advogada, Professora e Coordenadora do Projeto Geração de Renda da Escola de Negócios da Universidade Positivo e Mestre pelo Programa de Pós-Graduação em Ciências Sociais Aplicadas da Universidade Estadual de Ponta Grossa. E-mail: andreamartins2004@hotmail.com

A Luta Democrática pelo Reconhecimento dos Catadores de Materiais Recicláveis

INTRODUÇÃO

Quem são os catadores de materiais recicláveis? Vítimas de um sistema excludente? Trabalhadores pertencentes à uma cadeia produtiva? Sujeitos de direitos buscando reconhecimento?

Para entender quem são os catadores de materiais recicláveis se faz necessário entender o surgimento da sociedade moderna. Anthony Giddens, ao tratar sobre a formação da modernidade, destaca o conceito de descontinuidade, apresentando algumas características:

> Uma é o ritmo das mudanças nítido que a era da modernidade põe em movimento. As civilizações tradicionais podem ter sido consideravelmente mais dinâmicas que os outros sistemas pré-modernos, mas a rapidez da mudança em condições de modernidade é extrema. Se isso é talvez mais óbvio no que toca à tecnologia, permeia também todas as outras esferas. GIDDENS (1991, p. 15).

Na sociedade moderna, devido a um sistema capitalista que precisa estar sempre produzindo mercadorias novas para poder estar constantemente vendendo, e devido a uma intensa divisão social do trabalho, as mudanças vão acontecendo em ritmos cada vez mais intensos. Essas mudanças vão ocorrendo nas mais diversas áreas; a medicina, a informática, a agricultura são exemplos desse avanço tecnológico. Todo esse avanço levou a um aumento na qualidade de vida e na longevidade das pessoas, mesmo que não para todas as pessoas. SANTOS (2002, p. 13) destaca que os dias em que vivemos hoje são paradoxais; por um lado, apresenta grandes avanços e transformações e, por outro, retrocessos:

> transformações dramáticas, dramaticamente designadas por revolução da informação e da comunicação, revolução eletrônica, revolução da genética

e da biotecnologia", por outro lado é um tempo de inquietantes regressões. No seu dizer, "do regresso de males sociais que pareciam superados ou em vias de o ser: o regresso da escravatura e do trabalho servil (...)

Ao mesmo tempo que o ritmo da produção e dos avanços tecnológicos vão aumentando rapidamente, pode-se destacar como consequência imediata o aumento proporcional do consumo. MARX (1982, p. 8): "A produção é, pois, imediatamente consumo; o consumo é, imediatamente, produção. Cada qual é imediatamente seu contrário." Produção, consumo e descarte são hoje questões estruturais da sociedade moderna.

Em uma sociedade em que se consome muito, consequentemente se descarta muito. O que é feito com os restos do consumo? Quanto se produz de resíduos? O lixo passa a ser uma questão estrutural na sociedade moderna. E o "ritmo das mudanças" apresentado por Giddens também acontece no que tange à produção dos resíduos. Nas sociedades que precederam a década de 1960, produziam-se quase exclusivamente resíduos orgânicos de fácil e rápida decomposição, mas nos dias atuais a produção dos resíduos não orgânicos é a sua maioria. O que fazer com esses resíduos?

No Brasil, poucos municípios têm programas de coleta seletiva e destinação correta desses resíduos, grande parte ainda deposita em aterros (controlados ou sanitários) ou ainda em lixões a céu aberto.

De acordo com a Pesquisa Nacional de Saneamento Básico de 2008 (PNSB 2008) realizada pelo IBGE[1], evidenciam-se alguns dados referentes à coleta e destinação dos resíduos sólidos nos municípios brasileiros, no que tange ao percentual de destinação em lixões a céu aberto[2] e aterros sanitários[3]:

> Observando-se a destinação final dos resíduos, os vazadouros a céu aberto (lixões) constituíram o destino final dos resíduos sólidos em 50,8% dos municípios brasileiros, conforme revelou a PNSB 2008. Embora este quadro venha se alterando nos últimos 20 anos, sobretudo nas Regiões Sudeste e Sul do País, tal situação se configura como um cenário de destinação reconhecidamente inadequado, que exige soluções urgentes e estruturais para o setor. Contudo, independente das soluções e/ou combinações de soluções a

---

(1) Disponível em: <http://www.ibge.gov.br/home/estatistica/populacao/condicaodevida/pnsb2008/PNSB_2008.pdf>. Acesso em: 27 set. 2010.
(2) GONÇALVES (2003, p. 23): "uma forma de disposição final de resíduos sólidos urbanos, na qual estes são simplesmente descarregados sobre o solo, sem medidas de proteção ao meio ambiente ou à saúde pública".
(3) Bidone (apud GONÇALVES 2003, p. 24): "uma forma de disposição final de resíduos sólidos urbanos no solo, dentro de critérios de engenharias e normas operacionais específicas, proporcionando confinamento seguro dos resíduos (...) evitando danos ou riscos à saúde pública e minimizando os impactos ambientais.

serem pactuadas, isso certamente irá requerer mudanças social, econômica e cultural da sociedade.

Ainda de acordo com a PNSB 2008, o número de programas de coleta seletiva aumentou de 58 para 994 em vinte anos.

As primeiras informações oficiais sobre a coleta seletiva dos resíduos sólidos foram levantadas pela PNSB 1989, que identificou, naquela oportunidade, a existência de 58 programas de coleta seletiva no País. Esse número cresceu para 451, segundo a PNSB 2000, e para 994, de acordo com a PNSB 2008, demonstrando um grande avanço na implementação da coleta seletiva nos municípios brasileiros. Conforme a última pesquisa, tal avanço se deu, sobretudo, nas Regiões Sul e Sudeste, onde 46,0% e 32,4%, respectivamente, dos seus municípios informaram programas de coleta seletiva que cobriam todo o município. Na Região Sul, dos programas implementados, 42,1% se concentravam em toda a área urbana da sede do município e 46,0% cobriam todo o município. Na Região Sudeste, 41,9% cobriam toda a área urbana da sede municipal.

Apesar das melhorias no que se refere ao aumento dos programas de coleta seletiva e de destinação dos resíduos sólidos urbanos, ainda se tem muito a fazer.

A segunda característica apresentada por GIDDENS refere-se ao escopo das mudanças:

> Uma segunda descontinuidade é o escopo das mudanças. Conforme diferentes áreas do globo são postas em interconexão, ondas de transformação social penetram através de virtualmente toda a superfície da Terra.

Essas mudanças que são cada vez mais rápidas se dão não mais de forma regionalizada, mas de forma ampla e global. O processo de expansão se dá ligado ao processo de ampliação da tecnologia que permite outras formas de comunicação e do consumo de fontes energéticas que movem cada vez mais rápido os diversos meios de transporte, que podem levar pessoas e mercadorias para todo o planeta, cada vez mais rápido.

Segundo MARX (2001, p. 26):

> O mercado mundial acelerou prodigiosamente o desenvolvimento do comércio, da navegação e dos meios de comunicação por terra. Este desenvolvimento reagiu por sua vez sobre a extensão da indústria; e, à medida que a indústria, o comércio, a navegação, as vias férreas se desenvolviam, crescia a burguesia, multiplicando seus capitais e relegando a segundo plano as classes legadas pela Idade Média.

É nessa sociedade moderna, capitalista, que surge esse novo trabalhador: o catador de materiais recicláveis. Quem é ele? É uma nova categoria de trabalhadores que, não estando incluídos no sistema formal, irão coletar, separar e comercializar os resíduos produzidos pelos que, estando incluídos, consomem.

No que tange à terceira característica, Giddens aponta o surgimento de algumas instituições:

> Uma terceira característica diz respeito à natureza intrínseca das instituições modernas. Algumas formas sociais modernas simplesmente não se encontram em períodos históricos precedentes — tais como o sistema político do estado-nação, a dependência por atacado de fontes de energia inanimadas, ou a completa transformação em mercadoria de produtos e trabalho assalariado. GIDDENS, p. 16.

A formação do período moderno se dá a partir de múltiplos fatores — sociais, econômicos, políticos — e faz a passagem do período medieval — baseado em uma economia agrícola e um sistema social rígido e hierarquizado — para um sistema de produção capitalista. Na sociedade moderna, surge então o Estado-Nação, a formação política passa a ter novas características, um novo sistema político de participação e administração pública. As pessoas passam a viver em cidades e sair do campo em busca de trabalho assalariado. O salário passa a ser a forma de remuneração do trabalhador, que vende sua força de trabalho para poder adquirir mercadorias para sua sobrevivência. A transformação dos produtos em mercadoria é a grande revolução moderna.

Karl Marx fez essa análise em sua obra *O Capital*, MARX (2002, p. 94):

> A mercadoria é misteriosa simplesmente por encobrir as características sociais do próprio trabalho dos homens, apresentando-as como características materiais e propriedades sociais inerentes aos produtos do trabalho; por ocultar, portanto, a relação social entre os homens individuais dos produtores e o trabalho total, ao refleti-la como relação social existente, à margem deles, entre os produtos do seu próprio trabalho. Através dessa dissimulação, os produtos do trabalho se tornam mercadorias, coisas sociais, com propriedades perceptíveis e imperceptíveis aos sentidos.

Essa busca pelas mercadorias leva a necessidades de renda para obtenção das mercadorias. Para a aquisição de renda em uma sociedade capitalista se faz necessário vender sua força de trabalho em troca de um salário. No entanto, essa relação de trabalho não é para todos; parte dos membros de uma sociedade capitalista irá ficar de fora, mas, mesmo assim, precisará de renda para poder sobreviver.

Ainda na análise da terceira característica da sociedade moderna, apresentada por Anthony Giddens, está a dependência das fontes de energia. Em uma sociedade em que a produção é realizada em grande escala, de forma mecanizada, e que necessita fazer as mercadorias circularem constantemente, se faz imprescindível a existência de fontes energéticas para poder sustentar essa forma de produção. Na modernidade, as fontes de energia se tornaram não apenas necessárias, mas indispensáveis a essa nova forma de organização social-produtiva. No entanto, com o passar dos séculos, essas fontes energéticas começaram a se apresentar de forma limitada em relação ao aumento exponencial do consumo. As nações começam a pensar em alternativas sustentáveis para a produção, apesar de ainda dependermos de fontes energéticas não renováveis, como o petróleo.

Mais recentemente, a partir dos anos 80 do século passado, as empresas começaram a inserir de forma constante novas mercadorias em sua produção; são os materiais recicláveis, que se transformam em mercadorias e passam a ter valor no mercado.

Na estrutura da sociedade brasileira, grande parte das coletas desses resíduos sólidos urbanos é feita pelos catadores de materiais recicláveis que estão na base de uma cadeia produtiva.

No Brasil, especificamente, o trabalho do catador de material reciclável tem uma origem complexa, podendo-se citar alguns fatores como: uma sociedade dividida em classes, o aumento do consumo, a diversidade de tipos de embalagens, a exclusão social, a precarização das relações de trabalho, o desemprego, a preocupação de conservação e preservação ambiental e o surgimento da indústria da reciclagem. Segundo GONÇALVES (2003, p. 92):

> (...) o lixo é uma questão a ser abordada de forma complexa, contemplando os aspectos econômico, político, sociológico, psicológico, sanitário, afetivo, mitológico e ambiental. Tais aspectos devem ser tecidos de forma interativa e inter-retroativa. Na medida em que as ações relativas a lixo e gerenciamento de resíduos não contemplam as questões sociais e sociológicas, num esforço conjugado de secretarias e ministérios, os seres humanos são, e continuarão a ser, excluídos e marginalizados.

A questão do aumento da produção de lixo se torna um problema para a maioria das cidades, pois o aumento da população e do consumo gera um aumento proporcional dos resíduos sólidos.

A ORGANIZAÇÃO DOS CATADORES DE MATERIAIS RECICLÁVEIS

Os catadores de materiais recicláveis, como uma categoria emergente, dentro do contexto de valorização e preservação dos recursos naturais, de transformação dos resíduos sólidos urbanos em mercadoria, de desemprego e baixo crescimento econômico, vão precisar organizar-se para poder obter o reconhecimento de suas demandas. Segundo MOTA (2002, p. 14):

Se, por um lado, o seu surgimento é determinado pelas contradições inerentes ao processo de apropriação privada dos elementos da natureza (...) por outro, também o é pela ampliação das pressões políticas, seja na esfera das políticas públicas de controle ambiental, seja através dos movimentos organizados.

Os movimentos sociais de proteção ao meio ambiente são uma força política existente na sociedade que através de suas exigências e necessidades irão refletir na esfera pública as demandas dos catadores de materiais recicláveis. Segundo JUNCÁ (2005, p. 182): "Se no início o que definia a ida para o lixo era a questão da sobrevivência, agora alguns projetos de vida estavam sendo construídos."

Em meados de 1999 surge o Movimento Nacional dos Catadores de Material Reciclável (MNCR), que, em sua Declaração de Princípios, aponta como seus objetivos:

> Art. 1º A autogestão e a organização dos catadores em bases orgânicas para a participação de todos os catadores que queiram construir a luta pelos seus direitos. Art. 2º Ação direta popular. Art. 3º Independência de classe política, luta pela gestão integrada dos resíduos sólidos e controle da cadeia produtiva. Art. 4º Busca de apoio mútuo entre catadores e outros movimentos sociais e entidades.[4]

Atualmente, o MNCR está atuante em todo o país e articulando-se com o poder público, em todas as esferas, conforme se verifica com a participação em espaços públicos como a Comissão Interministerial de Inclusão Social e Econômica dos Catadores de Materiais Recicláveis, que tem como objetivo fortalecer o trabalho dos catadores.

A formação coletiva de uma categoria de trabalhadores se dá através da conscientização do trabalhador e de sua importância em uma sociedade cada vez mais interdependente.

Segundo OFFE (1984, p. 70):

> Somente na medida em que essas associações dos relativamente sem poder conseguiram formar uma identidade coletiva, de acordo com padrões nos quais os custos de organização estão subjetivamente esvaziados, poderão elas esperar mudar a relação de poder original.

À medida que essa formação de reconhecimento, enquanto categoria e classe, vai se forjando, vão sendo construídos os elementos objetivos e subjetivos para a sua existência. O catador de material reciclável, percebendo a atividade realizada, também percebe a sua importância para a sociedade.

---

(4) Disponível em: <http://www.movimentodoscatadores.org.br>. Acesso em: 8 set. 2006.

A construção das instituições necessárias para a efetiva proteção dos catadores de materiais recicláveis enquanto categoria profissional dependerá de criações legais para estabelecer as condições para o exercício dessa atividade.

Todo esse processo é uma mudança cultural e deverá abranger todos os integrantes desse setor, do Poder Público, da indústria, dos catadores e da população.

Mas esse processo não ocorrerá sem resistências, pois os interesses de cada um — Poder Público, indústria, catadores e população — se apresentam na disputa.

Sobre as pressões existentes na sociedade, OFFE (1984, p. 37) diz: "A pressão para a racionalização resulta do fato de que 'necessidades' e 'exigências' conflitantes põem constantemente em questão a conciliabilidade e a praticabilidade das instituições sociopolíticas existentes."

As pressões existentes na sociedade resultam dos conflitos entre as necessidades e exigências das classes sociais. Segundo OFFE (1984, p. 36):

> O problema funcional do desenvolvimento sociopolítico e com isso a chave de sua explicação sociológica é a *compatibilidade* das estratégias, mediante as quais o aparelho de dominação política deve reagir tanto às "exigências" quanto às "necessidades", de acordo com as instituições políticas existentes e as relações de força societária por elas canalizadas.

Para Pólita Gonçalves, secretária executiva do fórum Lixo e Cidadania do Estado do Rio de Janeiro, deve-se analisar a cadeia produtiva da reciclagem de dois modos: o círculo perverso da reciclagem e o círculo virtuoso da reciclagem. No círculo perverso, os atores (consumidor, catador desorganizado, atravessador e indústria) contribuem para a falência do sistema devido à falta de interação e de responsabilidade. No círculo virtuoso, os atores (consumidor, catador organizado, cooperativa de valorizadores e indústria ou cooperativa de transformadores) entendem toda a cadeia de produção e trabalham responsavelmente. Propõe o círculo "atômico" da reciclagem, em que estão inseridos os mesmos atores do círculo virtuoso, mas "orbita" em torno desses, o círculo representado pelo Estado. Segundo GONÇALVES (2003, p. 46): "Neste círculo 'atômico' a função do Estado em contraponto produtivo com a sociedade é de potencializar a adequação da atuação dos atores ou elos da cadeia produtiva da reciclagem, sob o ponto de vista ambiental, social e econômico." Esse "círculo atômico", a que se refere Gonçalves é o ideal que possibilitaria uma organização mais igualitária no setor da reciclagem, mas cabe destacar que na sociedade civil está a luta pelos interesses particulares, em que cada classe irá defender os seus interesses.

O Estado torna-se participante desse contexto, tendo a função de regulador, dando as diretrizes que deverão ser seguidas por todos, fazendo o papel de mediador para que não sobressaiam interesses de apenas um dos atores.

Para GONÇALVES (2003, p. 47):

> No círculo perverso, a atuação desorientada do círculo "atômico" tem o poder de pulverizar os esforços, uma vez que o Estado não exerce sua função reguladora para evitar os abusos e a sociedade não exerce sua responsabilidade participativa. A reciclagem se torna *terra de ninguém* e o país se torna o maior reciclador de latinhas à custa da miséria dos ingênuos úteis.

E para que o setor de reciclagem não se torne "terra de ninguém", deve haver regulação pelo Poder Público, inserindo a proteção ao catador de material reciclável, que faz parte desse ciclo produtivo.

Segundo RODRIGUEZ (2002, p. 344):

> Que fatores explicam a estabilidade das estruturas sociais e econômicas das quais se alimenta o mercado da reciclagem e que mantêm os recicladores informais às margens deste, "apanhados na camada mais baixa do capitalismo, onde o sistema mostra sua face mais brutal e antagônica"? (Birkbeck, 1978). Dois fatores, evidentes na descrição anterior, constituem, em minha opinião, o círculo vicioso que perpetua o processo de empobrecimento dos recicladores. Trata-se da exploração econômica derivada da estrutura do mercado da reciclagem e da conduta dos seus atores dominantes (isto é, a grande indústria e os intermediários), por um lado, e a dramática exclusão social de que são alvo os recicladores, por outro.

Esse antagonismo — essa luta de interesses que está presente na sociedade civil — irá refletir diretamente no Estado. A classe dominante e organizada, representada no caso da reciclagem pela indústria e pelos intermediários, irá impor suas condições para os trabalhadores que estão à margem do mercado formal e trabalhando na coleta de material reciclável como forma de sobrevivência.

A partir da organização dos catadores de materiais recicláveis será possível iniciar esse processo de formação de classe. Para os catadores de materiais recicláveis, a luta não é apenas uma luta por reconhecimento profissional e uma luta enquanto trabalhador e pessoa humana. O catador luta também pela sua sobrevivência, reivindica uma vida melhor e com menos desigualdade social e, dessa forma, questiona as estruturas da sociedade capitalista.

Para se alcançar as reivindicações dos catadores, se faz necessária a luta política através do reconhecimento, pelos próprios catadores, de sua atividade, da organização e da pressão exercida por meio de um movimento social e dos empreendimentos organizados pelos catadores e das parcerias estabelecidas.

Através dessa luta pela melhoria das condições de vida e trabalho e por uma sociedade mais justa e menos desigual, vão dando sentido à sua condição de classe dos catadores de materiais recicláveis.

MOTA (2005) faz uma análise ao levantar fatos existentes na sociedade como alguns programas públicos de incentivo à organização dos catadores de materiais recicláveis, programas de coleta seletiva, doação de equipamentos e locais para trabalho dos catadores. Esses programas são importantes, haja vista que é responsabilidade do Poder Público Municipal a coleta, o tratamento e a disposição final dos resíduos sólidos urbanos, mas, em conjunto com esses programas de estruturação do espaço de trabalho do catador, é necessário trabalhar com o conceito gramisciniano de intelectual e conscientizar os catadores da sua atuação nessa cadeia produtiva no contexto capitalista.

Essa luta democrática travada pelos catadores de materiais recicláveis no âmbito da sociedade civil pode ser analisada utilizando o conceito de Estado Ampliado, desenvolvido por Antonio Gramsci (1891-1937), que fez sua análise da sociedade moderna do século XX, e na obra Cadernos do Cárcere, GRAMSCI (2000, p. 254): "Por 'Estado' deve-se entender, além do aparelho de governo, também o aparelho 'privado' de hegemonia ou sociedade civil." GRAMSCI (2000, p. 42): "a vida estatal é concebida como uma contínua formação e superação de equilíbrios instáveis (no âmbito da lei) entre os interesses do grupo fundamental e os interesses dos grupos subordinados (...)".

Para entender o conceito de Estado Ampliado é preciso entender que essas pressões existentes na sociedade formarão as ideologias que direcionam a formação política e social.

Segundo SCHLESENER (2001, p.3) ao tratar sobre a formação da hegemonia:

> No contexto das relações hegemônicas, a direção política e cultural de uma classe sobre a sociedade se realiza pela mediação de seus intelectuais. Os grupos sociais, que nascem a partir do modo como se estrutura o mundo da produção econômica, criam, de modo orgânico, uma ou mais camadas de intelectuais, que dão à classe homogeneidade ideológica e política, unificando e dando coerência à ação econômica, social e política.

> Tal atuação se desenvolve no seio da sociedade civil e da sociedade política; como elaboradores das ideologias, ao mesmo tempo que dão ao grupo que representam consciência de sua função histórica, conseguem o consentimento "espontâneo" das massas pela formação de uma concepção de mundo vivida no cotidiano e veiculada nas instituições da sociedade civil; como "comissionários" da classe dominante, exercem uma atividade coercitiva e disciplinar através dos mecanismos da sociedade política.

> Considerando-se a hegemonia como correlação de forças e a luta por novas relações hegemônicas, a atuação dos intelectuais torna-se imprescindível: para as classes dominantes, no sentido de criar as bases de sustentação e legitimação da ordem social instituída; para as classes dominadas, pela

necessidade histórica de superar as divisões sociais, unir as forças populares emergentes e lutar por uma nova ordem social.

No caso dos movimentos sociais, em especial o Movimento Nacional dos Catadores de Resíduos Sólidos, a atuação enquanto formador de novas ideias de aglutinador de forças no campo social acaba por congregar a condição de intelectual orgânico do proletariado, SCHLESENER (2001, p. 3):

> O intelectual orgânico do proletariado é o organizador e dirigente político, nascido das lutas políticas das classes dominadas; sua ação "não pode mais consistir na eloquência, motor exterior e momentâneo dos afetos e das paixões, mas num imiscuir-se ativamente na vida prática, como construtor, organizador, 'persuasor permanente'",[5] a partir da sua atuação política, irá apontar as contradições que perpassam o social, desmistificar o poder e as relações de dominação, despertar a consciência crítica e autônoma; criar um mesmo "clima cultural" que prepare a nova hegemonia.

> Gramsci reconhece que o proletariado, como classe, é pobre de elementos organizativos e, quando forma seus intelectuais orgânicos, o faz árdua e lentamente[6]; suas possibilidades de organização política são reduzidas e, muitas vezes, não conseguem superar o nível econômico-corporativo; enfrentar a formidável e bem organizada estrutura ideológica da classe dominante é tarefa difícil e nem sempre fadada ao sucesso. As perspectivas de mudança se colocam a partir de próprio esforço das classes dominadas em criar meios de organização política e cultural, em romper a influência da classe dominante tomando progressivamente "consciência da sua própria personalidade histórica", em buscar o apoio de classes politicamente aliadas[7]."

Através dessa pressão política existente na sociedade civil organizada, leva às reivindicações para que a indústria recicladora contribua com uma parcela de seus lucros, para a diminuição da precariedade dos trabalhadores da reciclagem e para que o Poder Público também contribua com a elaboração de legislação específica à essa nova atividade exercida pelo catador.

A LEGISLAÇÃO BRASILEIRA E OS CATADORES DE MATERIAIS RECICLÁVEIS

No que se refere ao Direito, existem lacunas na proteção ao trabalhador da coleta de materiais recicláveis. Os catadores estão inseridos no setor informal, a sua

---

(5) GRAMSCI. *Os intelectuais e a organização da cultura*, p. 8.
(6) GRAMSCI. *Alguns temas da questão meridional*, p. 164.
(7) GRAMSCI. *Passado e presente*, p. 172-3.

maioria trabalha de forma autônoma e, apesar de haver previsão legal para os contratos de prestação de serviços, regulados pelo Código Civil em seus arts. 593 a 609, não há aplicação efetiva para esses trabalhadores, seja devido ao desconhecimento por parte desses, seja pelo fato de a maioria desses trabalhadores não se enquadrar nas especificações legais.

Nos casos dos catadores de materiais recicláveis que trabalham com vínculo de subordinação no setor formal, esses serão regulados pelo Direito do Trabalho, mas para isso deverá existir o vínculo de subordinação, o que não acontece para a quase totalidade desses trabalhadores.

O Movimento Nacional de Catadores de Materiais Recicláveis, conforme visto anteriormente, tem como um de seus objetivos a organização dos catadores em arranjos coletivos autogestionários.

No entanto, na legislação brasileira, há duas possibilidades de formalização de empreendimentos coletivos: as associações sem finalidade lucrativa (reguladas pelo Código Civil, arts. 53 a 61) e as cooperativas (para as quais há uma legislação específica: Lei n. 5.764/ 1971).

No caso das cooperativas, a legislação específica é antiga, tem mais de quarenta anos, e trata de forma igualitária todas as cooperativas, desde as grandes cooperativas agrícolas até as pequenas cooperativas de catadores. Há a especificação quanto às cooperativas sociais — Lei n. 9.867/1999 — que têm por finalidade inserir no mercado de trabalho as pessoas em desvantagem econômica. O art. 3º da referida lei estabelece quais são as pessoas em desvantagem:

> Art. 3º Consideram-se pessoas em desvantagem, para os efeitos desta lei:
>
> I — os deficientes físicos e sensoriais;
>
> II — os deficientes psíquicos e mentais, as pessoas dependentes de acompanhamento psiquiátrico permanente, os egressos dos hospitais psiquiátricos;
>
> III — os dependentes químicos;
>
> IV — os egressos de prisões;
>
> V — os idosos sem família e sem meios de subsistência;
>
> VI — os condenados a penas alternativas à detenção;
>
> VII — os adolescentes em idade adequada ao trabalho e situação familiar difícil do ponto de vista econômico, social ou afetivo.

Conforme descrição acima, verifica-se que os catadores de materiais recicláveis não se enquadram nessa categoria, portanto não podem formar uma cooperativa social.

Essas são as modalidades que têm sido utilizadas nas legislações e nos editais que tratam de apoiar e incentivar a organização dos catadores.

A problemática que surge dessa restrição às formas de organização é que as associações (que é a forma amplamente utilizada pelos grupos de catadores formalizados) têm facilidade de formalização e estruturação; no entanto, há restrições no que tange a financiamentos e emissão de nota fiscal.

Para as cooperativas, a formalização é mais complexa e cara, exigindo conhecimentos jurídicos e contábeis, os quais muitas vezes são desconhecidos pelos catadores. No que tange aos editais públicos, o Banco Nacional de Desenvolvimento Econômico e Social (BNDES) permitia a participação de cooperativas.

Outro fator que dificulta a organização dos catadores materiais recicláveis é a falta de parceria com o Poder Público, em especial o Municipal. Em muitos municípios não há a integração do catador de material reciclável na gestão dos resíduos sólidos urbanos. A falta de integração compreende a falta de apoio para a organização e estruturação dos arranjos coletivos, a falta de transferência de recursos pelos serviços prestados, a falta de reconhecimento da prestação de serviços realizada pelo catador ao município e falta de programas de coleta seletiva que possam alterar hábitos da população quanto à separação e destinação do lixo.

O que se percebe é que nos municípios em que há essa parceria a organização acontece e o município ganha com a redução dos custos para coleta, tratamento e disposição final dos resíduos sólidos, e também com a diminuição de recursos para atendimento na área social, pois os catadores organizados conseguem aumentar sua renda e melhorar suas condições de trabalho e vida.

Mas essa falta de parceria com o Poder Público é também o resultante da dinâmica existente na sociedade na qual os campos de força se apresentam.

O Município de Diadema, na Grande São Paulo, tem realizado um projeto de integração dos catadores na gestão dos resíduos sólidos urbanos. Através da Lei n. 2.336/04, que "Institui o sistema para gestão sustentável de resíduos sólidos". O Poder Público fornece a infraestrutura necessária à organização dos catadores em OSCIPs (Organização da Sociedade Civil de Interesse Público), através de Termos de Parceria com essas organizações, repassando recursos como forma de remuneração pelos serviços prestados, e também no reconhecimento dessas organizações como agentes de limpeza urbana e prestadores de serviço de coleta de resíduos.

É importante destacar que, ao se iniciar um processo educativo com a população para a separação dos materiais recicláveis, também é preciso iniciar processos educacionais com os catadores para a sua emancipação. A qualificação é indispensável em um processo de organização de trabalhadores. E, no caso dos catadores de materiais recicláveis, essa qualificação poderá começar com a alfabetização e formação política para compreensão da sua atividade. Outro fato que se evidencia nessa fala é a atividade do catador de material reciclável como um prestador de serviço, e não como um empregado do Poder Público Municipal; novamente aparece na fala do entrevistado o valor da autonomia na realização do trabalho.

O Decreto n. 5.940, de 25 de outubro de 2006, que "Instituiu a separação dos resíduos recicláveis descartados, pelos órgãos e entidades da administração pública federal direta e indireta, na fonte geradora, e a sua destinação às associações e cooperativas dos catadores de materiais recicláveis, e dá outras providências, criou a obrigação de doação dos materiais recicláveis aos catadores", foi uma conquista para os catadores.

Esse Decreto apoia as organizações de catadores de material reciclável, por determinar que a destinação dos materiais recicláveis será para as associações e cooperativas de catadores, desde que estejam formalmente constituídas exclusivamente por catadores.

No município de Curitiba, a Cooperativa de Catadores e Catadoras de Matérias Recicláveis de Curitiba e Região Metropolitana — CATAMARE — já firmou Termos de Parceria com diversos órgãos públicos federais. A doação desses materiais recicláveis está possibilitando a estruturação dessa cooperativa e a formação de um capital de giro que terá por objetivo o apoio material e educacional aos demais arranjos coletivos de catadores de materiais recicláveis e o pagamento aos cooperados antes da venda dos materiais.

Com a obrigação legal de doação dos materiais recicláveis para os arranjos coletivos formados por catadores, abre-se a discussão sobre o caráter público dos resíduos sólidos. Começa a haver o questionamento do caráter público dos resíduos sólidos dos estabelecimentos comerciais e industriais.

Mas esse fato representa uma discussão que se inicia na sociedade civil, em razão da falta de um marco regulatório para o setor. As empresas, ao comercializarem seus resíduos sólidos, obtêm recursos e não querem disponibilizá-los para outros. Ficam os questionamentos: os resíduos sólidos são públicos? São privados? Quem pode comercializá-los?

No Paraná, a Procuradoria do Ministério Público do Trabalho vem realizando junto aos Poderes Públicos Municipais os Termos de Ajuste de Conduta (TAC) como forma de inclusão dos catadores na gestão dos resíduos sólidos urbanos, graças à obrigação legal dos Poderes Públicos Municipais de realizar a coleta, o tratamento e a destinação final dos resíduos sólidos urbanos.

O embasamento jurídico para a realização desses Termos de Ajuste de Conduta está nos grandes acordos internacionais, como a Declaração Universal dos Direitos do Homem, na Agenda 21 e na Constituição Federal, em seu art. 1º — que traça como princípio fundamental a dignidade da pessoa humana e nos valores sociais do trabalho, no art. 3º — que constitui como objetivos fundamentais da República Federativa do Brasil a erradicação da pobreza e a redução das desigualdades sociais e regionais, no art. 225, que garante a todos um meio ambiente ecologicamente equilibrado, e no art. 226, que estabelece a família como base da sociedade e que tem especial proteção do Estado.

Dentre as cláusulas dos TACs estão as seguintes obrigações para os Poderes Públicos Municipais: a realização de cadastro dos catadores do município, a promoção da formalização deles em associações ou cooperativas, a realização de convênios com essas organizações em programas de gestão compartilhada dos resíduos sólidos, a apresentação à Câmara Municipal do programa de erradicação do trabalho infantil.

O Ministério Público do Trabalho realiza uma função importante na luta política pela defesa dos interesses do trabalhador. Uma das ideias defendidas é a utilização dos fundos públicos para a geração de trabalho, renda e empréstimos para os trabalhadores. Segundo a procuradora do Ministério do Trabalho, em sua dissertação de Mestrado defendida perante o Programa de Pós-Graduação em Direito, Setor de Ciências Jurídicas, UFPR, Curitiba, JOSVIAK (2007, p. 120):

> Entendemos que os Fundos Públicos devem ser utilizados na geração de renda para os trabalhadores, para aqueles que não são detentores do capital, e a sugestão dada é que haja uma repartição equânime desse Fundo[8] para gerar trabalho e não apenas emprego, assim é que a sua reversão para a geração de empréstimos populares para o empreendedorismo ou cooperativismo popular é uma alternativa plausível a ser utilizada.

Considerando que poderia acrescentar a utilização dos fundos públicos, deveria também ser voltado à qualificação do trabalhador, em um enfoque mais amplo, ou seja, de forma a emancipar o trabalhador, mas para que isso aconteça existe a resistência do próprio Poder Público e dos interesses existentes na sociedade, principalmente pelo capital. Se houver apenas a liberação do recurso para implementação de políticas voltadas ao empreendedorismo e cooperativismo popular, pode-se estar reiterando com a apropriação do trabalho do catador pela indústria recicladora, mantendo-se a subordinação do trabalhador ao capital.

Essa contradição apresenta-se no campo político, podendo ser destacada a convocação realizada por Karl Marx no século XIX, que incitou os operários do mundo a unirem-se contra o domínio do capital.

A formação de redes se mostra como uma necessidade de sobrevivência para esses trabalhadores, pois as associações e cooperativas estão inseridas em um mercado capitalista, que dita as regras dos negócios.

Segundo RODRIGUEZ (2002, p. 361):

> A integração em redes — que explica o êxito das iniciativas cooperativistas mais prósperas, como Mondragón, e de outros projetos cooperativos de desenvolvimento local (Melo, 2000) — é especialmente importante quando se trata de organizações econômicas solidárias de setores que, como o dos recicladores, vivem na pobreza e trabalham em condições que dificultam sua mobilização coletiva.

O que poderá ser uma forma vital de sobrevivência dessas organizações da sociedade capitalista.

---

(8) A autora refere-se ao Fundo de Amparo ao Trabalhador.

Em 2007, por meio da Lei n. 11.445, que alterou a Lei n. 8.666/93 (conhecida como Lei de Licitação) incluindo o inciso XXVII no art. 24, passou-se a permitir que o Poder Público realize a contratação de arranjos coletivos formados por catadores de materiais recicláveis nos serviços de coleta, no tratamento de destinação dos resíduos sólidos, através de dispensa de licitação.

Segundo JUSTEN FILHO (2008, p. 336):

> Ao longo das últimas décadas, no entanto, a relevância econômica dos dejetos sólidos conduziu o surgimento de atividade econômica informal de uma quantidade significativa de pessoas.
>
> Ao início tratava-se de uma alternativa de sobrevivência dos miseráveis e excluídos da sociedade. Com o passar do tempo, a atividade de coleta e seleção de dejetos sólidos recicláveis passou a adquirir relevância cada vez maior. Por um lado, um número relevante de pessoas tornou-se uma solução para problemas socioeconômicos gerados pelo lixo. A paralisação da coleta de lixo promovida por um verdadeiro exército de pessoas poderia gerar o colapso dos serviços públicos desse setor. Além disso, a atividade se tornou um incentivo à separação dos resíduos sólidos recicláveis, evitando o seu lançamento no meio ambiente, caracterizado pela poluição ambiental.

JUSTEN FILHO (2008, p. 336), ao tratar sobre os objetivos contidos da lei, afirmou:

> Logo, existem razões de diversa ordem no sentido de incentivo e fomento à atividade dos catadores de papel. Trata-se não apenas de assegurar a eles a **elevação da condição de vida digna**, mas também promover a sua atividade a **integração à atividade econômica formal** — inclusive para efeito de garantir o acesso à **seguridade social**. Também se busca incentivar uma atividade econômica de grande relevância para a vida comunitária. Mas ainda pretende-se **proteger o meio ambiente** e evitar a elevação dos índices de poluição e de destruição da natureza. (grifamos)

Sobre o processo de dispensa de licitação e a realização da contratação direta dos arranjos coletivos formados por catadores, JUSTEN FILHO (2008, p. 336) diz que:

> Seria inviável prever a contratação de cada pessoa física dos exercentes da atividade de catação. Daí a alternativa de promover a contratação com pessoa jurídica de cunho associativo, que represente os interesses dos diversos sujeitos. O dispositivo alude à forma de associação ou de cooperativa. Torna-se evidente a impossibilidade de contratação com entidade empresarial, organizada para explorar o trabalho alheio. Essa alternativa não poderá ser implementada por meio de contratação direta.

No Brasil, apenas em 2010 foi aprovada a Política Nacional de Resíduos Sólidos, essa falta de um marco regulatório — que é reflexo da dinâmica existente no setor e dos interesses defendidos — acabou por enfraquecer a organização dos catadores e desmobilizar a população nos processos de separação e doação dos materiais recicláveis aos catadores.

Com a publicação da Lei n. 12.305/2010 (Política Nacional de Resíduos Sólidos) foram absorvidas em seu texto várias possibilidades de inserção dos catadores de materiais recicláveis nas atividades de coleta de resíduos sólidos, também como reconhecimento de que as atividades já realizadas têm um cunho de serviço público.

No art. 3º da Lei n. 12.305/2010, dispõem os conceitos, dentre outros:

> Art. 3º ....
>
> X — **gerenciamento de resíduos sólidos**: conjunto de ações exercidas, direta ou indiretamente, nas etapas de coleta, transporte, transbordo, tratamento e destinação final ambientalmente adequada dos resíduos sólidos e disposição final ambientalmente adequada dos rejeitos, de acordo com plano municipal de gestão integrada de resíduos sólidos ou com plano de gerenciamento de resíduos sólidos, exigidos na forma desta Lei;
>
> XI — **gestão integrada de resíduos sólidos**: conjunto de ações voltadas para a busca de soluções para os resíduos sólidos, de forma a considerar as dimensões política, econômica, ambiental, cultural e social, com controle social e sob a premissa do desenvolvimento sustentável;

A lei supracitada está delimitando e proporcionado o gerenciamento dos resíduos sólidos urbanos de forma integrada, isto é, associando as ações voltadas à coleta, à destinação, ao tratamento dos resíduos sólidos urbanos de forma a integrar as dimensões política, econômica, ambiental, cultural e social.

No art. 4º da mesma lei, estabelece que:

> A Política Nacional de Resíduos Sólidos reúne o conjunto de princípios, objetivos, instrumentos, diretrizes, metas e ações adotados pelo Governo Federal, isoladamente ou em regime de cooperação com Estados, Distrito Federal, Municípios ou particulares, com vistas à gestão integrada e ao gerenciamento ambientalmente adequado dos resíduos sólidos.

No que tange aos princípios norteadores dessa Política Nacional de Resíduos Sólidos, o art. 6º estabelece e destacamos:

> Art. 6º ...
>
> III — a visão sistêmica, na gestão dos resíduos sólidos, que considere as variáveis ambiental, social, cultural, econômica, tecnológica e de saúde pública;
>
> IV — o desenvolvimento sustentável;
>
> VI — a cooperação entre as diferentes esferas do poder público, o setor empresarial e demais segmentos da sociedade;

VII — a responsabilidade compartilhada pelo ciclo de vida dos produtos;

VIII — o reconhecimento do resíduo sólido reutilizável e reciclável como um bem econômico e de valor social, gerador de trabalho e renda e promotor de cidadania;

Esse artigo trata de uma questão primordial para que passe a existir a integração dos catadores de materiais recicláveis na gestão dos resíduos sólidos urbanos, pois destaca a visão sistêmica, a cooperação entre as diferentes esferas e o reconhecimento dos resíduos sólidos recicláveis como bem econômico e de valor social.

No art. 7º da Lei n. 12.305/2010, que estabelece os objetivos da Política Nacional de Resíduos Sólidos, destaca-se o inciso XII, que trata da "integração dos catadores de materiais reutilizáveis e recicláveis nas ações que envolvam a responsabilidade compartilhada pelo ciclo de vida dos produtos".

No que tange aos planos municipais de gestão integrada de resíduos sólidos, a Lei n. 12.305/2010, em seu art. 18, estabelece:

> Art. 18. A elaboração de plano municipal de gestão integrada de resíduos sólidos, nos termos previstos por esta Lei, é condição para o Distrito Federal e os Municípios terem acesso a recursos da União, ou por ela controlados, destinados a empreendimentos e serviços relacionados à limpeza urbana e ao manejo de resíduos sólidos, ou para serem beneficiados por incentivos ou financiamentos de entidades federais de crédito ou fomento para tal finalidade.
>
> § 1º Serão priorizados no acesso aos recursos da União referidos no *caput* os Municípios que:
>
> I — optarem por soluções consorciadas intermunicipais para a gestão dos resíduos sólidos, incluída a elaboração e implementação de plano intermunicipal, ou que se inserirem de forma voluntária nos planos microrregionais de resíduos sólidos referidos no § 1º do art. 16;
>
> II — implantarem a coleta seletiva com a participação de cooperativas ou outras formas de associação de catadores de materiais reutilizáveis e recicláveis formadas por pessoas físicas de baixa renda.

O artigo supracitado institui a obrigatoriedade do estabelecimento de um plano de gestão dos resíduos sólidos e dispõe sobre a prioridade aos municípios que adotarem formas de gestão integrada, com a implementação da coleta seletiva com a participação de associações ou cooperativas de catadores para o recebimento de recursos da União.

Dessa forma, verifica que inicia-se no campo jurídico a incorporação de algumas das reivindicações surgidas no campo das tensões sociais e políticas.

CONSIDERAÇÕES FINAIS

Essa luta estabelecida no seio da sociedade civil na busca pela construção de uma sociedade mais justa é fundamental para a criação de uma sociedade democrática. Entender que muitos interesses são opostos dentro da sociedade e que esse tensionamento é a base de um processo de novas possibilidades, de aquisição de direitos e estabelecimento de deveres é vital para a conscientização dos sujeitos na elaboração da realidade.

Os processos podem ser lentos ou rápidos, conforme se dê a incorporação pelos sujeitos de seus papéis sociais e da clareza dos interesses defendidos.

Conforme HOFFE (2005, p. 133), ao tratar sobre a democracia,

> (...) ela também é uma **forma de vida** ou **prática social** na qual, ao contrário da democracia meramente formal, o importante é a execução real, ou seja, que todos os cidadãos defendam seus direitos políticos e sociais e tomem parte nas decisões acerca de sua ampliação.

A democracia precisa ser incorporada como uma "forma de vida" para que possa haver, apesar de todas as resistências, a construção de uma sociedade mais justa.

Para concluir, cabe o ensino de FLORES (2009, p. 21): "Há que se assumir o risco de romper com a cultura da 'naturalização' da desigualdade e da exclusão social, que, enquanto construídos históricos, não compõem de forma inexorável o destino da humanidade."

REFERÊNCIAS BIBLIOGRÁFICAS

FLORES, Joaquin Herrera. *A (re)invenvenção dos direitos humanos*. Florianópolis: Fundação Boiteux, 2009.

GRAMSCI, Antonio. *Cadernos do Cárcere* (v. 3). Rio de Janeiro: Civilização Brasileira, 2000.

GONÇALVES, Pólita. *A reciclagem integradora dos aspectos ambientais, sociais e econômicos*. Rio de Janeiro: DP&A, Fase, 2003.

HOFFE, Otfried. *A democracia no mundo de hoje*. São Paulo: Martins Fontes, 2005.

JOSVIAK, Mariane. *Trabalho subordinado e cooperado:* o papel do fundo público. 2007. Dissertação (Mestrado em Direito) Programa de Pós-Graduação em Direito, Setor de Ciências Jurídicas, UFPR, Curitiba.

JUNCÁ, Denise Chrysóstomo de Moura. *Da cana para o lixo:* um percurso de desfiliação? Serviço Social & Sociedade. São Paulo: Cortez, n. 63, p. 131150, 2000.

JUSTEN FILHO, Marçal. *Comentários à lei de licitação e contratos administrativos*. São Paulo: Dialética, 2008.

MARX, Karl. *Para crítica da economia política*. São Paulo: Abril Cultural, 1982.

_____ . *O capital:* crítica da economia política. Livro I. Rio de Janeiro: Civilização Brasileira, 2002.

MARX, Karl, ENGELS, Friedrich. *Manifesto do partido comunista*. Porto Alegre: L&PM, 2001.

MOTA, Ana Elizabete. *Entre a rua e a fábrica:* reciclagem e trabalho precário. Temporalis/ Associação Brasileira de Ensino e Pesquisa em Serviço Social. Brasília: ABEPSS, ano 3, n. 6, p. 9-22, 2002.

MOTA, Ana Elizabete. *Cultura da crise e seguridade social:* um estudo sobre as tendências da previdência e da assistência social brasileira nos anos 80 e 90. São Paulo: Cortez, 2005.

OFFE, Claus. *Problemas estruturais do estado capitalista.* Rio de Janeiro: Tempo brasileiro, 1984.

RODRIGUEZ, Cesar. À procura de alternativas econômicas em tempos de globalização: o caso das cooperativas de recicladores de lixo na Colômbia. In: SANTOS, Boaventura de Souza. (org.) *Produzir para viver, os caminhos da produção não capitalista.* Rio de Janeiro: Civilização Brasileira, 2002. p. 329-367.

SANTOS, Boaventura de Souza. *A globalização e as Ciências Sociais.* São Paulo: Cortez, 2002.

SCHLESENER, Anita Helena. *Hegemonia e cultura:* Gramsci. Curitiba: Editora UFPR, 2001.

A GOVERNANÇA CORPORATIVA E A FUNÇÃO SOCIAL DA EMPRESA

Artur Fontes de Andrade

Advogado. Mestre em Direito Regulatório pela Universidade Ibirapuera (UNIB/SP). Professor de Direito Empresarial e Direito Econômico do Centro Universitário Monte Serrat de Santos (Unimonte) e da Universidade Paulista (Unip). Professor convidado dos Cursos de Pós-Graduação em Direito Empresarial pela Universidade Católica de Santos (Unisantos), e do GVLaw da Fundação Getulio Vargas.

A Governança Corporativa e a Função Social da Empresa

1. BREVES CONSIDERAÇÕES ACERCA DA EVOLUÇÃO DO DIREITO ECONÔMICO

Na disciplina econômica do Estado Moderno, é dizer que o Estado liberal, que outrora restringia a atuação estatal, acaba se encaminhando atualmente a um novel modelo de intervencionismo mitigado.

Neste diapasão, o Estado deve ser analisado sobre dois aspectos que se sobrepõem, sendo o primeiro aspecto o político-econômico e posteriormente um aspecto eminentemente jurídico.

Sobre o aspecto político-econômico, para o Estado Liberal, a principal nuance estava balizada na ideia de liberdade originária das Revoluções Francesa e Industrial.

Tratava-se aqui da busca e da garantia de uma igualdade formal, e não da igualdade real tal qual temos nos dias de hoje, de modo que este foi o primeiro motivo de subversão do modelo.

As Constituições não só elevaram a liberdade individual à condição de princípio, mas também deram suporte ao sistema capitalista[1] ao assegurar a livre-iniciativa e a livre concorrência.

Neste sentido, lembra André Ramos Tavares que o desenvolvimento econômico de um país é responsabilidade atribuída ao Estado, notadamente pela adoção de políticas econômicas, de modo que este, o Estado, terá sido sempre interventor da economia, não podendo se asseverar sobre tipologias de Estado, mas, sim, em grau de intervenção.[2]

---

(1) Sempre se deve ter por ideia de capitalismo aquele sistema econômico que tem por fundamento a propriedade privada, inclusive dos bens de produção, e a livre participação no mercado.
(2) Assevera mencionado autor quanto à delineação do Estado liberal que: *"Nesse sentido, torna-se complexa a caracterização do Estado como liberal a partir do momento em que passam a ocorrer intervenções em diversos segmentos e pontos econômicos, embora sejam elas realizadas no interesse da economia e na preservação da liberdade. De qualquer sorte, já não se trata do Estado liberal mínimo, motivo pelo qual*

Portanto, para o Estado dito liberal, a esse competiria tão somente a defesa das instituições e da ordem pública, de modo que ao particular competiria desenvolver livremente as atividades puras de mercado, sob o postulado da livre-iniciativa, sem interferências descabidas do Estado.

Em importante comentário acerca do artigo I da Seção 10º da Constituição dos Estados Unidos, que demonstra o extremo do liberalismo, Thomas M. Cooley assevera que *"Entre os poderes proibidos pela Constituição da República dos Estados Unidos está o de elaborar leis alteradoras da obrigatoriedade dos contratos. Esta disposição proibitiva passou quase sem nenhum comentário naquela época, e nas tão profundas e substanciosas discussões de* **The Federalist** *só duas vezes se lhe faz alusão: da primeira, como uma justa disposição destinada a impedir agressões aos direitos dos Estados cujos cidadãos podiam ser prejudicados por leis semelhantes; e, da segunda, como sendo um 'baluarte constitucional em favor da segurança pessoal e dos direitos privados' contra leis que sejam contrárias aos mais elementares princípios do pacto social e a todo princípio de sã legislação'"*.[3]

Acerca dessa construção da primeira geração de direitos fundamentais, é dizer que esses eram exercidos em face de um ente superior aos titulares dos direitos àquele subordinados, de modo a ser-lhes franqueados uma liberdade inatingível perante o Estado.

Neste mesmo sentido, cumpre trazer à baila o que prescrevem Luis Edson Fachin e Carlo Eduardo Pianovsky Ruzyk, acenando que *"Em tal contexto, os direitos fundamentais de primeira geração se projetavam como liberdades públicas, no sentido de que eram exercidas frente ao Estado. Constituíam, sobretudo, liberdades negativas, e implicavam deveres de omissão por parte do Estado. Em outras palavras, as liberdades negativas são aí espaços de não intervenção. É do exame dessas liberdades que se revela a constituição da clivagem públicos e privados, uma vez que é precisamente na constituição dos direitos subjetivos que estabelecerá os limites de atuação do Estado"*.[4]

O modelo de Estado Liberal tal qual estava concebido acabou sucumbindo frente aos apontamentos feitos contra a doutrina liberal, de modo que práticas intervencionistas ganharam legitimidade, mesmo face ao sistema liberal.

A partir das fragilidades encontradas nos princípios do Estado Liberal e com base sobretudo na ideia do *Walfare State* (Estado do bem-estar social), que tinha como fundamento a ideia de igualdade, encontramos um novo conceito de Estado, qual seja, o denominado Estado Social.

---

será adiante designado apenas como 'Estado interventor' e não 'Estado liberal interventor'". In: *Direito Constitucional Econômico*, p. 48.

(3) COOLEY, Thomas M. *Princípios gerais de direito constitucional nos Estados Unidos da América*. Campinas: Russell, 2002. GAMA, Ricardo Rodrigues (trad.), p. 291.

(4) FACHIN, Luiz Edson; RUZYK, Carlos Eduardo Pianovsky. *Direitos fundamentais, dignidade da pessoa humana e o novo Código Civil*: uma análise crítica. In: SARLET, Ingo Wolfgang. (org.). *Constituição, Direitos Fundamentais e Direito Privado*. Porto Alegre: Editora Livraria do Advogado, 2003. p. 88.

A partir do final da Primeira Guerra Mundial, os dogmas liberais sofreram fortes restrições, sendo franqueadas ao Estado atividades outrora próprias da iniciativa privada, de modo a intervir na ordem econômica para assegurar condições mínimas para os menos abastados economicamente.

Não obstante de caráter eminentemente utópico, o Estado Social colaborou bastante com o surgimento de institutos jurídicos de natureza social que inclusive refletiram nos atuais princípios da ordem econômica, como por exemplo o princípio da busca do pleno emprego.

Contudo, a economia globalizada, em que se busca nas negociações internacionais uma maior flexibilização de obrigações, aqui principalmente incluídas as obrigações ditas sociais, como por exemplo a quebra de barreiras alfandegárias e a flexibilização da legislação trabalhista, o que se verifica é a falência também do Estado Social da forma como fora concebido.[5]

Ademais, concluiu-se que os recursos do Estado são limitados de modo a não ser possível atender a todas as demandas ao mesmo tempo, comprovando a fragilidade também do Estado em atender os mais diversos direitos sociais.

A exemplo do Estado liberal, no qual a liberdade como ponto central acabou por ser a razão desse declínio, o Estado Social seguiu a mesma sorte, já que comprovadamente o Estado não poderia buscar sozinho a igualdade dos diversos agentes econômicos.

Desta feita, e diante da frustração dos ideais do Estado Social, retomam-se os ideais do Estado liberal de modo a contemporizar a igualdade concebida no *Walfare State,* nascendo aqui a concepção do Estado Neoliberal, ou seja, ressurge a principiologia do Estado Liberal, transferindo-se novamente para as mãos do particular o poder econômico.

André Ramos Tavares define o denominado Estado Neoliberal ou o Estado "Social Liberal", asseverando que *"Funda-se essa atual concepção da presença do Estado sobre a economia, portanto, na revalorização das forças do mercado, na defesa da desestatização e na busca de um Estado financeiramente mais eficiente, probo e equilibrado, reduzindo-se os encargos sociais criados no pós-guerra, ainda que sem afastar totalmente o Estado da prestação de serviços essenciais, anteriormente referido"*.[6]

---

(5) Neste diapasão acena André Ramos Tavares que a adoção das premissas do Estado Social foi responsável pelas crises econômicas difundidas nos mais diversos Estados. Afirma o autor que: *"Realmente, o modelo proposto revelou, de maneira inequívoca, a ineficácia da atuação estatal. Constatou-se a incapacidade do Estado em atuar no cenário de concorrência, especialmente em um contexto globalizado. As dificuldades de gerenciamento da máquina estatal levaram à ineficiência do modelo intervencionista-social. Realmente a reprodução do modelo do* **Wellfare State** *foi em grande parte responsável pela crise financeira que, desde a década de 80, vem abalando as estruturas de inúmeros Estados, vale dizer, daqueles queassumiram atividades acima de sua capacidade, gerando a explosão do déficit público, por conta dessa prestação de serviços e atuação econômica maciça"*. In: Direito Constitucional Econômico, p. 63.

(6) Direito Constitucional Econômico. p. 66.

Contudo, o Estado Neoliberal, pela bagagem que traz consigo, já parece fadado ao insucesso por inúmeras razões, tais como apontam Marco Aurélio de Lima Choy e Márcia Cristina Henriques Levi, para quem, *"Com o advento do neoliberalismo, verifica-se um Estado cada vez mais fraco, sujeito aos revezes da economia de mercado e que, na maioria das vezes, não consegue responder a questionamentos relacionados às oportunidades de inserção social. Trata-se de um Estado cada vez mais vulnerável às reações e mudanças bruscas no mercado internacional, numa grande relação de interdependência entre os países 'desenvolvidos'. Essa postura de mínima intervenção que o mundo contemporâneo hodiernamente sugere induz a tal modelo de Estado, caracterizado pela falta de identidade, de conceitos e de foco, na medida em que pouco participa das ações individuais dos seus cidadãos, acabando por ceder espaço aos entes privados".*[7]

Com o escopo de não retomarmos a um ciclo vicioso de modo a nos depararmos com uma segunda derrocada do Estado Liberal, aqui leia-se o neoliberalismo, se fará mister uma contraposição deste direito à liberdade privilegiando também o direito à igualdade, norteador do Estado Social.

O fortalecimento do Estado Liberal, neste diapasão de crescente individualismo econômico como pilar deste modelo de Estado, trouxe, por sua vez, o crescimento da injustiça social notadamente em razão da mínima intervenção estatal, essa ainda mais retrocedida pelos fracassos do Estado Social.

Exatamente para se contrapor ao neoliberalismo puro é que se analisa agora o **aspecto jurídico do Estado brasileiro**, no qual está insculpido em nossa Constituição Federal o princípio do Estado Democrático de Direito que deverá ser analisado a partir dos direitos e das garantias fundamentais.

Neste contexto de constitucionalização do princípio do Estado Democrático de Direito, Flávia Piovesan prescreve que *"Dentre os fundamentos que alicerçam o Estado Democrático de Direito brasileiro, destacam-se a cidadania e dignidade da pessoa humana (art. 1º, incisos II e III). Vê-se aqui o encontro do princípio do Estado Democrático de Direito e dos direitos fundamentais, fazendo-se claro que os direitos fundamentais são um elemento básico para a realização do princípio democrático, tendo em vista que exercem uma função democratizadora".*[8]

Dessa forma, pelo Estado Democrático de Direito busca-se uma verdadeira harmonização de direitos que nas outras formas de Estado parecia antagônica, qual seja, os direitos à liberdade e à igualdade.

Significa dizer que na evolução dos direitos fundamentais[9] se faria necessário encontrar um liame entre ditos direitos fundamentais para cumprir as determinações constitucionais e coaduná-las com os primados do direito privado.

---

(7) In: Reforma do Estado: a proposta neoliberal e as organizações sociais no contexto brasileiro. *Anais do XV Congresso Nacional do Compedi.* Florianópolis: Fundação Boiteux, 2007. p. 1.

(8) PIOVESAN, Flávia. *Direitos Humanos e o Direito Constitucional Internacional.* 7. ed., (rev., ampl. e atual.). São Paulo: Saraiva, 2007. p. 26-27.

(9) Importante lembrar que há quem assevere que os Direitos Fundamentais tais como os conhecemos hoje remontam do direito natural. Neste sentido, Ana Carolina Lobo Gluck Paul assevera

Isso porque pelo direito à liberdade se fortalece o direito à propriedade e, por conseguinte, a concentração dos fatores de produção (estes com maior força vinculante ao Direito Privado), mas, em razão do Estado Democrático de Direito é dizer que em virtude do direito à igualdade estaríamos positivando direitos sociais como a função social da propriedade, e suas vertentes, isto é, a função social do contrato e a função social da empresa.

A propriedade é um dos principais reflexos econômicos da liberdade, tal como assevera Hegel em um aspecto filosófico que *"A pessoa, para existir como Ideia, deve dar um domínio exterior à sua liberdade. Porque nesta primeira determinação, ainda inteiramente abstrata, a pessoa é a vontade infinita em si e para si; o que pode constituir o domínio de sua liberdade é algo distinto dela, e determina-se como o que é imediatamente diferente e separável de si. (...) É na propriedade que minha vontade, como querer pessoal, torna-se objetiva, e, portanto, admite o caráter de propriedade privada; e uma propriedade comum, que segundo sua natureza pode ser ocupada individualmente, define-se como uma participação virtualmente dissolúvel na qual só por um ato do meu livre-arbítrio eu cedo minha parte"*.[10]

Há de se ressaltar como o fez Luis Manuel Fonseca Pires que não há de se confundir liberdade e propriedade com direito a liberdade e a igualdade. Segundo o autor, *"(...) não se confundem os conceitos de liberdade e propriedade com os direitos à liberdade e à propriedade, pois estes não guardam a mesma extensão, a mesma expansibilidade ou diversidade de acepções daqueles, pois só são direitos porque foram positivados, e portanto só podem ser considerados nesta medida"*.[11]

Sobre esta novel concepção ao direito da propriedade, lembra Cláudio Luiz Bueno de Godoy que *"Nada de diferente ocorreu também com relação à propriedade, outro dos pilares do Estado Liberal. Com efeito, impôs-se, com clareza, a necessidade de nova compreensão do instituto, que abandonasse a concepção de um absoluto direito subjetivo, para abraçar a ideia social de uma função, que lhe desse conteúdo e criasse deveres, ou ônus, também ao proprietário, cuja contrapartida passasse a ser a gama de*

---

que "*A afirmação histórica dos direitos fundamentais enquanto o conjunto de direitos e liberdades institucionalmente reconhecidos e garantidos pelo ordenamento jurídico de um Estado em um determinado tempo, remonta uma longa história com origens no direito natural. É bem verdade que afirmam alguns juristas que só há que se falar em direitos fundamentais a partir da positivação de tais direitos nas primeiras Constituições. (...)Todavia, é inegável a contribuição do jusnaturalismo clássico, tendo em vista grande parte dos direitos fundamentais atualmente reconhecidos pela ordem positiva serem direitos há muito considerados direitos naturais pelos jusfilósofos. O direito natural pode ser então encarado uma espécie de pré-história dos direitos fundamentais*". In: Aspectos práticos e teóricos da colisão entre direitos fundamentais. Anais do XV Encontro Preparatório para o Congresso Nacional. Florianópolis: Fundação Boiteux, 2006. p. 3.

(10) HEGEL, Georg W. F., *Princípios da filosofia do Direito*. Tradução Norberto de Paula Lima. 2. ed., São Paulo: Ícone, 1997. p. 72-75.

(11) PIRES, Luis Manuel Fonseca. *Limitações administrativas à liberdade e à propriedade*. São Paulo: Quartier Latin, 2006. p. 111.

direitos afetos a centros de interesses não proprietários, em verdadeira relação jurídica complexa, de recíproca fluidez de direitos e obrigações".[12]

Sensível à dificuldade de se estabelecer um ponto de contato dos direitos fundamentais insculpidos na Constituição Federal com o direito privado, de modo a flexibilizá-lo com as regras constitucionais, Claus-Wilhelm Canaris assevera, ao dissertar acerca da influência dos diretos fundamentais no direito privado alemão, que: *"Em quase todo e qualquer ordenamento jurídico moderno, de modo mais ou menos cogente, coloca-se a questão da relação entre os direitos fundamentais e o Direito Privado. Ela radica no fato de os direitos fundamentais, enquanto parte da Constituição, terem um grau mais elevado na hierarquia das normas do que o Direito Privado, podendo, por conseguinte, influenciá-lo. Por outro lado, a Constituição, em princípio, não é o lugar correto nem habitual para regulamentar as relações entre cidadãos individuais e entre pessoas jurídicas. Nisso consiste, muito pelo contrário, a tarefa específica do Direito Privado, que desenvolveu nesse empenho uma pronunciada autonomia com relação à Constituição; e isso não vale apenas em perspectiva histórica, mas também no tocante ao conteúdo, pois o Direito Privado, em regra, disponibiliza soluções muito mais diferenciadas para conflitos entre os seus sujeitos do que a Constituição poderia fazer".*[13]

Ocorre que ainda fruto da evolução dos direitos fundamentais e igualmente expresso na Carta Maior estaria a concepção do Direito de Solidariedade, que se caracteriza pelo fato de que tanto o Estado quanto o particular devem buscar conjuntamente o bem coletivo.

Acerca da origem do Direito de Solidariedade, Luis Renato Ferreira da Silva assinala que a doutrina solidarista ganha relevo no direito pátrio ao ser taxado expressamente na Constituição Federal, mais precisamente no art. 3º, inciso I, que um dos objetivos fundamentais da República é o estabelecimento de uma sociedade solidária.

Portanto, o autor, ao fazer remissão ao preconizador da doutrina solidarista, o sociólogo francês Émile Durkheim, afirma que o dispositivo incerto na Carta Constitucional traz à lume uma análise da sociedade priorizando o papel dessa em relação ao indivíduo, concluindo parcialmente que: *"No campo do direito privado, admitindo-se a função organizadora da solidariedade social como o faz Durkheim, depara-se, tradicionalmente, com uma dificuldade maior do que em relação ao direito público".*[14]

---

(12) GODOY, Cláudio Luiz Bueno de. *Função social do contrato.* 2. ed., São Paulo: Saraiva, 2007. p. 6.

(13) CANARIS, Claus-Wilhelm. *A influência dos direitos fundamentais sobre o direito privado na Alemanha,* In: SARLET, Ingo Wolfgang. (org.). *Constituição, Direitos Fundamentais e Direito Privado.* Porto Alegre: Editora Livraria do Advogado, 2003. p. 225.

(14) SILVA, Luis Renato Ferreira da. *A função social do contrato no novo Código Civil e sua conexão com a solidariedade social.* In: SARLET, Ingo Wolfgang. *O novo Código Civil e a Constituição.* Porto Alegre: Editora Livraria do Advogado, 2003. p. 131.

Inserido neste novel direito de solidariedade podemos trazer à lume alguns conceitos que lhe são afetos tais como os conceitos de bem comum, e a função social da propriedade, incluindo-se aqui esta concepção das práticas de **Responsabilidade Social** e de **Governança Corporativa**.

É certo que, no âmbito empresarial, a solidariedade ainda encontra severos percalços para figurar entre nós como categoria jurídica no campo do direito empresarial.

Neste sentido, lembra Amy Uelmen acerca do tratamento da fraternidade como categoria jurídica do direito empresarial na *common Law* norte-americana, dispondo que: *"Se quiséssemos identificar o obstáculo mais árduo para o desenvolvimento da fraternidade como categoria jurídica no campo do Direito Empresarial, muitos apontariam o poder das grandes multinacionais, na maioria das vezes de origem norte-americana, e o fato de parecer que elas focalizem a atenção unicamente na geração de lucro, excluindo outras metas e valores"*.[15]

Este fenômeno da solidarização do direito acabou também por ser responsável, consoante os ensinamento de José Joaquim Gomes Canotilho, pela denominada constitucionalização do direito privado, ou a civilização do direito constitucional, colocando fim, ou ao menos mitigando, a dicotomia entre direito público e direito privado.

Descreve o autor que ambas as nomenclaturas são respeitadas, já que as questões se convergem em problemas dogmáticos do direito constitucional e do direito civil. Complementa da seguinte forma: *"Haja em vista o problema da eficácia dos direitos fundamentais na ordem jurídica privada (**Drittwirkung**), o problema da 'privatização' de funções e procedimentos públicos, o problema da renúncia a direitos fundamentais, o problema da responsabilidade patrimonial dos entes públicos. Poderemos afirmar, com relativa segurança, que, hoje, um dos temas mais nobres da dogmática jurídica diz respeito às imbricações complexas da irradiação dos direitos fundamentais constitucionalmente protegidos (**Drittwinkung**) e do dever de protecção de direitos fundamentais por parte do poder público em relação a terceiros (**Schutzpflicht**) na ordem jurídico-privada dos contratos."*[16]

Neste diapasão, Eugênio Facchini Neto assevera que o fenômeno da constitucionalização do direito privado consiste na superação da divisão do universo jurídico em dois mundos antagônicos, quais sejam, o direito público de um lado e o direito privado do outro.[17]

---

(15) UELMEN, Amy. *Fraternidade como categoria jurídica no Direito Empresarial:* Aplicações na common Law norte-americana. In: CASO, Giovanni; *et. al.* (organizadores). *Direito & Fraternidade.* São Paulo: Cidade Nova: LTr, 2008. p. 73.
(16) CANOTILHO, J. J. Gomes. *Dogmática de direitos fundamentais e direito privado.* In: SARLET, Ingo Wolfgang. (org.). *Constituição, Direitos Fundamentais e Direito Privado.* Porto Alegre: Editora Livraria do Advogado, 2003. p. 340.
(17) Conclui o autor, portanto, que *"De qualquer sorte, do ponto de vista jurídico, percebe-se claramente que público e privado tendem a convergir. Tal convergência, aliás, opera nas duas direções, ou seja, cada*

Portanto, extraindo-se uma conclusão parcial neste ponto, é dizer que o neoliberalismo estará consubstanciado juridicamente em um denominado direito de solidariedade e que acarretará um reflexo na empresa ao trazer como requisito intrínseco da atividade empresária o cumprimento de práticas voltadas à responsabilidade social, que, se analisadas no âmbito interno, estarão ligadas, sobretudo, à gestão da sociedade, e que ao final se traduzem em práticas de boa governança corporativa.

Dessa forma, as empresas cumpridoras das regras da governança corporativa estarão balizadas consoante o direito de solidariedade[18], coluna mestra da ideia de neoliberalismo.

Sendo assim, podemos concluir que a governança corporativa é tema de Direito Econômico, que à luz da Constituição Federal pode ser compreendido, como visto, como um direito de solidariedade.

Isto se extrai pelo fato de a Constituição trazer já em seu preâmbulo valores a serem observados em todas as relações jurídicas, em especial a liberdade e o desenvolvimento. Mas à frente, ao tratar dos princípios fundamentais, cuida especificamente de princípios da livre-iniciativa, valorização do trabalho e, sobretudo, a dignidade da pessoa humana.

Aliada a esses vetores, a Carta Constitucional ainda discorre em seu art. 3º sobre uma ideia de construção de uma sociedade livre e igualitária, o que bem dimensiona o espírito solidário e de convergência entre os direitos de liberdade e de igualdade.

E, por fim, não se pode olvidar dos direitos fundamentais do art. 5º, ao compatibilizar a propriedade com a função social dessa, complementando no art. 6º, que trata dos direitos sociais, e que deverão ser analisados conjuntamente com os princípios da ordem econômica, e que retomam princípios como o da livre-iniciativa e da proteção ao meio ambiente, dentre outros.

---

vez mais o Estado se utiliza de institutos jurídicos do direito privado, estabelecendo relações negociais com os particulares, e consequentemente abrindo mão de instrumentos mais autoritários e impositivos (trata-se do fenômeno conhecido como privatização do direito público).
"Por outro lado, também o direito privado se desloca em direção ao público, como se percebe na elaboração da categoria dos interesses e direitos coletivos e difusos (metaindividuais ou supraindividuais), mas igualmente na funcionalização de inúmeros institutos típicos do direito privado, como é o caso do reconhecimento da função social da propriedade (do que se encontram traços já na Constituição de 43, e de forma clara, a partir da Constituição de 46, embora a expressão 'função social da propriedade' somente apareça na Carta de 1967), função social do contrato (incorporado expressamente ao novo código civil — arts. 421 e 2.035, parágrafo único) na função social da empresa (Lei n. 6.404/76 — Lei das S.As — , art. 116, parágrafo único, e art. 154) (...)". FACCHINI NETO, Eugênio. Reflexões histórico-evolutivas sobre a constitucionalização do direito privado, In: SARLET, Ingo Wolfgang. (org.). Constituição, Direitos Fundamentais e Direito Privado. Porto Alegre: Editora Livraria do Advogado, 2003. p. 24.
(18) Ainda neste mesmo sentido, comenta Amy Uelmen que a Responsabilidade Social e a governança (administração) já aparecem como exemplos do princípio da fraternidade estar presente na common Law dos Estados Unidos. Op. cit., p. 73.

2. O ESTADO E SUA INTERVENÇÃO ECONÔMICA

Para se compreender a atuação estatal na ordem econômica mister se faz definir o próprio Estado como a organização da comunidade e do poder.

O Estado, portanto, é uma unidade constituída de três elementos: território, que é o limite espacial dentro do qual o Estado exerce o poder de império sobre pessoas e bens; povo, o conjunto de pessoas que mantêm vínculo jurídico-político com o Estado; soberania, poder de querer coercitivamente traçar competências (político) ou de decidir em última instância (jurídico).

Com efeito, não se pretende aqui se ater a um conceito de Estado delimitado pelos seus elementos, mas entendê-lo a partir da ideia de intervencionismo estatal no domínio econômico.

Por intervenção entende-se as formas em que o Estado pode influenciar ou até mesmo limitar a atuação particular no mercado, porém, desde que essa intervenção aconteça em situações específicas, amparada por normas constitucionais e legislações infraconstitucionais.

Há quem, a exemplo de Eros Roberto Grau,[19] defenda diferenciações entre os conceitos de atuação e intervenção, entendendo por aquela as hipóteses nas quais o Estado age em área de sua titularidade, como por exemplo a atuação do Estado na atividade econômica em sentido amplo; e intervenção quando, ao revés, age em área de titularidade da iniciativa privada.

Cabe ao Estado incentivar, fiscalizar e regular, de modo a não impor ao particular a maneira de conduzir sua atividade econômica, em corolário ao Princípio da livre-iniciativa.

2.1. O papel do Estado na Economia

O Estado, economicamente, pode ser socialista ou capitalista, e, historicamente, o Estado brasileiro sempre foi capitalista, sendo que as Constituições de 1824 e de 1891 possuíam cunho liberal, enquanto as demais, neoliberal.

Os antecedentes constitucionais cresceram até formar uma espécie de sistema jurídico fundamental. A insatisfação com o constitucionalismo liberal foi um reflexo do liberalismo econômico que renegava a efetividade social. Sendo assim, os direitos sociais são direitos fundamentais, já que sustentam a realização das condições materiais na vida política, econômica e social.

Historicamente, duas foram as Constituições que contribuíram para o avanço do constitucionalismo social, a mexicana de 1917 e a de Weimar de 1919.

A Constituição Federal consagra um regime de mercado organizado, entendido como aquele afetado pelos preceitos de ordem pública clássica, em que opta pelo

---

(19) GRAU, Eros Roberto. *A ordem econômica na Constituição de 1988*, p. 122-123.

tipo liberal do processo econômico, que só admite a intervenção do Estado para coibir abusos e preservar a livre concorrência de quaisquer interferências, tais como monopólios e abusos do poder econômico.

A intervenção do Estado no domínio econômico pode ser direta, quando atua na condição de produtor de bens ou serviços, ou indireta, quando regulamenta a atividade econômica que será desenvolvida por particulares.

A título comparativo, dispunha a Constituição de 1967, em seu art. 163: *"São facultados a intervenção no domínio econômico e o monopólio de determinada indústria ou atividade, mediante lei federal, quando indispensável por motivo de segurança nacional ou para organizar setor que não possa ser desenvolvido com eficácia no regime de competição e de liberdade de iniciativa, assegurados os direitos e garantias individuais."*

Já a Carta Constitucional vigente assevera em seu art. 173 que, *"Ressalvados os casos previstos nesta Constituição, a exploração direta da atividade econômica pelo Estado só será permitida quando necessária aos imperativos da segurança nacional ou a relevante interesse coletivo, conforme definidos em lei".*

Desta feita, assim, indaga-se no que difere os dois tratamentos constitucionais brasileiros no que tange à intervenção do Estado na ordem econômica.

Na Constituição de 1967, há possibilidade de intervenção em caso de monopólio, já na Constituição Federal de 1988, a exploração direta só será permitida em alguns casos excepcionais. Isso significa que, no primeiro caso, há uma faculdade aberta ao Estado, enquanto que, na segunda, existe uma norma proibitiva que permite algumas exceções (atuação direta).

Por outro lado, o art. 174 da Constituição Federal de 1988 impõe ao Estado o dever de atuar como agente normativo e regulador, fiscalizando, incentivando e planejando a ordem econômica. (atuação indireta)

Cumpre ressaltar uma vez mais que intervenção não se confunde com atuação estatal. Intervenção significa a própria atuação do Estado em área de titularidade do setor privado, enquanto atuação estatal compreende a ação do Estado no campo da atividade econômica em sentido amplo.

A intervenção pode acontecer de quatro maneiras: por <u>participação</u>, o Estado age na atividade econômica concomitantemente com os particulares; por <u>direção</u>, se vale de mecanismos com força coativa; por <u>absorção</u>, assume inteiramente o exercício de determinada atividade (monopólio estatal); e por <u>indução</u>, incentiva certos comportamentos ou decisões mediante sanções premiais.[20]

Quanto ao papel positivo ou negativo da atuação econômica estatal, cabe ressaltar que os direitos individuais não podem ser alterados pelo Estado, de modo que se trata de uma obrigação de não fazer, ou seja, de um dever negativo; já quanto

---

(20) Eros Roberto Grau, *idem*, p. 157-158.

aos direitos sociais, estes são direitos impositivos ao Estado e estabelecem uma obrigação de atuação estatal positiva.

Neste sentido, quanto mais os poderes dos indivíduos na esfera econômica aumentam, mais diminuem as liberdades individuais.

2.1.1. A mínima intervenção estatal e a necessidade de um modelo social

O sistema capitalista, à luz da teoria da mão invisível concebida por Adam Smith garantindo a total liberdade individual, outorgava ao agente econômico como única preocupação o aumento dos lucros, o que por si só levaria também a uma concretização de benefícios de caráter social.

Verificou-se, pois, que a livre-iniciativa, a livre concorrência e a autonomia dos consumidores não foram suficientes para o escoamento dos fatores econômicos, ao revés, o que se verificou foi o enriquecimento comum da sociedade e consequentemente um crescimento da injustiça social.

Isto significa que, em razão da microrracionalidade[21] do empresário, mister se faz a criação de instrumentos que viabilizem um pensamento social nos setores econômicos e, assim, propiciar o bem coletivo.

O novo modelo econômico de Estado, portanto, propugna uma participação do Estado intervencionista não diretamente na economia, mas no fomento de programas e ações de cunho social, de modo a minimizar as desigualdades inerentes ao modelo econômico liberal.

Neste diapasão, a Constituição Federal traz em seu bojo a tentativa de contrabalançar sempre os valores sociais sem afetar a livre-iniciativa, já prescrevendo em seu artigo 1º que é princípio fundamental da República Federativa do Brasil "os valores sociais do trabalho e da livre-iniciativa".

A mesma Carta Constitucional ainda assinala em seu art. 5º, *caput*, que é direito fundamental do indivíduo a propriedade, ratificando no inciso XXII o direito à propriedade e determinando que a mesma atenda à sua função social.

No que tange à ordem econômica, o art. 170 do Texto Constitucional trata também de assegurar a propriedade privada e que essa atenda a sua função social.

Lembra Gilberto Bercovici acerca do processo de constitucionalização da função social da propriedade que *"Este processo de funcionalização da propriedade foi demonstrado por Karl Renner, que analisou como a função social da propriedade se modifica com as mudanças nas relações produtivas, transformando a propriedade capitalista, sem socializá-la. Com isto, a função social da propriedade torna-se o fundamento*

---

(21) Este termo foi cunhado por Eros Roberto Grau ao asseverar que: *"O capitalismo é essencialmente conformado pela microrracionalidade da empresa, não pela macrorracionalidade reclamada pela sociedade"*. Aqui, defendeu que, na esfera de mercado, o interesse exclusivo do investidor é baixar os custos que oneram a empresa. (In: A ordem econômica na Constituição de 1988, p. 26).

do regime jurídico do instituto da propriedade, de seu reconhecimento e da sua garantia, dizendo respeito ao seu próprio conteúdo".[22]

Na mesma esteira, a preocupação em se acabar com as desigualdades sociais se estendeu as relações contratuais, e finalmente à empresa quando prevê o Código Civil e demais leis extravagantes que a empresa atenderá sua função social[23].

À exceção das Empresas Públicas, das Sociedades de Economia Mista e mais contemporaneamente dos Consórcios Públicos, em que a Constituição prevê expressamente que caberá à lei que os instituir tratar da função social[24], para os demais, o mandamento constitucional traz contornos tão somente de norma programática, sem qualquer efeito prático imediato.

Portanto, como o objeto do presente estudo se baliza no âmbito do direito empresarial, nos limitaremos tão somente à função social da empresa, bem como onde se situam dentro da atividade empresária as práticas de responsabilidade social da empresa.

Como já observado nesse modelo de Estado Liberal, mas intervencionista, esse por um lado, visa a fomentar as atividades econômicas, mas em contrapartida lança mão de institutos jurídicos para fiscalizar a iniciativa privada na ordem econômica.

Daí concluirmos surgir uma disciplina empresarial econômica, em que o exercício da atividade economicamente organizada pelo particular estará condicionado a vetores traçados pelo Estado, notadamente nas questões tributárias, trabalhistas e até mesmo no tocante a obrigações administrativas impostas ao particular.

---

(22) BERCOVICI, Gilberto. *Vocábulo propriedade (Função Social da)*. In: DIMOULIS, Dimitri. (coord. Geral). *Dicionário Brasileiro de Direito Constitucional*. São Paulo: Saraiva, 2007. p. 310.

(23) É importante ressaltar que a função social da empresa se origina da interpretação sistemática das normas que tratam da função social da propriedade e da função social do contrato. Isso porque o Código Civil traz em seu art. 1.228, § 1º, o rol meramente exemplificativo sobre o que seja a função social da propriedade, dispondo: *"Art. 1.228: (...); § 1º — O direito de propriedade deve ser exercido em consonância com as finalidades econômicas e sociais, de modo que sejam preservados, de conformidade com o estabelecido em lei especial, a flora, a fauna, as belezas naturais, o equilíbrio ecológico e o patrimônio histórico e artístico, bem como evitada a poluição do ar e das águas"*. O mesmo *Codex*, agora ao tratar da função social da empresa enquanto pessoa jurídica de modo que na verificação de seu abuso poderá acarretar a sua despersonificação, prescreve em seu art. 50 o que segue: *"Art. 50 — Em caso de abuso da personalidade jurídica, caracterizado pelo desvio de finalidade, ou pela confusão patrimonial, pode o juiz decidir, a requerimento da parte, ou do Ministério Público quando lhe couber intervir no processo, que os efeitos de certas e determinadas relações de obrigações sejam estendidos aos bens particulares dos administradores ou sócios da pessoa jurídica."* No mesmo sentido poder-se-ia invocar o mandamento do art. 154 da Lei n. 6.404/76, que determina: *"Art. 154 — O administrador deve exercer suas atribuições que a lei e o estatuto lhe conferem para lograr os fins e no interesse da companhia, satisfeitas as exigências do bem público e da função social da empresa."*

(24) Aqui, entendemos que para as Empresas Públicas e Sociedades de Economia Mista a função social destas, com as práticas de responsabilidade social, tanto internas (nas práticas de governança corporativa) quanto nas externas, decorre dos princípios da administração pública elencados no art. 37 da Constituição Federal.

Significa dizer que a relação custo-benefício estará sim condicionada em larga escala ao ordenamento jurídico estatal, se fazendo mister este tangenciamento entre o direito societário e os demais campos normativos.

Não há que se negar que a atuação estatal também é dirigida à manutenção do particular na economia, conclusão esta que se obtém a partir da interpretação sistemática dos princípios da ordem econômica, notadamente pelo princípio do cumprimento da função social, e que reflete para dentro da empresa quando se refere, sobretudo, na gestão da mesma, bem como para fora dela, quando manifestada pelas práticas de responsabilidade social.

Com efeito, o intervencionismo estatal deve guardar certa limitação justamente para não subverter a própria estrutura do Estado Liberal, o que justifica a Constituição Federal e as legislações extravagantes exigirem do empresário — este definido nos termos do art. 966, *caput*, do Código Civil — que cumpra com a sua função social, mas não impor sanções pelo seu descumprimento.

No que tange especificamente à função social da empresa, cumpre ressaltar as tentativas de se legislar a função social externa da empresa e definir quais práticas seriam consideradas de responsabilidade social.

Ocorre que legislar quais são as práticas de responsabilidade social da empresa acabaria por engessar as mais diversas possibilidades, de modo que qualquer tentativa deste jaez teria o condão apenas de norma exemplificativa.

Contudo, o revés da sua não elaboração é exatamente a ausência de sanção pelo seu descumprimento. Assim, se não há sanção, não há obrigatoriedade de se observar tais regras, em perfeita sintonia com o princípio da legalidade.

A indagação a ser feita neste ponto é: a quem competiria a imposição de sanção? E a resposta de pronto apontaria inicialmente para aqueles denominados *stakeholders*.

Igual sorte segue a **função social interna da empresa** — leia-se aqui quanto aos atos de gestão dessa —, na qual o Estado não legisla e sequer sanciona, mas quem o faz é o próprio mercado **quando cria regras de práticas da boa governança corporativa** e impõe sanções, de ordem econômica, é verdade, para aqueles que não a aderem.

Não se tem por escopo o esmiuçamento do instituto da governança corporativa e seus alcances, já que estão voltados mais para o campo da economia e da administração de empresas.

O que se pretende é exatamente identificar e definir a existência de uma natureza jurídica ao instituto da governança corporativa, e assim institucionalizando-a ou não como instituto jurídico do direito econômico empresarial.

O direito societário em si se caracteriza pela sua complexidade e rápida mutação frente às realidades econômicas, exigindo assim que o ordenamento jurídico o acompanhe na mesma rapidez e que o operador do direito esteja sensível a essas mudanças.

Ocorre que, além do óbice da limitação do Estado em adentrar na gestão da empresa como mencionado anteriormente, a dinamicidade da demanda certamente tornaria o mandamento legal obsoleto em um curto espaço de tempo.

A lei pode ter por objetivo a estabilização de uma mudança, mas essa é fruto de uma atividade extralegal, notadamente de fatores relacionados às forças produtivas e a setores da sociedade.

3. A NOÇÃO DE FUNÇÃO SOCIAL DA EMPRESA E A RESPONSABILIDADE SOCIAL

Já foi observado que a transformação do Estado Liberal, e deste para o Estado Social, e mais contemporaneamente o Estado Neoliberal, a positivação da necessidade de se observar a função social no exercício do direito de propriedade traz duas indagações importantes neste momento.

A primeira é: por tratar-se de norma de eficácia constitucional programática quando inserida na Constituição, ou ainda de caráter meramente diretivo quando previsto no Código Civil ou nas leis extravagantes, há obrigatoriedade que a empresa exerça algum fim social efetivamente?

Em segundo lugar, indaga-se: quando a empresa estará exercendo sua função social de modo a cumprir o que prescreve a Constituição?

Não se pode olvidar que a positivação do princípio da função social teve por desiderato a restauração dos fatores de produção na economia, pois o mercado não conseguiu fazê-lo no período liberal.

Na análise da função social da empresa, cumpre ressaltar, não se discute se a empresa encontra-se no conceito de propriedade dinâmica ou estática[25], já que tanto em um caso como em outro o cumprimento de práticas de responsabilidade social trará benefícios de várias ordens à empresa.

Neste diapasão, há quem assevere, a exemplo do Professor Carlos Aurélio Mota de Souza que, anteriormente, a responsabilidade social era vista no meio empresarial

---

(25) Grande parte da doutrina moderna classifica a empresa como uma propriedade dinâmica, notadamente após a consagração da Teoria da Empresa, em que a empresa seria em sua essência um complexo de relações jurídicas e econômicas. Neste sentido, assevera Eros Roberto Grau que: *"No momento estático a propriedade é direito subjetivo; no dinâmico, função. Se pensarmos a propriedade dos bens de produção, em organização de tipo capitalista, aí teremos, nos dois momentos, a sociedade e a empresa. A sociedade — os acionistas — detém uma situação jurídica de pertinência. Já a empresa, detém o poder que dos bens sociais emergem. Daí podermos sustentar que a sociedade existe juridicamente enquanto situação subjetiva — direito — ao passo que a empresa existe juridicamente enquanto fonte de poder — função. Desde tal verificação se abre uma vertente de largos horizontes, a ensejar o esboço da tese segundo a qual a sociedade é sujeito de direitos enquanto a expressão do direito, ao passo que a empresa ocupa esta situação, nutrindo-se de subjetividade, enquanto fonte de poder."* (In: Elementos de Direito Econômico, p. 131).

como matéria de assistencialismo, e agora consiste em verdadeiro mandamento constitucional decorrente dos princípios da ordem econômica.[26]

Há quem defenda[27] como sinônimos a função social e a responsabilidade social. Com efeito, não há de se negar que a responsabilidade social integra a função social, sendo que aquela é caracterizada pela empresa a qual cumpre com sua função social.

Se esse fosse o entendimento a prevalecer, estar-se-ia diminuindo o conceito de responsabilidade social, ou seja, a empresa que cumpre com as determinações legais *ex vi*, pagar os tributos em dia, observar a legislação trabalhista, e não degradar o meio ambiente etc., estaria por cumprir sua função social.

Ora, nada mais equivocado, já que a inteligência da norma é no sentido de se obter mais da empresa que tão somente cumprir com suas obrigações legais, mesmo inseridos na esfera social.

A exemplo disto, cumpre trazer à baila o tratamento que Alaim Giovani Fortes Stefanello traz ao recomendar práticas de responsabilidade social de empresas detentoras de patentes voltadas às áreas de interesse público, como nas áreas de fármaco, produção de alimentos e informática, sobretudo na transferência de tecnologia para países explorados durante o prazo de vigência da titularidade exclusiva.

Escreve mencionado autor que, *"Além da transferência de tecnologia (pelo menos nos setores relacionados à saúde, alimentação e educação digital, por exemplo), deveria ser estabelecida a obrigatoriedade de reinvestimento local dos lucros e royalties obtidos na exploração dos mercados emergentes dos Países do Sul. Se não em sua totalidade, pelo menos parte destes recursos deveriam ser obrigatoriamente reaplicados em investimentos, educação e pesquisas locais que, além de garantir a permanência dos*

---

(26) No magistério do Professor Carlos Aurélio é dizer que: *"O tema da responsabilidade social tem sido obrigatório entre empresários, gestores dos meios de produção e do comércio em uma economia capitalista. Responsabilidade social era vista como mero assistencialismo, filantropia ou simples doação de bens materiais. No entanto, tal concepção deve hoje ser entendida como obrigação constitucional, decorrente dos princípios sobre a ordem econômica, expressos no art. 170 da Constituição Federal."* In: *São Paulo Empresarial: Responsabilidade Econômico-Social*. Responsabilidade Social das Empresas, (coord.) Carlos Aurélio Mota de Souza, p. 49.

(27) "A previsão legal de institutos que impõem a função social à propriedade e lhe delimitam a incidência é de suma importância, inclusive, para que diferencie a função social da empresa da responsabilidade social desta última, a qual é por vezes denominada **cidadania empresarial**. Aquela, por encontrar previsão legal, é dotada de certo grau de coercitividade emanada da própria norma que a prevê. Esta, no entanto, encontra-se no plano da **liberdade do empresário**, no que tange ao auxílio de terceiros que não estejam envolvidos diretamente em sua atividade empresarial, ficando muito mais no plano da **fraternidade e da beneficência** do que da legalidade." (Luiz Fernando de Camargo Prudente do Amaral. *A função social da empresa no direito constitucional econômico brasileiro*, p. 117/118).

recursos no território nacional, possibilitariam um efetivo fomento ao desenvolvimento científico e tecnológico".[28]-[29]

A pretensão no texto constitucional é que a empresa além de cumprir com suas obrigações legais[30] — leia-se aqui função social — adote práticas de responsabilidade social, dentre elas, as inúmeras práticas de sustentabilidade.[31]

Portanto, entende-se que a função social da empresa consiste inicialmente no cumprimento das obrigações legais e contratuais, por exemplo: respeitar os

---

(28) STEFANELLO, Alaim Giovani Fortes. *A função social e ambiental da propriedade intelectual: a complementariedade de institutos jurídicos de direito público e de direito privado.* In: Anais do XV Congresso Nacional do Compedi. Florianópolis: Funda Boiteux, 2007. p. 10.

(29) Contudo, discordamos do que o autor trata na sequência de seu trabalho quando assevera que, "Por certo, as medidas anteriormente citadas dependem não apenas de uma readequação da legislação que trata da Propriedade Intelectual, mas também de um enfrentamento aos fortes *lobbies* das empresas multinacionais localizadas nos Países do Norte, que não têm compromisso, interesse ou preocupação com o desenvolvimento dos Países do Sul". Isso porque, conforme defendemos, para que determinada prática de responsabilidade seja adotada por uma empresa, não se exige mandamento legal, já que até mesmo no âmbito interno eles são quase inexistentes.

(30) Neste sentido, ainda que trazendo essa comum confusão acerca da diferença entre função social e responsabilidade social da empresa, há quem propugne também a imposição de sanções criminais a pessoas jurídicas, a exemplo do que ocorre na legislação ambiental, nas hipóteses de descumprimento da função social da empresa.
Neste sentido o Professor Ricardo Alves Bento suscita indagação no seguinte sentido: "*Mas uma questão de fundo permeia a questão da responsabilidade social e do Direito Penal: Será o Direito Penal o instrumento eficiente para invocar a responsabilidade social das pessoas jurídicas? Será que a política criminal do Estado Democrático de Direito é no sentido de punir as pessoas jurídicas em todos os delitos ou somente nos crimes de lesa ao meio ambiente? Mesmo que se admita que possa se punir as pessoas jurídicas, será que esta medida tem sido eficiente para prevenir e punir os delitos que possam ser cometidos a partir da edição da lei? Será que existem inúmeros procedimentos que geram obstáculos à punição dos delitos tributários e previdenciários?*". In: Responsabilidade Sócio-Criminal da Pessoa Jurídica: Crimes Contra a Ordem Tributária e Previdenciária. Responsabilidade Social das Empresas, (coord.) Carlos Aurélio Mota de Souza, p. 239.

(31) Neste sentido cumpre trazer à baila os ensinamentos de Viviane Coelho de Séllos Gondim, que ao apontar as questões intermitentes da Responsabilidade Social, afirma o que segue: "*Complementarmente, também é relevante que pesquisemos sobre as características das políticas empresariais; registros de domínio e marcas; características do novo direito comercial — segurança, integridade e autenticidade nas transações comerciais; empresa e propriedade industrial; características do direitos do trabalho — empregado e empregador em face à dignidade humana; direito de informática, tratados internacionais e aspectos polêmicos; responsabilidade social da empresa nacional e da empresa estrangeira; garantias e proteção ao consumidor; dignidade humana e regras de relação de consumo; e-commerce; boa-fé contratual; aplicação das normas de direito; características do direito público; o novo estado; características do direito constitucional; princípios do direito e suas aplicações; soluções alternativas de conflitos; emprego e prestação de serviços; restrições dos direitos autorais e dignidade humana; desenvolvimento urbano; desenvolvimento sustentável; responsabilidade social empresarial; parcerias público-privadas e princípios jurídicos aplicados nas relações empresariais, na constante busca de pautar uma ética empresarial em prol da dignidade humana, por uma questão de responsabilidade social*". In: *Por uma ética empresarial em prol da dignidade humana*: uma questão de responsabilidade social. Responsabilidade Social das Empresas, (coord.) Carlos Aurélio Mota de Souza, p. 262.

princípios da ordem econômica, de modo a garantir os direitos dos consumidores; assegurar a livre concorrência; garantir o livre emprego, dentre outros, bem como na adoção de práticas de sustentabilidade econômica, ambiental e social.

Já as práticas de responsabilidade social ultrapassam os mandamentos da lei, mas são diretamente voltados e balizados pelos vetores da função social.[32]

É possível que o aplicador do direito incorra em algum equívoco ao confundir os diferentes institutos, visto que, ao contrário dos delineamentos da função social, a responsabilidade social é tema relativamente novo, mas igualmente multidisciplinar.[33]

3.1. A Responsabilidade (Função) Social e seu Valor Econômico

Inicialmente, cumpre esclarecer que as práticas de responsabilidade social da empresa podem ter reflexos tanto internamente quanto externamente.

Em ambos os casos, atualmente as empresas que tomam suas decisões pautadas na responsabilidade social acabam por melhorar sua imagem, notadamente frente aos denominados *stakeholders*,[34] de modo a valorizá-las economicamente, bem como se caracterizar como verdadeira estratégia de *marketing*.

Entende-se que as **boas práticas de governança corporativa são medidas de responsabilidade social da empresa em seu âmbito interno**, uma vez que essas práticas refletem condutas sustentáveis economicamente ao assegurar na gestão da companhia maior transparência e divisão do poder de controle de modo a garantir decisões mais paritárias entre todos os tipos de acionistas.

Neste mesmo diapasão, David John Gruberger, Isabela Travaglia Santos e outros acenam que a governança corporativa, no mínimo, trará lucros à sociedade por fazer custos da empresa com os denominados conflitos de agência.[35]

---

(32) Assim, seria dizer que cumpre com sua função social a empresa que não degrada o meio ambiente; mas aquela empresa que, além de não degradar o meio ambiente, possui projetos de reflorestamento de florestas em razão da venda de determinado produto seu pratica atos de responsabilidade social.

(33) Neste diapasão assinala Gisele Ferreira de Araújo que a responsabilidade social: *"Designa uma específica atitude das empresas em face de certos valores sociais, como os direitos humanos, o trabalho e o meio ambiente. Abrange aspectos tão diversos como a gestão de recursos humanos, a cultura de empresa e a escolha dos parceiros sociais e das tecnologias. Obriga a uma abordagem integrada das várias dimensões da empresa, a saber, econômica, financeira, tecnológica, comercial, deontológica, social."* In: A Responsabilidade Social Empresarial (RES) e o Desenvolvimento Sustentável no Contexto do Moderno Direito Regulatório — Iminência de um Instituto Jurídico? Responsabilidade Social das Empresas, (coord.) Carlos Aurélio Mota de Souza, p. 115.

(34) Expressão utilizada para designar aqueles que possuem interesse na companhia, mas não são efetivamente acionistas, como por exemplo os empregados, clientes e as demais pessoas, mesmo que não clientes da empresa, como nos danos ambientais que afetam interesses difusos.

(35) Conflitos de agência, como se verá mais adiante, consistem nos conflitos de interesse existentes nas companhias modernas em razão da separação entre propriedade e controle da sociedade.

Asseveram que: *"Os estudos sobre governança corporativa examinam os mecanismos usados para dirimir esses conflitos e os gastos gerados por eles, de forma obter uma maior eficiência nas operações da empresa e uma maior geração de valor para os diferentes interessados no funcionamento da empresa (stakeholders). Pressupõe-se assim que o maior nível de governança poderia gerar um maior valor ao reduzir os custos de agência. Mas também é válido pensar que empresas mais valiosas possuam maiores recursos e mecanismos para implementar maiores níveis de governança"*.[36]

André Luiz Carvalhal da Silva menciona que, consoante a Comissão de Valores Mobiliários, a governança corporativa pode ser conceituada, com efeitos econômicos imediatos à companhia como *"(...) o conjunto de práticas que têm por finalidade melhorar o desempenho de uma companhia ao proteger todas as partes interessadas, por exemplo, investidores, empregados e credores, facilitando o acesso ao capital. Segundo essa definição, a análise das práticas de governança corporativa aplicada ao mercado de capitais envolve principalmente: a transparência, equidade, de tratamento dos acionistas e prestação de contas"*.[37]

É importante notar que as práticas de governança corporativa não são impostas pela lei de forma direta em cumprimento da exigência da função social. Na verdade, a imposição é feita pelo próprio mercado, neste caso, pelo mercado de ações, de modo a dar tratamento diverso para as empresas seguidoras deste modelo de boas práticas.

Veja neste momento que o Estado se absteve desta função, cabendo a instituições privadas fazê-lo, por exemplo, o Instituto Brasileiro de Governança Corporativa (IBGC) e a Bolsa de Valores de São Paulo (BOVESPA), que instituiu um novo segmento denominado Novo Mercado.[38]

É corroborar que tanto no Brasil como no mundo a tendência é no sentido de que as empresas possuidoras das práticas de boa governança tiveram significativa valorização de suas ações, incentivando inclusive outras empresas a abrirem seus capitais.[39]

Portanto, neste primeiro ponto, ao tangenciarmos as práticas de governança corporativa como práticas de responsabilidade social interna da empresa, já podemos de plano constatar o retorno econômico para a empresa na valorização acionária da mesma.

---

(36) GRUEBER, David John; et al. *Governança Corporativa como fator de sustentabilidade*: as influências sobre o excesso de controle e o desempenho das empresas na Bovespa. In: KEINERT, Tania Margarete Mezzomo (org.). *Organizações Sustentáveis*: Utopias e Inovações. São Paulo: Annablume; Belo Horizonte: Fapemig, 2007. p. 124.
(37) *Governança Corporativa e sucesso empresarial*, p. 5.
(38) Lembra André Luiz Carvalhal da Silva que o Novo Mercado possui atribuição de negociar ações emitidas por empresas que se comprometem, voluntariamente, com a adoção de boas práticas de governança corporativa. Idem, p. 41.
(39) Neste sentido, cumpre trazer à baila dados fornecidos por André Luiz Carvalhal da Silva, que assinala: *"A maioria das empresas que abriu o capital diretamente nos níveis diferenciados de governança corporativa valorizou-se significativamente nos primeiros meses após o lançamento das ações. A Natura Cosméticos, por exemplo, teve uma valorização de 30,1% no primeiro mês e 99,9% no final do primeiro ano."* Idem, p. 84.

Já no que se refere às práticas de responsabilidade social externas da empresa, o problema aparece mais intrincado e repleto de peculiaridades.

Com efeito, os programas cumpridores da responsabilidade social das empresas ganham contornos de projetos sustentáveis e, sendo adotados pelas companhias, acabam, muitas vezes, servindo de fator de *marketing* dessas.

Em última análise, é dizer que as práticas de responsabilidade social nas empresas, sejam internas ou externas, acabam por trazer retornos financeiros para as sociedades.

Desta feita, mais precisamente quanto às práticas de governança corporativa, como práticas de responsabilidade social da empresa, por estarem reguladas pelo mercado, não são dotadas de coercibilidade, já que a sanção imposta aos não cumpridores se restringe a sanções econômicas.

Ademais, não são poucos os estudos cuja conclusão aponta para as companhias que adotam as melhores práticas de governança corporativa e acabam por melhorar a sua imagem e o seu valor no mercado de ações. Neste sentido, conclui André Luiz Carvalhal da Silva que: "*A maior parte das empresas é controlada por grupos familiares, em seguida por investidores estrangeiros e, em menor parte, por investidores institucionais e pelo governo. Na média, os acordos de acionistas estão presentes em 23% das empresas brasileiras. A maior parte das empresas possui estrutura de pirâmide, que tende a ser menos utilizada em empresas estatais e mais utilizada em empresas familiares e estrangeiras. A emissão de ações preferenciais é comum no Brasil, mas as ações ordinárias representam, na média, 53% do capital total das companhias. O percentual de ações ordinárias no capital total é menor nas empresas controladas por famílias e investidores institucionais; já as empresas estatais são as que mais possuem ações ordinárias em relação ao capital total.*"[40]

4. GOVERNANÇA CORPORATIVA: CONCEITO E EVOLUÇÃO HISTÓRICA

A governança corporativa em seu sentido *lato* é o sistema pelo qual as sociedades empresárias são dirigidas e monitoradas pelo mercado de capitais, envolvendo os relacionamentos entre acionistas, conselhos, diretoria e auditoria.

Descreve o processo de tomada de decisão e de implementação ou não implementação das decisões tomadas, as quais possuem de certa forma bastante similitude com a governança pública, uma vez que as instituições públicas conduzem os negócios públicos, administram recursos públicos e buscam garantir a realização dos direitos humanos.

---

(40) *Governança Corporativa, Valor, Alavancagem e Política de Dividendos das Empresas Brasileiras.* In: *Governança Corporativa. Evidências Empíricas no Brasil.* (org.) André Luiz Carvalhal da Silva e Ricardo Pereira Câmara Leal. p. 127.

O tema possui importância crescente, por ser bem difundida a hipótese de que a estrutura de governança afeta o valor da empresa.

A governança corporativa visa aumentar a probabilidade de os fornecedores de recursos garantirem para si o retorno sobre seu investimento, por meio de um conjunto de mecanismos no qual se inclui o Conselho de Administração.

É importante ressaltar que, embora afetas às Sociedades Anônimas, tanto as práticas de governança corporativa quanto o Conselho de Administração, o qual é obrigatório legalmente para este tipo societário, a observância destas diretrizes também é direcionada para os demais tipos societários cuja procura visa consolidar um modelo de gestão com excelência.

A boa governança busca realizar esses objetivos livre de abusos e de corrupção e com o devido respeito a lei tendo como parâmetro uma situação ideal que é de difícil atingimento em sua totalidade, ciente de que a busca do desenvolvimento humano sustentável embasa e justifica as ações realizadas no sentido de obter este ideal.

Observe-se que o desenvolvimento humano sustentável buscado pelas boas práticas de governança corporativa não se constitui como de assistencialismo e, tampouco, bondades das corporações, eis que, como já realçado, apesar de tais ações trazerem benefícios à sociedade, essas medidas de gestão têm como principal objetivo o aumento do valor da sociedade e facilitar seu acesso ao capital.

Aplicada a estrutura de governança corporativa, sabe-se que não se atingirá uma situação "ideal", impondo que seja permanentemente buscado, porém, devendo ser aceito o resultado efetivamente alcançado como o melhor possível.

Vários códigos de governança foram elaborados com este intuito. No Brasil, destacam-se os códigos do Instituto Brasileiro de Governança Corporativa (IBGC), da Comissão de Valores Mobiliários (CVM) e o Novo Mercado da Bolsa de Valores de São Paulo, sendo todos analisados de forma individual e mais detidos adiante.

Inúmeros são os estudos apontadores de que as companhias adequadas às recomendações do Instituto Brasileiro de Governança Corporativa, da Comissão de Valores Mobiliários e o Novo Mercado da Bolsa de Valores de São Paulo alcançaram maior valor de mercado, ou melhor, desempenho frente às demais.

A partir desses documentos, é de fácil constatação a busca em certificar-se de aspectos que assegurem a gestão democrática, transparente e participativa dos sócios, independentemente do volume de ações, fundada em tratamento isonômico entre estes, regras claras de gestão, impondo comportamento ético, o qual permita ao investidor verificar a clareza dos investimentos que realiza.

As práticas de diversos Códigos de boa governança podem ser sintetizadas em seis características comuns,[41] tendo por base a estruturação do Código proposto pelo Instituo Brasileiro de Governança Corporativa, doravante tão somente IBGC.

---

(41) Embora abalizado no Código de Governança Corporativa do IBGC, podemos citar como características da Governança Corporativa a propriedade; o Conselho de Administração; Gestão; Auditoria Independente; Conselho Fiscal e Conduta e Conflitos de Interesses.

Ressalte-se que a implementação dessas importa significativa e substancial ação contra a corrupção e, ainda, buscando assegurar os interesses das minorias, para que sejam considerados nas decisões da companhia.

A origem da Governança Corporativa é de difícil constatação histórica em razão de sua alta aplicabilidade prática.

Com efeito, a origem das normas de governança corporativa está firmada, consoante constatação de Djalma de Pinho Rebouças de Oliveira,[42] em um tripé formado pelo fundo LENS, pelo relatório Cadbury e pelos princípios da OCDE,[43] posteriormente atuando como seletor a Lei Sarbanes-Oxley.

Aponta referido autor que "O fundo de investimento LENS, constituído por Robert Monks em 1992, efetivou um novo modelo de gestão para consolidar melhores resultados e maior valor para as empresas".[44]

Este então novel modelo de gestão culminou na adoção de alguns princípios, tais como a atuação e o monitoramento de acionistas para melhores resultados, a consolidação de valores éticos para sustentar possíveis recuperações, e, portanto, teria ligação direta com os resultados da empresa além da realização de investimentos como base da liberdade empresarial.

Já o relatório Cadbury de 1992 sustentava que um adequado modelo de gestão consiste acima de tudo na elaboração de um Conselho de Administração, e que esse esteja separado da diretoria executiva exatamente para não se consolidar interesses contrários à companhia.

Posteriormente, a OCDE, participando da discussão de regras de boa governança corporativa, sintetiza como princípios dessa, basicamente, a proteção do direito dos acionistas, sobretudo os minoritários, ao estabelecer como princípio básico o da igualdade entre acionistas, bem como o princípio da publicidade e transparência nas informações disponibilizadas a todos os interessados no desenvolvimento da companhia.

Por fim, a Lei Sarbanes-Oxley, assim denominada por ser de autoria dos congressistas americanos Paul Sarbanes e Michael Oxley, e que "(...) nasceu em resposta ao fato de a economia americana, que costuma se financiar fortemente através do mercado de capitais, naquele momento estar muito contaminada com a sequência de fraudes bilionárias e, portanto, era necessário resgatar a confiança da comunidade de investidores e manter a liquidez e a atratividade dos sistemas financeiro e empresarial do país".[45]

---

(42) OLIVEIRA, Djalma de P. R. *Governança Corporativa na Prática*: integrando acionistas, conselho de administração e diretoria executiva na geração de resultados. São Paulo: Atlas, 2006. p. 12.

(43) Refere-se à *Organization for Economic co-operation and Development*, de 1999. Constitui em organização criada em 1999, e que tem por escopo a reunião de governos de países comprometidos com o desenvolvimento sustentável, bem como pela geração de empregos, equilíbrio ambiental e o comércio internacional.

(44) *Op. cit.*, p. 13.

(45) OLIVEIRA, Djalma de Pinho Rebouças de. *Op. cit.*, p. 15.

Portanto, consoante mencionada legislação, ficou consolidada como regras de governança corporativa uma adequada administração da empresa, bem como uma responsável prestação de contas, transparência e publicidade das informações de interesse da companhia e dos agentes envolvidos, e a busca de justiça nas decisões adotadas pela sociedade.[46]

4.1. *Natureza Jurídica da Governança Corporativa*

Cumpre ressaltar desde já que a governança corporativa não consiste em um instituto eminentemente jurídico, porque sua origem está relacionada à teoria econômica da empresa.

Contudo, a empresa é um instituto jurígeno, de modo a sobre ela recair outros institutos também detalhados, tais como o da função social da propriedade, a função social da empresa e a responsabilidade social como decorrência de ambas.

Portanto, alhures já podemos observar que as boas práticas de governança corporativa se inserem no que denominamos práticas de responsabilidade social interna da empresa, uma vez que almeja a sustentabilidade econômica da mesma.

Conclui-se parcialmente que, embora não positivado em nosso ordenamento jurídico, não há como se negar uma natureza jurídica à governança corporativa e, ainda, não há como dissociá-la do instituto da função social da propriedade.

4.2. *Fundamento Teórico da Governança Corporativa*

Não há de se negar, ainda que da análise perfunctória do que já fora delineado sobre a governança corporativa, seu ponto central consistente exatamente no liame da dicotomia entre o direito de propriedade e o controle de uma sociedade, assim compreendida como manifestação da propriedade.

Por ter sua origem fortemente relacionada à ciência econômica da empresa, e considerando que nas grandes corporações há pulverização do controle acionário, notadamente em busca de recursos econômicos, ocorre uma verdadeira separação entre a propriedade e a gestão dos recursos sociais, o que é fundamento para inúmeros conflitos.

Esses conflitos inerentes à separação entre controle e gestão se fundamentam sobretudo no possível desvio de objetivo dos lucros, seja pelos proprietários, seja pelos administradores.

---

(46) Lembra Djalma de Pinho Oliveira que: *"Neste contexto, a Lei Sarbanes-Oxley se preocupa primordialmente com dois aspectos: o rigor da atuação da auditoria e das fiscalizações dos atos da empresa; e a punição, com severidade, dos atos fraudulentos praticados pelos administradores da empresa."* In: *Op. cit.* p. 15.

Portanto, praticamente unânime na doutrina econômica que a governança corporativa nasce a partir da denominada Teoria da Agência, criada por Jensen e Meckling.[47]

Assinala Sérgio Antônio Loureiro Escuder, ao comentar a Teoria da Agência, que os autores americanos "definem que uma relação de agência é como um contrato em que uma ou mais pessoas (acionistas) emprega outra (administrador) para realizar trabalhos, envolvendo a delegação de alguma autoridade de decisão para o agente (acionista)".[48]

Neste mesmo diapasão, André Luiz Carvalhal da Silva prescreve que: *"Na teoria da agência, a sociedade é concebida como uma rede de contratos, explícitos e implícitos, os quais estabelecem as funções e definem os direitos e deveres de todos os participantes — principal e agente —; este se situa no centro das relações entre todos os interessados na empresa — empregados, fornecedores, clientes, concorrentes, acionistas credores, reguladores e governos."*[49]

O ponto central da teoria da agência consiste no fato de que o agente é quem controla a companhia, dispondo de informações as quais o principal (proprietário) não tem, de modo a considerar também que nessa relação as pessoas possuem interesses diversos, acarretando muitas vezes os problemas de gestão, nos quais os agentes, buscando maximizar seus próprios interesses, podem levar a sociedade à bancarrota.

É neste mister que a governança corporativa ganha relevo, já que se caracteriza como instrumento necessário para superar estes conflitos de agência de modo a criar mecanismos eficientes para alinhar os diferentes interesses de administradores e acionistas, notadamente os minoritários.

Desta feita, complementa André Luiz Carvalhal da Silva que: *"O alinhamento de interesse dos acionistas e dos efetivos controladores da empresa não é automático; para tanto, são necessárias estruturas e sistemas que harmonizam os conflitos de interesse entre eles. A governança corporativa deve se voltar para a análise de como o principal estabelece um sistema de monitoramento e incentivo (contrato) que motive outro indivíduo (agente) a agir de acordo com o interesse do primeiro."*[50]

CONCLUSÃO

Sem embargos da nomenclatura de Estado Econômico vigente atualmente, significa dizer que a adoção puramente liberal ou social, com a primazia dos direitos

---

(47) JENSEN, M. C.; MECKLING, W. *"Theory of the Firm: Managerial Behavior, Agency Costs and Ownership Structure"*, Jornal of Financial Economics, 3, 1976. Apud ESCUDER, Sérgio A. L. *Governança Corporativa e o Conselho Fiscal*. São Paulo: Editora LCTE, 2008.
(48) Op. cit., p. 15.
(49) Op. cit., p. 6.
(50) Op. cit., p. 7.

fundamentais que os fundamentam, quais sejam, o direito à liberdade e o direito à igualdade, se mostraram absolutamente ineficazes para o mister de equilibrar as mais diversas relações econômicas.

Observou-se que as mutações, nos mais diversos modelos econômicos de Estado, até a concepção atual, tinham por objetivo não só o equilíbrio das relações jurídicas, mas também manter o sistema capitalista na crise do capitalismo que fora visto nos primeiros modelos.

Portanto, oriundo deste novel modelo de Estado, concluiu-se que o Estado Democrático de Direito é o mecanismo jurídico insculpido na Constituição e responsável pelo equilíbrio das relações que envolvem a liberdade, notadamente no que tange ao exercício da propriedade e a igualdade, com a positivação da função social da propriedade.

Surge o denominado Direito Social, sendo que à sociedade impõe práticas que vão além da função social, e aqui leiam-se práticas de responsabilidade social.

A governança corporativa se caracteriza como prática de responsabilidade social interna da empresa, já que consiste na adoção de práticas de gestão sustentáveis da empresa, como agente econômico do Estado e de importância fulcral para a ordem econômica.

Ademais, por serem práticas de responsabilidade social, não há coercibilidade para a sua adoção, concluindo, na verdade, que a sanção é meramente econômica e imposta pelo mercado, ou seja, é o mercado se autorregulando.

REFERÊNCIAS BIBLIOGRÁFICAS

AMARAL, Luiz Fernando de Camargo Prudente do. *A função social da empresa no Direito constitucional econômico brasileiro*. São Paulo: SRS Editora, 2008.

BASTOS, Celso Ribeiro; TAVARES, André Ramos. *As tendências do direito público no limiar de um novo milênio*. São Paulo: Saraiva, 2000.

BENTO, Ricardo Alves. *A responsabilidade sócio-criminal da pessoa jurídica*: crimes contra a ordem tributária e previdenciária. In: SOUZA, Carlos Aurélio Mota de (coord.). *Responsabilidade social das empresas*. São Paulo: Editora Juarez de Oliveira, 2007.

BERCOVICI, Gilberto. *Vocábulo propriedade (Função Social da)*. In: DIMOULIS, Dimitri. (coord. Geral). *Dicionário Brasileiro de Direito Constitucional*. São Paulo: Saraiva, 2007. p. 310-311.

CANARIS, Claus-Wilhelm. *A influência dos direitos fundamentais sobre o direito privado na Alemanha*, In: SARLET, Ingo Wolfgang. (org.). *Constituição, Direitos Fundamentais e Direito Privado*. Porto Alegre: Editora Livraria do Advogado, 2003. p. 88.

CANOTILHO, J. J. Gomes. *Dogmática de direitos fundamentais e direito privado*. In: SARLET, Ingo Wolfgang. (org.). *Constituição, Direitos Fundamentais e Direito Privado*. Porto Alegre: Editora Livraria do Advogado, 2003. p. 339-357.

CHOY, Marco Aurélio de Lima; LEVI, Márcia Cristina Henriques. *Reforma do Estado*: a proposta neoliberal e as organizações sociais no contexto brasileiro. *Anais do XV Congresso Nacional do Compedi*. Florianópolis: Fundação Boiteux, 2007.

COMPARATO, Fábio Konder; SALOMÃO FILHO, Calixto. *O poder de controle na sociedade anônima*. 5. ed. Rio de Janeiro: Editora Forense, 2008.

CONTIPELLI, Ernani. *Aplicação da norma jurídica*. São Paulo: Quartier Latin, 2007.

CONRADO, Marcelo. *Royalties, biotecnologia e a função social da propriedade intelectual*. In: CONRADO, Marcelo; PINHEIRO, Rosalice Fidalgo. (coords.). *Direito Privado e Constituição*: Ensaios para uma recomposição valorativo da pessoa e do patrimônio. Curitiba: Juruá, 2009. p. 202.

COOLEY, Thomas M. *Princípios Gerais de direito constitucional nos Estados Unidos da América*. Campinas: Russell, 2002. GAMA, Ricardo Rodrigues (trad.).

FACCHINI NETO, Eugênio. *Reflexões histórico-evolutivas sobre a constitucionalização do direito privado*. In: SARLET, Ingo Wolfgang. (org.). *Constituição, Direitos Fundamentais e Direito Privado*. Porto Alegre: Editora Livraria do Advogado, 2003.

FACHIN, Luiz Edson; RUZYK, Carlos Eduardo Pianovsky. *Direitos fundamentais, dignidade da pessoa humana e o novo Código Civil*: uma análise crítica. In: SARLET, Ingo Wolfgang. (org.). *Constituição, Direitos Fundamentais e Direito Privado*. Porto Alegre: Editora Livraria do Advogado, 2003.

GONDIM, Viviane Coelho de Sèllos. *Por uma ética empresarial em prol da dignidade humana*: uma questão de responsabilidade social. Responsabilidade social das empresas. In: SOUZA, Carlos Aurélio Mota de (coord.). *Responsabilidade Social das Empresas*. São Paulo: Editora Juarez de Oliveira, 2007.

GRAU, Eros Roberto. *A ordem econômica na Constituição de 1988*: interpretação e crítica. 3. ed., São Paulo: Malheiros, 1997.

GRUEBER, David John; et al. *Governança Corporativa como fator de sustentabilidade*: as influências sobre o excesso de controle e o desempenho das empresas na Bovespa. In: KEINERT, Tania Margarete Mezzomo (org.). *Organizações sustentáveis*: Utopias e Inovações. São Paulo: Annablume; Belo Horizonte: Fapemig, 2007. p. 123-130.

HEGEL, Georg W. F. *Princípios da filosofia do direito*. Tradução Norberto de Paula Lima. 2. ed. São Paulo: Ícone, 1997.

MAIA, Fernando Joaquim Ferreira. "A teoria do globalismo jurídico e seus reflexos na soberania dos Estados". In: *Anais do XV Encontro Preparatório para o Congresso Nacional do COMPEDI*. Florianópolis: Fundação Boiteux, 2006. p. 69-72.

MORO, Maitê Cecília Fabbri. *Vocábulo empresa*. In: DIMOULIS, Dimitri. *Dicionário Brasileiro de Direito Constitucional*. São Paulo: Saraiva, 2007. p. 140-141.

MOTTA, Carlos Pinto Coelho. *Curso prático de Direito administrativo*. 2 ed., rev. atual. e ampl. Belo Horizonte: Del Rey, 2004.

NUSDEO, Fábio. *Curso de economia*: introdução ao direito econômico. 4 ed., rev. e atual. São Paulo: RT, 2005.

OLIVEIRA, Djalma de P. R., *Governança corporativa na prática*: integrando acionistas, conselho de administração e diretoria executiva na geração de resultados. São Paulo: Atlas, 2006.

OLIVEIRA, Bruno Gomes de; MOI, Fernanda de Paula Ferreira. *O instituto da Governança Corporativa como instrumento de preservação do meio ambiente.* In: *Anais do XV Congresso Nacional do Compedi.* Florianópolis: Fundação Boiteux, 2007. p. 553-554.

PAUL, Ana Carolina L. G. *Aspectos práticos e teóricos da colisão entre direitos fundamentais.* Anais do XV Encontro Preparatório para o Congresso Nacional. Florianópolis: Fundação Boiteux, 2006. p. 91-92.

PIOVESAN, Flávia. *Direitos humanos e o Direito constitucional internacional.* 7. ed., (rev., ampl. e atual.). São Paulo: Saraiva, 2007.

PIRES, Luis Manuel Fonseca. *Limitações administrativas à liberdade e à propriedade.* São Paulo: Quartier Latin, 2006.

SILVA, André Luiz Carvalhal da. *Governança corporativa, valor, alavancagem e política de dividendos das empresas brasileira.* In: LEAL, Ricardo Pereira Câmara; SILVA, André Luiz Carvalhal (organizadores). *Governança corporativa. Evidências empíricas no Brasil.* São Paulo: Atlas, 2007.

_____ . *Governança corporativa e sucesso empresarial:* Melhores práticas para aumentar o valor da firma. São Paulo: Saraiva, 2006.

SILVA, Luis Renato Ferreira da. *A função social do contrato no novo Código Civil e sua conexão com a solidariedade social.* In: SARLET, Ingo Wolfgang. *O novo Código Civil e a Constituição.* Porto Alegre: Editora Livraria do Advogado, 2003. p. 127-150.

SILVA, Luisa Maria Nunes de Moura e. *Empresas estatais e responsabilidade social na América Latina.* In: SOUZA, Carlos Aurélio Mota de. (coord.). *Responsabilidade social das empresas.* São Paulo: Juarez de Oliveira, 2007. p. 145-164.

SOUZA, Carlos Aurélio Mota de. *São Paulo empresarial:* responsabilidade econômico-social. In: SOUZA, Carlos Aurélio Mota de (coord.). *Responsabilidade social das empresas.* São Paulo: Editora Juarez de Oliveira, 2007.

STEFANELLO, Alaim Giovani Fortes. *A função social e ambiental da propriedade intelectual:* a complementariedade de institutos jurídicos de direito público e de direito privado. In: *Anais do XV Congresso Nacional do Compedi.* Florianópolis: Funda Boiteux, 2007. p. 517-518.

TAVARES, André Ramos. *Direito constitucional econômico.* 2. ed., São Paulo: Método, 2006.

_____ . *Curso de Direito constitucional.* 2. ed., rev. e atual. São Paulo: Saraiva, 2003.

UELMEN, Amy. *Fraternidade como categoria jurídica no Direito Empresarial:* Aplicações na common Law norte-americana. In: CASO, Giovanni; *et. al.* (organizadores). *Direito & Fraternidade.* São Paulo: Cidade Nova: LTr, 2008. p. 73-78.

ASPECTOS POLÊMICOS DO *HABEAS CORPUS* NA JUSTIÇA DO TRABALHO

AUDÁLIO NOVAES NETO
Mestre em Direito Regulatório e Responsabilidade Social. Professor Universitário e Líder Sindical. Integrante de Grupo de Pesquisa certificado no CNPq.

FERNANDA MIRANDA BARBOSA
Graduanda em Direito. Orientanda em iniciação científica na área de Direito do Trabalho com pesquisa em desenvolvimento. Integrante de grupo de pesquisa certificado no Diretório de Grupo de Pesquisa do Conselho Nacional de Desenvolvimento Científico e Tecnológico — CNPq. Estagiária no Departamento Jurídico de Instituição Financeira de Grande Porte.

Aspectos Polêmicos do *Habeas Corpus* na Justiça do Trabalho

INTRODUÇÃO

Este trabalho tem o objetivo de questionar acerca da instituição do *habeas corpus* na Justiça do Trabalho. Sendo o referido instituto "remédio" destinado a tutelar, de maneira rápida e imediata, a liberdade de locomoção do cidadão.

Fundamenta-se na garantia constitucional do cidadão para amparar o seu direito à liberdade de ir e vir, consubstanciado no art. 5º, inciso LXVIII, da Constituição Federal de 1988.

Feita uma análise histórica, traçadas considerações sobre os critérios de fixação de competência e, por fim, críticas acerca do procedimento. A finalidade deste trabalho é discutir a eficácia e impetração do referido instituto, bem como a fixação da competência da Justiça do Trabalho.

O objetivo do artigo é demonstrar a competência da Justiça do Trabalho e seus aspectos polêmicos. A metodologia bibliográfica foi utilizada na pesquisa, tendo, portanto, a revisão literária como referencial teórico.

Concluindo-se, assim, a importância do referido instituto na Justiça do Trabalho para tutelar a liberdade de locomoção contra ato ilegal ou de abuso de poder, bem como na prisão do depositário infiel.

1. APONTAMENTOS

Este artigo objetiva examinar o instituto jurídico do *habeas corpus* na Justiça do Trabalho. No entanto, não se busca o exaurimento do tema, mas tão somente fornecer os esclarecimentos necessários para o entendimento do que é, de fato, esse instrumento constitucional voltado à garantia dos direitos individuais relacionados à liberdade de locomoção.

Visando, assim, a fornecer uma análise vertical do "remédio" constitucional *habeas corpus* e mostrar quando se deve utilizá-lo para defender o direito à liberdade. Além disso, far-se-á uma análise acerca da possibilidade jurídica, a Justiça do Trabalho competente para o julgamento e os casos possíveis à impetração do instituto.

2. CONCEITO E NATUREZA JURÍDICA

Habeas corpus é uma ação e não um recurso. Como ação, está regulado nos arts. 647 a 667 do Código Penal. A expressão latina *habeas corpus* significa abre-corpo, ou abre-caminho, ou "toma o teu corpo", e sinaliza a ação que desobstrui o direito de ir, vir e permanecer da pessoa natural. Em resumo, um remédio jurídico que assegura à pessoa a liberdade de locomoção.

O instituto do *habeas corpus* tem sua origem no Direito Romano, sendo que qualquer cidadão poderia reclamar a exibição do homem livre detido ilegalmente por meio de uma ação privilegiada que se chamava *interdicutum de libero homine exhibendo*.

Outrossim, a noção de liberdade da Antiguidade e mesmo da Idade Média em nada se assemelhava aos ideais modernos de igualdade, pois, naquela época, os próprios magistrados obrigavam os homens livres a prestar-lhes serviços.[1]

Aponta-se como lugar de origem do *habeas corpus* a Inglaterra, na Magna Carta, no ano de 1215 do rei João sem Terra. A referida carta assegurava aos indivíduos garantias, como a do devido processo legal, devendo o acusado ser submetido a um tribunal competente.

Tal proteção evoluiu até que a liberdade de locomoção foi protegida por remédio específico, com o *Habeas Corpus Amendament Act*, em 1679.

Na história jurídica brasileira, essa garantia foi prevista originariamente no Código de Processo Criminal do Império de 1832, em seu art. 340, mas apenas no art. 72, § 22 da Constituição de 1891 é que alcançou *status* constitucional.

Atualmente, na legislação brasileira, sua previsão encontra-se na Constituição Federal, no art. 5º, inciso LXVIII, como um direito fundamental e uma garantia que tutela o bem mais caro do ser humano, que é a liberdade.

Aduz o referido dispositivo constitucional: "conceder-se-á *habeas corpus* sempre que alguém sofrer ou se achar ameaçado de sofrer violência ou coação em sua liberdade de locomoção, por ilegalidade ou abuso de poder".

Sergio Pinto Martins explica essa posição da mais alta Corte Trabalhista: "*O habeas corpus deveria ser impetrado junto à autoridade imediatamente superior à que praticou a prisão, pois quem tem competência para prender tem para soltar. Se o coator*

---

(1) MORAES, Alexandre de. *Direito Constitucional*. 15. ed. São Paulo: Atlas, 2004. p. 138.

é o juiz da Vara, a competência é do TRT. Se o coator é o juiz do TRT, a competência é do TST. Se o coator é o juiz do TST, competente será o ST."[2]

Conforme destaca Fernando da Costa Tourinho Filho: "A liberdade é um dos direitos fundamentais do homem, direito que não pode sofrer restrições, senão previstas em lei, e para assegurar tal direito, de maneira pronta e eficaz, a própria Constituição, que é a Lei das Leis, deu ao homem, nacional ou estrangeiro, a garantia do *habeas corpus*. Este, embora não seja o único meio capaz de fazer cessar um constrangimento ao direito de liberdade de locomoção, é, contudo, o mais rápido, o mais eficaz e o mais singelo."[3] Portanto, o *habeas corpus* é um remédio constitucional, exercido por meio de uma ação mandamental que tem por objetivo a tutela da liberdade do ser humano, assegurando-lhe o direito de ir, vir e ficar, contra ato de ilegalidade ou abuso de poder. Pode ser preventivo, quando há iminência da lesão do direito de liberdade, ou repressivo, quando já tolhida a liberdade.

Destaca-se a opinião de Alexandre de Moraes: "O *habeas corpus* é uma ação constitucional de caráter penal e de procedimento especial, isenta de custas e que visa evitar ou cessar violência ou ameaça na liberdade de locomoção, por ilegalidade ou abuso de poder. Não se trata, portanto, de uma espécie de recurso, apesar de regulamentado no capítulo a eles destinado no Código de Processo Penal."[4]

Quanto à natureza jurídica do *habeas corpus,* na opinião majoritária da doutrina e jurisprudência em sentido contrário,[5] não se trata de uma ação criminal, mas, sim, um remédio constitucional para tutelar a liberdade de locomoção contra ato ilegal ou de abuso de poder, não sendo exclusivamente uma ação de natureza penal. Nesse sentido é a posição de Estevão Mallet:[6]

> O *habeas corpus* não é ação penal. Defini-lo assim é inaceitável. Diminui sua relevância, teórica e prática. Caracteriza o *habeas corpus*, na verdade 'privilegie', como referido no Artigo I, Seção IX, n. 2, da Constituição do Estado Unidos da América, ou 'safeguard of personal liberty', segundo a doutrina, ou, se se quiser, remédio ou garantia constitucional. Aliás, nem a origem do *habeas corpus* permite vinculá-lo apenas ao direito penal, já que surgiu o *writ* como processo de caráter mais amplo, 'by wich courts compelled the attendance of partis whoese presence would facilitate their proceedings'.

---

(2) MARTINS, Sergio Pinto. *Direito processual do trabalho:* doutrina e prática forense; modelos de petições, recursos, sentenças e outros. 15. ed., São Paulo: Atlas, 2001, p. 476.
(3) TOUTRINHO FILHO, Fernando da Costa. *Processo Penal*. Vol. IV, 17. ed. São Paulo: Saraiva, 1995. p. 445.
(4) MORAES, Alexandre de. *Direito Constitucional*. 15. ed. São Paulo: Atlas, 2004. p. 141.
(5) Destaca-se a opinião de Alexandre de Moraes: "O *habeas corpus* é uma ação constitucional de caráter penal e de procedimento especial, isenta de custas e que visa evitar ou cessar violência ou ameaça na liberdade de locomoção, por ilegalidade ou abuso de poder. Não se trata, portanto, de uma espécie de recurso, apesar de regulamentado no capítulo a eles destinado no Código de Processo Penal" (*Direito Constitucional*. 15. ed., São Paulo: Atlas, 2004. p. 141).
(6) MALLET, Estevão. *Direito, Trabalho e Processo em Transformação*. São Paulo: LTr, 2005. p. 177.

3. COMPETÊNCIA MATERIAL DA JUSTIÇA DO TRABALHO

Partindo-se da premissa de que o *habeas corpus* tem natureza de ação penal, parte significativa da jurisprudência anterior à Emenda Constitucional n. 45/04 entendia que a Justiça do Trabalho não tinha competência para apreciar o *habeas corpus*, mesmo que a prisão emanasse de ato de juiz do trabalho.

Nesse sentido a seguinte ementa:

> Sendo o *habeas corpus*, desenganadamente, uma ação de natureza penal, a competência para seu processamento e julgamento será sempre de juízo criminal, ainda que a questão material subjacente seja de natureza civil, como no caso de infidelidade do depositário, em execução de sentença. Não possuindo a Justiça do Trabalho, onde se verificou o incidente, competência criminal, impõe-se reconhecer a competência do Tribunal Regional Federal para o feito (STF-CC 6979-DF-ac. TP, 15.8.91, relator min. Ilmar Galvão).

Após a EC n. 45/04, não há mais dúvidas de que a Justiça do Trabalho tem competência para apreciar *o habeas corpus*, para as matérias sujeitas à sua jurisdição, e conforme art. 114, inciso IV, da Constituição Federal, "compete à Justiça do Trabalho processar e julgar os mandados de segurança, *habeas corpus* e *habeas data*, quando o ato questionado envolver matéria sujeita à sua jurisdição".

4. HIPÓTESES DE CABIMENTO DO *HABEAS CORPUS* NA JUSTIÇA DO TRABALHO

Na Justiça do Trabalho, as hipóteses de prisões determinadas pelo juiz do trabalho são em decorrência ou do descumprimento de uma ordem judicial para cumprimento de uma obrigação de fazer ou não fazer ou do depositário infiel.

Inegavelmente, a hipótese mais comum da utilização do *habeas corpus* na Justiça do Trabalho é em decorrência da prisão do depositário infiel, que se dá na fase de execução de sentença trabalhista.

Como destaca Antônio Lamarca:[7]

> No curso da ação ou execução surgem incidentes que, em princípio, nada têm a ver com a competência constitucional da Justiça do Trabalho. O tema aqui, ao que me parece, é outro: é jurisdicional, e não competencial. A Justiça do Trabalho, como outros órgãos do Poder Judiciário, no exercício da jurisdição, deve ir até o final da entrega do bem arrematado, sejam quais forem as consequências daí advindas. A Constituição, por exemplo, não prevê que

---

(7) LAMARCA, Antônio. *O livro da competência*. São Paulo: RT, 1979. p. 145.

a Justiça do Trabalho possa decretar a prisão de testemunha ou depositário infiel, no entanto, defere-se tranquilamente essa faculdade. Foi-se o tempo do ranço administrativo a que alguns ainda se apegam. Hoje, a Justiça do Trabalho executa suas próprias decisões; então, ou vai até o final ou é justiça por metade.

As prisões determinadas pelo juiz do trabalho decorrem do cumprimento das decisões trabalhistas, são de natureza cautelar e não penal.

Caso o juiz do trabalho decrete a prisão de testemunha em flagrante delito cometendo crime de falso testemunho, ou em razão de flagrante delito (art. 301 do Código de Processo Penal) contra a organização do trabalho ou administração da justiça do trabalho, a competência para apreciar o mandado de segurança não será da Justiça do Trabalho, mas, sim, da Justiça do Trabalho ou da Justiça Federal, conforme a natureza do delito, pois são hipóteses de prisões em razões de crimes contra a organização do trabalho e organização da justiça do trabalho e não estão sujeitos à jurisdição trabalhista.

Possível, também, a impetração de *habeas corpus* na Justiça do Trabalho quando o empregador ou tomador de serviços restringir a liberdade de locomoção do empregado ou trabalhador por qualquer motivo, como por exemplo em razão de não pagamento de dívidas. A justiça do trabalho nesse caso não estar apreciando matéria criminal, ou se imiscuindo em atividade policial, mas julgando ato que está dentro de sua competência material, pois cumpre à Justiça do Trabalho defender a liberdade ao trabalho, os valores sociais do trabalho e a dignidade da pessoa humana do trabalhador (art. 1º, incisos III e IV, da CF). Nessa hipótese, o mandado de segurança é cabível contrato ato de ilegalidade.

A doutrina e a jurisprudência têm entendido que é possível a impetração de *habeas corpus* se o constrangimento emanar de ato de particular, pois o inciso LXVIII, do art. 5º, da CF não fala em ato de autoridade. Nesse sentido é a visão de Aderson Ferreira Sobrinho: "concordamos inteiramente com está última posição doutrinária, pois nem a Constituição Federal nem a lei processual penal restringem a aplicação do *habeas corpus* aos atos praticados por autoridade ou que exerça função pública. E nem mesmo quando a coação configurar crime, não deve ser obstado uso do *writ*, independentemente da ação policial."[8]

Nesse sentido, destacamos a seguinte ementa do STJ:

> O *Habeas Corpus* é ação constitucional destinada a garantir o direito de locomoção, em face de ameaça ou de efetiva violação por ilegalidade ou abuso de poder. Do teor da cláusula constitucional pertinente (art. 5º, LXVIII) exsurge o entendimento no sentido de admitir-se o uso da garantia provenha de ato de particular, não se exigindo que o constrangimento seja exercido pro agente do Poder Público. Recurso ordinário provido (RT 735/521). No mesmo

---

(8) SOBRINHO, Aderson Ferreira. O *Habeas Corpus* na Justiça do Trabalho. São Paulo: LTr, 2003. p. 39.

sentido (RT577/329) e (RT 574/400). Internação em hospital — TJSP: "Constrangimento ilegal. Filho que interna os pais octogenários, contra a vontade deles em clínica geriátrica. Pessoas não interditadas, com casa onde residir. Decisão concessiva de *habeas corpus* mantida (RT577/329).

Sob o aspecto trabalhista, o constituinte derivado assegurou a competência da Justiça do Trabalho para conhecer do *habeas corpus* 'quando o ato questionado envolver matéria sujeita à sua jurisdição'. Logo, essa competência não envolve tão somente os atos praticados pela autoridade judiciária, mas de qualquer autoridade ou pessoa que esteja, ilegalmente ou em abuso do poder, restringindo a liberdade de outrem.

Assim, como já exemplificado, tem-se a possibilidade de a Justiça do Trabalho julgar o *habeas corpus* impetrado em face do empregador que restringe a liberdade de locomoção do empregado (mantém o empregado no ambiente de trabalho, quando do movimento grevista em face dos atos por este praticado durante o movimento paredista (ação que envolve o exercício do direito de greve, aliás); o remédio heroico em face da autoridade pública que restringe a liberdade de locomoção do servidor público (impede, ilegalmente ou em abuso do poder, dele se ausentar da cidade, da localidade etc.). Em suma, alargou-se a competência da Justiça do Trabalho para julgar o *habeas corpus* para além dos atos praticados pela autoridade judiciária trabalhista.[9]

5. COMPETÊNCIA FUNCIONAL PARA APRECIAÇÃO DO MANDADO DE SEGURANÇA NA JUSTIÇA DO TRABALHO

A competência funcional ou hierárquica é a que deflui da hierárquica dos órgãos judiciários. É a competência em razão dos graus de jurisdição ou das instâncias a que cabe conhecer da matéria (instâncias de conhecimento),[10] portanto, se o *habeas corpus* for impetrado contra ato de particular, a competência hierárquica será das Varas do Trabalho, sendo apreciadas pelo juiz monocrático.

Conforme art. 666 do Código de Processo Penal, o TRT julga *habeas corpus* impetrado em face de ato de juiz do trabalho de Vara do Trabalho.

O TST julga *habeas corpus* impetrado em face de Tribunal Regional do Trabalho. Diante da EC n. 45/04 (art. 114, IV, da CF), a nosso ver, o STJ não tem mais competência para apreciar mandado de segurança impetrado contra ato de juiz do Tribunal Regional do Trabalho, restando derrogado o artigo 105, I, c, da Constituição Federal.

---

(9) MEIRELES, Edilton. *Competência e Procedimento na Justiça do Trabalho*. Primeiras Linhas da Reforma do Judiciário. São Paulo: LTr, 2005. p. 70.
(10) RODRIGUES PINTO, José Augusto. *Processo Trabalhista de Conhecimento*. 7. ed. São Paulo: LTr, 2005. p. 159/160.

Do Superior Tribunal de Justiça:

> HABEAS CORPUS. COMPETÊNCIA. Ato coator atribuído a presidente de Junta de Conciliação e Julgamento. Competência do Tribunal Regional Federal, e não do Tribunal Regional do Trabalho, para julgamento do *habeas corpus*. Precedente jurisprudencial. (STJ, 3ª Seção, C.Comp. n. 2.459-SP, reg. n. 91.21501-5, rel. min. Assis Toledo, DJU 16.3.1992, p. 3075).

6. PROCEDIMENTO DO MANDADO DE SEGURANÇA NA JUSTIÇA DO TRABALHO

O *habeas corpus* pode ser impetrado por qualquer pessoa na esfera trabalhista, em seu favor ou de outrem, e também pelo Ministério Público do Trabalho (art. 654 do CPP);[11] deve conter os requisitos do art. 654 do Código de Processo Penal. Os juízes e tribunais do trabalho têm competência em razão da matéria para expedir, de ofício, ordens de *habeas corpus* no curso do processo em que têm jurisdição, quando verificarem que a prisão se deu em razão de ilegalidade ou abuso de poder (art. 654, § 2º, do CPP).

Como destaca Júlio Fabbrini Mirabete,[12] "o direito constitucional de impetrar *habeas corpus* é atributo da personalidade. Qualquer pessoa do povo, independentemente de habilitação legal ou de representação por advogado, de capacidade política, civil ou processual, de idade, sexo, profissão, nacionalidade ou estado mental, pode fazer uso do remédio heroico, em benefício próprio ou alheio".

Quanto à legitimidade passiva, o *habeas corpus* poderá ser impetrado contra ato de autoridade e contra ato de particular. Como destaca Alexandre de Moraes,[13] "o *habeas corpus* deverá ser impetrado contra ato do coator, que poderá ser tanto autoridade (delegado de polícia, promotor de justiça, juiz de direito, tribunal etc.) como particular. No primeiro caso, nas hipóteses de ilegalidade e abuso de poder, enquanto no segundo caso, somente nas hipóteses de ilegalidade".

O *habeas corpus* poderá ser preventivo (salvo conduto), quando houver ameaça iminente de a pessoa sofrer violência ou coação em sua liberdade, como, por exemplo, quando expedido mandado de prisão em face do depositário infiel, mas ainda não cumprido. Também poderá ser liberatório ou repressivo, quando a pessoa já estiver sofrendo coação em sua liberdade de locação.

Não há pagamento de custas ou de qualquer outra taxa judiciária no *habeas corpus*, em razão do disposto no art. 5º, LXXVII, que prevê gratuidade para as ações de *habeas corpus*.

---

(11) A jurisprudência tem exigido que sejam identificados o paciente e a autoridade coatora, bem como haja a assinatura do impetrante.
(12) MIRABETE, Júlio Fabbrini. *Código de Processo Penal Interpretado*. 6. ed. São Paulo: Atlas, 1999. p. 854.
(13) MORAES. Alexandre de. *Direito Constitucional*. 15. ed. São Paulo: Atlas, 2004. p. 144.

Embora não conste da lei, a doutrina e jurisprudência já consagraram a possibilidade do deferimento de liminar em *habeas corpus*. Como se destaca: a ação *de habeas corpus* integra a jurisdição constitucional das liberdades. Desse modo, se o magistrado, mediante *cognição sumária*, se convencer de ilegalidade do constrangimento, poderá conceder a segurança liminarmente, antecipando, assim, a tutela final requerida.

Concedendo ou não a liminar, o juiz deverá notificar o coator para, caso queira, prestar as informações que julgar necessárias.

Da decisão proferida em sede de *habeas corpus* comporta os seguintes recursos:

a) se a decisão for de juiz de Vara, caberá recurso ordinário (art. 895 da CLT);

b) se a decisão for do TRT, caberá recurso ordinário para o TST, se a competência originária for do TRT.

c) recurso ordinário para o STF, se a competência originária para conhecer do *mandamus* for do TST.

d) há a possibilidade do recurso de agravo regimental, se o TRT conceder a liminar no *writ* sem sede de decisão interlocutória.

CONCLUSÃO

O habeas corpus é um remédio constitucional, exercido por meio de uma ação mandamental que tem por objetivo a tutela da liberdade do ser humano, assegurando-lhe o direito de ir, vir e ficar, contra ato de ilegalidade ou abuso de poder. Pode ser preventivo, quando há iminência da lesão do direito de liberdade, ou repressivo, quando já tolhida a liberdade.

Há o cabimento se houver o *periculum im mora* e o *fumus boni juris*. Ainda que a lei não se refira à concessão de liminar no *habeas corpus*, alguns acórdãos entendem que cabe e já está se tornando comum na prática jurídica.

Quanto à natureza jurídica do *habeas corpus* em que pese a opinião majoritária da doutrina e jurisprudência em sentido contrário, não se trata de uma ação criminal, mas, sim, um remédio constitucional para tutelar a liberdade de locomoção contra ato ilegal ou de abuso de poder, não sendo exclusivamente uma ação de natureza penal.

Na redação do art. 114, IV, da CF, cabe o *habeas corpus* na Justiça do Trabalho toda vez que o ato envolver a jurisdição trabalhista, vale dizer, estiver sujeito à competência material da justiça do trabalho.

Na Justiça do Trabalho há sua previsão nas hipóteses de prisões determinadas pelo juiz do trabalho, em decorrência ou do descumprimento de uma ordem judicial para cumprimento de uma obrigação de fazer ou não fazer, ou do depositário infiel.

Há, ainda, a possibilidade de impetração de *habeas corpus* na Justiça do Trabalho quando o empregador ou tomador de serviços restringir a liberdade de locomoção do empregado ou trabalhador por qualquer motivo, como por exemplo em razão de não pagamento de dívidas.

Finalmente, o mais importante é que esse instrumento, calcado nos mais altos ideais de democracia, liberdade e justiça, seja efetivamente utilizado na Justiça do Trabalho.

REFERÊNCIAS BIBLIOGRÁFICAS

FERREIRA SOBRINHO, Aderson. *O habeas corpus na Justiça do Trabalho*. São Paulo: LTr, 2003.

LAMARCA, Antônio. *O livro da competência*. São Paulo: RT, 1979.

MALLET, Estêvão. *Direito, trabalho e processo em transformação*. São Paulo: LTr, 2005.

MARTINS, Sergio Pinto. *Direito processual do trabalho:* doutrina e prática forense; modelos de petições, recursos, sentenças e outros. 15. ed. São Paulo: Atlas, 2001.

MEIRELES, Edilton. *Competência e procedimento na Justiça do Trabalho:* primeiras linhas da reforma do judiciário. São Paulo: LTr, 2005.

MIRABETE, Júlio Fabbrini. *Código de processo penal interpretado*. 6. ed. São Paulo: Atlas, 1999.

MORAES, Alexandre de. *Direito constitucional*. 15. ed. São Paulo: Atlas, 2004.

RODRIGUES PINTO, José Augusto. *Processo trabalhista de conhecimento*. 7. ed. São Paulo: LTr, 2005.

TOURINHO FILHO, Fernando da Costa. *Processo Penal*. Vol. IV, 17. ed. São Paulo: Saraiva, 1995.

O PAPEL DA JURISPRUDÊNCIA E A JUSTIÇA

BRÁULIO JUNQUEIRA

Mestre em Direito das Relações Econômicas Internacionais pela PUC-SP. Especialista em Direito Tributário pela PUC-SP e doutorando em Filosofia do Direito pela PUC-SP. Professor universitário. Membro do IBDC — Instituto Brasileiro de Direito Constitucional. Pesquisador junto ao CNPq.

O papel da Jurisprudência e a Justiça

Sabe-se que a lei não é de *per se* capaz de almejar o ideal de Justiça (*sum cuique tribuere*) em qualquer que seja o modelo vigente em determinada sociedade.

A lei escrita, abstrata e genérica, proporciona a qualquer sociedade em que vige, no máximo, uma proteção teórica, haja vista que, por mais cuidadoso que o confeccionador de leis seja, não consegue prever todos os conflitos sociais que possam florescer.[1]

Doravante, o que vivifica a lei abstrata na atual conjuntura é a atividade jurisprudencial.

O judiciário, interpretando a lei abstrata, não só direciona sua decisão para qual a finalidade do Direito, mas também cria de certa forma a norma, ao aplicar a lei abstrata e genérica ao caso concreto e específico. Florescendo a dimensão mais ajustada em cada situação, minimizando as lacunas do ordenamento jurídico no caso concreto.[2]

Assim, por exemplo, a decisão judicial do Tribunal no direito de origem anglo-saxão é permeada por duas características:

---

(1) Vide v. g. as lacunas em branco deixadas pelo legislador no Código Civil Francês de 1804. Não obstante trouxe consigo ideários nascidos da Revolução Francesa (1789). Vejamos: "*I faut reconna tre en effet que le Code Civil repose sur des príncipes*
    qui contiennent en quelque sorte le résumé des conquétes de la évolution dans l'ordre civil ces príncipes sont les suivants:
    L'ègalité des Français devant la loi
    L'independance absolute du droit civil à l'égard des cro ances religieuses
    La protection par la loi de la liberté individuelle
    La garantie de l'inviolabilité de la propriété dans toutes ses formes
    La prohibitions des conventions particuliéres tendant à établir d'une maniére permanete l'inegalité des fortunes
    La prohibitions des conventions tendants à détruire ou à restreindre la liberte individuelle, et celle du travail, du commerce ou de l1industrie." In: HUC, *Commentaire théorique et pratique du Code Civil*, p. 36.

(2) Observe que a imposição da Súmula Vinculante ao magistrado de primeira instância retira dele seu poder criador de sua sentença, de sua convicção.

- a primeira (que também já se vê caracterizada em direito não necessariamente de origem anglo-saxã) é dirimir a contenda levada àquele Tribunal, pois na doutrina da *res judicata* as partes não podem rediscutir decisões já transitadas em definitivo, pelo menos em regra. Desse modo, o Tribunal em tese deveria descobrir a lei entre os princípios tradicionais do direito, da mesma forma como um cientista físico descobre uma lei natural (preexistente), e então pronunciá-la. O Tribunal, de fato, é criador de leis (*in concretum*) da mesma forma que o Poder Legislativo (*in abstrato*). O imprescindível é que, independentemente da descoberta legislativa do Tribunal ou da sua criação, a solução que impõem aos litigantes não mais atingem só a eles, não mais fica restrita ao mundo deles. Atualmente, com esse sistema se corporificando, a decisão com característica *intra partes* vem perdendo seu vigor.

- Já a segunda característica (também de origem anglo-saxã, mas já adaptada a diferentes sistemas jurídicos) é estabelecer um precedente para que um caso análogo, que possa surgir no futuro, provavelmente seja decidido da mesma forma.[3] A justificação para o precedente ganhar terreno em sistemas diversos de sua origem é: previsibilidade (a sucessão consistente de precedentes propugna para tornar previsível futuras contendas); respeito (adesão nas decisões anteriores mostra o devido respeito à sabedoria e experiência das gerações passadas de magistrados); economia (poupa tempo, energia e dinheiro) e igualdade (a aplicação da mesma regra em casos análogos sucessivos resulta em igualdade de tratamento).[4]

Percebe-se que o uso do precedente está mais parecido com uma técnica judicial a uma forma de se resolver contendas que ultrapassam a intersubjetividade e atingem toda uma sociedade que clama por justiça. Quando a técnica é um meio para se atingir a justiça, ótimo. Mas quando há técnica jurídica que busca previsibilidade, economia, igualdade e respeito, esquecendo-se da finalidade do direito, que é a justiça, não condiz com os anseios sociais basilares da humanidade.

A JURISPRUDÊNCIA NO ORDENAMENTO JURÍDICO DA *COMMON LAW*

O direito anglo-saxão se fez de forma diferenciada em relação à maioria dos Estados da Europa. Originou-se sob um sistema com apoios consuetudinários em

---

(3) Também pode ser conhecida com seu nome, por incrível que pareça, latino: *Stare decisis* — *Stare decisis et non quieta movere* — Apoiar as decisões e não pertubar os pontos pacíficos.

(4) Neste ponto, assim como nossa Súmula Vinculante, discordo de como é aplicado no caso concreto. *Vide* nota de rodapé anterior.

que a alma do direito se encontrava nos tribunais, pois não se importava muito com o direito codificado, o direito positivo. Conforme faz notar David, vejamos:

> Enquanto no continente os juristas concentravam a sua atenção principalmente na determinação dos direitos e obrigações de cada um (regras substantivas do direito), os juristas ingleses concentravam a sua atenção nas questões de processo. *Remedies precede rights:* em primeiro lugar o processo.[5]

Percebeu-se, na confecção desta tese, que a *common law* não teve essa característica desde sempre. Temos:

- A Grã-Bretanha (anglo-saxônica) foi regida pelos costumes locais de várias tribos, mesmo após a dominação dinamarquesa e a unidade do reino;
- Por volta do século XI, com a conquista normanda, implantaram os tribunais reais que praticavam o direito comum, a *common law*, em todo o reinado. Mas tinha como característica o privilégio, haja vista que a maior parte das contendas judiciais continuava a ser solucionada pelas denominadas *county courts;*
- Com a extensão da competência dos tribunais reais, no período pré-renascentista, permitiu-se o instituto da "apelação" em face de equidade do rei contra a decisão injusta da corte;
- A partir da dinastia dos Tudor, os monarcas confiavam a tarefa de reexaminar os julgados aos seus respectivos chanceleres.[6] Doravante é a *common law* que conhecemos.

Irrefutavelmente demonstrado que o sistema que vivifica a *common law* tem como característica proporcionar ao magistrado, seja de qual instância e tribunal for, o poder de criar norma ao caso concreto.[7]

Diferentemente do sistema apresentado acima, o sistema do direito codificado, próprio da tradição latina (como veremos abaixo) confere aos tribunos a função restrita de interpretar as leis escritas. Já no sistema do direito consuetudinário próprio da tradição inglesa, o *common law,* os tribunais tornaram-se imprescindíveis como fontes ao Direito e à Justiça. Na proporção inversamente oposta, a escassez de leis

---

(5) DAVID, René. *Os grandes sistemas do direito contemporâneo.* p. 290.
(6) Nestes fatos se justifica a distinção britânica de *common law* e *equity* (como conjuntos distintos de soluções para os conflitos de acordo com as formas processuais adotadas).
(7) Assim a *common law* conduziu à configuração de um sistema em que a norma jurídica é extraída dos precedentes judiciais (*leading cases*), respeitados nas decisões posteriores, numa tradição assistemática da experiência acumulada, pois se baseia no estudo e na discussão de casos concretos em que haveria a descoberta espontânea das regras jurídicas, dando-se prevalência ao raciocínio jurídico mais do que ao conhecimento das normas jurídicas existentes. Cf. Martins Filho.

escritas (o direito positivo) favorece mais discricionariedade aos magistrados para se concretizar a justiça por meio do Direito.[8]

Desse modo, a jurisprudência ganha um papel de protagonista da Ciência Jurídica, por meios dos *cases*, seja como precedentes judiciais de solução de controvérsias anteriores, ou não.

O grande imbróglio no sistema da *common law* no ponto de vista dos princípios aceitáveis no mundo atual é a legitimidade do sistema em um Estado com conteúdos axiológicos precipuamente republicanos e democráticos. Haja vista na tradição inglesa temos a legitimidade conferida ao monarca transferida ao magistrado por ele nomeado.

Todavia, apesar de o direito norte-americano ter origem no direito inglês, a legitimidade da *common law* americana é diferente da do inglês. No realismo norte-americano as regras são submetidas ao regime republicano e representativo; ou seja, o caráter eletivo dos magistrados locais chancela a legitimidade para que desempenhem de criadores da ordem jurídica americana. Desse modo, o princípio democrático de representação popular é respeitado inclusive no Poder Judiciário.

Óbvio que, seja no realismo norte-americano, seja na tradição da *common law*, o que há em comum e que nós não temos (por termos adotado métodos originalmente romano-germânicos) é a dinamicidade e o reconhecimento da justiça na sociedade em que vige.

A JURISPRUDÊNCIA NO ORDENAMENTO JURÍDICO ROMANO-GERMÂNICO

Nos Estados de tradição latina, reduzidos às codificações na arte do Direito, tem-se que a função de criar leis pertence a um órgão especializado: o Poder Legislativo.[9]

Já o Poder Judiciário se limita à aplicação do fruto do trabalho do Poder Legislativo ao caso concreto. Um papel não de um ator protagonista (como no sistema da *common law*), como deveria ser, mas, sim, de um ator coadjuvante, como não deveria ser, em busca do ideal da Justiça no caso concreto.[10] Assim observa David:

---

(8) Pois as limitações do poder decisório dos magistrados são concernentes ao processo ou seja como formas diferentes de se buscar a justiça, e não ao direito material em si, ou seja, não há previsão antecedente do protegido frente ao outro. Súmula vinculante nem pensar, seria uma afronta aos princípios formais e inclusive materiais do direito inglês.

(9) Haja vista o decreto presidencial que fora criado para ser uma exceção à regra. Todavia, não é o que a prática tem demonstrado.

(10) Acredito que num sistema genuinamente da *common law* não seria possível acontecer o que ocorreu nos fastos do Holocausto, em que o judiciário apenas cumpria leis autorizando o envio de milhares de minorias aos campos de extermínios.

A lei, em todos os países da família romano-germânica, parece abarcar a totalidade da ordem jurídica; os juristas e a própria lei reconhecem, em teoria, que a ordem legislativa pode comportar lacunas (...). A lei forma o esqueleto da ordem jurídica, mas a esse esqueleto vai ser dada vida, em larga medida, por outros fatores. <u>A lei não deve ser considerada unicamente no seu texto,</u> independentemente dos processos, muitas vezes excessivos, usados para a sua interpretação e nos quais se revela o poder criador da jurisprudência e da doutrina. <u>Os códigos apenas representam, para os juristas, um ponto de partida, não um resultado.</u>[11] (grifo nosso)

Assim como o sistema de ordenamento jurídico da *common law*, o sistema de ordenamento jurídico romano-germânico atravessou fases. Vejamos:

- Com a derrocada do Império Romano ocidental, inúmeros reinos bárbaros que se originaram na Europa seguiram suas próprias leis, formando uma salada de ordenamentos jurídicos no continente;
- Na Idade Medieval madura, com as primeiras universidades, difundiu-se o ensino do Direito Romano como uma expressão irrefragável do direito em detrimento dos direitos regionais e locais vigentes;
- Mais tarde, com o nascimento da Escola Racionalista do Direito Natural (século XVII), ocorreu a universalização das Ciências Jurídicas no velho continente;
- Por conseguinte, mediante uma sistematização/consolidação racional das normas jurídicas utilizando-se conceitos e classificações daquele que um dia vigeu em quase toda a Europa: Império Romano, o Direito Romano.

Doravante, a experiência de séculos de vivência jurídica foi corporificada e estagnada em documentos escritos e transmitida por meio de um ensino baseado, sobretudo, na exposição teórica. O realismo e a dinamicidade das Ciências Jurídicas como meios de Justiça se tornam ao passar do tempo mais difíceis de se observar, em favor de desenvolvimentos de técnicas judiciárias despreocupadas com a criatividade e sim com a preocupação do magistrado em se tornar uma justiça viva.

Tal ideia veio a ser corroborada pela Revolução Francesa (1789), em que se desconfiavam dos magistrados devido a sua não representatividade da vontade popular,[12] levando os revolucionários legisladores a restringir o papel do Poder Judiciário e, por consequência, o do magistrado na França revolucionária. Criando, inclusive, um tribunal que se denominou Tribunal de Cassação (umbilicalmente

---

(11) DAVID, René. *Os grandes sistemas do direito contemporâneo*. p. 110-111.
(12) *Vide* acima, no tópico anterior, quando faço menção ao sistema jurídico norte-americano; e veja que essa falta de representatividade popular não subsiste lá desde sua Declaração de 1776.

ligado ao Poder Legislativo), onde se controlava a "legalidade" das decisões proferidas pelos magistrados.[13]

A cada dia que se passa perde-se em detrimento da tecnização a pílula de ouro que ora fora introduzida no nosso ordenamento: o juiz não pode se eximir de julgar, mesmo quando houver a lacuna da lei, devendo, caso necessário, fazer uso da analogia, dos costumes e dos princípios gerais do direito, inclusive decidir por equidade, portanto a lei é um dos tantos instrumentos ao dispor do magistrado, nunca devendo, este, se reduzir apenas à lei.

Patente está que a função do magistrado, enquanto tal, não se restringe à de mero aplicador da legislação vigente. A jurisprudência acaba tendo um papel *sine qua non* de criação de normas jurídicas, muitas das vezes suplementando o ordenamento jurídico existente.

Irrefragável está que a atividade jurisprudencial, como forma de se pautar uma solução justa dos conflitos de interesses apontados no meio social, acaba carregando em seu bojo inclusive um papel corregedor do Direito Positivo: v. g. caso a lei editada pelo Poder Legislativo ou mesmo pelo Executivo mostrar-se de encontro ao ideal de justiça, seja por violentar os direitos humanos, seja por violência aos princípios democráticos, deve (não pode) ser corrigida e tornada justa (para não ser uma *corrupto legis*) pelo exclusivo poder jurisprudencial do magistrado.

A Escola Livre do Direito[14] advogava na possibilidade de desvinculação do juiz perante a lei; muitos consideram e sentem no instante de julgar a predominância da decisão justa e apenas depois sustentam as justificativas na legislação positiva existente.

Coexistindo na aplicação do Direito ao caso concreto a prevalência da ideia do Direito como sinônimo de Justiça, capacitando o magistrado agir não apenas

---

(13) Tal controle era feito por meio do *Référé Obligatoire* constituído num decreto de interpretação da lei vinculante dos juizes em suas decisões. Vejamos:
"*Le ideologie erano quelle, teorizzate negli scritti di Rousseau e di Montesquieu, della onnipotenza della legge, dell'uguaglianza dei cittadini di fronte alla legge, e della rigida separazione dei poteri nella quale al giudice — passiva e 'inanimata' bouche de la loi — spettava il solo compito di applicare ai casi concreti il texto della legge, um compito concepito come puramente meccanico e per nulla creativo.*"
In: Il Controllo Giudiziario Di Costituzionalità Delle Leggi Nel Diritto Comparato, p. 20-21.

(14) Tem como seu fundador Hermann Kantorowicz em seu pseudônimo, Gnaeus Flavius. Em sua obra intitulada A Luta pela Ciência do Direito, publicada em 1906, resgatando uma concepção de interpretação e aplicação do Direito que defende a plena liberdade do magistrado no instante de decidir as contendas.
Para essa Escola, o ordenamento jurídico não deve se vincular apenas ao Estado (enquanto produtor e monopolizador de normas), mas, sobretudo, legitimado pela sociedade em função da sociedade em que se aplica. Doravante, o Direito não era formado e reduzido por dogmas (irrefutáveis), mas, sim, ia além, expandindo-se aos fatos ocorridos, quer no âmbito social, quer no âmbito real, na prática, sobretudo.

sob o aspecto da Ciência do Direito, mas também, e inclusive, sob sua convicção pessoal. Não estaria o magistrado utilizando apenas seu manto em decidir apenas, mas, sim, com o seu *animus* de aplicar o Direito cujo objetivo é a Justiça.

Vejamos o que Vilanova e Aftalión diz acerca disso:

> lo que caracteriza en general al movimiento del derecho libre es la liberación del jurista del estatismo y, por tanto, la liberación del intérprete de la sumisión absoluta a los textos legales, que incluso podrá dejar de lado en ciertas oportunidades.[15]

Nesta Escola teríamos exatamente o oposto da Escola Exegética, cuja aplicabilidade se daria em função da lei. Em que todo o Direito se reduz à lei. Vejamos:

Escola de Exegese funda seus valores na completude da lei. A lei não deve ser interpretada segundo a razão e os critérios axiológicos daquele que a aplicará, e sim quem a aplicará deve submeter-se a lei, assim D'Argentré assevera: *Stulta sapientia quae vult lege sapientor esse*.[16] Contrapõe à vontade interpretativa do magistrado impingindo-o à vontade da lei. É o império da lei, como diz Dworkin. Vejamos as afirmações de Mourlon:

> Para o jurisconsulto, para o advogado, para o juiz existe só um direto, o direito positivo ... que se define: "o conjunto das leis que o legislador promulgou para regular as relações dos homens entre si ..." As leis naturais e morais não são, com efeito, obrigatórias enquanto não forem sancionadas pela escrita ... Ao legislador só cabe o direito de determinar, entre regras tão numerosas e, às vezes, tão controvertidas do direito natural, aquelas que são igualmente obrigatórias ... 'Dura lex, sed lex; um bom magistrado humilha sua razão diante da razão da lei: pois ele é instituído para julgar segundo ela e não para julgá-la. Nada está acima da lei, e iludir suas disposições, sob o pretexto de que a equidade natural a contraria, nada mais é do que prevaricar. Em jurisprudência não há, não pode haver razão mais razoável, equidade mais equitativa do que a razão ou equidade da lei.[17]

---

(15) *Introducción al Derecho*, p. 284.
Tendo como livre tradução:
 " o que caracteriza em geral o movimento do direito livre é a liberação do jurista em relação ao estatismo, portanto, a liberação do intérprete da submissão absoluta aos textos legais, que inclusive poderá deixar de lado em certas oportunidades".
(16) Bonnecase, p. 151. In: BOBBIO. *O positivismo jurídico*. p. 87.
(17) Bonnecase. In: Bobbio, *op. cit.*, p. 86.

Todavia, De Cicco pondera que o que prejudicou sobremaneira o produto da codificação[18] foi o surgimento do *princípio da onipotência do legislador*. Vejamos nas suas letras:

> "*Esse princípio* {De Cicco se refere ao principio da onipotência do legislador} *é o maior responsável pela caricatura do próprio Código ao dizer, por exemplo, o Prof. Bugnet (...): "Sou professor de Código Civil, não conheço o Direito Civil. Foi evidentemente uma bautade, mas que serviu para desmoralizar a Escola de Exegese.*"[19]

---

(18) Já que o produto desta codificação não era tão positivista quanto parecia. O art. 4º prescrevia:
   "*O Juiz que se recusar a julgar sob o pretexto do silêncio, da obscuridade ou da insuficiência da lei, poderá ser processado como culpável de justiça denegada*".
Na verdade, o que os redatores do artigo supracitado, como o caso de Sr. Portalis, sustentando o até então Projeto do Código Civil, perante o Conselho de Estado:
"Seja lá o que se faça, as leis positivas não poderão nunca substituir inteiramente o uso da razão natural nos negócios da vida."
Parece desejável que todas as matérias fossem reguladas por lei, mas na falta de um texto preciso sobre cada matéria *um uso antigo, constante e bem-estabelecido, uma série não interrompida de decisões similares, uma opinião ou uma máxima adotada* funcionam como lei. Quando não há relação nenhuma com aquilo que está estabelecido e é conhecido, quando se trata de fato absolutamente novo, remonta-se *aos princípios do direito natural*. Pois, se a previdência dos legisladores é limitada, a natureza é infinita e se aplica a tudo que pode interessar aos homens.
A integração da lei deve acontecer, prossegue Portalis, recorrendo-se ao juízo de equidade (...)
Que a intenção dos redatores do art. 4º fosse a de deixar uma porta aberta ao poder criativo do juiz ressalta claramente do teor do art. 9º do *Livro preliminar* do projeto (artigo que foi eliminado no texto definitivo por obra do Conselho do Estado):
   Nas matérias civis, <u>o juiz, na falta de leis precisas, é um ministro de equidade. A equidade é o retorno à lei natural e aos usos</u> adotados no silêncio da lei positiva (grifo meu)
(Nota-se como esse artigo, aliás, no discurso de Portalis, distingue o direito civil do direito penal; é somente com referência ao primeiro que se admite o recurso a critérios diversos da norma positiva; o segundo, no lugar disso, deve ser fundado exclusivamente na lei, em homenagem ao princípio fundamental do pensamento jurídico iluminista-liberal *nullum crimen, nulla poena sine lege*, princípio que tende a garantir a liberdade do indivíduo contra o arbítrio do poder do Estado; em matéria penal, portanto, o caso de falta de norma positiva não pode se verificar, existindo a norma geral exclusiva segundo a qual tudo que não é proibido pela lei é permitido.)
Portalis, no seu discurso, repete quase literalmente o conceito de equidade expresso no art. 9º, ora citado (que, segundo parece, ele mesmo havia redigido):
   Quando a lei é clara, é necessário segui-la; quando é obscura, é necessário aprofundar suas disposições. *Na falta da lei, é necessário consultar o uso da equidade. A equidade é o retorno da lei natural, no silêncio, na oposição ou na obscuridade das leis positivas*
Termina Bobbio: é este modo de entender o art. 4º que se fundou a escola dos intérpretes do Código Civil, conhecida como "escola da exegese" (*école de l'exégèse*); essa foi acusada de fetichismo da lei, porque considerava o Código de Napoleão como se tivesse sepultado todo o direito precedente e contivesse em si as normas para todos os possíveis casos futuros, e pretendia fundar a resolução de quaisquer questões na intenção do legislador.
(In: Bobbio, *O positivismo jurídico*. p. 73-78)
(19) De Cicco, Cláudio. *História do pensamento jurídico e da filosofia do direito*. p. 184.

A Escola Histórica do Direito[20] nasce em oposição ao pensamento jusnaturalista racionalista iluminista cartesiano, pelo qual o dever-ser seria a única verdade. Esta Escola concede ao magistrado um amplo leque no sentido da permissibilidade de se criar o Direito no caso concreto. Autorizando a aplicação da lei positiva que lhe é dada a interpretação em consonância com as necessidades da época vivente. Assim sendo, haveria a possibilidade de ajustar o preceito *de modé* às novas realidades não contempladas pelo legislador, proporcionando aos preceitos legais uma máxima elasticidade que permitisse as palavras com as quais as normas foi expressa. Doravante uma máxima longevidade da lei proporcionada pela ideia viva do magistrado. A escrita petrifica e a fala vivifica.

Enfim, nos sistemas de Direito Codificado, em que as normas de conduta em sociedade são previamente estabelecidas, de forma hipotética, em leis escritas, apenas o passar do tempo pode mostrar as falhas do sistema legal aprioristicamente elaborado, cabendo assim aos Tribunais a tarefa de adaptar os Códigos à realidade, suprindo-lhes as lacunas, esclarecendo seu conteúdo e aperfeiçoando seus comandos.[21] É nesta esteira o que Arcangelli diz. Vejamos:

> Un codice medíocre è già, dopo alcuni decenni, divenuto migliore, come um capitale modesto cresce cogli anni per il cumulo degli interessi: lo studio dei giuristi, le decisioni delle Corti ne hanno colmato le lacune, smussato gli angoli, rivelato il pensiero talvolta latente; la legge si è accostata allá vita, la vita si è adattatta alla legge.[22]

Segundo o idealizador da Escola Histórica, Savigny, o Direito teria suas origens *nas forças silenciosas e não no arbítrio do legislador.* Em vez de um Direito Universal[23] há muito almejado pela humanidade, cada povo, cada região, em cada época teria seu Direito circunscrito e válido regionalmente, resultado da expressão natural de sua evolução histórica, de seus usos e costumes e das tradições de todas as épocas passadas, ou seja, a continuidade e a transformação são marcas essenciais desta Escola.

---

(20) Escola desenvolvida durante o século XIX na Alemanha e oposição à Escola francesa racionalista. Ela parte do pressuposto de que as normas jurídicas seriam o resultado de uma evolução histórica em que sua essência estaria nos costumes e nas crenças sociais: o Direito como produto histórico e de manifestação cultural; ou seja, o direito seria necessariamente nascido do *Volksgeist* (espírito do povo). Foi a reação ao ensaio de Thibaut, *Sobre a necessidade de um Direito Civil Geral para a Alemanha* (*Notwendigkeit eines allgemeinen bürgerlichen Rechst für Deutschland*), que Savigny em seu ensaio *Da vocação da nossa época para a Legislação e Jurisprudência* (*Vom Beruf unserer Zeit für Gezetzgebung und Rechtswissenschaft*), que nasce a Escola Histórica do Direito propondo que o Direito não seria apenas um produto da razão, mas, antes, das crenças comuns dos povos, negando a proposta de Thibaut.

(21) Cf. Martins Filho. *A legitimidade do direito positivo.*

(22) *Verso la Nuova Codificazione.* In: ALVES, José Carlos Moreira. *A parte geral do Projeto do Civil Brasileiro.* Saraiva: São Paulo. p. 27.

(23) Vide a impossibilidade desta ideia. In: JUNQUEIRA, Bráulio. *A institucionalização política da união europeia.*

Quanto a Villey, vejamos a sua ideia acerca do tema:

> Savigny se opõe ao projeto de uma codificação global do direito alemão. (...) O próprio projeto surgira de uma falsa doutrina sobre as fontes do direito: <u>é falso que o direito seja obra do Legislador; trata-se de uma obra coletiva inconsciente do "espírito do povo"</u> (Volksgeist); comparável a este outro produto do espírito coletivo, a língua de cada povo. E como as línguas, os sistemas jurídicos diferem; o direito francês não é o direito do povo alemão; <u>devemos abandonar o sonho,</u> alimentado pela Escola do direito natural, <u>de construir um direito universal.</u>[24] (grifo nosso)

Colocando nos dias atuais, a Escola Histórica do Direito refutaria veementemente o Universalismo Cultural, propugnando o Relativismo Cultural, assumindo feição de que o Direito não existiria como um fenômeno imutável e universal, mas, sim, existiria como produto histórico, expressando em sua essência uma individualidade própria; ou seja, o *espírito* de cada povo[25] em constante mutação acompanhando as transformações sociais. Nota-se nitidamente quão importante seria a jurisprudência nesta ideia.

O irrefutável e imprescindível, para essa Escola, é que o Direito — que tem como sua razão de existência a Justiça — possuiria sua origem num dado momento no estilo Consuetudinário/Costumeiro/Common Law; num segundo momento, o mesmo Direito ganharia um apoio a mais: a Jurisprudência. O Direito, portanto, necessariamente deveria ser constituído como um produto de agentes sociais ou forças sociais internas e nunca como um produto arbitrário do legislador.

Apesar de ser uma escola alemã, no meu ponto de vista, vai ao encontro do estilo Anglo-Saxão de se entender o que é o Direito como Ciência Jurídica. Todavia, a Escola Histórica de Savigny vai de encontro às escolas de cunho jusnaturalista racionalista francesas e alemãs, a Escola de Exegese e a Escola Pandectista, respectivamente, pois, diferentemente dessas, vê uma relação de interdependência do *Sein* (Ser) e *Sollen* (Deve-Ser) no estamento jurídico.

Assim, alguns autores como Savigny e a Escola Histórica, afirma Montoro, *atribuem às forma espontâneas do direito importância preponderante.*[26] *Sustentam que o direito efetivo e real não se encontra principalmente nas leis, nos regulamentos e*

---

(24) Villey, Michel. *Filosofia do Direito. Definições e fins do direito. Os meios do direito.* p. 323.
(25) O que Friedrich Carl von Savigny denominou de *volksgeist*.
(26) *"Se perguntarmos qual é o sujeito, em que o direito positivo tem sua realidade, concluiremos que esse é o povo. É na consciência comum do povo que vive o direito positivo; por isso pode ser chamado 'direito do povo'... Quando se considera o direito de uma maneira abstrata, independente de seu conteúdo, ele aparece como uma regra, segundo a qual certo número de homens vive em sociedade."* — Savigny, *Sistema del derecho romano actual,* §§7º e 8º, Madri, Ed. Gangora, 1878. V. Vicente Ráo, *O Direito e a vida dos direitos,* §175 e ss.., p. 275.

nas decisões judiciais (direito organizado), mas na própria sociedade (direito espontâneo). O Estado, como órgão elaborador de normas jurídicas, é fenômeno posterior à existência do Direito. E suas normas, em regra, vêm apenas dar maior proteção à norma já constituída pela sociedade.[27]

Não obstante a tudo que fora aventado, a Escola Histórica procurou atacar o fetichismo da lei escrita e das codificações (em clara oposição ao Código Civil Francês) em favor do direito vivo, revelando, das camadas essenciais para o Direito, a realidade jurídica. Enfim, sua audácia (Villey se refere ao Savigny) *consiste em substituir a ação do legislador pela dos professores, dos cientistas, da ciência: Wissenschaft.*[28]

Já a Escola da Livre Investigação do Direito,[29] liderada por Gény, tentava conciliar a Escola de Exegese aos ideais do mundo contemporâneo do final do século XIX.

François Gény advogava no sentido de que, quando a lei perde sua principal intenção — que é aquela que deu origem ao seu nascimento — e se percebe que ela não mais reflete a realidade e os anseios sociais (perdendo talvez a eficácia, mas não necessariamente a validade), é hora de o intérprete ajustá-la ao contexto daquela sociedade.

Pelo Código Civil, mas além do Código Civil — Au delà du Code, mais par le Code[30] —, foi o baluarte de Gény. Onde se buscava não a minoração da Lei, mas uma integração perfeita entre o dado, *le donné*, e o construído, *le construit*, como essenciais a uma autêntica e justa Ciência Jurídica.

Doravante, os magistrados não devem ter uma visão estrita e reducionista da lei na hora de usá-la, mas, sim, ir além da lei, procurar certa independência da lei: podendo ser um mero investigador e até mesmo criador de direitos. Seria imprescindível a utilização em seus julgamentos sobre a analogia, os usos e costumes, e a equidade e os princípios gerais do Direito.[31]

Com as inúmeras pesquisas científicas requisitadas por essa Tese, me convenceram que a função de quem exercer a vestidura de magistrado hodiernamente é ampla, não se restringindo apenas à exegese da letra da lei, mas sempre quando possível respeitar a lei em prol da Justiça, mesmo que tenha de expandir herme-

---

(27) Montoro, André Franco. *Introdução à ciência do direito*. 28. ed. p. 603.
(28) *Op. cit.*, p. 323.
(29) A Escola da Livre Pesquisa de Gény semeou ideias pelo mundo todo. Está presente no Código Civil da Suíça de 1907 em seu primeiro artigo:
   Aplica-se a lei a todas as questões de Direito para as quais ela, segundo sua letra ou interpretação, contém um dispositivo específico. Deve o juiz, quando não encontra o preceito legal apropriado, decidir de acordo com o Direito Consuetudinário, e na falta deste, <u>segundo a regra que ele próprio estabeleceria se fosse legislador</u>. (grifo nosso).
(30) REALE, Miguel. *Lições preliminares de direito*. p. 286.
(31) Não somente influenciou o Direito suíço, como mostrado na nota acima, mas também as principais codificações confeccionadas no século XX, haja vista nossa LINDB/1942 (antiga Lei de Introdução ao Código Civil) em seus arts. 4º e 5º.

neuticamente o significado da norma. Tendo como dever o Direito, enquanto um instrumento da Justiça, perceber os anseios da sociedade em que se aplica para que jamais uma norma jurídica contenha apenas a validade e a vigência (aspectos formais), mas não contenha o legitimador, o núcleo, de uma norma jurídica: a eficácia (aspecto material). Pois jamais o autêntico Direito será válido e legítimo em si mesmo. Ele não é um sistema fechado, autopoiético, como queria Kelsen e sua escola. O autêntico Direito nunca terá vida própria!

O IMPASSE PRESENTE: O PSEUDORRACIONALISMO JURÍDICO FORMALISTA E OS REMÉDIOS PALIATIVOS DA LÓGICA DO RAZOÁVEL

Assim como o polonês Chaïm Perelman, procuro deixar claro nesta tese também que o positivismo jurídico, o formal, o que prescinde com o conteúdo da norma jurídica, está extemporâneo nos dias de hoje.[32] Esse desiderato de provar aqui e em Perelman que a Ciência do Direito não deve seguir as estáticas dos raciocínios das Ciências Exatas, e que a nossa Ciência não se reduz à lei (já que essa não passa de mais uma fonte daquela), corrobora a incoerência do pensamento positivista que teve seu ponto de chegada no austríaco Hans Kelsen. Vejamos as palavras vivas do belga-polonês:

(...) si la justice pouvait se passer de jugement, si on pouvait la mécaniser, les machines pourraient dire le droit d'une façon beucoup plus rapide et beaucoup moins coûteuse que l'homme. Mais, les machines n'ont pas de jugement, et c'est pourquoi, dans toutes les situations delicates, le recours au juge est indispensable.[33]

Não é por acaso que trago Perelman para essa tese, haja vista que, assim como ele, eu procuro demonstrar que a atual organização jurídica funcionaria melhor se nos preocupássemos mais com a *práxis* do Direito (como faz nossos irmãos pertencentes à corrente anglo-saxã do Direito). Procurando-se, destarte, demonstrar a autonomia da Ciência Jurídica quanto à lógica formal, que é apenas um elemento daquela, e com aquela não se reduz!

Doravante aproxima-se a teoria da prática, ou, às vezes, inclusive, a inversão se faz mais pertinente: da prática se elabora a teoria, ou seja, do vivido se faz ou se pretende. Do Ser (*Sein*), moldamos o *Sollen* (dever-ser), colocando o homem no centro da Ciência Jurídica, e não a norma formal.[34] Asseverar que o dever-ser

---

(32) Ainda mais tenho dúvidas de que no passado realmente tenha sido necessário esse tipo de sistema jurídico.
(33) PERELMAN, Chaim. *Le Champ de l'argumentation*. p. 146.
(34) Arremata Assis de Almeida:
"(...) *distanciando os olhos do jurista do purismo da lógica formal que, por influência dos estudos positivistas, vieram a desembocar na área jurídica. De fato esse combate é legítimo à medida que expurga uma excrescência teórica das ciências exatas que havia sido enxertada nas ciências humanas e jurídicas* (...)

(*Sollen*) progride até tornar-se um ser (*Sein*) seria o mesmo que afirmarmos que toda conduta humana se encontra cristalizada na norma jurídica. O que não é verdade. Haja vista os "crimes" não tipificados, entre outras condutas humanas. Pode-se adotar literalmente a expressão utilizada por Recaséns-Siches: *"Una norma es um pedazo de vida humana objetivada."*[35]

Com um precedente histórico, vejamos:

> O Direito, como fato cultural, é fenômeno histórico. As normas jurídicas devem ser interpretadas consoante o significado dos acontecimentos que, por sua vez, constituem a causa da relação jurídica. O CPP data do início da década de 40. O país mudou sensivelmente. A complexidade da conclusão dos inquéritos policiais e a dificuldade da instrução criminal estão cada vez maiores. O prazo de conclusão não pode resultar de mera soma aritmética. Faz-se imprescindível raciocinar com o juízo da razoabilidade para definir o excesso de prazo. O discurso jurídico não é simples raciocínio de lógica formal.[36]

Não obstante, sabe-se que a lógica do razoável, o prudencial, o meio-termo são partes de um todo e dele não se confundem e não se reduzem também! É enaltecer, endeusar algo que certamente é imprescindível para a Ciência Jurídica, mas não é a própria Ciência Jurídica. Seria um remédio paliativo para um doente (sociedade) que está ainda sob cuidados na UTI. Onde a cada dia que passa, se o doente não piorar, já é um sinal positivo com esse remédio organizacional paliativo (lógica do razoável). Apostar apenas em virtudes prudenciais e comedidas e não acreditar na resiliência da humanidade. Mas certo estou, mas convicto leciono, que a Ciência Jurídica é a própria Justiça na prática: tendo o direito como seu maior desiderato, a Justiça!

A CIÊNCIA DA JUSTIÇA: O DIREITO. O DESAFIO DE UM (RE)PENSAR DO DIREITO À LUZ DA REALIDADE CONCRETA

Para uma lógica que não vive de certezas, já se disse, não pode almejar que o raciocínio jurídico esteja vertido para o alcance da verdade. O mito da verdade não existe no pensamento de Perelman, uma vez que o termo verdade é substituído por outros mais apropriados para expressar o que é próprio do raciocínio jurídico, a saber, o razoável, o equitativo, o aceitável, o admissível... Em suma, o juiz não é a boca da lei (bouche de la loi), p. 414.

(35) RECASÉNS-SICHES, Luiz. *Nueva filosofia de la interpretacion jurídica.* p. 135.

(36) STJ — RHC 1.453 — Relator: Vicente Cernicchiaro — *DJU*, de 9.12.91, p. 18.044.
Em consonância, o relator está com Siches. Vejamos:
   "Esta observación pone de manifesto que el sentido de la obra cultural —, de conocimiento, de arte, de política, de Derecho etc. —, es siempre um sentido circunstancial, es decir, un sentido referido a las circunstancias concretas em que se presentó la necesidad estimulante, en las que se concibió la convivência y la adecuación del fin, y em el que se aprecio la idoneidad y la eficácia de los médios adaptados." Siches, *op. cit.*, p. 140.

Sobre a questão de justiça, quando apontada como elemento *sine qua non* do Direito, hodiernamente, muitas vezes, tem a equivalência distante de sentido, longe da realidade. Um poderoso instrumento de pacificação social que ficou *démodé*, ante uma técnica vazia de conteúdo axiológico. Seria uma espécie de justiça desalmada. No entanto, desde a Antiguidade, a Justiça sempre representou o preenchimento de sentido das *praxes* jurídicas, do Direito vivido na prática. Essa ideia semeada na Antiguidade não desapareceu por completo.[37] *A noção do justo é a pedra angular de todo edifício jurídico.*[38]

Este é um velho tema em que modernamente seus estudos vêm com nova roupagem, como deontologia jurídica, estimativa jurídica, teoria dos valores jurídicos e axiologia jurídica, por exemplo. Não obstante não me contive em pronunciar, nesta tese, um pouquinho sobre o assunto, mas sem contudo pretender me aprofundar sobre o tema. Essa pretensão ficará para mais tarde, quem sabe, no pós-doc.

A cada dia que vivo estou convencido da fragilidade do Direito. A História da Humanidade em si e todas as demais ciências que a cercam contribuem para sua fragilidade. Haja vista o Direito como um sistema coercitivo da conduta humana desprovido de valores e de finalidade social, pública, o melhor à mercê da finalidade de plantão, torna-se um indispensável ingrediente de utilidade e de dominação.

Para que isso não ocorra reiteradamente ou novamente,[39] deve-se resgatar a completude semântica do Direito pela ideia de a justiça voltar a ser a *ratio essendi* da Ciência do Direito, sem a qual não possui qualquer sentido de sua existência, sobremaneira, divorciada da justiça.

Em tempos de exaltação do homem-máquina e da apologia do tecnologismo, não é de estranhar que a justiça seja tecnificada. Pessoas não são pessoas, são réus; processos não são demandas sociais, pois se tornaram números; sentenças não são atos humanos, pois também se tornaram textos despersonalizados e virtualizados (conversíveis em windows ou pdf, tanto faz). Nesse

---

(37) Mas a angústia é grande, senão, vejamos:
"*Se há muito do robótico, técnico e neutralizador do humano na estética e nas práticas culturais contemporâneas, estariam as práticas de justiça seguindo o mesmo caminho?.*" (in: Bittar, O Direito na Pós-Modernidade, p. 313)

(38) DEL VECCHIO, Jorge. *Justiça, Direito e Estado*. p. 4.

(39) As correntes positivistas transformaram justiça em técnica, por meio da racionalidade dogmática (dito acima), promovendo o sub-reptício processo de definição do justo pelo legal e pelo formal. Vide Horkheimer:

"*¿ Cuáles son las consecuencias de la formalización de la razón? Justicia, igualdad, felicidad, tolerancia, todos los conceptos que, como ya se dijo, latían em siglos anteriores en el corazón de la razón, o tenían que ser sancionados por ella, han perdidos sua raíces espirituales.*" (In: Crítica de la razón instrumentale, p. 60)

"Quais são as consequências da formalização da razão? Justiça, igualdade, felicidade, tolerância, todos os conceitos que, como dizem, pulsavam em séculos anteriores no coração da razão, teriam de ser chancelados por ela, perderam suas raízes espirituais." (Tradução própria)

contexto, de afluxos maciços de demandas, a imagem de juízes soterrados em meio a montanhas de papéis tem se tornado uma imagem cada vez mais corriqueira da vida contemporânea. A despersonalização da figura do juiz é a clara demonstração do desencadeamento da <u>desumanização da justiça</u>. Máquinas cospem sentenças e ditam o ritmo (matricial das impressoras) e a qualidade (gráfica) da justiça que se tem. O importante é ter o documento! <u>O que foi feito das relações sociais? Isso está em segundo plano.</u>

<u>A justiça que se faz é uma justiça no papel e, mais do que isso, de papel, pois não se decodifica de decisão nominal em decisão social.</u>[40] (grifo nosso)

CONCLUSÃO

Assim, o Direito, um instrumento a serviço da liberdade, sem o conteúdo de justiça em seu bojo, se torna um instrumento repressor e controlador da própria liberdade. *La máquina ha prescindindo del piloto; camina ciegamente por el espacio a toda velocidad. En el momentode su consumación, la razón se há vuelto irracional y tonta.*[41]

Despreocupei-me em preocupar-me em ser preciso em definir a que tipo de justiça estou me referindo neste tópico. Se é do tipo comutativa, distributiva, social, aritmética ou geométrica, absoluta ou proporcional; do sentido latíssimo, lato e estrito, não é o principal. Meu foco maior neste tópico não condiz com ideias formais de justiça, mas, sim, com o critério material, aquilo que na verdade foi a fundação para os desdobramentos acerca da justiça. Minha angústia neste tópico é a mais rasa acerca da justiça. Seja qual for o moderno ou melhor significado do signo Justiça, é em si mesmo um dos propósitos do homem que se fixa para alcançar uma vida adequada. E se todos os propósitos da vida humana são classificados como 'o bem', logo, o ideal de Justiça seria um dos múltiplos bens que a moralidade dispõe diante da humanidade.

A partir do momento que se afirma que o Direito e a Justiça são conceitos distintos e que nem sempre andam em sintonia, corremos um grande risco de a sociedade ser impingida a chancelar uma corrupção do Direito. O Direito, para ser digno de ser chamado Direito, tem por dever caminhar *pari passu* com a Justiça, depositando, inclusive, seus fins de existência na Justiça. Para que o Direito se não houver a Justiça? Caso a resposta seja contrária da sugerida, outra inquietação se faz: para que o Direito? Já que a Justiça ultrapassa largamente o Direito. Um dos meios para se alcançar a Justiça é o Direito, mas não o exclusivo. Ao contrário, os que procuram o Direito para um resgate da Justiça compõem a menor parte do todo social. Uma visão global e autêntica do Direito como *ars aequi et boni* só conciliado à Justiça.

---

(40) BITTAR, *O direito na pós-modernidade*, p. 316.
(41) HORKHEIMER, *Crítica de la razón instrumental*, p. 143.

Assim considerado, deve ser ressaltado que a Justiça face ao Direito está a desempenhar um tríplice papel, a saber:

- serve como uma meta do Direito, dotando-o de sentido, de existência justificada, bem como de finalidade;
- serve como critério para seu julgamento, para sua avaliação, para que se possam auferir os graus de concordância ou discordância com suas decisões e práticas coercitivas; e
- serve como fundamento histórico para sua ocorrência, explicitando-se por meio de suas imperfeições os usos humanos que podem ocorrer de valores muitas vezes razoáveis.[42]

Como assevera Bittar:

A justiça funciona, enquanto valor que norteia a construção histórico-dialética dos direitos, como fim e como fundamento para expectativas sociais em torno do Direito. Apesar de a justiça ser valor de difícil contorno conceitual, ainda assim pode ser dita um valor essencialmente humano e profundamente necessário para as realizações do convívio humano, pois nela mora a semente da igualdade.[43]

Diametralmente às ideias legalistas-positivistas, é de se asseverar que uma (talvez a primordial) das tarefas dos juristas seja da discussão acerca do tema, não só em nível de teoria, mas, sobretudo, aplicando-a no dia a dia. Perdendo o sentido para o Direito se divorciado da dimensão da Justiça, *à medida que sua função técnico-instrumental serve às causas que garantem o convívio social justo e equilibrado.*[44]

Nesse desiderato, a Justiça não é uma questão que quem dever-se-ia se preocupar compete a metafísica, tampouco enunciados que pretendem afirmar algo acerca do conteúdo da Justiça seriam meras *fórmulas vazia.*[45] Como sintoma do Positivismo Jurídico, o interesse sobre a Justiça no Direito tendeu-se a arrefecer, mas como, hodiernamente, essa Escola não mais tem o prestigio de antes, as obras e teses sobre o assunto tendem a aumentar e resgatar o Direito como *ars aequi et boni,* em que as leis e regulações politicamente justas resultam da não arbitrariedade que corresponda às crenças, aos desejos e valores da comunidade. *Quando o poder de coerção de que dispõe uma autoridade legítima é exercido em conformidade com os desejos da comunidade, as resoluções são politicamente justas.*[46] Mas o que vem a ser politica-

---

(42) Cf. GUSMÃO, Paulo Dourado de. *Introdução ao estudo do Direito.* p. 73.
(43) *Curso de filosofia do Direito,* p. 510.
(44) *Op. cit.,* p. 510.
(45) Para Kelsen, os enunciados sobre a justiça são destituídos de conteúdo.
(46) In: Larenz, Karl. p. 246.

mente justo? É o modo aproximado do filosoficamente justo, ou seja, o essencial é que a proposta nos impinge a um diálogo e um debate sobre o assunto. O mérito aqui à la Perelman é ter legitimado novamente a discussão do conceito de justiça na *ars aequi et boni*, como propósito cientificamente sério e perfeitamente possível via discurso racional.

Termino este artigo com uma frase retirada de *Dos Mandamentos do Advogado*, redigido por Eduardo Couture: *"Teu dever é lutar pelo direito, mas no dia em que encontrares o direito em conflito com a justiça, luta pela justiça."*

REFERÊNCIAS BIBLIOGRÁFICAS

ALVES, José Carlos Moreira. *A parte geral do Projeto do Civil*. São Paulo: Saraiva, 2003.

BITTAR, Eduardo C. B. *O direito na pós-modernidade*. São Paulo: Saraiva, 2010.

_____ . *Curso de filosofia de Direito*. São Paulo: Saraiva, 2006.

BOBBIO, Norberto. *O positivismo jurídico*. São Paulo: Icone, 1998.

CAPELETTI, Mauro. *Il controllo giudiziario di costituzionalitá delle leggi nel diritto comparato*. Milão: Giufrè, 1968.

COUTURE, Eduardo. *Os mandamentos do advogado*. Porto Alegre: Sérgio Antônio Fabris, 1999.

DAVID, René. *Os grandes sistemas do direito contemporâneo*. São Paulo: Saraiva, 2008

DE CICCO, Cláudio. *História do pensamento jurídico e da filosofia do Direito*. São Paulo: Saraiva.

DEL VECCHIO, Jorge. *Justiça, Direito e Estado*. Rio de Janeiro: Jorge Zahar, 1997.

DWORKIN, Ronald. *O império da lei*. São Paulo: Martins Fontes, 2004.

GUSMÃO, Paulo Dourado de. *Introdução ao estudo do Direito*. São Paulo: Saraiva, 2002.

HORKHEIMER, Max. *Crítica de la razón instrumental*. Buenos Aires: 1969.

JUNQUERA, Bráulio. *A institucionalização política da União Europeia*. Coimbra: Portugal, 2008.

LARENZ, Karl. *Metodologia da ciência do Direito*. Portugal: Calouste Gulbenkian, 1993.

MARTINS FILHO, Ives Gandra da Silva. *A legitimidade do Direito positivo*. Rio de Janeiro: Forense, 1992.

MONTORO, André Franco. *Introdução à ciência do Direito*. 28. ed., São Paulo: Saraiva, 2010.

PERELMAN, Chaim. *Le champ de l'argumentation*. Bruxelas: Presses Universitaires de Bruxelles, 1973.

RÁO, Vicente. *O Direito e a vida dos direitos*. São Paulo: RT, 1966.

REALE, Miguel. *Lições preliminares de Direto*. São Paulo: Saraiva, 1996.

RECASÉNS-SICHES, Luiz. *Nueva filosofia de la interpretacion jurídica*. México: Editoral Porrúa S/A, 2. ed., 1973.

VILLEY, Michel. *Filosofia do Direito. Definições e fins do direito. Os meios do direito*. São Paulo: Martins Fontes, 2008.

ORGANIZAÇÃO EMPRESARIAL À LUZ DA ORDEM ECONÔMICA CONSTITUCIONAL

Carlos Aurélio Mota de Souza

Consultor Jurídico e Acadêmico. Professor-Livre Docente pela Faculdade de Direito da UNESP/Franca-SP. Mestre e Doutor em Direito pela USP/SP. Membro do Tribunal de Ética da OAB/SP e do Instituto Jacques Maritain do Brasil. Magistrado aposentado. Autor de obras jurídicas. Administrador do Portal Jurídico Academus. E-mail: carlosaurelio@academus.pro.br

Organização empresarial à luz da ordem econômica constitucional

INTRODUÇÃO

É um compromisso da função social responsável: empregados não são um meio para a empresa atingir seus objetivos econômicos; são primariamente um fim em si mesmos; que com seu trabalho devem alcançar a plenitude de sua dignidade individual. Assim considerando os trabalhadores, as empresas cumprem os fundamentos constitucionais sobre pleno emprego, inclusão social, bem-estar etc.

Duas doutrinas ou teorias defendem princípios opostos de organização empresarial: uma remonta às origens do capitalismo industrial (centrado hoje no modelo americano), enfatizando o lucro para os acionistas e investidores (*stakeholders*[1]); a outra privilegia o aperfeiçoamento dos funcionários, como meio de alcançar a eficiência econômica da empresa ou produtividade.

Em síntese, pela teoria do acionista, a empresa dá primazia ao lucro, com sacrifício dos colaboradores (salários baixos ou congelados), ou a empresa privilegia o homem que produz a riqueza, mesmo à custa inicial da lucratividade.

No primeiro caso, verificam-se na prática os costumeiros processos de *turn over* (rotatividade de empregados e dirigentes da empresa), em que os funcionários, para manterem seus postos de trabalho, já devem trazer consigo uma longa bagagem de experiências, acumuladas à sua própria custa (cursos básicos de especialização, treinamentos em outras empresas, autoformação); ou seja, na guerra da competição dos lucros, não recebem armas da empresa, mas devem trazer consigo as adquiridas às suas expensas...

---

(1) A noção de *stakeholders* ("partes interessadas") inclui, de um lado, além dos investidores, os trabalhadores, os parceiros comerciais, os fornecedores, os clientes e os credores (denominados *stakeholders contratuais*), e por outro lado a comunidade local, as associações de cidadãos, as entidades reguladoras e o governo (chamados de *coletivos*). Cf. Princípios de governança das empresas da OCDE, em www.ocde.org.

Na segunda visão empresarial, importa mais aos dirigentes investir no aperfeiçoamento dos funcionários que ingressam, mesmo possuindo um mínimo de conhecimentos e experiências. O custo/investimento é da empresa, que aposta no aperfeiçoamento natural, inerente a todo ser humano; devidamente motivado, esse investe na empresa com sua competência profissional.

Naquele quadro laboral, os empregados não são motivados internamente, mas por meios externos de gratificações (sem caracterizar participação explícita nos lucros da empresa). Vão guardando em si, ao longo do tempo, resquícios de desconfianças, antagonismos por reivindicações não atendidas, más vontades insuspeitas...

Por isso predominam nesse tipo de organização fortes reivindicações sindicais. Desde seus primórdios, os sindicatos apresentaram-se contestadores, fomentadores de greves prejudiciais à produtividade, quando não "boicotavam" os trabalhos, "sabotando"[2] a produção.

Nas organizações do segundo tipo, as tensões empregados-patrões resolvem-se de modo superior nas mesas de negociação, em que os sindicatos contribuem com ideias para reivindicar melhores condições de vida dos trabalhadores, e também para aumentar a produção e, portanto, a lucratividade do negócio. Empregados se tornam, nesse modelo, "sócios ativos" do empregador, para quem o lucro não se reflete apenas no salário, mas na melhoria da qualidade de vida dos trabalhadores e de suas famílias.

Neste texto procuraremos analisar essas teorias sob os contornos da ordem econômica, positivada na Constituição Federal, enfatizando a empresa como instituição social, agente da sociedade que deve atender a necessidades sociais, como gerar riquezas e empregos, pois empresas que criam riquezas e empregos justificam sua função social.[3]

1. TEORIAS GERENCIAIS

O campo da Responsabilidade Social Empresarial (RSE) apresenta não apenas um leque de teorias, mas uma multiplicidade de visões controvertidas, complexas e até obscuras. Elisabet GARRIGA e Domènec MELÉ[4] propõem classificar as teorias sobre RSE em quatro tipos:

1) *teorias instrumentais*, nas quais a corporação é vista somente como um instrumento de louvável criatividade, e cujas atividades sociais são apenas meios para alcançar resultados econômicos;

---

(2) Da palavra francesa *sabot* (= tamanco), que os operários usavam nas fábricas e jogavam nas engrenagens para emperrar as máquinas.
(3) FARAH, Flávio. Dar lucro aos acionistas não é a missão da empresa. In: *O Estado de S. Paulo*, Caderno Economia, 15 de outubro de 2006.
(4) Corporate Social Responsibility Theories: Mapping the Territory, in: *Journal of Business Ethics*, Springer Netherlands, Vol. 53, Ns. 1-2/August, 2004. p. 51-71.

2) *teorias políticas*, as quais dizem respeito ao poder das empresas na sociedade e ao uso responsável desse poder na arena política;

3) *teorias integrativas*, nas quais a empresa é focada na satisfação das demandas sociais;

4) *teorias éticas*, baseadas nas responsabilidades éticas das empresas em relação à sociedade.

Na prática, cada teoria da RSE apresenta quatro dimensões relacionadas a *benefícios, resultado político, demandas sociais* e *valores éticos*. As autoras sugerem a necessidade de se desenvolver uma nova teoria sobre relacionamento entre negócios e sociedade, que possa integrar essas quatro dimensões.

Nesse campo da RSE, Ryuzaburo Kaku, então presidente da Canon Inc., popularizou o termo *kyosei*, o qual traduziu como "vivendo e trabalhando para o bem comum".[5] Kaku usou a teoria de *kyosei* para criticar os modelos *shareholder* e *stakeholder*, adotados pela teoria americana do acionista, declarando: "Baseado no conceito de *kyosei*, defino as empresas em quatro categorias. A primeira categoria é puramente uma empresa capitalista que tenta maximizar os lucros mesmo explorando seus trabalhadores. A segunda é quando a gerência e a mão de obra compartilham um destino comum, e a terceira é quando a empresa vai além do trabalho para o seu próprio bem-estar e considera o mesmo quanto à comunidade. O quarto estágio é *kyosei*, o bem comum".[6]

Com esses conceitos, Kaku critica a *teoria instrumental*, indicativa de empresas cujas atividades sociais são apenas meios para alcançar resultados econômicos, e apresenta uma *teoria integrativa e ética* para empresas focadas na satisfação das demandas sociais, fundadas em responsabilidades éticas em relação à sociedade.

Trata-se de relevante apreciação sobre a responsabilidade social das empresas: como integrantes da sociedade, essas devem contribuir para o bem comum e a melhoria da comunidade. Podem produzir riquezas, proporcionando bens e serviços de modo justo e eficiente, respeitando a dignidade das pessoas, promovendo o bem-estar individual e a harmonia social. A análise corresponde ao conceito de *kyosei*: viver e trabalhar conjuntamente em prol do bem comum, possibilitando que a cooperação e a prosperidade mútua coexistam com a concorrência saudável e justa.

Essa teoria interessa-nos especificamente por privilegiar as empresas geradoras de empregos e mantenedoras de políticas humanistas de aperfeiçoamento contínuo de seus funcionários, objeto deste estudo.

---

(5) KAKU, Ryuzaburo. "Kyosei – Um Conceito Que Liderará o Século 21". Departamento de Relações Públicas da Canon Inc, 1995, P5, Japão. *Apud* ALFORD O. P., Helen; NAUGHTON, Michael J. *Managing as if faith mattered. Christian social principles in the modern organization.* Indiana, University of Notre Dame Press, 2001. p. 42, Nota 7 (p. 256).

(6) Entrev. Joe Skelly: "Ryuzaburo Kaku". In: *Business ethics (Ética de negócios)* (março/abril 1995): 32. *Apud* Helen ALFORD, *op. cit.*

2. FUNÇÃO DA EMPRESA NÃO É O LUCRO, APENAS

O conceito de função social não implica assistencialismo, filantropia ou atividade subsidiária das empresas. Objetivamente, é uma obrigação legal, decorrente da Constituição Federal, sobretudo dos princípios contidos no capítulo da ordem econômica e financeira.

Relatório da revista *EXAME*,[7] sobre o papel das empresas na sociedade, apontou visões opostas da população e de dirigentes empresariais. Para 93% dos brasileiros, a missão de uma empresa é "gerar empregos". A última opção dos entrevistados foi "dar lucro aos acionistas", com apenas 10% das preferências. Em contraste, presidentes de empresas colocaram o lucro em primeiro lugar, com 82% de indicações.

Comentando tais conclusões, o professor Flávio Farah questiona se seria errado considerar a criação de empregos como missão das empresas, e se a opinião dos cidadãos significa efetivamente uma rejeição ao lucro e uma condenação do capitalismo. Explica que "o princípio da função social da propriedade, que deu origem à doutrina da *função social da empresa*, implica em que os bens de produção devem ter uma destinação compatível com os interesses da coletividade. A obrigação (social) do proprietário desses bens é pô-los em uso para realizar a produção e a distribuição de bens úteis à comunidade, gerando riquezas e empregos. Uma empresa geradora de riqueza e de emprego cumpre sua função social".[8]

Enfatiza que a empresa é uma instituição social, um agente da sociedade que tem como finalidade satisfazer as necessidades sociais. A sociedade convive com empresas porque as considera benéficas ao corpo social, sendo esse o fundamento moral da existência de organizações econômicas.

Argumenta, ademais, que a razão de ser da empresa não é produzir lucros e enriquecer seus acionistas: "a missão da empresa é produzir e distribuir bens e serviços bem como criar empregos. Essa é a função social das companhias privadas". Quanto ao lucro, é considerado legítimo pela sociedade, entendido como a justa recompensa aos investidores que aceitam correr o risco de aplicar seu capital em um empreendimento produtivo.

3. A ORDEM ECONÔMICA E SOCIAL

Mais do que teorias a serem comprovadas, os preceitos até aqui expostos são regras estabelecidas pela sociedade brasileira, por meio de seus representantes, e são inscritos na Constituição e nas leis. O direito à propriedade privada e o princípio da função social da propriedade estão prescritos nos incisos XXII e XXIII do art. 5º da Constituição Federal, e no § 1º do art. 1.228 do Código Civil.

---

(7) GUROVITZ, Hélio; BLECHER, Nelson. O estigma do lucro, *Revista Exame*, 30 de março de 2005. p. 20-25.
(8) *Op. cit.*

Entretanto, o principal dispositivo a prescrever a moderna visão do papel das empresas é o art. 170 da Constituição: de fato, esse artigo vincula a ordem econômica a um fim social. A liberdade de iniciativa (empresarial) está dirigida a finalidades comunitárias, como a de garantir a existência digna das pessoas, conforme os ditames da justiça social, fundada em sólidos princípios: da soberania nacional (inc. I), da propriedade privada (inc. II), da função social da propriedade (inc. III), da livre concorrência (inc. IV), da defesa do consumidor (inc. V), da defesa do meio ambiente (inc. VI), da redução das desigualdades regionais e sociais (inc. VII), da busca do pleno emprego (inc. VIII), do favorecimento às empresas de pequeno porte (inc. IX).

FINALIDADES COMUNITÁRIAS
(Princípios e Objetivos Fundamentais)

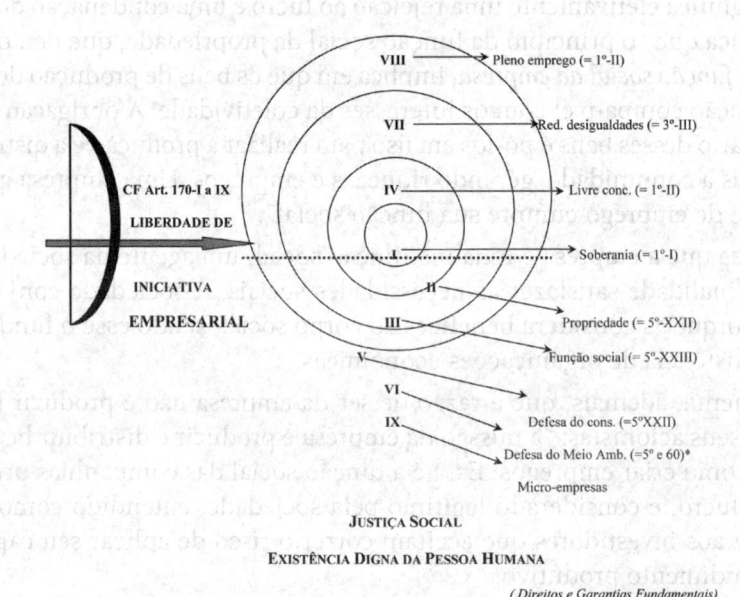

CF Art. 170-I a IX
LIBERDADE DE
INICIATIVA
EMPRESARIAL

VIII → Pleno emprego (= 1º-II)
VII → Red. desigualdades (= 3º-III)
IV → Livre conc. (= 1º-II)
I → Soberania (= 1º-I)
II
III → Propriedade (= 5º-XXII)
V → Função social (= 5º-XXIII)
VI
IX → Defesa do cons. (=5ºXXII)
Defesa do Meio Amb. (=5º e 60)*
Micro-empresas

JUSTIÇA SOCIAL
EXISTÊNCIA DIGNA DA PESSOA HUMANA

(Direitos e Garantias Fundamentais)

*(por analogia = dignidade pessoa humana, vida, saúde, moradia, segurança)

Tornou-se dever constitucional do empresariado privilegiar essa justiça social, a fim de garantir a todos os cidadãos condições mínimas para satisfazer as suas necessidades fundamentais, tanto físicas como espirituais, morais, profissionais, artísticas, etc. Em uma ponta, gerar empregos com remuneração justa e benefícios adequados, garantindo condições dignas de vida; na outra, limitar o lucro arbitrário ou os preços abusivos, como infrações à ordem econômica e aos direitos do consumidor.

Referido art. 170 fundamenta a ordem econômica na livre-iniciativa (inc. II), em uma economia de mercado capitalista, cuja finalidade é garantir a todos existência digna. Significa que a função da atividade econômica é a satisfação das necessidades básicas dos indivíduos, tais como alimentação, vestuário, habitação, saúde, educação, transporte e lazer. "Em outras palavras, como ressalta Flávio FARAH,[9] a função das empresas é atender prioritariamente às necessidades mínimas das pessoas em termos de bens e serviços. Essa regra é reforçada pelo disposto no inciso III, que consagra a função social da propriedade. Ademais, o inciso VIII, ao estabelecer o princípio da busca do pleno emprego, coloca a geração de empregos dentro da função social das empresas. A atividade econômica só se legitima quando cumpre sua finalidade, qual seja, assegurar a todos existência digna."

4. UMA NOVA VISÃO SOBRE A EMPRESA

O conceito de empresa não é unívoco. Pode se apresentar pelo menos sob quatro perfis básicos: a) quando se confunde com o *empresário* (perfil subjetivo); b) quando se confunde com o *estabelecimento* (perfil objetivo); c) quando se confunde com o **exercício** que o empresário faz do estabelecimento (produção ou circulação) (perfil funcional); d) quando se apresenta com caráter *institucional* ou *corporativo*, como centro múltiplo de interesses, assinalando que a empresa ultrapassa o conceito de pura propriedade (perfil finalístico).[10]

A teoria da empresa como instituição ou corporação foi traçada pela Lei das Sociedades por Ações (Lei n. 6.404/76), a qual, sendo lei especial, não foi revogada pelo Código Civil, antes, foi aceita e aperfeiçoada por essa nova lei (cf. Título II, do Direito de Empresa). Essa Lei n. 6.404/76 veio contrariar, no sistema brasileiro, a teoria do acionista e prenunciar a função social da empresa, como se pode depreender dos seguintes dispositivos:

1) o acionista deve exercer o direito a voto no interesse da companhia (art. 115, *caput*);

2) o acionista não poderá votar nas deliberações que puderem beneficiá-lo de modo particular ou se tiver interesse conflitante com o da companhia (art. 115, § 1º);

3) o acionista controlador deve usar o poder com o fim de fazer a companhia realizar o seu objeto e cumprir sua função social, tendo deveres e responsabilidades para com os demais acionistas da empresa, os que nela trabalham e a comunidade em que atua (art. 116, par. único);

---
[9] Idem, op. cit.
[10] DE LUCCA, Newton. *O perfil da empresa no mundo da economia globalizada e a função social do Direito*. Palestra na Academia Paulista de Direito (USP), em 20.8.2003.

4) o administrador deve exercer as atribuições que a lei e o estatuto lhe conferem para lograr os fins e no interesse da companhia, satisfeitas as exigências do bem público e da função social da empresa (art. 154).

Tais prescrições indicam que o dever dos administradores não é para com os acionistas, mas para com a empresa. Havendo conflito entre os interesses dos investidores e os da companhia, os interesses dessa devem prevalecer. Tanto os administradores quanto o próprio acionista controlador devem usar seu poder em benefício da empresa, para que essa cumpra sua função social.

Com fundamento nessas legislações, referindo-se às indagações sobre a pesquisa da revista *EXAME*, Farah conclui que "a sociedade não quer abolir o capitalismo nem o lucro" e que "seu único desejo é que as organizações econômicas cumpram sua função social".[11]

Filiando-se à corrente oposta à teoria do acionista, segundo a qual esse deve ser privilegiado pela empresa, com primazia sobre outros interesses sociais, aumentam tendências empresariais focando seus objetivos para além dos exclusivos interesses societários, ao patrocinar e incentivar ações sociais fora da empresa.

Inúmeras organizações não governamentais, como a ADCE, a ETHOS, a AKATU, a GIFE, a ABRINQ e outras mais, congregam essas empresas promotoras de atividades visando à defesa do consumidor, do meio ambiente, da educação, da saúde etc.; reúnem empresários e dirigentes para incrementar políticas de responsabilidade social, inclusive de condutas éticas empresariais.

Pela evolução dos estudos acadêmicos e das práticas corporativas registradas até o momento, torna-se oportuno apresentar modelos econômicos alternativos que permitam uma revisão dos paradigmas que norteiam as ações empresariais: possibilidade de oferecer um modelo alternativo que não reduza, mas aumente o bem-estar, a felicidade do homem e das comunidades.

A mudança de paradigma vem sendo estimada e dirigida por empresas que privilegiam a primazia do homem e do trabalho sobre o capital, nessa ordem, valorizando a dignidade das pessoas no âmbito interno de suas organizações e compromissadas exteriormente com a comunidade em que se inserem.

Essa responsabilidade social está explícita na categoria das empresas de economia privada, inseridas no mercado, mas conscientes de uma hipoteca social que as orienta à justa distribuição do lucro, sob as várias modalidades conhecidas e que vêm sendo praticadas.

5. ESTRATÉGIAS DAS EMPRESAS NA QUESTÃO LABORAL

Interessa-nos, nesta análise, especificar uma das funções sociais das empresas, elencada no art. 170, inc. VIII, da CF, que é a busca do pleno emprego; constitui

---

(11) *Idem, ibidem.*

fundamento do Estado Democrático de Direito "os valores sociais do trabalho", aliás, associados, "à livre-iniciativa" (art. 1º, IV CF). Significa, em feliz associação entre capital e trabalho, que a liberdade de empreender vem associada à valorização social do trabalho.

O empresário, fundado no direito de propriedade e na liberdade de contratar, pode constituir empresas (agrícolas, industriais, comerciais, de serviços etc.) para produção de riquezas, com capitais próprios ou de investidores, mas deve buscar os trabalhadores que organizem e implementem essa produção.

Essa "obrigação de empregar" corresponde não só a uma exigência de constituição da própria empresa, mas também a um dever de manter o pleno emprego. A exegese dessa expressão deve ser extensiva: a nosso sentir, "pleno" significa não apenas segurança e estabilidade no emprego (de conformidade com a legislação trabalhista), mas também admissão ampla de trabalhadores, como função social.

A história do empreendedorismo atesta que as empresas se iniciam modestamente e com os resultados obtidos se expandem e se multiplicam, permitindo a contratação progressiva de maior número de funcionários, qualificados segundo os diversos setores de trabalho, administrativos, produtivos, comerciais etc.

6. COMPORTAMENTO EMPRESARIAL PARA UM MUNDO MELHOR

A questão do pleno emprego, da inclusão social, da redução das desigualdades de classes não é apenas um problema político, de solução afeta aos governos, mas também das instituições geradoras de riquezas, que também contribuem com seus tributos à estabilidade e governabilidade das administrações públicas.

Analisemos a Caux Roundtable,[12] uma rede mundial de líderes empresariais que acreditam no papel crucial dos negócios na promoção de soluções sustentáveis para problemas globais. Fundada em 1986 com a finalidade de reduzir as crescentes tensões comerciais, centra sua atenção na importância da responsabilidade corporativa global. Essa mesa-redonda desenvolveu um elenco de *princípios empresariais* que abrangem tópicos como meio ambiente, clientes, comunidade, fornecedores, investidores, concorrentes, público interno e comportamento ético.

Esse grupo internacional de executivos (do Japão, da Europa e dos Estados Unidos) que se encontram todos os anos em Caux, na Suíça, formando uma mesa-redonda, acredita que a comunidade internacional de negócios pode representar um papel importante no melhoramento das condições econômicas e sociais.

6.1. Os princípios de Caux

Em documento elaborado como síntese de aspirações, esses líderes não pretendem refletir a realidade, mas expressar uma regra mundial em função da qual o

---

(12) Site na Internet. Disponível em: <http://www.cauxroundtable.org/portugue.htm>. Acesso em: 5 dez. 2010.

desempenho das empresas possa ser considerado. No final, os membros procuram iniciar um processo que identifique valores compartilhados e reconcilie valores divergentes, de modo que todos possam marchar para o desenvolvimento de uma perspectiva participativa no comportamento dos negócios que seja aceita e respeitada por todos.

Esses princípios se fundamentam em dois ideais éticos: o já referido princípio japonês do *kyosei* e o conceito mais ocidental de *dignidade humana* — de forma que seja possível a cooperação e a prosperidade mútua coexistindo com a concorrência justa e saudável. *Dignidade humana* se refere ao valor sagrado de cada pessoa como um fim, e não simplesmente como um meio para outras pessoas se servirem dela para outros propósitos, ou mesmo, no caso dos direitos humanos básicos, por preceito legal.

Nos Princípios Gerais (Secção 2), o documento ajuda a esclarecer o espírito da *kyosei* e da *dignidade humana*; e nos Princípios do Investidor (Secção 3), mais específicos, apresentam uma forma prática de aplicar esses conceitos da *kyosei* e da *dignidade humana*. Os membros da mesa-redonda de Caux depositam sua ênfase primordial em cada um colocar primeiro a sua casa em ordem, procurando o que está certo e quem está certo.

Em seu preâmbulo, afirma o documento que as mobilidades do emprego e do capital estão convertendo os negócios em atividades crescentemente globais em suas transações e em seus efeitos, mostrando que as leis de mercado, em tal contexto, são apenas guias de condutas necessárias, mas insuficientes.

Afirmam a legitimidade e a importância dos valores morais na tomada de decisões econômicas porque, sem elas, torna-se impossível o relacionamento estável nas transações e a sustentação de relações empresariais, sobretudo na comunidade mundial.

6.2. Princípios gerais

1º) *As responsabilidades das empresas: de acionistas a investidores.*

O papel de uma empresa é criar riqueza e emprego e prover produtos e serviços aos consumidores a um preço razoável, sem prejuízo da qualidade. Para desempenhar esse papel, a empresa deve manter sua saúde econômica e sua viabilidade, mas a sua sobrevivência não é um fim em si mesma.

A empresa também tem um papel a cumprir, contribuindo em favor de todos os seus clientes, empregados e acionistas, e dividindo com eles as riquezas criadas. Fornecedores e competidores igualmente devem esperar negociadores que honrem as suas obrigações em um espírito de honestidade e justiça. E quanto aos cidadãos responsáveis das comunidades local, nacional, regional e global, nas quais operem, as empresas têm parte da responsabilidade na criação do futuro para essas comunidades.

Salientamos, neste tópico, a ênfase dada ao lucro das empresas: deve ser dividida com "acionistas e empregados". Ambos contribuem para a riqueza da empresa, aqueles, aportando seus capitais, e estes, o seu trabalho; tornam-se como "sócios" no empreendimento, e, portanto, também nos lucros. E que, no âmbito das comunidades em que atuam as empresas, devem se responsabilizar pelo seu futuro, tanto quanto as autoridades constituídas.

2º) *O impacto econômico e social das empresas: rumo à inovação, justiça e comunidade mundial.*

As empresas estabelecidas em países estrangeiros para desenvolver, produzir ou vender devem também contribuir para o progresso social dessas nações, pela criação de empregos e pelo aumento do seu poder de compra. Devem também dar atenção e contribuir para os direitos humanos, a educação, o bem-estar e o fortalecimento das comunidades dos países em que operam.

Mais ainda, através da inovação, do uso eficiente e prudente de recursos e da competição livre e justa, as empresas devem contribuir com o desenvolvimento econômico e social da comunidade mundial como um todo, e não apenas nos países em que operem. Novas tecnologias, produção, produtos, marketing e comunicação são todos fatores para essa contribuição mais ampla.

3º) *Comportamento empresarial: da letra da lei a um espírito da verdade.*

Com exceção dos legítimos segredos comerciais, uma empresa deve reconhecer que sinceridade, franqueza, respeito à verdade, cumprimento de promessas e transparência contribuem não apenas para o crédito e a estabilidade dos negócios, mas também para a lisura e a eficiência das transações, particularmente em âmbito internacional.

4º) *Respeito às regras: das tensões comerciais à cooperação.*

Para evitar tensões comerciais e promover o livre comércio, oportunidades iguais de negócios e tratamento justo e equilibrado para todos os participantes as empresas devem respeitar as regras internacionais e domésticas. Em complemento, elas devem reconhecer que seu próprio comportamento, ainda que legal, poderá ter consequências adversas.

5º) *Apoio ao comércio multilateral: do isolamento à comunidade mundial.*

As empresas devem apoiar o Sistema de Comércio Multilateral do GATT// Organização Mundial do Comércio e os acordos similares internacionais. Devem cooperar com os esforços de promover a judiciosa liberalização do comércio e de atenuação das medidas domésticas que injustificadamente prejudicam o comércio global.

6º) *Respeito pelo meio ambiente: da proteção ao engrandecimento.*

Uma empresa deve proteger e, quanto possível, fortalecer o meio ambiente, promover o desenvolvimento sustentável, evitando o desperdício de recursos naturais.

7º) *Condenação de operações ilícitas: do lucro à paz.*

Uma empresa não deve participar de ou facilitar a prática de suborno, lavagem de dinheiro e outras práticas de corrupção. Não deve negociar com armamentos ou materiais usados para atividades terroristas, tráfico de drogas ou outras operações do crime organizado. Os consumidores devem recusar bens produzidos com matérias-primas condenadas ou não certificadas, e mediante exploração de trabalho em condições infra-humanas.

6.3. Princípios do investidor

1º) *Clientes:* "Acreditamos no tratamento com dignidade de todos os clientes, e que esses clientes não são apenas aqueles que diretamente adquirem nossos produtos e serviços, mas também aqueles que os adquirem através de canais de mercado organizados. No caso daqueles cuja aquisição não é direta, faremos o maior esforço para escolher os canais de marketing e de montagem e fabricação que aceitem e sigam as normas de conduta aqui estabelecidas.

Nós temos a responsabilidade de: prover os nossos clientes de produtos com a mais alta qualidade e de serviços compatíveis com as suas aspirações; tratar nossos clientes com justiça em todos os aspectos de transações de negócios, incluindo um alto nível de serviço e soluções para o desagrado do consumidor; fazer todo o esforço para se assegurar que a saúde e a segurança (incluindo a qualidade ambiental) de nossos clientes sejam mantidas ou melhoradas por nossos produtos ou serviços; evitar desrespeito pela dignidade humana nos produtos oferecidos, marketing e propaganda; respeitar a integridade das culturas de nossos clientes."

2º) "Nós acreditamos na dignidade de todo empregado e temos então a responsabilidade de: prover empregos e compensações que estimulem e melhorem as condições de vida dos trabalhadores; prover condições de trabalho que respeitem a saúde e a dignidade dos empregados; ser honesto nas comunicações com os empregados e abrir a informação compartilhada, limitada apenas pelos impedimentos legais e competitivos; estar acessível às contribuições, ideias, reclamações e reivindicações dos empregados; participar de boa-fé das negociações quando surjam os conflitos; evitar práticas discriminatórias e garantir tratamento e oportunidades iguais em termos de origem, idade, raça e religião; promover na empresa o emprego dos deficientes e outras pessoas prejudicadas em postos de trabalho onde eles possam ser genuinamente úteis; proteger os empregados de acidentes evitáveis e das doenças ocupacionais; ser sensível aos sérios problemas de desemprego frequentemente associados a decisões da empresa e trabalhar com o governo e outras agências na reorientação dos desempregados."

3º) *Proprietários/Investidores:* "Acreditamos em honrar a confiança que os investidores depositam em nós. Temos, portanto, a responsabilidade de: aplicar gerenciamento profissional e diligente de forma a assegurar um retorno justo e competitivo aos investimentos dos proprietários; abrir as informações relevantes aos proprietários/investidores, ressalvadas apenas as restrições legais e competitivas; conservar e proteger as aplicações dos proprietários/investidores; respeitar os pedidos, as sugestões, as reivindicações e resoluções formais dos proprietários/investidores."

4º) *Fornecedores:* "Partimos da certeza de que nosso relacionamento com fornecedores e subcontratantes, como numa sociedade, deve ser baseado em respeito mútuo. Como decorrência, temos a responsabilidade de: procurar justiça em todas as nossas atividades, incluindo preços, autorizações e direitos de venda; assegurar-nos que nossas atividades empresariais estão isentas de coerção e litígios desnecessários, promovendo sempre a livre competição; alimentar a estabilidade de longo prazo no relacionamento com o fornecedor, cultivando valores, qualidade e confiança; trocar informações com os fornecedores e integrá-los em nosso processo de planejamento, de modo a estabelecer relações estáveis; pagar os fornecedores em dia e em obediência aos prazos ajustados; procurar, encorajar e preferir os fornecedores e subcontratantes cujas práticas de emprego respeitem a dignidade humana."

5º) *Concorrentes:* "Acreditamos que a concorrência econômica justa é uma das premissas básicas para aumentar a riqueza das nações e tornar possível a distribuição justa dos bens e serviços. Temos então a responsabilidade de: incrementar mercados abertos para comércio e investimento; promover comportamento competitivo que seja social e ambientalmente benéfico e que demonstre respeito mútuo entre os concorrentes; evitar qualquer busca ou participação de pagamentos questionáveis ou favores para obter vantagens competitivas; respeitar a propriedade material e intelectual; recusar-se a obter informação comercial por meios desonestos ou antiéticos, como a espionagem industrial."

6º) *Comunidades:* "Acreditamos que como cidadãos de empresa global podemos contribuir, mesmo em pequena extensão, com as forças de reforma e de direitos humanos como as que trabalham nas comunidades em que operamos. Temos então responsabilidade de: respeitar os direitos humanos e as instituições democráticas e promover o seu lado prático; reconhecer a obrigação legítima do governo para com a sociedade e apoiar políticas e práticas que promovam o desenvolvimento humano através de relações harmoniosas entre a empresa e outros segmentos da sociedade; colaborar em países e áreas que lutam pelo seu desenvolvimento econômico através de forças que estejam dedicadas a melhorar os padrões de vida, educação e segurança no trabalho; promover e estimular o desenvolvimento sustentável."[13]

---

(13) *Principles for Business* têm sido largamente utilizados não apenas por companhias e organizações financeiras, mas também por escolas em todo o mundo, e incluídos em numerosos livros e outras publicações, como por exemplo: "Values Added: Making Ethical Decisions" in the *Financial Marketplace* John L. Casey. (University Press of America, Inc. 1997); *Ethical Theory and Business*. Fifth Edition. Tom L. Beauchamp. Georgetown University, editor; Norman E. Bowie of the University of Minnesota (Prentice Hall), editor.

7. PRÁTICAS DE RESPONSABILIDADE SOCIAL DAS EMPRESAS

O setor empresarial possui imensos recursos financeiros, tecnológicos e econômicos, exerce grande influência política, financia campanhas eleitorais e tem acesso privilegiado aos governantes. Essa extraordinária força implica uma grande responsabilidade. No Brasil, muitos empresários já perceberam a necessidade de direcionar suas práticas no sentido de alterar o quadro de degradação ambiental, a péssima distribuição de renda, a baixa qualidade dos serviços públicos, a violência e a corrupção não apenas no discurso, mas fundamentalmente nas ações.

Afinado com essas preocupações, o Instituto Ethos de Empresas e Responsabilidade Social inspirou-se na instituição norte-americana chamada Business and Social Responsibility e desde 1998 busca disseminar a prática da Responsabilidade Social Empresarial (RSE) ajudando as empresas a compreender e incorporar critérios de responsabilidade social de forma progressiva, a implementar políticas e práticas com critérios éticos. O Ethos também assumiu a tarefa de promover e incentivar formas inovadoras e eficazes de gestão do relacionamento da empresa com todos os seus públicos e a atuação em parceria com as comunidades na construção do bem-estar comum.

A preocupação com o papel e a responsabilidade das empresas diante das questões sociais e ambientais está presente em diversos países do mundo, e atualmente encontra uma tradução nos princípios do Global Compact, iniciativa do secretário-geral das Nações Unidas, Kofi Annan.

A Responsabilidade Social Empresarial está além do que a empresa deve fazer por obrigação legal. A relação e os projetos com a comunidade ou as benfeitorias para o público interno são elementos fundamentais e estratégicos para a prática da RSE. Mas não é só. Incorporar critérios de responsabilidade social na gestão estratégica do negócio e traduzir as políticas de inclusão social e de promoção da qualidade ambiental, entre outras, em metas que possam ser computadas na sua avaliação de desempenho são grandes desafios.

Da agenda Ethos de responsabilidade social constam temas, como código de ética, compromissos públicos assumidos pela empresa, gestão e prevenção de riscos além de mecanismos anticorrupção, promoção da diversidade, apoio às mulheres e aos não brancos, assim como a extensão desses compromissos por toda a cadeia produtiva envolvida na relação com os parceiros e fornecedores. Enfim: a Responsabilidade Social Empresarial é definida pela relação que a empresa estabelece com todos os seus públicos (*stakeholders*) no curto e no longo prazo.

Para facilitar e generalizar o conceito, a responsabilidade social das empresas foi organizada em sete tópicos: 1. Valores e Transparência; 2. Público Interno; 3. Meio ambiente; 4. Fornecedores; 5. Comunidade; 6. Consumidores/clientes; 7. Governo e Sociedade.

7.1. Princípios do Global Compact e indicadores Ethos de responsabilidade social empresarial

O Global Compact é um programa da Organização das Nações Unidas que procura mobilizar a comunidade empresarial internacional na promoção de valores fundamentais nas áreas de direitos humanos, relações de trabalho e meio ambiente. Desenvolvido pelo então secretário-geral Kofi Annan, ele determina que as empresas devem contribuir para a criação de uma estrutura socioambiental consistente, em mercados livres e abertos, assegurando que todos desfrutem os benefícios da nova economia global.

O programa propõe um pacto global para atuação das empresas em torno de nove princípios básicos, inspirados em declarações e princípios internacionais. A apresentação de um quadro de intersecção dos princípios do Global Compact com os Indicadores Ethos de Responsabilidade Social e a indexação dos casos do Banco de Práticas do Instituto Ethos segundo os mesmos princípios são esforços para evidenciar a simbiose existente entre o movimento de responsabilidade social empresarial no Brasil e as normas universais estabelecidos pelas Nações Unidas.

7.2. Princípios do Global Compact e práticas empresariais[14]

1. As empresas devem apoiar e respeitar a proteção de direitos humanos reconhecidos internacionalmente.

2. Assegurar-se de sua não participação em violações desses direitos.

3. As empresas devem apoiar a liberdade de associação e o reconhecimento efetivo do direito à negociação coletiva.

4. Apoiar a eliminação de todas as formas de trabalho forçado ou compulsório.

5. Apoiar a erradicação efetiva do trabalho infantil.

6. Apoiar a igualdade de remuneração e a eliminação da diminuição no emprego.

7. As empresas devem adotar uma abordagem preventiva para os desafios ambientais.

8. Desenvolver iniciativas para promover maior responsabilidade ambiental.

9. Incentivar o desenvolvimento e a difusão de tecnologias ambientalmente sustentáveis.

7.3. A ética nas empresas

O Certificado SA 8000 (norma internacional de Social Accountability 8000) estabelece padrões de responsabilidade social para as companhias; um deles é não

---

(14) Indicadores Ethos de Responsabilidade Social Empresarial. Disponível em: <www.ethos.org.br>. Acesso em: 10 nov. 2010.

contratar mão de obra infantil, outro é o pagamento de salários equivalentes a homens e mulheres; ou ainda exigir garantias à segurança, à saúde e à integridade física e psicológica dos funcionários.[15]

Maria Cecília de Arruda, coordenadora de estudos de ética na FGV, em pesquisa junto a indústrias, aponta como principal conflito ético o "assédio profissional", forma de pressão que as corporações exercem sobre seus empregados; por receio de perderem o emprego ou uma promoção, esses devem tolerar excessos dos chefes, ocultar erros e aceitar atitudes não éticas.[16]

Para estimular empresários e altos executivos a investir em padrões de conduta, o Instituto Ethos lançou um manual ético que tem como função estabelecer parâmetros e diminuir o clima de incerteza entre os funcionários. Ao deixar claras as regras e criar limites morais, ele passa a servir como suporte para punir transgressões e desvios de comportamento, buscando tornar efetivos os princípios estipulados.

Um código atual deve abordar temas como os descritos nestes "Dez mandamentos": *I. Não divulgar propaganda enganosa. II. Não fazer espionagem industrial. III. Não assediar sexualmente* (coerção sexual é crime). *IV. Não apadrinhar* (a contratação ou promoção de um funcionário deve se dar com base na competência profissional e no mérito). *V. Tratar os funcionários com respeito. VI. Honrar cliente e fornecedor. VII. Não subornar. VIII. Não poluir. IX. Não fraudar* (fraude é falsificação, adulteração, contrabando, abuso de confiança ou ação praticada de má-fé, crimes previstos no Código Penal). *X. Não discriminar* (raça, preferência sexual ou deficiência, na hora de contratar e promover, ou tratar de forma desigual homens e mulheres).[17]

8. UM NOVO PARADIGMA DE EMPRESAS SOCIALMENTE RESPONSÁVEIS

Pelo Projeto da Economia de Comunhão,[18] empresas com fortes motivações humanistas estão construindo um novo modelo de relacionamento entre economia e sociedade, pelo princípio de solidariedade. A Economia de Comunhão entende a propriedade privada e o lucro de modo comunitário; as empresas que a adotam colocam os lucros em comum segundo três critérios básicos: investindo uma parte na própria empresa, para garantir e ampliar os postos de trabalho e suas atividades econômicas; outra parte para o aperfeiçoamento cultural e profissional das pessoas que trabalham na empresa; e aplicando a terceira parte dos lucros no atendimento

---

(15) Cf. Ângela NUNES. A vez da ética nas empresas. In: *Rev. VEJA*, 11.10.2000, p. 154.
(16) Professora da Fundação Getulio Vargas de São Paulo; pesquisa em parceria com o Ethics Center, de Washington.
(17) *Rev. VEJA* cit., p. 155.
(18) BRUNI, Luigino. *Comunhão e as novas palavras em Economia*; BUGARIN, Alexandre Dominguez. *Economia de Comunhão*: enfrentando a exclusão?; LEITE, Kelen Christina. *Economia de Comunhão*. Uma mudança cultural e política na construção do princípio da reciprocidade nas relações econômicas.

às pessoas excluídas do mercado de trabalho, por meio de programas sociais de educação, saúde etc.

CONCLUSÕES

1. Constata-se evidente concorrência entre teorias de política empresarial na busca de um equilíbrio entre capital e trabalho: privilegiar os acionistas ou investir no aperfeiçoamento, na manutenção e na ampliação de empregos na empresa.

2. A teoria do acionista, clássica e tradicional entre os economistas e empresários americanos, inspirados nas ideias econômicas de Milton Friedman, ao atribuir a maximização dos lucros aos investidores de capitais, restringe uma adequada política de melhoria salarial e ampliação dos quadros de funcionários.

3. Em contrapartida, empresas internacionais, por inspiração nos princípios da *kyosei* (bem comum) e da *dignidade humana*, vêm adotando políticas governativas voltadas a privilegiar o capital humano e o trabalho, apostando em igual crescimento qualitativo da produtividade.

4. Pela Lei das Sociedades por Ações (Lei n. 6.404/76), revigorada pelos Princípios e Direitos Fundamentais da Constituição Federal, e seu art. 170, que trata da ordem econômica e social, a liberdade de iniciativa empresarial está voltada para finalidades comunitárias, como garantir a existência digna das pessoas, conforme ditames da justiça social, caracterizando a função social da empresa. Destacam-se no art. 170, como finalidades comunitárias da empresa, a redução das desigualdades sociais e a busca (= manutenção) do pleno emprego.

5. Caracterizada a empresa com um perfil finalístico, dado pela Lei e pela Constituição, infere-se que a *função social da empresa* questiona a teoria instrumental que privilegia o acionista na outorga do lucro, pois a função desta não é dar lucros, apenas, mas gerar riquezas e empregos, cumprindo, assim, aquela função comunitária.

6. A "obrigação de empregar" constitui não só uma exigência constitutiva da própria empresa, como o dever subsequente de manter o pleno emprego, pois "pleno" significa segurança e estabilidade e também ampliação progressiva dos quadros de trabalho.

7. No âmbito internacional, um grupo de executivos do Japão, da Europa e dos Estados Unidos se reúnem anualmente para uma mesa-redonda em Caux, na Suíça, estabelecendo diretrizes à Comunidade Internacional de negócios, na certeza de que podem representar importante protagonismo na melhoria das condições econômicas e sociais. Em documento-síntese, denominado *Principles for Business,* fundamentados nos conceitos de *kyosei* e da *dignidade humana*, afirmam a legitimidade e a importância dos valores morais na tomada de decisões econômicas, para o bom relacionamento nos negócios e a sustentação de relações empresariais.

8. No Brasil, inúmeras organizações não governamentais, como a ADCE, ETHOS, AKATU, GIFE, ABRINQ e outras mais, reúnem empresários e dirigentes

para incrementar políticas de responsabilidade social, inclusive de condutas éticas empresariais, estabelecendo, igualmente, Códigos de Ética e Indicadores de Responsabilidade Social Empresarial, inspirados nos princípios da *Global Compact* da ONU.

9. Uma norma internacional, reconhecida como SA 8.000 (Social Accountability 8000), igualmente estabelece padrões de responsabilidade social para as empresas; dentre eles, não contratar mão de obra infantil, pagar salários equivalentes para homens e mulheres, exigir garantias à segurança, à saúde e à integridade física e psicológica dos funcionários.

10. Pelas análises apresentadas observa-se a nítida preocupação das empresas para com as relações humanas no trabalho: dos nove princípios e das práticas empresariais, quatro referem-se às condições laborais, garantindo a livre associação, a exclusão do trabalho forçado e infantil e a manutenção do pleno emprego. Há fortes tendências entre os empresários para a inclusão social no mercado de trabalho de pessoas com dificuldades especiais, cotas para negros nos diversos escalões operacionais e exclusão de trabalho escravo, do emprego informal e do trabalho infantil.

11. Esse quadro de perspectivas positivas demonstra o empenho das organizações de empresários em valorizar a dignidade das pessoas no âmbito interno de suas organizações, compromissadas exteriormente com a comunidade em que se inserem, sem comprometer a justa remuneração do capital dos investidores.

12. Referência especial deve ser feita ao modelo empresarial nascente em diversos países, denominado Economia de Comunhão, objeto de centenas de estudos acadêmicos, segundo o qual o lucro deve ser tripartido para suprir as necessidades internas da empresa, para o aperfeiçoamento profissional e cultural dos empregados e para atendimento de necessidades das pessoas excluídas do mercado de trabalho, por meio de projetos sociais comunitários.

REFERÊNCIAS BIBLIOGRÁFICAS

ALFORD, O. P, Helen; NAUGHTON, Michael J. *Managing as if faith mattered. Christian social principles in the modern organization.* Indiana, University of Notre Dame Press, 2001.

ASHLEY, Patrícia Almeida (coord.). *Ética e responsabilidade social nos negócios.* 2. ed., São Paulo: Saraiva, 2005.

BRUNI, Luigino. *Comunhão e as novas palavras em Economia.* São Paulo: Cidade Nova, 2005.

BUGARIN, Alexandre Dominguez. *Economia de comunhão*: enfrentando a exclusão? Departamento de Engenharia Industrial. Pontifícia Universidade Católica do Rio de Janeiro, 2005. Site PUC-Rio.

CAVALLAZZI F., Tullo. *A função social da empresa e seu fundamento constitucional.* Florianópolis: OAB/SC Editora, 2006.

CAUX ROUNDTABLE. Disponível em: <http://www.cauxroundtable.org/portugue.htm>. Acesso em: 5 dez. 2010.

DE LUCCA, Newton. *O perfil da empresa no mundo da economia globalizada e a função social do Direito.* Palestra na Academia Paulista de Direito (USP), em 20 ago. 2003.

ETHOS. Indicadores de Responsabilidade Social Empresarial. Disponível em: <www.ethos.org.br>. Acesso em: 10 nov. 2010.

FARAH, Flávio. Dar lucro aos acionistas não é a missão da empresa. In: *O Estado de S. Paulo*, Caderno Economia, 15 outubro 2006.

GARRIGA, Elisabet; MELÉ, Domènec. Corporate Social Responsibility Theories: Mapping the Territory. In: *Journal of Business Ethics,* Springer Netherlands, Vol. 53, Ns. 1-2/August, 2004, p. 51-71.

GUROVITZ, Hélio; BLECHER, Nelson. O estigma do lucro. *Revista Exame*, 30 de março de 2005, p. 20-25.

LAHÓZ, André. Sobre direitos e deveres. *Revista Exame*, 30 mar. 2005, p. 26-30.

LEITE, Kelen Christina. *Economia de comunhão. Uma mudança cultural e política na construção do princípio da reciprocidade nas relações econômicas.* Tese de doutorado. Centro de Educação e Ciências Humanas. Universidade de São Carlos. Julho de 2005. Site UFSCAR

NUNES, Ângela. A vez da ética nas empresas. In: *Rev. VEJA*, 11 out. 2000, p. 154.

OCDE. *Princípios de governança das empresas,* Disponível em: <www.ocde.org>.

PETTER, Lafayete Josué. *Princípios constitucionais da ordem econômica. O significado e o alcance do art. 170 da Constituição Federal.* São Paulo: Editora Revista dos Tribunais, 2005.

SANTIAGO, Mariana Ribeiro. *O princípio da função social do contrato.* Curitiba: Editora Juruá, 2006.

SIMPLES NACIONAL: UM MEIO PARA O CUMPRIMENTO DA FUNÇÃO SOCIAL DA EMPRESA

CELINA YAMAO
Doutoranda em Ciências Jurídicas e Sociais pela UMSA. Mestre em Direito Regulatório pela Universidade Ibirapuera — UNIB/SP. Especialista em Direito Tributário pelo IBET/SP. Professora Universitária. Membro da Comissão do Exame de Ordem da OAB/SP. Advogada e Contadora.

Simples Nacional no cumprimento da função social da empresa

INTRODUÇÃO

Muito se tem falado sobre os efeitos da alta carga tributária brasileira que tanto atormenta a vida dos empresários e da sociedade como um todo.

Sabemos que o impacto dos tributos é tão grande e, no geral, danoso que toda e qualquer alteração no sistema tributário afeta toda a cadeia econômica, desde o produtor da matéria-prima até o consumidor final.

Assim como descreve Roberto Ferreira,[1] "O empreendedorismo nas últimas décadas do século passado foi uma alavanca importante para fomentar políticas sociais e econômicas, formando um segmento importante no mercado. Diante de crises econômicas sucessivas e altas taxas de desemprego no Brasil, o empreendedorismo deu novas oportunidades para as pessoas criarem seus próprios negócios".

E como motivar e incentivar o empreendedorismo num dos países mais burocráticos do globo? Com medidas que facilitem o acesso a regularização, tais como financiamentos, desburocratização de procedimentos junto a órgãos públicos e, principalmente, redução dos custos tributários que recaem sobre a atividade empresarial.

Eis que, em 2007, após a revogação de outras versões menos abrangentes, surgiu o Simples Nacional, um sistema de tributação unificado cuja promessa é simplificar a vida do contribuinte, reduzindo significativamente a quantidade de tributos que o empresário deve recolher aos cofres públicos.

Assim sendo, o presente artigo tratará do funcionamento do sistema e de quais impactos ele pode trazer para a empresa e para a sociedade.

---

(1) MACHADO, Antônio Cláudio da Costa (org.); FERRAZ, Anna Candida da Cunha (coord.). *Constituição Federal interpretada*. p. 972.

1. SIMPLES: FEDERAL, PAULISTA E NACIONAL

O sistema tributário batizado de SIMPLES pode ser conceituado como forma unificada para o recolhimento de tributos, com redução ou isenção de alíquotas e simplificação e/ou redução de obrigações acessórias.

Seus fundamentos constitucionais encontram-se nos arts. 170, 179 e 146, como segue:

> Art. 170, IX — A ordem econômica, fundada na valorização do trabalho humano e na livre-iniciativa, tem por fim assegurar a todos existência digna, conforme os ditames da justiça social, observados os seguintes princípios:
>
> IX — tratamento favorecido para as empresas de pequeno porte constituídas sob as leis brasileiras e que tenham sua sede e administração no País. (Redação dada pela EC n. 6, de 15.8.1995)
>
> Art. 179. A União, os Estados, o Distrito Federal e os Municípios dispensarão às microempresas e às empresas de pequeno porte, assim definidas em lei, tratamento jurídico diferenciado, visando a incentivá-las pela simplificação de suas obrigações administrativas, tributárias, previdenciárias e creditícias, ou pela eliminação ou redução destas por meio de lei.
>
> Art. 146, III, d — Cabe à lei complementar estabelecer normas gerais em matéria de legislação tributária, especialmente sobre definição de tratamento diferenciado e favorecido para as microempresas e para as empresas de pequeno porte, inclusive regimes especiais ou simplificados no caso do imposto previsto no art. 155, II,[2] das contribuições previstas no art. 195, I e §§ 12 e 13, e da contribuição a que se refere o art. 239. (Incluído pela EC n. 42, de 19.12.2003)

Urge destacar a alteração do texto da Constituição, através da Emenda Constitucional n. 6, um ano antes da publicação e oficialização da primeira versão do SIMPLES, pois com isso já se entendia que empresas estrangeiras, ainda que constituídas com capital nacional, estariam excluídas de qualquer sistema diferenciado de tributação.

Em referência ao *caput* do art. 170, CF, Roberto Ferreira aponta:

> Este artigo introduz a ordem econômica, apontando os valores escolhidos pela Constituição que são explicitados em seu *caput* e seus incisos. O *caput* do artigo contém os seguintes valores constitucionais: o valor do trabalho humano, a liberdade de iniciativa, a existência digna e a justiça social.[3]

---

(2) O art. 155, II, CF, diz respeito ao ICMS, o art. 195, I e §§12 e 13, CF, sobre contribuições sociais, e o art. 239, CF, sobre o PIS.
(3) MACHADO, Antônio Cláudio da Costa (org.); FERRAZ, Anna Candida da Cunha (coord.). *Constituição Federal interpretada*. p. 965.

Este comentário vai ao encontro do tema principal do presente estudo, sobre a relação da função social da empresa com a forma de tributação aplicada a essa, que será apontada mais à frente.

Como ressalta Luis Fernando de Camargo Prudente do Amaral, o *caput* do referido artigo:

> (...) traça os limites que deverão ser obedecidos na aplicação dos princípios que integram seu rol, ao delimitar objetivo relativo à existência digna de todos os brasileiros, devendo ser levados em conta os ditames da justiça social, isto é, de uma justa organização social dos componentes da sociedade, numa expressa referência ao direito como instrumento social.

Sobre o art. 170, IX, CF, que teve seu texto alterado pela EC n. 6/95, Ferreira comenta que:

> O texto original anterior a Emenda Constitucional n. 6/95 era mais singelo e determinava o tratamento favorecido para as empresas brasileiras de pequeno porte. A reforma veio para beneficiar a empresa de pequeno porte, fundamentada na tutela do interesse econômico-público em proteger e promover o pequeno produtor.[4]

Cabe advertência ao uso do termo "pequeno produtor" por Ferreira, a nosso ver, de forma que induz ao erro de interpretação. Quando disse "produtor", possivelmente imaginava como aquele que gera renda e faz a economia girar, pois o empresário não pode ser restrito a uma única categoria, subentendido como o industrial ou rural com o uso desse vocábulo.

Alexandre Rego apresenta o seguinte comentário sobre o art. 146, III, *d* e parágrafo único da CF/88:

> Importante registrar que a nova sistemática em nada fere o princípio federativo, na medida em que serão feitos os repasses proporcionais do produto da arrecadação para os demais entes tributantes. Além disso, a diretriz da nova sistemática já estava no texto originário da CF/88 (art. 179). O dispositivo também não fere o art. 151, III, da CF/88, porquanto a nova sistemática e as isenções eventualmente concedidas serão instituídas por intermédio de uma lei complementar nacional, e não por ordem da União Federal.[5]

---

(4) *Ibidem*, p. 972.
(5) MACHADO, Antônio Cláudio da Costa (org.); FERRAZ, Anna Candida da Cunha (coord.). *Constituição Federal interpretada*. p. 854.

Realce importante, pois a autonomia financeira dos entes federados é um dos alicerces do princípio federativo, sem o qual a independência dos entes fica prejudicada.

Posto isso, temos a criação daquela que daria início aos árduos trabalhos de negociação com todos os entes da federação a fim de se alcançar um sistema único de tributação para as microempresas e empresas de pequeno porte, o SIMPLES FEDERAL.

Através da Lei n. 9.317, de 5 de dezembro de 1996, foi criada uma tributação unificada que englobava o Imposto de Renda Pessoa Jurídica — IRPJ, a Contribuição para os Programas de Integração Social — PIS, a Contribuição Social sobre o Lucro Líquido — CSLL, a Contribuição para o Financiamento da Seguridade Social — COFINS, o Imposto sobre Produtos Industrializados — IPI, e a Contribuição da Seguridade Social devida pelas pessoas jurídicas.[6]

Naquele momento, Estados e municípios poderiam aderir ao SIMPLES FEDERAL, visando a beneficiar as empresas sediadas em seus territórios, se assim o desejasse e interessasse, dependendo, para isso, de assinatura de um convênio entre União e o ente federado, com as regras e condições válidas para os contribuintes daquele ente.

O Estado de São Paulo não quis aderir ao plano simplificado de tributação por falta de interesse, pois se trata de um Estado com grande arrecadação interna e que não via vantagens na adesão para seus cofres.

Já o município de São Paulo aderiu, ainda que de forma parcial, pois só permitia que empresas classificadas como microempresas usufruíssem do benefício, além de ter mantido um limite valorativo caracterizador da microempresa diferenciado, mesmo após a edição e publicação da Lei n. 11.196/2005, sob o argumento de que o convênio fora assinado nas condições previstas na lei anterior.[7]

Em 19 de novembro de 1998 foi instituído, pela Lei n. 10.086, regulamentado pelo Decreto n. 43.738, o regime tributário simplificado do Estado de São Paulo, conhecido como SIMPLES PAULISTA.

---

(6) A Contribuição Previdenciária, conhecida vulgarmente pela sigla INSS (Instituto Nacional da Seguridade Social), antiga denominação para o atual Ministério da Previdência Social — MPS, é recolhida, geralmente, em duas partes: uma que é diretamente descontada em folha de pagamento do empregado, e outra que é paga de forma complementar pela empresa, numa alíquota única, sobre o total da folha de pagamento. A isenção concedida pelo SIMPLES FEDERAL e pelo atual SIMPLES NACIONAL diz respeito somente a essa parcela que seria devida exclusivamente pela empresa. O montante descontado da remuneração do empregado e retido pelo empregador deve ser recolhido à Previdência Social, independente do sistema tributário a que esteja sujeita a empresa.

(7) A Lei n. 11.196/2005 alterou o limite caracterizador da microempresa de R$ 120.000,00 para R$ 240.000,00, porém, sob o argumento citado, o município de São Paulo considerava microempresas para efeitos do convênio aquelas cuja receita bruta anual somasse até R$ 120.000,00.

A diferença dessa versão para a anteriormente citada é que o SIMPLES PAULISTA só valia para empresas sediadas no Estado de São Paulo e somente para o Imposto sobre Circulação de Mercadorias, Serviços de Transporte Interestadual e Intermunicipal, e Comunicações — ICMS, ficando os demais impostos fora do benefício do sistema simplificado.

Diferentemente do município, porém, o Estado utilizou-se dos mesmos limites legais, definidos no Estatuto da Micro e Pequena Empresa em vigor, para classificar as empresas em microempresas ou empresas de pequeno porte.

Láudio Fabretti lembra que "a adoção do regime do SIMPLES PAULISTA implica a renúncia de eventuais benefícios fiscais existentes, bem como a desistência de aproveitamento de qualquer crédito pelas entradas".[8]

Em outras palavras, o optante pelo Simples Paulista, contribuinte do ICMS, conhecido como imposto por dentro, uma vez que o valor do tributo está "embutido" no valor do produto, e que tem como característica ser um imposto não cumulativo, no qual o montante de imposto recolhido na operação anterior pode ser abatido na seguinte, deixa de existir para o optante, uma vez que esse terá outro benefício para o recolhimento do referido imposto.

Enfim, após transcorridos mais de dez anos de longos debates e negociações intermináveis, os entes federados chegaram a um consenso e, em 14 de dezembro de 2006, finalmente foi concluída a Lei Complementar n. 123, posteriormente modificada pela Lei Complementar ns. 127/2007 e 128/2008, que criou o Regime Especial Unificado de Arrecadação de Tributos e Contribuições devidos pelas Microempresas e Empresas de Pequeno Porte, conhecido como SIMPLES NACIONAL e apelidado de SUPER SIMPLES.[9]

A principal diferença do Simples Nacional está no fato de abranger todos os entes federados, assim entendidos a União, os Estados, o Distrito Federal e os Municípios.

Para sanar eventuais conflitos, divergências e dúvidas acerca do novo Simples, foi criado um comitê gestor, denominado Comitê Gestor do Simples Nacional (CGSN), que tem a incumbência de administrar o Simples Nacional, sua arrecadação e seus problemas.

---

(8) FABRETTI, Láudio Camargo. *Prática tributária da micro e pequena empresa*. 4. ed. São Paulo: Atlas, 2000.

(9) O sistema unificado de tributação atribuído às empresas de micro e pequeno porte, apesar da nomenclatura, pouco tem de simples em sua essência. Não podemos negar que muitas obrigações, principalmente as conhecidas por obrigações acessórias, foram de fato simplificadas, e muito, em aspectos de desburocratização para a constituição, alteração ou encerramento dessas. Porém, empresas já constituídas, principalmente as prestadoras de serviço, tiveram muita "lição de casa" antes de optarem pelo novo SIMPLES, uma vez que, em decorrência dos temidos "Anexos", tabelas que indicam as alíquotas que compõem a alíquota final para tributação, algumas empresas não tinham vantagens financeiras em optarem por esse sistema. Para um melhor entendimento, indicamos a leitura da LC n. 123/2006 e seus anexos.

Esse Comitê é composto por oito integrantes, no total, sendo quatro representantes da União, indicados pela Secretaria da Receita Federal do Brasil (SRFB), dois membros representando todos os Estados e o Distrito Federal, indicados pelo Conselho Nacional de Política Fazendária (CONFAZ), e dois membros representando todos os municípios do país, com uma indicação da Associação Brasileira das Secretarias de Finanças das Capitais (ABRASF) e uma indicação da Confederação Nacional dos Municípios (CNM).

As condições para poder optar pelo Simples Nacional são:

a) enquadrar-se na definição de microempresa ou empresa de pequeno porte;

b) cumprir os requisitos da lei; e

c) formalizar a opção pelo SIMPLES.

A definição de microempresa apareceu pela primeira vez na Lei n. 7.256/84 e a de empresa de pequeno porte na Lei n. 8.864/94, nas primeiras versões do Estatuto da Micro e Pequena Empresa.

Através da Lei n. 9.841/99, o Estatuto trouxe novos limites que foram absorvidos pela LC n. 123/2006, que faz as vezes da lei que regulamenta o SIMPLES e o Estatuto.

Destarte, pode-se apontar que microempresa e empresa de pequeno porte é "a sociedade empresária, a sociedade simples e o empresário a que se refere o art. 966 da Lei n. 10.406, de 10 de janeiro de 2002, devidamente registrados no Registro de Empresas Mercantis ou no Registro Civil de Pessoas Jurídicas, conforme o caso", e será considerada microempresa quando sua receita bruta anual for igual ou inferior a R$ 240.000,00, e empresa de pequeno porte, quando a renda bruta anual for superior a R$ 240.000,00 e igual ou inferior a R$ 2.400.000,00.[10]

O citado art. 966 do Código Civil descreve que "considera-se empresário quem exerce profissionalmente atividade econômica organizada para a produção ou a circulação de bens ou de serviços", e ainda, em seu parágrafo único, "não se considera empresário quem exerce profissão intelectual, de natureza científica, literária ou artística, ainda com o concurso de auxiliares ou colaboradores, salvo se o exercício da profissão constituir elemento de empresa".

---

(10) "Art. 3º Para os efeitos desta Lei Complementar, consideram-se microempresas ou empresas de pequeno porte a sociedade empresária, a sociedade simples e o empresário a que se refere o art. 966 da Lei n. 10.406, de 10 de janeiro de 2002, devidamente registrados no Registro de Empresas Mercantis ou no Registro Civil de Pessoas Jurídicas, conforme o caso, desde que: I — no caso das microempresas, o empresário, a pessoa jurídica, ou a ela equiparada, aufira, em cada ano-calendário, receita bruta igual ou inferior a R$ 240.000,00; II — no caso das empresas de pequeno porte, o empresário, a pessoa jurídica, ou a ela equiparada, aufira, em cada ano-calendário, receita bruta superior a R$ 240.000,00 e igual ou inferior a R$ 2.400.000,00." Texto extraído da Lei Complementar n. 123/2006.

Fábio Ulhoa Coelho[11] auxilia na compreensão do conceito de empresário, esclarecendo cada um dos vocábulos que descrevem o "empresário" no Código Civil.

Inicia sua análise em "profissionalismo" para o qual faz referência à doutrina, em que se encontra associada a três ordens: a primeira diz respeito à habitualidade, não podendo ser atividade realizada de forma esporádica; a segunda é a pessoalidade, pois o empresário precisa agir em nome próprio e não de terceiros; e a terceira é o monopólio das informações que detém o empresário sobre o produto ou serviço e suas técnicas.

O vocábulo seguinte é "atividade" para qual o sinônimo apresentado é "empresa", que deve ser compreendido como empreendimento, nas palavras de Fábio Coelho.[12]

Por "econômica" deve-se entender que a atividade em questão busca gerar lucros, sendo que esse lucro não é necessariamente o único objetivo da produção ou circulação de bens e serviços, mas visa a alcançar outras finalidades.

"Organizada" indica que estão empregados nessa empresa os quatro fatores de produção: capital, mão de obra, insumos e tecnologia. Não há atividade organizada sem qualquer um desses fatores.

"Produção de bens ou serviços" envolve duas atividades diferentes. A primeira diz respeito ao industrial, que fabrica produtos ou mercadorias, e a segunda ao prestador de serviços.

O item seguinte é a atividade que mais movimenta nossa economia, a "circulação de bens ou serviços". O primeiro meio de circulação é conhecido por comércio ou "atividade de intermediação na cadeia de escoamento de mercadorias" e o segundo é a intermediação da prestação de serviços, tendo como exemplo as agências de turismo que não prestam o serviço de transporte ou hospedagem, mas intermediam esses serviços entre a empresa que presta efetivamente o referido serviço e os turistas.

Por último, "bens ou serviços" que tratam, respectivamente, de itens corpóreos e imateriais.

É de extrema relevância analisar esse preceito, pois ele indica os sujeitos que podem figurar no polo passivo dessa relação jurídica e quem está excluído.

Em regra, toda empresa[13] que auferir renda dentro dos limites estabelecidos pela Lei Complementar pode ser enquadrada, à exceção das mencionadas no parágrafo único do art. 966, CC, e art. 17, XI, LC n. 123/06.

---

(11) COELHO, Fabio Ulhoa. *Manual de direito comercial — Direito de empresa*. p. 11-15.
(12) O autor faz várias analogias de usos incorretos do termo "empresa", que mesmo no meio jurídico é aplicado, erroneamente, como sinônimo do local onde está o empreendimento ou a pessoa que está empreendendo uma atividade.
(13) Nesse contexto, por empresa, referimo-nos às sociedades empresárias, sociedades simples e o empresário.

O mesmo aparece na Lei do Simples Nacional, de forma pouco mais detalhada, em seu art. 17, XI, com o seguinte texto:

> Art. 17. Não poderão recolher os impostos e contribuições na forma do Simples Nacional a microempresa ou a empresa de pequeno porte: [...] XI — que tenha por finalidade a prestação de serviços decorrentes do exercício de atividade intelectual, de natureza técnica, científica, desportiva, artística ou cultural, que constitua profissão regulamentada ou não, bem como a que preste serviços de instrutor, de corretor, de despachante ou de qualquer tipo de intermediação de negócios.[14]

A Lei Complementar n. 128/2008 acrescentou os arts. 18-A, B e C e criou mais uma figura para o Simples Nacional, o Microempreendedor Individual, também conhecido por MEI, que recebe um tratamento ainda mais vantajoso, em condições mais específicas.

O MEI só pode ser empresário individual, ou seja, não permite a opção por sociedade, e segue o mesmo conceito de empresário do art. 966, CC.

Suas principais características estão no limite de receita bruta anual de R$ 36.000,00 ou o equivalente proporcional durante o ano-calendário, além de ter tributação por valor fixo mensal mínimo, sendo hoje a soma de R$ 56,10 a título de contribuição previdenciária, R$ 1,00 a título de ICMS, quando contribuinte desse imposto, e R$ 5,00 a título de ISS, caso seja contribuinte desse imposto.[15]

O candidato a MEI deve observar as condições impeditivas para opção por esse sistema específico que são a impossibilidade de fazer parte de quadro societário de outro estabelecimento como titular, sócio ou administrador; ter mais de um estabelecimento; exercer atividades tributadas pelos Anexos IV ou V[16] da LC n. 123/2006; ou contratar mais de um empregado.[17]

---

(14) O texto do art. 9º da Lei n. 9.317/96 trazia a lista dos excluídos de forma taxativa, ainda que não exaustiva, como segue "Não poderá optar pelo SIMPLES a pessoa jurídica: [...] XIII — que preste serviços profissionais de corretor, representante comercial, despachante, ator, empresário, diretor ou produtor de espetáculos, cantor, músico, dançarino, médico, dentista, enfermeiro, veterinário, engenheiro, arquiteto, físico, químico, economista, contador, auditor, consultor, estatístico, administrador, programador, analista de sistema, advogado, psicólogo, professor, jornalista, publicitário, fisicultor, ou assemelhados, e de qualquer outra profissão cujo exercício dependa de habilitação profissional legalmente exigida". Porém o legislador e o judiciário não aceitam a alegação de que, por não estarem listados de forma taxativa na nova lei, alguns profissionais estariam autorizados a optarem pelo Simples Nacional.

(15) A ressalva feita sobre "quando contribuinte desse imposto" se deve ao fato de que o MEI pode exercer atividades comerciais ou de prestação de serviços, constantes de uma lista taxativa de atividades que são permitidas para o optante do Simples na modalidade MEI. Caso a atividade praticada pelo MEI seja de comércio, assim entendida a circulação de bens, esse será contribuinte do ICMS. Se for um prestador de serviços, contribuirá com o ISS. A contribuição previdenciária será igual para todos os MEIs, independentemente da atividade exercida.

(16) Esses "Anexos" são tabelas anexas à LC n. 123/2006, que trazem atividades cujas alíquotas aplicáveis na opção pelo Simples são mais altas. Tais "Anexos" encontram-se no final deste trabalho, como parte dos Anexos.

(17) A LC n. 128/2008, que instituiu o MEI, autoriza a contratação de, no máximo, um empregado que receba somente um salário mínimo ou salário-base da categoria. O MEI perderá sua condição e passará a ser ME ou EPP, dependendo do caso, se descumprir tal exigência.

Quanto ao cumprimento dos requisitos da lei, eles são inúmeros, dentre eles, um dos que mais costumam resultar em impossibilidade de opção ou *desenquadramento* é o não cumprimento de todas as obrigações tributárias, de todos os níveis, em dia.

A última condição tem relação direta com uma das características do Simples Nacional, a faculdade. Conforme previsto na lei, a opção pelo SIMPLES é facultativa ao empresário que tem outras opções para apuração de seus tributos e pode escolher aquele que melhor convir, observadas as limitações e os requisitos de cada sistema.

As características do Simples Nacional são:

a) ser facultativo;

b) ser irretratável por todo ano-calendário;[18]

c) abranger IRPJ, CSLL, PIS, COFINS, IPI, ICMS, ISS e Contribuição para a Seguridade Social a cargo da pessoa jurídica;

d) ter apuração e recolhimento mediante documento único de arrecadação;

e) ter a declaração da movimentação feita de forma única, simplificada e anual; e

f) ter a possibilidade de criação de sublimites para classificar empresas de pequeno porte (EPP) em função da participação do PIB da região.

A característica "irretratável por todo ano-calendário" visa a facilitar o cumprimento das obrigações por parte do contribuinte, que não precisa ficar a todo momento fazendo e desfazendo sua opção de enquadramento, bem como a fiscalização, que também terá a facilidade de verificar as movimentações declaradas, apuradas e recolhidas com base na opção feita ou não no começo do ano.

Fazem parte da abrangência do Simples Nacional, de competência da União, o Imposto de Renda da Pessoa Jurídica (IRPJ), a Contribuição Social sobre o Lucro Líquido (CSLL), a Contribuição para o Programa de Integração Social (PIS), a Contribuição para Financiamento da Seguridade Social (COFINS), o Imposto sobre Produtos Industrializados (IPI) e a Contribuição da Seguridade Social a cargo da empresa; de competência dos Estados, o Imposto sobre Circulação de Mercadorias e Serviços de Transporte Intermunicipal e Interestadual, e Comunicações (ICMS); e de competência dos Municípios, o Imposto sobre Serviços (ISS).

Note-se que a lista de tributos que fazem parte da gama de tributos unificados pelo Simples Nacional é taxativa; sendo assim, os demais tributos não listados deverão ser pagos de forma integral, ainda que a empresa seja optante do sistema simplificado de tributação.

Em outras palavras, a opção pelo SIMPLES não exclui o contribuinte da incidência de Imposto sobre Operações Financeiras (IOF), Imposto de Importação (II),

---

(18) Por ano-calendário tem-se o mesmo calendário civil, que vai de 1º de janeiro a 31 de dezembro.

Imposto sobre Exportação (IE), Imposto de Renda Retido na Fonte (IRRF), ganhos de capital e aplicações financeiras, Imposto Territorial Rural (ITR), Contribuição Provisória sobre Movimentação Financeira (CPMF), Fundo de Garantia do Tempo de Serviço (FGTS) e a Contribuição para a Seguridade Social descontada do empregado, tampouco os demais tributos de competência dos Estados, do Distrito Federal e dos Municípios, como Imposto sobre Propriedade de Veículo Automotor (IPVA), Imposto sobre Transmissão Causa Mortis e Doação (ITCMD), Imposto Predial Territorial Urbano (IPTU) e Imposto sobre a Transmissão de Bens Imóveis (ITBI).

A apuração e o recolhimento são consideravelmente simples de se fazer. Com o valor do faturamento em mãos, o contribuinte só precisa acessar uma área reservada do site da Receita Federal, declarar o montante, e o próprio sistema calcula e emite o Documento de Arrecadação do Simples — DAS.

A declaração também é mais simplificada, com menos dados a informar, e sua periodicidade é anual. Essa deve ser feita por meio de um arquivo eletrônico, conhecido por Declaração Anual do Simples Nacional — DASN, enviado à Receita Federal, e, em São Paulo, além da DASN, o contribuinte deve enviar à Secretaria da Fazenda do Estado a Declaração do Simples Nacional de São Paulo — DSN-SP.

Quanto à possibilidade da criação de sublimites regionais para a classificação das empresas de pequeno porte, a justificação está nas questões de capacidade financeira dentro desses Estados que têm uma participação no PIB baixa. Em Estados mais pobres, utilizar o mesmo limite de cidades como São Paulo pode fazer com que a receita com arrecadação de tributos por esses Estados seja ainda menor, o que prejudicaria muito as finanças públicas locais.

Para exemplificar, de acordo com a Resolução CGSN n. 69, de 24.11.2009, ficou estabelecido os seguintes sublimites para empresas de pequeno porte, de acordo com o PIB, de até R$ 1.200.000,00, os seguintes Estados: Acre, Amapá, Alagoas, Paraíba, Piauí, Rondônia, Roraima, Sergipe e Tocantins; e de até R$ 1.800.000,00, os seguintes Estados: Ceará, Espírito Santo, Goiás, Maranhão, Mato Grosso, Mato Grosso do Sul, Pará, Pernambuco e Rio Grande do Norte.

Além das simplificações anteriormente apresentadas, o optante pelo Simples ainda tem descontos e isenções em algumas taxas cobradas por órgãos federais e a dispensa de advogado para atos e contratos, seja na abertura, na alteração ou no encerramento, podendo realizar boa parte de seu cadastro pela internet.

Entretanto, existem pessoas e situações as quais a lei não autoriza a opção, ainda que o requisito da receita bruta seja compatível, conforme art. 3º, § 4º, incisos, LC n. 123/2006, que são:

I — de cujo capital participe outra pessoa jurídica;

II — que seja filial, sucursal, agência ou representação, no País, de pessoa jurídica com sede no exterior;[19]

---

(19) Note-se que essa vedação já existia desde a lei que criou o Simples Federal, em 1996, sendo que o art. 170, IX, CF, teve seu texto propositalmente alterado pela EC n. 6, em agosto de 1995.

III — de cujo capital participe pessoa física que seja inscrita como empresário ou seja sócia de outra empresa que receba tratamento jurídico diferenciado nos termos desta Lei Complementar, desde que a receita bruta global ultrapasse o limite de que trata o inciso II do caput deste artigo;

IV — cujo titular ou sócio participe com mais de 10% (dez por cento) do capital de outra empresa não beneficiada por esta Lei Complementar, desde que a receita bruta global ultrapasse o limite de que trata o inciso II do *caput* deste artigo;

V — cujo sócio ou titular seja administrador ou equiparado de outra pessoa jurídica com fins lucrativos, desde que a receita bruta global ultrapasse o limite de que trata o inciso II do caput deste artigo;

VI — constituída sob a forma de cooperativas, salvo as de consumo;

VII — que participe do capital de outra pessoa jurídica;

VIII — que exerça atividade de banco comercial, de investimentos e de desenvolvimento, de caixa econômica, de sociedade de crédito, financiamento e investimento ou de crédito imobiliário, de corretora ou de distribuidora de títulos, valores mobiliários e câmbio, de empresa de arrendamento mercantil, de seguros privados e de capitalização ou de previdência complementar;

IX — resultante ou remanescente de cisão ou qualquer outra forma de desmembramento de pessoa jurídica que tenha ocorrido em um dos 5 (cinco) anos-calendário anteriores;

X — constituída sob a forma de sociedade por ações.

No tocante aos incisos mencionados, um chama especial atenção, o II, por restringir de forma expressa, não somente pela lei específica, mas pela Constituição Federal, a possibilidade de opção de empresas que representem ou tenham vínculo com empresa estrangeira.

A justificativa para isso se encontra no fato de esse instituto ter sido criado para beneficiar as empresas que têm em sua essência uma pequena empresa e não uma empresa grande, camuflada pela aparência de algo menor dentro do território brasileiro.

Merece atenção, também, o inciso VI, que trata da exceção às cooperativas de consumo. Quando o legislador colocou essa previsão, pensou na questão econômica para a micro e pequena empresa, pois se cada uma das pequenas empresas buscar um fornecedor para comprar suas mercadorias, vai pagar um valor mais elevado, por fazer pedidos pequenos. Ao contrário, se várias pequenas empresas se unirem para comprar suas mercadorias em conjunto e fizerem um grande pedido, podem conseguir um bom desconto e, assim, ter um custo menor, que, automaticamente, pode ser repassado ao consumidor final dessa cadeia.

2. SISTEMAS DE APURAÇÃO DO IMPOSTO DE RENDA E CONTRIBUIÇÃO SOCIAL SOBRE O LUCRO

Para analisar qual é o melhor sistema de tributação e verificar quais são as diferenças financeiras entre os sistemas, há de se conhecer, ainda que superficialmente, os demais sistemas.

Hoje, quando se fala em Lucro Real, Lucro Presumido e Lucro Arbitrado, está-se falando das formas de apuração do Imposto de Renda e da Contribuição Social sobre o Lucro. Porém a opção por um desses sistemas, que dizem respeito a tributos federais, influencia a forma de recolhimento dos tributos das demais esferas, a estadual e a municipal.

Começando pelo Lucro Real. Esse sistema é conhecido como o mais completo e mais complexo para apuração do IRPJ, pois enseja uma contabilidade mais especializada, com grande detalhamento de informações e grandes cálculos.

Nas palavras de Lúcia Young:

> Lucro Real é o lucro líquido do período de apuração, ajustado pelas adições, exclusões ou compensações prescritas ou autorizadas por lei. O lucro real é uma das formas de apuração do resultado mais complexas, pois envolve ajustes ao lucro líquido; ajustes esses que diferem de empresa para empresa, em virtude do objeto social.[20]

O Regulamento do Imposto de Renda (Decreto n. 3.000/1999) indica que algumas empresas não têm outra opção senão o Lucro Real, quais sejam, as que têm receita total superior a R$ 48.000.000,00;[21] as instituições financeiras;[22] aquelas que obtêm lucros, rendimentos ou ganhos de capital oriundos do exterior; e alguns casos específicos apontados no RIR/1999.

O Lucro Real pode ter tributação trimestral, anual ou por estimativa (mensal). O recolhimento, via de regra, é feito por antecipação, de forma mensal, com exceção da trimestral, em que o pagamento é feito ao final de cada período de apuração.

A base de cálculo é de composição extremamente complexa e depende de um cuidadoso controle de contas pela contabilidade para ser encontrado. Sobre tal base de cálculo aplica-se uma alíquota de 15%, que pode ter um adicional de 10% sobre parcela considerada excedente de base de cálculo.[23]

---

(20) YOUNG, Lúcia Helena Briski. *Lucro real.* p. 37.
(21) Caso a empresa seja constituída em competência diferente de janeiro de um determinado ano, deve ser considerado o valor proporcional a R$ 48.000.000,00, relativo ao número de meses que a empresa funcionará em determinado exercício, ou seja, de ser considerado o valor de R$ 4.000.000,00 por mês, desde sua abertura.
(22) Por instituições financeiras entende-se: atividades de bancos comerciais, bancos de investimentos, bancos de desenvolvimento, caixas econômicas, sociedades de crédito, financiamento e investimento, sociedades de crédito imobiliário, sociedades corretoras de títulos, valores mobiliários e câmbio, distribuidoras de títulos e valores mobiliários, empresas de arrendamento mercantil, cooperativas de crédito, empresas de seguros privados e de capitalização e entidades de previdência privada aberta.
(23) Note-se que, além de toda a complexidade que envolve a apuração do lucro sobre o qual será aplicado a alíquota para chegar ao valor devido de IRPJ e CSLL, no caso do IRPJ temos que o valor resultante da multiplicação de R$ 20.000,00 pelo número de meses do período de apuração adotado pela empresa estará sujeito à incidência adicional de imposto sob alíquota de 10%.

O cálculo para se encontrar a base de cálculo da Contribuição Social sobre o Lucro Líquido não segue outras diversas regras de adições e exclusões, mas a alíquota aplicável é única, sem adicionais, como no IRPJ, sendo essa de 9%.

O Lucro Presumido ou Estimado é uma forma simplificada para determinação da base de cálculo do IRPJ e da CSL, de empresas que não sejam obrigadas à apuração pelo Lucro Real e que não queiram ou não possam optar pelo SIMPLES, desde que tenham receita total inferior aos R$ 48.000.000,00 ou ao limite proporcional de R$ 4.000.000,00 por mês, nos casos de empresas constituídas após janeiro de um determinado exercício.

Conforme aduz Lopes de Sá, "Lucro Presumido é o lucro que se presume obtido pela empresa sem escrituração contábil, para efeito do pagamento do imposto de renda, calculado por um coeficiente aplicado sobre a receita bruta",[24] complementado por Paulo Henrique, neste sentido: "O lucro presumido é uma forma de tributação alternativa, que considera apenas as receitas obtidas pelas empresas, não importando, para fins de tributação, o resultado efetivamente apurado."[25]

Tal presunção deriva do fato de a base de cálculo ser determinada pela aplicação de um percentual constante de uma tabela, que varia de acordo com a atividade da empresa, sobre a receita bruta de vendas de mercadorias, produtos e/ou da prestação de serviços apuradas em cada período.[26] A alíquota aplicada sobre a base de cálculo será de 15%, sem adicionais.

Num trocadilho, o Lucro Arbitrado não é uma opção, mas a falta dessa, uma vez que, "em situação normal, não existe vantagem para o contribuinte optar pelo lucro arbitrado, haja vista que seu custo é 20% superior ao do lucro presumido".[27]

Em geral, o uso do Lucro Arbitrado acontece por parte do Fisco, nos casos em que a pessoa jurídica não mantém escrituração na forma das leis comerciais e fiscais, deixa de elaborar as respectivas demonstrações financeiras, tem sua escrituração desclassificada pela fiscalização, optou indevidamente pela tributação com base no lucro presumido ou, ainda, não mantém arquivo de documentos.

---

(24) SÁ, Antonio Lopes de; SÁ, A. M. Lopes de. *Dicionário de contabilidade*. p. 301.
(25) PÊGAS, Paulo Henrique. *Manual de contabilidade tributária*: teoria e prática. p. 392.
(26) Os percentuais são de 1,6% para revenda, para consumo, de combustíveis; 8% para atividades de comércio, transporte de cargas, serviços hospitalares, atividade rural, industrialização, atividades imobiliárias, construção com emprego de materiais próprios, e para atividades sem percentual específico; 16% para outros serviços de transporte e demais serviços que não hospitalares ou de profissões regulamentadas; e 32% para serviços em geral que não citados anteriormente, intermediação de negócios, administração, locação ou cessão de bens imóveis e móveis, e construção quando não há emprego de material pela prestadora do serviço.
(27) SANTOS, José Luiz dos. et al. *Imposto de renda das empresas com base no lucro presumido, arbitrado e no simples*. p. 107.

A autoridade tributária poderá fixar o lucro arbitrado por um percentual sobre a receita bruta, quando conhecida, ou com base no valor do ativo, do capital social, do patrimônio líquido, da folha de pagamento de empregados, das compras, do aluguel das instalações ou do lucro líquido auferido em períodos-bases anteriores.[28]

Existem casos nos quais o contribuinte precisa fazer uso do lucro arbitrado ou autoarbitramento, em geral quando extraviou parte da documentação, não possui controle adequado de caixa, extracaixa e estoques, que inviabilizem a escrituração contábil ou até mesmo a confecção do livro caixa, entre outras situações excepcionais.

Lembrando que o arbitramento do lucro não exclui a aplicação de penalidades cabíveis.

3. FUNÇÃO SOCIAL DA EMPRESA

Quando se fala em função social, a primeira associação que se faz com a Constituição é a prevista no art. 5º, XXIII, CF, cujo texto traz o termo "função social". Porém, de uma leitura mais cuidadosa do texto constitucional depreende-se o entendimento de que a função social está relacionada a diversas searas do Direito e tem como objetivo maior a busca pela dignidade da pessoa humana, como pode-se observar no *caput* do art. 170,[29] e nos incisos desse mesmo artigo que indicam alguns dos meios facilitadores do alcance desse objetivo maior.

Esse conceito remete à existência de um modelo de Estado social, cujo principal ideal era a intervenção do Estado na sociedade, a fim de o primeiro prover ao segundo todos os recursos para satisfazer as suas necessidades para uma vida digna.

Com a falência do modelo social, pois se descobriu ao longo da História que o Estado não é capaz de suprir todas as necessidades dos indivíduos, temos a realização

---

(28) FABRETTI, Láudio Camargo. *Prática tributária da micro e pequena empresa*. 4. ed. São Paulo: Atlas, 2000.

(29) CF/88, "Art. 170: A ordem econômica, fundada na valorização do trabalho humano e na livre-iniciativa, tem por fim assegurar a todos existência digna, conforme os ditames da justiça social, observados os seguintes princípios: I — soberania nacional; II — propriedade privada; III — função social da propriedade; IV — livre concorrência; V — defesa do consumidor; VI — defesa do meio ambiente, inclusive mediante tratamento diferenciado conforme o impacto ambiental dos produtos e serviços e de seus processos de elaboração e prestação; VII — redução das desigualdades regionais e sociais; VIII — busca do pleno emprego; IX — tratamento diferenciado para as empresas brasileiras de capital nacional de pequeno porte".

da função social ampliada e estendida aos particulares, num modelo de parceria público-privada[30] que fez surgir o chamado modelo neoliberal.[31]

Um conceito para função pode ser extraído dos ensinamentos de Konder Comparato:

> Função, em direito, é um poder de agir sobre a esfera jurídica alheia no interesse de outrem, jamais em proveito do próprio titular. A consideração dos objetivos legais é, portanto, decisiva nessa matéria, como legitimação do poder. A ilicitude, aí, não advém apenas das irregularidades formais, mas também do desvio de finalidade, caracterizando autêntica disfunção.[32]

Humberto Júnior assinala que:

> Função quer dizer papel que alguém ou algo deve desempenhar em determinadas circunstâncias. Falar em função, portanto, corresponde a definir um objetivo a ser alcançado. Por exemplo: à jurisdição cabe a função de compor conflitos, ao legislativo, a de editar normas jurídicas, à administração, a de gerir a coisa pública etc.[33]

Nesse sentido o entendimento de Silvio de Macedo:

> Conjunto de atividades e papéis exercidos por indivíduos ou grupos sociais, no sentido de atender necessidades específicas ou conjunto de tarefas, ações, comportamentos e atitudes que fazem a adaptação e o ajustamento de um dado sistema.[34]

---

(30) Em sua tese de doutorado, Ana Frazão retrata bem essa ideia de parceria entre o ente público e a iniciativa privada quando diz: "A função social da propriedade e da empresa, como será mais bem explorado a seguir, não deixa de ser uma tentativa de inserir a solidariedade nas relações horizontais entre os indivíduos, transformando-os em corresponsáveis, ao lado do Estado, pela efetiva realização do projeto de uma sociedade de membros autônomos e iguais. Todavia, tal missão deverá ser modulada em função da autonomia privada do proprietário ou empresário, sem o que o princípio da dignidade da pessoa humana estaria igualmente violado, já que nenhum particular pode ser mero meio para a satisfação dos chamados interesses sociais." (p. 183-184)

(31) Cabe destacar que o termo neoliberal referencia a um modelo de Estado que mescla o modelo liberal e o social, não é unanimidade na doutrina. Alguns preferem se referir a esse novo modelo como uma volta ao modelo liberal, com limites estabelecidos pelo Estado para controle da liberdade excessiva, que fez o modelo liberal original ser extinto.

(32) COMPARATO, Fábio Konder. *Direito empresarial*: estudos e pareceres. p. 9.

(33) THEODORO JÚNIOR, Humberto. *O contrato e sua função social*. p. 45-46.

(34) MACEDO, Silvio de. *Enciclopédia Saraiva do Direito*. p. 480-483.

Somado a este, para o entendimento do que seja o conceito de "função social", cabe destacar ainda a lição de José Afonso da Silva, que diz: "[...] a principal importância disso está na sua compreensão como um dos instrumentos destinados à realização da existência digna de todos e da justiça social".[35]

A busca pela realização do princípio da dignidade da pessoa humana, posto no art. 1º da Constituição de 1988, justifica a tentativa de esclarecimento do termo função social, vez que será através do efetivo cumprimento da função social que se conseguirá que haja justiça social e possibilidade de vida digna aos indivíduos.

Chama a atenção para tal aspecto Ingo Sarlet, acerca do princípio da dignidade da pessoa humana: "[...] na medida em que este serve de parâmetro para aplicação, interpretação e integração não apenas dos direitos fundamentais e das normas constitucionais, mas de todo o ordenamento jurídico".[36]

Vale mencionar também o ensinamento de Calixto Salomão Filho:

> No Brasil, a ideia de função social da empresa também deriva da previsão constitucional sobre a função social da propriedade (art. 170, inciso III). Estendida à empresa, a ideia de função social da empresa é talvez uma das noções de mais relevante influência prática e legislativa no direito brasileiro. É o principal princípio norteador da 'regulamentação externa' dos interesses envolvidos pela grande empresa. Sua influência pode ser sentida em campos tão díspares como o direito antitruste, direito do consumidor e direito ambiental. Em todos eles é da convicção da influência da grande empresa sobre o meio em que atua que deriva o reconhecimento da necessidade de impor obrigações positivas à empresa. Exatamente na imposição de deveres positivos está o seu traço característico, a distingui-la da aplicação do princípio geral *neminem laedere*. Aí está a concepção social intervencionista, de influência reequilibradora de relações sociais desiguais.[37]

Tudo pode ser resumido ao equilíbrio e à ponderação dos meios para se exercer a função social, pois o respeito às liberdades individuais e aos direitos dos empresários também trata-se de efetivo cumprimento de função social.

Não se pode eliminar uma em razão da outra, ambas precisam coexistir de forma harmoniosa, porque, se o empresário não tiver seus direitos devidamente assegurados, ele ficará sem meios para cumprir com a função social através de seu empreendimento.

---

(35) SILVA, José Afonso da. *Curso de direito constitucional positivo*. p. 814.
(36) SARLET, Ingo Wolfgang. *Dignidade da pessoa humana e direitos fundamentais*. Porto Alegre: Livraria do Advogado, 2001.
(37) SALOMÃO FILHO, Calixto e COMPARATO, Fábio Konder. *O poder de controle na sociedade anônima*. p. 132-133.

Bem como não se aceitaria um empresário que cria um empreendimento que venha a ser um fardo à sociedade, por ter um empresário desinteressado e despreocupado com sua atuação e com os efeitos de sua atitude relapsa e inconsequente.

Chama a atenção Luis Fernando Camargo, quando diz que:

> (...) é raciocínio lógico concluir que a empresa não pode ser um ônus à sociedade. Ao contrário, quando o empresário escolhe operar uma empresa, há de ter em mente que exerce um papel determinante ao crescimento ou à aniquilação da sociedade. O empresário deve sempre ter em conta dever de conciliação de seus interesses legitimamente lucrativos com os interesses da coletividade necessários à subsistência dessa última em condições de dignidade. Somente assim será possível amenizarmos as mazelas da produção irresponsável que verificamos. Não há mais tempo para ficarmos com a máxima de que ao empresário só cabe majorar seus lucros, afinal quem está arcando com os prejuízos de tal irresponsabilidade é a humanidade como um todo.[38]

Nessa linha, pode-se entender que função social da empresa é um conjunto de ações realizadas pela empresa, não somente para assegurar sua sobrevivência, mas para buscar melhorias com tais ações de forma a impactar em toda a sociedade.

A empresa tem, evidentemente, como finalidade principal a obtenção de lucro, afinal, o empresário não decide empreender para fazer caridade, ponto importante nas discussões acerca da diferença entre ações de responsabilidade social e filantropia,[39] o que se deseja é que o empresário não seja inescrupuloso a ponto de somente almejar o lucro sem estudar quais impactos, negativos e positivos, seu empreendimento pode causar para a coletividade.

4. CASO PRÁTICO: EMPRESA DE PEQUENO PORTE

Para que se possa ter uma boa noção da diferença financeira entre o Lucro Real, o Lucro Presumido e o Simples Nacional, trazemos à baila um exemplo prático, ainda que simplificado, dos encargos tributários de uma empresa de pequeno porte, do ramo de comércio varejista, sediada na cidade de São Paulo.

---

(38) AMARAL, Luiz Fernando de Camargo Prudente do. *A função social da empresa no Direito Constitucional Econômico Brasileiro*. p. 163.

(39) Paulo de Melo e César Froes colocam sabiamente que "responsabilidade social é um estágio mais avançado no exercício da cidadania corporativa. Tudo começou, no entanto, com a prática de ações filantrópicas. Empresários, bem-sucedidos em seus negócios, decidiram retribuir à sociedade parte dos ganhos que obtiveram em suas empresas. Tal comportamento reflete uma vocação para a benevolência, um ato de caridade para com o próximo". MELO NETO, Francisco Paulo de; FROES, César. *Gestão da responsabilidade social corporativa*: o caso brasileiro. 2. ed. Rio de Janeiro: Qualitymark, 2004. p. 26.

Os valores utilizados como referência são:

— Vendas no ano: $ 500.000,00

— Despesas no ano:
- Compras: $ 250.000,00
- Salários: $ 8.688,00
- Energia/Aluguel/Frete: $ 5.000,00
- Depreciação: $ 1.500,00
- Despesas dedutíveis: $ 1.000,00

E, após os cálculos, o resultado seria, aproximadamente, os que seguem:[40]

Tributos	Lucro Real		Lucro Presumido		Simples Nacional	
	%	Valor	%	Valor	%	Valor
IRPJ	15	43.125,00	15	6.000,00		
CSL	9	25.875,00	9	5.400,00		
PIS	0,65	3.250,00	0,65	3.250,00		
COFINS	3	15.000,00	3	15.000,00		
ICMS	18	45.000,00	18	45.000,00		
SIMPLES					7,6	38.000,00
INSS	20	290,00	20	290,00		
INSS 3ºs	5,8	84,00	5,8	84,00		
RAT	2	29,00	2	29,00		
FGTS	8	116,00	8	116,00	8	116,00
Total		132.769,00		75.169,00		38.116,00

---

(40) Os valores apresentados são arredondados para facilitar a ilustração e não representam uma contabilidade completa para apuração precisa de uma empresa optante pelo Lucro Real. Esse demonstrativo tem função meramente didática. Ainda sobre o quadro, para se chegar à base de cálculo do IRPJ no Lucro Presumido, aplica-se 8% sobre o faturamento, no caso de atividade de comércio, e de 12% para encontrar a base de cálculo da CSL, conforme disposto no Regulamento do Imposto de Renda. As siglas apresentadas são, na ordem apresentada no quadro, respectivamente: Imposto de Renda da Pessoa Jurídica, Contribuição Social sobre o Lucro, Contribuição para o Programa de Inclusão Social, Contribuição para Fim Social, Imposto sobre Circulação de Mercadorias e Serviços de Transporte Intermunicipal e Interestadual e Comunicações, Simples Nacional, Contribuição para Seguridade Social a cargo da empresa, Percentual destinado ao sistema S (SESC, SESI, SENAI, SENAC e SEBRAE), Risco de Acidente de Trabalho, Fundo de Garantia do Tempo de Serviço.

Como se pode observar, os valores de IRPJ e CSL, apesar de tributados com alíquotas idênticas, resultam em montantes a recolher diferentes. Isso se explica pela diferença na base de cálculo utilizada para cada um dos casos.

No Lucro Real, a base de cálculo é o lucro líquido contábil,[41] ou seja, o valor da receita de venda com deduções autorizadas pela lei.[42] Utilizando os dados apresentados, o cálculo da base de cálculo do IR e CSLL no Lucro Real é: $ 500.000,00 – $ 3.250,00 – $ 15.000,00 – $ 194.250,00[43] = $ 287.500,00.

No Lucro Presumido, encontrar a base de cálculo é uma tarefa mais simplificada. Existe uma tabela, como mencionado, que indica, de acordo com a atividade, qual percentual deve ser aplicado sobre a receita bruta de vendas, para encontrar o valor que será utilizado como base de cálculo[44] para o IRPJ e a CSL.

Como a atividade escolhida é o comércio varejista de materiais de escritório, a lei indica que para o IRPJ deve ser utilizado 8% e para a CSL, 12%. Sendo assim, temos como base de cálculos do IRPJ e da CSL, respectivamente, $ 500.000,00 x 8% = $ 40.000,00, e $ 500.000,00 x 12% = $ 60.000,00, valores sobre os quais serão aplicadas as alíquotas de 15% e 9%.

Tendo em vista tais valores, de pronto é possível deduzir os impactos negativos que o sistema pelo Lucro Real pode causar numa empresa, principalmente a

---

(41) Existe uma ampla discussão sobre a base de cálculo do imposto de renda, por essa não representar necessariamente o lucro real obtido pela empresa, uma vez que não é autorizada, pela lei, a dedução de todos os custos e das despesas, tampouco se pode compensar o prejuízo total de um período anterior no seguinte. Roque Carrazza, em sua obra sobre o Imposto sobre a Renda, p. 260, diz: "Realmente, se a Constituição elege como matriz do IRPJ a renda, e esta é entendida como o lucro, sobre tal fato jurídico há de fazer-se sentir o princípio da não confiscatoriedade. Noutro dizer, o que deve ser tributado é o acréscimo patrimonial, não a parcela do patrimônio recomposta. Limitando-se à compensação de prejuízos, o tributo ganha feições confiscatórias, passando a incidir — sem apoio constitucional — sobre parcela de riqueza antiga da empresa contribuinte. Os prejuízos fiscais não podem ser minimizados, a ponto de obrigar-se a empresa a calcular e recolher o IRPJ (e a CSLL) sobre uma parcela de seu patrimônio — ou, se preferirmos, sobre um "lucro que não existiu". Com isso, o tributo ganha fisionomia confiscatória, em afronta aberta ao art. 150, IV, da CF."
E nem se diga que não há confisco, porque os prejuízos fiscais sempre poderão ser deduzidos em exercícios posteriores. É que tal dedução, por depender de circunstâncias absolutamente aleatórias, pode ficar para ... as calendas gregas. No mínimo, pois, a restrição legal em tela imprime à exação — repetimos —, um matiz confiscatório absolutamente inaceitável.
(42) É mais simples compreender o lucro líquido contábil se se pensar na base de cálculo do IR da pessoa física. Assim como a pessoa física não tem autorização para abater todas as suas despesas antes de calcular o IR, o mesmo ocorre com a pessoa jurídica, que só pode deduzir aquilo que a lei permitir e nos limites que ela permitir.
(43) Esse valor se refere ao CMV — Custo das Mercadorias Vendidas —, somado às despesas energia/aluguel/frete, depreciação e despesas dedutíveis. O valor do CMV é obtido através da conta de Estoque Inicial + Compras — Estoque Final e tributos diretamente envolvidos nessas operações.
(44) Mesmo a doutrina entende ser constitucional a existência de um sistema de apuração cuja base de cálculo será presumida, por se tratar de algo facultado ao contribuinte. Será ele que decidirá se deseja ou não ser tributado dessa forma, pois a forma original é o Lucro Real.

de pequeno porte, que por natureza possui menos recursos financeiros para abrir e se manter aberta.

Da mesma forma, pode-se imaginar como a diferença desses recursos pode impactar para o crescimento dessa pequena empresa e como ela pode mudar, ainda que de forma singela, a vida de algum ou de diversos indivíduos direta ou indiretamente.

CONCLUSÕES

O Simples Nacional veio para mudar a visão do pequeno empreendedor com relação ao governo, à burocracia latente e à temida carga tributária nacional, simplificando todo um sistema, desde o registro de abertura e a documentação exigida até a forma de efetuar a declaração para o recolhimento dos valores devidos aos cofres públicos.

O emprego, que assegura não somente a sobrevivência dos indivíduos, mas garante um dos requisitos para o cumprimento do princípio fundamental da dignidade da pessoa humana, pode ser ampliado com a força do empreendedorismo, muito evidente no povo brasileiro, que sempre encontra um meio para manter a renda familiar.

Uma vez que grandes empresas não negociam com empresas informais, o empreendedor não quer desenvolver suas atividades na obscuridade, pois um negócio só tem chances efetivas de crescimento se estiver regularizado, e a melhor forma de atrair esse empreendedor para a formalidade é criando instrumentos facilitadores e desburocratizados para a sua entrada no mercado.

Prova de que a desburocratização, a facilitação e a redução dos encargos estimulam os micros e pequenos empresários está demonstrada no resultado dos estudos realizados pelo SEBRAE, em conjunto com o Ministério da Previdência Social (MPS), que informa que, em fevereiro de 2009, a proporção era de três micros ou pequenas empresas (MPE) a cada quatro empresas abertas no país, o que representa 76,8% do mercado.

A diferença na carga tributária gera uma margem para que o pequeno empresário possa trabalhar melhor seus recursos em benefício próprio. Contudo, ficou demonstrado que esse benefício gerado para a empresa acaba por beneficiar diversas pessoas envolvidas na cadeia, seja de forma direta ou indireta.

Com as facilidades apresentadas e um menor custo para a manutenção do negócio e da folha de pagamento, esse empresário, que precisaria trabalhar dobrado e sozinho, caso tivesse que arcar com um sistema tributário como o Lucro Real, agora pode contratar de forma regular e legal, com a famosa "carteira assinada", um empregado, ou quem sabe mais empregados, o que, mais uma vez, auxilia na geração de renda, que será reaplicada no mercado, principalmente de consumo e, novamente, girar toda a economia.⁽⁴⁵⁾

Como apontado num estudo realizado pelo SEBRAE de São Paulo, a crise mundial que fez muitas médias e grandes empresas — MGE — cortarem postos de trabalho e terminarem o ano com um déficit de 28.279 empregos, as micro e pequenas empresas, que vivem em função da economia local, encerraram 2009 com um superávit de 1.023.000 novas vagas.

De acordo com dados extraídos do Cadastro Geral de Emprego e Desemprego — CAGED, cadastro gerado por meio de informações transmitidas pelas empresas para o Ministério do Trabalho e Emprego — MTE, em novembro de 2009, dos 246.695 novos postos de trabalho, 78% têm origem nas MPE, enquanto as MGE foram responsáveis por somente 22% do total.

Uma das premissas para ter uma vida digna é o trabalho. O ser humano precisa se sentir útil para sentir que vive plenamente, e essa oportunidade de estar no mercado de trabalho o alimenta, não somente pela possibilidade de poder comprar alimentos e outros itens para sua sobrevivência, como alimenta sua alma.

O fato de um indivíduo estar inserido no mercado de trabalho abre outras possibilidades, como acesso a um melhor padrão de saúde, educação e lazer, todos fatores importantes para a vida digna.

O empregado que recebe um salário ou uma remuneração passa a ser consumidor também e volta a injetar seus recursos no mercado, fazendo circular a economia. E quanto mais dinheiro circular no mercado, mais empreendimentos surgem ou, pelo menos, se mantêm em funcionamento.

E não é só a iniciativa privada que ganha com o Simples Nacional. Apesar de ser tributado com reduções e isenções de alíquotas, o percentual de sonegação é muito baixo, o que gera, em vez da aparente redução, um aumento significativo da arrecadação, e, mais importante, em dia, já que a inadimplência é punida com a exclusão do sistema simplificado.

Tendo maior arrecadação, o Estado passa a ter mais recursos para investir no bem-estar social e atender às necessidades da coletividade, novamente, atendendo ao princípio da dignidade da pessoa humana.

Por fim, pode-se apontar a união de forças entre o Estado e o particular para que sejam cumpridas as funções sociais, num grande círculo virtuoso onde todos saem ganhando — empresário, governo e sociedade —, pois quanto mais todos trabalharem em busca do bem comum e da responsabilidade social, haverá mais igualdades e liberdades e consequentemente menos injustiças.

---

(45) Corroborando o posicionamento, coloca Roberto Ferreira, "A pequena empresa, sendo mais fácil de ser constituída, opera e se adapta facilmente aos fins de rápido resultado. Esse tipo de empresa é mais ágil, permite maior flexibilidade operacional e não requer muita mão de obra. À medida que ela se desenvolve, alavanca a atividade econômica da média e grande empresa. Ao operar no mercado, a pequena empresa o faz de forma sustentada, contribuindo, consistentemente, para a evolução do mercado nos setores econômicos a ela relacionados". MACHADO, Antônio Cláudio da Costa (org.); FERRAZ, Anna Candida da Cunha (coord.). *Constituição Federal interpretada*. p. 972.

REFERÊNCIAS BIBLIOGRÁFICAS

ABBAGNANO, Nicola. *Dicionário de filosofia*. São Paulo: Martins Fontes, 2007.

ACQUAVIVA, Marcus Cláudio. *Dicionário básico de direito Acquaviva*. 2. ed. São Paulo: Jurídica Brasileira, 1997.

AMARAL, Luiz Fernando de Camargo Prudente do. *A função social da empresa no direito constitucional econômico brasileiro*. São Paulo: SRS, 2008.

ANDRADE FILHO, Edmar Oliveira. *Imposto de renda das empresas*. 5. ed. São Paulo: Atlas, 2008.

ASHLEY, Patricia Almeida (coord.). *Ética e responsabilidade social nos negócios*. 2. ed. São Paulo: Saraiva, 2005.

AZEVEDO, Osmar Reis. *Simples — Sistema Integrado de Pagamento de Impostos e Contribuições*. São Paulo: IOB, 1997.

BALEEIRO, Aliomar. *Direito tributário brasileiro*. 10. ed. Rio de Janeiro: Forense, 1987.

_____. *Uma introdução à ciência das finanças*. 16. ed. Rio de Janeiro: Forense, 2004.

BARRETO, Aires F. [et al]. *Curso de iniciação em direito tributário*. São Paulo: Dialética, 2004.

BOBBIO, Norberto; MATTEUCCI, Nicola; PASQUINO, Gianfranco. *Dicionário de política*. 11. ed. Brasília: UNB, 1998, v. 1 e 2.

BRASIL. *Código Civil*. Brasília: Senado, 2010.

_____. *Código Tributário Nacional*. Brasília: Senado, 2010.

_____. *Constituição da República Federativa do Brasil de 1988*. Promulgada em 05.10.1988. Brasília: Senado, 2010.

CAIXA ECONÔMICA FEDERAL. *Manual da GFIP/SEFIP para usuários do SEFIP 8.4*. Brasília: INSS, 2008.

CARRAZZA, Roque Antonio. *Curso de direito constitucional tributário*. 24. ed. São Paulo: Malheiros, 2008.

_____. *Imposto sobre a renda*. 3. ed. São Paulo: Malheiros, 2009.

COELHO, Fábio Ulhoa. *Manual de direito comercial — direito de empresa*. 18. ed. São Paulo: Saraiva, 2007.

COMPARATO, Fábio Konder. *Direito empresarial: estudos e pareceres*. São Paulo: Saraiva, 1995.

FABRETTI, Láudio Camargo. *Simples nacional*. São Paulo: Atlas, 2007.

_____. *Direito tributário aplicado*. São Paulo: Atlas, 2006.

_____. *Prática tributária da micro e pequena empresa*. 4. ed. São Paulo: Atlas, 2000.

FAZENDA, Ministério da. Disponível em: <http://www8.receita.fazenda.gov.br/SimplesNacional/default.asp>. Acesso em: 29 out. 2010.

FAZENDA, Secretaria da. Disponível em: <http://www.fazenda.sp.gov.br/legislacao/>. Acesso em: 5 nov. 2010.

HIGUCHI, Hiromi, Fábio Hiroshi Higuchi e Celso Hiroyuki Higuchi. *Imposto de renda das empresas*. 32. ed. São Paulo: IR Publicações, 2007.

ICHIHARA, Yoshiaki. *Direito tributário*. 7. ed. São Paulo: Atlas, 1997.

IOB. *Regulamento do ICMS/SP — IOB atualizável — Volume I e II*. São Paulo: IOB, 2010.

LOPES, Ana Frazão de Azevedo. *A função social da empresa e suas repercussões sobre a responsabilidade civil de controladores e administradores de sociedades anônimas*. Tese de Doutorado, São Paulo, PUC, 2009.

MACEDO, Silvio de. *Enciclopédia Saraiva do Direito*. São Paulo: Saraiva, 1979, v. 38.

MACHADO, Antônio Cláudio da Costa (org.); FERRAZ, Anna Candida da Cunha (coord.). *Constituição federal interpretada*. São Paulo: Manole, 2010.

MACHADO, Hugo de Brito. *Curso de direito tributário*. 28. ed. São Paulo: Malheiros, 2009.

MCINTOSH, Malcolm et al. *Cidadania corporativa*. Rio de Janeiro: Qualitymark, 2001.

MELO, José Eduardo Soares de. *Curso de Direito Tributário*. 4. ed. São Paulo: Dialética, 2003.

MELO NETO, Francisco Paulo; FROES, César. *Gestão da responsabilidade social corporativa: o caso brasileiro*. 2. ed. Rio de Janeiro: Qualitymark, 2004.

MORAES, Alexandre de. *Direito constitucional*. 20. ed. São Paulo: Atlas, 2006.

NOGUEIRA, Ataliba. *Lições de teoria geral do estado*. São Paulo: RT, 1969.

NOGUEIRA, Ruy Barbosa. *Curso de direito tributário*. 14. ed. São Paulo: Saraiva, 1995.

NUNES, Vidal Serrano. *Direito tributário comentado*. 2. ed. São Paulo: Angelotti, 1995.

PÊGAS, Paulo Henrique. *Manual de contabilidade tributária: teoria e prática*. 2. ed. Rio de Janeiro: Freitas Barros, 2004.

PLANALTO, Portal do. Disponível em: <http://www.planalto.gov.br>. Acesso em: 5 nov. 2010.

RODRIGUES, Aldenir Ortiz et al. *Manual do simples 2007*. São Paulo: IOB, 2007.

_____. *IRPJ/CSLL 2009: Manual do imposto de renda pessoa jurídica e contribuição social sobre lucro líquido*. 3. ed. São Paulo: IOB, 2009.

SÁ, Antonio Lopes de; SÁ, A. M. Lopes de. *Dicionário de contabilidade*. São Paulo: Atlas, 1995.

SALOMÃO FILHO, Calixto; COMPARATO, Fábio Konder. *O poder de controle na sociedade anônima*. Rio de Janeiro: Forense, 2005.

SANTIAGO, Mariana Ribeiro. *O Princípio da função social do contrato*. Curitiba: Juruá, 2005.

SANTOS, Cleônimo dos; BARROS, Sidney Ferro. *Manual do super simples*. São Paulo: IOB, 2007.

SANTOS, José Luiz dos. et alii. *Imposto de renda das empresas com base no lucro presumido, arbitrado e no simples*. São Paulo: Atlas, 2006.

SARLET, Ingo Wolfgang. *Dignidade da pessoa humana e direitos fundamentais*. Porto Alegre: Livraria do Advogado, 2001.

_____. *A eficácia dos direitos fundamentais*. 7. ed. Porto Alegre: Livraria do Advogado, 2007.

SEBRAE, Biblioteca. Disponível em: <http://www.biblioteca.sebrae.com.br>. Acesso em: 29 out. 2010.

SILVA, José Afonso da. *Curso de direito constitucional positivo*. 30. ed. São Paulo: Malheiros, 2008.

SILVA, Renaldo Limiro da; LIMIRO, Alexandre. *Manual do supersimples*. Curitiba: Juruá, 2007.

SOTTO, Debora. *Tributação da microempresa e da empresa de pequeno porte*. São Paulo: Quartier Latin, 2007.

TAKARABE, Noboru. *Manual do simples: Lei n. 9.317/96*. São Paulo: STS, 1997.

THEODORO JÚNIOR, Humberto. *O contrato e sua função social*. 2. ed. Rio de Janeiro: Forense, 2004.

YOUNG, Lúcia Helena Briski. *Lucro presumido*. 8. ed. Curitiba: Juruá, 2008.

_____. *Lucro real*. 2. ed. Curitiba: Juruá, 2005.

A RESPONSABILIDADE SOCIAL DA JORNADA DE TRABALHO

Erika Ferreira Lima Silva Marinari Bardaçar

Mestre em Direito Regulatório e Responsabilidade Social. Especialista em Direito do Trabalho pela Pontifícia Universidade Católica de São — Paulo PUC/SP. Possui grande experiência nas áreas acadêmica, científica e administrativa de IES. Pesquisadora Científica Integrante de Grupo de Pesquisa certificado no Diretório de Grupos de Pesquisa do Conselho Nacional de Desenvolvimento Científico e Tecnológico — CNPq. Professora Universitária e Coordenadora dos Cursos de Graduação em Direito e Pós-Graduação em Direito e Processo do Trabalho do Centro Universitário Estácio Radial de São Paulo multicampi. Advogada militante em São Paulo. E-mail: erika.bardacar@gmail.com

A Responsabilidade Social da Jornada de Trabalho

1. INTRODUÇÃO

O presente trabalho tem por objetivo apresentar à discussão a temática da jornada de trabalho no Brasil e a sua repercussão social.

E ainda conceituarmos e analisarmos a finalidade dos intervalos previstos na legislação trabalhista, sejam os intervalos intrajornada, o intervalo interjornada ou ainda os intervalos especiais, bem como os intervalos remunerados e os não remunerados, caso em que são ou não computados na duração da jornada.

Após esclarecidos os tipos de intervalo expresso em lei, será pertinente destacar a importância social, bem como a repercussão da concessão desses intervalos para a saúde e produção do trabalhador.

Nesse sentido, Sergio Pinto Martins[1] afirma que: "O período de descanso seria o gênero, do qual seria espécie o intervalo." Contudo, é importante dizer que nem todos os juristas concordam com esse entendimento. No decorrer do trabalho trataremos melhor do assunto.

Esse tema ainda gera muitas controvérsias, pois as principais categorias sindicais de empregados está sempre propondo a redução na carga horária semanal, de forma a beneficiar o trabalhador com um número maior de horas de lazer, bem como propiciar a abertura de novas vagas de emprego e ainda garantir o bem-estar do trabalhador, bem como a convivência familiar com integridade e qualidade.

Outro polo de discussão nesse tema é o relacionamento com a interpretação da sistemática de aplicação de algumas jornadas de trabalho, como no caso dos turnos interruptos de revezamento, da jornada 12 x 36 horas, da escala de trabalho abrangendo horário diurno e noturno.

Inicialmente apresentamos a evolução histórica no mundo das discussões e legislações a respeito da jornada de trabalho concluindo com a evolução no Brasil.

---

(1) *Direito do trabalho*. 15. ed. São Paulo: Atlas, 2002. p. 491.

A partir desse ponto, tornou-se relevante discutirmos as fontes formais da jornada de trabalho no Brasil e as diversas jurisprudências existentes (Leis, Súmulas, Pressupostos e demais institutos relevantes para o entendimento do tema).

Não menos importante e relevante de se abordar são os diversos conceitos de aspectos legais existentes para o cumprimento de uma jornada de trabalho dentro dos parâmetros determinados e as implicações nos demais temas trabalhistas.

Dentro do assunto específico, mereceu destaque, através de dois capítulos, a sistemática existente para a criação das categorias profissionais diferenciadas e as jornadas de trabalho especiais dessas categorias.

Para concluir, criamos um capítulo específico a respeito dos turnos ininterruptos de revezamento. Esse é um tema palpitante e vem gerando discussões desde sua definição na Constituição Federal de 1988, chegando até os dias de hoje, em que não está totalmente pacificada sua interpretação.

Não é objetivo deste trabalho esgotar o assunto, mas de uma forma objetiva e dirigida apresentar a todos o que de mais importante existe na legislação brasileira a respeito da jornada de trabalho, e em especial destacar a importância do cumprimento de uma jornada de trabalho que tenha objetivo de produção e crescimento profissional, porém sem a supressão de outros direitos inerentes à dignidade humana, tais como convivência familiar, lazer, entretenimento, cultura e saúde do trabalhador.

2. HISTÓRICO

Conforme Christiane Fátima Aparecida Souza de Sicco, em seu artigo intitulado "JORNADA DO TRABALHO — Origens Históricas", as primeiras leis trabalhistas, com vista à proteção do trabalho e do trabalhador, versaram sobre a limitação da jornada de trabalho, e nem foi porque havia a preocupação com maior oferta de emprego ou com a qualidade de vida ou mesmo com o tempo de fazer para o ser humano, mas porque a fadiga poderia acabar com a saúde e com a força de trabalho das pessoas, já que em certos ramos e lugares do mundo a jornada diária chegava a 14 ou 15 horas, independentemente de sexo ou idade do trabalhador.

As primeiras leis trabalhistas voltadas ao protecionismo do trabalhador procuraram fixar parâmetros razoáveis para que o ser humano passasse a prestar um bom serviço.

A primeira manifestação de limitação de jornada que se tem notícia foi na Inglaterra em 1847 quando se fixou a duração diária de trabalho em 10 horas, com a justificativa de que cessariam as discussões entre o capital e o trabalho e para que parassem as greves.[2]

---

(2) NASCIMENTO, Amauri Mascaro. *Iniciação ao Direito do trabalho*. 26. ed., p. 246.

No ano seguinte, em 1848, a França estabeleceu a jornada de 10 horas diárias, em Paris. E a jornada de 11 horas nas Províncias,[3] segundo a lei inspirada por Louis Blanc, com o argumento de que o trabalho humano muito prolongado, além de causar problemas para a saúde dos trabalhadores, impediria que esses cultivassem a inteligência, prejudicando a dignidade do homem.

Outros países aderiram à limitação da jornada de trabalho, a exemplo da Inglaterra e da França, como a Suíça em 1877, 11 horas diárias, a Áustria em 1885, 10 horas, a Rússia em 1887, 10 horas, a Austrália em 1901, 8 horas, e, no mesmo ano, os Estados Unidos, 8 horas para o funcionário público federal.

A partir de 1891, graças à influência da Encíclica Rerum Novarum, faz-se sentir uma determinação dos rumos legislativos, ao declarar-se que o trabalho não deveria se prolongar mais tempo do que as forças o permitem.

A jornada diária de 8 horas, como se apresenta atualmente, começou a ser divulgada no século XX. Depois da adoção pela Austrália em 1901, houve a adoção pelo Uruguai, pela Suécia e pela França em 1915 para os trabalhadores em minas e arsenais da Marinha; de 1916 a 1918, o Equador, a Rússia, a Finlândia, o México e a Alemanha aderiram a jornada de 8 horas para mineiros e industriários, tendo a Alemanha estendido o critério para todos os empregados já no ano de 1919.

Em 1919, com a criação da Organização Internacional do Trabalho (OIT), pelo tratado de Versailles, e a promulgação da conversão n. 02 pela Conferência de Washington,[4] a jornada de 8 horas diárias de trabalho ganhou força em todo o mundo.

No Brasil, o sistema legal pertinente à jornada de trabalho foi construído entre os anos de 1932 e 1940. A década de 1930, cuja política trabalhista era instaurada pelo Estado, foi marcada por vários decretos relativos ao assunto, regulando para algumas categorias de empregados a jornada de trabalho em 8, ou em 1933, jornada de 6 horas diárias; para os professores, em 1938, de 6 aulas dias, dentre outras.

Em 1940, os vários decretos publicados ao longos desses anos foram unificados numa única norma.

Posteriormente a tais decretos, surgiram outros especiais para cada profissão, regulamentando a jornada de trabalho, como nas barbearias, no ano de 1933, através do Decreto n. 22.979, nas farmácias, também em 1933, através do Decreto de n. 23.084, e na panificação, no mesmo ano, através do Decreto n. 23.104, além do Decreto n. 23.316, que limitou em 7 horas a jornada de trabalho nas casas de penhores.

No ano seguinte, em 1934, foi regulamentada a jornada de trabalho de 8 horas para os trabalhadores em transportes terrestres, através do Decreto n. 23.766,

---

(3) MARTINS, Sergio Pinto. *Direito do trabalho*. 15. ed., 2002. p. 449.
(4) MARTINS, Sergio Pinto. *Direito do trabalho*. 15. ed., 2002. p. 449.

dos trabalhadores em armazéns e trapiches das empresas de navegação, Decreto n. 24.561, das indústrias frigoríficas, Decreto n. 24.562, dos trabalhadores em hotéis e restaurantes, Decreto n. 24.696, além de regulamentar a jornada de 6 horas para o pessoal de telegrafia submarina e subfluviais, radiotelegrafista e radiotelefonista, através do Decreto n. 24.634.

Os ferroviários, em 1935, passaram a ter um diploma legal próprio.

Percebe-se que foram criadas diversas normas esparsas, sendo necessária a unificação das mesmas, que se deu no ano de 1940, através do Decreto-Lei n. 2.308, pelo que passamos a ter a regra utilizada até os temos de hoje, ou seja, a jornada de trabalho ordinária de 8 horas, e as previsões diferenciadas para determinadas profissões.

O Decreto-Lei e os regimes especiais de horário de trabalho foram regulamentados na Consolidação das Leis do Trabalho em 1943.

A Constituição Federal de 1988 manteve a jornada diária de trabalho de 8 horas, porém reduziu o limite semanal, que era de 48 horas, para 44 horas, derrogando CLT.[5]

Na mesma ocasião foi instituída a jornada de 36 horas semanais para os trabalhadores em turnos ininterruptos de revezamento.

3. CONCEITO DE DIREITOS HUMANOS

Os direitos humanos têm sido entendidos como a evolução humana acompanhada de fixação de novos métodos de proteção à vida humana e às suas melhores condições: na seara econômica, social, política e cultural.

Assim, os direitos humanos significam um processo de secularização e em constante evolução que identifica o Estado moderno; os direitos humanos seriam a moralidade inerente ao ordenamento jurídico.

A evolução e o desenvolvimento dos direitos humanos estão atrelados à evolução histórica quanto às questões sociais e controvertidas nos regimes políticos e sociais.

Os direitos humanos, sem dúvida, são direito moral universal, cabível a todos os homens, independentemente de condição social, cultural ou econômica. Um direito que não pode ser privado, algo que é devido a todos simplesmente pelo fato de ser humano.

Constata-se que esse processo de evolução alcançou uma conquista axiológica, reconhecendo-se o valor da pessoa humana e de todos os valores sociais, de maneira que os direitos humanos seriam embarcados pelos valores da liberdade, igualdade e fraternidade.

---

(5) MARTINS, Sergio Pinto. *Direito do trabalho*. 15. ed., 2002. p. 451.

Desta feita, denota-se que esses direitos estão atrelados nos princípios da dignidade da pessoa humana. Ressalta-se, ainda, que o conceito de direitos humanos se deve fazer presente, na medida em que a concepção sobre o homem, seus anseios e suas necessidades está constantemente em processo de transformação.

Resta claro que o valor da pessoa humana é fonte para o Direito.

3.1. *Diferença entre os direitos humanos e os direitos fundamentais e seus efeitos*

Ao contrário do que se imagina, não se confundem direitos humanos e direitos fundamentais, pois, na realidade, existem particularidades que os diferenciam.

Pois os direitos humanos são os direitos válidos para todos os povos em todos os tempos, ou seja, referem-se aos direitos naturais, ao jusnaturalismo, enquanto os direitos fundamentais são os direitos dos homens juridicamente positivados, em razão de uma localidade e um espaço de tempo que poderão trazer direitos fundamentais diferenciados de acordo com cada ordenamento jurídico.

Sendo assim, configuram-se direitos fundamentais aqueles direitos naturais do ser humano que, positivados por seu conteúdo e sua importância, passam a exercer eficácia jurídica das normas advindas dos direitos fundamentais.

É importante assinalar que os direitos fundamentais, justamente por serem direitos já reconhecidos e proclamados oficialmente — em nossa Constituição e em todas as convenções e nos pactos internacionais dos quais o Brasil é signatário —, não podem ser revogados por emendas constitucionais, leis ou tratados internacionais posteriores.

Os projetos de emenda constitucional da Presidência da República, no sentido do desmanche dos direitos trabalhistas, são, portanto, inconstitucionais. Isso significa que, além de naturais, universais e históricos, os direitos humanos são, também, indivisíveis e irreversíveis. São irreversíveis porque, à medida que são proclamados, tornando-se direitos positivos fundamentais, não podem mais ser revogados.

São indivisíveis porque, numa democracia efetiva, não se pode separar o respeito às liberdades individuais da garantia dos direitos sociais; não se pode considerar natural o fato de que o povo seja livre para votar, mas continue preso às teias da pobreza absoluta.

3.2. *Conceito de dignidade da pessoa humana*

A dignidade humana faz respeito com a obrigatoriedade do Estado e da sociedade em garantir respeito e consideração em relação a uma complexa gama de direitos e deveres fundamentais que assegurem a pessoa humana de quaisquer atentados a sua moral, ou mesmo qualquer ato de cunho degradante e desumano, e ainda a garantia de condições mínimas existenciais para uma vida saudável e a promoção e união entre todos os seres humanos.

Lembrando que, para o atingimento satisfatório de tais preceitos, se faz necessário um nível jurídico com o mínimo de segurança e tranquilidade, transparecendo confiança e respeitabilidade a sociedade.

Exercendo papel fundamental em habilitar o ser humano a construir parâmetros morais, como a concepção de que as pessoas devem ser tratadas com dignidade pelo simples fato de serem pessoas, com anseios e necessidades que devem ser respeitados.

A cidadania democrática pressupõe a igualdade diante da lei, a igualdade da participação política e a igualdade de condições socioeconômicas básicas, para garantir a dignidade humana. Essa terceira igualdade é crucial, pois exige uma meta a ser alcançada, não só por meio de leis, mas pela correta implementação de políticas públicas, de programas de ação do Estado. É aqui que se afirma, como necessidade imperiosa, a organização popular para a legítima pressão sobre os poderes públicos.

A cidadania ativa pode ser exercida de diversas maneiras, nas associações de base e nos movimentos sociais, em processos decisórios na esfera pública, como os conselhos, o orçamento participativo, a iniciativa legislativa, as consultas populares.

4. PRINCÍPIOS DO DIREITO LABORAL E OS DIREITOS FUNDAMENTAIS DO TRABALHADOR

Cumpre elucidar preliminarmente, diante da temática em destaque, um breve conceito do que seriam princípios.

De acordo com os preceitos clássicos do insigne jurista Miguel Reale (1991, p. 299), *"princípios são verdades fundantes de um sistema de conhecimento, como tais admitidas, por serem evidentes ou por terem sido comprovadas, mas também por motivos de ordem prática de caráter operacional, isto é, como pressupostos exigidos pelas necessidades da pesquisa e da praxis".*

Não podemos, todavia, confundir princípios com peculiaridades, eis que essas são restritas e adequadas, por exceção, a momentos específicos, enquanto aqueles são, necessariamente, gerais, atuando como pressuposto basilar, ou seja, como alicerce fundamental de uma ciência.

Destaquemos a posição do ilustre jurista Mauricio Godinho Delgado (2004, p. 184), ao relatar que princípio demonstra *"a noção de proposições que se formam na consciência das pessoas e dos grupos sociais, a partir de certa realidade, e que, após formadas, direcionam-se à compreensão, reprodução ou recriação dessa realidade".*

Com efeito, sob a detalhada óptica do autor mencionado no parágrafo anterior e em consonância com a preponderância doutrinária do ordenamento jurídico pátrio, revelam-se como princípios do direito individual do trabalho os seguintes: proteção; norma mais favorável; imperatividade das normas trabalhistas; indisponibilidade dos direitos obreiros; condição mais benéfica; inalterabilidade contratual lesiva;

intangibilidade contratual objetiva; intangibilidade salarial; primazia da realidade sobre a forma; continuidade da relação de emprego; in dubio pro operário; e maior rendimento.

Na órbita do processo trabalhista, tal matéria é bastante controvertida na doutrina, eis que os estudiosos do direito enumeram um vasto leque de princípios, de acordo com seus posicionamentos particulares. Há quem entenda que existam diversos princípios específicos no processo do trabalho, enumerando, dentre eles, os princípios da desconsideração da personalidade jurídica, da jurisdição normativa, da ultra e extrapetição, da iniciativa *ex officio* e da coletivização das ações. Entrementes, esses "princípios", em verdade, são particularidades que não pertencem, exclusivamente, à Justiça do Trabalho, o que, partindo dessa premissa, leva-nos a concluir, sem maiores questionamentos, que o único princípio informador eminentemente do processo do trabalho é o da proteção, o que será visto a seguir.

Por outro lado, direitos fundamentais são aqueles considerados indispensáveis aos indivíduos, necessários, portanto, para assegurar a todos uma existência digna, livre e igual. O renomado jurista Ingo Wolfgang Sarlet (2006, p. 35/36) entende que *"o termo 'direitos fundamentais' se aplica para aqueles direitos do ser humano, reconhecidos e positivados na esfera do direito constitucional positivo de determinado Estado"*.

Podem ser tais direitos, pois, divididos três gerações. Vejamo-las.

A primeira geração é a dos direitos fundamentais da liberdade, conhecidos em conjunto como direitos civis e políticos. Essa geração inclui os direitos à vida, liberdade, segurança, não discriminação racial, propriedade privada, à privacidade e ao sigilo de comunicações, ao devido processo legal, ao asilo ante as perseguições políticas, às liberdades de culto, à crença, consciência, opinião, expressão, associação e às reuniões pacíficas, à locomoção, residência, participação política, diretamente ou por meio de eleições.

Já a segunda geração dos direitos fundamentais, destarte, alberga os direitos da igualdade, os direitos sociais, econômicos e culturais, decorrendo de aspirações igualitárias inicialmente vinculadas aos Estados marxistas e social-democratas, alavancadas, posteriormente, no período pós-Segunda Guerra Mundial com o advento do Estado Social. Tem por objetivo garantir aos indivíduos condições materiais tidas por seus defensores como imprescindíveis para o pleno gozo dos direitos de primeira geração e, por isso, tende a exigir, do ente estatal, hodiernas intervenções na ordem social segundo critérios de justiça distributiva. Incluem os direitos à segurança social, ao trabalho e à proteção contra o desemprego, ao repouso e ao lazer, incluindo férias remuneradas, a um padrão de vida que assegure a saúde e o bem-estar individual e da família, à educação, à propriedade intelectual, bem como as liberdades de escolha profissional e de sindicalização.

Os direitos de terceira geração são aqueles consubstanciados na fraternidade ou solidariedade, a exemplo do direito à paz, ao desenvolvimento sustentável, à posse comum do patrimônio comum da humanidade, ao meio ambiente, dentre outros.

Destarte, partindo das premissas elucidadas, depreende-se que, efetivamente, existe uma diferença entre os princípios e os direitos fundamentais, ambos com nortes próprios enquanto atuação na órbita jurídica. Indubitável, portanto, tal posicionamento, ao qual, de plano, filiamo-nos.

É que os princípios, na seara laboral, destinam-se ao direito do trabalho como um todo, tutelando, indistintamente, a gama referente àqueles que podem se valer das normas trabalhistas enquanto determinada relação jurídica de direito material ou processual. Parte, nesta vertente, de uma relação voltada à tutela do Estado para com o jurisdicionado.

Realidade antagônica é a dos direitos fundamentais. Com efeito, esses, diferentemente daqueles, demonstram uma tutela voltada, com maior robustez, a determinadas situações jurídicas específicas dos indivíduos, pautados em regramentos constitucionalmente positivados.

De ordinário, deve-se salientar que os direitos fundamentais têm um relevante papel no âmbito dos direitos sociais laborais, porquanto limitam o poder disciplinar de comando do empregador impedindo a violação da dignidade da pessoa humana do trabalhador, especialmente em época de precarização dos direitos sociais, como ordinariamente vivemos.

Nesse prisma, destacam-se como fundamentais individuais os direitos: da personalidade (intimidade ou privacidade, liberdade de pensamento, liberdade de agir ou escolha e direitos intelectuais); ao trabalho; de não ser discriminado; à igualdade; à defesa da dignidade moral; à proteção da vida, saúde, integridade física e do meio ambiente do trabalho; econômicos básicos (pagamento de salário capaz de satisfazer às necessidades do obreiro) etc.

Demonstram-se, por sua vez, como fundamentais coletivos os direitos: de organização sindical; de negociação coletiva; de greve; e à jurisdição.

5. DA RESPONSABILIDADE SOCIAL

Nessa busca incessante de garantir a eficácia do cumprimentos dos direitos humanos, assegurados pela positivação dos direitos fundamentais, a responsabilidade social vem na contramão dessa obrigação positivada, já que é um conceito que vem sendo discutido, pois mais refere-se a uma obrigação ética e moral do que a uma obrigação formal das empresas.

Pois refere-se à busca não apenas de lucros, mas, sim, ao equilíbrio do bem-estar de seus colaboradores e da comunidade.

Pois a responsabilidade reflete as ações efetivadas, cuja prática beneficie toda uma sociedade, e ainda que essa prática não advenha da obrigatoriedade legal, mas, sim, apenas para a intenção de criar uma imagem construtiva e responsável perante aquela sociedade.

Segundo Oded Grajew, diretor presidente do Instituto Ethos,[6]

(...) "o conceito de responsabilidade social está se ampliando, passando da filantropia, que é relação socialmente compromissada da empresa com a comunidade, para abranger todas as relações da empresa: com seus funcionários, clientes, fornecedores, acionistas, concorrentes, o meio ambiente e as organizações públicas e estatais".

Uma empresa é responsável pelos atos que afetem diretamente seus funcionários e a todos aqueles que estão interligados, de alguma maneira, à prestação de seus serviços, como também ao indivíduo que recebe as modificações decorrentes dessa empresa indiretamente. Por isso, há de se ter cuidado com o papel que será exercido na sociedade, tomar decisões corretas para o bem comum, não só visando a sua lucratividade.

As empresas que antes eram vistas apenas como um empreendimentos baseado no capital, hoje são vistas de outra forma. Faz-se necessário ressaltar que, além do fator capital, a mão de obra e as matérias-primas são fundamentais para o funcionamento de qualquer estabelecimento, por isso, a nova visão social não é mais um olhar utópico da sociedade, mas, primordialmente, um olhar para a realidade.

Ações de conscientização e mesmo o aplicar de medidas sociais são o que irão moldar o perfil das pessoas, seus costumes, a forma de agir e pensar em relação a si e ao meio em que convive. Uma comunidade pode ser transformada pela atitudes de seus líderes, assim como todo meio de convívio estabelecido em sociedade.

A nova postura empregada pelos responsáveis das empresas estreita o relacionamento com seus funcionários, os prestadores de serviço, o governo, o meio ambiente, aqueles que recebem seus serviços e a população em geral.[7]

Atitudes de responsabilidade social fazem parte de uma nova política empresarial. As organizações passam a ter uma visão ética diferente, a mudança de postura vai além dos paradigmas, anteriormente pregados, ou preestabelecidos.

Significa mudança de atitude, a perspectiva de gestão empresarial com foco na qualidade das relações e na geração de valor para todos.

É importante lembrar que a responsabilidade social é, ainda, um processo em crescimento no Brasil, sendo necessária a constante promoção do desenvolvimento sustentado da sociedade como um todo.

---

(6) Fundado em 1998 por um grupo de empresários e executivos, o instituto Ethos de Empresas e Responsabilidade Social é uma organização sem fins lucrativos, caracterizada como OSCIP (Organização da Sociedade Civil de Interesse Público).
(7) O Bradesco tem como política de gerenciamento de recursos humanos a valorização do potencial humano.

As empresas privadas precisam se adequar ao novo molde que se vê no mundo inteiro; e empregar seu capital de forma socialmente "aprovada" não é uma questão de cumprir seu papel de empresa correta, por pagar seus impostos e estar em dia com o Estado.

A questão abrange a imagem que terão de sua empresa, de como é feita a contribuição para a sociedade e para o meio ambiente.

Não há empresas baseadas apenas no cumprimento de seus deveres estabelecidos em lei, existe um papel de conscientizador, formador de opinião. A parcela de contribuição das empresas para com a sociedade contemporânea abrange uma postura mais social e menos capitalista.

O posicionamento de qualquer setor na sociedade moderna influenciará diretamente na forma como será vista pelos seus clientes. Quem gostaria de comprar ou ter a prestação de um serviço cujo fornecedor ou prestador de serviço agrida o meio ambiente ou deixe obscuro sua forma de agir em relação a determinado assunto? Certamente, a preferência será por aquele serviço ou produto que demonstrar flexibilidade e adequação às necessidades do público, atendendo às expectativas sociais.[8]

Portanto, o que se espera de uma empresa está definido ou inserido no pensamento, nos ensejos do cidadão socialmente engajado nas causas da humanidade.

Cabe às empresas se adequar ao novo contexto que se firmou em relação à responsabilidade social, ou perderão espaço comercialmente e, o que realmente importa, deixarão de praticar sua função social.[9]

6. CONCEITOS E CLASSIFICAÇÕES DA JORNADA DE TRABALHO

6.1. Da jornada de trabalho

A doutrina conceitua a jornada de trabalho através de três teorias:

A primeira teoria, do tempo efetivamente trabalhado, exclui da contagem da jornada os períodos em que não há a efetiva prestação de serviços, que não podem ser aceitos em função de existirem períodos de descanso remunerado, previstos na própria legislação, que são considerados como tempo de serviço, como os intervalos interjornada.

A segunda teoria, do tempo à disposição do empregador, entende que conta-se como tempo de serviço todo o tempo em que o empregado permanece no estabelecimento do empregador, independentemente do horário do início do trabalho.

A terceira teoria é a do tempo à disposição do trabalhador, dentro ou fora do estabelecimento da empresa, abrangendo o tempo *in itinere*, ou seja, além do tem-

---

(8) A responsabilidade social se apresenta como tema cada vez mais importante no comportamento das organizações, exercendo impactos nos objetivos, nas estratégias e no próprio significado da empresa.
(9) *Responsabilidade social da empresas*. Ed. Juarez de Oliveira, 2007. p. 123.

po à disposição do empregador no seu estabelecimento; há também aquele que o empregado usa para o deslocamento de sua residência para o trabalho e vice-versa.

A terceira, aceita pelo Direito do Trabalho Brasileiro, é a teoria do tempo à disposição do empregador, pois não seria possível a aplicação da primeira teoria, porque a própria legislação pátria determina descansos interjornadas que deverão ser considerados tempo de serviço, e tampouco a terceira teoria, pois, nas grandes cidades, o custo para as empresas seria imenso e provavelmente limitaria as contratações dos empregados que residissem próximo ao estabelecimento da empregadora ou, de outra forma, geraria diferenças gritantes entre os valores de remuneração dos diversos empregados, em função da distância da residência de cada um.

Embora o Direito Trabalhista Brasileiro tenha adotado a segunda teoria, em algumas situações, a legislação, bem como a jurisprudência já pacificada, adota a terceira teoria.

Isso ocorre na legislação previdenciária de caracterização de Acidente do Trabalho, que é considerado também no deslocamento da residência trabalho e vice-versa.

Ocorre ainda a adoção da terceira teoria, pela jurisprudência, na consideração de horas *in itinere*, quando a empresa está localizada em região distante, não servida por transporte público regular.

Nesse caso, considera-se como jornada de trabalho o período de tempo em que o empregado permanece no transporte fornecido pelo empregador, não pelo simples fato de ser cedido pelo empregador, mas, sim, por não haver outro tipo de transporte na região.

6.2. *Classificação da jornada de trabalho*

A jornada de trabalho considerada comum, ou ordinária, é a que se desenvolve dentro dos limites estabelecidos em normas jurídicas, jornada regida pela CLT e pela Constituição Federal.

A jornada de trabalho extraordinária, ou ainda chamada de jornada suplementar, é aquela que ultrapassa os limites normais e é prevista em contrato.

A jornada de trabalho limitada é aquela que prevê o final para sua prestação à jornada de trabalho ilimitada, na qual a lei não prevê um termo final.

Contamos ainda com a jornada de trabalho contínua, aquela que é computada de forma corrida, sem intervalos.

Há ainda a jornada de trabalho intermitente, quando há sucessivas paralisações.

Em relação ao período de duração, também há várias vertentes. Contamos com as jornadas diurnas, aquelas compreendidas entre as 5 e as 22 horas.

A jornada noturna é aquela desenvolvida entre as 22 horas de um dia e as 5 horas do outro dia.

A jornada de trabalho mista é a que transcorre tanto no período noturno como no período diurno.

E, por derradeiro, devemos citar a jornada de trabalho estabelecida por revezamento, que pode ser semanal ou quinzenal, quando o trabalhador em um período, trabalha de dia e, em outro período à noite.

Outro aspecto a ser analisado na jornada de trabalho se dá quanto à condição pessoal do trabalhador, ou seja, jornada de trabalhado de homens, mulheres, adultos e menores.

Quanto à remuneração, pode ser a jornada acrescida de adicionais ou não.

E, ainda, quanto à rigidez do horário, pois há jornadas inflexíveis e flexíveis; essas últimas não são previstas em lei brasileira, porém a lei não impede que sejam praticadas; são jornadas nas quais os empregados não têm horário fixo para iniciar ou terminar o trabalho.

6.3. Conceito e formas da jornada extraordinária

São as horas laboradas que ultrapassam a jornada de trabalho normal fixada por lei, convenção coletiva, sentença normativa ou contrato individual do trabalho.

Advém do acordo entre as partes, tendo por fim legitimar a prorrogação da jornada normal. O acordo pode ter a forma escrita, que pode ser um documento assinado pelo empregado expressando a sua concordância em fazer horas extras, em se tratando de ajustes entre sindicatos, empresas. A forma será a convenção coletiva ou o acordo coletivo.

Tem cabimento a todo o contrato de trabalho, como regra geral, todavia, há exceções que devem ser respeitadas; o fundamento legal é a CLT, art. 59, que declara que a duração normal do trabalho poderá ser acrescida de horas suplementares, em número não excedente de duas, mediante acordo escrito entre empregador e empregado, ou mediante convenção coletiva de trabalho.

A duração do período em labor extraordinário se dará por prazo determinado, pois o acordo é um contrato. Sua duração terminará com o termo final previsto entre as partes.

Caso não haja o prazo determinado, sua eficácia estender-se-á durante toda a relação de emprego, por ser possível o distrato, pois o acordo tem natureza contratual, pode ser desfeito pelos mesmos meios com os quais se constituiu, ou seja, o distrato, ato bilateral e que deve ser expresso.

Os efeitos desse trato estão previstos no art. 7º, da Constituição Federal; os efeitos do acordo são salariais, pois geram a obrigação do pagamento de adicional de horas extras de pelo menos 50%, que pode chegar a 100%, caso haja acordo prévio, convencionado em Convenção Coletiva de Trabalho, e/ou Acordo Coletivo de Trabalho.

Havendo o acordo estipulado, o empregado não pode se recusar ao cumprimento, quando for convocado.

7. PARTICULARIDADES DAS EXIGÊNCIAS DA REALIZAÇÃO DA HORA EXTRA

7.1. Força maior

O art. 501 da CLT prevê, em caso de acontecimentos imprevisíveis, inevitáveis, para o qual o empregador não concorreu. Nesses casos, a própria lei permite o trabalho de forma extraordináia.

7.2. Serviços inadiáveis

Quando houver a necessidade de trabalho em jornada extraordinária, destinada à conclusão de serviços inadiáveis, ou seja, que devem ser concluídos na mesma jornada de trabalho, não podem ser terminados na jornada seguinte, sem que haja prejuízos, basta a ocorrência do fato, o serviço inadiável, para que as horas extras possam ser exigidas do empregado, em número máximo de até quatro horas por dia, sempre remuneradas com adicional mínimo de pelo menos 50%.

7.3. Reposição de paralisações

As horas extras para a reposição de paralisações, quando um empregador sofrer paralisações decorrentes de causas acidentais ou de força maior, o art. 61, § 3º, da CLT autoriza a empresa a exigir a reposição de horas durante as quais o serviço não pode ser prestado, mediante prévia concordância da DRT e durante o período máximo de 45 dias por ano, com até duas horas extras por dia.

7.4. Exclusão da obrigatoriedade no pagamento da hora extra

Nem todo empregado é protegido pelas normas sobre a jornada diária de trabalho, a exclusão se dá em razão das funções exercidas; são os casos do gerente, regido pelo art. 62 da CLT, e ainda dos empregados domésticos, que são abrangidos pela jornada de trabalho ordinária, já que contam com legislação específica.

8. ACORDO DE COMPENSAÇÃO DE HORAS

A compensação de horas prevista na CLT significa que, durante o período que servirá de parâmetro, as horas além das normais serão remuneradas sem adicional de horas extras; completado o prazo estipulado, o empregador terá de fazer o levantamento do número de horas, nas quais o empregado trabalhou durante esse período; não haverá nenhum pagamento adicional a ser efetuado, no entanto, se ultrapassar o período de compensação, o empregador terá de pagar as horas excedentes com o adicional legal, inclusive haverá a incidência nos reflexos sobre o pagamento já efetuado nos meses anteriores do período. A empresa estará obrigada a completar as diferenças.

A Constituição Federal, no art. 7º, inciso XIII, admite a compensação de horas através de acordo ou convenção coletiva, porém, a inobservância da forma obrigatoriamente escrita, prejudicará a eficácia do acordo (Enunciado n. 85 do TST).

9. DOS INTERVALOS LEGAIS PREVISTOS À JORNADA DE TRABALHO

9.1. Conceito de intervalos

Para Sergio Pinto Martins,[10] intervalos para descanso são "períodos na jornada de trabalho, ou entre uma e outra, em que o empregado não presta serviços, seja para se alimentar ou para descansar".

Já para Mauricio Godinho Delgado,[11] "os períodos de descanso conceituam-se como lapsos temporários regulares, remunerados ou não, situados intra ou intermódulos diários, semanais ou anuais do período de labor, em que o empregado pode sustar a prestação de serviços e sua disponibilidade perante o empregador, com o objetivo de recuperação e implementação de suas energias ou de sua inserção familiar, comunitária e política".

Assim, percebe-se que o intervalo para descanso e refeição visa ao bem-estar do trabalhador que se ausenta desse com o intuito de repor suas energias despendidas durante parte da jornada de trabalho, fazendo com que o obreiro possa cumprir o restante do trabalho com o mesmo empenho inicial.

9.2. Relevância dos intervalos para descanso

A relevância dos intervalos tem crescido ao longo da evolução do Direito do Trabalho. A intensificação de suas relações com as matérias relativas à profilaxia dos riscos ambientais de trabalho tem elevado sua importância nesse ramo jurídico especializado.

Esse *status* influi também, de modo significativo, o debate acerca da imperatividade ou não das normas que os regulamentam no âmbito do contrato empregatício.

A relevância dos intervalos para Amauri Mascaro Nascimento "é permitir a restauração de energias do organismo, a lei obriga a concessão de intervalos ao empregado".

Referida preocupação com o trabalhador em recuperar as energias se deve ao fato de que a empresa não deve pensar apenas em lucros momentâneos e imediatos, pois, partindo da premissa de que o descanso serve para a reposição de energias, o trabalhador, ao recompô-las, produzirá com qualidade e eficiência bem melhor.

---

(10) *Direito do trabalho*. 15. ed. São Paulo: Atlas, 2001. p. 493.
(11) *Curso de Direito do Trabalho*. 3. ed. São Paulo: LTr, 2004. p. 917.

Nesse caso, a empresa irá ter um funcionário mais disposto e produtivo e, consequentemente, o lucro será maior do que se o obreiro ficasse trabalhando por oito horas sem pausa para repor a fadiga do labor diário.

Diante disso, podemos dizer que o intervalo para descanso e refeição é meio de proteção à saúde e à condição do trabalho do empregado.

10. JORNADAS ESPECIAIS

Neste capítulo, iremos abordar a jornada de trabalho para algumas categorias diferenciadas.

10.1. Jornada dos bancários

A jornada dos bancários é de seis horas diária. No entanto, o art. 224, § 2º, da CLT excepciona dessa regra aqueles empregados que exerçam cargos de direção, gerência, fiscalização, chefia e equivalentes, desde que a gratificação não seja inferior a um terço do salário.

Com isso, tornou-se comum no meio bancário a nomenclatura de gerência para algumas atividades, não importando se essas têm ou não cargo de gestão, a fim de livrar as instituições bancárias do pagamento adicional da hora suplementar.

O texto legal trouxe inúmeras discussões sobre o assunto, o que desencadeou a formulação de três sumulas e três orientações jurisprudenciais do TST a respeito. Atualmente, todas essas foram incorporadas à Súmula n. 102 do TST.

Por fim, admite-se a não remuneração como jornada suplementar além de seis horas para o empregado que exerça cargo de gerência que importe, no contexto real da relação de empregado, o vínculo de confiança entre esse e a empresa. A confiança, nesse caso, está ligada ao poder concedido pela empresa a esse cargo bancário que, apesar de exercer cargo de confiança, não exerce nenhum poder diretivo sobre os demais empregados.

A jurisprudência também tem como parâmetro o pagamento de gratificação superior a um terço do salário. Ou seja, apesar de o empregado exercer cargo de gerência, a remuneração extraordinária será devida se ele não receber a dita gratificação.

10.2. Jornada das telefonistas

Os serviços de telefonia, por sua natureza, geram fadiga física e psíquica, notadamente estresse, justificando a tutela especial prevista nos arts. 227 a 231 da Consolidação das Leis do Trabalho; *in verbis*:

> Art. 227. Nas empresas que explorem o serviço de telefonia, telegrafia Submarina ou subfluvial, de radiotelegrafia ou de radiotelefonia, fica estabelecida para os respectivos operadores a duração máxima de 6 (seis) horas contínuas de trabalho por dia ou 36 (trinta e seis) horas semanais.

§ 1º Quando, em caso de indeclinável necessidade, forem os operadores abrigados a permanecer em serviço além do período normal fixado neste artigo, a empresa pagar-lhes á extraordinariamente o tempo excedente com acréscimo de 50% (cinquenta por cento) sobre o seu salário-hora normal.

§ 2º O trabalho aos domingos, feriados e dias santos de guarda será considerado extraordinário e obedecerá, quanto à sua execução e remuneração, ao que dispuserem empregadores e empregados em acordo, ou os respectivos sindicatos em contrato coletivo de trabalho.

Não constou do art. 227 da CLT intervalo de 15 minutos — como, a respeito, referiu-se o legislador no art. 224, § 1º, da CLT (tutela do trabalho bancário).

Mesmo assim, entende-se que aplica-se o disposto no art. 71, § 1º, da CLT, que prevê intervalo de 15 minutos para jornada que, ultrapassando quatro horas, não exceda seis horas diárias.

Havia discussão sobre a aplicação dos arts. 227 a 231 da CLT.

Entendem alguns que somente empregados de empresas que atuassem nos serviços indicados no art. 227, *caput*, da CLT poderiam ser enquadrados na jornada especial ali mencionada. Todavia, a Súmula n. 178 do TST pacificou o assunto:

"Súmula n. 178 — Telefonista. Art. 227, e parágrafos, da CLT: Aplicabilidade." (grifo nosso)

É aplicável à telefonista de mesa de empresa que não explora o serviço de telefonia o disposto no art. 227 e seus parágrafos da CLT. Ex-prejulgado n. 59.

10.3. Jornada de trabalho dos empregados domésticos

Não há previsão legal para a jornada de trabalho de empregados domésticos, devendo ser negociado livremente entre as partes.

10.4. Serviço de mecanografia

Mecanografia, para Antônio Soares Amora, é a *"arte, técnica ou processo de utilização de máquinas datilográficas, taquigráficas, contábeis, computadores"*.[12]

A caracterização a que se possa aferir com precisão a figura do digitador, no sentido específico e necessário do termo, há de se ter em mente que se cuida de profissional diferenciado e, como tal, desempenha atividades com características e normas técnicas próprias. Imprescindível, assim, para que se reconheça a presença do digitador que a atividade seja exercida de modo permanente e esteja envolta num âmbito específico de processamento de dados.

Assim, o legislador, atento a funções desgastantes por causa de movimentos repetitivos que poderiam ser prejudiciais a saúde do trabalhador, assegurou com supedâneo no art. 72 do Diploma Trabalhista um intervalo para que esse recuperasse suas energias.

---

(12) AMORA, Antônio Soares. *Minidicionário da Língua Portuguesa*. 7. ed. São Paulo: Saraiva, 2000.

Nos serviços permanentes de mecanografia, datilografia, escrituração e cálculos, a cada período de 90 minutos de trabalho consecutivo haverá um intervalo de 10 minutos que não será deduzido da duração normal de trabalho.[13]

Os serviços de mecanografia explicitados no art. 72 são meramente exemplificativos e não taxativos, justamente por serem arrolados entre parênteses, podendo outros serviços ser enquadrados na hipótese vertente. É o caso do operador de telex. Para evitar o acúmulo de ações requerendo a concessão do mencionado intervalo, por analogia, o Tribunal Superior do Trabalho pacificou entendimento através da Súmula n. 346.[14]

Frisa-se, também, que o entendimento majoritário de nossos tribunais é no sentido que não basta apenas que o trabalho seja na frente do computador, esse deve ser contínuo.

DIGITADOR — REQUISITOS DA FUNÇÃO — Não basta trabalhar com computador para ser classificado como digitador e, assim, fazer jus aos repousos previstos no art. 72 da CLT. É preciso que os serviços de digitação sejam continuados. Se o forem, os benefícios da lei devem ser assegurados. (TRT R. RA 00182-2003-010-05-00-0 — (6.905/04) — 2ª T. — rel. juiz Raymundo Pinto — J. 25.3.2004)

Outra questão que surge é a respeito de a não concessão do intervalo ser ou não paga como hora extra em razão da falta de previsão da lei, tendo em vista que o art. 71, § 4º, da CLT, é claro ao aplicar penalidade pela não concessão.

Diante dessa questão surgem controvérsias; uns entendendo que a não concessão do intervalo não gera o pagamento dessas como horas extras, por falta de previsão legal, já outros entendem que devem, sim, ser pagas como horas extras, pois o empregado está à disposição do empregador, quando deveria estar descansando, repondo suas energias, porque o patrão infringiu dispositivo legal, não podendo esse ser beneficiado por ato ilegal.

10.5. Mineiros

Mineiros são trabalhadores que exercem suas funções nos subsolos, em locais de pouca ventilação, úmidos, que são prejudiciais à saúde do trabalhador, por isso o legislador, para assegurar a integridade física desse obreiro, fixou um intervalo para descanso.

---

(13) "Art. 72. Nos serviços permanentes de mecanografia (datilografia, escrituração ou cálculos), a cada período de noventa minutos de trabalho consecutivo corresponderá um repouso de dez minutos não deduzidos da duração normal do trabalho."
(14) "Súmula n. 346 — DIGITADOR. INTERVALOS INTRAJORNADA. APLICAÇÃO ANALÓGICA DO ART. 72 DA CLT. Os digitadores, por aplicação analógica do art. 72 da CLT, III, equiparam-se aos trabalhadores nos serviços de mecanografia (datilografia, escrituração ou cálculo), razão pela qual têm direito a intervalos de descanso de 10 (dez) minutos a cada 90 (noventa) de trabalho consecutivo. (Res. n. 56/1996, DJ 28.6.1996)."

A Consolidação das Leis do Trabalho, em seu art. 298, determina que: "Em cada período de três horas consecutivas de trabalho, será obrigatória uma pausa de quinze minutos para repouso, a qual será computada na duração normal de trabalho efetivo". A regra, como já visto nos tópicos anteriores, diz que o intervalo para descanso não se computa na jornada de trabalho. Uma das exceções é o empregado que trabalha nos subsolos, como o mineiro.

Assim, o intervalo de 15 minutos para repouso após o período de três horas consecutivas de trabalho é computado na jornada de trabalho; caso contrário, o empregador deverá pagar de maneira indenizada.

Cuida, ainda, a CLT para que a empresa exploradora de minas forneça ao trabalhador alimentação adequada à natureza do trabalho, conforme instruções do Ministério do Trabalho,[15] sendo essa alimentação para, e não pelo trabalho, não terá a natureza salarial.

A constitucionalidade do art. 301, que restringe a homens entre 21 a 50 anos o trabalho no subsolo, é discutível face à Constituição Federal vedar a discriminação em razão de sexo e de idade.

10.6. *Frigoríficos*

O art. 253 da Consolidação das Leis do Trabalho prevê o intervalo de vinte minutos, a cada uma hora e quarenta minutos de labor contínuo, para os empregados que trabalham no interior de câmara frigorífica ou para os que movimentam mercadorias do ambiente quente ou normal para o frio e vice-versa.

Vale ressaltar que as situações previstas na norma não são acumulativas, incidindo o seu conteúdo quando houver ambiente artificialmente frio ou quando houver percurso entre ambientes frios e quentes.

A previsão do art. 253 do diploma trabalhista não se aplica apenas aos empregados que exercem suas funções para empregador frigorífico, mas a todos aqueles que possuem câmara fria. E as atividades aí configuradas não se restringem ao trabalho contínuo dentro das referidas câmaras, mas estendem-se aos empregados que movimentam mercadorias do ambiente quente para o frio e vice-versa.

---

(15) A Portaria n. 3.214/78 instituiu a NR-22 dispondo sobre Segurança e Medicina do Trabalho em Mina — Trabalhos Subterrâneos, que, além de ressaltar as normas consolidadas e determinar várias outras, torna obrigatório o "exame médico para admissão de candidatos a trabalhos em minas; estabelece para o trabalho que for desenvolvido parte no subsolo e parte na superfície, duração da parte complementar calculada, tendo-se em vista a proporção de seis horas no subsolo, para oito horas na superfície e vice-versa, sendo que mesmo o trabalho desempenhado somente no subsolo poderá ser prorrogado por até 8 horas diárias e 44 semanais, através de acordo escrito entre empregado e empresa, ou contrato coletivo de trabalho, submetidos à prévia autorização da autoridade competente em matéria de segurança e medicina do trabalho, remunerando-se as horas que ultrapassarem a 63 diária, com adicional de hora extra".

Considera-se como ambiente de trabalho artificialmente frio, para o caso em comentário, o que for inferior, na primeira, na segunda e na terceira zona climática do mapa oficial do Ministério do Trabalho, a 15 graus; na quarta zona, a 12 graus; e na quinta, sexta e sétima zona, a 10 graus (parágrafo único do art. 253 da CLT).

Assim configurado, faz jus o empregado aos intervalos previstos no dispositivo legal em análise que, não concedidos no decorrer do pactuado, devem ser ressarcidos como hora extra.

10.7. Jogador de futebol

A Lei n. 9.615/98 e suas alterações silenciaram ante a jornada de trabalho dos atletas profissionais.

Contudo, entendemos que no silêncio da lei específica que regula a jornada de trabalho do jogador de futebol deve-se aplicar a Constituição Federal, art. 7º, XIII,[16] da Consolidação das Leis do Trabalho.

Segundo a norma constitucional, a exceção à regra das oito horas diárias é a compensação de horários, mediante acordo (individual ou coletivo) ou convenção coletiva.

A norma constitucional só não se aplica às relações de trabalho doméstico, pois o parágrafo único do art. 7º não estendeu a esses empregados a limitação do inciso XIII.

Até mesmo o art. 62, II, da Consolidação das Leis do Trabalho, que trata do não pagamento de horas extras a gerentes, encontra defensores da tese de sua não aplicação frente à determinação constitucional.

Portanto, os atletas profissionais têm jornada de trabalho de oito horas e duração semanal de 44, incluindo-se os treinamentos e períodos de exibição.

No que tange aos intervalos intrajornada e interjornada dos atletas profissionais, tanto a Lei n. 6.354/76 quanto a Lei n. 9.615/98 silenciaram a respeito dos intervalos para repouso e alimentação (intrajornada) e os destinados a descanso de uma jornada a outra (interjornada).

Com efeito, no que tange ao descanso durante as partidas, o § 2º do art. 71 não tem aplicação nesse caso, uma vez que se trata de intervalo típico da prática desportiva, ou seja, para que o atleta reponha e se reconstitua dentro do próprio jogo. Esse intervalo assemelha-se ao previsto no art. 72[17] da Consolidação Leis

---

(16) "Art. 7º São direitos dos trabalhadores urbanos e rurais, além de outros que visem à melhoria de sua condição social:
XIII — duração do trabalho normal não superior a oito horas diárias e quarenta e quatro semanais, facultada a compensação de horários e a redução da jornada, mediante acordo convenço coletiva de trabalho."

(17) *"Art. 72. Nos serviços permanentes de mecanografia (datilografia, escrituração ou cálculos), cada período de noventa minutos de trabalho consecutivo corresponderá um repouso de dez minutos não deduzidos da duração normal do trabalho."*

Trabalho, que é aplicado por analogia, ou seja, serão computados os intervalos na jornada e sua duração semanal.

10.8. Músico

O músico no Brasil era, de início, situação jurídica do artista disciplinada pelo Decreto n. 5.492/28. Posteriormente, a Lei n. 3.857/60 criou a Ordem dos Músicos do Brasil e dispôs sobre a Regulamentação do Exercício da Profissão de Músico, cuja atividade é livre em todo o território nacional, observados os requisitos da capacidade técnica e outras condições estipuladas em lei.

Para efeito dessa lei não será feita nenhuma distinção entre o trabalho do músico e o do artista músico, a que se refere o Decreto n. 5.492/28.

Em inconsequência dessa afirmativa, a doutrina admite a possibilidade de coexistência da Lei n. 3.857/69 com a Lei n. 6.533/78, podendo ser utilizada supletivamente essa última, que é geral, com a anterior, que particulariza o artista musical.

Esclarecida a cronologia das leis que regem os músicos, passaremos a discorrer apenas a respeito dos músicos empregados, como conceitua o art. 61 da Lei n. 3.857/60, sendo que esse estará sob a égide dos preceitos trabalhistas; embora, com a Emenda n. 45 da Constituição Federal, todos os demais trabalhadores também estejam, ficaremos restritos apenas aos músicos empregados. Neste sentido é a Súmula n. 312 do STF.

A duração normal do trabalho dos músicos, computados o período de ensaio e aquele em que estiver à disposição do empregador, não poderá exceder cinco horas, excetuados os casos previstos na lei (arts. 41 e 48 da Lei n. 3.857/60).

A duração normal do trabalho poderá ser elevada a seis horas, nos estabelecimentos de diversões públicas, tais como cabarés, boates, dancings, táxi-dancings, salões de dança e congêneres, onde atuem dois ou mais conjuntos. A hora excedente será paga como hora normal, acrescida de, pelo menos, 50%.

Em todos os casos de prorrogação do período normal de trabalho haverá, obrigatoriamente, um intervalo para repouso de trinta minutos, no mínimo.

O intervalo para refeição é de uma hora (art. 41, § 2º da Lei n. 3.857/60) e não será computado como tempo de serviço; já os demais intervalos que ocorrerem na duração do trabalho, como também as prorrogações, serão computados como tempo de serviço.

Nos espetáculos de ópera, bailado e teatro musicado, a duração normal do trabalho, para fins de ensaios, poderá ser dividida em dois períodos, separados por intervalos de várias horas, em benefício do rendimento artístico, e desde que a tradição e a natureza do espetáculo exijam (art. 43 da Lei n. 3.857/60).

Nos ensaios gerais, destinados à censura oficial, poderá ser respeitada a duração normal da jornada do trabalho (art. 41, parágrafo único), evidentemente com o pagamento de horas extras, uma vez que os riscos dos empreendimentos, inclusive artísticos, deverão ser suportados pelo empregador.

A cada período de seis dias consecutivos de trabalho corresponderá um dia de descanso semanal remunerado obrigatório, que contará do quadro de horário afixado pelo empregado. Em seguida, a cada período diário de trabalho deverá haver um intervalo de onze horas, no mínimo, destinado ao repouso do trabalhador.

O empregador deverá manter em lugar visível, no local de trabalho, quadro discriminativo do horário dos músicos em serviço (art. 54, *a*, da Lei n. 3.857/60).

10.9. Marítimos

Os trabalhadores marítimos executam, a bordo, os serviços necessários à navegação com segurança e a manutenção das embarcações. Tem vínculo empregatício com armador da embarcação. Diferentemente dos demais trabalhadores, os marítimos laboram e residem no próprio local de trabalho. Passam até meses afastados do convívio de suas famílias.[18]

Os direitos dos trabalhadores marítimos estão previstos nos arts. 248 a 250 da CLT; a jornada do marítimo é de oito horas, sendo que haverá supostas horas extras ou de sobreaviso, além da jornada em turno ininterrupto de revezamento, quando o empregador estiver embarcado.[19]

Mais uma vez o legislador prestigiou a saúde do trabalhador quando preceituou o art. 248, § 2º, do Diploma Trabalhista, determinando um intervalo quando fosse verificado prejuízo à saúde do obreiro.

11. DESCANSOS DA MULHER PREVISTOS NA CLT

Os descansos, no que tangem às mulheres trabalhadoras, estão contidos nos arts. 382 a 386 da Consolidação das Leis do Trabalho, e ainda há um outro intervalo destinado não especificamente à mulher, mas, sim, ao filho da mulher, que é tratado no art. 396 da mesma Consolidação.

Contudo, Mauricio Godinho Delgado[20] afirma que a "norma contida no art. 383 *é discriminatória, a mulher, haja vista que não houve diferença do intervalo segundo a extensão das jornadas contidas superiores a 4 horas e horas; inferiores a 6 (em vez dos 15 minutos acolhidos para este caso pelo art. 71, da CLT)*".

---

(18) Manual do trabalho Portuário e Ementário. Secretaria de Inspeção do Trabalho do Ministério do Trabalho e Emprego. Brasília, 2001. "Os trabalhadores marítimos são espécie do gênero aquaviário. LESTA define os aquaviários da seguinte forma: "aquaviário é todo aquele com habilitação certificada pela autoridade marítima para operar embarcações em caráter profissional." O Decreto n. 2.596/98, ao regulamentar a LESTA, classificou os aquaviários nos seguintes grupos: marítimos, fluviários, pescadores, mergulhadores, práticos, agentes de manobra e docagem."
(19) N. 96 — MARÍTIMO A permanência do tripulante a bordo do navio, no período de repouso, além da jornada, não importa presunção de que esteja à disposição do empregador ou em regime de prorrogação de horário, circunstâncias que devem resultar provadas, dada a natureza do serviço.
(20) *Curso de Direito do Trabalho*. 3. ed. São Paulo: LTr. 2004.

A crítica do jurista seria no sentido de que antes da Constituição Federal de 1988, havia uma discriminação em relação à mulher celetista, sendo certo que hoje referido dispositivo choca-se com o princípio da igualdade entre homens e mulheres, portanto, o dispositivo contido na Consolidação das Leis do Trabalho era discriminatório.

Além dos dispositivos expressos na Consolidação das Leis do Trabalho em relação ao período de descanso da mulher, podemos destacar ainda o art. 396,[21] que também trata de um descanso, só que especial, destinado à mulher na fase de amamentação.

O mencionado dispositivo infraconstitucional, muito embora esteja dentro do capítulo destinado à mulher, refere-se ao filho menor que necessita de alimentação.

No mesmo sentido a Convenção n. 3 da OIT, de 1916, que já realçava, como um dos principais aspectos sobre o que deve recair a proteção da lei, as facilidades.

No entanto, surge uma dúvida na lei ao dispor sobre o direito de amamentação. Afirma-se que apenas a empregada terá direito a dois descansos especiais de 30 minutos durante a jornada (CLT, art. 396). Não diz expressamente que devam ser concedidos no início, meio ou fim, bastando que seja durante a jornada.

Não vemos, assim, como dizer que esses períodos devam ser fixados no meio da jornada ou após o decurso de um certo lapso de tempo de trabalho, especialmente na hipótese de obreira sujeita a seis horas diárias e diante da realidade das distâncias que a trabalhadora tem de percorrer para chegar ao trabalho.

Outra dúvida que surge é que a lei não dispõe que esses intervalos serão ou não deduzidos ou computados na jornada de trabalho como tempo à disposição do empregador, ao contrário dos arts. 72, 253 e 298 da Consolidação das Leis do Trabalho.

Assim, deve-se entender que esses intervalos são deduzidos de trabalho e jornada, e não devem ser remunerados.

12. DOS INTERVALOS DOS PETROLEIROS

A Lei n. 5.811/72, no seu art. 1º, define como petroleiros os "empregados que prestam serviços em atividades de exploração, perfuração, produção e refinação de petróleo, bem como na industrialização do xisto, na indústria petroquímica e no transporte de petróleo e seus derivados por meio de dutos".

O art. 7º, inciso XIV, da Constituição Federal, recepcionou a Lei n. 5.811/72, que regulamenta especialmente as condições de trabalho dos petroleiros e daqueles que laboram em plataforma marinha, conferindo-lhes vantagens e garantias bens mais favoráveis do que a jornada de seis horas, assegurada pela Constituição da República, prevista para os trabalhadores que laboram em turnos ininterruptos de revezamento, de modo geral.

---

(21) Art. 396. CLT. "Para amamentar o próprio filho, até que este complete 6 (seis) meses de idade, a mulher terá direito, durante a jornada de trabalho, a dois descansos especiais, de meia hora cada um."

Para pacificar os conflitos, no que se refere à recepção pela constituição da Lei n. 5.811/72, o Tribunal Superior do Trabalho sumulou o entendimento que foi recepcionado, sim, tendo em vista que estabelece condições de trabalho especiais e mais benéficas para os petroleiros.[22]

13. DOS INTERVALOS DOS TRABALHADORES RURAIS

As relações de trabalho rural são reguladas pela Lei n. 5.889/73, e a consolidação das Leis do Trabalho é aplicada de forma subsidiária.

Os serviços intermitentes são os executados em duas ou mais etapas diárias; não serão computados como tempo de serviço os intervalos entre etapas, desde que haja ressalva de tal hipótese na CTPS do empregado (art. 6º da Lei n. 5.889/73).

Em qualquer trabalho contínuo de duração superior a seis horas, será obrigatória a concessão de um intervalo para repouso e alimentação de acordo com os usos e costumes da região e não conforme a previsão da Consolidação das Leis do Trabalho (art. 5º da Lei n. 5.889/73).

No entanto, diante dessa afirmativa, surgem muitas controvérsias tanto na doutrina quanto na jurisprudência, visto que há quem argumente que o art. 71 da Consolidação das Leis do Trabalho não é aplicável no âmbito do trabalho rural.

Contudo, diante da igualdade de direitos entre trabalhador urbano e rural, preconizada pelo *caput* do art. 70 da Constituição Federal, não se verifica, no ordenamento constitucional, justificativa para afastar o direito do rurícola ao gozo do intervalo mínimo de uma hora para refeição e descanso, referendado pelo Decreto regulamentador do trabalho rural, observados os usos e costumes de cada região. Assim já se posicionou o TRT — 15ª Região:

> TRABALHADOR RURAL — INTERVALO INTRAJORNADA — ART. 71 DA CLT — APLICABILIDADE — É perfeitamente aplicável aos trabalhadores rurais o intervalo intrajornada previsto no art. 71 da CLT. (TRT 15ª R. — Proc. 15302/04 — (19193/04) — T. rel. juíza Elency Pereira Neves — DOE 4.6.2004 — p. 34)

Já outros sustentam a inaplicável penalidade do art. 71, § 4º, do Consolidado ao rurícola, porque é contrária ao art. 50 da Lei n. 5.889/73, que submete o intervalo para repouso e alimentação aos usos e costumes da região.[23]

---

(22) N. 391 — PETROLEIROS. LEI N. 5.811/1972. TURNO ININTERRUPTO DE REVEZAMENTO. HORAS EXTRAS E ALTERAÇÃO DA JORNADA PARA HORÁRIO FIXO. (conversão das Orientações Jurisprudenciais ns. 240 e 333 da SDl-I) I — A Lei n. 5.811/72 foi recepcionada pela CF/88 no que se refere à duração da jornada de trabalho em regime de revezamento dos petroleiros. (ex-OJ n. 240 — Inserida em 20.6.2001) II — A previsão contida no art. 10 da Lei n. 5.811/1972, possibilitando a mudança do regime de revezamento para horário fixo, constitui alteração lícita, não violando os art. 468 da CLT e 7º, VI, da CF/1988. (ex-OJ n. 333 — DJ 9.12.2003)

(23) (TRT R. — ROPS 01089-2003-011-15-00-4 (Ac. 26556/2004) (Proc. Orig. 01089/2003) — 6ª T. — rel. juíza Olga Aida Joaquim Gomieri — DOESP 16.7.2004)

CONSIDERAÇÕES FINAIS

O propósito do artigo é analisar a importância do trabalho na vida do ser humano, pois é por meio do trabalho que o ser humano se edifica, com o decorrer da história da humanidade é que se percebe todos os movimentos revolucionários ao entorno do trabalho.

A história da humanidade demonstra que o trabalho foi avaliado por diversos prismas e que o direito ao trabalho é um direito humano fundamental; para que haja sua efetividade plena, caberá à sociedade exigir do Estado Democrático de Direito que cumpra as normas constitucionais de eficácia imediata.

É mister mencionar que a promulgação da Declaração Universal dos Direitos Humanos foi um grande divisor de águas, já que trouxe a importância de se assegurar o Direito do Trabalho como norma fundamental, que alicerça a perspectiva de muitos outros direitos fundamentais, pois a dignidade da pessoa humana também será construída com o exercício do direito ao trabalho digno.

Pois o trabalho edifica o ser humano em todos os sentidos, seja na seara econômica, social ou filosófica.

É o trabalho que traz ao ser humano suas realizações financeiras, porém, para que haja um aproveitamento desses frutos, é necessário que o trabalho seja incorporado à vida do ser humano como uma atividade equilibrada, e que os demais direitos fundamentais possam ser exercidos de maneira plena.

Por isso a jornada de trabalho exerce suma importância na vida do trabalhador, já que é responsável por uma boa parcela do dia, pois, além da jornada que compreende aquela referente à contratação, há também o dispêndio de horas destinadas ao deslocamento do trabalhador ao seu local de trabalho, hora, salvo exceção, que não é computada na jornada de trabalho; porém, nesse período são desperdiçadas a saúde e a energia do trabalhador, e por esse esforço não há remuneração.

Os trabalhadores das grandes capitais chegam a dispensar em razão do trabalho catorze horas por dia, o que compromete e muito as demais atividades que completam a busca da dignidade, pois, com uma jornada como essa, há o cerceamento do convívio familiar, a impossibilidade da prática de esporte, impedimento no avanço dos estudos, entre outros prejuízos.

Jornadas de trabalho excessivas comprometem a saúde do trabalhador, já que esse não tem a mesma qualidade de produção de trabalho. O Direito do Trabalho é uma ciência em constante evolução e deve refletir as necessidades da sociedade.

Por isso, faz-se necessário um enquadramento do ordenamento jurídico nas realidades atuais; uma latente necessidade é a revisão quanto à jornada de trabalho ordinária de oito horas para todo o Brasil. Como foi explanado no decorrer do artigo, o ordenamento jurídico vislumbra outras jornadas em razão de categorias diferenciadas.

Porém, as dimensões continentais do Brasil trazem à tona várias realidades diferentes, o que gera uma complexidade na solução do assunto.

Saltam aos olhos a necessidade de alterações da carga horária ordinária praticada no Brasil, pois, como já dito, as realidades de cada região se diferem, por isso é necessária a previsão de uma jornada de trabalho diferente para cada região do Brasil, devendo ser levado em conta diversos aspectos, tais como distâncias, tempo gasto no trânsito, produtividade da região, capacidade de habilitação do trabalhador, já que não há como falar em igualdade aos desiguais.

REFERÊNCIAS BIBLIOGRÁFICAS

ALMEIDA, André Luis Paes de Almeida. *Direito do Trabalho*. 7. ed., São Paulo: Rideel, 2009.

ALEXANDRINO, Marcelo; PAULO, Vicente. *Manual do Direito do Trabalho*. 13. ed., São Paulo: Editora Metódo, 2003.

ABUD, Claudia José. *Jornada de trabalho e a compensação de horários*. São Paulo: Atlas, 2008.

BASILE, Cesar Reinaldo Offa. *Direito do Trabalho*. Vol. 27, 2. ed., Coleção Sinopses Jurídicas.

CARRION, Valentin. *Comentários à Consolidação das Leis do Trabalho*. 20. ed. São Paulo: Saraiva, 1995.

DELGADO, Mauricio Godinho. *Jornada de trabalho e descansos trabalhistas*. 3. ed., São Paulo: LTr, 2003.

DERVICHE, Vitor Rafael. *Súmulas, Orientações Jurisprudenciais e Precedentes Normativos do Tribunal Superior do Trabalho*. 6. ed., São Paulo: Editora Método, 2009.

Equipe de pesquisas ADCOAS — Jornada de Trabalho.

GOMES, Orlando; GOTTSCHALK, Élson. *Curso de Direito do Trabalho*. 16. ed., Rio de Janeiro: Editora Forense, 2004.

KELLER, Werner. *O Direito ao trabalho como direito fundamental*. 13. ed., São Paulo: LTr, 2011.

LEITE, Carlos Henrique Bezerra. *Curso de Direito Processual do Trabalho*. 7. ed., São Paulo: LTr, 2009.

MAGANO, Otavio Bueno. *Primeiras lições de Direito do trabalho*. 3. ed., São Paulo: RT, 2003.

MARTINS, Sergio Pinto. *Direito do Trabalho*. 2. ed., São Paulo: Malheiros, 1995.

_____. *Direito do Trabalho*. 25. ed., São Paulo: Atlas, 2009.

NASCIMENTO, Amauri Mascaro. *Iniciação ao Direito do Trabalho*. 28. ed., São Paulo: LTr, 2002.

OLIVEIRA, Francisco Antonio. *Comentários aos enunciados do TST*. São Paulo: RT, 1993.

RIBEIRO, Eraldo Teixeira. *Curso de Rotinas Práticas de Direito e de Processo do Trabalho*. 4. ed., Porto Alegre, 2001.

SAAD, Eduardo Gabriel. *CLT Comentada*. 36. ed., São Paulo: LTr, 2003.

SILVA, Homero Batista Mateis. *Curso de Direito do Trabalho aplicado*. Vol. 3, São Paulo, 2003.

OS TURNOS ININTERRUPTOS DE REVEZAMENTO NA ATIVIDADE PETROLÍFERA CONFORME LEI N. 5.811/79

Flavia Gomes de Oliveira

Graduanda em Direito na Universidade Nove de Julho — UNINOVE.
Integrante de Projeto de Iniciação Científica.

Rose Cleide Alves Bezerra

Especialista pela Pontifícia Universidade Católica de São Paulo (2004).
Atualmente é Efetiva da EE Homero Fernando Milano.

Os Turnos Ininterruptos de Revezamento na Atividade Petrolífera conforme Lei n. 5.811/79

1. INTRODUÇÃO

Este artigo objetiva examinar o instituto dos turnos de revezamento especificamente no desenvolvimento da atividade petrolífera. No entanto, não se busca o exaurimento do tema, mas tão somente fornecer os esclarecimentos necessários para o entendimento do que é de fato e suas consequências aos trabalhadores.

Primeiramente, deve-se ter em mente que "todo trabalho está previsto para um limite de duração diária ou jornada... Esse limite, articulado com o de duração semanal, resulta da preocupação de não se exigir do organismo humano mais do que ele possa dar, naturalmente, em cada tipo de atividade".[1]

A jornada de trabalho possui natureza mista, coexistindo elementos com característica pública e privada.

As normas que versam sobre a duração do trabalho têm um fundamento de ordem fisiológica, que é o de "tutelar a integridade física do obreiro, evitando-se a fadiga, e de ordem econômica, que se baseia no fato de o empregado ter o rendimento aumentado e a produção aprimorada".[2]

Como se sabe, a Lei n. 5.811/72 instituiu o trabalho prestado em regimes especiais de turnos ininterruptos de revezamento e de sobreaviso, destinados à indústria do petróleo. Conforme preconizado pelo dispositivo, a jornada de trabalho em turnos ininterruptos de revezamento seria de oito ou de doze horas, em conformidade com a localização das instalações de trabalho.

A partir da promulgação da Constituição da República evidenciou-se antinomia entre essas jornadas de turnos e o conteúdo do art. 7º, inciso XIV, da Lei Maior, que limitou em seis horas por jornada o trabalho realizado em tal regime.

---

(1) PINTO, José Augusto Rodrigues. *Curso de direito do trabalho*. 5. ed. São Paulo: LTr, 2003. p. 366.
(2) BARROS, Alice Monteiro de. *Curso de direito do trabalho*. 2. ed. São Paulo: LTr, 2006. p. 631.

2. HISTÓRICO

Até meados de 1800, na maioria dos países da Europa, a jornada de trabalho era de 12 a 16 horas, inclusive entre mulheres e crianças, somente após inúmeros protestos surgiu a limitação da jornada para 8 horas.

Em 1891, o Papa Leão XIII, na Encíclica *Rerum Novarum*, já se preocupava com a limitação da jornada de trabalho. A referida Encíclica previa que: "o número de horas de trabalho diário não deve exceder a força dos trabalhadores, e a quantidade do repouso deve ser proporcional à qualidade do trabalho, às circunstâncias do tempo e do lugar, à compleição e saúde dos operários."

Texto este que exerceu certa influência na redução da jornada de trabalho, e muitos países passaram a limitar a jornada diária de trabalho em oito horas.

A Declaração Universal dos Direitos do Homem, de 1948, em seu artigo XXIV, fixou que deveria haver uma limitação razoável das horas de trabalho.

No Brasil o Decreto n. 21.186, de 22.3.1932, em seu art. 121, § 1º, fixou a jornada no comércio em 8 horas e a Constituição de 1934 determinou que o trabalho diário não devesse exceder oito horas, horas estas reduzíveis, mas só prorrogáveis nos casos previstos em lei.

A Constituição de 1937, no art. 137, bem como a Constituição de 1946 também acompanharam tal redação de lei.

Ocorre que a Constituição de 1967, art. 158, inciso VII, acrescentou que tal duração de jornada, qual seja, 8 horas diárias, deveria conter intervalo para descanso.

A CLT de 1º.5.1943 incorporou a regra geral do Decreto n. 2.308 de 13.6.1904 que estabeleceu a jornada de 8 horas diárias.

A vigente Constituição de 1988 traz à baila em seu art. 7º, inciso XIII, que a duração do trabalho normal não será superior a oito horas diárias e quarenta e quatro semanais e facultada a compensação de horários e a redução da jornada, mediante acordo ou convenção coletiva de trabalho; e no inciso XIV que a jornada de seis horas para o trabalho realizado em turnos ininterruptos de revezamento, salvo negociação coletiva.

Assim pensa Mauricio Godinho Delgado, ao assinalar que: "A Constituição da República apreendeu, de modo exemplar, essa nova leitura a respeito da jornada e duração laborativas e do papel que têm no tocante à construção e implementação de uma consistente política de saúde no trabalho. Por essa razão é que a Carta de 1988, sabiamente, arrolou como direito dos trabalhadores a "redução dos riscos inerentes ao trabalho, por meio de normas de saúde, higiene e segurança"[3].

---

(3) DELGADO, Mauricio Godinho. *Curso de direito do trabalho*. 4. ed. São Paulo: LTr, 2005. p. 831.

3. REGIME DE TRABALHO NA ATIVIDADE PETROLÍFERA

Assim, a lei específica n. 5.811/1972, plenamente recepcionada pela Constituição Federal de 1988, dispõe sobre o regime de trabalho dos empregados em atividades de exploração, perfuração, produção e refinamento de petróleo, bem como na industrialização do xisto, na indústria petroquímica e no transporte de petróleo e seus derivados por meio de dutos, aplicando-se as disposições contidas na Consolidação das Leis do Trabalho (CLT) e legislação complementar, nos casos não contemplados pela norma específica.

Segundo o art. 2º da lei especial, o empregado que presta serviços na atividade petrolífera poderá ser mantido em seu posto de trabalho sob o regime de revezamento, sempre que for imprescindível à continuidade operacional.

Para o trabalho desenvolvido nas referidas atividades, poderão ser adotados dois tipos de regimes de revezamento: de 8 horas diárias e de 12 horas, quando se tratar de atividades cuja exploração, perfuração e produção, transferência de petróleo possam ser no mar ou em áreas terrestres distantes ou de difícil acesso.

No regime de revezamento em turnos de 8 horas, além dos direitos previstos na legislação trabalhista comum, como, por exemplo, férias, 13º salário etc., os empregados fazem jus às seguintes parcelas:

a) pagamento do adicional de trabalho noturno com acréscimo de, no mínimo, 20% sobre a hora diurna. Frise-se que, segundo a Súmula n. 112 do Tribunal Superior do Trabalho (TST), os empregados que exercem as atividades enumeradas na lei específica não fazem jus à hora reduzida de 52 minutos e 30 segundos (art. 73, § 2º, da CLT);

b) pagamento, em dobro, da hora do repouso e alimentação suprimida, em virtude de o empregado permanecer em disponibilidade no local de trabalho ou nas suas proximidades, a fim de garantir a normalidade das operações ou para atender aos imperativos de segurança industrial;

c) alimentação gratuita, no posto de trabalho, durante o turno em que estiver em serviço;

d) transporte gratuito para o local de trabalho;

e) parcelas asseguradas em convenção ou acordos coletivos de trabalho;

f) repouso de 24 horas consecutivas para cada 3 turnos trabalhados.

Por outro lado, no regime de revezamento em turnos de 12 horas os empregados têm assegurados, além dos direitos acima elencados, alojamento coletivo gratuito e adequado ao seu descanso e higiene e repouso de 24 horas consecutivas para cada turno trabalhado. Porém o empregado não pode trabalhar nem sob o regime de revezamento em turno de 12 horas, nem em regime de sobreaviso, por período superior a 15 dias consecutivos.

Ocorre, porém, que quando o empregado está engajado em trabalhos de apoio operacional das atividades petrolíferas ou de geologia de poço, ou quando responsável pela supervisão das operações de atividades de exploração, perfuração produção e transferência de petróleo no mar ou em áreas terrestres distantes ou de difícil acesso, poderá ser mantido no regime de sobreaviso durante as 24 horas do dia, quando se tornar imprescindível a continuidade das operações, desde que não ultrapasse o limite de 12 horas de trabalho efetivo.

Saliente-se, por pertinente, que a lei define como regime de sobreaviso o período de 24 horas em que o empregado fica à disposição do empregador para duas finalidades distintas: prestar assistência aos trabalhos normais, ou no atendimento das necessidades ocasionais de operação.

Direitos assegurados a empregados nessa situação:

a) alimentação gratuita, no posto de trabalho, durante o turno em que estiver em serviço;

b) transporte gratuito para o local do trabalho;

c) alojamento coletivo gratuito;

d) remuneração acrescida de pelo menos 20% do salário-básico, a fim de compensar a eventualidade de trabalho noturno ou a variação de horário para repouso e alimentação, entendendo-se como salário-básico a importância fixa mensal de retribuição do trabalho prestado na jornada normal, antes do acréscimo de vantagens, incentivos ou benefícios, a qualquer título;

e) repouso de 24 horas consecutivas para cada período de 24 horas em que permanecer de sobreaviso.

Importante mencionar que o transporte, o alojamento e a alimentação do empregado que trabalha em plataforma não constituem salário-utilidade ou *in natura*, para nenhum fim de direito, posto que a empresa tem a obrigação legal de fornecê-los como um "plus" de conforto e condições básicas para que a prestação de serviço se torne possível.

Sendo assim, transcrevemos, para melhor análise, os incisos I e III do § 2º e § 3º, ambos do art. 458 da CLT, que deverão ser interpretados de maneira harmônica com as demais disposições legais, em textual:

Art. 458. (...)

§ 2º Para os efeitos previstos neste artigo, não serão consideradas como salário as seguintes utilidades concedidas pelo empregador:

I — vestuários, equipamentos e outros acessórios fornecidos aos empregados e utilizados no local de trabalho, para a prestação do serviço;

III — transporte destinado ao deslocamento para o trabalho e retorno, em percurso servido ou não por transporte público;

§ 3º A habitação e a alimentação fornecidas como salário-utilidade deverão atender aos fins a que se destinam e não poderão exceder, respectivamente, a 25% (vinte e cinco por cento) e 20% (vinte por cento) do salário-contratual.

Outro ponto interessante ocorre nas duas hipóteses em que o empregado poderá pedir ao empregador indenização quando, por iniciativa do empregador, o regime de trabalho for alterado, ocasionando redução ou supressão de vantagens, haverá indenização correspondente ao pagamento único da média das vantagens recebido nos últimos 12 meses anteriores à mudança, para cada ano ou fração igual ou superior a 6 meses de permanência no regime de revezamento ou sobreaviso; ou quando o empregado for excluído do regime de revezamento que, neste caso, não se constitui alteração ilícita do contrato de trabalho. Nesse sentido, vejamos a Súmula n. 391 do TST, em textual:

> Súmula n. 391 — Petroleiros. Lei n. 5.811/72. Turno Ininterrupto de Revezamento. Horas Extras e Alteração da Jornada para horário fixo. (conversão das Orientações Jurisprudenciais ns. 240 e 333 da SBDI-1) — Res. n. 129/2005 — DJ 20.4.2005.
>
> I — A Lei n. 5.811/72 foi recepcionada pela CF/88 no que se refere à duração da jornada de trabalho em regime de revezamento dos petroleiros. *(ex-OJ n. 240 — Inserida em 20.6.2001)*
>
> II — A previsão contida no art. 10 da Lei n. 5.811/72, possibilitando a mudança do regime de revezamento para horário fixo, constitui alteração lícita, não violando os arts. 468 da CLT e 7º, VI, da CF/1988. *(ex-OJ n. 333 — DJ 9.12.2003)*.

Saliente-se ainda a importância do *caput* do art. 468 da CLT, traduzindo a hipótese de alteração lícita do contrato de trabalho, em textual.

> Art. 468. Nos contratos individuais de trabalho só é lícita a alteração das respectivas condições por mútuo consentimento, e ainda assim desde que não resultem, direta ou indiretamente, prejuízos ao empregado, sob pena de nulidade da cláusula infringente desta garantia.

4. DO REGIME DE TURNO ININTERRUPTO DE REVEZAMENTO

Segundo o Projeto de Lei n. 856/95, o texto do art. 2º, em seu § 1º, da Lei n. 5.811, seria alterado para:

> O regime de revezamento em turno de seis horas será adotado nas atividades previstas no art. 1º, ficando a utilização do turno de doze horas restrita às seguintes situações especiais.

O texto proposto entra em franca contradição com o art. 7º, inciso XIV, da Carta Constitucional, que, conforme sustentado acima, somente admite exceções ao limite de seis horas quando resultantes de negociação coletiva de trabalho que, em contrapartida, introduza alguma outra vantagem a compensar a manutenção de turnos de 8 e 12 horas.

Nos exemplos conhecidos (PETROBRÁS, CSN, e empresas petroquímicas) a pactuação coletiva "compensou" a agressão ao organismo do trabalhador, significada pelo turno ininterrupto prolongado, com a adoção de uma relação mais benéfica entre turno trabalhado e repouso remunerado.

Logo, a proposta é inconstitucional, implicado aí o desgaste de sua sustentação, e como prejudicial aos trabalhadores, por admitir o turno de doze horas sem a devida negociação coletiva de trabalho.

Como alternativa surge a seguinte redação para o art. 2º, em seu § 1º:

> O regime de revezamento em turno de seis horas será adotado nas atividades previstas no art. 1º, salvo negociação coletiva, a qual poderá estabelecer o turno de oito horas para as mesmas, ou o de doze horas para as situações de confinamento.

Dessa forma o dispositivo estaria em concordância com o mandamento constitucional, e ao mesmo tempo estabeleceria critérios e um teto razoável ao resultado da pactuação coletiva — no limite esta não poderia ultrapassar o regime anteriormente previsto pela Lei.

Há algum tempo, o Tribunal Superior do Trabalho tratou de conflito em que se discutia a redução ficta em turnos ininterruptos de revezamento, para os quais o art. 7º, inciso XIV, da Constituição fixou limite de seis horas, salvo negociação coletiva. O TST também se posicionou de forma a ressalvar a redução ficta da hora noturna em tal hipótese, pois o trabalho em turnos ininterruptos de revezamento não se compatibiliza com o cômputo da jornada noturna como reduzida, uma vez que supõe a fixação de 4 turnos de 6 horas para cobrir as 24 horas do dia.

No mesmo sentido Sérgio Pinto Martins assevera que: "O intervalo para refeição não vai descaracterizar o turno, assim como o repouso semanal também não o desqualificaria (art. 7º, XV, da CF), por serem direitos do trabalhador, visto que a Lei Maior apenas estabelece direitos mínimos, cabendo ao legislador ordinário complementá-los."[4]

5. PRINCIPAIS ADICIONAIS DA ATIVIDADE PETROLÍFERA

Outra questão que merece destaque diz respeito aos principais adicionais que poderão ser aplicados neste tipo de atividade petrolífera:

---

(4) MARTINS, Sergio Pinto. *Direito do trabalho*. 11. ed., rev., atual. e ampl., São Paulo: Atlas, 2000. p. 460.

1) Adicional de Transferência, segundo as hipóteses do art. 469 da CLT, abaixo transcrito:

> Art. 469. Ao empregador é vedado transferir o empregado, sem a sua anuência, para localidade diversa da que resulta do contrato, não se considerando transferência a que não acarretar necessariamente a mudança do seu domicílio.
>
> § 1º Não estão compreendidos na proibição deste artigo: os empregados que exercem cargos de confiança e aqueles cujos contratos tenham como condição, implícita ou explícita, a transferência, quando esta decorra de real necessidade de serviço.
>
> § 2º É lícita a transferência quando ocorrer extinção do estabelecimento em que trabalhar o empregado.
>
> § 3º Em caso de necessidade de serviço, o empregador poderá transferir o empregado para localidade diversa da que resulta do contrato, não obstante as restrições do artigo anterior, mas, nesse caso, ficará obrigado a um pagamento suplementar, nunca inferior a 25% dos salários que o empregado percebia naquela localidade, enquanto durar essa situação.

2) Adicional de hora extra: na hipótese de a jornada de trabalho superar os limites legais, ou aquele fixado no contrato, o empregado deverá receber uma adicional de horas extras de, no mínimo, 50% sobre a remuneração da hora normal.

3) Horas *in itinere*, conforme o art. 58, § 2º, da CLT, dispondo que o tempo despendido pelo empregado da residência até o local de trabalho e vice-versa, por qualquer meio de transporte, não poderá ser computado na jornada de trabalho, exceto quando o empregador fornecer a condução e se tratar de local de difícil acesso (como as plataformas marítimas) ou não servido por transporte público.

4) Adicional de Periculosidade. Caracteriza-se como trabalho em condições de periculosidade a prestação de serviços em áreas ou operações que, pela natureza ou métodos de trabalho, acarretam contato permanente com inflamáveis ou explosivos em condições de risco acentuado, assegurando ao empregado a percepção do adicional de 30% sobre a remuneração, nos termos do art. 193 da CLT.

Diante das considerações descritas nesta breve exposição, temos em resumo que:

As empresas prestadoras de serviço de atividade petrolífera não possuem apenas responsabilidade trabalhista perante seus funcionários, têm, fundamentalmente, uma responsabilidade social extra com a comunidade (leia-se, ambiental);

Cada caso, seja de um funcionário da própria empresa de petróleo ou gás, ou de um funcionário da prestadora de serviço, merece, e deve ser analisado, segundo o seu tipo de responsabilidade trabalhista, visando, principalmente, prevenir implicações judiciais e dissabores futuros;

É necessário explorar o subsolo, em terra ou no mar, com responsabilidade. "Crescimento sustentável" não é apenas um chavão. A frase representa uma razão sensata e deve servir de conscientização entre o louvável objetivo de evolução diária do ser humano, e a indispensável harmonia com os recursos naturais existentes.

6. EXCESSO DE JORNADA E FADIGA

Fadiga é a sensação de fraqueza, falta de energia e exaustão. É o efeito do esforço continuado, que provoca uma redução reversível da capacidade do organismo e uma degradação qualitativa desse trabalho, causada por um conjunto complexo de fatores, cujos efeitos são cumulativos.

Outrossim, "sabe-se que esse trabalho é muito desgastante para o empregado, pois o ritmo circadiano, correspondente ao relógio biológico do ser humano, que controla variações de temperatura, segregação de hormônios, digestão, sono, é alterado constantemente, tratando-se, portanto, de um trabalho penoso."[5]

Significa cansaço ou esgotamento provocado por excesso de trabalho físico ou mental e consequentemente autointoxicação pela liberação de leucomaínas no cérebro, aumento de ácido láctico nos músculos e creatinina no sangue e diminuição da resistência nervosa conducente a acidentes. Reduz a potência muscular, induz ao desconforto e dor e acredita-se que, em longo prazo, contribua para o desenvolvimento de distúrbios e lesões.

Destacam Rodrigo Filus e Maria Lúcia Okimoto, em estudos realizados na Universidade do Paraná, com apoio em Ribeiro e Lacaz, que: "Dentro de certo limite, o esforço físico leva o indivíduo a uma fadiga recuperável por meio do repouso. Contudo, quando esse estado de fadiga é ultrapassado frequentemente, irá acumulando um desgaste residual que o levará a uma fadiga crônica, que ocorre quando o indivíduo fatigado, desrespeitando os seus próprios limites, continua executando o seu labor normalmente ou até mantido na situação de laborar em regime de horas extras, agredindo seu corpo e aumentando o problema, que se tornará insuportável e poderá evoluir drasticamente."[6]

É certo que não se pode determinar um padrão único de reação dos indivíduos diante da ação de um fator agressivo. A avaliação de cada um exige testes individualizados, em que os níveis das substâncias químicas presentes no organismo e que se manifestam diante da carga de trabalho seriam medidas e indicariam os respectivos limiares, o que não se encontra presente nos exames realizados quando da admissão do empregado.

---

(5) MARTINS, Sergio Pinto. *Direito do trabalho*. 11. ed., rev., atual. e ampl., São Paulo: Atlas, 2000. p. 458.
(6) FILUS, Rodrigo; OKIMOTO, Maria Lúcia. O efeito do tempo de rodízios entre postos de trabalho nos indicadores de fadiga muscular — o ácido lático. In: *14º Congresso Brasileiro de Ergonomia*. Curitiba, 2006.

Isso não impede, contudo, que sejam identificados no ambiente de trabalho fatores condicionantes do estado de fadiga física, entre os quais podem ser mencionados:

a) esforço físico superior à capacidade muscular;
b) alteração do equilíbrio hidroeletrolítico, como a que ocorre em trabalhos em ambientes quentes;
c) *duração e intensidade do trabalho*;
d) esgotamento das reservas de substâncias energéticas nos músculos, como ocorre quando o indivíduo vai executar um trabalho e não tem o aporte alimentar adequado para aquela atividade.

A Síndrome da Má-adaptação ao Trabalho em Turnos engloba um conjunto de sintomas inespecíficos, que ocorrem em trabalhadores de turnos rodiziantes e, principalmente, no turno noturno fixo, como resultado da inabilidade do indivíduo para inverter seus ritmos circadianos e adaptar-se aos programas de rotação de turnos e ao trabalho noturno.

A Síndrome da Má-adaptação inclui sintomas agudos (dentro do primeiro mês) e sintomas crônicos (cinco anos ou mais). Entre os sintomas agudos temos: insônia (sono diminuído e de menor qualidade), sonolência excessiva no trabalho, mal-estar, perturbações do humor, erros e acidentes aumentados, problemas familiares e sociais, o que provoca desistências precoces etc.

Os sintomas crônicos podem incluir: doenças gastrointestinais — azia, diarreia, gastrite, ulceração péptica e constipação intestinal — doença cardiovascular, desordens do sono, abuso do consumo de substâncias que podem iniciar pelo álcool ou drogas para dormir, depressão, fadiga, absenteísmo, disforia — perturbação mórbida ou mal-estar provocado pela ansiedade — separação e divórcio, provocando abandono do trabalhador do sistema de trabalho em turnos ou mesmo a sua morte.

Alguns fatores de risco são relevantes e parecem contribuir para o aparecimento e agravamento dos sintomas e incluem idade, conviver com familiares que possuem uma rotina diurna e baixa tolerância individual à ruptura do ritmo circadiano, desordens do sono, asma, diabetes mellitus, doença arterial coronária, desordens psiquiátricas, epilepsia e desordens gastrointestinais.

Os sintomas estão relacionados com a alteração transitória das inter-relações normais das fases dos diversos ritmos fisiológicos entre si e a dessincronização entre os ritmos biológicos e o meio ambiente.

Mauricio Godinho Delgado identifica o excesso de trabalho como fator de redução dos riscos no trabalho e legitima as ações voltadas para garantir o efetivo gozo dos intervalos destinados ao descanso do empregado:

"É importante enfatizar que o maior ou menor espaçamento da jornada (e duração semanal e mensal do labor) atua, diretamente, na deterioração ou melhoria das condições de trabalho na empresa, comprometendo ou aperfeiçoando uma estratégia de redução dos riscos e malefícios inerentes ao ambiente de prestação de serviços. Noutras palavras, a modulação da duração do trabalho é parte integrante de qualquer política de saúde pública, uma vez que influencia, exponencialmente, a eficácia das medidas de medicina e segurança do trabalho adotadas na empresa. Do mesmo modo que a ampliação da jornada (inclusive com a prestação de horas extras) acentua, drasticamente, as probabilidades de ocorrência de doenças profissionais ou acidentes do trabalho, sua redução diminui, de maneira significativa, tais probabilidades da denominada "infortunística do trabalho".[7]

7. CONCLUSÃO

Diante do exposto, imperioso concluir que o turno ininterrupto de revezamento é modalidade admitida pela ordem constitucional e legal, permitindo-se que, diante de trabalhos que exijam que a atividade não se interrompa, como no caso em tela, a atividade petrolífera, sob pena de sofrer prejuízos imensuráveis, o trabalho permaneça sendo executado durante as 24 (vinte e quatro) horas do dia, sendo que o trabalhador deve ter o turno de trabalho alternado semanal, quinzenal ou mensalmente, de modo que tenha a sua rotina de trabalho alterada.

A previsão constitucional que reconhece a possibilidade de flexibilização da jornada de trabalho de seis horas diárias nos turnos ininterruptos de revezamento, por meio de negociação coletiva, não pode ultrapassar o limite, igualmente estabelecido pela Constituição, de trinta e seis horas trabalhadas ao longo da semana.

É imperioso observar o limite constitucional de trinta e seis horas semanais, uma vez que a redução do labor em turnos ininterruptos de revezamento decorre de condições mais penosas à saúde do trabalhador, portanto, acordo coletivo de trabalho que fixa turnos ininterruptos de revezamento, extrapolando o limite de trinta e seis horas semanais, contraria disposições de ordem pública protetivas do trabalhador.

8. REFERÊNCIAS BIBLIOGRÁFICAS

BARROS, Alice Monteiro de. *Curso de direito do trabalho*. 2. ed. São Paulo: LTr, 2006. p. 631.

DELGADO, Mauricio Godinho. *Curso de direito do trabalho*. 4. ed. São Paulo: LTr, 2005.

---

(7) DELGADO, Mauricio Godinho. *Curso de direito do trabalho*. 4. ed. São Paulo: LTr, 2005. p. 832.

FILUS, Rodrigo; OKIMOTO, Maria Lúcia. O efeito do tempo de rodízios entre postos de trabalho nos indicadores de fadiga muscular — o ácido lático. In: *14º Congresso Brasileiro de Ergonomia*. Curitiba, 2006.

MARTINS, Sergio Pinto. *Direito do trabalho*. 11. ed., rev., atual. e ampl. São Paulo: Atlas, 2000.

PINTO, José Augusto Rodrigues. *Curso de direito do trabalho*. 5. ed. São Paulo: LTr, 2003.

INOVAÇÃO TECNOLÓGICA E DIREITO NA SOCIEDADE DA INFORMAÇÃO: ACESSO JUDICIAL A MEDICAMENTOS

Irineu Francisco Barreto Júnior

Docente do Mestrado em Direito da Sociedade da Informação e Coordenador Adjunto do Curso de Graduação em Direito das Faculdades Metropolitanas Unidas — FMU-SP. Docente do Mestrado em Ciências Sociais da Universidade de Vila Velha — UVV-ES. Analista de Pesquisas da Fundação Seade — SP. Doutor em Ciências Sociais pela Pontifícia Universidade Católica de São Paulo — PUC/SP.

Miriam Pavani

Procuradora do Município de Mogi Guaçu e Professora do Curso de Graduação em Direito da Faculdade Mogiana do Estado de São Paulo — Famoesp. Mestre em Direito da Sociedade da Informação pelas Faculdades Metropolitanas Unidas — FMU-SP.

Inovação Tecnológica e Direito na Sociedade da Informação: Acesso Judicial a Medicamentos

INTRODUÇÃO

Este capítulo trata da crescente demanda de ações judiciais cujo pedido ao Poder Judiciário é o acesso a medicamentos frente ao avanço tecnológico, denominado Sociedade da Informação, e à constitucionalização do Direito à Saúde. Este incremento suscita questionamentos tanto na comunidade jurídica como no meio científico. A análise propõe-se debruçar sobre o tema judicialização do acesso à saúde relacionado ao cenário da Sociedade da Informação, consubstanciado pelo incremento tecnológico no campo da produção de medicamentos. Os avanços biotecnológicos possibilitaram a descoberta e o uso de anestésicos e drogas congêneres e o advento de antibióticos responsáveis pelo salvamento de vidas. Ainda, as ações das ciências e da tecnologia produziram e seguem produzindo sofisticada aparelhagem de suporte — fibra ótica, raio *laser*, diagnósticos por imagens, ultrassonografia, tomografia, ressonância, colonoscopia virtual, operações minimamente invasivas via laparoscópica, com imagem de altíssima resolução. Acrescente-se ainda a cirurgia robótica, realizada por robôs que seguem os comandos de um cirurgião que não precisa, necessariamente, estar no centro cirúrgico. Ela já está sendo experimentada em câncer de próstata e deverá se expandir tal como ocorreu com a videolaparoscopia. Esses são alguns dos exemplos mais recentes das transposições de avanços tecnológicos. Do uso das raízes ao desenvolvimento de técnicas cirúrgicas robóticas, a humanidade caminhou a passos largos. Segundo Manuel Castells, a tendência predominante nas sociedades é apagar a morte da vida. A meta é adiar e combater a morte e o envelhecimento em cada minuto da vida, com o apoio da ciência médica, do setor de saúde e das informações da mídia.[1]

---

(1) CASTELLS, Manuel. *A sociedade em rede*. São Paulo: Paz e Terra, 2000. The rise of the Network Society, 1997. Tradução: Roneide Venâncio Majer.

Destaque-se que tais mudanças somente se efetivaram pelo avanço das tecnologias, sobretudo nos países mais evoluídos, onde é produzida tecnologia de modo mais acelerado e com maior eficiência. Em todos os campos — medicina, agricultura, educação, telecomunicações — as novas tecnologias contribuem para a evolução do conhecimento em todas as áreas do saber humano, produzindo a expansão do desenvolvimento em nível mundial.

O avanço científico e tecnológico a que assistimos atualmente em ritmo acelerado no campo da ciência, da tecnologia e da informação possibilita que sejam postos à disposição da sociedade medicamentos os mais avançados, os quais agregam tecnologia de ponta em sua produção. Nesse cenário, não se pode deixar de considerar o custo da incorporação dessas novas tecnologias e, assim, o lado positivo do desenvolvimento tecnológico tem também seu lado perverso, pois, em tese, somente aqueles mais abastados financeiramente é que poderiam arcar com seus custos e por consequência usufruir dos benefícios das mesmas, com acesso aos medicamentos e recursos mais modernos. A produção tecnológica — concebida de modo acelerado — inunda o sistema de saúde, gerando custos maiores do que a capacidade de seu financiamento. O custo financeiro envolvido no setor de saúde aumenta a cada novo equipamento utilizado para diagnose ou ainda a um "novo" medicamento para tratar uma enfermidade. É verdade que a tecnologia não é a única responsável pelo aumento dos custos na saúde, pois a população está mais idosa e ampliou-se o tempo de vida de pacientes crônicos, aumentando os custos com a saúde. Porém, a tecnologia é sem dúvida a principal ou uma das principais causas de aumento destes custos.

I. CONCEITO DE JUDICIALIZAÇÃO DA POLÍTICA

A proposta deste tomo é aprofundar as reflexões acerca das indagações que se abrem sobre o crescente processo de judicialização da política. Considerado fenômeno novo para alguns autores, sendo que para outros é um processo que se iniciou nos anos 30.[2] Dessa forma, pode ser a judicialização um novo modo de organização do Estado, diferente de como hoje o conhecemos? A organização do Estado como idealizado por Montesquieu com suas divisões de poderes, Executivo, Legislativo e Judiciário, não estará ameaçada com o crescente processo do fenômeno da judicialização? Qual a razão ou as razões que levam à crescente exposição do Poder Judiciário como poder responsável em atender às demandas por direitos na sociedade brasileira? Esses são os questionamentos que abrem o presente estudo, procurando analisar o fenômeno da judicialização, sua origem, e também indagando aonde as consequências da desarticulação da separação de poderes podem chegar. Não estaremos diante de uma nova forma de organização do Estado?

---

(2) LESSA, Renato. *Direito, esfera pública e judicialização da política*. Publicado em: 2008-12-23 23:09:13 | Tempo do vídeo: 110 minutos, aproximadamente.

Primeiramente cumpre definir o termo judicialização da política. Conforme explica o professor do departamento de História da Universidade de São Paulo, Modesto Florenzano: "No que diz respeito às criações humanas, nada é permanente, sobretudo quando estamos falando de coisas físicas, ou seja, quando nos referimos às instituições sociais — como o capitalismo, a escravidão ou o Estado."[3]

Judicialização ocorre com a ingerência das decisões emitidas pelos juízes na aplicação ou modificação das políticas públicas, ou ainda, até onde tais decisões afetam a alteração das normas ou os atos dos demais poderes. Pesquisa empírica realizada por Vianna,[4] tendo como base a análise das Ações Diretas de Inconstitucionalidades (ADINs) no período de 1988 a 1998, assevera que do total das 1.935 ADINs analisadas o julgamento do mérito se deu em apenas 13,54%, ou seja, há 54,36 % das ADINs aguardando julgamento.

Segundo Carvalho[5] afirma em seu trabalho, "o aumento da demanda judicial não diz se o judiciário está ou não intervindo", o autor conclui que o aumento das ações não é suficiente para caracterizar o processo de judicialização.

A caracterização do fenômeno da judicialização envolve não apenas o aspecto procedimental, ou seja, o aumento da litigância processual, mas também o cunho substancial do fenômeno.[6]

Ressalta o teórico Stuart Hall em seu artigo intitulado *A questão da identidade cultural*: "a globalização implicaria em processos que, operando em uma escala global, atravessam fronteiras nacionais, integram e conectam comunidades e organizações em novas combinações de espaço e de tempo, tornando o mundo mais interconectado na realidade e na experiência".[7]

Desse modo, economias e culturas estão cada vez mais interligadas, existindo cada vez mais a desvinculação entre território e cultura local. Novas formas como as pessoas se relacionam com a política e o enfraquecimento do controle estatal sobre a economia são alguns dos elementos que sugerem um novo modo de organização do Estado. Assim, a judicialização, fenômeno corrente nos países de democracia avançada como Alemanha, Itália, Espanha, França, Inglaterra e Estados Unidos,

---

(3) RODRIGUES, Maysa. Estado em Questão. *Revista Sociologia*. São Paulo, n. 34, p. 28-34, abril. 2011.
(4) VIANNA, Luiz Werneck et al. *A judicialização da política e das relações sociais no Brasil*. Rio de Janeiro: Editora Revan, 1999. p. 120.
(5) CARVALHO, Ernani Rodrigues de. Em busca da judicialização da política no Brasil: Apontamentos para uma Nova Abordagem, *Rev. Sociologia Política*, Curitiba, 23, p. 115-126, nov. 2004.
(6) "Se na ideia da política judicializada estão em evidência modelos diferenciados de decisão, a noção de politização da justiça destaca os valores e preferências políticas dos atores judiciais como condição e efeito da expansão do poder das Cortes. A judicialização da política requer que operadores da lei prefiram participar da policy-making a deixá-la a critérios de políticos e administradores e, em sua dinâmica, ela própria implicaria papel político mais positivo da decisão judicial do que aquele envolvido em uma não decisão. Daí que a ideia de judicialização envolve tanto a dimensão procedimental quanto substantiva do exercício das funções judiciais." (MACIEL & Koerner, 2002, p. 114).
(7) RODRIGUES, Maysa. Estado em Questão. *Revista Sociologia*. São Paulo, n. 34, p. 28-34, abril 2011.

entre outros, segundo Vianna *et all*,⁽⁸⁾ coloca em cheque a organização do Estado tal qual conhecemos hoje.

A partir desta reflexão, podemos dizer que a célebre teoria da separação de poderes, idealizada por Montesquieu no século XVIII, no livro *Espírito das Leis*, teoria essa da qual somos herdeiros, e que caracteriza as sociedades democráticas, chamadas contemporâneas, conquanto seja esse modelo separação entre os poderes, percebe-se a crise do arquétipo proposto, pois sendo sua característica principal a ausência de interpenetração entre os poderes, percebemos que não é isso o que vem ocorrendo, tendo em vista o crescente processo do fenômeno chamado judicialização.

Segundo Renato Lessa, o fenômeno da judicialização da política atribui ao Poder Judiciário um papel ativo do ponto de vista político. Na concepção de Montesquieu, idealizada no século XVIII, o Poder Judiciário não é um poder criativo, ao contrário, é um poder puramente passivo. Os legisladores fazem a lei e o judiciário a cumpre, e interpreta a norma, portanto, não cabe ao juiz a produção da lei, da norma jurídica, pois a sua produção possui como origem os representantes eleitos pela nação para legislar. A partir dos estudos sobre o tema "Judicialização", introduzido por Vallinder & Tate,⁽⁹⁾ a expressão passou a fazer parte do rol de assuntos discutidos, dentre outros, pela ciência social e pelo direito. Desse modo, com a ampliação de sua utilização pelos estudiosos dos mais diversos campos das ciências, o termo passou a ser usado, muitas vezes, de forma incompatível com o seu real significado.

Assim, judicialização não significa tão somente o aumento do número de demandas envolvendo questões morais, políticas, econômicas, ambientais, de saúde, profundamente controversas na sociedade, enfrentadas pelo Supremo Tribunal Federal, que justificaria uma politização da justiça. O tão somente aumento da demanda judicial não diz se o Judiciário está ou não intervindo. Foi a partir da pesquisa empírica formulada por Vallinder & Tate⁽¹⁰⁾ que o termo "judicialização da política" passou a ser amplamente utilizado. Segundo os autores, tanto aquele vocábulo quanto este, "politização da justiça", ambas as expressões guardariam correlação entre si, as quais de modo semelhante designariam as consequências que a expansão do Poder Judiciário por meio do sistema deliberativo de suas resoluções traz aos governos populares modernos em diferentes países. A partir da pesquisa realizada por Vallinder & Tate,⁽¹¹⁾ na qual os autores inauguram a expressão "judicialização da política", esta se tornou polêmica, passando a ser usada muitas vezes de forma contraditória.

---

(8) VIANNA, Luiz Werneck et alii. *A judicialização da política e das relações sociais no Brasil*. Ed., Revan 1999. p. 11.
(9) TATE, C. Neal e Vallinder, Torbjörn (Eds.), *The Global Expansion of Judicial Power*. Nova York: New York University Press, 1995.
(10) *Ibid*.
(11) *Ibid*.

Os autores Tate & Vallinder referem que a discussão sobre a judicialização da política pode ser expressa de dois modos: um normativo e outro analítico, respectivamente chamado por Vallinder de *"from without"*[12] e *"from within"*.[13]

O primeiro, *"fron without"* ou normativo, versa sobre a preeminência da Constituição nas decisões judiciais sobre as decisões parlamentares majoritárias, assim, o Poder Judiciário reage à provocação de um terceiro que objetiva a revisão da decisão de um poder político, esse mecanismo de revisão está representado na competência jurisdicional de controle de constitucionalidade de normas e atos do poder público. Conforme assevera Lopes Junior:

> "(...) a redução da importância normativa do Legislativo e a profusão regulamentadora dos processos administrativos. A legalidade das políticas e programas governamentais passou a sofrer constante escrutínio e contestação pelas vias judiciais em substituição ao debate público na esfera parlamentar. Outrossim, a imprecisão mandamental das normas promulgadas pelo Parlamento enfraquecido determinou a ampliação das opções interpretativas das autoridades judiciárias, opções essas já consideravelmente multiplicadas diante da positivação dos direitos e garantias individuais e coletivos nos textos constitucionais. A doutrina chama essa vertente ampliada da atuação jurisdicional de judicialização 'de fora' ou 'externa'."[14]

Já o modo analítico (*"from within)* é representado pelo lançamento ou pela ampliação do corpo de juízes, ou ainda pela utilização de técnicas judiciais pelo Poder Executivo (como nos casos de tribunais e/ou juízes administrativos) e no Poder Legislativo, fato que pode ser exemplificado pela utilização das Comissões Parlamentares de Inquérito, criadas para apurar irregularidades havidas no âmbito administrativo. A judicialização no Brasil é explicada pelo aumento do número de processos, especialmente das ações diretas de inconstitucionalidade (Adins), tendo estas, comumente, forte conotação política, e sendo esta a justificativa mais robusta daqueles que reconhecem a existência de um sistema de judicialização da política:

> "A multiplicação das responsabilidades do setor público e o aumento das demandas sociais por serviços prestados direta ou indiretamente pelo Estado obrigaram as repartições públicas a adotar procedimentos administrativos que resguardassem, no mínimo, a aparência de lisura e justiça de seus atos e decisões. Em virtude disso, ganharam terreno institutos como as controladorias internas, as ouvidorias, os *ombusdsman* e, principalmente, o con-

---

(12) "de fora" ou "externa".
(13) "de dentro".
(14) LOPES, Eduardo Monteiro Junior. *A judicialização da Política no Brasil e o TCU*. FGV Editora, 2007. p. 15.

tencioso administrativo, que incorpora toda a processualística jurisdicional. Assim, as relações litigiosas entre a administração e os cidadãos ou a fiscalização das atividades estatais por entidades autônomas foram, gradualmente, organizadas em estruturas quase judiciais. Esse fenômeno é denominado judicialização da política 'de dentro' ou 'interna'."[15]

Os autores Maciel e Koerner[16] afirmam o uso do termo judicialização às vezes com enfoque normativo; outras, com sentido de processo social e político; e outras, ainda, referindo-se ao aumento do número de processos nos tribunais:

"Os juristas usam o termo judicialização para se referirem à obrigação legal de que um determinado tema seja apreciado judicialmente. Próximo a esse sentido, mas já com caráter normativo, afirma-se que judicialização é o ingresso em juízo de determinada causa, que indicaria certa preferência do autor por esse tipo de via. Refere-se a decisões particulares de tribunais, cujo conteúdo o analista consideraria político, ou referente a decisões privadas dos cidadãos (como questões de família). Decisões judiciais particulares poderiam ser sujeitas a escrutínio e seu conteúdo poderia ser avaliado como "grau de judicialização". A expressão é usada neste sentido mesmo para decisões que não são propriamente judiciais como no caso da verticalização das coligações políticas decidida pelo TSE. Ou refere-se à situação excepcional de maior número de conflitos políticos no Judiciário, própria aos períodos de eleições. A expressão recebe um sentido de processo social e político, quando é usada para se referir à expansão do âmbito qualitativo de atuação do sistema judicial, do caráter dos procedimentos de que dispõem e, ainda aumento do número de processos nos tribunais. A judicialização é tomada como um processo objetivo utilizado para defender propostas de mudança na organização do Judiciário ou na cultura jurídica, considerada defasada face às novas necessidades sociais? Essa expansão pode ser interpretada em sentido sistêmico, em que a judicialização implicaria risco de perda das diferenciações funcionais entre os subsistemas do direito e da política (Campilongo, 2000). Embaralhados os subsistemas, seus agentes, modos de decisão e linguagens perderiam seu caráter próprio, o que indicaria uma tendência social crítica. Fala-se, ainda, de 'judicialização do Estado' ou 'judicialização do país'." (Mello, 2001)

---

(15) *Idem*.
(16) MACIEL, Débora Alves; KOERNER, Andrei. Sentidos da judicialização da política: duas análises. *Lua Nova* [online]. 2002, n. 57, pp. 113-133. Disponível em: <http://www.scielo.br/scielo.php?script=sci_ar!te;<t&pid=S01 0264452002000200006&lng=en&nrm=iso>. ISSN 0102-6445. DOI: 10.1590/80102644520020000200006. Acesso em: 21. set. 2010.

Carvalho[17] aponta o problema para conceituar, caracterizar e medir o processo de judicialização da política, ao mesmo tempo em que propõe proceder à análise das causas do fenômeno judicialização, apontando para uma ampla gama de explicações, tais como: colapso do socialismo, hegemonia americana, evolução da jurisprudência constitucional, as guerras mundiais, os direitos humanos, o neoliberalismo, ativismo dos juízes, dentre outros. Do mesmo modo, Koerner *et alii*, também relaciona as causas do fenômeno judicialização:

> Em relação às causas do processo de judicialização, alguns as atribuem à ação do legislador, constituinte ou ordinário, do governo federal, dos agentes políticos, grupos oposicionistas ou de associações (por exemplo, Faria, 1999). Há referências a macroprocessos de mudança social que teriam embaralhado as relações entre direito, política e sociedade. Outros concentram sua atenção no próprio Poder Judiciário (suas atribuições, as práticas e cultura de seus agentes) ou na legislação defasada (Reale, 2000). O termo aplica-se não só à ação dos juízes, mas também aos profissionais de outras carreiras judiciais (especialmente os membros do Ministério Público), que seriam os responsáveis pela judicialização da política, por utilizar "excessivamente" suas atribuições para levar os conflitos à justiça, ou para resolvê-los extra-judicialmente, tendo a lei e seu *savoir-faire* como referência. A expressão faz parte do repertório das ações de grupos políticos que defendem o recurso das arenas judiciais para ampliar a proteção estatal à efetividade de direitos de grupos discriminados ou excluídos No sentido constitucional, a judicialização refere-se ao novo estatuto dos direitos fundamentais e à superação do modelo da separação dos poderes do Estado, que levaria à ampliação dos poderes de intervenção dos tribunais na política. Se considerado um processo que põe em risco a democracia, a tendência seria agravada pelo nosso sistema híbrido de controle da constitucionalidade.

Outras pesquisas empíricas de grande destaque foram realizadas no Brasil pelos autores Teixeira[18] e Castro,[19] os trabalhos de ambos analisaram as inúmeras ações de inconstitucionalidade propostas no Supremo Tribunal Federal, provando a existência de um extremo enfoque político de tais ações.

Por outro lado, Vianna et alii[20] apropriaram-se do termo para relatar as mudanças que ocorreram após a promulgação da Constituição Federal de 1988. Afirmam que esta ampliou os dispositivos de salvaguarda judicial que possibilitaram uma

---

(17) CARVALHO, Ernani Rodrigues de. Em busca da judicialização da política no Brasil: Apontamentos para uma nova abordagem. *Rev. Sociologia Política*, Curitiba. 23, p. 115-126, Nov. 2004
(18) TEIXEIRA, Ariosto. *Decisão liminar: a Judicialização da Política no Brasil*, 2001.
(19) CASTRO, Marcus Faro. *O Supremo Tribunal Federal e a judicialização da política*, 1997.
(20) VIANNA, Werneck et alii. *A judicialização da política e das relações sociais no Brasil*. 1999

maior participação dos tribunais na vida política do país. Em seus estudos, tratam o fenômeno pelo modo sistemático do direito e do aumento dos expedientes judiciais como mais um espaço público a assegurar a constituição da convicção e do alcance do cidadão à programação das organizações políticas.

No ensaio teórico proposto por Citadino, a dimensão do conceito por ela proposto encara o texto constitucional — Constituição Federal de 1988 — como o responsável pela ampliação do controle normativo do Poder Judiciário:

"De qualquer forma, mesmo nos países de sistema continental, os textos constitucionais, ao incorporar princípios, viabilizam o espaço necessário para interpretações construtivistas, especialmente por parte da jurisdição constitucional, já sendo até mesmo possível falar em "direito judicial". No Brasil, do mesmo modo, também se observa uma ampliação do controle normativo do Poder Judiciário, favorecido pela Constituição de 1988, que, ao incorporar direitos e princípios fundamentais, configurar um Estado Democrático de Direito e estabelecer princípios e fundamentos do Estado, viabiliza uma ação judicial que recorre a procedimentos interpretativos de legitimação de aspirações sociais."[21]

Portanto, muito mais que um aumento da demanda de processos, posta para análise no judiciário, o fenômeno da judicialização significa uma mudança na postura política do judiciário, pois, após a promulgação da Constituição Federal de 1988, esta priorizou os valores da dignidade humana e da solidariedade social, a ampliação do âmbito de proteção dos direitos e a redefinição das relações entre os poderes de Estado.

Desse modo, a ação de juristas teria então incorporado os conceitos fundamentais propostos pela Constituição Federal de 1988, deslocando, assim, a cultura jurídica marcada pelo positivismo de caráter privatista. Por esse prisma, a judicialização da política seria o "processo por meio do qual uma comunidade de intérpretes, pela via de um amplo processo hermenêutico, procura dar densidade e corporificação aos princípios abstratamente configurados na Constituição".[22] No mesmo sentido, Vianna *et alii* entende que a "judicialização da política (...) está na descoberta, por parte da sociedade civil, da obra do legislador constituinte de 88, e não nos aparelhos institucionais do Poder Judiciário".[23]

---

(21) CITADINO, Gisele. A dimensão do conceito por Gisele Citadino. Poder Judiciário, Ativismo Judicial e Democracia. *Revista da Faculdade de Direito de Campos*, Ano II, n. 2 e Ano III, n. 3 — 2001 — 2002.

(22) MACIEL, Débora Alves; KOERNER, Andrei. Sentidos da judicialização da política: duas análises. *Lua Nova* [online]. 2002, n. 57, p. 113-133. Disponível em: <http://www.scielo.br/scielo.php?script=sci_ar!te;<t&pid=S01 0264452002000200006&lng=en&nrm=iso>. ISSN 0102-6445. doi: 10.1590/801026445200200020006> Acesso em 21. set. 2010.

(23) VIANNA, Luiz Werneck *et alii*. *A judicialização da política e das relações sociais no Brasil*. 1999. p. 43.

II. HISTÓRICO DA JUDICIALIZAÇÃO E SUAS CONSEQUÊNCIAS

O sistema político estruturado pela Constituição Federal de 1988 — "a Constituição cidadã" — é o do *welfare state*. Isso faz sentir-se pelos objetivos fundamentais da República Brasileira, assinalados no art. 3º:[24] o extenso catálogo de direitos sociais; a responsabilidade estatal pela atividade econômica na forma de serviços públicos; os variados instrumentos de intervenção no domínio econômico assegurados ao Poder Público, "(...) o planejamento e a direção da economia, aparelhados por medidas monetárias, cambiais, creditícias e de incentivo ao investimento e à produção, (...) além dos poderes regulatórios em relação ao mercado"[25], enfim, a Constituição Federal de 1988 privilegia um Estado democrático-social de perfil intervencionista.

A promulgação da Constituição Federal de 1988 fez com que o sistema de justiça no Brasil seja pensado não apenas como um poder neutro, passivo, depositório de decisões tomadas por outro poder, mas como um poder ativo. A Constituição também fortalece o ativismo judicial quando cria a comunidade de intérpretes e, sobretudo, porque acolhe uma quantidade imensa de direitos: os individuais, os políticos e os sociais. Desse modo, esta dá ao sistema de justiça um papel muito mais dilatado que o arranjo tripartite proposto por Montesquieu.[26]

Conforme aduz Mauro Cappelletti: "(...) o principal fator que leva os juízes a atuar de modo mais criativo, chegando ao ativismo, é a grande transformação do papel do direito e do Estado na moderna 'sociedade do bem-estar'."[27] A tendência da chamada judicialização ganhou relevância a partir da Constituição Federal de 1988, quando o controle concentrado da constitucionalidade pelo Supremo Tribunal Federal (STF) foi incorporado à Lei Maior, juntamente com o dispositivo sobre o "colégio de intérpretes" da constitucionalidade (art. 103).[28] Historicamente, sobre o perfil do poder judicial no sistema político imperial, em 1841, em pesquisa de Koerner, o autor relata que "(...) os magistrados tinham a obrigação de julgar apenas os casos particulares e estritamente segundo a letra da lei (...)", não podiam

---

(24) Art. 3º Constituem objetivos fundamentais da República Federativa do Brasil:
I — construir uma sociedade livre, justa e solidária;
II — garantir o desenvolvimento nacional;
III — erradicar a pobreza e a marginalização e reduzir as desigualdades sociais e regionais;
IV — promover o bem de todos, sem preconceitos de origem, raça, sexo, cor, idade e quaisquer outras formas de discriminação
(25) RAMOS, Elival da Silva. *Ativismo judicial*: parâmetros dogmáticos. São Paulo: Saraiva, 2010. p. 269.
(26) LESSA, Renato. *Direito, esfera pública e judicialização da política*. Publicado em: 2008-12-23 23:09:13 | Tempo do vídeo: 110 minutos aproximadamente.
(27) CAPPELLETTI, Mauro. *Juízes legisladores?* Trad. Carlos Alberto Álvaro de Oliveira. Porto Alegre: Sérgio A. Fabris Editor, 1993.42.
(28) Art. 103. Podem propor a ação direta de inconstitucionalidade e a ação declaratória de constitucionalidade:

interpretar as leis por disposições genéricas, nem julgar de modo contrário ao sentido evidente dessas, caso contrário, estariam usurpando as atribuições do Poder Legislativo".[29] Assim, a atuação política judiciária brasileira, desde o período do Império (1841), se estendendo ao período da Quarta República Brasileira (1945--1964), caracterizava-se pela:

"atuação restrita do judiciário em questões políticas relevantes (...) no período monárquico, o estabelecimento da autonomia e da independência do judiciário pela CF de 1824 (...) limitava a atuação da magistratura à solução de contendas particulares, uma vez que a legalidade dos atos e normas do Estado ficava por conta do Conselho de Estado ou do poder Moderador".[30]

Em breve síntese das origens do modo de produção do direito no Brasil, Cruz e Souza relaciona os períodos históricos pelos quais trilhou a política judiciária brasileira:

"Em 1808, foi criada a Casa de Suplicação do Brasil, a exemplo da Casa de Suplicação de Portugal. Nesta época, se é possível se falar em "controle de constitucionalidade", ele objetivava expurgar, do Direito, normas incompatíveis com as normas da Coroa, além de reduzir o pluralismo jurídico e concentrar os poderes da Coroa. Em 1824, com o advento da Carta Imperial, a Casa de Suplicação do Brasil passou a ser chamada de Supremo Tribunal de Justiça, o qual, de fato, não realizava controle de constitucionalidade, nos termos até então concebidos pelo modelo americano.

Em 1853, com a transferência da Faculdade de Direito de Olinda para Recife, verificou-se a influência da Escola Historicista de Savigny e da "Jurisprudência dos Conceitos". Deu-se início à difusão da visão de uma ciência jurídica neutra, mecânica, exegética e dogmática. Em 1890, instituído o Supremo Tribunal Federal, nasce o controle de constitucionalidade. Contudo, ao invés de ser concebido como instrumento de inclusão social e de respeito dos direitos fundamentais, o instituto nasceu muito mais como instrumento de ação do governo republicano temeroso da ação da então maioria parlamentar monarquista, ou seja, como mecanismo de ação contramajoritário claramente colonizado pelos interesses governistas."[31]

---

(29) KOERNER, Andrei. Judiciário e cidadania na Constituição da República Brasileira (1841-1920). Ricardo Moreira Fonseca (coord.) 2. ed. Curitiba: Juruá, 2010. p. 41.
(30) LOPES, Eduardo Monteiro Junior. *A Judicialização da Política no Brasil e o TCU*. FGV Editora, 2007, p. 16.
(31) CRUZ, Álvaro Ricardo de Souza e SOUZA, Débora Cardoso de. Os riscos para a democracia de uma compreensão indevida das inovações no controle de constitucionalidade. In: NETO, Cláudio Pereira de Souza *et alii*. (coord.). *Vinte anos da Constituição Federal de 1988*. Rio de Janeiro. Lumen Juris Ed., 2009. p. 93-6.

Na sequência, os autores referem que, em 1934, a Constituição trouxe como novidades no campo do controle de constitucionalidade: "(...) o princípio da Reserva de Plenário e a representação interventiva para controle de atos normativos estaduais".[32] Assim, predominava a colonização burocrática no nascimento do controle de constitucionalidade na Constituição de 1934: "(...) não era interessante que uma lei fosse declarada inconstitucional pelo entendimento monocrático de um juiz singular e porque se fazia presente o interesse de controle dos governos estaduais pelo Governo Central".[33]

Com a promulgação da Constituição de 1937, na era Vargas, o Supremo Tribunal Federal teve sua competência tolhida. "A decisão na ação de inconstitucionalidade de uma lei poderia ficar sem efeito por decisão do Congresso, o qual sequer tinha funcionamento regular. Getúlio criou uma série de dificuldades ao funcionamento do Supremo."[34] A fim de estabelecer *quorum* mínimo para determinadas decisões, Getúlio Vargas determinou a redução da idade para aposentadoria dos ministros de 75 para 68 anos.

Seguiu-se à deposição de Getúlio Vargas do poder a promulgação da Constituição de 1946. Desse modo, o controle de constitucionalidade retomava as bases da Carta de 1934, "(...) em novembro de 1965, foi editada a Emenda Constitucional n. 16 à Constituição de 1946, que introduziu o concentrado no Brasil, modelo mantido em linhas gerais em 1967, quando da promulgação da nova Constituição".[35]

A partir da década de 1980, a doutrina da "(...) 'efetividade do direito' começou a se desenvolver no país e se ligou às promessas do Estado do bem-estar social. A Constituição e o Direito passaram a ser vistos como instrumentos capazes de promover a inclusão social. Com a Constituição da República de 1988, o Brasil retorna ao Estado de Direito".[36]

Conforme a lição de Ramos: "(...) o elemento de impulsão do ativismo judiciário está relacionado ao modelo de Estado que o constitucionalismo pátrio vem prestigiando desde a Carta de 1934: o do Estado democrático-social, de perfil intervencionista".[37]

Ao tratar do tema judicialização da política, remete-se a atenção para um processo no qual o Poder Judiciário, por várias razões, acaba tendo um papel ativo

---

(32) Idem, p. 93-6.
(33) Idem.
(34) CRUZ, Álvaro Ricardo de Souza e SOUZA, Débora Cardoso de. Os Riscos para a Democracia de uma Compreensão Indevida das Inovações no Controle de Constitucionalidade. In: NETO, Cláudio Pereira de Souza *et alii*. (coord.). *Vinte anos da Constituição Federal de 1988*. Rio de Janeiro. Lumen Juris Ed., 2009. p. 93-6.
(35) Idem, p. 93-6.
(36) Idem, p. 93-6.
(37) RAMOS, Elival da Silva. *Ativismo Judicial*: parâmetros dogmáticos. São Paulo: Saraiva, 2010. p. 268.

do ponto de vista político. De acordo com Lopes Junior, a correlação entre a judicialização da política e o controle institucional das funções governamentais reflete as contradições peculiares aos regimes democráticos contemporâneos.[38]

Segundo Montesquieu — em formulação consagrada —, na concepção clássica do século XVIII, o Poder Judiciário não é um poder criativo, ao contrário, é um poder puramente passivo.[39] Os legisladores fazem a lei e ao judiciário resta cumpri-la e interpretá-la, portanto, na concepção clássica de Montesquieu, não cabe ao juiz a produção da lei, pois a produção legislativa tem como origem os representantes eleitos pela nação para legislar. Quanto a esse aspecto, aos encarregados da função judicial não caberia, de fato, decidir, porque não legislariam. Conforme Ramos explana: "(...) incumbe, institucionalmente, ao Poder Judiciário fazer atuar, resolvendo litígios de feições subjetivas (conflitos de interesse) e controvérsias jurídicas de natureza objetiva (conflitos normativos)".[40]

Do mesmo modo, segundo a concepção clássica de Montesquieu, o judiciário não tem funções administrativas, ou seja, as suas ações não têm implicações para orientação do poder Executivo. Na sua visão, as ações do Executivo não são pautadas por decisões tomadas no âmbito do judiciário. O modelo de Montesquieu é um modelo caracterizado pela independência, pela ausência de interpenetração entre poderes.[41]

Tradicionalmente, no arranjo tripartite proposto por Montesquieu, o Poder Judiciário caracterizado como politicamente neutro, semelhantemente à burocracia, seria regido por uma ética da obediência e desempenharia um papel instrumental,[42] ou seja, exerceria um papel de neutralidade dentro do sistema. Assim, ao estabelecer uma divisão da atividade estatal em esferas distintas (legislação, jurisdição, administração) que se fiscalizam mutuamente, garante-se que não haja abuso de poder. Assume destaque o poder Legislativo, o qual está legitimado democraticamente e destina-se a produzir leis que limitem a atividade estatal. Nesse sentido, "(...) a atividade do juiz é a de 'ser fiel à letra da lei', não podendo, sob pena de ferir o princípio da separação dos poderes, ir além daquilo que está expresso no texto normativo".[43] No mesmo sentido, Charles-Louis de Secondat identifica

---

(38) LOPES, Eduardo Monteiro Junior. *A judicialização da política no Brasil e o TCU*. FGV Editora, 2007. p. 13.
(39) TEIXEIRA, Ariosto. *Decisão liminar*: a judicialização da política no Brasil. Editora Plano, 2001, p. 12.
(40) RAMOS, Elival da Silva. *Ativismo judicial*: parâmetros dogmáticos. São Paulo: Saraiva, 2010. p. 129.
(41) LESSA, Renato. *Direito, esfera pública e judicialização da política*. Publicado em: 2008-12-23 23:09:13 | Tempo do vídeo: 110 minutos aproximadamente.
(42) TEIXEIRA, Ariosto. p. 12.
(43) GAMA, Denise Travassos. *Por uma releitura principiológica do direito à saúde*: da relação entre o direito individual a medicamentos nas decisões judiciais e as políticas públicas de saúde. Dissertação de Mestrado. Brasília 2007. p. 38.

as três funções estatais — legislativa, executiva e judiciária —, estas são atribuídas a diferentes órgãos, providos de poderes de independência institucional, e como resultado deste arranjo tem-se um sistema de freios e contrapesos, extremamente benéfico à liberdade individual. Charles-Louis de Secondat, no Livro XI, Capítulo I, de *O espírito das leis*, enfatiza o caráter salutífero da limitação dos poderes:

"Quando, na mesma pessoa ou no mesmo corpo de magistratura, o poder Legislativo é reunido ao poder Executivo, não há liberdade alguma, porque pode-se temer que o mesmo monarca ou o mesmo senado produza leis tirânicas para pô-las em execução tiranicamente.

Não há ainda liberdade alguma se o Poder Judiciário não for separado do poder Legislativo e do Executivo. Se estivesse unido ao poder Legislativo, o poder sobre a vida e a liberdade dos cidadãos seria arbitrário, pois o juiz seria legislador. Se estivesse unido ao poder Executivo, o juiz poderia deter a força de um opressor.

Tudo estaria perdido se o mesmo homem ou o mesmo corpo de principais, ou dos nobres, ou do povo, exercesse esses três poderes: o de produzir leis, o de executar resoluções públicas e o de julgar os crimes ou as divergências dos indivíduos."[44]

Salienta o Professor Ferreira Filho, ao analisar o comportamento do Poder Judiciário em que ocorre uma ultrapassagem de suas funções constitucionais, que este fenômeno — ultrapassagem de suas funções constitucionais — deve ser visto com muita cautela, "(...) considerando-se os possíveis riscos para a legitimidade democrática (...)":

"(...) o Judiciário, se se considerar sua esfera de intervenção, estaria mais forte. Disto, porém, não lhe resultou aumento de prestígio, ao contrário. Em primeiro lugar, porque sua carga muito cresceu e com ela um retardamento na prestação judicial. Daí o descontentamento dos que recorrem a ela, ou dela esperam providências, como a punição exemplar dos 'corruptos'. Em segundo lugar, seu poder de interferência na órbita político-administrativa o tornou corresponsável dos insucessos ou frustrações que para a opinião pública decorrem da má atuação do Poder. Mais, veio ele a ser visto como um colaborador do Governo. Ou, quando decide contra as medidas deste, é por ele apontado como responsável — a serviço da oposição — por decisões contrárias ao interesse popular... Em ambos os casos assume uma feição de órgão político, no pior sentido do termo."[45]

---

(44) MONTESQUIEU, Charles-Louis de Secondat. *Do espírito das leis*. Tradução Edson Bini — Bauru, SP: EDIPRO, 2004. p. 190.
(45) FERREIRA FILHO, Manoel Gonçalves. *Aspectos do Direito Constitucional Contemporâneo*. São Paulo: Saraiva, 2003. p. 215.

Por outro lado, Dworkin, ao comparar decisões judiciais e decisões legislativas, analisa que a transferência de decisões sobre direitos das legislaturas para os tribunais não prejudicará a construção do ideal democrático. Segundo Dworkin, os legisladores não estão institucionalmente em melhor posição do que os juízes para decidirem questões sobre direitos. Ao contrário, os juízes podem ser propulsores desse ideal.[46]

Vale ressaltar que "(...) o Estado de Direito está baseado em um tripé constituído pela existência de uma Constituição com supremacia e com um rol de direitos fundamentais, pela separação de poderes e pelo Princípio da Legalidade".[47] Não se pode admitir que um poder interfira no exercício das funções do outro. Muito embora saibamos que a própria Constituição preveja instrumentos de controle de um poder em relação ao outro, ela não permite que o exercício dos três poderes se dê de forma desequilibrada.[48]

A separação de poderes importa em uma repartição horizontal de autoridade, não instituindo qualquer hierarquia entre as atividades primordiais de um Estado, e, conforme preleciona Prado, foi consagrado na "(...) Declaração de Direitos da Revolução Francesa (1789-1799) que 'Toda sociedade na qual não esteja assegurada a garantia dos direitos nem determinada a separação de poderes não possui Constituição' (art. 16)".[49] A ultrapassagem das linhas demarcatórias da função jurisdicional ocasionará na "descaracterização da função típica do Poder Judiciário, com incursão insidiosa sobre o núcleo essencial de funções constitucionalmente atribuídas a outros Poderes" e, ainda, conforme o mesmo autor, o "(...) núcleo essencial da função não é passível de ser exercido senão pelo Poder competente".[50]

"(...) as notas matérias da jurisdição, (...) aduz-se que (...) 'expressa o encargo que têm os órgãos estatais de promover a pacificação dos conflitos interindividuais, mediante a realização do direito justo e através do processo'. A função jurisdicional consubstancia (...) um instrumento para atuação do direito objetivo, (...) ou seja: que se obtenham (...) aqueles precisos resul-

---

(46) DWORKIN, Ronald. Uma questão de princípio. Tradução de Luís Carlos Borges. São Paulo: Martins Fontes, 2001. p. 25-32.
(47) COSTA, Andréia Elias da. *Estado de Direito e ativismo judicial*. In: AMARAL JUNIOR, José Levi Mello do (org.). Estado de Direito e Ativismo Judicial. São Paulo: Quartier Latin, 2010. p. 51.
(48) O Estado de Direito, pautado na separação dos poderes, implica na redução do ativismo judicial. Sobre este ponto ver o recente trabalho de SILVA RAMOS, Elival da. *Parâmetros dogmáticos do ativismo judicial em matéria constitucional*. São Paulo: Tese apresentada à Faculdade de Direito da Universidade de São Paulo, para inscrição em concurso público, visando ao provimento de cargo de professor titular, junto ao Departamento de Direito do Estado, área de Direito Constitucional, 2009. p. 83 e ss.
(49) PRADO, João Carlos Navarro de Almeida. *A responsabilidade do Poder Judiciário frente ao Ativismo Judicial*. In: AMARAL JUNIOR, José Levi Mello do (org.). Estado de Direito e Ativismo Judicial. São Paulo: Quartier Latin, 2010.
(50) RAMOS, Elival da Silva. *Ativismo Judicial*: parâmetros dogmáticos. São Paulo: Saraiva, 2010. p. 117.

tados práticos que o direito material preconiza. Todavia, ao escopo jurídico do processo jurisdicional se devem adicionar os seus objetivos sociais, consistentes na resolução de conflitos intersubjetivos ou pendências jurídicas cuja persistência pode comprometer a paz e a ordem na sociedade. (...) Por certo, a função jurisdicional, além de ser entregue a um aparato orgânico estruturado para bem fazê-la atuar, é exercida por meio de um processo cujas notas tipificadoras (inércia, substitutividade, definitividade, contraditório, etc.) guardam estreita relação com a sua conformação material.[51]

Da mesma forma, as transformações vividas especialmente pelo mundo ocidental no fim do século 20, a partir do crescimento e da crise do Estado de bem-estar social, modificaram as instituições da política.[52] Ao tratar da judicialização da política, questiona-se sobre um modelo que não é mais aquele proposto por Montesquieu no século XVIII. É, portanto, a agenda da igualdade que, além de importar a difusão do direito na sociabilidade, redefine a relação entre os três Poderes, adjudicando ao Poder Judiciário funções de controle dos poderes políticos.[53] Cuida-se, portanto, de uma nova maneira de organizar o sistema de justiça das sociedades contemporâneas nas quais o Poder Judiciário tem um papel criativo e suas decisões têm implicações fortíssimas no desempenho do próprio poder Executivo.

Segundo Lopes Junior,[54] com a exponencial diversificação das atribuições estatais, no pós Segunda Guerra, o equilíbrio da ordem constitucional tripartite começou a ruir, em virtude da hipertrofia do Executivo e da concomitante transformação do Estado-providência num "Estado-administração".[55] No mesmo sentido, Cappelletti afirma que: "o *welfare state,* na origem essencialmente um 'estado Legislativo', transformou-se (...) 'em estado administrativo', na verdade em 'estado burocrático', não sem o perigo de sua perversão em 'estado de polícia'".[56]

De acordo com Vianna *et alii*, o constitucionalismo moderno, em particular o imediatamente subsequente ao segundo pós-guerra, ao pontuar "os princípios fundamentais", inclusive os direitos sociais, não somente deslocou a hegemonia do positivismo Kelseniano, como também concedeu novo espaço para as correntes do humanismo jurídico.[57] Segundo o mesmo autor, dessas múltiplas mutações,

---

(51) RAMOS, Elival da Silva. *Ativismo Judicial*: parâmetros dogmáticos. São Paulo: Saraiva, 2010. p. 117-8.
(52) LOPES JUNIOR, Eduardo Monteiro. *Ibid*., p. 11.
(53) VIANNA, Luiz Werneck *et alii*. *A judicialização da política e das relações sociais no Brasil*. 1999, p. 21.
(54) LOPES JUNIOR, Eduardo Monteiro. *A judicialização da política no Brasil e o TCU*. FGV Editora, 2007. p. 14.
(55) LOPES, Eduardo Monteiro Junior. *Ibid*, p. 14.
(56) CAPPELLETTI, Mauro. *Juízes legisladores?* Trad. Carlos Alberto Álvaro de Oliveira. Porto Alegre: Sérgio A. Fabris Editor, 1993. p. 39.
(57) VIANNA, Luiz Werneck *et alii Ibid*., p. 21

vividas especialmente pelo mundo ocidental no final do século XX, institucionais e sociais, têm derivado não apenas um novo padrão de relacionamento entre os poderes, mas também a conformação de um cenário para a ação social substitutiva a dos partidos e a das instituições políticas propriamente ditas.[58] Como assinala Ana Maria Doimo, a movimentação grupal da sociedade civil que se segue nos anos 90 possibilita uma ampliação dos espaços da sociedade para além dos tradicionais formatos representativos de interlocução política. A atuação das organizações sociais ganha dimensão mais significativa, no sentido de participar e influenciar no planejamento, na execução e na avaliação das políticas públicas.[59] Contrariamente ao princípio enunciado por Montesquieu em seu arranjo tripartite, no qual o Poder Judiciário tem como característica principal ser um poder politicamente neutro,[60] Vianna *et alii* admite a vocação expansiva do princípio democrático, bem como as novas relações entre direito e política que, por meio da criação jurisprudencial do direito, seriam tomadas como além de inevitáveis, favoráveis ao enriquecimento das realizações da agenda igualitária.[61]

No entanto, para Souza Neto, afirmar a supremacia do Judiciário é como opor-se aos princípios democráticos, impedindo que a vontade popular seja observada, uma vez que são os órgãos Legislativo e Executivo quem possuem legitimidade conferida pelo povo, através do sufrágio, o que não ocorre com o judiciário.[62]

Ramos, por sua vez, aponta que "ao Poder Judiciário deveria caber o controle jurídico da atividade intervencionista dos demais poderes". Além disso, o autor refere que sobre o Poder Judiciário recaem expectativas e pressões da sociedade no sentido da mais célere obtenção dos fins traçados na Constituição, a exemplo da imediata fruição de direitos sociais, "(...) o modelo de Estado-providência constitui força impulsionadora do ativismo judicial".[63]

Em que pese o ativismo político e salte aos olhos a partir da inauguração da Constituição de 1988, segundo Velloso, este fenômeno remonta aos idos de 1932, pois a consequência do movimento revolucionário de 1930, juntamente com a inauguração do Estado Novo, foi a instituição da Justiça Eleitoral no Brasil, que tinha como uma das principais bandeiras a moralização das eleições no país, já que as fraudes e as violências em matéria eleitoral marcaram toda a República Velha.[64]

---

(58) VIANNA, Werneck *et alii Ibid.*, p. 22
(59) DOIMO, Ana Maria. *A hora e a vez do popular*. Rio de Janeiro: Editora Relume-Dumará, 1995. p. 210-11.
(60) TEIXEIRA, Ariosto. *Decisão liminar:* a judicialização da política no Brasil. p. 12.
(61) VIANNA, Werneck *et alii. A judicialização da política e das relações sociais no Brasil*. 1999. p. 24.
(62) SOUZA NETO, Cláudio Pereira de. *Jurisdição constitucional, democracia e racionalidade prática*. Rio de Janeiro: Renovar, 2002. p. 1.
(63) RAMOS, Elival da Silva. *Ativismo judicial:* parâmetros dogmáticos. São Paulo: Saraiva, 2010. p. 271.
(64) VELLOSO, Carlos Mário da Silva. *A reforma eleitoral e os rumos da democracia no Brasil.* In: ROCHA, Cármen Lúcia Antunes; VELLOSO, Carlos Mário da Silva. Direito eleitoral. Belo Horizonte: Del Rey, 1996. p. 11-30.

Nesse sentido, Lessa aduz que o Código Eleitoral de 1932 que criou a Justiça Eleitoral tornou o Poder Judiciário responsável por todos os trabalhos eleitorais, inaugurando, assim, um ramo novo do Poder Judiciário, uma justiça eleitoral criada com funções específicas para dizer como serão as eleições.[65]

Evidentemente, a lei eleitoral num sentido mais forte é uma prerrogativa do Legislativo, mas, mesmo sendo uma prerrogativa deste poder, o juiz da justiça eleitoral tem prerrogativas muito fortes de fazer valer, por exemplo, o voto por meio da urna eletrônica.[66] Passar a votar com a urna eletrônica trouxe um impacto impressionante nas eleições brasileiras, diminuindo, por exemplo, o contencioso eleitoral. Ainda outro exemplo que pode ser citado e que foi decisão exclusiva da justiça eleitoral brasileira foi a revisão de todos os registros eleitorais, feita há cerca de dez anos, suprimindo dos registros eleitorais nomes de pessoas que já haviam falecido e que permaneciam nos assentamentos eleitorais, ajustando assim o tamanho do eleitorado. Tudo isso tem um impacto imenso na configuração do eleitorado, e podemos concluir, portanto, que o Poder Judiciário coordena a própria atividade política.[67] Ressaltamos que a justiça eleitoral, na qual são os juízes que dizem como se organiza, é algo absolutamente novo, fato incomum no país que é o berço da democracia representativa. Nos Estados Unidos da América é a política que organiza a própria política, ou seja, a justiça eleitoral.

Salienta Ramos[68] que o "(...) primeiro elemento de impulsão do ativismo judiciário está relacionado ao modelo de Estado que o constitucionalismo pátrio vem prestigiando desde a Carta de 1934: o do Estado democrático-social, de perfil intervencionista; (...) a atual Constituição manteve esse modelo". O autor menciona ainda que "(...) a qualificação da República Federativa do Brasil como um Estado Democrático de Direito (art.1º, caput) teve o propósito de conciliar a tradição liberal-democrática com a democratização de oportunidades e a participação cidadã (...)". Desse modo, observamos que o Poder Judiciário, desde há muito no Brasil, possui a tradição do ativismo, e que a Constituição Federal de 1988 representa — antes de uma inovação da dinâmica judicial — um acréscimo na tradição brasileira que é a participação dos juízes na vida democrática do Brasil.

Koerner mostra em pesquisa criteriosa o perfil do poder judicial no sistema político imperial, em 1841, que "(...) os magistrados tinham a obrigação de julgar apenas os casos particulares e estritamente segundo a letra da lei (...) não podiam interpretar as leis por disposições genéricas, nem julgar de modo contrário ao sentido evidente dessas, caso contrário, estariam usurpando as atribuições do Poder Legislativo".[69] Assim, o papel do Poder Judiciário estava limitado ao âmbito legal.

---

(65) LESSA, Renato. Op. cit.
(66) LESSA Ibid.
(67) LESSA Ibid.
(68) RAMOS, Elival da Silva. Ativismo judicial: parâmetros dogmáticos. São Paulo: Saraiva, 2010. p. 268.
(69) KOERNER, Andrei. Judiciário e cidadania na Constituição da República Brasileira (1841-1920). Ricardo Moreira Fonseca (coord.) 2. ed. Curitiba: Juruá, 2010. p. 41.

Segundo o autor, a atividade judiciária manteve-se nesses moldes no período de 1841 a 1920, limites temporais da pesquisa.

Mais um exemplo de participação do Poder Judiciário na vida social do Brasil foi sua influência nas relações de trabalho, por meio da promulgação da Consolidação das Leis do Trabalho, em 1943, em que as relações de trabalho, antes reservadas apenas à esfera privada, conferiu a elas um caráter público. Assim, com a promulgação da Consolidação das Leis do Trabalho, o Brasil passou a não mais regular suas relações de trabalho pelo mercado, mas, sim, pelo espaço público.

Corroboram a participação intensa do judiciário na conformação da publicização das relações de trabalho em nosso país as lições de Süssekind, quando nos ensina que, no período que precedeu à Consolidação das Leis do Trabalho (1930 a 1942), Getúlio Vargas implantou a legislação de proteção ao trabalho. O então Ministro Waldemar Falcão, com intensa participação dos juristas Oliveira Viana e Rego Monteiro, preparou atos normativos que instituíram a Justiça do Trabalho e reorganizaram o sistema, visando a preparar as corporações que elegeriam os membros do Conselho de Economia Nacional previstos na Lei Maior.[70]

Portanto, mais uma vez, isso demonstra claramente a intensa participação de juristas na composição da comissão que redigiu a CLT, provando que é da tradição brasileira, antecedente à Constituição Federal de 1988, a participação ativa do Poder Judiciário na configuração da nossa experiência enquanto país.

Süssekind corrobora tal afirmação em entrevista a Magda Barros Biavaschi, em 27 de junho de 2002, no Rio de Janeiro, residência do Ministro, cujo tema é: "A CLT, sua constituição, contexto histórico, fontes". Objetivo — tese de doutoramento no Instituto de Economia da Unicamp.[71]

---

(70) SÜSSEKIND, Arnaldo *et alii*. 21. ed. São Paulo: LTr, 2003. p. 59-60.
(71) Pergunta — Ministro, aproveitando sua referência, poderia nos contar um pouco a história da composição da comissão que redigiu a CLT? Como o senhor a compõe?
Resposta — Bem, a composição da comissão para elaborar o anteprojeto da Consolidação das Leis do Trabalho ficou assim composta: o professor Rego Monteiro, diretor geral do Departamento Nacional do Trabalho, que era o principal departamento do Ministério do Trabalho; o então consultor jurídico do Ministério do Trabalho, Oscar Saraiva — o consultor não era mais Oliveira Vianna, já que ele havia sido nomeado ministro do Tribunal de Contas; e os procuradores Dorval Lacerda, Segadas Viana e eu. Mas como eu, aos 24 anos? E aí está a história. Fui o primeiro procurador regional do trabalho em São Paulo, quando criada a Justiça do Trabalho. Marcondes Filho foi nomeado ministro do Trabalho poucos meses depois. No dia 31 de dezembro ele me telefonou, convidando-me para seu assessor. Quis prestigiar o Procurador Regional de seu Estado. Assim, na condição de seu assessor, passei a despachar com ele os assuntos trabalhistas. Ao despachar com o Ministro, ele disse que o Presidente Vargas, ao autorizar a elaboração da CLT, pediu que Segadas Viana fizesse parte da comissão. O que acha? Perguntou-me. Ótima pessoa, respondi. A seguir, referiu que Oscar Saraiva, Consultor Jurídico, deveria, evidentemente, ficar na comissão. Então, perguntou-me: quem mais você acha que deve incluí-la? Eu disse: Ministro, o Dr. Luiz Augusto Rego Monteiro, além de Procurador, é Diretor Geral do Departamento mais importante do Ministério. Penso que deve ser incluído. Claro, disse ele. Tomei nota. Neste momento, perguntou-me, em minha opinião, qual era o Procurador com maior cultura jurídica para, também, compô-la. Ao que respondi: Dorval Lacerda, o qual, inclusive, tem livros sobre

Assim, a nossa existência enquanto país é o Estado, através do Poder Judiciário, por meio de lei e de uma justiça específica, Justiça do Trabalho, que vai dirimir as tensões no mundo laboral, com implicações na atividade econômica muito forte, não apenas para a atividade econômica empresarial, mas para a constituição das identidades sociais. O Estado possui um papel fundamental na configuração do espaço público, no qual o Poder Judiciário tem um papel importante, a exemplo da organização da justiça eleitoral e da organização das relações de trabalho.[72]

A regulamentação e a implantação das conquistas estabelecidas na Constituição Federal de 1988, Constituição essa informada pelo princípio da positivação dos direitos fundamentais, trouxeram como consequência a redefinição das relações entre os três Poderes.[73] Na esteira do que dispõe Lessa, no Brasil, após a promulgação da Constituição Federal de 1988, houve uma expansão dos direitos, das cláusulas pétreas, da constituição dos direitos individuais, sociais, políticos. Assim, o regime expansivo do ponto de vista dos direitos constitucionais no Brasil nunca antes na história brasileira havia sido como hoje, nunca antes nesse país houve tantos direitos constitucionais.[74] Por outro lado, conforme nos ensina Teixeira, a interdependência derivada da globalização dos mercados acompanhou o estabelecimento da nova ordem democrática mundial, a redemocratização da vida política abriu o caminho para a redemocratização da vida econômica.[75] Desse modo, as modernas Constituições traduzem uma tendência mundial.

No mesmo sentido, Lessa aduz que, após os anos 80, no Brasil, está ocorrendo, do ponto de vista econômico, reconfiguração do mundo econômico, o liberalismo, privatizações, terceirizações, e que, consequentemente, acontece uma redução do papel do Estado na atividade econômica. Assim, concomitantemente, enquanto há uma expansão de direitos, ocorre ao mesmo tempo pulverização dos mesmos, ditada pelo mercado neoliberal. Segundo o entendimento do autor, o ativismo judicial viria

---

o contrato de trabalho. Ele disse: sim, pode colocá-lo. Então, comentei que se tratava de uma comissão pequena, boa para trabalhar. Ao que ele retrucou: mas está faltando um membro. Perguntei quem seria. Ele respondeu: Arnaldo Süssekind. Quem, eu? Sim, você. Você trabalha comigo diariamente. Dorval Lacerda e Segadas Viana eram Procuradores. Rego Monteiro estava no Departamento Nacional do Trabalho e Oscar Saraiva na Consultoria. Isso para referir aos membros da comissão. Está afinado comigo, poderá contar-me tudo o que ocorrer na comissão. Foi assim que passei a fazer parte da comissão, aos 24 anos de idade. Os trabalhos tiverem início em 1942. Sua primeira fase foi até o final do ano de 42. Pronto anteprojeto, o Ministro o publicou no Diário Oficial para sugestões. Foram apresentadas mais de 2.000 sugestões. Os quatro Procuradores formaram a comissão para exame das sugestões e redação do projeto final. Nessa comissão, Saraiva não entrou, porque a Comissão de Previdência estava com seus trabalhos atrasados, e Saraiva passou a integrá-la. O Presidente Vargas assinou a CLT no dia 1º de maio de 1943, entrando em vigor no dia 10 de novembro. Essa é a história da comissão.

(72) LESSA, Renato. *Direito, esfera pública e judicialização da política*. Publicado em: 2008-12-23 23:09:13 | Tempo do vídeo: 110 minutos aproximadamente.

(73) VIANNA, Luiz Werneck *et alii*. *A judicialização da política e das relações sociais no Brasil*. 1999, p. 24.

(74) LESSA, Renato. *Op. cit.*

(75) TEIXEIRA, Ariosto. *Decisão liminar*: a judicialização da política no Brasil. p. 23.

para equilibrar as relações entre os interesses econômicos e a defesa do direito do cidadão, tendo em vista o esvaziamento do papel do Estado.

Como sustenta Cappelletti, novos processos sociais têm provocado a emergência de conflitos coletivos, próprios do contexto da globalização, em que "a produção, o consumo e a distribuição apresentam proporções de massa", gerando fenômenos de massificação da tutela jurídica.[76]

Vianna assinala que dessas múltiplas mutações — institucionais e sociais — têm derivado não apenas um novo padrão de relacionamento entre os Poderes, como também a conformação de um cenário para a ação social substitutiva a dos partidos e a das instituições políticas propriamente ditas, no qual o Poder Judiciário surge como uma alternativa para a resolução de conflitos.[77] Em análise à questão dessa nova conformação social, Lessa sugere que o Poder Judiciário apresenta-se como alternativa para a resolução de conflitos. Acrescenta que a interferência do Poder Judiciário na vida política é resultado do fracasso do sistema tradicional de representação. Dessa maneira, ela (judicialização da política) não significa um complemento, ou seja, não se trata de relações complementares, mas, antes, são relações de substituição, é um sistema que opera na falha do sistema de representação política.

Sob esse aspecto, vale observar que Dworkin sustenta que o Poder Judiciário tem como função o compromisso com a efetividade dos direitos constitucionais e individuais. Propõe, no entanto, que se permita ao julgador agir com racionalidade, não discricionariedade no tocante à proteção de tais interesses, evitando, assim, que tais direitos fiquem desprotegidos e, consequentemente, sejam violados.

Coaduna-se com as reflexões de Vianna e Lessa, Marques,[78] quando ressalta que "não se pretende negar a crise da representação política que assola nossa contemporaneidade", no entanto, quando o sistema jurídico "(...) pretende atuar no âmbito das funções tipicamente políticas, para as quais seu código direito/não direito não é capaz de oferecer respostas adequadas (...)", a situação tende a se agravar. Acrescenta ainda que, quanto a esse aspecto, a razão assiste a Montesquieu, ao mencionar que quando determinado poder não cumpre seu papel o outro poder tende a se expandir.

Rezende de Carvalho, por seu turno, menciona que há um deslocamento da cidadania cívica para a cidadania jurídica. Refere que não significa que haja uma

---

(76) CAPPELLETTI, Mauro. *Juízes legisladores?*. Porto Alegre: Sérgio Antonio Fabris Editor, 1999. p. 57.
(77) VIANNA, Luiz Werneck *et alii*. *A judicialização da política e das relações sociais no Brasil*. 1999. p. 22.
(78) MARQUES, Silvia Badim. *A relação do sistema jurídico e do sistema político na garantia do direito social à assistência farmacêutica: o caso do Estado de São Paulo*. Dissertação apresentada ao Programa de pós-graduação em SAÚDE Pública para obtenção do título de Mestre em Saúde Pública. Universidade de São Paulo, São Paulo, 2005. p. 123.

substituição do sistema representativo, ou mesmo a condenação da cidadania cívica, mas, sim, a convivência de ambas as cidadanias numa democracia contemporânea.[79]

No entanto, Motta refere que "(...) a judicialização nem sempre é percebida como um fato positivo, como ressalta Garapon, ao perceber que o crescimento do Judiciário, como ator político, deve-se à crise de representação política e da própria democracia moderna".[80] Motta acrescenta ainda que:

> "(...) conforme afirma Kalyvas, há uma gradual transferência do poder político do Executivo e do Legislativo para o judiciário e uma concentração de poder deste último. Aspectos-chave de questões socialmente importantes não são mais estabelecidos pelo voto legislativo, mas decididas por juízes não eleitos na Corte Suprema. Essa tendência contramajoritária que se tornou um modelo praticado nos Estados Unidos é agora exportada e reproduzida em diversos países da Europa Ocidental e em muitos países das novas democracias da Europa Central e do Leste."[81]

Essa afirmação coincide com Arendt, quando Mariângela Nascimento afirma que a conquista de direitos não mais resulta da habilidade dos atores sociais em afirmá-los e defendê-los publicamente, mas significa concessões e garantias do Estado. Portanto, a questão de direitos "(...) não se resume na garantia legal das demandas sociais reivindicadas, mas no direito a ter acesso às condições de lutar por eles. Ter direitos, portanto, significa pertencer a uma comunidade política na qual as ações e opiniões de cada um encontrem lugar na condução dos negócios humanos".[82]

Nesse mesmo sentido, também Lessa ressalta que o impacto do fenômeno da judicialização sobre o indivíduo transforma-o em um cidadão ativo quanto aos seus direitos, mas totalmente despolitizado, para o qual a política não faz sentido.

---

(79) CARVALHO, Maria Alice Rezende de. *Cultura Política, capital social e a questão do déficit democrático no Brasil*. In: *Luiz Werneck Vianna a Democracia e os três poderes no Brasil*. Belo Horizonte/Rio de Janeiro: Editora UFMJ, 2002.
(80) MOTTA, Luiz Eduardo. Acesso à justiça, cidadania e judicialização no Brasil. *Revista de Ciência Política*. Disponível em: <www.achegas.net>. Número 36, Julho/Agosto 2007. Acessado em: 12.12.2009. p. 29.
"(...) a cooperação entre os diferentes atores da democracia não é mais assegurada pelo Estado, mas pelo direito, que se coloca, assim, como a nova linguagem política na qual são formuladas as reivindicações políticas. A justiça tornou-se um espaço de exigibilidade da democracia. Ela oferece potencialmente a todos os cidadãos a capacidade de interpelar seus governantes, de tomá-los ao pé da letra e de intimá-los a respeitarem as promessas contidas na lei".
(81) *Ibid*, p. 31.
(82) NASCIMENTO, Mariângela. *A esfera pública na democracia brasileira*: uma reflexão arendtiana. Hannah Arendt: entre o passado e o presente. Juiz de Fora: UFJF, 2008. p. 69.

Acrescenta que o cidadão possui um vocabulário ativo quanto à exigência de direitos, mas, do ponto de vista político, são apáticos. Assim, os indivíduos transformam-se em consumidores de direitos e não em atores políticos envolvidos num processo de luta política, de atividade política, de competição política, voltados para definição de normas políticas gerais que vão configurar o direito da sociedade.

Quando os indivíduos se isentam da atuação política, deixam de ocupar o espaço que é reservado a eles na política. Desapego na política significa a não participação em uma atividade que, em termos lógicos, tem como função fundamental a definição de normas gerais que são de interesse público. A definição de normas gerais deixa de ser percebida como algo que decorra do envolvimento do cidadão como ser ativo politicamente.

Lessa refere ainda que o sistema de justiça possui com o cidadão uma relação associada a de um consumidor, pois os direitos estão escritos na Constituição Federal, existem os operadores de direito e, quando necessário, por meio de Mandado de Segurança, solicita-se pedidos de liminares. Portanto, tem-se um consumidor de direitos e não um cidadão, no sentido de alguém envolvido ativamente na produção de normas e valores.[83]

"Fazer com que a efetividade dos direitos sociais seja subsumida ao campo do direito, por fora, portanto, do terreno livre da sociedade civil, conduziria a uma cidadania passiva de clientes, e isso em nada propícia a uma cultura cívica e às instituições da democracia, (...). A igualdade somente daria bons frutos quando acompanhada por uma cidadania ativa, cujas práticas levassem ao contínuo aperfeiçoamento dos procedimentos democráticos, pelos quais o direito deveria zelar, abrindo a todos a possibilidade de intervenção no processo de formação da vontade majoritária."[84]

Acrescente-se a isso que, para além da mudança estrutural em direção à despolitização e neutralização da legitimidade democrática e privação da soberania popular de sua responsabilidade política,[85] pode ainda ser acrescentada outra questão, tendo em vista as particularidades regionais de nosso país. Desse modo, o ativismo judiciário teria um usufruto diferenciado dos direitos em função do desconhecimento que os indivíduos têm desse próprio quadro de direitos. Possuir

---

(83) LESSA, Renato. *Direito, esfera pública e judicialização da política*. Publicado em: 2008-12-23 23:09:13 | Tempo do vídeo: 110 minutos aproximadamente.
(84) VIANNA, Luiz Werneck et alii. *A judicialização da política e das relações sociais no Brasil*. 1999. p. 23.
(85) MOTTA, Luiz Eduardo. Acesso à justiça, cidadania e judicialização no Brasil. *Revista de Ciência Política*. Disponível em: <www.achegas.net>. Número 36, Julho/Agosto 2007. Acessado em: 12.12.2009. p. 32.

direitos, mas ter deles uma fruição medíocre e precária pelo desconhecimento e pela dificuldade de acesso à justiça, esse é mais um aspecto que deve ser ressaltado.[86]

Por outro lado, rejeitando a ideia de que o Poder Judiciário tenha um papel passivo, ou seja, na defesa de que ao judiciário deve ser conferido um papel mais efetivo na implementação dos direitos sociais, está Dworkin. Do pensamento dworkiniano se infere que a "democracia contemporânea expandiu os pulmões dos tribunais, conferindo-lhes um oceano de outras tantas atribuições jurisdicionais e institucionais antes inexistentes, sobretudo a revisão judicial de medidas adotadas pelos Poderes pares."[87]

Coaduna-se com a ideia o autor Gonçalves, pois "a circunstância histórica clama por uma teoria dos direitos fundamentais engajada, que sirva de instrumento de transformação e luta das minorias ainda discriminadas". Menciona ainda que se faz necessária a existência de "(...) uma teoria dos direitos fundamentais que seja capaz de extrair das normas constitucionais todo seu conteúdo social, dando-lhes o alcance que deveriam ter e possibilitando a eficácia que se almeja delas. Uma teoria dos direitos fundamentais que expurgue a Constituição-símbolo e faça emergir a Constituição-instrumento-de-cidadania".[88]

No dizer de Cappelletti, o redimensionamento do papel do judiciário nas sociedades contemporâneas é tomado como inevitável e, ao mesmo tempo, favorável às expectativas por igualdade:

> "Das múltiplas mutações, a um tempo institucionais e sociais, têm derivado não apenas um novo padrão de relacionamento entre os poderes, como também a conformação de um cenário para ação social substitutiva a um dos partidos e a das instituições políticas propriamente ditas, em que o Poder Judiciário surge como uma alternativa para a resolução de conflitos coletivos, para a agregação do tecido social e mesmo para a adjudicação da cidadania, tema dominante na pauta da facilitação do acesso à justiça."[89]

---

(86) LESSA, Renato. *Direito, esfera pública e judicialização da política*. Publicado em: 2008-12-23 23:09:13 | Tempo do vídeo: 110 minutos aproximadamente.

(87) Vitório, Teodolina Batista da Silva Cândido. O ativismo judicial como instrumento de concreção dos direitos fundamentais no estado democrático de direito: uma leitura à luz do pensamento de Ronald Dworkin. Tese (Doutorado) — Pontifícia Universidade Católica de Minas Gerais. Programa de Pós-Graduação em Direito, 2011. p. 53. Disponível em: <www.biblioteca.pucminas.br/teses/Direito_VitorioTB_1.pdf>. Acessado em: 9 out. 2011.

(88) GONÇALVES, Flávio José Moreira. *Notas para a caracterização epistemológica da teoria dos direitos fundamentais*. In: GUERRA FILHO, Willis Santiago (coord.). Porto Alegre: Livraria do Advogado, 1997. p. 40.

(89) CAPPELLETTI, Mauro. *Juízes legisladores?*. Porto Alegre: Sérgio Antonio Fabris Editor, 1999.

Infere-se, portanto, que o Poder Judiciário viria a ser um substituto do Estado, dos partidos, da família, da religião. Assim, o Poder Judiciário seria o garantidor dos direitos a grupos minoritários e marginais, abrindo-se espaço aos atores sociais que compõem o sistema, mediante o amplo acesso ao Judiciário, garantindo aos grupos marginais influência nas decisões políticas. É a democracia exercida por meio da atuação do Poder Judiciário.

Cappelletti, ao referir-se à legitimidade democrática da criação do direito jurisprudencial, afirma que a ideia de representatividade plena por parte dos poderes políticos seria uma utopia, e que os tribunais podem contribuir para a representatividade do sistema político ao possibilitar amplo acesso ao processo judicial.[90]

Na esteira do que leciona Dworkin, a simples obediência à regra de maioria não constitui democracia. Justifica que nem sempre uma lei pautada na vontade de uma suposta maioria será uma lei justa, pois nem sempre a mesma contemplará os direitos individuais e o direito a igual respeito e consideração. Nesse sentido, Dworkin confere supremacia aos direitos fundamentais frente à soberania popular, portanto, os direitos fundamentais devem restringir a soberania do povo a fim de se resguardar os direitos e as liberdades individuais.[91]

Para Dworkin, não resta dúvidas de que numa democracia o poder está nas mãos do povo, conquanto existam imperfeições no caráter igualitário da democracia que são parcialmente irremediáveis, como as minorias que são contempladas pelos processos democráticos de formação da vontade política. Sustenta ainda que, em diversas ocasiões, os políticos podem estar pressionados politicamente e que os magistrados não prescindem de apoio político para a manutenção de seu poder, não possuem temor em manifestar suas opiniões e que estas possam causar insatisfação popular.[92]

Ainda segundo Dworkin, o ativismo judicial não consiste mais em uma simples alternativa, mas, sim, em "um compromisso inadiável dos tribunais em nome da imperativa defesa da moral, da justiça e da democracia":

> "Nosso sistema constitucional baseia-se em uma teoria moral específica, a saber, a de que os homens têm direitos morais contra o Estado. As cláusulas difíceis (...) como as cláusulas do devido processo legal e da igual proteção, devem ser entendidas como um apelo a conceitos morais (...). Portanto, um tribunal que assume o ônus de aplicar tais cláusulas plenamente como lei deve ser um tribunal ativista, no sentido de que ele deve estar prepara-

---

(90) CAPPELLETTI, Mauro. *Juízes legisladores?* Porto Alegre: Sérgio Antonio Fabris Editor, 1999. p. 92-107.
(91) DWORKIN, Ronald. *Uma questão de princípio.* Tradução de Luís Carlos Borges. São Paulo: Martins Fontes, 2001. p. 25-32.
(92) *Idem.*

do para formular questões de moralidade política e dar lhes uma resposta. O programa do ativismo judicial sustenta que os tribunais devem aceitar a orientação das chamadas cláusulas constitucionais vagas (...). Devem desenvolver princípios de legalidade, igualdade e assim por diante, revê-los de tempos em tempos à luz do que parece ser a visão moral recente da Suprema Corte, e julgar os atos do Congresso, dos Estados e do Presidente de acordo com isso."[93]

Por último, cabe ainda chamar a atenção para o fortalecimento de um poder que possa vir a ocupar um lugar ainda maior na organização da vida brasileira, sem que esse poder possa ser controlado, pois os parlamentares podem sê-lo por meio do voto, mas, como proteger-se do corporativismo judiciário? Como controlar esse poder, como definir seus limites, pois, em se tratando de autoridade, é sempre bom discutir as questões dos limites desse poder.

A judicialização da política é positiva no que se refere à resistência contra o depauperamento ético, a deplorável ineficiência e a depravação do espaço político-parlamentar. No entanto, esse fenômeno não pode ser visto como um fim em si mesmo, sob pena de provocação de esvaziamento dos ideais e das práticas da liberdade, posto que, em um Estado no qual as normas e regras sejam resultados de um estamento togado, a democracia dá a possibilidade de que o cidadão, na esfera pública, possa desenhar a forma como coordena e direciona os seus interesses para o centro das decisões políticas, onde tais decisões ganham legitimidade.

III. JUDICIALIZAÇÃO DA SAÚDE *VERSUS* DISTRIBUIÇÃO DE JUSTIÇA QUANTO AO ACESSO EQUÂNIME UNIVERSAL E INTEGRAL À SAÚDE E AOS MEDICAMENTOS

O presente tópico tem por objetivo levantar algumas questões sobre a admissibilidade da ingerência do judiciário nas políticas públicas, o que está a cargo do Legislativo e Executivo. Para tanto, utiliza estudo que buscou a opinião dos ministros do Supremo Tribunal Federal e de alguns ministros do Superior Tribunal de Justiça acerca da questão e, a partir disso, tece algumas considerações a respeito do tema.

Precipuamente a polêmica levantada é: se adotarmos a tese de que o Poder Judiciário pode atuar politicamente no campo Legislativo, fixando políticas públicas, estaremos abandonando a separação de poderes?

Assim, consideramos que existe uma estreita relação entre democracia, governo e representação escolhida pelo povo, ou seja, investidura dos representantes por

---

(93) DWORKIN, Ronald. *O império do direito*. Tradução Jefferson Luiz Camargo. São Paulo: Martins Fontes, 2003. p. 215-31.

meio de eleições diretas. É este um dos pilares da democracia. A Constituição Federal diz que o povo brasileiro é governado por representantes eleitos ou diretamente nos casos previstos nela. Dessa perspectiva, salientamos que os membros do Poder Judiciário não são eleitos para o desempenho de funções políticas.

Montesquieu, sem ignorar o que havia falado Aristóteles e Locke, advertiu para o risco de concentrar-se todo o poder estatal na mesma pessoa. Isso levaria inevitavelmente ao arbítrio e precisava ser evitado. Eis, portanto, sua preocupação:

> "Quando, na mesma pessoa ou no mesmo corpo de magistratura, o poder Legislativo está reunido ao poder Executivo, não existe liberdade; porque se pode temer que o mesmo monarca ou o mesmo senado produza leis tirânicas para pô-las em execução tiranicamente. Não há ainda liberdade alguma se o Poder Judiciário não for separado do poder Legislativo e do Executivo. Se estivesse unido ao poder Legislativo, o poder sobre a vida e a liberdade dos cidadãos seria arbitrário, pois o juiz seria legislador. Se estivesse unido ao poder Executivo, o juiz poderia ter a força de um opressor. Tudo estaria perdido se o mesmo homem ou o mesmo corpo de principais, ou dos nobres, ou do povo, exercesse esses três poderes: o de produzir leis, o de executar resoluções públicas e o de julgar os crimes ou as divergências dos indivíduos."[94]

Na sequência, passa-se à breve abordagem acerca do tema sobre implementação de políticas públicas pelo Judiciário, com questões polêmicas como a violação ao princípio da separação de poderes. Na medida em que o Judiciário — a pretexto de conhecer violações de direito — poderia invadir a esfera de competência reservada atribuída aos demais poderes, praticando assim inconstitucionalidade, caberia ao Poder Judiciário, a pretexto de corrigir atos ilegais ou inconstitucionais, acolher ou formular políticas públicas alternativas, papel do poder eleito e democrático, e não do judiciário? Decisões judiciais poderiam substituir-se ao orçamento público, criando ou alterando despesas regularmente estabelecidas pelos poderes ou pelas autoridades competentes? É papel do Judiciário prestar a justiça distributiva e equitativa desse modo, digamos, criativo e inovador? Em que termos e em que limites? Os Ministros do Supremo Tribunal Federal e o Superior Tribunal de Justiça emitem sua posição sob o assunto.

IV. POLÍTICAS PÚBLICAS COMO MEIO DE CONCRETIZAÇÃO DO DIREITO SOCIAL À SAÚDE

Segundo o Programa das Nações Unidas para o Desenvolvimento (PNUD),[95] a democracia implica o acesso ao poder do Estado (por meio de eleições) e a vigência

---

(94) MONTESQUIEU, Charles-Louis de Secondat. *Do Espírito das Leis*. Trad. Edson Bini. Bauru, SP: Edipro, Série Clássicos, 2004. p. 190.
(95) PNUD, *A democracia na América Latina*: rumo a uma democracia de cidadãos e cidadãs. Santana do Parnaíba, SP: LM&X, 2004; p. 57.

do Estado de Direito. Rodrigues, por sua vez, refere que democracia pressupõe um regime político e uma forma de organizar o poder, de maneira que o Estado não vulnere os direitos políticos, civis e sociais dos cidadãos e cidadãs.[96]

Importante destacar que, segundo Siqueira Junior,[97] "o ponto primordial do Estado Democrático de Direito é a participação política". Assim, a democracia implica na participação do povo nos negócios do Estado ou no acesso ao poder do Estado pelo povo, emprestando a ideia de Max Weber, citado por Rodrigues, segundo o qual o "Estado resulta de um processo histórico de concentração de poder que ocorre na Europa, entre o final da Idade Média e os primeiros séculos da Idade Moderna".[98]

Por sua vez, o "... Estado moderno se constitui de um conjunto de instituições públicas que envolvem múltiplas relações com o complexo social num território delimitado".[99] Para a definição de poder sob a ótica moderna, "inspirada na obra desenvolvida pelo sociólogo alemão Max Weber (1864-1920), para quem poder é a probabilidade de um ator social (...) levar adiante sua vontade, apesar das resistências que ela enfrenta, isto é, mesmo que esta esteja em oposição à vontade do outro".[100] Logo, poder e política são conceitos que estão relacionados entre si, pois política é a "... atividade ou o conjunto de atividades que, de alguma maneira, faz referência ao Estado",[101] ou seja, "... refere-se a tudo o que diz respeito às coisas da cidade, ao que é urbano, público, civil e social".[102]

Acrescente-se que é na esfera pública em que se dá a "participação política", considerada como a característica principal do Estado Democrático de Direito. A esfera pública "... é o lugar de confluência das falas e do agir humano, e esta é a condição para a formação de opiniões e a inter-relação dos atos humanos".[103] Nascimento destaca que: "... no debate sobre a democracia, as atenções se voltam para a questão de esfera pública, que procura desenhar a forma como os homens coordenam e direcionam os seus interesses para o centro das decisões políticas, onde tais decisões ganham legitimidade".[104]

---

(96) RODRIGUES, Marta M. Assumpção. *Políticas públicas*. São Paulo: Publifolha, 2010; p. 67.
(97) SIQUEIRA JUNIOR, Paulo Hamilton. Direitos Humanos e Políticas Públicas. Disponível em: <http://www.conpedi.org/manaus/arquivos/Anais/Paulo%20Hamilton%20Siqueira%20Jr.pdf>. Acesso em: 12 jun. 2011.
(98) WEBER, Max, The *Theory of Social and Economic Organization*. Londres: Interpretative Sociology, vol. 1. Berkey: University of California Press, 1978 apud RODRIGUES, Marta M. Assumpção. *Políticas Públicas*. São Paulo: Publifolha, 2010. p. 15.
(99) O'DONNELL, Guillermo. *Reflexão sobre os estados burocráticos — Autoritários*. São Paulo: vértice, 1986 apud RODRIGUES, Marta M. Assumpção. *Políticas Públicas*. São Paulo: Publifolha, 2010. p. 17.
(100) RODRIGUES, Marta M. Assumpção. *Políticas públicas*. São Paulo: Publifolha, 2010. p. 17.
(101) RODRIGUES, Marta M. Assumpção. *Políticas públicas*. São Paulo: Publifolha, 2010. p. 13.
(102) *Ibid.*, p. 13.
(103) NASCIMENTO, Mariângela. *A esfera pública na democracia brasileira*: uma reflexão arendtiana. Hannah Arendt: entre o passado e o presente. Juiz de Fora: UFJF, 2008. p. 59.
(104) *Idem*, p. 56.

"As reflexões sobre a esfera pública, (...), apontam-na como constitutiva da democracia. Uma democracia pensada e explicada pela complexidade da sociedade a partir da presença ativa do sujeito político. A democracia, nestes termos, é concebida como a ordem fundada na ação — compreendida como a movimentação de homens que interagem por meio da fala, capazes de se entender e influenciar o sistema político. Esta definição, aqui paradigmática, parte do pressuposto de que o sujeito político na democracia participa do processo decisório, e tais decisões dependem, como lembra Sérgio Costa, de algum tipo de anuência da sociedade para que adquiram validade e possam ser efetivadas."[105]

Ressalte-se ainda que política, no contexto das políticas públicas, "é entendida como um conjunto de procedimentos que expressam relações de poder e que se orienta à resolução de conflitos no que se refere aos bens públicos".[106]

Cumpre nesse momento definir política pública: "... processo pelo qual os diversos grupos que compõem a sociedade — cujos interesses, valores e objetivos são divergentes — tomam decisões coletivas, que condicionam o conjunto dessa sociedade".[107] Logo, podemos inferir que políticas públicas resultam da atividade política. A partir dessa reflexão sobre Estado Democrático de Direito, esfera pública, democracia e decisão política é que se destaca a importância do debate sobre a questão da legitimidade do Poder Judiciário em determinar que o Poder Executivo implemente políticas públicas.

No Supremo Tribunal Federal, as opiniões entre os Ministros sobre a questão são divergentes. Assim, o entendimento do Presidente do Supremo, Ministro Antonio Cezar Peluso, sobre a questão de o judiciário poder ou não determinar que o poder Executivo implemente políticas públicas, o posicionamento do Ministro é o de que é esse o tipo de ação que vai dizer até onde o Supremo pode ir, até onde o Judiciário não vai se transformar em legislador positivo. O Ministro complementa dizendo que, dependendo da circunstância, pode-se estar avançando sobre função tipicamente administrativa. "É o Executivo, e não o Judiciário, que sabe, de acordo com seu orçamento e as prioridades da população, se deve fazer ou não uma creche e de que maneira."[108] O Ministro acrescenta que, em circunstância especial, o tribunal pode tomar uma decisão discrepante, mas que a regra é o limite do julgamento, "... é competência do Legislativo criar normas e do Executivo tomar decisões de ordem política. Não temos que ultrapassar. Nossa função não é nem administrar, nem legislar".[109]

---

(105) COSTA, Sérgio. Contexto da construção do espaço público. Novos estudos, 47, 1997 apud NASCIMENTO, Mariângela. A esfera pública na democracia brasileira: uma reflexão arendtiana. Hannah Arendt: entre o passado e o presente. Juiz de Fora: UFJF, 2008. p. 55.
(106) RODRIGUES, Marta M. Assumpção. Políticas públicas. São Paulo: Publifolha, 2010. p. 13.
(107) Ibid., p. 13.
(108) Revista Consultor Jurídico. Anuário da Justiça 2011. São Paulo. Conjur Editorial. p. 37.
(109) Ibid., p. 37.

Nesse mesmo sentido, e sobre a mesma questão, o Ministro Marco Aurélio aduz que o Judiciário pode e deve atuar no campo delimitado constitucionalmente. Ressalva ainda que o Judiciário, e principalmente o Supremo, conceba que os poderes são harmônicos e independentes: "o Supremo Tribunal Federal não implementa política governamental. Não implementa política que está a cargo do Executivo".[110] Destaque-se a fala do Ministro quando ele chama a atenção para a importância de que o Judiciário e "principalmente" o Supremo Tribunal Federal compreendam que os poderes são harmônicos e independentes.

Eduardo Portella, em artigo de sua autoria no jornal *Folha de São Paulo*, assevera que "o ideal dos três Poderes independentes, embora intercomunicativos, foi se transformando na repartição ou na transferência de tarefas desarticuladas".[111]

> "Assistimos perplexos a um Executivo legislador, desinibidamente expansionista, sobretudo na produção em massa de medidas transitórias definitivas. O Judiciário legisla, com certa desenvoltura, nas brechas ou nas omissões constantes do Legislativo. E o Legislativo, às voltas com o modelo ficha-suja, posterga e prescreve decisões inadiáveis. Sabe-se alguma coisa do que está errado e muito pouco do que se deve fazer. Com isso, nos distanciamos da meta prioritária: a qualidade da democracia. Quando cai a qualidade da democracia, fica igualmente comprometida a qualidade do Estado."[112]

Tais afirmações vêm ao encontro daquilo que Altenfelder Silva destaca, em artigo publicado no jornal *Folha de São Paulo*, intitulado "Harmonia dos Poderes?", quando diz que "independência e harmonia dos Poderes são indispensáveis para o fortalecimento da democracia e para o país".[113]

---

(110) *Ibid.*, p. 47.
(111) PORTELLA, Eduardo. A qualidade da democracia. *Folha de São Paulo*, Tendências / Debates A3, 27.5.2011.
(112) PORTELLA, Eduardo. A qualidade da democracia. *Folha de São Paulo*, Tendências / Debates A3, 27.5.2011.
(113) ALTENFELDER SILVA, Ruy Martins. Harmonia dos Poderes? *Folha de São Paulo*, Tendências / Debates A3, 20.11.2009. "As Constituições brasileiras acolheram a tese montesquiana. A Constituição cidadã de 1988, em seu art. 2º, dispôs que os Poderes são independentes e harmônicos entre si, tornando tal disposição cláusula pétrea (art. 60, § 4º, III). Tal determinação estaria sendo observada nos tempos atuais? Vejamos: o Executivo, com fundamento nos arts. 59, V e 62 da Constituição, editou centenas de medidas provisórias, a maioria delas sem os requisitos indispensáveis de relevância e urgência. (...) É o Poder Executivo avançando na competência do Poder Legislativo, editando medidas provisórias sem os requisitos constitucionais de relevância e urgência.(...) O jurista português José Joaquim Gomes Canotilho, em recente entrevista ao jornalista Juliano Basile (jornal "Valor Econômico" de 4 de novembro), diz acreditar que o Supremo Tribunal Federal esteja avançando em assuntos do Legislativo e do Executivo no que ele chama de "ativismo judicial exagerado". (...) O problema é que a Constituição brasileira de 1988 está sendo conduzida pelo Supremo Tribunal Federal, e ele pergunta se é função do Judiciário resolver questões como demarcações de reservas indígenas, infidelidade de políticos aos seus partidos e uso das algemas pela polícia. (...) O Legislativo, igualmente, em determinadas decisões, teria invadido competência do Judiciário, ao julgar parlamentares acusados

O Ministro Ricardo Lewandowski, representante da primeira turma no Supremo Tribunal Federal, entende que, como regra, o princípio da separação de poderes deve preponderar:

> "Como regra, deve prevalecer o princípio da separação dos poderes, pois o Judiciário não pode transformar-se em administrador público, salvo em situações excepcionais em que direitos fundamentais devam ser imediatamente implementados, sob pena de perecimento. Nesse caso, não há que se falar em reserva do possível, pois entram em cena valores constitucionais mais elevados."[114]

Porém, sobre a fala do Ministro, especialmente quanto a não aplicação do princípio da "reserva do possível" quando tratar-se de preservação dos direitos fundamentais, podemos inferir que a aplicação ou não do princípio da reserva do possível deva ser analisado diante do caso em concreto e que o mesmo não pode ser aplicado de forma ampla e irrestrita sob pena de malferimento da separação de poderes. Pois, como regra, na opinião do Ministro, a quem cabe implementar políticas públicas é o Executivo. Tais afirmações vêm ao encontro do esposado por Sarlet e Figueiredo:

> "... a discussão em torno da assim designada 'reserva do possível' na condição de limite fático e jurídico à efetivação judicial (e até mesmo política) de direitos fundamentais — e não apenas dos direitos sociais, consoante já frisado — vale destacar que também resta abrangida na obrigação de todos os órgãos estatais e agentes políticos a tarefa de maximizar os recursos e minimizar o impacto da reserva do possível. Isso significa, em primeira linha, que se a reserva do possível há de ser encarada com reservas, também é certo que as limitações vinculadas à reserva do possível não são, em si mesmas, uma falácia. O que tem sido, de fato, falaciosa é a forma pela qual muitas vezes a reserva do possível tem sido utilizada entre nós como argumento impeditivo da intervenção judicial e desculpa genérica para a omissão estatal no campo da efetivação dos direitos fundamentais, especialmente de cunho social. Assim, levar a sério a "reserva do possível" (e ela deve ser levada a sério, embora sempre com as devidas reservas) significa também, especialmente em face do sentido do disposto no art. 5º, § 1º, da CF, que cabe ao poder público o ônus da comprovação da falta efetiva dos recursos indispensáveis à satisfação dos direitos a prestações, assim como da eficiente aplicação dos mesmos".[115]

---

de desvios éticos, ao instalar comissões parlamentares de inquérito e agir como se Poder Judiciário fosse. Independência e harmonia dos Poderes são indispensáveis para o fortalecimento da democracia e, consequentemente, para o país."

(114) Revista *Consultor Jurídico. Anuário da Justiça 2011*. São Paulo. Conjur Editorial. p. 51.
(115) SARLET, Ingo Wolfgang e FIGUEIREDO, Marina Filchtiner. Reserva do Possível, Mínimo Existencial e Direito à Saúde: Algumas aproximações. *Direitos Fundamentais & justiça n. 1* — out./dez. 2007. p. 191.

Fundamental mencionar o que disse o Ministro José Antonio Dias Toffoli em Audiência Pública, em 2009:

"... os investimentos e as dotações orçamentárias federais destinadas ao Ministério da Saúde, especialmente a política nacional de medicamentos, vêm aumentando, a cada exercício, assim como os repasses aos demais entes da federação, integrantes do SUS, previstos no art. 200 da Constituição Federal e na Lei n. 8.080/90. Os recursos estatais para efetivação desse direito social são finitos, de modo que a judicialização indiscriminada no fornecimento de medicamentos à população, geralmente em sede de cognição sumária, representa sério risco à organização e ao planejamento das políticas públicas para a área de saúde. É isso que a União vem defendendo em juízo, que há uma interferência do Poder Judiciário junto às políticas públicas na área de saúde."[116]

Sobre a questão da possibilidade de ordenação ao Executivo de efetivação de políticas públicas pelo judiciário, destacou o Ministro:

"(...) esta é uma discussão delicada. O Judiciário tem de ser cuidadoso. Contudo, existem políticas públicas que a Constituição exige do Estado brasileiro e, muitas vezes, o Estado pode estar inadimplente. O cidadão que se vê preterido pela ausência de um direito não tem outro recurso senão vir ao Judiciário. Imaginemos situações-limites. Se o Estado não construísse escolas ou implementasse políticas para a universalização do ensino básico, o Judiciário não poderia agir quando procurado pelos pais, cidadãos brasileiros cujos filhos não têm acesso à educação? Não seria razoável. O que o Judiciário não pode é dizer de que forma a política deve ser efetivada na área da saúde, na área da educação. Não pode influir no desenho da política pública. Mas pode decidir que o Estado é obrigado a dar ao cidadão acesso a essas garantias constitucionais."[117]

A partir dessa reflexão, entendemos que, conquanto não seja razoável que o judiciário seja omisso aos mandamentos constitucionais, quando a preservação de tais direitos já esteja assegurada, por meio das políticas públicas, não cabe ao judiciário interferir em decisões que competem ao poder Legislativo e Executivo tomá-las, sob pena de colocar em risco o próprio sistema democrático. Segundo Marques: "a judicialização da política e a sobreposição das decisões judiciais e do

---

(116) Audiência Pública: Saúde / Supremo Tribunal Federal. Brasília: Secretaria de Documentação, Coordenadoria de Divulgação de Jurisprudência, 2009. p. 45-46.
(117) Revista *Consultor Jurídico*. Anuário da Justiça 2011. São Paulo. Conjur Editorial. p. 55.

arcabouço normativo às opções políticas representam uma ameaça à própria democracia e a complexidade interna desses sistemas".[118]

Coadunam-se com a mesma ideia as reflexões da Ministra Ellen Gracie, quando, ao relatar o Recurso Extraordinário n. 279.455, referente à obrigação do Estado em reformar estabelecimento prisional, no qual a Ministra citou voto do ministro Eros Grau (aposentado), segundo o qual "a forma como o Estado-membro vai garantir o direito à segurança pública há de ser definida no quadro de políticas sociais e econômicas, cuja formulação é atribuição exclusiva do Poder Executivo, não cabe ao Judiciário determinar a realização de obras em cadeia pública".[119]

"A Suspensão de Tutela Antecipada 91, julgada pela Ministra Ellen Gracie, foi a primeira decisão determinando a não obrigatoriedade do Estado em fornecer o medicamento pedido. O fundamento foi o da limitação de recursos e da necessidade de racionalização dos gastos para o atendimento de um maior número de pessoas. Além do mais, a Ministra reconhece que a 'execução de decisões como a ora impugnada afeta o já abalado sistema público de saúde', e que a política de saúde deve ser feita de forma a buscar maior racionalização entre custos e benefícios dos tratamentos gratuitamente fornecidos, com o intuito de atingir o maior número possível de cidadãos."[120]

Vale ressaltar que o presidente do Superior Tribunal de Justiça, Ministro Ari Pargendler, comunga também do pensamento esposado pela Ministra Ellen Gracie, pois ele admite que "cada um dos poderes da República tem sua função própria. As políticas públicas são ditadas pelo Legislativo e pelo Executivo. Ao Judiciário cabe apenas controlar a legalidade delas. Ultrapassar esses limites gera situações de insegurança".[121]

Acrescente-se ainda que Luís Roberto Barroso, em audiência pública de saúde, no ano de 2009, realizada em Brasília, assim se manifestou:

"(...) se alguém vai a juízo postular um determinado medicamento ou procedimento, simplesmente porque não existe uma política pública em relação

---

(118) MARQUES, Silvia Badim. *A relação do sistema jurídico e do sistema político na garantia do direito social à assistência farmacêutica: o caso do Estado de São Paulo*. Dissertação apresentada ao Programa de pós-graduação em saúde Pública para obtenção do título de Mestre em Saúde Pública. Universidade de São Paulo, São Paulo, 2005. p. 134.
(119) *Ibidem.*, p. 75.
(120) WANG, Daniel Wei Liang. *Revista Direito GV*, São Paulo 4(2) | p. 549 | Jul-Dez 2008.
"É também muito relevante a consideração do direito à saúde não como um direito que se aplica a situações individualizadas, mas como um direito a ser concretizado por políticas públicas para um acesso coletivo igual e universal. A Ministra ainda considerou que o Estado somente se obriga a fornecer os remédios que estão contemplados na Portaria n. 1.318, do Ministério da Saúde. Isso representa o respeito a uma decisão alocativa tomada no âmbito da Administração Pública."
(121) *Ibid.*, p. 114.

àquela necessidade, ou a política pública é manifestamente inadequada, o Judiciário deve agir. E acho que o Judiciário deve agir não apenas atendendo à postulação individual, mas, onde exista política pública, o Judiciário deve ser responsável por deflagrar um diálogo institucional e compelir a autoridade pública a ter alguma política articulada em relação àquela demanda."[122]

Cumpre destacar que Luís Roberto Barroso também ressaltou a importância do debate público sobre a elaboração do orçamento, pois é nesse momento que se fazem as escolhas — "as boas e as trágicas" —, sendo nessa ocasião que os estados tomam as decisões. Lembrou que se faz necessário um debate público — médicos, organizações não governamentais (ONGs), pacientes — a respeito da elaboração do orçamento. Um debate sério sobre a definição de quais políticas públicas de saúde serão prestigiadas e quais recursos serão destinados àquelas políticas públicas.[123]

Dessas acepções, podemos ressaltar que "a definição da política pública demanda avaliações técnicas, escolhas de natureza política, suporte material e de pessoal. Logo, o Judiciário não pode formular políticas públicas, pode exigir o cumprimento das já formuladas. Depois de estabelecida, ela cria direitos, e as pessoas lesadas pela falta de implementação podem se socorrer no Judiciário".[124]

Disso decorre que a concessão de medicamentos, em casos individuais, conquanto pareça ser a solução salvadora, é na realidade extremamente prejudicial à população. Destacamos que a canalização de recursos para situações individualizadas, independente do valor a ser destinado e da organização do Sistema Único de Saúde, fere o espírito do art. 196 da Constituição, que é propiciar o acesso universal e igualitário às ações e serviços de saúde. Coaduna-se com essas reflexões Dallari, quando ressalta que "é preciso ter muito claro, entretanto, que para a real proteção judicial dos direitos humanos não é suficiente e, pelo contrário, é perigoso só cumprir as formalidades judiciárias, ter uma aparência de proteção judicial que adormece a vigilância e não é, porém, mais que uma ilusão de justiça".[125]

Podemos inferir com Rocha que "(...) vivemos hoje a era dos direitos. Mas isto não (...) coloca o Judiciário como o condutor das políticas públicas. A Justiça pode garantir direitos constitucionais (...) mas sem impor ao agente público a obrigação de implementar (...) políticas públicas. (...) O princípio que deve prevalecer é o da reserva de competência do Executivo".[126]

---

(122) Audiência Pública: Saúde / Supremo Tribunal Federal. Brasília: Secretaria de Documentação, Coordenadoria de Divulgação de Jurisprudência, 2009. p. 250.
(123) Ibid., p. 248.
"... a elaboração do orçamento e, posteriormente, a arrecadação de receitas e a realização de despesas constituem um grande espaço democrático negligenciado no Brasil. De fato, ao contrário."
(124) ZAVASCKI, Teori. Revista Consultor Jurídico. Anuário da Justiça 2011. São Paulo. Conjur Editorial. p. 125.
(125) DALLARI, Dalmo de Abreu. O poder dos juízes. 2. ed. São Paulo: Saraiva, 2002. p. 38.
(126) ROCHA, Cesar Asfor. Revista Consultor Jurídico. Anuário da Justiça 2011. São Paulo. Conjur Editorial. p. 130.

Torna-se oportuno citar aqui a pesquisa das autoras Dallari e Marques a respeito do tema sobre as decisões judiciais no Poder Judiciário de São Paulo:

"Ele vem sustentando, principalmente, que questões políticas não podem disciplinar ou condicionar o exercício desse direito. Suas decisões têm com base unicamente a afirmação do direito à saúde e à assistência farmacêutica como direitos integrais e universais dos cidadãos brasileiros contida no arcabouço legal (Constituição Federal e Lei Orgânica de Saúde). O Poder Judiciário ignora que os direitos foram instituídos de forma ampla e atrelada à elaboração de políticas sociais e econômicas. [...] Quando a decisão jurídica não considera as políticas públicas, formalizadas juridicamente, que envolvem os direitos sociais, corre o risco de atuar fora dos limites estruturais do sistema jurídico. Disso resulta um Judiciário que decide politicamente — sem a estrutura necessária para atuar com essa lógica — e uma política judicializada, que acaba por incorporar o ritmo, a lógica e a prática das decisões judiciais. É o que a doutrina chama de 'judicialização da política'. Os prejuízos da 'judicialização da política' refletem-se na própria manutenção da democracia."[127]

Contudo, em sentido contrário, a Ministra Carmen Lúcia Antunes Rocha, conquanto assinale a possibilidade de malferimento do princípio da separação de poderes, a urgência da efetivação dos direitos sociais por meio do Poder Judiciário viabiliza a realização da Constituição naquilo que ela tem de medular: os direitos fundamentais. Assim entende a Ministra Carmen Lúcia Antunes Rocha:

"O Judiciário pode determinar que o Executivo implemente políticas públicas, sim, nem a divisão de funções, nem a independência de cada poder são absolutas. Ao julgar o Recurso Extraordinário n. 603.033, em que o MP de Minas Gerais exigia a implementação de Conselho Tutelar Municipal em favor de crianças e adolescentes, a ministra afirmou que o sistema constitucional de pesos e contrapesos entre os três poderes exige a interferência de todos. Citando José Afonso da Silva e Cândido Dinamarco, justificou a necessidade de intervenção do judiciário para fazer cumprir a Constituição como 'colaboração de poderes'. Para ela, o exercício de direitos fundamentais de crianças e adolescentes como o de educação não depende de discricionariedade do administrador público, que inclusive não pode alegar falta de recursos para proporcionar condições de ensino público."[128]

---

(127) DALLARI, Sueli Gandolfi ; MARQUES, Silvia Badim. Garantia do direito social à assistência farmacêutica no Estado de São Paulo. *Revista Saúde Pública 2007*, n. 41(1). p. 101-7.
(128) Revista Consultor Jurídico. *Anuário da Justiça 2011*. São Paulo. Conjur Editorial. p. 43.

Dessas acepções podemos ressaltar a lição de Kelbert: "(...) a realização dos direitos fundamentais passa por escolhas, (...) ou seja, (...) a sociedade, por meio de seus representantes, escolhe proteger os bens e direitos que considera mais importante num dado momento e contexto histórico"[129], disso decorre o mencionado por Gustavo Amaral: "nada que custe dinheiro pode ser absoluto".[130]

Podemos compreender que, com base em Peter Häberle, "(...) a pressão normativa para efetivar direitos fundamentais subsistiria, mas não se pode exigir do Estado (prestacional) o impossível".[131] Esta foi a conclusão do autor ao indagar sobre a questão de os direitos fundamentais deverem ser satisfeitos na medida da capacidade econômica prestacional do Estado ou o estado prestacional dever existir na medida dos direitos fundamentais.

Para o Ministro Luiz Fux, o Judiciário pode determinar que o Executivo implemente políticas públicas, mesmo diante do princípio da reserva do possível,[132] pois, "se a política pública está estabelecida como norma programática, fica ao alvedrio do Poder Executivo. Mas há determinadas políticas públicas que são estabelecidas na Constituição com normatividade suficiente. Por exemplo, o direito à saúde. A saúde é dever do Estado e direito de todos".[133] O Ministro argumenta que, nos casos em que políticas públicas são estabelecidas na Constituição com normatividade suficiente, "... nesses casos, há sujeito ativo, sujeito passivo e o objeto da prestação e, portanto, o Judiciário não age como legislador positivo, mas faz cumprir a Constituição".[134]

O Ministro Luiz Fux ressalva que: "... a Constituição de 1988 não tem nenhum dispositivo que aluda à reserva do possível. É importante avaliar as condições

---

(129) KELBERT, Fabiana Okchstein. *Reserva do Possível e a efetividade dos direitos sociais no direito brasileiro*. Porto Alegre. Ed. Livraria do Advogado, 2011. p. 67.

(130) AMARAL, Gustavo. *Direito, escassez & escolha:* em busca de critérios jurídicos para lidar com a escassez de recursos e as decisões trágicas. Rio de Janeiro: Renovar, 2001. p. 78.

(131) HÄBERLE, Peter. *Grundrechte im Leistungsstaat*. In: VVDStRL n. 30. Berlin: Walter de Gruyter, 1972, p. 113 *apud* KELBERT, Fabiana Okchstein. *Reserva do Possível e a efetividade dos direitos sociais no direito brasileiro*. Porto Alegre. Ed. Livraria do Advogado, 2011. p. 70.

(132) KRELL, Andreas J. *Direitos sociais e controle judicial no Brasil e na Alemanha*. Porto Alegre: Sergio Antonio Fabris Editor, 2002. "Ensina Andreas Krell que o conceito de 'reserva do possível' é oriundo do direito alemão, fruto de uma decisão da Corte Constitucional daquele país, em que ficou assente que 'a construção de direitos subjetivos à prestação material de serviços públicos pelo Estado está sujeita à condição da disponibilidade dos respectivos recursos'. Neste sentido, a disponibilidade desses recursos estaria localizada no campo discricionário das decisões políticas, através da composição dos orçamentos públicos. A decisão do Tribunal Constitucional Federal alemão menciona que estes direitos a prestações positivas do Estado (os direitos fundamentais sociais) 'estão sujeitos à reserva do possível no sentido daquilo que o indivíduo, de maneira racional, pode esperar da sociedade'. A decisão recusou a tese de que o Estado seria obrigado a criar uma quantidade suficiente de vagas nas universidades públicas para atender a todos os candidatos."

(133) Revista *Consultor Jurídico. Anuário da Justiça 2011*. São Paulo. Conjur Editorial. p. 58.

(134) *Ibidem*, p. 58.

financeiras, mas a Constituição reserva parte do orçamento para a saúde, para a segurança e para a educação. Como é uma promessa constitucional, o Estado tem de se organizar para cumpri-la".

Podemos compreender, com base em Liang Wang, que para se efetivar as políticas públicas relativas a direitos sociais as mesmas demandam gastos de recursos públicos.

> "E esse é o ponto central no debate a respeito da exigibilidade judicial dos direitos sociais, pois uma decisão judicial para a tutela de um determinado direito social no caso concreto pode obrigar o Estado a realizar gastos públicos e, uma vez que os recursos públicos disponíveis são menores do que o necessário para oferecer a todos os cidadãos todos os direitos a que a Constituição prevê, muitas vezes a Administração não tem ou não pode dispor dos recursos necessários para atender a decisão judicial sem prejudicar a tutela de outro direito que o Poder Público entendeu ser mais importante. A escassez de recursos exige que o Estado faça escolhas, o que pressupõe preferências e que, por sua vez, pressupõe preterido. O grande debate que a exigibilidade judicial dos direitos sociais suscita é a possibilidade daqueles que foram preteridos de buscarem, por meio do Poder Judiciário, a tutela de seus direitos, e se esse Poder teria legitimidade democrática, competência constitucional e formação técnica para realizar essa tarefa."[135]

No mesmo sentido, no que diz respeito à concessão de que o Judiciário possa determinar que o Executivo implemente políticas públicas, o entendimento do Ministro Gilmar Mendes é positiva, assim se manifestando:

> "(...) especialmente naquilo que diz respeito à consecução dos direitos sociais. Nas matérias que envolvem direitos subjetivos individuais ou coletivos, o Judiciário deve atuar e vem atuando. Mas não cabe fazer o detalhamento das políticas públicas, e sim garantir aquilo que é básico e fundamental. Hoje, há critérios desenvolvidos a partir da própria legislação em que se verificam, por exemplo, definições quanto à necessidade de que haja determinado número de leitos em UTI em municípios com determinado número de habitantes. É difícil para o Judiciário fazer essa intervenção, pois sua execução depende de um desenho de política pública, de orçamento, e pode esbarrar no chamado limite do financeiramente possível. A invocação da reserva do financeiramente possível não dá imunidade à administração, mas nós temos de reconhecer que ela existe."[136]

---

(135) WANG, Daniel Wei Liang. *Revista Direito GV*, São Paulo 4(2) | p. 539-568 | Jul-Dez 2008.
(136) Revista *Consultor Jurídico. Anuário da Justiça 2011*. São Paulo. Conjur Editorial. p. 67.

De igual modo, ao analisar a possibilidade de o Poder Judiciário poder determinar que o Executivo implemente políticas públicas, o Ministro Celso de Mello afirma que sua implementação e execução cabem, primeiro, aos poderes Legislativo e Executivo, mas que ingerência do Judiciário, "(...) nos casos em que o governo deixa de cumprir mandamentos constitucionais",[137] é possível.

Sobre o papel do Supremo Tribunal Federal e o controle das políticas públicas, afirmou o Ministro Celso de Mello, relator na Arguição de Descumprimento de Preceito Fundamental n. 45, em 29 de abril de 2004:

> "É certo que não se inclui, ordinariamente, no âmbito das funções institucionais do Poder Judiciário — e nas desta Suprema Corte, em especial — a atribuição de formular e de implementar políticas públicas (JOSÉ CARLOS VIEIRA DE ANDRADE, *Os Direitos Fundamentais na Constituição Portuguesa de 1976*, p. 207, item n. 05, 1987, Almedina, Coimbra), pois, nesse domínio, o encargo reside, primariamente, nos Poderes Legislativo e Executivo. Tal incumbência, no entanto, embora em bases excepcionais, poderá atribuir-se ao Poder Judiciário, se e quando os órgãos estatais competentes, por descumprirem os encargos político-jurídicos que sobre eles incidem, vierem a comprometer, com tal comportamento, a eficácia e a integridade de direitos individuais e/ou coletivos impregnados de estatura constitucional, ainda que derivados de cláusulas revestidas de conteúdo programático." [138]

A seguir, ele afirma que a cláusula da reserva do possível não pode ser invocada com o objetivo de dispensar o poder público do cumprimento de garantias constitucionais, "é legítima enquanto for real". Assim afirmou o Relator:

> "... o caráter programático das regras inscritas no texto da Carta Política não pode converter-se em promessa constitucional inconsequente, sob pena de o Poder Público, fraudando justas expectativas nele depositadas pela coletividade, substituir, de maneira ilegítima, o cumprimento de seu impostergável dever, por um gesto irresponsável de infidelidade governamental ao que determina a própria Lei Fundamental do Estado. Não deixo de conferir, no entanto, assentadas tais premissas, significativo relevo ao tema pertinente à 'reserva do possível' (Stephen Holmes/Cass. R. Sustein), notadamente em sede de efetivação e implementação (sempre onerosas) dos direitos de segunda geração (direitos econômicos, sociais e culturais), cujo adimplemento, pelo Poder Público, impõe e exige, deste, prestações estatais positivas concretizadoras de tais prerrogativas individuais e/ou coletivas."[139]

---

(137) Idem, p.70-1.
(138) ADPF — Políticas Públicas — Intervenção Judicial — "Reserva do Possível". ADPF 45 MC/DF. RELATOR: MIN. CELSO DE MELLO. Decisão publicada no DJU de 4.5.2004. Disponível em: <www.stf.gov.br/arquivo/informativo/documento/informativo345.htm>. Acessado em: 2 out. 2011.
(139) Idem.

Nesse mesmo sentido se manifesta o Ministro Ayres Brito, da segunda turma do Supremo, ao se manifestar sobre a implementação de políticas públicas via Poder Judiciário e reserva do possível:

"(...) uma das mais novas e importantes fronteiras a se abrir no âmbito do Direito Constitucional. O contra-argumento da reserva financeira do possível há de ser ponderado pelo Judiciário. Esse é um argumento do Poder Executivo axiomático, insuscetível de controle pela Justiça. Cabe ao Poder Judiciário analisar e decidir se, em determinado caso concreto, o argumento da reserva financeira do possível é procedente ou não. Não podemos descartar o argumento, mas temos de passar a ponderar se está realmente presente a impossibilidade financeira da cobertura da despesa. Temos uma Constituição dirigente. Ou seja, ela dirige a ação do poder público. A Constituição dirige quem dirige, governa permanentemente quem governa quadrienalmente. Se as políticas públicas estão previstas na Constituição, é papel do Poder Judiciário tirá-las do papel".[140]

Com base nas palavras do Ministro Ayres Brito, inferimos que o princípio da reserva do possível é um argumento que deve ser ponderado, conquanto seja esse argumento de difícil controle pela justiça, deva ser o mesmo analisado em cada caso em concreto e a partir dessa análise deva ser considerado tal princípio recepcionável ou não.

Ainda, quando o Ministro Ayres Brito menciona uma Constituição Dirigente, denota-se que ele considera que a atuação do Judiciário pode conter algum traço político, pois se percebe que as políticas públicas estão previstas na Constituição e que, se deixar de serem cumpridas pelo ente Estatal, o Judiciário poderá agir para a realização suficiente dos direitos sociais.

Considerando a posição do Ministro Joaquim Barbosa quanto ao assunto implementação de políticas públicas por determinação judicial, ao analisar o julgamento do Agravo de Instrumento n. 821.769, o Ministro reafirmou a jurisprudência do Supremo Tribunal Federal quanto à obrigação do Estado em custear mesmo o medicamento que não conste na lista dos fornecidos pelo Sistema Único de Saúde. Segundo ele: "(...) embora o artigo 196 da Constituição, que impõe ao Estado a obrigação de promover políticas públicas de saúde, seja programática, a administração pública não pode se negar a garantir o direito à vida, se ela depender do remédio pleiteado".[141] É necessário, pois, analisar que, segundo o Ministro, seu juízo, em regra, é o de deferir o pedido de medicamento sem maiores considerações sobre escassez de recursos, custos dos direitos e reserva do possível. Desse modo, podemos compreender, com base em Liang, que: "... sempre que um medicamento

---

(140) Revista *Consultor Jurídico*. Anuário da Justiça 2011. São Paulo. Conjur Editorial. p. 79.
(141) *Idem*, p. 83

não era fornecido havia, no entendimento do Supremo Tribunal Federal, uma restrição injusta ao direito à saúde consagrado na Constituição Federal. Essa restrição autorizaria o Poder Judiciário a corrigir uma omissão estatal que violava esse direito fundamental".[142]

Dessas acepções podemos inferir que a posição dos ministros quanto ao judiciário poder ordenar que o Executivo implemente políticas públicas é divergente entre alguns deles. Desse modo, destacamos que o ministro Antonio Cezar Peluso considera que seja da competência do Legislativo criar as normas e do Executivo tomar decisões de ordem política e, ainda, que não é função do Poder Judiciário administrar nem legislar, sendo que em determinadas circunstâncias o tribunal pode tomar decisão discrepante. Conquanto ele não revele quais sejam tais circunstâncias, inferimos que possa ser aquelas circunstâncias nas quais os direitos sociais possam ser violados. Corrobora do mesmo entendimento o ministro Marco Aurélio, quando aduz que o Supremo Tribunal Federal (Judiciário) não implementa política que está a cargo do Executivo. Nesse mesmo sentido, o ministro Lewandowski ressalva que o princípio da separação dos poderes deve preponderar e ressalta também a excepcionalidade de casos nos quais haja a violação dos direitos fundamentais, casos em que não há sequer em que se falar da aplicação da reserva do possível. Contudo, frisamos que a posição do ministro é questionável, uma vez que a concretização dos direitos fundamentais esbarra em alguns limites, representados primeiro pelo seu custo.

No caso do entendimento da ministra Gracie, dado pelo fundamento da decisão da Suspensão de Tutela Antecipada 91, deduz-se o reconhecimento da limitação dos recursos e a racionalização dos gastos para que o atendimento possa ser de forma a atender um maior número de cidadãos. Já para o ministro Pargendler, o judiciário, ultrapassando os limites de implementação de políticas públicas que deva se dar pelo Executivo, estaria gerando situações de insegurança. Também o ministro Zavascki concorda que o judiciário não pode formular políticas públicas, fica adstrito a possibilidade de exigir o cumprimento das já formuladas. Tal acepção vem de encontro ao pensamento da ministra Carmen Lúcia, pois, segundo ela, a realização da Constituição é princípio medular, conquanto admita que a ingerência do Judiciário no que se refere a políticas públicas resulte em malferimento na separação de poderes. Assim, na opinião da ministra, o respeito à separação de poderes seria uma questão secundária a ser observada. O ministro Luis Fux, que cita como exemplo o direito à saúde para analisar a questão de implementação de políticas públicas pelo Judiciário, observa que nesse caso as políticas públicas já estão estabelecidas com normatividade suficiente e, portanto, o judiciário não age como legislador positivo, mas faz cumprir a Constituição. O ministro Gilmar Mendes, embora admita que o Judiciário possa determinar a consecução de políticas públicas, propõe que a reserva do financeiramente possível deva ser reconhecida

---

(142) WANG, Daniel Wei Liang. *Revista Direito GV*, São Paulo 4(2) | p. 549 | Jul-Dez 2008.

como obstáculo à realização completa dos direitos fundamentais. Do mesmo modo, Brito afirma que a implementação de políticas públicas via Poder Judiciário é uma importante fronteira no âmbito do direito constitucional e que o reconhecimento do limite da aplicação da reserva do possível deva ser feito em cada caso em concreto. Por fim, o ministro Joaquim Barbosa acrescenta que, embora a obrigação do Estado em promover políticas públicas seja programática, não isenta o ente estatal, no caso concreto da obrigação de fornecer o medicamento solicitado, mesmo que esse não seja de fornecimento previsto nas listas de fornecimento pelo Sistema Único de Saúde. Portanto, o ministro se refere a uma obrigação ampla e irrestrita de fornecimento de qualquer medicação pleiteada, sem qualquer restrição.

A partir desses levantamentos, portanto, aduz-se que o Supremo Tribunal Federal tem entendido então que, se os demais Poderes, ao traçar políticas públicas que nada mais são que programas para atingir os objetivos fundamentais da República Federativa do Brasil, não atuam ou deturpam com sua ação esse núcleo central de direito fundamental, cabe ao Poder Judiciário atuar.

Com base nas opiniões ventiladas sobre implementação de políticas públicas pelo Judiciário, queremos sugerir a busca por novos caminhos, sendo que os mesmos são necessários diante de um fenômeno hoje chamado de judicialização da política. Caminhos novos pelos quais o novo Poder Judiciário possa se conduzir. Assim, audiências públicas, como aquela realizada em 2009, regulamentação da Emenda Constitucional n. 29, que fixa percentuais mínimos de gastos em saúde, enfim, novos caminhos para que sejam cumpridos os preceitos constitucionais sem a ingerência do judiciário nas políticas públicas, as quais devem ficar a cargo dos poderes Legislativo e Executivo.

REFERÊNCIAS BIBLIOGRÁFICAS

ALTENFELDER SILVA, Ruy Martins. Harmonia dos Poderes? *Folha de São Paulo*, Tendências / Debates A3, 20-11-2009.

AMARAL, Gustavo. *Direito, escassez & escolha*: em busca de critérios jurídicos para lidar com a escassez de recursos e as decisões trágicas. Rio de Janeiro: Renovar, 2001.

ANTUNES, A. MAGALHÃES, J.L. Oportunidades em medicamentos genéricos para indústria farmacêutica. In: *A indústria farmacêutica*: políticas do Brasil no setor e o caso do laboratório público farmanguinhos. Rio de Janeiro: Interciência, 2008.

AQUINO, Daniela Silva de. Por que o uso racional de medicamentos deve ser uma prioridade? *Ciência & Saúde Coletiva*, 13(Sup):733-736, 2008.

Audiência pública: saúde / Supremo Tribunal Federal. Brasília: Secretaria de Documentação, Coordenadoria de Divulgação de Jurisprudência, 2009.

BARRETO JR., Irineu Francisco. *Poder local e política*: a saúde como *locus* de embate na cidade de Santos — SP. Doutorado em Ciências Sociais. Pontifícia Universidade Católica de São Paulo. São Paulo — 2005.

BASTOS, Celso Ribeiro. *Hermenêutica e interpretação Constitucional*. São Paulo: Celso Bastos Editor: Instituto Brasileiro de Direito Constitucional, 1997.

BERMUDEZ, J.A.Z. *Indústria farmacêutica, Estado e Sociedade, Crítica da política de medicamentos no Brasil*. São Paulo: Hucitec/Sobravime, 1995.

BORGES, Danielle da Costa Leite & UGÁ, Maria Alicia Domingues. Conflitos e impasses da judicialização na obtenção de medicamentos: as decisões de 1ª instância nas ações individuais contra o Estado do Rio de Janeiro, Brasil, em 2005. *Cad. Saúde Pública*, Rio de Janeiro, 26 (1):59-69, jan, 2010.

BRASIL. Supremo Tribunal Federal (STF). *A Constituição e o Supremo*. 3.ed., Brasília: Secretaria de Documentação, 2010.

BULOS, Uadi Lammêgo. *Constituição Federal anotada*. São Paulo: Saraiva, 2005.

CAPPELLETTI, Mauro. *Juízes legisladores?* Trad. Carlos Alberto Álvaro de Oliveira. Porto Alegre: Sérgio A. Fabris Editor, 1993.

CARVALHO, Ernani Rodrigues de. Em busca da judicialização da política no Brasil: Apontamentos para uma nova abordagem. *Rev. Sociologia Política*, Curitiba, 23, p. 115-126, nov. 2004.

CARVALHO, Maria Alice Rezende de. *Cultura política, capital social e a questão do déficit democrático no Brasil*. In: Luiz Werneck Vianna. *A Democracia e os três poderes no Brasil*. Belo Horizonte/Rio de Janeiro: Editora UFMJ, 2002.

CASTELLS, Manuel. *A sociedade em rede*. São Paulo: Paz e Terra, 2000. The rise of the Network Society, 1997. Tradução: Roneide Venâncio Majer.

CERRI, Giovanni Guido. Justiça e Saúde Pública. *Folha de São Paulo*, São Paulo, 2011 — jul 05, tendências/debates.

CHIEFFI & BARATA. Judicialização da política pública de assistência farmacêutica e equidade. *Cad. Saúde Pública*, Rio de Janeiro, 25(8): 1839-1849, ago. 2009

CITADINO, Gisele. A dimensão do conceito por Gisele Citadino. Poder Judiciário, Ativismo Judicial e Democracia. *Revista da Faculdade de Direito de Campos*, Ano II, n. 2 e Ano III, n. 3. 2001/2002.

COSTA, Andréia Elias da Costa. Estado de Direito e ativismo judicial. In: AMARAL JUNIOR, José Levi Mello do (org.). *Estado de Direito e ativismo judicial*. São Paulo: Quartier Latin, 2010.

COSTA, Sérgio. *Contexto da construção do espaço público*. Novos estudos, 47, 1997 apud NASCIMENTO, Mariângela. A esfera pública na democracia brasileira: uma reflexão arendtiana. Hannah Arendt: entre o passado e o presente. Juiz de Fora: UFJF, 2008.

CRUZ, Álvaro Ricardo de Souza Cruz e SOUZA, Débora Cardoso de Souza. *Os riscos para a Democracia de uma compreensão indevida das inovações no controle de constitucionalidade*. In: NETO, Cláudio Pereira de Souza et alii.(coord.). Vinte anos da Constituição Federal de 1988. Rio de Janeiro. Lumen Juris Ed., 2009.

DALLARI, Dalmo de Abreu. *O poder dos juízes*. 2. ed. São Paulo: Saraiva, 2002.

DALLARI, Sueli Gandolfi & NUNES JUNIOR, Vidal Serrano. *Direito sanitário*. São Paulo: Verbatim, 2010.

DALLARI, Sueli Gandolfi; MARQUES, Silvia Badim. Garantia do direito social à assistência farmacêutica no Estado de São Paulo. *Revista Saúde Pública 2007*, n. 41(1).

DOIMO, Ana Maria. *A hora e a vez do popular*. Rio de Janeiro: Editora Relume-Dumará, 1995.

DWORKIN, Ronald. *Uma questão de princípio*. Tradução de Luís Carlos Borges. São Paulo: Martins Fontes, 2001.

_____. *O império do direito*. Tradução Jefferson Luiz Camargo. São Paulo: Martins Fontes, 2003.

FERRAZ, Octávio Luiz Motta & VIEIRA, Fabíola Sulpino. Direito à Saúde, Políticas Públicas e Desigualdades Sociais no Brasil: Equidade como Princípio Fundamental. *Faculdade de Direito da Universidade de São Paulo*. Set.2007.

FERREIRA FILHO, Manoel Gonçalves. *Aspectos do Direito Constitucional Contemporâneo*. São Paulo: Saraiva, 2003.

GAMA, Denise Travassos. Por uma releitura principiológica do direito à saúde: da relação entre o direito individual a medicamentos nas decisões judiciais e as políticas públicas de saúde. *Dissertação de Mestrado*. Brasília 2007.

GARCIA, Leila Posenato e outros. *Instituto de Pesquisa Econômica Aplicada (IPEA)*. Epidemiologia das Doenças Negligenciadas no Brasil e Gastos Federais com Medicamentos. Brasília, 2011.

GONÇALVES, Flávio José Moreira. *Notas para a caracterização epistemológica da teoria dos direitos fundamentais*. In: GUERRA FILHO, Willis Santiago (coord.). Porto Alegre: Livraria do Advogado, 1997.

GUIMARÃES, Reinaldo, Felippe Nery. Secretário de Ciência, Tecnologia e Insumos estratégicos do Ministério da Saúde. *Audiência pública: saúde / Supremo Tribunal Federal*. Brasília: Secretaria de Documentação, Coordenadoria de Divulgação de Jurisprudência, 2009.

KELBERT, Fabiana Okchstein. *Reserva do possível e a efetividade dos direitos sociais no direito brasileiro*. Porto Alegre: Livraria do Advogado, 2011.

KOERNER, Andrei. *Judiciário e cidadania na Constituição da república Brasileira (1841-1920)*. Ricardo Moreira Fonseca (coord.) 2. ed. Curitiba: Juruá, 2010.

KRELL, Andreas J. *Direitos sociais e controle judicial no Brasil e na Alemanha*. Sergio Antonio Fabris Editor: Porto Alegre, 2002.

LESSA, Renato. *Direito, esfera pública e judicialização da política*. Publicado em: 2008-12-23 23:09:13 | Tempo do vídeo: 110 minutos aprox.

LOPES JUNIOR, Eduardo Monteiro. *A judicialização da política no Brasil e o TCU*. FGV Editora, 2007.

LOYOLA, Maria Andréa. Medicamentos e saúde pública em tempos de AIDS: metamorfoses de uma política dependente. *Rev. Ciênc. saúde coletiva*, vol. 13 suppl.0 Rio de Janeiro Apr. 2008.

MACHADO, Cláudia Collucci Uirá. Ações por remédios caros favorecem ricos, diz estudo. *Folha de São Paulo*, São Paulo, 2010 — jul. 24, cotidiano C1.

MAGALHÃES, Jorge Lima de, e outros. Laboratórios farmacêuticos oficiais e sua relevância para saúde pública do Brasil. RECIIS — *R. Eletr. de Com. Inf. Inov. Saúde*. Rio de Janeiro, v. 5, n. 1, p. 85-99, mar. 2011.

MARQUES, Silvia Badim. A relação do sistema jurídico e do sistema político na garantia do direito social à assistência farmacêutica: o caso do estado de São Paulo. 2005. *Dissertação (Mestrado)* — Departamento de Prática de Saúde Pública — Faculdade de Saúde Pública da USP, São Paulo, 2005.

MARQUES, Silvia Badim. *Revista de Direito Sanitário*, São Paulo v. 10, n. 2 p. 64-86 Jul./Out. 2009.

MARQUES, Silvia Badim; DALLARI, Sueli Gandolfi. Garantia do direito social à assistência farmacêutica no Estado de São Paulo. *Rev. Saúde Pública*; 41(1):101-107, fev. 2007.

MASCARENHAS, Rodrigo Tostes de Alencar — Subprocurador Geral do Estado do Rio de Janeiro. *Audiência pública: Saúde / Supremo Tribunal Federal*. Brasília: Secretaria de Documentação, Coordenadoria de Divulgação de Jurisprudência, 2009.

MIRANDA, Giuliana. Classe média de Alagoas recorre mais, diz defensoria. *Folha de São Paulo*, São Paulo, 2010 — jul 24, cotidiano C1.

MONTESQUIE, Charles-Louis de Secondat. *O espírito das leis*. Trad. Edson Bini. Bauru, SP: Edipro, Série Clássicos, 2004.

NARDI, Antonio Carlos Figueiredo (Presidente do Conselho nacional de Secretários Municipais de Saúde) *Audiência pública: Saúde / Supremo Tribunal Federal*. Brasília: Secretaria de Documentação, Coordenadoria de Divulgação de Jurisprudência, 2009.

NASCIMENTO, Mariângela. *A esfera pública na democracia brasileira: uma reflexão arendtiana*. Hannah Arendt: entre o passado e o presente. Juiz de Fora: UFJF, 2008.

NASCIMENTO, Marilene Cabral do. *Medicamentos*: ameaça ou apoio à saúde?. Rio de Janeiro: Vieira e Lent, 2003.

O'DONNELL, Guillermo. *Reflexão sobre os estados burocráticos — Autoritários*. São Paulo: vértice, 1986 apud RODRIGUES, Marta M. Assumpção. Políticas Públicas. São Paulo: Publifolha, 2010.

OLIVEIRA, Egléubia Andrade de, e outros. A produção pública de medicamentos no Brasil: uma visão geral. *Cad. Saúde Pública*, Rio de Janeiro, 22(11):2379-2389, nov, 2006.

OLIVEIRA, M. A. *et al*. Avaliação da assistência farmacêutica às pessoas vivendo com HIV e Aids no município do Rio de Janeiro. *Cadernos de Saúde Pública*, 18(5): 1.429-1.39, 2002.

OLSEN, Ana Carolina Lopes. *Direitos fundamentais sociais. Efetividade frente à reserva do possível*. Curitiba: Juruá, 2008.

BAUMGRATZ, Paula Patrícia Aparecida de, e outros. Política de medicamentos: da universalidade de direitos aos limites da operacionalidade. *Physis Revista de Saúde Coletiva*, Rio de Janeiro, 19 [4]: 1111-1125, 2009.

PERONDI, Darcísio Paulo. Políticas Públicas de Saúde no Brasil. *Interfarma*, São Paulo, vol. III: 11-12, junho 2011.

PNUD, A Democracia na América Latina: Rumo a Uma Democracia de Cidadãos e Cidadãs. Santana do Parnaíba, SP: LM&X, 2004.

PORTELA, Alyne da Silva e outros. Políticas públicas de medicamentos: trajetória e Desafios. *Revista Ciência Farmácia Básica Aplicada*, 2010; 31(1):09-14 ISSN 1808-4532.

PORTELLA, Eduardo. A qualidade da democracia. *Folha de São Paulo*, Tendências / Debates A3, 27.5.2011.

PRADO, João Carlos Navarro de Almeida. *A responsabilidade do Poder Judiciário frente ao Ativismo Judicial*. In: AMARAL JUNIOR, José Levi Mello do (org.). Estado de Direito e Ativismo Judicial. São Paulo: Quartier Latin, 2010.

RAMOS, Elival da Silva. *Ativismo judicial:* parâmetros dogmáticos. São Paulo: Saraiva 2010.

RENOVATO, Rogério Dias. O uso de Medicamentos no Brasil: uma visão crítica. *Revista Brasileira de Farmácia*, 89(1): 64-69, 2008.

ROCHA, Cesar Asfor. *Revista Consultor Jurídico*. Anuário da Justiça 2011. São Paulo. Conjur Editorial.

RODRIGUES, Marta M. Assumpção. *Políticas Públicas*. São Paulo: Publifolha, 2010.

RODRIGUES, Maysa. Estado em Questão. *Revista Sociologia*. São Paulo, n. 34, abril 2011.

SANTOS, Boaventura de Sousa. *Introdução à sociologia da administração da justiça. Pela mão de Alice.* O social e o político na pós-modernidade. 9. ed. São Paulo: Cortez, 2003.

SANTOS, Sílvio César Machado dos. Melhoria da equidade no acesso aos medicamentos no Brasil: os desafios impostos pela dinâmica da competição extra-preço. *Dissertação [Mestrado]*. Fundação Oswaldo Cruz, Escola Nacional de Saúde Pública; 2001.

SARLET, Ingo Wolfgang e FIGUEIREDO, Marina Filchtiner. Reserva do Possível, Mínimo Existencial e Direito à Saúde: Algumas aproximações. *Direitos Fundamentais & justiça* n. 1 — out./dez. 2007.

SCLIAR, Moacyr. História do Conceito de Saúde PHYSIS: *Rev. Saúde Coletiva*, Rio de Janeiro, 17(1):29-41, 2007 37

SILVA, José Afonso. *Curso de direito constitucional positivo*. 14. ed. rev., São Paulo: Malheiros, 1997.

SILVA, José Agenor Álvares da. Políticas Públicas de Saúde no Brasil. *Interfarma*, São Paulo, vol. III: junho 2011.

SINDHOSP: Saúde um Desafio Mundial. *Anuário 2010*.

SOUZA NETO, Cláudio Pereira de. *Jurisdição constitucional, democracia e racionalidade prática*. Rio de Janeiro: Renovar, 2002.

SÜSSEKIND, A et alii. *Instituições de Direito do trabalho*. 21. ed. São Paulo: LTr Editora, 2003.

TATE, C. Neal e Vallinder, Torbjörn (Eds.), *The Global Expansion of Judicial Power*, Nova Iorque, New York University Press, 1995.

TEIXEIRA, Ariosto. *Decisão liminar:* a Judicialização da Política no Brasil. Brasília: Plano Editora, 2001.

TERRA, Osmar. Políticas Públicas de Saúde no Brasil. *Interfarma*, São Paulo, vol. III: 11-12, junho 2011.

TERRAZAS FV. O Poder Judiciário como voz institucional dos pobres: o caso das demandas judiciais por medicamentos. *Dissertação de Mestrado*. São Paulo: Faculdade de Direito, Universidade de São Paulo; 2008.

VELLOSO, Carlos Mário da Silva. *A reforma eleitoral e os rumos da democracia no Brasil*. In: ROCHA, Cármen Lúcia Antunes; VELLOSO, Carlos Mário da Silva. Direito eleitoral. Belo Horizonte: Del Rey, 1996.

VIANA, Susana e FONTINELE, Andréia. Análise da Qualidade das Prescrições Médicas de Hospital Público em São Luís-MA Atendidas numa Farmácia Comunitária. *Pharmácia Brasileira*, Brasília, ano 2010, n. 74, ano xII, jan/fev.2010.

VIANNA, Luiz Werneck *et alii*. *A judicialização da política e das relações sociais no Brasil*. Revan 1999.

VIEIRA, Fabíola Sulpino. *Rev. Saúde 2008*; 42(2):365-9.

WANG, Daniel Wei Liang. *Revista Direito GV*, São Paulo 4(2) | p. 549 | Jul-Dez 2008.

DIGNIDADE HUMANA: CONCEPÇÃO E FUNDAMENTO PARA (RE)SIGNIFICAÇÃO DA RESPONSABILIDADE SOCIAL

IVAN DIAS DA MOTTA

Possui graduação em Direito pela Universidade Estadual de Maringá, mestrado em Direito das Relações Sociais pela Pontifícia Universidade Católica de São Paulo e doutorado em Direito das Relações Sociais pela Pontifícia Universidade Católica de São Paulo (2000), Pós-doutorado em Direito Educacional pela Pontifícia Universidade Católica de São Paulo (2001). Atualmente é professor permanente do Programa de Mestrado em Direito do Centro Universitário de Maringá, integrando a linha de pesquisa "A Tutela Constitucional e Privada dos Direitos da Personalidade nas Relações Privadas". Possui atuação profissional na área da advocacia e consultoria em Direito Educacional para Grupos Educacionais, Universidades, Centros Universitários e Faculdades do País.

DIOGO VALÉRIO FÉLIX

Mestrando em Ciências Jurídicas, área de concentração Direitos da Personalidade, pelo Centro Universitário de Maringá — CESUMAR (2010). Lattes: http://lattes.cnpq.br/7549347112132551.

Dignidade Humana: Concepção e Fundamento para (re)Significação da Responsabilidade Social

1. INTRODUÇÃO

O presente ensaio tem por objetivo precisar o fundamento e os elementos constitutivos da dignidade da pessoa humana em observância com as ciências a ela relacionadas, tais como a filosofia, a sociologia, a ciência política e psicologia, o direito, dentre outras tantas, a fim de determinar em que constitui o valor dignidade para o homem.

A concepção de dignidade humana passará por uma reformulação e será associada ao contexto do homem enquanto entidade fenomenológica, demonstrando consciente de que a humanização, ou seja, a própria dignificação, é um processo em construção ao longo de toda a existência do homem.

Para tanto, o artigo se proporá a descrever os atributos essencialmente humanos, as diferenças específicas que o conotam como tal, a fim de que se possa aproximar de um sentido a ser atingido pelo ser vivente, enquanto vida é convívio.

De forma singela, apresentar-se-ão aspectos do homem somático, do homem livre, do homem solidário, homem cultural e homem metafísico, cada qual com o seu sentido e sua habilidade específica, para, então, entender-se o fenômeno humano como uma integralidade da matéria, da inteligência e do espírito, ser a fazer uma construção, que só pode ser edificada com tomada de consciência de meios e fins, portanto, com o reconhecimento a partir da educação em consonância com a própria dignidade e o humanismo integral.

Ao passo que as definições de direitos humanos foram imprescindíveis ao reconhecimento do homem como ser portador do valor dignidade, houve a preocupação de se trabalhar a formação dos direitos humanos com um enfoque culturalista, ou seja, a própria concepção dos direitos humanos como uma formação histórico-cultural, trabalhando as ideias concernentes a cada época, do homem grego ao homem pós-moderno, com relação aos atributos axiológicos do homem.

Por fim, o conceito de dignidade passará por uma reformulação com o enfoque das disposições ontoteleológicas, a fim de identificar os fundamentos e a concepção da dignidade humana, levando a cabo a conotação do reconhecimento das condições de vivência e subsistência do homem, ao passo que, ao longo de toda a sua história, essas condições foram paulatinamente reveladas e reconhecidas pelo homem, passando a ter caráter de essencialidade quanto à formação de seu conteúdo axiológico, fazendo-se por revelar-se na própria concepção de dignidade humana.

2. ATRIBUTOS FENOMENOLÓGICOS DO HOMEM

Antes mesmo de se falar em dignidade, ou melhor, em que constitui a dignidade humana, partindo da premissa de que a dignidade pertence ao homem, cumpre identificar e especificar, a partir dos postulados filosóficos, antropológicos, ontológicos e teleológicos, a natureza do homem, de maneira a constatar e reconhecer sua essência, ou seja, aquilo que o homem é consubstanciando-se em um homem que deve ser.

Num primeiro momento, se faz necessário explicitar os traços do homem, bem como daquilo que o torna humano, diga-se, ser humano.

Por oportuno, cumpre consignar que a humanidade do Homem, ou seja, o conjunto de condições que o torna humano, designada de *humanitas*, é apresentada como a essência do Homem, explicitada nas dimensões teleológicas e ônticas, posto que essas mesmas dimensões dão a oportunidade de conhecer o Homem, não por aquilo que somente é, mas também naquilo que deve ser, ou seja, que almeja, ao longo de sua existência, aquilo que ainda não é plenamente.

Desta feita, valendo-se da definição traçada por Alessandro S. V. Zenni, o homem é ser que deve ser, potência que busca concretizar-se em ato, malgrado toda a complexidade do existir e do transcender.[1]

Porém, para realizar a busca da compreensão dessa potência do homem, se faz necessário pairar sobre as definições ontológicas com relação ao mesmo, caminhando, para tanto, em uma fundamentação realista e metafísica dos direitos considerados humanos, para posteriormente chegar à fundamentação teleológica do homem, lançando, ainda, as teorias fenomenológicas que procuram especificá-lo por diferenças específicas.

Certamente a ordenação cerebral do ser humano o põe destacado entre os seres da natureza, qualificando-o como um ser somático, mas não se pode relegar que a materialidade não esgota o contexto da vida; tanto assim que o ser, ereto, busca no movimento a superação e a transcendência de níveis materiais a espirituais[2] e

---

(1) ZENNI, Alessandro Severino Vallér. *A crise do direito liberal na pós-modernidade*. Porto Alegre: Antonio Sérgio Fabris Editor, 2006. p. 78.
(2) MONDIN, Battista. *O homem, quem é ele? Elementos de antropologia filosófica*. Tradução R. Leal Ferreira e M.A.S. Ferrari, 12. ed. São Paulo: Paulus, 2005. p. 61.

o direito, diga-se, desde já, não pode ignorar esse processo que se afigura uma lei natural cravada no íntimo humano.

Bem de ver que, no estudo antropológico, reconhecer caractere essencialmente humano (*humanitas*) na possibilidade de descoberta e concatenação das ideias, nos atributos lógicos que lançam o homem para além de outros seres da natureza fazem-no o *homo sapiens*. Alhures já se adjungia à razão, também, capacidades sensitivas e imaginativas.

Analisado pelo aspecto da racionalidade pode-se afirmar que o homem é ser que possui a propriedade de passar o conhecimento para além de si mesmo, valendo alusão de Heidegger sobre o saltar para além da subjetividade em dinamização como a própria existência, sem olvido de que na mundanidade e na ciência do ambiente é que o conhecimento se expande e, por consequência, nesse fenômeno se explica o humano.[3]

Pode-se averiguar como critérios substanciais ao conceito de vida ou existir[4] o dinamismo que se notabiliza como liberdade, a pulsão genuinamente humana que permite ao ser eleição de seus meios e valores úteis aos bens do espírito do homem, especialmente ética, estética e verdade.

Esse ser histórico que conhece na temporalidade recruta bagagem da experiência, interpreta os fenômenos e realiza novas produções do vivido é adjetivado pelo dom da liberdade, esse constante ato de querer que faz do ser do homem um dever ser em responsabilidade.

Demais disso, há no ser do homem uma espécie de premência livre, por mais que isso possa se afigurar paradoxal, no sentido de, por ação do trabalho e realização intelectual, transformar as ações em produto cultural.

Reside em seu íntimo uma não indiferença, instigação do espírito que faz suas preferências, elege meios para executar fins, redundando em pré-ocupação, projetar-se ao compromisso de transcender no futuro, notando-se o sentido da afirmação heideggeriana de que o presente é sempre futuro já sido.

Observa-se, então, que o homem, assim como sua humanidade, é um conjunto de fenômenos que o despertam para a imensidão da vida, de maneira que a presença desse conjunto de fenômenos traça a essência do homem, tornando-o membro não só da mesma espécie biogenética, mas de uma mesma comunidade, qual seja, a família humana.

---

(3) O existencialista frisa que há uma espécie de transfusão da pessoa no mundo que se conhece, enquanto ser que vive, e, simultaneamente, consciência de que se vive subjetivada, uma objetivação como conteúdo do sujeito, e esta é a produção de experiência. Martin Heidegger. *Ser e tempo*. Parte I. Tradução de Márcia de Sá Cavalcante. 10. ed., Rio de Janeiro: Editora Vozes, 2001. p. 94/95.

(4) Em Heidegger a essencialidade da vida está na existência histórica, a presença como possibilidade. In: *Ser e tempo*. Parte I. Tradução de Márcia de Sá Cavalcante. 10. ed., Rio de Janeiro: Editora Vozes, 2001. p. 77 e seguintes.

Assim, como esses componentes naturais formadores do homem são presentes em todo homem, os tornam iguais em condições de existência e subsistência, ou seja, de nascimento e de desenvolvimento de sua personalidade.

O reconhecimento dos componentes naturais constitutivos do homem, anteriormente mencionados, é o início do processo de transcendência marcada pelo conflito entre ser e transcender, ou seja, ser e dever ser, aquilo que é homem e aquilo que deve ser, que deve reconhecer.

Veja-se, então, que a transcendência está banhada de um alcance subjetivo, social e místico, sendo coerentes os postulados do antropólogo ao mencionar que nem o eu tampouco o nós podem precisar o sentido último da transcendência, algo que está fora e além, mas é possível detectar que o homem que transcende sai do si, para um plano de compreensão superior da existência e finalidade do homem, uma realidade imaterial que o conclama à subida e em riste no transcender vertical, capacitando-o a conscientemente admitir que o mundano não o satisfaz, e nesse reconhecimento experimenta-se essencialmente espiritual.[5]

Veja-se, então, que a vereda do processo de transcendência está na cognição pelo homem de si mesmo em relação com seu semelhante e com o ambiente externo, de maneira a identificá-lo com o seu próximo, reconhecendo não só os atributos de sua existência, mas, sim, de coexistência, sendo esses mesmos atributos aqueles valores os quais o homem reconhece como necessários a sua vida e manutenção.

3. DIREITOS HUMANOS: UMA CONSTRUÇÃO HISTÓRICA

No item anterior, restou identificado o homem como um conjunto de fatores fenomenológicos que o atribuem a qualidade de homem, reconhecendo, via de consequência, que o mesmo é detentor de certas condições para existir e subsistir. Essas condições, partindo-se de uma concepção geral, para o direito, são consideradas como direitos humanos, sendo esses entendidos, em apertada síntese, como conjunto de direitos que torna possível a existência da pessoa humana e de seu pleno desenvolvimento.

Referida concepção sobre direitos humanos é construída a partir do reconhecimento da pessoa humana historicamente considerada, posto que a própria concepção de direitos humanos é construída a partir de seu caráter histórico e contingente, ligados que são ao próprio desenvolvimento cultural da humanidade.[6]

Os direitos humanos são considerados como uma categoria filosófica de direitos, reconhecendo a pessoa como dotada de liberdade e igualdade fundamentais. Essa categoria filosófica traz a possibilidade de identificação da categoria de direitos humanos, enquanto fundam os pilares para a construção, no âmbito do pensamento

---

(5) MONDIN, *op. cit.*, p. 272.
(6) CORRÊA, Marcos José Gomes. *Direitos humanos*: concepção e fundamento.

filosófico-jurídico, desses direitos enquanto faculdades pessoais, com suas notas ou atributos radicais da humanidade, da universalidade, da igualdade, da imutablidade, da objetividade da indispensabilidade e da inviolabilidade.[7]

Neste retrospecto, há a necessidade de resgatar a historicidade do reconhecimento dos direitos humanos ao longo dos tempos, de maneira a identificar os momentos históricos e culturais nos quais esses ditos direitos foram reconhecidos pelo Direito, como condições inerentes de existência e sobrevivência do homem.

Cumpre, para tanto, remontar aos tempos da Grécia Antiga, início do desenvolvimento e reconhecimento do pensamento filosófico no que diz respeito a (re) construção histórica do reconhecimento dos direitos humanos.

O pensamento antigo não chegou a reconhecer o homem como portador de uma dignidade intangível aferente a todos os homens enquanto indivíduos, fazendo por fundamentar a existência da escravidão.

Entretanto, o reconhecimento de certos valores concernentes ao homem começou a ter suas primeiras aspirações na Grécia por volta dos séculos IV e III a.C., tendo como influência a filosofia.[8]

Segundo a melhor doutrina, o reconhecimento e a proteção de tais valores eram entendidos sobre três ideias centrais. A primeira dizia respeito à injustiça; a segunda vedava toda e qualquer prática de atos de excesso de uma pessoa contra outra; e a última proibia a prática de atos de insolência contra a pessoa humana.[9]

Apesar da existência da escravidão no período antigo, encontra-se ainda no século V a.C., com os sofistas, a presença de uma doutrina pautada no reconhecimento da natureza humana como um dos princípios de orientação para a construção da sociedade. Essa concepção parte da ideia de que Deus fez todos os homens livres, fazendo por expor o eixo da reflexão filosófica da *physis* e do *cosmos* ao Homem e àquilo que concerne a vida do Homem enquanto membro de uma sociedade.[10]

Veja-se, dessa maneira, que a base do pensamento filosófico concernente a esse período consubstanciava-se na ideia de liberdade entre os homens, nascendo livres. Nesse ponto, cumpre esclarecer que a liberdade não era um direito absoluto para o homem da Antiguidade Clássica, pois, apesar de nascer livre, podia tornar-se escravo por alguma circunstância, por um acaso, ou seja, não havia escravos por natureza, consignando a doutrina filosófica desse período.

Porém, foi com os estoicos que se desenvolveu uma doutrina de igualdade entre os homens em sua antropologia e sua ética. A ideia principal posta com fun-

---

(7) DIAS, José Francisco de Assis. *Direitos humanos: fundamentação ontoteleológica dos direitos humanos.* Maringá-PR: Unicorpore, 2005. p. 17.
(8) RABINDRANATH, V. A. Capelo de Souza. *O Direito geral de personalidade.* Coimbra: Editora Coimbra, 1995. p. 43.
(9) SZANIAWISKI, Elimar. *Direitos da personalidade e sua tutela.* p. 24.
(10) DIAS, *op. cit.*, p. 19.

damento dessa igualdade foi da existência do reino da razão junto a comunidade real. Pode-se dizer que, nesse momento, surge um dos três eixos principais sobre os quais orbitarão os direitos hoje designados de humanos.[11]

Atribui-se, dessa forma, que o homem é equiparado aos outros homens, porque todos são participantes da razão universal, ou seja, do Logos, e porque é dotado, ainda, como os outros, da *ratio*. Assim, os homens são todos iguais, enquanto perseguem a mesma finalidade ética, devendo, dessa forma, o próprio Direito reconhecer essa igualdade como natural ao homem, vinculando a impossibilidade de o legislador suprimir as obrigações a que comete.[12]

Ainda nesse período, o reconhecimento da igualdade entre os homens era fundado na filiação divida, ou seja, que todos os homens eram iguais porque têm em Deus o seu pai.

Nessa linha de pensamento, seguindo, ainda, as categorias filosóficas jurídicas, há de se mencionar a importância que o cristianismo atribuiu ao processo de reconhecimento da igualdade entre os homens como direito natural inerente a ele mesmo. Foi um passo decisivo na doutrina bíblica atribuir a criação do homem como ordem querida por Deus, e do Homem feito *imago Dei*.

Essa doutrina religiosa era baseada, também, nos ensinamentos de Jesus de Nazaré, o qual proclamou a igualdade ontológica de todos os seres humanos, dizendo que todos os homens são iguais porque são filhos de um mesmo pai: Deus.[13]

Valendo dos ensinamentos de Alain Supiot, com relação à concepção divina, o homem é visto na cultura ocidental como uma partícula elementar de toda a sociedade humana, como indivíduo em dois sentidos, qualitativo e quantitativo. Qualitativo no sentido de reconhecer o homem à imagem e semelhança de Deus, o *imago Dei*, sendo, então, um ser único e incomparável a qualquer outro, sendo para si mesmo o seu próprio fim, e, no plano quantitativo, como um ser indivisível e estável, idêntico a si mesmo e a todos os outros, concluindo que todos os homens são necessariamente iguais, uma vez que descendem da mesma origem divina.[14]

Esse ideal proferido pela doutrina cristã imprimiu um novo e mais profundo sentido à liberdade e à igualdade entre os homens, pois tanto a concepção divina (todos os homens são filhos de Deus) quanto a pertencista (todos os homens pertencem a uma mesma família — Humana) foram triviais no sentido de romper as barreiras territoriais e culturais, dando ao homem uma conotação inteiramente, até então, inédita e específica, qual seja, de que a liberdade e a igualdade são atributos

---

(11) *Idem*, p. 21.
(12) *Idem*, p. 21 e 22.
(13) DIAS, *op. cit.*, p. 23
(14) SUPIOT, Alain. Homo Juridicus: *Ensaio sobre a função antropológica do direito*. Tradução Maria Ermantina de Almeida Prado Galvão. São Paulo: WMF Martins Fontes, 2007.

universais do homem, ou seja, todos são livres e iguais perante o outro, em razão de sua natureza (divina ou natural), passando a ser, então, valores considerados como intangíveis ao homem.[15]

Percebe-se, desde já, que, ao longo da existência do homem, ele identificou certos valores concernentes a todos os seres considerados humanos, a partir do reconhecimento de que possui a mesma natureza, seja ela divina ou natural, compondo, via de consequência, ainda que de forma primitiva, um núcleo axiológico que será denominado de dignidade humana.

Porém, foi na Idade Média que lançaram-se as primeiras ideias de um conceito moderno de pessoa humana baseado na dignidade e na valorização do indivíduo enquanto ser humano acrescido de uma certa dignidade,[16] classificada, nessa perspectiva, como um valor do próprio homem.

São Tomas de Aquino, pensador desse período, definiu o homem como um composto de substâncias espiritual e corporal. O homem aparece como um ser dotado de um duplo compromisso, qual seja, por sua alma, pertencente à série dos seres imateriais (espírito), mas não uma inteligência pura, pois encontra-se essencialmente ligado a um corpo, sendo, então, um liame substantivo do mundo, pois o homem é menos um elemento do mundo do que um novo mundo onde se resume a totalidade.[17]

A racionalidade passa a ser o elemento que reconhece a "forma do homem", pois enquanto ela confere a perfeição para a pessoa, passa a ser, também, o pressuposto para sua dignidade. Evidente que a respectiva afirmação é pautada na concepção cristã de pessoa, a qual é concebida como uma substância racional,[18] ou seja, o homem é aquilo que ele próprio reconhece a partir da razão.

Partindo dessa concepção de homem, o pensamento filosófico do período medieval passou a elaborar a ideia da igualdade essencial de todos os homens, apesar das diferenças étnicas, biológicas ou individuais, passando a valer com força principiológica.

Nesse mesmo contexto histórico, cumpre mencionar a *Magna Charta Libertatum* de 15 de junho de 1215, a qual permitiu que continuamente, na Inglaterra, a pretensão de liberdade fosse afirmada em relação ao soberano. Trata-se de um ato constitucional no qual o monarca renunciou a direitos novos por ele pretendidos, assegurando um espaço de liberdade aos representantes da comunidade britânica, confirmando, dessa forma, os antigos direitos dos barões.[19]

---

(15) DIAS, *op. cit.*, p. 23
(16) SZANIAWSKI, *op. cit.*, p. 35.
(17) PESSANHA, José Américo Motta. Tomás de Aquino. In: CHAUÍ-BERLINCK, Marilena *et alii*, *História das grandes ideias do mundo ocidental*. São Paulo: Abril Cultural, 1973. p. 150.
(18) SZANIAWSKI, *op. cit.*, p. 36.
(19) DIAS, *op. cit.*, p. 28.

A *Magna Charta Libertatum* consolidou o princípio de que nenhum homem livre poderia ser detido, aprisionado, privado dos seus bens, banido, exilado ou prejudicado em algum modo, senão por ventura de norma jurídica territorial ou em seguida a uma sentença legal emitida pelos iguais, ou seja, por cidadão de sua mesma classe social.[20]

Ainda que esse ato de reconhecimento de igualdade entre os cidadãos não exclua o sistema de classes sociais, beneficiando somente a alguns cidadãos, observa-se que fora um ato de extrema relevância jurídica no que diz respeito ao reconhecimento de que o homem, não mais só em relação a sua liberdade decorrente de sua origem, mas também em relação a outras liberdades, como a liberdade de propriedade.

Vale mencionar, a partir dos escritos de teoria social desenvolvida por Guilherme de Ockham, o reconhecido de que a liberdade e a propriedade eram direitos concedidos por Deus e pela natureza, estando intrinsecamente ligados à pessoa, não podendo o homem renunciá-los, em razão de sua própria natureza, cabendo, via de consequência, a de exercitá-los ou não, consubstanciando uma das características fundamentais dos direitos humanos, qual seja, a irrenunciabilidade.[21]

Ora, veja-se, uma vez mais, que um dos valores concernentes à natureza do homem fora exteriorizado a partir de seu reconhecimento. Na medida em que o homem é considerado igual ao seu semelhante, restaram reconhecidos, na mesma medida, outros direitos (ou valores) do homem, bem como uma das características essencial a esses direitos, a irrenuncialidade, pautada na ideia de que, uma vez que o indivíduo era considerado homem, não cabia a ele renunciar a certos direitos, em razão de sua natureza, por estarem intrinsecamente relacionados a ele.

Apesar de todo o avanço jurídico que o reconhecimento de certos direitos e valores concernentes ao homem gerou na ordem jurídica e social desse período, destaca-se que não há, ainda, qualquer conotação dos direitos fundamentais atualmente concebidos, de maneira que foram lançados os primeiros fundamentos dos direitos fundamentais, tendo em vista que restou reconhecido pelo homem da Idade Média que ele, assim como seu semelhante, era dotado de uma dignidade pessoal, a qual era irrenunciável, traçando as primeiras características dos direitos considerados humanos.

Nessa história do reconhecimento e da consolidação de valores habitáveis ao homem, observa-se maior desenvolvimento no período moderno, quando houve a expansão do comércio europeu, chegando ao Mundo Novo, até o período inicial à segunda Guerra Mundial.

Com a chegada do europeu ao "mundo novo", houve uma forte hostilização dos habitantes das novas terras a fim de ter a dominação total não só das terras,

---

(20) *Idem.*
(21) DIAS, *op. cit.*, p. 30.

mas também da cultura, tendo em vista a tentativa de cristianização dos índios habitantes daquelas terras.

De fronte dos métodos utilizados pelos conquistadores e colonizadores do Continente Americano, Francisco de Vitória, um dos expoentes desse período, fundamentando suas posições nos postulados de Tomás de Aquino, observou e defendeu o princípio da igualdade entre os índios e os colonizadores, pautado, ainda, na doutrina estoica cristã da natural paridade e igualdade de todos os homens e da unidade essencial da espécie, firmando, ainda, posicionamento acerca da universalidade de todos os homens, destacando que a descrença (do homem nativo) não elimina nem o direito natural nem o direito humano, e vice-versa; a propriedade pertence a um ou ao outro, portanto, ela não pode ser perdida por causa da descrença.[22]

Nessa mesma linha, Bartolomé de Las Casas posicionou-se no sentido de que os direitos são comuns a todas as gentes e a qualquer etnia, independentemente da crença confessional ou localização geográfica.[23]

Tais concepções foram inovadoras diante do contexto cultural desse período, principalmente com relação à submissão do indígena ao homem europeu, considerado, por muitos pensadores da época, superior ao próprio índio, quando então tais doutrinas vieram de encontro, traçando o ideal da igualdade entre todos os homens, independentemente de sua crença, etnia ou localidade geográfica, construindo, paulatinamente, um princípio que celebrava a igualdade entre os homens, em razão de sua origem, divina ou natural.

Nesse panorama, a própria Igreja Católica era divergente quanto à igualdade do homem. Consubstanciando a ideia de que todo homem é igual por conter a característica da humanidade, os dominicanos firmavam o entendimento de que, também, os indígenas eram portadores da *humanitas*, devendo, via de consequência, ser observados todos os direitos inerentes a eles, indicando traços de uma consciência própria do magistério em mérito à intangibilidade e inalienabilidade dos direitos das etnias violadas, negando sua inferioridade.[24]

Em análise ao entendimento dessa facção da Igreja, observa-se, claramente, a preocupação com a tutela de direitos que passaram a ser reconhecidos como inerentes a todos os homens, sendo-lhes essencial, tais como a vida, a propriedade e a liberdade, fazendo por imprimir as primeiras concepções dos direitos humanos.

O ponto crucial na construção dos direitos humanos no que se refere a esse período é justamente o reconhecimento por parte de alguns pensadores, bem como de parte da Igreja Católica, da igualdade entre os homens, passando a caracterizar certos bens inerentes aos homens como valores, tais como a vida, a propriedade e a

---

(22) DIAS, *op. cit.*, p. 36.
(23) *Idem*.
(24) DIAS, op. cit. p. 39.

liberdade, seja qual for a sua etnia, crença ou localidade geográfica, reconhecendo a compleição da *humanitas* em todos os homens.

Veja-se que uma concepção de direitos humanos (ou naturais), ainda que primitiva, tem sido paulatinamente reconhecida desde o período das primeiras civilizações, na Grécia Antiga, passando por consideráveis reforços no decorrer da Idade Média e propriamente no início do período moderno. Porém, foi no âmago da Revolução Francesa que, com os ideais insculpidos pelo Iluminismo de liberdade, igualdade e fraternidade, sacramentaram a igualdade e liberdade como uma essência originária do homem, fora da perspectiva divina.

Como anteriormente mencionado, de cunho iluminista e, ainda por influência direta da Independência dos Estados Unidos da América, a Revolução Francesa teve como causa determinante a preocupação com resolução dos problemas do Estado que acometiam as pessoas que compunham as classes mais baixas da população, o que estava, diga-se de passagem, longe dos olhos da nobreza, do clero e da burguesia.[25]

Como consequência da referida revolução, ocorreu o que chama-se de "consagração normativa dos direitos humanos fundamentais", quando a Assembleia Nacional Francesa promulgou a Declaração dos Direitos do Homem e do Cidadão, contendo 17 artigos, e que em seu início continha os ideais da revolução, quais sejam, Liberdade, Igualdade e Fraternidade.[26]

Na importante declaração, restaram reconhecidos certos princípios dos quais o Estado deveria observar e proteger, sendo a igualdade, a legalidade, a liberdade, inclusive religiosa (Estado laico), propriedade, segurança, resistência à opressão, associação política, princípio da reserva legal e anterioridade em matéria penal, presunção do estado de inocência, livre manifestação do pensamento,[27] fazendo, via de consequência, expressar o pensamento acerca do homem, bem como de seus valores, os quais devem ser reconhecidos e protegidos pelo próprio homem e pelo Estado.

Voltaire, um dos expoentes desse período, no intuito de esclarecer o sentido da liberdade do homem, afirma que significa conhecer os direitos do homem, tendo em vista que conhecê-los equivale já a defendê-los.[28]

Muito embora o pensamento exprimido por Voltaire seja, em boa medida, um ataque à monarquia absoluta e à Igreja Católica, que mantinha estreitas relações com o absolutismo, de uma maneira geral, observa-se, mediante um enfoque ontológico,

---

(25) SIQUEIRA JR., Paulo Hamilton; OLIVEIRA, Miguel Machado de. *Direitos humanos e cidadania*. São Paulo: Editora Revista dos Tribunais, 2007. p. 88.
(26) *Idem*, p. 89.
(27) *Idem*.
(28) DIAS, *op. cit.*, p. 56.

a impressão da saga da busca do reconhecimento pelo homem de si mesmo, conhecendo suas condições pessoais, as quais deveriam ser expressas pela ordem jurídica.

Ainda sob o enfoque da liberdade, Montesquieu, em sua obra principal denominada de *O Espírito das Leis*, traz a definição de liberdade consistente no poder que o cidadão tem de "*fazer o que se deve querer e em não ser forçado a fazer o que não se tem o direito de querer*"[29], ou seja, a liberdade estaria calcada na possibilidade de o cidadão poder fazer tudo o que a lei permitisse.

Respectiva concepção de liberdade, traçada por Montesquieu, demonstra não só a questão da liberdade inerente ao homem (no singular), mas aos homens, reconhecendo a necessidade do respeito à liberdade do próprio homem, bem como de seu semelhante, e mais, devendo ser papel do direito o reconhecimento e resguardo da liberdade do homem social, ou seja, a liberdade do homem no Estado.

Nesse mesmo patamar, Jean-Jacques Rousseau, em sua obra *Do Contrato Social*, afirma que o contrato social dá origem ao Estado, ao interno do qual o indivíduo pode pôr-se, pela primeira vez, como uma entidade moral completa e realizar-se como defensor do bem comum.[30] Assim, segundo Rousseau, "*o que o homem perde pelo contrato social é sua liberdade natural e um direito ilimitado a tudo o que o tenta e que pode atingir; o que ganha é a liberdade civil e a propriedade de tudo o que possui*".[31]

Nesse sentido, a renúncia individual aos próprios direitos, em favor da sociedade, concebe ao homem (cidadão) o *status* de liberdade civil, demonstrando o mesmo desenvolvimento exercido por Montesquieu, de que a liberdade não se trata de uma possibilidade de fazer-se ilimitadamente, mas, sim, na medida da liberdade do seu semelhante.

Acolhendo os aprofundamentos e as ideias concebidas pela Declaração dos Direitos do Homem e do Cidadão, insculpidas pelos ideais da Revolução Francesa, outros pensadores desse período se aprouveram a desenvolver o valor da igualdade e liberdade do homem.

Nesse prisma, em razão de sua magnitude, cumpre trazer ao presente ensaio, nesse momento, o pensamento filosófico de Immanuel Kant. Para ele, a liberdade é o único originário direito que compete a todo homem em virtude da sua "*Humanitas*", sendo a premissa a qualquer desenvolvimento da justiça, bem como era assinalada pela lei moral e pelo cumprimento do dever.[32]

Diante dessa concepção, afirma o referido filósofo que é exatamente nisso que residia a tarefa principal do homem e o valor que só os homens podem dar a si

---

(29) MONTESQUIEU. *O espírito das Leis*. [Apresentação de Renato Janine Ribeiro; tradução de Cristina Murachco]. São Paulo: Martins Fontes, 1996. p. 73.
(30) DIAS, *op. cit.*, p. 57.
(31) ROUSSEAU, Jean-Jacques. *Do contrato social:* princípios de direito político. Tradução de J. Cretella Jr. e Agnes Cretella. 2. ed., São Paulo: Editora dos Tribunais, 2008. p. 35.
(32) DIAS, *op. cit.*, p. 60.

mesmos. A ética impressa por Kant é inspirada no conceito do respeito e no *ethos da dignidade humana*. Os deveres supremos, segundo ele, são aqueles que cada um tem para consigo mesmo, porque o respeito de si, destinado a conservar a própria dignidade humana e a própria pessoa, previne a humanidade dos ultrajes. A consideração profunda do direito humano, o reconhecimento dos direitos inatos, inalienáveis e de necessidade pertencentes à Humanidade, figuram a liberdade, a igualdade e a segurança do próprio, sendo um conjunto no conceito central de pessoa.[33]

Em análise do contexto das ideias de Kant, pode-se observar que o mesmo faz uma construção de valores pertencentes ao homem, ou seja, valores como a liberdade e igualdade, por exemplo, fazendo parte do conceito de homem, de pessoa, de toda e qualquer pessoa, visto que o homem detém valores que o dotam da qualidade de humano (*Humanitas*), e que tais valores são reconhecidos através da razão.

Veja-se que a igualdade, a liberdade, a vida, a propriedade, a liberdade religiosa, a personalidade, a segurança social são alguns dos conteúdos principais sobre os quais incidem as várias concepções de direitos humanos. Ao longo da história, constata-se que eles terminaram por fundir-se com outras solicitações, deduzidas desses ou embasadas neles.[34] A inserção e proteção de cada um desses valores ao homem ocorreram em razão do reconhecimento, através do uso da razão, pelo próprio homem.

Nas décadas de 1930 e 1940, sob a impressão dos crimes nazistas, teve início uma nova era na história da categoria filosófica dos direitos humanos, qual seja, um novo empenho pelas liberdades fundamentais.[35]

Com a ocorrência das duas guerras mundiais, em especial a segunda grande guerra, e ainda com a transformação do Estado liberal em Estado social, resultou em uma profunda ruptura com o sistema arquitetado pelos estudiosos dos séculos XVII e XIX. O total desrespeito pela vida humana e pela liberdade do homem, que predominava na Europa quando dos regimes totalitários que conduziram as guerras, acabou por despertar nos povos o sentimento e a necessidade de proteção dos valores concernentes ao homem, até então reconhecidos em todos os seus aspectos. A partir desse ponto, as Constituições promulgadas a partir da Segunda Guerra mundial, passaram a tutelar em especial o indivíduo enquanto pessoa, ou seja, o indivíduo enquanto sujeito detentor de um valor (diga-se valores), bem como a salvaguarda desses valores, consubstanciado na dignidade humana, recolocando o indivíduo como ponto nuclear de todo o ordenamento jurídico.[36]

Por oportuno, vale mencionar que a própria Alemanha, quando da promulgação de sua Constituição de 1949 (pós-guerra), dispôs sobre a proteção em seus arts. 1º

---

(33) DIAS, *op. cit.*, p. 60.
(34) *Idem*, p. 69.
(35) *Idem*.
(36) SZANIAWSKI, *op. cit.*, p.56 e 57.

e 2º, sobre a proteção da dignidade da pessoa humana e o desenvolvimento da personalidade humana, a fim de criar um mecanismo do qual tutelasse os valores reconhecidos como do homem.

A Lei Fundamental alemã, denominada de Constituição de Bonn, passou a prever logo no art. 1º que a dignidade da pessoa humana é inviolável, devendo todo o poder estatal respeitar e proteger, sendo invioláveis e inalienáveis os direitos do homem, dispondo, ainda, como fundamento de toda a comunidade humana, vinculando os Poderes Legislativo, Executivo e Judiciário a aplicar diretamente esse fundamento no que se refere aos direitos fundamentais que dele decorrerem. Restou acrescentado, ainda, pelo n. 1 do art. 2º, que todos têm o direito ao livre desenvolvimento de sua personalidade, desde que não violem os direitos de outrem, a ordem constitucional ou a lei moral.[37]

Neste ínterim, com a constatação global e recíproca dependência de todos os povos, os contatos sempre mais frequentes entre nações ricas e nações pobres, a proximidade entre a fome e a abundância, as crescentes ameaças que a todos submetem, pelas técnicas de destruição em massa de todo tipo. Semelhantes fatores em suma passaram a incentivar a cooperação internacional, fazendo emergir, sob o plano humanitário, três tendências distintas, sendo ideias políticas e individuais, sociais e materiais acerca das liberdades fundamentais e os direitos humanos, bem como o desejo de chegar a um acordo juridicamente vinculante, que consolide e assegure a posição do indivíduo enquanto ser humano.[38]

Ao contrário do que ocorreu no passado, em que a sistematização dos direitos fundamentais e humanos eram de pertinência do Estado soberano, reservados unicamente aos governantes, nos tempos atuais, toda ordem do pensamento filosófico e jurídico põe o homem junto e acima do Estado soberano, sendo ele (o homem) titular de direitos humanos, transformando-o em sujeito de direito internacional.[39]

Respectiva afirmação parte da conclusão de que o homem, como um todo, é composto de certos valores que o dotam da qualidade de humano, e, em razão do desenvolvimento social e tecnológico, e da consequente proximidade entre as nações do mundo todo, restou evidenciada a necessidade de proteção desses valores no âmbito internacional, ou seja, as preocupações que afligem todas as nações, independentemente do grau, no que diz respeito à existência de seus cidadãos e o seu pleno desenvolvimento, acabou por ordenar, de maneira universal, a tutela dos valores, reconhecidos, concernentes ao homem, designando-os como Direitos Humanos, sendo esses o respeito aos valores que compõem o núcleo axiológico denominado de dignidade.

---

(37) Idem, p. 85.
(38) DIAS, op. cit., p. 70.
(39) Idem.

Como expressão deste do pensamento filosófico contemporâneo aos tempos atuais, principalmente em razão das barbáries presenciadas no holocausto no decorrer da Segunda Guerra mundial, em 1948, houve a edição da Declaração Universal dos Direitos do Homem, a qual acrescenta à categoria de direitos humanos uma nota à universalidade. De fato, essa declaração é a primeira com pretensão de universalidade, tanto em seu conteúdo quanto em seu valor e sua força coercitiva. Começa com o reconhecimento da dignidade inalienável inata em todos os membros da família humana e dos seus direitos igualmente inalienáveis, que são o fundamento da liberdade, da justiça e da paz no mundo.[40]

A referida declaração concilia os sistemas históricos e materiais dos direitos civis e políticos e dos direitos sociais, podendo-se identificar, ainda, o caráter personalíssimo de tais direitos, bem como a estrutura do humanismo integral, o pacifismo e o federalismo, que enriqueceram a esfera da cultura do Homem na sua dignidade. A extraordinária vicissitude dos direitos humanos representa plenamente a condição de possibilidade de interagir entre desenvolvimento histórico-social, que tem na emancipação o seu código interpretativo e o limite jurídico, entendidos como conservação que paralisa e impregna, tornando-se assim um desvalor, por isso incapaz de satisfazer às exigências do Homem nas fases do seu desenvolvimento.

O caminho político-econômico-jurídico-social da Humanidade não só tende a se estender a todo Homem, a todos os homens, a participação plena e consciente aos vários aspectos da vida social, mas tende também a estender tais direitos num processo circular que encontra a sua razão de ser no mais amplo gozo das liberdades diante das problemáticas do mundo. Entre os direitos humanos fundamentais, isto é, entre os direitos civis, políticos e sociais, entre as liberdades essenciais, existe um íntimo nexo, uma estreita relação de recíproca condicionalidade e de solidariedade, enquanto todos os direitos e todas as liberdades humanas são igualmente necessários e concorrem igualmente à realização da plena afirmação, promoção e expansão da pessoa, da dignidade de todo Ser Humano, do seu direito de ser posto em condições de exprimir plenamente a própria individualidade potencial.[41]

Assim, a Declaração Universal dos Direitos do Homem iniciou um princípio-guia para as constituições da maioria dos países no âmbito do reconhecimento da titularidade dos direitos a todos os seres humanos, os quais exprimem a tutela da dignidade da pessoa humana.

Veja-se, então, que a disposição dos direitos humanos como uma categoria filosófica, em razão do pensamento concernente a cada período histórico e cultural de vivência do homem, fora fruto do conhecimento do homem de si mesmo, passando a conhecer (e aí a questão do reconhecimento) as condições materiais e imateriais que necessita à sua existência e ao seu desenvolvimento.

---

(40) *Idem*, p. 74.
(41) DIAS, *op. cit.*, p. 74.

Os valores concernentes ao homem, os quais constituem a dignidade humana, foram paulatinamente sendo reconhecidos pelo próprio homem em cada momento histórico-cultural. Em cada momento da história humana, o homem passou a identificar certas qualidades e valores os quais o dotavam da qualidade de homem, de pessoa humana, sendo portador de uma dignidade pessoal, inata e inalienável.

Observa-se, claramente, que o fio condutor da construção dos direitos humanos está calcado nas concepções divinas, filosóficas e sociais ou políticas. Num primeiro momento, o reconhecimento do homem (pelo homem) de sua semelhança com a imagem divina, ou seja, Deus, construindo a figura do *Imago Dei*, fazendo por imprimir a existência, em razão dessa identificação de que todo homem é feito à imagem e semelhança de Deus, a igualdade entre os homens, independentemente de sua origem, crença ou localização geográfica.

Posteriormente, em decorrência do pensamento filosófico acerca da ciência como um todo, o homem passa a desenvolver e reconhecer, longe do foco religioso, certas características e valores que compõem o homem de maneira integral, construindo, assim, as liberdades e igualdades, bem como os demais valores decorrentes daqueles, de modo a insculpir os primeiros traços dos direitos ditos como humanos.

Com o desenvolvimento do homem e da própria sociedade, bem como do Estado, os direitos do homem passam a uma conotação social, tendo em vista que cabe não somente ao homem, mas, inclusive, ao Estado, reconhecer e tutelar tais direitos, trazendo, agora, uma concepção política dos direitos humanos. Nessa perspectiva, não somente os Estados (no sentido singular), mas toda a comunidade internacional reconhece e protege tais direitos, imprimindo também, dessa forma, o caráter universalista dos direitos humanos, bem como da dignidade do homem.

Dessa forma, resta identificado que os direitos humanos, assim como a dignidade do homem, foram historicamente reconhecidos ao longo da existência do homem a partir do pensamento concernente a cada momento histórico e cultural. Apontamento necessário e importe se refere à universalidade da dignidade, pois cada valor reconhecido no homem era também inerente a todo homem, seja qual for sua cultura, crença, etnia etc., independentemente da carga axiológica a ele imprimida. Assim, não só os direitos humanos são de caráter universal, mas também a própria dignidade humana também é, posto que o reconhecimento da tutela dos direitos humanos nada mais é do que a exteriorização do reconhecimento e da tutela da dignidade humana.

4. CONCEPÇÃO E FUNDAMENTO DA DIGNIDADE HUMANA

Até este momento, o presente ensaio se preocupou com o resgate do homem integral, ou seja, o homem como um conjunto de fatores fenomenológicos que o atribuem a qualidade de homem, reconhecendo, via de consequência, que o mesmo é detentor de certas condições para existir e subsistir.

Na sequência, após restando identificado às características fenomenológicas do homem, houve a necessidade, a fim de se poder trabalhar a concepção e o fundamento da dignidade humana, de fazer um resgate histórico dos valores constituintes da dignidade do homem, os quais, como anteriormente mencionado, foram frutos do conhecimento do homem de si mesmo em relação à natureza, com seu semelhante e consigo mesmo, ou seja, o reconhecimento de condições e valores concernentes ao homem os quais o dotam da característica humana e que o dão a possibilidade de existir e se desenvolver.

Todo pensamento filosófico acerca dos bens e valores concernentes à natureza humana, desde os tempos antigos, girou em torno de sua dignidade (*humanitas*), ou seja, um núcleo axiológico que dá a qualidade no homem de ser humano.

No intuito de identificar a concepção e fundamentação da dignidade humana, há que se dar ênfase a duas dimensões da mesma realidade essencial do homem, partindo dos fundamentos da ontologia e teleologia (fundamentação ontoteleológica), ou seja, daquilo que o homem "é" no já de sua existência, mas não se firma nela; projeta-se teleologicamente em direção ao seu fim humano último, ou seja, a realização de sua dignidade. Resumidamente, a dignidade dita a todo homem, sendo o supremo princípio de "*ser aquilo que é*", de realizar ao longo de sua existência aquilo que não é plenamente.[42]

A noção de dignidade é concebida a partir da fundação realista e metafísica dos direitos humanos, feita, ainda, em decorrência da noção da realidade ôntica do homem, para chegar, depois, à sua realidade teleológica.[43]

A dignidade, em seu sentido mais lato, trata-se da essência do homem, ou seja, a característica que torna o homem humano, ontologicamente falando, é aquilo que ele é. Todavia, cumpre estabelecer que não se basta a definição ontológica para definir o que vem a ser dignidade, posto que o homem não é somente aquilo, mas também aquilo que deve-ser, devendo-se, fazer também um resgate teleológico da dignidade humana.

Portanto, segundo as lições de José Francisco de Assis Dias, a dignidade é o que ontologicamente somos e teleologicamente devemos ser. É enquanto fundamento dos direitos humanos, aquela dimensão essencial do homem, ontologicamente radica de sua natureza, e, teleologicamente, posta como meta para o homem ao longo de sua existência.[44]

Partindo dessa concepção, analisando os ensinamentos de Kant, a dignidade humana significa a natureza racional do homem enquanto ser dotado de dignidade humana e, portanto, deve valer como um fim em si mesmo, devendo agir de

---

(42) DIAS, *op. cit.*, p. 241.
(43) *Idem*.
(44) DIAS, *op. cit.*, p.242.

modo a considerar a humanidade, seja na sua própria pessoa, seja na pessoa de cada outro, sempre também ao mesmo tempo como escopo, e nunca como simples meio.[45]

Tendo em vista que o homem é marcado (ontoteleologicamente) pela dignidade, e por isso é considerado humano, que tende e deve realizar-se plenamente, vale como um fim em si mesmo e merece respeito e tutela, sendo este objeto (de respeito e tutela) a própria dignidade, significando que os princípios essenciais da espécie humana, tanto formais quanto materiais, fazendo por construir os princípios essenciais da espécie humana e não individuais.[46]

Assim sendo, a dignidade não é somente uma propriedade essencial da natureza do homem, consubstanciando em um núcleo axiológico inalienável, mas também, principalmente, quando se deixa conhecer através da intelecção dessa natureza mesma e se apresenta como fim último de todo homem. Como asseverado por José Francisco de Assis Dias, *todo homem tende naturalmente a ser sempre e cada vez mais humano*.[47]

Segundo, ainda, o doutrinador acima mencionado, assim como o indivíduo humano não está pronto e acabado ao iniciar sua aventura humana, a partir da fecundação, a dignidade se apresenta como fim último a ser atingido por ele, a fim de ser construído.[48]

Pode-se dizer, a partir dessa concepção, que o homem vive na tensão de um já-ser ontológico e de um ainda-não-ser teleológico. Enquanto "é", de fato, homem, mas ainda não o é plenamente. Assim, os direitos humanos, que da dignidade derivam, são valores que racionalmente o homem reconhece, o dever de tutelar a si e aos outros contra a agressão externa ao seu indivíduo e ao grupo social, para possibilitar a consecução de tal estatura de homem pleno.[49]

Só a dignidade ontoteleologicamente entendida, comum a todos os homens, explica a existência de alguma coisa a compartilhar, a comunicar e, sobretudo, da qual a pessoa é individualizada. A presença da dignidade no ser Humano é o que torna os homens membros não só de uma mesma espécie biogenética, mas de uma mesma comunidade, qual seja, a família Humana. Assim, como esse componente natural é presente em todo Homem, torna todos iguais em dignidade, apesar de suas legítimas diferenças.[50]

Logo, cumpre desde já estabelecer que a concepção de dignidade é a mesma pertencente a todos os homens, independentemente de sua cultura, posto que, independentemente da cultura, todos são considerados seres humanos.

---

(45) *Idem*.
(46) *Idem*, p. 244.
(47) *Idem*, p. 246.
(48) DIAS, *op. cit.*, p. 246.
(49) *Idem*.
(50) *Idem*.

Nesta perspectiva, considerando que a dignidade é aquilo que somos e que devemos ser, observa-se desde as primeiras civilizações o entendimento acerca do homem, daquilo que ele era e daquilo que deveria buscar, ou seja, ser. Esse entendimento é baseado nas tratativas do homem consigo mesmo, com a natureza e com seu semelhante, fazendo por lhe atribuir certas características do que era, bem como do que almejava ser para seu melhor convívio em sociedade.

Dessa maneira, o homem passou a reconhecer paulatinamente certos valores dos quais entendeu ser inerentes a ele mesmo, construindo ao longo de sua existência um núcleo valorativo designado de dignidade, o qual tinha por finalidade construir toda a ordem de existência do homem, tendo em vista que também restou reconhecido que o homem seria um fim em si mesmo.

Considerando que os direitos humanos são a exteriorização da tutela da dignidade humana, bem como que, em apertada síntese, entende-se por tais direitos às condições mínimas de existência e desenvolvimento da personalidade do homem, levando-se a cabo que o homem pertence a mesma família, conclui-se que todo e qualquer homem, independentemente de sua cultura, etnia e localização geográfica, necessita das mesmas condições de existência e subsistência.

Logo, ainda, em consideração às tratativas acerca dos direitos humanos, restou identificado no presente ensaio que os valores concernentes ao homem foram gradativamente reconhecidos independentemente da cultura. Nesse retrospecto, a vida, a liberdade e a igualdade, por exemplo, foram valores reconhecidos em todas as culturas, porém, o que as difere é a carga axiológica atribuída a cada um desses valores.

Tais valores em nenhum momento da história humana foram considerados como absolutos, uma vez que, em razão de alguma circunstância, o indivíduo era ceifado do respectivo direito (valor). A título exemplificativo, vale trazer à baila da discussão a questão do valor liberdade, que desde os tempos mais remotos dos quais se tem conhecimento era considerado um valor concernente a todo cidadão, o qual nascia livre. Porém, essa mesma liberdade era retirada do indivíduo por consequência de alguma circunstância, justificando a escravidão no período antigo.

Contemporaneamente falando, a liberdade também não é um direito absoluto, posto que todo e qualquer cidadão poderá perder sua liberdade em razão do cometimento de algum ilícito penal, o qual será punido com a privação da liberdade.

No que diz respeito ao valor vida, que também, desde os tempos mais antigos, era considerado como um valor do homem e protegido como tal, não há, até o presente momento histórico, qualquer indício que justifique a afirmação do valor vida como um direito absoluto. Nessa esteira, vale mencionar os postulados da Lei de Talião, em que, por qualquer motivo que fosse, se um indivíduo tirasse a vida de outrem, sua vida também seria retirada.

Por fim, com relação ao valor vida, há que se mencionar a cultura oriental, na qual o homem não suporta conviver com a própria vergonha. Nesse contexto, a honra é um valor axiologicamente maior que a vida.

Inúmeros exemplos poderiam ser trazidos à discussão, desde os tempos mais antigos até o contemporâneo, a fim de justificar a afirmação de que os valores que compõem a dignidade não são absolutos. Porém, o presente ensaio tem um enfoque teórico ontoteleológico, não sendo, portanto, objeto de pesquisa.

Ora, veja-se que os valores que compõem a dignidade humana estão, em boa medida, presentes em todas as culturas, tendo apenas como diferencial a carga axiológica que lhe é atribuída por cada uma delas.

José Francisco de Assis Dias, ao estabelecer um conceito de dignidade, descreve que a mesma gira em torno de três significados básicos, sendo a adequação, a excelência e a valorização. Por adequação entende-se aquilo que é adequado, ou seja, o devido respeito a um Homem ou alguma coisa; por excelência, o poder de uma sociedade em organizar-se e tutelar tais valores; e, por valorização, o "valor" dos elementos que compõem a dignidade em cada cultura específica, ou seja, a carga axiológica que cada cultura imprime nos valores concertes à dignidade.[51]

Dessa maneira, há por bem concluir que a dignidade humana é um núcleo valorativo intangível, irrenunciável, inalienável e absoluto, porém, os valores que a compõem são relativos, uma vez que a axiologia de cada um daqueles valores é disposta pela cultura de cada uma das nações e cada um dos povos do mundo.

Assim, a dignidade do homem, a que é composta de valores que o dotam da qualidade de Ser Humano, é representada pelo "Reconhecimento", ou seja, na medida em que o homem reconhece certos valores concernentes a ele mesmo, automaticamente reconhece tais características em seu semelhante, regando o princípio da reciprocidade, e essas características são representadas pelos valores, e tais valores só podem ser tutelados a partir do seu reconhecimento. Dessa forma, firme-se ser a dignidade um núcleo axiológico absoluto, composto de valores relativizados que se exteriorizam a partir do seu reconhecimento pelo próprio detentor, qual seja, o Homem.

Se o homem é o fim e a medida de todas as coisas, a tutela de sua dignidade representa o fim último da sociedade como um todo, pois uma sociedade justa, fraterna e solidária somente se realiza com o respeito à dignidade transcendente do Ser Humano.

5. CONCLUSÃO

Nesta esteira, cumpre sintetizar as premissas anteriormente apresentadas, demonstrando o fio histórico lógico, num caminho de altos e baixos na evolução da categoria dos direitos humanos. Assim, conclui-se pela verificação de três ele-

---

(51) DIAS, *op. cit.*, p. 249.

mentos histórico-filosóficos que tornaram possível a gênese do desenvolvimento da dignidade humana, podendo identificar a origem religiosa, filosófica e social ou política dos direitos humanos.[52]

No contexto religioso, o homem fora assemelhado à figura do Criador (o *Imago Dei*), restando reconhecido, dessa forma, a igualdade entre todos os homens, considerando sua mesma origem criadora, qual seja, Deus.

Esse ideal acabou por imprimir um novo e mais profundo sentido à liberdade e à igualdade entre os homens, pois fora trivial no sentido de romper as barreiras territoriais e culturais, dando ao homem uma conotação inteiramente, até então, inédita e específica, qual seja, de que a liberdade e a igualdade são atributos universais do homem, ou seja, todos são livres e iguais perante o outro, em razão de sua natureza, passando a ser, então, valores considerados como intangíveis ao homem.

Na perspectiva filosófica, há uma conotação com relação à essência do homem, ou seja, do valor que define o homem enquanto ser humano. Dessa forma, a filosofia concebe uma definição ontoteleológica acerca do homem. Ontologicamente o homem é por sua própria natureza, mas como potência que almeja concretizar-se ao longo de sua existência, buscando um dever-ser, teleologicamente falando.

Assim, todo homem torna-se sempre e cada vez mais humano ao longo de sua vida. Essa ideia de humanização é conferida a partir da essência reconhecida ao homem, a qual, por conta de sua carga axiológica, a filosofia designa um núcleo valorativo imanente ao homem denominado de dignidade.

Defronte a tais concepções, por necessidade de proteção desse núcleo axiológico denominado de dignidade, a ordem jurídica e social reconheceu essa essencialidade do homem, fazendo valer, inclusive, como núcleo da ordem jurídica, social e política, encartando-a (a dignidade) com uma principiologia, ou seja, como uma diretriz a todas as demais normas de conduta do homem.

Assim, na busca de tutela da dignidade humana, restou reconhecido ao longo da história certas condições de existência e subsistência do homem. Essas condições tiveram um caráter trivial na própria fundamentação e concepção de dignidade humana. Evidentemente que a dignidade é um valor essencial a todos os homens enquanto seres humanos, no entanto, esse mesmo valor somente poderá ser observado e protegido a partir do reconhecimento das condições, tanto axiológicas quanto materiais, de existência e subsistência do homem.

Essas condições foram paulatinamente reconhecidas desde a origem do homem por intermédio da cultura e do próprio pensamento filosófico a cada período. Logo, a exteriorização da dignidade da pessoa humana é pautada a partir do reconhecimento do homem como ser humano enquanto ser portador de uma essência, bem como das condições necessárias para uma vida com um mínimo de dignidade.

---

(52) DIAS, *op. cit.*, p. 81.

6. REFERÊNCIAS BIBLIOGRÁFICAS

DIAS, José Francisco de Assis. *Direitos humanos*: fundamentação ontoteleológica dos Direitos humanos, Maringá-PR: Unicorpore, 2005. p. 17.

HEIDEGGER, Martin. *Ser e tempo*. Parte I. Tradução de Márcia de Sá Cavalcante. 10. ed., Rio de Janeiro: Editora Vozes, 2001.

MONDIN, Battista. *O homem, quem é ele?* Elementos de Antropologia Filosófica. Tradução R. Leal Ferreira e M.A.S. Ferrari, 12. ed. São Paulo: Paulus, 2005.

MONTESQUIEU. *O espírito das Leis*. [Apresentação de Renato Janine Ribeiro; tradução de Cristina Murachco]. São Paulo: Martins Fontes, 1996.

PESSANHA, José Américo Motta. Tomás de Aquino. In: CHAUÍ-BERLINCK, Marilena *et alii*, *História das grandes idéias do mundo ocidental*. São Paulo: Abril Cultura, 1973.

RABINDRANATH, V. A. Capelo de Souza. *O Direito geral da personalidade*. Coimbra Editora, 1995.

ROUSSEAU, Jean-Jacques. *Do Contrato social:* princípios de direito político. Tradução de J. Cretella Jr. e Agnes Cretella. 2. ed., São Paulo: Editora dos Tribunais, 2008.

SIQUEIRA JR, Paulo Hamilton; OLIVEIRA, Miguel Machado de. *Direitos humanos e cidadania*. São Paulo: Editora Revista dos Tribunais, 2007.

SUPIOT, Alain. *Homo Juridicus:* ensaio sobre a função antropológica do Direito. Tradução Maria Ermantina de Almeida prado Galvão. São Paulo: WMF Martins Fontes, 2007.

SZANIAWSKI, Elimar. *Direitos da personalidade e sua tutela*. 2. ed. rev., atual. e ampl. São Paulo: Editora Revista dos Tribunais, 2005.

ZENNI, Alessandro Severino Vallér. *A crise do Direito liberal na pós-modernidade*. Porto Alegre: Antonio Sérgio Fabris Editor, 2006.

FUNÇÃO SOCIAL DO CONTRATO INDIVIDUAL DE TRABALHO

JANAÍNA ELIAS CHIARADIA

Mestranda em Direito Empresarial e Cidadania pelo Centro Universitário Curitiba — UNICURITIBA. Graduada em Direito pela Fundação Universidade Regional de Blumenau (FURB), com estágio no Ministério Público de Santa Catarina. Especialista MBA em Direito Empresarial e Processual Civil no Centro Universitário de Jaraguá do Sul (UNERJ) e Pós-Graduanda em Didática do Ensino Superior pela Faculdade do SENAC. Autora de obras jurídicas, capítulos e artigos científicos. Membro da Federação Nacional de Pós-Graduados em Direito — FEPODI. Professora Universitária. Advogada militante com atuação em Santa Catarina (Jaraguá do Sul) e Paraná (Curitiba).

Função Social do Contrato Individual do Trabalho

> *Ao redor de dois pontos candentes, gira toda a vida do gênero humano: o indivíduo e a coletividade. Compreender a relação entre ambos, unir harmoniosamente essas duas grandes potências que determinam o curso da história, pertence aos maiores e mais árduos problemas com que a ciência e a vida se defrontam. Na ação, como no pensamento, prepondera ora um, ora outro dentre esses fatores.*[1]

1. INTRODUÇÃO

A Constituição Federal é composta de normatividade que estabelece as regras gerais para que a sociedade siga diretrizes mais seguras e com fundamentação em uma norma superior. Todos os ramos da sociedade devem respeitar a Carta Magna, adotando seus critérios, princípios e regras, a fim de que o desenvolvimento social seja possível e que a economia possa ser dirigida em prol do bem comum.

Para a efetivação e o crescimento do ramo empresarial, princípios constitucionais tais como o da livre-iniciativa e da livre concorrência devem ser garantidos pelo Estado, o qual apenas em situações específicas intervém, atuando como fiscalizador e estimulador da atividade econômica.

Essa liberalidade constitucional é diversa daquela vivenciada em tempos anteriores, eis que "o liberalismo de nossos dias, enquanto liberalismo realmente democrático, já não poderá ser, como vimos, o tradicional liberalismo da revolução francesa, mas este acrescido de todos os elementos de reforma e humanismo com que se enriquecem as conquistas doutrinárias de liberdade".[2]

Por outro lado, as normas sociais imbuídas nos princípios constitucionais retratam a valorização das atividades empresariais pertinentes, e os contratos

---

(1) GEORG JELLINEK, *Ausgewaehlte Schriften und Reden*, erster Band, Berlim, 1911. p. 53-54, *apud*. BONAVIDES, Paulo. *Do estado liberal ao estado social*. 9. ed. São Paulo: Malheiros, 2009. p. 1.
(2) BONAVIDES, Paulo. *Op. cit.*, p. 163.

individuais de trabalho firmados visam impulsionar a economia e a sustentabilidade social, eis que a consequência de tais circunstâncias direciona a sociedade, tanto com o crescimento como com os impactos resultantes das relações de emprego.

Há de se ressaltar o ensinamento expressado por Bonavides ao esclarecer que:

"o Estado Social representa efetivamente uma transformação superestrutural por que passou o antigo Estado liberal. Seus matizes são riquíssimos e diversos. Mas algo, no Ocidente, o distingue, desde as bases, do Estado proletariado, que o socialismo marxista intente implantar; é que ele conserva sua adesão à ordem capitalista, princípio cardeal a que não renuncia".[3]

A atual ordem econômica inserida na Constituição Federal de 1988 explicita aspectos liberais, sendo que tal ordenamento evidencia normas sociais para o desenvolvimento econômico-financeiro, direcionando a atuação do ramo empresarial e as consequências dos contratos que venham a ser efetivamente firmados, em especial aqueles de cunho empregatício.

"Afigura-se-nos, assim, existir, na moderna realidade política do Ocidente, um dualismo doutrinário essencial: de um lado, as posições conservadoras, que se reconciliaram no antigo campo liberal; de outro, as tendências que se inclinam para o radicalismo, com a abolição do Estado da burguesia e sua ordem econômica."[4]

Os aspectos liberais e sociais da Constituição Federal de 1988 proporcionam o direito fundamental da garantia de propriedade, relacionado diretamente com a função social advinda com os contratos, ao especificar no art. 5º, XXIII, que "a propriedade atenderá a sua função social", e em consonância, o art. 421, do Código Civil, explicita que "a liberdade de contratar será exercida em razão e nos limites da função social do contrato".

Em consonância, os valores sociais do trabalho, a livre-iniciativa, a dignidade da pessoa humana, o desenvolvimento nacional e tantos outros fundamentos que norteiam as relações de emprego estão respaldados no conteúdo da norma constitucional, tais como o teor inserido nos arts. 1º ao 11 da Constituição Federal de 1988.

A responsabilidade advinda da efetividade dos contratos individuais de trabalho firmados e sua função social não atingem tão somente os contratantes, mas, sim, todos os cidadãos que são direta ou indiretamente afetados, razão pela qual se revela a importância das citadas normas constitucionais.

Segundo Oliveira e Silva (2011, p. 183), "na função social do contrato pode estar em causa a promoção da pessoa e o alcance da socialidade, no contexto das trocas e do acesso a posições proprietárias, em torno da práxis do trabalho".

---

(3) Ibid., p. 184.
(4) Ibid., p. 183.

Desta forma, em face das normas constitucionais de cunho econômico, liberal e social, há de ser analisada a função social do contrato individual de trabalho e suas consequências para a sociedade atual, em especial para a sustentabilidade do ramo empresarial.

1. OS PRINCÍPIOS CONSTITUCIONAIS, A ORDEM ECONÔMICA, OS ASPECTOS SOCIAIS CONTIDOS NA CONSTITUIÇÃO FEDERAL DE 1988

Os princípios constitucionais que norteiam a ordem econômica, bem como as normas sociais e liberais inseridas na atual constituição federal, são de suma importância para a compreensão das diretrizes que sustentam o ramo empresarial, em especial no momento da contratação de seus funcionários.

Inicialmente há de se ressaltar que, na base essencial da Constituição Federal de 1988, "a caminhada teórica dos princípios gerais, até sua conversão em princípios constitucionais, constitui a matéria das inquirições subsequentes. Os princípios, uma vez constitucionalizados, se fazem a chave de todo o sistema normativo".[5]

E diante da teoria dos princípios, "em verdade, os princípios gerais, elevados à categoria de princípios constitucionais, desatam, por inteiro, o nó problemático da eficácia dos chamados princípios supralegais, terminologia que tende a cair em desuso, arcaísmo vocabular de teor ambíguo, enfim, locução desprovida já de sentido, salvo na linguagem jusnaturalista".[6]

Dessa forma, para que o operador de direito e todos os demais cidadãos possam atuar em consonância com os preceitos legais, visando à busca por uma sociedade justa, hão de ser respeitados os princípios fundamentais, e "se os princípios constitucionais são mandamentos de otimização, que devem ser realizados na maior medida possível dentro das condições fáticas e jurídicas existentes, ao legislador e aos outros ramos do direito sobraria apenas uma tarefa: a de otimizador de direitos fundamentais e da constituição".[7]

Nos preceitos explicitamente contidos na atual Constituição Federal, há normas e princípios para regular a ordenação econômica, elencando concepções e enunciados que impulsionem a produtividade e o crescimento do setor financeiro.

Por conseguinte, a ordem econômica encontra respaldo em especial no Título VII, da Ordem Econômica e Financeira, da Constituição Federal de 1988, que implanta normas de regulamentação para todo o setor financeiro, em especial para o ramo empresarial e seus segmentos, visto que o art. 170,[8] assim estabelece:

---

(5) BONAVIDES, Paulo. *Op. cit.*, p. 258.
(6) *Ibid.*, p. 293.
(7) SILVA, Virgílio Afonso da. *A constitucionalização do direito*: os direitos fundamentais nas relações entre particulares. São Paulo: Malheiros, 2011. p. 118.
(8) BRASIL, Constituição (1988). *Diário Oficial [da] República Federativa do Brasil*, Brasília, DF, 5 outubro 1988.

Art. 170. A ordem econômica, fundada na valorização do trabalho humano e na livre iniciativa, tem por fim assegurar a todos existência digna, conforme os ditames da justiça social, observados os seguintes princípios:

[...]

II — propriedade privada;

III — função social da propriedade;

[...]

IV — livre concorrência;

[...]

Parágrafo único. É assegurado a todos o livre exercício de qualquer atividade econômica, independentemente de autorização de órgãos públicos, salvo nos casos previstos em lei.

Dessa forma, "a norma econômica na Constituição Federal de 1988 consagra um regime de mercado organizado, entendido como tal aquele afetado pelos preceitos de ordem pública clássica (Geraldo Vidigal); opta pelo tipo liberal do processo econômico, que só admite a intervenção do Estado para coibir abusos e preservar a livre concorrência de quaisquer interferência".[9]

A ordem jurídico-política fundamental esculpida na constituição vigente é capitalista, num sistema economicamente liberal e ao mesmo tempo, contemplando normas sociais, as quais devem ser observadas e respeitas pelo setor financeiro, a fim de que o ramo empresarial seja preservado.

O capitalismo atual é marcado pela interferência do ramo empresarial, por meio do surgimento de novos institutos jurídicos ou da extensão de antigos institutos com novas características, o que torna imprescindível a conscientização dos principais constitucionais que norteiam tal setor da sociedade.

A atual ordem econômica está baseada em regras liberais, com características sociais, vinculando o sistema capitalista ao estado social democrático de direito.

Na Constituição de 1988, os princípios de suma importância para a efetivação do ramo empresarial no sistema jurídico, político, social e econômico se referem àqueles vinculados à atribuição aos particulares à iniciativa privada, como papel primordial para exploração de atividades econômicas, e a livre concorrência, como forma de preservação de um sistema democraticamente equivalente e justo.

Vale destacar que, "ao atribuir à iniciativa privada papel de tal monta, a Constituição torna possível, do ponto de vista jurídico, a previsão de um regime específico pertinente às obrigações do empreendedor privado. Não poderia, em outros termos, a ordem jurídica conferir uma obrigação a alguém sem, concomitantemente, prover os meios necessários para integral e satisfatório cumprimento dessa obrigação".[10]

---

(9) GRAUS, Eros Roberto. *Op. cit.*, p. 190.
(10) COELHO, Fábio Ulhoa. *Manual de Direito Comercial*. 20. ed. São Paulo: Saraiva, 2008. p. 26.

A Constituição Federal de 1988 apresenta pressupostos jurídicos que visam regulamentar a atividade empresarial, eis que, em seu art. 1º,(11) no art. 5º, XIII,(12) arts. 6º a 11, e no art. 170, as garantias da livre-iniciativa, dos valores sociais do trabalho, da propriedade privada, da função social da propriedade, da livre concorrência, dentre outras, são necessárias para a exploração da atividade econômica.

O princípio fundamentalmente previsto na Constituição Federal de 1988 designado como sendo de livre-iniciativa se refere à liberdade concedida pelo constituinte para que qualquer cidadão possa exercer profissão ou empreender atividade econômica, independentemente de autorização do Estado, desde que norteado pela legislação vigente, salvo hipóteses previstas em lei.

Trata-se de uma faculdade para que os entes privados ou qualquer cidadão possam contribuir e proporcionar o desenvolvimento econômico, social e político de toda a sociedade.

A liberdade inserida em tal princípio não significa a possibilidade de que cada cidadão possa fazer o quem bem entender, mas, sim, o de poder exercer atividade lítica, com as qualificações pertinentes, objetivando lucratividade, usufruindo de incentivos e benefícios, desde que a legislação específica seja respeitada, conforme esclarece Martins (2001, p. 167):(13)

> O que interessa em termos de primeira acepção é que, mesmo sob restrições legalmente estabelecidas, num regime de livre-iniciativa, é a partir do exercício da atividade profissional ou da atuação econômica que os indivíduos retiram sustento diário, adquirindo patrimônio capaz de garantir sua dignidade. [...] Os benefícios de um regime que garanta e verdadeiramente estimule a livre-iniciativa não se resumem apenas à esfera individual. É que a sua dinâmica, pelas infindáveis transações e melhoria presumida de bem-estar em cada uma delas, acaba por gerar relevante riqueza social, uma vez que a livre-iniciativa em ação transforma parcela da propriedade estática em propriedade dinâmica.

Diante do sistema constitucional vigente, o qual explicita o princípio da livre-iniciativa, asseverando de outra forma o respeito à legislação vigente, o legislador

---

(11) Art. 1º A República Federativa do Brasil, formada pela união indissolúvel dos Estados e Municípios e do Distrito Federal, constitui-se em Estado Democrático de Direito e tem como fundamentos: [...] IV — os valores sociais do trabalho e da livre-iniciativa;

(12) Art. 5º Todos são iguais perante a lei, sem distinção de qualquer natureza, garantindo-se aos brasileiros e aos estrangeiros residentes no País a inviolabilidade do direito à vida, à liberdade, à igualdade, à segurança e à propriedade, nos termos seguintes:
XIII — é livre o exercício de qualquer trabalho, ofício ou profissão, atendidas as qualificações profissionais que a lei estabelecer;

(13) MARTINS, Marcelo Guerra. *Tributação, propriedade e igualdade*. Rio de Janeiro: Elsevier, 2011. p. 166.

ordinário estabeleceu mecanismos que visam à coibição de práticas empresariais contrárias à ordem econômica e a livre concorrência, conforme se verifica no art. 173, § 4º, da Carta Magna.

Para o fomento da economia, através da produção, circulação de bens e serviços, e para o desenvolvimento da atividade empresarial, há necessidade de um regime econômico de livre-iniciativa e livre concorrência.

As garantias de liberdade ofertadas aos empresários devem ser exercidas sem lesar interesses individuais ou coletivos, a fim de que a justiça social e o bem-estar coletivo sejam respeitados.

Para a livre-iniciativa, o Estado participa como órgão fiscalizador, incentivador e de planejamento, eis que a liberdade da atividade econômica é concedida ao setor privado.

Neste contexto, "a livre concorrência, oriunda da atuação profissional, é a liberdade dada aos empresários para exercerem suas atividades segundo seus interesses, limitados somente pelas leis econômicas, porém norteadas pelo princípio da boa-fé objetiva. Trata-se da opção de uma forma de competição (leal e lícita) com os demais fatores econômicos dos que exercem a mesma atividade de mercado".[14]

As normas que incentivam a livre concorrência, em especial através da liberdade dos agentes econômicos, as estratégias de publicidade, as ofertas especiais, a circulação de capitais e pagamentos, por outro lado, proíbem e sancionam a concorrência desleal, conforme exposto anteriormente, buscando a conservação da boa-fé objetiva no ramo empresarial.

Tamanha a importância da boa-fé nas atividades empresariais que "deixam de ter tanta relevância as disposições contratuais escritas, na medida em que se gerou maior severidade às obrigações e aos deveres de conduta próprios à formação, bem como estabeleceu-se um amplo rol e seguro critério de determinação e reconhecimento das chamadas cláusulas abusivas. Uma das consequências principais dessa situação foi a revisão dos chamados princípios contratuais. Assim, atualmente, estão nesse patamar a autonomia privada, a justiça contratual e a boa-fé objetiva" (POPP et al., 2008, p. 23).

A autonomia privada está representada na liberdade concedida ao setor privado, visando à garantia da justiça social, enquanto a boa-fé objetiva acaba se interligando com a responsabilidade assumida através das atividades empresariais.

Com relação aos princípios ora abordados, tanto da livre-iniciativa quanto da livre concorrência, tem-se que "as relações empresariais sofrerão grande influência do princípio da boa-fé objetiva. Não há motivos, porém, para preocupações, pois a aplicação de tal princípio é mera concretização no âmbito infraconstitucional dos parâmetros descritos nos arts. 1º, 3º e 170 da Carta Magna" (POPP et al., 2008, p. 23).

---

(14) DINIZ, Maria Helena. *Curso de Direito Civil Brasileiro*. v. 8. 3. ed. São Paulo: Saraiva, 2011. p. 42.

Tendo a lucratividade como um dos objetivos primordiais do setor empresarial e em função do atual cenário econômico, o direito da propriedade está insculpido na Carta Magna, em seu art. 5º, XXII.

O termo propriedade pode ser empregado em suas diversas acepções conforme preceitua Pontes de Miranda[15] (1995, p. 9):

"Em sentido amplíssimo, propriedade é o domínio ou qualquer direito patrimonial. Tal conceito desborda do direito das coisas. O crédito é propriedade. Em sentido amplo, propriedade é todo direito irradiado em virtude de ter incidido regra de direito das coisas (cc. arts. 485, 524 e 862). Em sentido quase coincidente, é todo direito sobre as coisas corpóreas e a propriedade literária, científica, artística e industrial. Em sentido estritíssimo, é só o domínio. O primeiro sentido é o de propriedade, no art. 141, § 16, da Constituição de 1946."

Em sendo um dos direitos fundamentais de primeira geração, a dignidade humana está intrinsecamente relacionada com o direito de propriedade, o qual se encontra no art. 17 da Declaração dos Direitos do Homem e do Cidadão, de 1789.[16]

Justamente em razão dos planejamentos referentes ao progresso e desenvolvimento alcançados pelo setor técnico-industrial é que o direito de propriedade em consonância com a dignidade humana visa a proporcionar bem-estar, segurança, qualidade de vida. "Isso demonstra ser essencial que as pessoas, de um modo geral, procurem, ao longo da vida, amealhar algum patrimônio, com o fulcro de garantir o atendimento de suas necessidades mais elementares e da respectiva família, pois o Poder Público, ao menos no Brasil, somente prestará socorro em último caso."[17]

Inclusive quanto à harmonia social, o direito de propriedade resguarda a importância da participação do setor privado, a fim de que "fatores sociais como segurança jurídica (quanto à imutabilidade do pacto), exequibilidade (execução forçada em caso de inadimplemento), ambos englobados no conceito de propriedade aqui tratado, e previsibilidade (elemento ligado ao risco do negócio) devem ser considerados — e fortemente albergado — pelo sistema normativo sob pena de gerar desestímulo aos agentes econômicos pelo aumento dos custos de transação".[18]

A propriedade empresarial apresenta como função social a busca pela organização de produção e circulação de bens e serviços, proporcionando a redução das desigualdades sociais, tanto no tocante ao direito do consumidor como nas relações

---

(15) MIRANDA, 1955 apud MARTINS loc. cit., p. 157.
(16) Art. 17. Como propriedade é um direito inviolável e sagrado, ninguém dela pode ser privado, a não se quando a necessidade pública legalmente comprovada o exigir e só condição de justa e prévia indenização.
(17) MARTINS loc. cit., p. 161.
(18) MARTINS loc. cit., p. 164.

de trabalho existentes para tais fins, e ainda nos setores médicos, de ensino, previdência, meio ambiente, dentre outros. Conforme esclarece Maria Helena Diniz (2011, p. 47/48):

> A empresa, portanto, é o núcleo convergente de vários interesses, que realçam sua importância econômico-social, como: *lucro* do empresário e da sociedade empresária que assegura a sua sobrevivência e a melhora de salários e enseja a criação de novos empregos e a formação de mão de obra qualificada; *salário* do trabalhador, permitindo sua sobrevivência e de sua família; *tributos*, possibilitando a consecução das finalidades do poder público e a manutenção do Estado.

Em um setor economicamente organizado, a empresa tem como objetivos primordiais o lucro, a geração de empregos e o recolhimento de impostos, diante do direito de propriedade que adquiriu e a função social que realiza, todos constituídos através da efetividade de contratos firmados.

Para tanto, a Constituição Federal de 1988 (CRFB/88), ao expressar os princípios basilares de todo o ordenamento jurídico, em seu art. 1º, efetivou fundamentos de suma importância para toda a sociedade, tais como da cidadania, da dignidade da pessoa humana e dos valores sociais do trabalho e da livre-iniciativa.

Ressalta-se da mesma forma que construir uma sociedade livre, justa e solidária e garantir o desenvolvimento nacional, a fim de promover o bem de todos, são objetivos da República Federativa do Brasil, conforme insculpido no art. 3º da CRFB/88.

Portanto, ao mesmo tempo que ao ramo empresarial se impõe a observação dos preceitos constitucionais, em especial os direitos trabalhistas, é lhe assegurada a condição de livre administração, desde que através de condutas investidas de boa-fé e ética profissional.

Desta forma, é do empresário a faculdade de escolher o ramo que deseja empreender, os maquinários que serão necessários, bem como os critérios que devem ser observados para contratação de seus funcionários.

O capitalismo acabou se transformando e aprimorando seus principais aspectos, diante de alguns elementos sociais que foram absorvidos pela sociedade atual, tais como aqueles contidos nos contratos individuais de trabalho, nas transformações dos institutos jurídicos, visando ao mesmo tempo a preservação da liberdade e a igualdade entre todos os cidadãos.

Diante de todo o exposto, em especial da análise dos princípios constitucionais vinculados ao ramo empresarial, principalmente o da livre-iniciativa e o da livre concorrência, verifica-se que, apesar dos aspectos intervencionistas do Estado, tais normas estão vinculadas intimamente ao capitalismo, porém, respeitadas as premissas sociais na carta magna elencadas, a fim de que a justiça social possa ser atingida e a sustentabilidade empresarial assegurada, através dos instrumentos que possibilitam tal efetividade, quais sejam, os contratos individuais de trabalho e a sua função social.

3. A NORMATIZAÇÃO DO CONTRATO INDIVIDUAL DE TRABALHO E SUAS IDENTIFICAÇÕES

Conforme todo o exposto, a atual Constituição Federal explicita as regras fundamentais para a constituição das relações de emprego, visando, em especial, à garantia dos direitos sociais, em face das premissas liberais pela mesma carta elencadas.

Diante dos direitos trabalhistas constitucionais, que de forma genérica se encontram insculpidos na Carta Magna de 1988, em especial nos arts. 6º a 11, o gênero contratual assumido nesse aspecto do ramo empresarial merece melhores esclarecimentos, a fim de que expressões tais como "relação de trabalho" e "contrato de trabalho" não sejam confundidas.

Nesse sentido, adverte Amauri Mascaro Nascimento[19] que:

> O direito processual do trabalho adiantou-se ao direito material do trabalho com a Emenda Constitucional n. 45, de 2004, que instituiu a reforma do Poder Judiciário, alterando a redação do art. 114 da Constituição Federal para ampliar a competência da Justiça do Trabalho, que passou a processar e julgar "as ações oriundas da relação de trabalho". Quando a lei dispõe sobre *relação de trabalho*, quer se referir a *contrato de trabalho*. Faça-se a ressalva sobre a antiga discussão sobre o sentido das duas expressões: aquela uma visão objetivista do vínculo de emprego, esta uma postura contratualista. Mas não se controverte que relação de trabalho é um gênero, ou, em outras palavras, contrato de trabalho é um gênero, e não se confunde com relação de emprego ou contrato de emprego, que é uma modalidade — a mais importante — de contrato de trabalho.

Consequentemente, tem-se que a relação de trabalho é o gênero do qual tem-se a espécie relativa ao emprego, e que também abrange o contrato individual de trabalho, na categoria vinculadora entre empregado e empregador.

Apenas a título ilustrativo, observa-se que o capítulo VII, através dos arts. 593 a 609, do Código Civil, trata das prestações de serviços, bem como o capítulo VIII, arts. 610 a 626, do mesmo ordenamento jurídico, da empreitada, ao mesmo passo que tantas outras legislações se reportam a institutos de cunho

---

(19) NASCIMENTO, Amauri Mascaro. *Curso de Direito do Trabalho*: história e teoria geral do direito do trabalho, relações individuais e coletivas do trabalho. 24. ed. São Paulo: Saraiva, 2009. p. 539.

contratual civil e não trabalhista; não serão abordadas no presente estudo, visto que o objeto se restringe à relação de emprego vivenciada diretamente entre empregados e empregadores.

O contrato individual de trabalho, na modalidade de relação de emprego, além das normas constitucionais elencadas anteriormente, encontra amparo legal principalmente nos arts. 442 a 456 da Consolidação das Leis Trabalhistas (CLT).

Para mais esclarecimentos, Sergio Pinto Martins[20] elucida tal diferenciação entre o gênero da relação de trabalho e a espécie emprego, ao manifestar que:

> Relação de trabalho é o gênero que compreende o trabalho autônomo, eventual, avulso etc. Relação de emprego trata do trabalho subordinado do empregado em relação ao empregador. A CLT disciplina a relação de empregados. A Justiça do Trabalho, de modo geral, julga questões de empregados. Contrato de trabalho é gênero e compreende o contrato de emprego. Contrato de trabalho poderia envolver qualquer trabalho, como o do autônomo, do eventual, do avulso, do empresário etc. Contrato de emprego diz respeito à relação entre empregado e empregador e não a outro tipo de trabalhador, daí por que se falar em contrato de emprego, que fornece a noção exata do tipo de contrato que estaria sendo estudado, porque o contrato de trabalho seria o gênero e o contrato de emprego, a espécie.
>
> Entretanto, a denominação corrente é *contrato de trabalho*, inclusive encontrada no art. 442 da CLT, que será utilizada.

A partir de tais considerações, e evidenciando o presente estudo em face da relação adotada entre empregado e empregador, a qual se diferencia das contratações a título civil, há necessidade de destacar as principais características do contrato ora analisado, quais sejam, a bilateralidade, a consensualidade, a onerosidade, a comutatividade e o trato sucessivo.

A mencionada bilateralidade se reporta ao fato de que o contrato individual de trabalho será pactuado entre duas pessoas, quais sejam, empregado e empregador. Essa pactuação poderá ser estabelecida expressamente com a formalização de um documento, bem como de maneira verbal, apenas com condições a serem observadas, ou tacitamente, através de iniciais acertos verbais com posteriores alterações consensualmente estabelecidas.

No tocante à consensualidade que deve ser estabelecida entre as partes, ressalta-se que ninguém será obrigado a suportar uma contratação em condições que não sejam de vontades mútuas.

---

(20) MARTINS, Sergio Pinto. *Direito do Trabalho*. 24. ed. São Paulo: Atlas, 2008. p. 78.

A onerosidade, por sua vez, no sentido de que o trabalho contratado pelo empregador representa um valor, o qual deve ser transmitido diretamente ao empregado, após os efetivos préstimos de serviços contratados, ou seja, com característica sinalagmática, pois as partes, ao se obrigarem entre si, devem satisfazer às prestações recíprocas. Isso significa que é dever do empregado honrar com as atividades assumidas no contrato, e do empregador, o pagamento pelo qual restou responsável, característica essa de cunho comutativo.

Quanto ao trato sucessivo, o que se estabelece em um contrato individual de trabalho é a prestação de serviço contínua, e não o término após o fim de uma atividade.

Diante das características citadas, pondera-se que ao empregador é ofertada a liberdade de contratar, de estabelecer as atividades e as normas para a efetividade do contrato firmado, porém é sua obrigação fornecer um ambiente sadio e harmonioso, bem como as ferramentas necessárias para o bom desenvolvimento das funções e a remuneração ao funcionário. Por outro lado, é dever do empregado desenvolver as atividades contratadas com o desempenho necessário, dentro de seu horário de trabalho, nos dias estabelecidos, e respeitar o poder diretivo do empregador.

Além das normas mencionadas, destaca-se que "os contratantes são obrigados a guardar, tanto na execução como na conclusão do contrato, os princípios da probidade e boa-fé (art. 422 do Código Civil). Em qualquer contrato, inclusive no de trabalho, ambas as partes devem estar imbuídas de boa-fé".[21]

O *caput* dos arts. 2º e 3º[22] da Consolidação das Leis do Trabalho (CLT) identifica as principais características existentes nas relações de emprego, quais sejam:

> Art. 2º Considera-se empregador a empresa, individual ou coletiva, que, assumindo os riscos da atividade econômica, admite, assalaria e dirige a prestação pessoal de serviço.
>
> Art. 3º Considera-se empregado toda pessoa física que prestar serviços de natureza não eventual a empregador, sob a dependência deste e mediante salário.

Considerando a legislação nacional vigente, ao firmar o contrato individual de trabalho, alguns requisitos são de suma importância para identificação de tal vínculo entre a partes, quais sejam, a pessoalidade, a subordinação, a onerosidade, a habitualidade e o fato de ser o empregado pessoa física.

Conforme destaca Amauri Mascaro Nascimento,[23] o empregado deverá ser, necessariamente:

> Toda pessoa física, excluindo-se, portanto, a pessoa jurídica, porque esta jamais poderá executar o próprio trabalho, fazendo-o por meio de pessoas

---

(21) Ibid., p. 93.
(22) BRASIL, Decreto-Lei n. 5.452, de 1º de maio de 1943. Consolidação das Leis do Trabalho. *Diário Oficial [da] República Federativa do Brasil*, Brasília, DF, 9 de agosto de 1943.
(23) NASCIMENTO, *op. cit.*, p. 613.

físicas, e porque o direito do trabalho protege o trabalhador como ser humano e pela energia de trabalho que desenvolve na prestação de serviço. Seria impróprio cogitar, por exemplo, da aplicação de leis de salário mínimo, de duração diária de trabalho, de riscos profissionais às pessoas jurídicas, como lembra Mario de la Cueva. Assim, o empregado terá de ser forçosamente uma pessoa natural, como sustentam Manuel Alonso Olea, Cabanellas, Paul Durand, Mario de la Cueva, Nikisch, Kaskel, Barassi, Greco, Zanobini etc., ainda que o contrato seja por *equipe*, como no caso do maestro que contrata pela orquestra que dirige, visa-se à proteção jurídica de cada componente do grupo individualmente considerado.

O contrato individual de trabalho é pessoal com relação ao empregado, o qual não poderá se fazer substituir; porém, conforme elucida Vólia Bomfim Cassar:[24]

> (...) a pessoalidade não quer dizer que o trabalho só poderá ser desenvolvido, com exclusividade, por aquele empregado, e nenhum outro. Na verdade, o empregador poderá trocar de empregado, seja para substituí-lo no posto de trabalho, seja para coibir suas faltas, férias ou atrasos. Isto significa que o obreiro pode ser trocado por outro empregado, por escolha do empregador ou com o consentimento deste, mas não pode se fazer substituir livremente por alguém da sua própria escolha, estranho aos quadros da empresa e sem o consentimento do patrão.

A subordinação está relacionada ao poder de direção do empregador em face do empregado, advindo do contrato individual de trabalho firmado entre os mesmos, ou seja, uma subordinação jurídica, uma vez que o risco do negócio, da atividade econômica, é daquele.

Tal requisito impõe ao empregado a obediência às ordens, normas e determinações expressadas pelo empregador, desde que limitadas aos princípios constitucionais e legalmente impostos à relação de trabalho, pois, por outro lado, enfatiza Renato Saraiva[25] que:

> Logo, tendo laborado para o empregador, independentemente de a empresa ter auferido lucros ou prejuízos, as parcelas salariais sempre serão devidas ao obreiro, o qual não assume o risco da atividade econômica. A própria CF/88 (art. 7º, XI) e a Lei n. 10.101/2000 preveem a possibilidade da participação do empregado nos lucros da empresa. No entanto, jamais o empregado assumirá os riscos do negócio, sendo os resultados negativos da empresa suportados exclusivamente pelo empregador.

---

(24) CASSAR, Vólia Bomfim. *Direito do Trabalho*. 3. ed. Niterói: Impetus, 2009. p. 201.
(25) SARAIVA, Renato. *Direito do Trabalho*. 9. ed. São Paulo: Método, 2008. p. 44.

No aspecto da onerosidade, conforme já exposto anteriormente, com a prestação de serviço realizada pelo empregado, é dever do empregador o pagamento pelo trabalho realizado, como forma de contraprestação pelo labor ofertado.

Quanto à habitualidade, configura o contrato individual de trabalho como sendo aquele em que há um trato sucessivo, e não eventual, ou seja, há determinação de horários e dias determinados para a realização dos serviços contratados. Esse requisito direciona a relação de emprego ao caráter contínuo, duradouro e permanente.

O contrato individual de trabalho, da mesma forma, deve ser analisado no tocante ao tempo, o qual em regra vem a representar por prazo indeterminado, e, quando for necessária a determinação de período, deve constar expressamente.

O próprio art. 443 da CLT é específico ao elencar que "O contrato individual de trabalho poderá ser acordado tácita ou expressamente, verbalmente ou por escrito e por prazo determinado ou indeterminado".

O contrato por prazo determinado deve ser expresso, preferencialmente escrito, no intuito de que sejam conscientizadas as partes quanto ao início e fim das atividades envolvidas, conforme expõe Vólia Bomfim Cassar:[26]

> Sendo assim, o que importa é o conhecimento inequívoco pelo empregado de que aquele contrato foi firmado por prazo certo e de que tem possibilidade (ou não) de prorrogação, pois a finalidade da lei foi a de preparar as partes para a terminação do contrato. Ideal, pois o empregador terá o documento necessário para comprovar que comunicou o empregado. Mas, se não o fizer por escrito e o empregado confessar (ou conseguir outro meio de prova) de que tinha ciência da duração limitada do contrato, a cláusula oral de prazo determinado será válida. O direito pugna pelo princípio da lealdade e da transparência nas tratativas. Além disso, segundo o Código Civil (art. 112), nas declarações de vontade prevalece a intenção real das partes ao sentido literal da linguagem, isto é, à formalidade. Isso significa que o Código valorou a intenção das partes no momento do ajuste.

A lei brasileira permite que, para validade do contrato por prazo determinado, seja de serviço cuja natureza ou transitoriedade justifique a predeterminação do prazo; de atividades empresariais de caráter transitório; ou de contrato de experiência, conforme preceitua o § 2º do art. 443 da CLT.

O prazo final do contrato individual de trabalho determinado poderá ser estabelecido no tocante ao dia, à semana ou ao mês de término, bem como quanto à conclusão da obra, do serviço ou à necessidade efetivada da contratação.

---

(26) CASSAR, loc. cit., p. 459.

Uma das modalidades diferenciadas do contrato individual de trabalho por prazo terminado é o contrato de experiência, através do qual irá ocorrer uma mútua verificação de possibilidades de continuação do mesmo, ou seja, conforme expõe Renato Saraiva:[27]

> O empregador irá verificar se o empregado cumpre corretamente a jornada de trabalho, se atende às determinações emanadas, se realiza o serviço com zelo e dedicação, se o relacionamento com os demais empregados é adequado etc.
>
> Já o empregado, durante o pacto experimental, observará se o empregador lhe trata com urbanidade, se cumpre em dia com as obrigações salariais pactuadas, verificando também o ambiente de trabalho, as condições oferecidas etc.

Conforme estabelecido no art. 445, parágrafo único, da CLT, o prazo máximo do contrato de experiência é de 90 dias, com uma única prorrogação, respeitando o limite máximo.

Por outro lado, ainda no tocante ao contrato de experiência, é válido destacar o entendimento de Amauri Mascaro Nascimento[28] no tocante à (im)possibilidade de repetição dessa modalidade de contratação; senão vejamos:

> Em princípio, não é lícito às partes o contrato de experiência com empregado que já trabalhou na empresa, porque nesse caso dá-se a perda da causa jurídica do contrato, que é a necessidade de conhecimento recíproco entre os contratantes, porém há uma situação em que essa perda não se dá. Ocorre quando o empregado vai, no segundo contrato, exercer uma função completamente diferente daquela que exerceu e para a qual se diz tecnicamente apto, caso em que, embora as partes já se conheçam como tal, não se conhecem quanto à aptidão funcional nova.

Quanto às determinações gerais do contrato por prazo determinado, elencadas nos arts. 445, 452, 479, 480, 481 e 487 da CLT, verifica-se, com exceção do contrato de experiência, que os demais não poderão ser estipulados por período maior do que dois anos, admitindo uma única prorrogação durante esse mesmo período, respeitando o lapso temporal de seis meses para nova contratação, não havendo aviso prévio, com indenização por rompimento antes do período pactuado, caso não haja cláusula assecuratória do direito recíproco de rescisão.

Há de se ressaltar que no curso do contrato por termo não se admite estabilidade, pois, "nos contrato de trabalho por tempo determinado, o empregador não terá de observar a garantia de emprego, mesmo que, por exemplo, a empregada

---

(27) SARAIVA, *op. cit.* p. 85.
(28) NASCIMENTO, *op. cit.* p. 705.

fique grávida no curso do pacto laboral, pois as partes sabiam desde o início que o contrato de trabalho terminaria no último dia acordado. Nesse dia, o pacto laboral estará encerrado".[29]

O contrato por prazo determinado estabelecido através da Lei n. 9.601/1998, através do qual, passou a ser admitida a contratação por prazo determinado, desde que autorizada por negociação coletiva, em qualquer atividade da empresa, representando acréscimo no número de funcionários, com possibilidade de prorrogações múltiplas, no prazo de dois anos, ocasião em que as partes poderiam estabelecer livremente a indenização para as hipóteses de rescisão antecipada.

Apesar de garantir certas situações de estabilidade provisórias, enquanto perdurar o contrato, tais como, do dirigente sindical, da gestante, do cipeiro e do acidentado, tal legislação feriu princípios tais como da continuidade da relação de emprego e da norma mais favorável, razão pela qual, não é muito aplicada, até pela dificuldade de concordância por parte da entidade sindical.

Diversamente do contrato por prazo determinado elencado nas normas celetistas, conforme exposto anteriormente, "apesar das inovações aqui expendidas, a Lei n. 9.601/98 criou um modelo burocrático de contratação por tempo determinado com poucas contrapartidas tributárias e trabalhistas. Isso desestimulou o ajuste de empresários e operários, sendo raros na pratica forense casos que digam respeito ao assunto aqui tratado".[30]

No tocante ao contrato por prazo determinado, ainda vale salientar que a Lei n. 6.019/1974, veio a disciplinar o trabalho temporário na atividade empresarial, para os fins de atender à necessidade transitória de substituição de seu pessoal regular ou permanente, ou a acréscimo extraordinário de serviços.

Nesse caso, temos outro interessado no contrato a ser firmado, quem seja, a empresa de trabalho temporário, em consonância com o trabalhador temporário e o tomador de serviços ou cliente, salientando que apenas aplicável a situação no meio urbano.

Desta forma, teremos a intermediação da empresa de trabalho temporário, podendo ser pessoa física ou jurídica, registrada no Ministério do Trabalho, não lhe sendo facultada a contratação de funcionários temporários.

A fim de evitar a vinculação direta entre o empregado temporário e a tomadora de serviços, a lei em questão, estabelece que não poderá exceder 03 meses com o mesmo funcionário.

Não se poderá confundir o trabalho temporário regido pela Lei n. 6.019/74 com a locação de mão de obra, visto que essa se relaciona com a atividade-meio do tomador, conforme esclarece Luciano Martinez:[31]

---

(29) MARTINS, op. cit. p. 107.
(30) MARTINEZ, Luciano. Curso de Direito do Trabalho: relações individuais, sindicais e coletivas do trabalho. São Paulo: Saraiva, 2010. p. 231.
(31) MARTINEZ, op. cit., p. 235.

Os trabalhadores temporários prestam serviços semelhantes àqueles realizados pelo pessoal efetivo da empresa tomadora (atividade-fim), embora diante de situações em que seja necessária a substituição desse pessoal ou diante de situações que envolvam acréscimo extraordinário de serviços; os empregados cedidos por empresas prestadoras de serviços especializados realizam tarefa correspondente à atividade-meio das empresas clientes ou tomadoras (por exemplo, serviços de limpeza e serviço de vigilância).

Outra modalidade de contrato individual de trabalho por prazo determinado se reporta ao contrato por obra certa, fundamentado na Lei n. 2.959/1956, através do qual um construtor que exerça a atividade em caráter permanente e um obreiro encarregado de realizar a obra ou determinado serviço vinculam-se entre si.

Essa contratualidade, igualmente, se submete às regras gerais do contrato por prazo determinado da CLT, esgotando-se ao terminar a obra ou o serviço, sendo concedido ao trabalhador com mais de 12 meses de contratação a indenização por tempo de trabalho na forma do art. 478 da CLT, ou seja, um mês de remuneração, e se houver rompimento antecipado do instrumento, imotivado pelo empregador construtor, a multa de 40% do FGTS (Fundo de Garantia do Tempo de Serviço).

Retomando ao contrato de vínculo empregatício com maior utilização no meio empresarial, em que pese inicialmente ser firmado a título de experiência, o contrato individual de trabalho por prazo indeterminado é aquele em que o empregado é contratado sem ter ciência de seu término, ou seja, contratam as partes com trato sucessivo, subordinado, continuado e assalariado.

Sendo assim, conforme destaca Ives Gandra da Silva Martins Filho,[32] o contrato por prazo indeterminado "é a regra de contratação; nela não se determina, por ocasião da celebração do contrato, o termo para sua cessação".

Conforme exposto anteriormente, a regra para a contratação com vínculo empregatício é por prazo indeterminado, visto que, em respeito ao princípio da continuidade da relação de emprego, deve o empregado ingressar, permanentemente, no quadro de funcionário e contribuir para o crescimento econômico da empresa.

Como elementos essenciais à contratualidade individual de trabalho entre empregado e empregador, verifica-se, inicialmente, que o agente contratado deve ser capaz, ou seja, "quando a lei lhe atribuir plena aptidão para o exercício de direitos e

---

(32) MARTINS FILHO, Ives Gandra da Silva. *Manual de direito e processo do trabalho.* 19. ed. São Paulo: Saraiva, p. 125.

para a assunção de obrigações jurídicas", conforme estabelecem os arts. 7º, XXXIII, da Constituição Federal de 1988;⁽³³⁾ 402 e 403 da CLT.⁽³⁴⁾

O objeto do contrato individual de trabalho dever ser lícito, possível, determinado, observando a forma prescrita ou não defesa em lei.

Além dos aspectos mencionados, a título de curiosidade, temos alguns contratos individuais de trabalho, considerados especiais, tais como do empregado menor, já salientado, em conformidade com os arts. 424 a 438 da CLT, bem como a igualdade pleiteada pela mulher, do empregado rural, do empregado doméstico, do servidor público, do contrato do advogado, do vendedor empregado e das demais profissões regulamentadas, que contemplam situações diversas daquelas ora analisadas, porém, não serão tratados no estudo em questão, a fim de delimitar o objeto do mesmo.

É de suma importância elucidar que o contrato individual de trabalho, independentemente de suas atribuições, é a formalidade que representa a vontade das partes, fundamentada nos elementos constitucionais, liberais e sociais, razão pela qual Amauri Mascaro Nascimento assim ressalta:

> O contrato é a fonte que instaura o vínculo, mas que pode também determinar alguns de seus efeitos. A relação de emprego é uma relação social que se transforma em jurídica porque é disciplinada pelo direito. A vontade, manifestada de modo escrito, verbal ou meramente tácito, está sempre na base de toda relação jurídica entre empregado e empregador.

Ao estabelecer um vínculo de emprego, as partes devem observar os preceitos constitucionais e legais que estabelecem as formas necessárias para tal contratação, uma vez que a efetivação da relação entre empregado e empregador acaba por influenciar a economia nacional e a sustentabilidade social do ramo empresarial.

---

(33) Art. 7º São direitos dos trabalhadores urbanos e rurais, além de outros que visem à melhoria de sua condição social:
XXXIII — proibição de trabalho noturno, perigoso ou insalubre a menores de dezoito e de qualquer trabalho a menores de dezesseis anos, salvo na condição de aprendiz, a partir de quatorze anos.
(34) Art. 402. Considera-se menor para os efeitos desta Consolidação o trabalhador de quatorze até dezoito anos. (*Redação dada pela Lei n. 10.097, de 19.12.2000*)
Parágrafo único. O trabalho do menor reger-se-á pelas disposições do presente Capítulo, exceto no serviço em oficinas em que trabalhem exclusivamente pessoas da família do menor e esteja este sob a direção do pai, mãe ou tutor, observado, entretanto, o disposto nos arts. 404, 405 e na Seção II. (*Redação dada pelo Decreto-lei n. 229, de 28.2.1967*)
Art. 403. É proibido qualquer trabalho a menores de dezesseis anos de idade, salvo na condição de aprendiz, a partir dos quatorze anos. (*Redação dada pela Lei n. 10.097, de 19.12.2000*).
Parágrafo único. O trabalho do menor não poderá ser realizado em locais prejudiciais à sua formação, ao seu desenvolvimento físico, psíquico, moral e social e em horários e locais que não permitam a frequência à escola. (*Redação dada pela Lei n. 10.097, de 19.12.2000*)

4. DA FUNÇÃO SOCIAL DO CONTRATO E SUAS CONSEQUÊNCIAS PARA A SUSTENTABILIDADE DO RAMO EMPRESARIAL

Diante dos princípios empresariais e das normas constitucionalmente elencadas, bem como das transformações ocorridas em nossa sociedade, os contratos individuais de trabalho deixaram de ser intimamente influenciados somente pelo dogma da autonomia da vontade, passando a ser regidos também por sua função social.

Dessa forma, o contrato individual de trabalho passa a ser um instrumento de circulação de riquezas, que afeta, influencia e vincula não somente as partes pactuantes, mas principalmente toda a sociedade ao seu redor, e todas as pessoas estranhas ao pacto, mesmo aquelas tidas como terceiras.

Em razão das transformações sociais ocorridas nos últimos momentos históricos, ocorrendo a intervenção do Estado na economia, que progressivamente deixou de ser mero espectador do abuso gerado pelo excesso de liberdade, passando a atuar nessas relações entre particulares, em especial, visando ao resguardo das normas constitucionais, no intuito de reduzir as disparidades entre as diferentes classes da sociedade.

Um dos instrumentos criados para coibir essa disparidade foi a nova funcionalidade do contrato, em especial o de trabalho, que passou a estar intimamente ligado a sua função social desempenhada, visto que o desenvolvimento tecnológico impulsionou o crescimento das relações econômicas e dos meios de geração de riquezas, gerando uma quantidade crescente de consumo na sociedade, instituindo-se regras para a proteção dos indivíduos participantes dessas relações, buscando-se evitar os possíveis abusos que poderiam vir a ser praticados pelos economicamente mais fortes.

No tocante às discussões envolvendo a função social do contrato, de forma generalizada, ou seja, envolvendo todos os ramos do setor empresarial, Oliveira e Silva (2011, p. 183) destacam que:

> A construção dogmática contemporânea se divide entre os que defendem umas perspectiva de mensuração da função social do contrato, no contexto de critérios de eficiência econômica e de funcionalidade dos mercados, e os que sustentam que a função social do contrato não se subordina a simples imperativos de eficiência econômica, estando relacionada à finalidade de justiça social e solidarismo.

Diante de tais circunstâncias, de modo geral, a funcionalização do princípio da relatividade dos contratos e os efeitos das relações contratuais perante terceiros passaram a assumir papel significativo no crescimento econômico.

Segundo Caio Mário da Silva Pereira,[35] o contrato nada mais é do que "um acordo de vontades, na conformidade da lei, e com a finalidade de adquirir, resguardar, transferir, conservar, modificar ou extinguir direitos".

Por outro lado, há de se ressaltar que o princípio da função social dos contratos está previsto no art. 421 do Código Civil de 2002, faz parte da nova doutrina contratual, instituindo a visão de que, nessa nova teoria dos contratos, o paradigma liberal clássico deve ser enfatizado.

Conforme o entendimento de Paulo Luiz Netto Lôbo,[36] o art. 421 do atual Código Civil, realizando uma comparação entre o princípio da autonomia da vontade e o da função social do contrato, destaca que:

> No Código Civil de 2002 a função social surge relacionada à "liberdade de contratar", como seu limite fundamental. A liberdade de contratar, ou autonomia privada, consistiu na expressão mais aguda do individualismo jurídico, entendida por muitos como o toque de especificidade do direito privado. São dois princípios antagônicos que exigem aplicação harmônica. No Código, a função social não é simples limite externo ou negativo, mas limite positivo, além de determinação do conteúdo da liberdade de contratar. Esse é o sentido que decorre dos termos "exercida em razão e nos limites da função social do contrato".

Nos dias atuais, um contrato pode gerar mudanças significativas a um grupo de pessoas e toda uma cidade ou de um país, modificando, para o bem ou para o mal, a vida de uma sociedade. Assim, o contrato não tem somente significância para as partes que o pactuam, mas também uma significativa importância para a sociedade. Dessa forma, a sociedade passa a impor limites para essa pactuação.

O princípio da função social do contrato sempre esteve presente na Constituição Federal de 1988, seja do art. 1º, III — dignidade da pessoa humana, do art. 5º, XXIII —, função social da propriedade, arts. 182 e 186 — função social da propriedade urbana e rural e art. 170 —, princípios da ordem econômica, e no tocante ao ramo empresarial, ainda ressalta-se novamente aqueles mencionados no item anterior.

O princípio da função social do contrato apresenta como pilar a Constituição Federal de 1988, tendo seu fundamento no princípio da solidariedade e na afirmação do valor social da livre-iniciativa.

Por conseguinte, a ordem econômica encontra respaldo em especial no Título VII, da Ordem Econômica e Financeira, da Constituição Federal de 1988, que

---

(35) PEREIRA, Caio Mário da Silva. *Instituições de Direito civil*. Vol. 3. 10. ed. Rio de Janeiro: Forense, 2002. p. 2.
(36) LÔBO, Paulo Luiz Netto. *Princípios contratuais. A teoria do contrato e o novo Código Civil*. Recife: Nossa Livraria, 2003. p. 15.

implanta normas de regulamentação para todo o setor financeiro, em especial para o ramo empresarial e seus seguimentos, visto que o já mencionado art. 170[37] assim estabelece.

Dessa forma, "a norma econômica na Constituição Federal de 1988 consagra um regime de mercado organizado, entendido como tal aquele afetado pelos preceitos de ordem pública clássica (Geraldo Vidigal); opta pelo tipo liberal do processo econômico, que só admite a intervenção do Estado para coibir abusos e preservar a livre concorrência de quaisquer interferência".[38]

Diante da Constituição Federal de 1988 e de seus pressupostos jurídicos que visam a regulamentar a atividade empresarial, como o art. 1º,[39] no art. 5º, XIII,[40] arts. 6º a 11, quanto ao art. 170, as garantias da livre-iniciativa, dos valores sociais do trabalho, da propriedade privada, da função social da propriedade, da livre concorrência, dentre outras, são necessários para a exploração da atividade econômica.

O princípio da livre-iniciativa não admite negócio jurídico que implique abuso do poder econômico que vise à dominação dos mercados, à eliminação da concorrência e ao aumento arbitrário dos lucros.

A atribuição de função social ao contrato não vem impedir que as pessoas naturais ou jurídicas livremente o concluam, tendo em vista a realização dos mais diversos valores. O que se exige é apenas que o acordo de vontades não se verifique em detrimento da coletividade, mas represente um dos seus meios primordiais de afirmação e desenvolvimento.

Diante da atual ordem econômica, baseada em regras liberais, com características sociais, o sistema capitalista está intimamente vinculado ao estado social democrático de direito, visando à aplicabilidade nos contratos firmados, em especial no ramo empresarial, imbuídos de autonomia de vontade, de livre-iniciativa, de livre concorrência, de boa-fé, de ética profissional, respeito aos demais cidadãos e valorização dos direitos sociais.

Evidenciando as normas constitucionais citadas anteriormente, salienta-se que, com o advento do Código Civil, foi concretizada a ideia de que o contrato deve ser funcionalizado, elaborado e interpretado sempre de forma a não causar nenhum tipo de influência negativa no meio social e aos terceiros. Exigindo-se que

---

(37) BRASIL. *Constituição* (1988). Art. 170.
(38) GRAU, Eros Roberto. *A ordem econômica na Constituição Federal de 1988*. 13. ed. São Paulo: Malheiros, 2008. p. 190.
(39) Art. 1º A República Federativa do Brasil, formada pela união indissolúvel dos Estados e Municípios e do Distrito Federal, constitui-se em Estado Democrático de Direito e tem como fundamentos: [...] IV — os valores sociais do trabalho e da livre-iniciativa;
(40) Art. 5º Todos são iguais perante a lei, sem distinção de qualquer natureza, garantindo-se aos brasileiros e aos estrangeiros residentes no País a inviolabilidade do direito à vida, à liberdade, à igualdade, à segurança e à propriedade, nos termos seguintes: XIII — é livre o exercício de qualquer trabalho, ofício ou profissão, atendidas as qualificações profissionais que a lei estabelecer;

sejam respeitadas as situações jurídicas já constituídas, mesmo que tenham eficácia real. Passando a ser aplicado esse princípio a todo e qualquer contrato, mesmo aos celebrados após a vigência do Código Civil.

Porém, a interpretação de que a funcionalização da liberdade de contratar representa indevida restrição ao princípio deve ser afastada. Pois, de acordo com Pedro Oliveira da Costa:[41]

> É o próprio contrato que se impõe a terceiros, sujeitando-lhes aos seus efeitos ou condicionando-lhes a conduta, de forma que a restrição à autonomia contratual é apenas um, mas certamente não o único, dos efeitos do princípio da função social dos contratos.

Dessa forma, o princípio da função social do contrato impede que sejam formalizados vínculos prejudiciais a terceiros ou a toda uma coletividade que fora prejudicada, mesmo não figurando como parte da relação contratual. O princípio em comento possui como fundamento constitucional o princípio da solidariedade.

Impondo que os contratantes e os terceiros devem colaborar, respeitando as situações jurídicas anteriormente constituídas no próprio contrato, mesmo que as mesmas não sejam providas de eficácia real, mas desde que sejam conhecidas pelas pessoas implicadas através do pacto. Portanto, segundo Roberta Mauro Silva:[42]

> "o princípio da função social do contrato acaba por romper com a tradicional relatividade das obrigações, impondo que terceiros respeitem o vínculo alheio, em prol da solidariedade social e impedindo a constituição de pactos que possam prejudicar pessoas determinadas ou a ordem social como um todo".

Há de se observar que o "princípio da solidariedade social faz com que os contratos deixem de ser uma mera forma de circulação de riqueza para tornar-se um meio de transformação social, atento ao compromisso constitucional da promoção da pessoa humana".[43]

Dessa forma, o ato de contratar é responsável por concretizar o direito de forma com que os contratantes devam ser coniventes com suas disposições e não agir isoladamente, alheios às mudanças sociais. Esse reconhecimento dos efeitos

---

(41) COSTA, Pedro Oliveira da. Apontamentos para uma visão abrangente da função social dos contratos (art. 421). In: TEPEDINO, Gustavo. *Obrigações*: estudos na perspectiva civil — Constitucional. São Paulo: Renovar, 2005. p. 58.

(42) SILVA, Roberta Mauro e. Relações reais e relações obrigacionais: propostas para uma nova delimitação de suas fronteiras. In: TEPEDINO, Gustavo. *Obrigações*: estudos na perspectiva civil — Constitucional. São Paulo: Renovar, 2005. p. 85.

(43) FRANCO, Bianca Santos Carrapatoso. *Ibid*. p. 13.

externos das obrigações advém principalmente do declínio da teoria da autonomia da vontade.

Por outro lado, a função social influencia terceiros e a própria sociedade como um todo, caracterizando o sentido do perfil extrínseco da função social e a verdadeira importância desse princípio.

Dentro dos regramentos inseridos no ordenamento jurídico, a lei interna do contrato deve respeitar efetivamente o que restou negociado, com algumas exceções, como vem ao caso quanto às obrigações que estendem seus efeitos a terceiros, quando preconiza estipulações em favor de terceiro, observado nos arts. 436 a 438 do novo Código Civil. "Nesses casos, o beneficiário, sucessor, sem ter sido parte no ajuste, pode executá-lo como verdadeiro credor".[44]

Conforme estudo apresentado por Bianca Santos Carrapatoso Franco,[45] a concepção subjetivista do princípio da relatividade, a vontade deixa de ser apenas o elemento essencial do contrato para ser a razão de ceder de sua força obrigatória. Princípio esse relativizado pelo princípio da função social do contrato. Já que, segundo o princípio da função social do contrato, os contornos sociais do contrato são sempre enfatizados, sem diferenciar os terceiros às partes contratuais, salientando que:

> O principal papel do princípio da função social do contrato é limitar a vontade dos contratantes, restringindo-lhes a liberdade contratual, limitando o próprio conteúdo contratual. Limite esse garantido por possuir força de norma de ordem pública.
>
> A função social do contrato, aduzida no novo conceito contratual, realiza a transformação do contrato no sentido de deixar de ser um simples instrumento jurídico para um instrumento mobilizador de riquezas no mercado financeiro, servindo para a consumação dos interesses da coletividade.
>
> A função social em si visa auferir a proteção advinda do ordenamento jurídico ao polo mais fraco da relação contratual, em busca da repartição mais equilibrada da riqueza, valendo-se do princípio da igualdade dos indivíduos. Porém, não trata-se de uma limitação à liberdade contratual, pois é garantida a liberdade de contratar, com a preservação de valores fundamentais relativos à dignidade humana, a fim do bem-estar social.

Diante da flexibilização do princípio da relatividade, aceitando que a responsabilidade contratual abranja terceiros lesados pelo descumprimento ou pela constituição de uma obrigação da qual não figuravam como partes, há de ser reconhecida

---

(44) FRANCO, Bianca Santos Carrapatoso. *Ibid.* p. 14.
(45) FRANCO, Bianca Santos Carrapatoso. *Ibid.* p. 15.

a responsabilidade desse, desde que tenha contribuído para o inadimplemento do contrato.

Houve efetivamente a constitucionalização do contrato, com o advento das novas regras, dos princípios e das normas contratuais, resguardando-se a limitação da autonomia da vontade, diante da função social como meio de dirimir as injustiças sociais.

Diante desse contexto, Oliveira e Silva (2011, p. 185) advertem que:

> Revela-se importante também considerar se os critérios de justiça no contrato podem ser substituídos por critérios de eficiência e racionalidade na alocação de recursos. Ou, por outro lado, se a questão de justiça do contrato poderia deslocar para o âmbito econômico a necessidade de a atividade econômica ela própria perseguir, para além dos critérios de eficiência, finalidades ou valores, por exemplo, de justiça social. Indagação dessa ordem colocaria em causa uma premissa básica, para uma visão analítica do direito que, de certo modo, aproxima-se do pensamento da análise econômica do direito, que é a da separação entre fatos e valores e que resulta fundamental para o problema em torno da funcionalização dos contratos.

Contemplando o exposto anteriormente, Bianca Santos Carrapatoso Franco especifica que:

> O princípio da função social do contrato determina que os interesses individuais das partes da relação contratual devam ser exercidos em conformidade com os interesses sociais. Baseado na ideia de que todo contrato cria uma certa repercussão no ambiente social, pois determina uma nova conduta a ser seguida. Tendo-se o entendimento de que a função social do contrato nada mais é do que mais um tipo de limitação da autonomia da vontade. Impondo limites à liberdade contratual, devendo estar atento aos interesses da coletividade e evitar que haja desequilíbrio na relação jurídica entre as partes e os terceiros.[46]

Portanto, o princípio da função social do contrato busca estabelecer no vínculo contratual a obrigatoriedade e a responsabilidade entre as partes contratantes, diante dos princípios constitucionais que norteiam a ordem econômica, em especial a atividade empresarial, visando à preservação da equidade e à boa-fé contratual, contribuindo tanto para o crescimento do setor econômico quanto para o resguardo dos direitos sociais; dentre eles, a valorização do trabalho.

---

(46) FRANCO, Bianca Santos Carrapatoso. *Ibid.* p. 19.

A relação estabelecida entre empregado e empregador apresenta manifestação de cunho liberal e social, impulsionando o crescimento econômico, razão pela qual sua contratualidade, além de repercutir entre as partes vinculantes, ainda resulta em consequência para toda a sociedade, conforme esclarece Oliveira e Silva (2011, p. 190):

> Nessa perspectiva, pode ser frutífero restabelecer a dialética e a historicidade do pensamento de Marx mediante a consideração de que o trabalho introduz causas e finalidade na vida social. Georg Lukács afirma que está presente no pensamento de Marx a premissa de que o trabalho pressupõe uma ontologia da práxis porque atua um modelo de "pores teleológicos". Essa ideia de "pores teleológicos" pressupõe que o trabalhador realiza na medida em que modifica a natureza da matéria. Segundo Lukács, o trabalho contempla uma objetividade concreta ou posições concretas de fins que, para o que aqui interessa, podem constituir o fundamento da função social do contrato na atualidade; nesse sentido, ele assinala que não devemos esquecer que as decisões entre alternativas na teleologia do trabalho sempre se relacionam aos complexos de objetividade concretos dentro de posições concretas de fins e só podem cumprir a função social quando são capazes de conduzi-los a uma concretização adequada.

O contrato individual de trabalho, em especial através dos aspectos estabelecidos no art. 442 e seguintes da CLT, representa a sustentação de "conjunto de atos executivos do contrato de emprego e originadores de direitos nitidamente patrimoniais é que se pode denominar relação de emprego".[47]

Conforme anteriormente exposto, o contrato individual de trabalho é envolvido por múltiplas normas jurídicas trabalhistas, levando em consideração os diversos modelos de grupos profissionais, elementos sociais e formas de exteriorizar, através da constituição federal, leis, decretos, portarias, tratados, convenções, usos e costumes e regimentos internos empresariais, sendo que Amauri Mascaro Nascimento[48] enfatiza que:

> Observa-se que, segunda as teorias subjetivistas, o fundamento do contrato está na autonomia da vontade, como expressão de individualismo no domínio jurídico. O indivíduo surge como fonte e fim de tudo e a sua vontade é soberana. Assim, um contrato não é senão o resultado da livre disposição de uma vontade das partes que decidem constituir determinadas obrigações recíprocas que serão cumpridas e respeitadas como se fossem lei.

---

(47) COTRIM NETO, apud NASCIMENTO, op. cit., p. 579.
(48) NASCIMENTO, op. cit., p. 545.

Para as teorias objetivistas o contrato é um instrumento social destinado à satisfação de necessidades recíprocas dos homens. Assim entendido, não é a vontade autônoma o seu fundamento, mas o interesse social objetivamente considerado, tendo a sua força obrigatória não porque é elaborado pelas partes, mas porque é presumidamente justo e na medida em que o seja.

E conclui Amauri Mascaro Nascimento[49] que "o contrato de trabalho impõe-se tanto como uma necessidade subjetivista de afirmação da liberdade de trabalho como também de uma afirmação de justiça social sob cujos princípios deve-se enquadrar".

Portanto, respeitando a liberdade de contratação, a qual se vincula ao acordo de vontades entre as partes e ao poder diretivo dos empregadores, o contrato individual de trabalho há de contemplar as normas constitucionais que garantem ao mesmo tempo os direitos sociais aos empregados, a livre-iniciativa e a livre concorrência aos empregadores, em prol de melhores condições para a coletividade.

Os direitos sociais assegurados aos empregados, através do contrato de trabalho firmado com o empregador, estão intimamente relacionados aos direitos fundamentais explanados na Declaração Universal dos Direitos Humanos, na qual a filosofia jurídica e política exerce influência direta diante da ambiguidade e das contradições, visto que, conforme exposto na obra de Antonio Enrique Perez Luño:[50]

> Un claro ejemplo de la función política de la metáfora de los derechos del hombre nos lo ofrece la Declaración de Independencia americana de 1776, en la que, por directa inspiración de Thomas Jefferson, se consideran verdade evidentes: que los hombres son iguales por natureza, que han sido dotados por su Creador de derechos inalienables, y que, precisamente, para asegurar el goce de esos derechos los hombres establecen gobiernos.

Há de se ressaltar que os valores inerentes à dignidade, liberdade e igualdade propagam-se como faculdades necessárias para se provocar a positivação e formalização dos direitos humanos.

Os direitos sociais têm como principal função assegurar a participação dos recursos sociais a todos os membros da comunidade, ao mesmo passo que a separação de poderes é indispensável para a existência das liberdades públicas.

A fundamentação dos direitos humanos encontra-se na discussão entre o ser e o dever ser, a realidade e a razão. Contudo, fazendo uma contextualização com nossa atual constituição federal, verifica-se a presença explícita de princípios dessa natureza, em especial no art. 1º, com direitos à cidadania da dignidade da pessoa

---

(49) NASCIMENTO, Ibid., p. 546.
(50) LUÑO, Antonio Enrique Perez. *Derechos humanos, estado de derecho y constitucion*. 8. ed. Tecnos, p. 48.

humana e dos valores sociais do trabalho, art. 3º, evidenciando a construção de uma sociedade livre, justa e solidária, garantindo o desenvolvimento nacional, a fim de promover o bem de todos, e nos arts. 6º e 7º, a explicitação dos direitos fundamentais dos trabalhadores.

A capacidade laboral de cada um, segundo Adam Smith "a mais sagrada e inviolável das propriedades",[51] torna-se um bem a ser juridicamente protegido, diante da evolução econômica que envolve a sociedade.

Por conseguinte, o mundo se encontra em plena crise, na qual "o discernimento da realidade presente e a escolha da via adequada para a construção do futuro",[52] guiados pelo juízo ético, pelo saber jurídico e pela arte política, deveriam ser adotados a fim de evitar-se a desordem universal.

Ressalta-se novamente que a Constituição Federal de 1988 apresenta pressupostos jurídicos que visam regulamentar a atividade empresarial, eis que, tanto em seu art. 1º, no art. 5º, XIII, arts. 6º a 11, quanto no art. 170, as garantias da livre iniciativa, dos valores sociais do trabalho, da propriedade privada, da função social da propriedade, da livre concorrência, dentre outras, são necessárias para a exploração da atividade econômica.

A classe empresarial é a grande impulsionadora da econômica nacional, razão pela qual deve ter seus direitos constitucionais efetivamente preservados, diante de aplicações de atitudes ética e respaldadas na boa-fé, ao passo que, ao efetivar a contratação de seus funcionários, deverá observar as garantias sociais legalmente previstas, visando à sustentabilidade de seu ramo e de toda a sociedade.

Para o exercício da liberdade empresarial, há necessidade de proteção estatal da ordem, do contrato e da propriedade privada, sendo que o conjunto das liberdades civis e políticas deve ser preservado, evitando-se o espírito individualista.

Ressalta Fábio Konder Comparato que "tudo o que pode ser produzido empresarialmente possui um valor absoluto e não deve ser impedido por exigências éticas",[53] diante da preocupação com os lucros e a acumulação de capital, sendo que, elencando um roteiro de humanização do mundo, o autor expõe que:[54]

> Para conjurarmos o risco de consolidação da barbárie, precisamos construir urgentemente um mundo novo, uma civilização que assegure a todos os seres humanos, sem embargo das múltiplas diferenças biológicas e culturais que os distinguem entre si, o direito elementar à busca da felicidade.

---

(51) SMITH, Adam. apud. COMPARATO, Fábio Konder. A afirmação histórica dos direitos humanos. 3. ed. São Paulo: Saraiva, 2003. p. 531.
(52) COMPARATO, op. cit., p. 536.
(53) Ibid., p. 539.
(54) Ibid., p. 540.

Com a aplicação de condutas constitucionalmente asseguradas aos empresários, a sociedade enriquece seu setor financeiro, com o crescimento da economia nacional, e consequentemente com melhores oportunidades de emprego, de movimentação do capital e contribuição tributária.

Por fim, utilizando o ideal de Fábio Konder Comparato, "a chama da liberdade, da igualdade e da solidariedade haverá de iluminar e inflamar a Terra inteira",[55] a fim de que a função social do contrato individual de trabalho, baseada no respeito aos direitos sociais e liberais constitucionalmente previstos, possa auxiliar a construção de sociedade esperada como justa e do bem-estar coletivo.

4. CONSIDERAÇÕES FINAIS

Diante de todas as considerações expostas, verifica-se que, com o crescimento econômico e social, alicerçado na identificação de direitos subjetivos juridicamente protegidos por normas positivadas, importou, nas últimas décadas, um significativo aumento de questionamentos envolvendo os aspectos liberais da constituição, as normas sociais e a sustentabilidade do ramo empresarial.

Necessária se faz a observação de todos os princípios constitucionalmente previstos, tanto os de caráter liberal, tais como o direito de livre-iniciativa, livre concorrência e de propriedade, como aqueles de cunho social, em especial oriundos das relações de trabalho e aqueles baseados na Declaração Universal dos Direitos Humanos, como a dignidade da pessoa humana, a igualdade e a liberdade.

O trabalho proporciona valores sociais para toda a sociedade, com o recebimento de contraprestação pecuniária, saúde, previdência e assistência social, como também a responsabilidade no cumprimento por parte do empresário de ônus vinculados com a relação de emprego pelo mesmo desenvolvida, em prol do crescimento econômico e do equilíbrio social.

Vislumbrando a integração entre capital e trabalho, Paulo Bonavides[56] assim destaca:

> Com a reconciliação entre o capital e o trabalho, por via democrática, todos lucram.
>
> Lucra o trabalhador, que vê suas reinvindicações mais imediatas e prementes atendidas satisfatoriamente, numa fórmula de contenção de egoísmo e de avanço para formas moderadas do socialismo fundado sobre o consentimento.
>
> E lucram também os capitalistas, cuja sobrevivência fica afiançada no ato de sua humanização, embora despojados daqueles privilégios de exploração impune, que constituíam a índole sombria do capitalismo, nos primeiros tempos em que se implantou.

---

(55) *Ibid.*, p. 552.
(56) BONAVIDES, *Do estado liberal ao estado social*. p. 189.

A questão envolve a conscientização de toda a sociedade, com base na legislação vigente, para a continuidade das atividades empresariais e as consequências de tais decisões sob o enfoque econômico e social.

Primeiro, no tocante às regras constitucionais sociais, a importância do respeito por seus pressupostos, os quais estão diretamente inseridos em todas as modalidades de relações entre empregados e empregadores, fundamentando a legislação nacional vigente competente para conduzir as contratações pertinentes.

Por outro lado, igualmente, as normas constitucionais de cunho liberal, que alicerçam as atitudes do ramo empresarial, em prol do desenvolvimento econômico, devem ser garantidas e observadas.

A relação entre o dualismo existente na Constituição Federal vigente, qual seja, ora elencando direitos sociais, ora liberais, visa estimular a formalização do contrato individual do trabalho, a fim de que os direitos fundamentais garantidos aos empregados sejam efetivados e que princípios da livre-iniciativa e da livre concorrência sejam suportes para atos empresarias de boa-fé e ética profissional, em prol da sustentabilidade econômica.

Com a adoção e o respeito das normas constitucionais e legais citadas nesse estudo, visualiza-se a função social do contrato individual de trabalho, tanto na autonomia de vontade entre as partes contratantes — empregadores e empregados — quanto nos reflexos para toda a sociedade, visto que, como resta disponibilizada, melhores condições de trabalho, produtos com maior qualidade, impulso na economia e arrecadação de tributos aos cofres públicos.

Tanto quanto previsto no art. 195 da Constituição Federal, a sustentabilidade do ramo empresarial depende das garantias de liberdade contidas no art. 170 da Carta Magna, as quais estão envolvidas pelas normas sociais, visando à justiça social, através do aprimoramento nas relações de trabalho, em especial no tocante ao contrato de emprego, às suas consequências tributárias e ao desenvolvimento econômico-financeiro, em prol de toda a sociedade.

REFERÊNCIAS BIBLIOGRÁFICAS

ALEXY, Robert. *Teoria dos direitos fundamentais*. Tradução de Virgílio Afonso da Silva. 2. ed. São Paulo: Malheiros, 2011.

BRASIL, Constituição (1988). *Diário Oficial [da] República Federativa do Brasil*, Brasília, DF, 5 outubro 1988.

BRASIL, Decreto-Lei n. 5.452, de 1º de maio de 1943. Consolidação das Leis do Trabalho. *Diário Oficial [da] República Federativa do Brasil*, Brasília, DF, 9 agosto 1943.

BONAVIDES, Paulo. *Curso de Direito constitucional*. 26. ed. São Paulo: Malheiros, 2011.

_____. *Do estado liberal ao estado social*. 9. ed. São Paulo: Malheiros, 2009.

COELHO, Fábio Ulhoa. *Manual de Direito Comercial*. 20. ed. São Paulo: Saraiva, 2008.

COMPARATO, Fábio Konder. *A afirmação histórica dos direitos humanos*. 3. ed. São Paulo: Saraiva, 2003.

DINIZ, Maria Helena. *Curso de Direito Civil Brasileiro*. v. 8. 3. ed. São Paulo: Saraiva, 2011.

CASSAR, Vólia Bomfim. *Direito do trabalho*. 3. ed. Niterói: Impetus, 2009.

COSTA, Pedro Oliveira da. *Apontamentos para uma visão abrangente da função social dos contratos (art. 421)*. In: TEPEDINO, Gustavo. *Obrigações*: estudos na perspectiva civil — constitucional. São Paulo: Renovar, 2005.

GODOY, Cláudio Luiz Bueno de. *Função social do contrato*. São Paulo: Saraiva, 2004.

GOMES, Orlando. *Contratos*. 18. ed. Rio de Janeiro: Forense, 1998.

GRAU, Eros Roberto. *A ordem econômica na constituição federal de 1988*. 13. ed. São Paulo: Malheiros, 2008.

FRANCO, Bianca Santos Carrapatoso. *A função social do contrato*. Disponível em: <http://www.lfg.com.br/artigos/Blog/funcao_social_contrato.pdf>. Acesso em: 1º dez. 2011.

LÔBO, Paulo Luiz Netto. *Princípios contratuais. A teoria do contrato e o novo Código Civil*. Recife: Nossa Livraria, 2003.

LUÑO, Antonio Enrique Perez. *Derechos humanos, estado de derecho y constitucion*. 8. ed. Tecnos.

MARTINEZ, Luciano. *Curso de direito do trabalho*: relações individuais, sindicais e coletivas do trabalho. São Paulo: Saraiva, 2010.

MARTINS FILHO, Ives Gandra da Silva. *Manual de direito e processo do trabalho*. 19. ed. São Paulo: Saraiva.

MARTINS, Marcelo Guerra. *Tributação, propriedade e igualdade*. Rio de Janeiro: Elsevier, 2011.

MARTINS, Sérgio Pinto. *Direito do trabalho*. 24. ed. São Paulo: Altas, 2008.

MIRANDA, Pontes de. *Tratado de direito privado*. Parte Geral. T. I. Atualizado por Vilson Rodrigues Alves. 2. ed. Campinas: Bookseller, 2000.

NASCIMENTO, Amauri Mascaro. *Curso de direito do trabalho*: história e teoria geral do direito do trabalho, relações individuais e coletivas do trabalho. 24. ed. São Paulo: Saraiva, 2009.

NEGREIROS, Teresa. *Fundamentos para uma interpretação constitucional do princípio da boa-fé*. Rio de Janeiro: Renovar, 1998.

NEGREIROS, Teresa. *Teoria do Contrato — Novos Paradigmas*. Rio de Janeiro: Renovar, 2002.

OLIVEIRA, Francisco Cardozo; SILVA, Ligia Neves. Possibilidade de uma análise econômica do princípio da função social do contrato: trocas, acesso às posições proprietárias e ao trabalho. *Direitos fundamentais e justiça*. Porto Alegre, ano 5. n. 16, p. 182-203, jul/set. 2011.

PEREIRA, Caio Mário da Silva. *Instituições de Direito civil*. vol. 3. 10. ed. Rio de Janeiro: Forense, 2002.

POPP, Carlyle et al. *Direito empresarial & cidadania*: questões contemporâneas. Curtiba: Juruá, 2008.

RIZZARDO, Arnaldo. *Contratos — Lei n. 10.406 de 10.1.2002*. 3. ed. Rio de Janeiro: Forense, 2004.

RODRIGUES, Sílvio. Direito Civil. *Dos contratos e das declarações unilaterais da vontade*. 30. ed. São Paulo: Saraiva, 2004. vol. 3.

SARAIVA, Renato. *Direito do trabalho*. 9. ed. São Paulo: Método, 2008.

SILVA, Roberta Mauro e. Relações reais e relações obrigacionais: propostas para uma nova delimitação de suas fronteiras. In: TEPEDINO, Gustavo. *Obrigações: estudos na perspectiva civil — Constitucional*. São Paulo: Renovar, 2005. TEIZEN JÚNIOR, Augusto Geraldo. A Função Social no Código Civil. São Paulo: Revista dos Tribunais, 2004.

SILVA, Virgílio Afonso da. *A constitucionalização do direito*: os direitos fundamentais nas relações entre particulares. São Paulo: Malheiros, 2011.

VENOSA, Sílvio de Salvo. *Direito civil. Teoria geral das obrigações e teoria geral dos contratos*. 4. ed. São Paulo: Atlas, 2004. vol. 2.

INCLUSÃO SOCIAL E RACIAL
(SOCIAL AND RACIAL INCLUSION)

JANAINA MORINA VAZ

Mestre em Direito Regulatório e Responsabilidade Social, Especialista em Didática do Ensino Superior, Licenciatura em Pedagogia e Graduação em Direito pela Universidade Paulista. Experiência nas áreas acadêmica e científica e na gestão de IES. Avaliadora de Cursos Superiores do MEC/Inep. Membro do Conselho Nacional de Pesquisa e Pós-Graduação em Direito — CONPEDi, da Academia Brasileira de Direito Internacional ABDI e da Comissão do Jovem Advogado Direito Educacional da OAB de São Paulo. Advogada militante na área empresarial e eleitoral.

JOUBRAN KALIL NAJJAR

Mestrando em Direito da Sociedade da Informação pelo Centro Universitário das Faculdades Metropolitanas/FMU. Pós-graduado em Docência Universitária pela Universidade Paulista em 2011, Direito Penal e Direito Processual Penal pela Escola Paulista de Direito/EPD em 2006. Advogado militante e Coordenador do Núcleo de Prática Jurídica da Universidade Paulista — UNIP do Campus Tatuapé.

Inclusão Social e Racial
(Social and racial inclusion)

INTRODUÇÃO

É sempre importante o resgate histórico para que se desenvolva um exame dos reais efeitos que o tempo e as atitudes humanas foram capazes de produzir. Seguramente poucas dimensões da sociedade brasileira deixam de ser afetadas com a herança cultural que o estigma da escravidão produziu.

Nesse sentido, o entendimento de que não é possível ignorar a história do nosso país se faz presente na busca de se atenuar os insanos atos cometidos contra uma raça, à qual foi negada a cultura, as crenças e a própria dignidade humana.

Na esteira dessa concepção de valores, em seu capítulo inicial o presente trabalho aborda a origem da desigualdade entre os homens, a evolução histórica da escravidão no Brasil, bem como o direito do trabalho internacional e suas consequências no ordenamento jurídico pátrio.

No capítulo seguinte faz-se uma análise dos dispositivos internacionais com relação à discriminação racial. São anotadas as principais Declarações e Convenções Internacionais contra o racismo e toda forma de discriminação racial, como também algumas jurisprudências correlatas, por vezes transcritas no intuito de reforçar seus fundamentos como alicerces da legislação nacional.

Por fim, no terceiro capítulo são descritas as medidas legais já instituídas em nossa Carta Magna, como também no Estatuto da Igualdade Racial e as Ações Afirmativas, tudo sob a perspectiva do estudo da viabilidade e eficácia social dos referidos diplomas legais, na eliminação de toda e qualquer forma de discriminação social.

Conquanto o Estatuto da Igualdade Racial, considerado um avanço na conquista de direitos da população negra e para toda sociedade brasileira, também está presente nesta obra que propõe discutir formas de inibir as desigualdades sociais, os preconceitos e as ideologias racistas na pretensão de estabelecer uma convivência harmônica de nossa população miscigenada, por meio de ações afirmativas e projetos de inclusão e responsabilidade social.

Das reflexões aportadas refere-se que a inclusão social e étnica no direito internacional do trabalho, apesar da realidade discriminatória ainda presente em nossa sociedade, é uma *conditio sine qua non* para que se valide o nosso Estado de Direito.

1. O TRABALHO E A ESCRAVIDÃO

O trabalho no início era visto como uma atividade vil, desprezível, sem qualquer valor intelectual, uma atividade sem reconhecimento social. Desta feita, como era algo conhecido como desonroso, ficava a cargo somente dos escravos.

Aos escravos cabia o "castigo" do trabalho. Tal pensamento era amplamente difundido e defendido por toda a sociedade letrada da época.

> Aristóteles, qualificando como vis as atividades que demandassem esforço não intelectual, considerava natural e lógica a existência de escravos, aos quais, como sub-homens, estariam destinadas todas as tarefas indignas, imprescindíveis à sobrevivência social.[1]

Somente com o passar do tempo, por causa das necessidades de produção material para a vida humana, é que a sociedade começa a aceitar que o trabalho é uma atividade necessária e uma forma de civilização e progresso, que não se trata apenas de um "castigo aos escravos", mas de uma necessidade humana, uma atividade vital para o crescimento, desenvolvimento e progresso da sociedade e do homem em si. Isso ocorre simultaneamente com o surgimento dos trabalhadores livres, os artesãos, artífices, comerciantes, entre outros.

Antes mesmo de um maior aprofundamento no tema, faz-se mister efetuar uma distinção. Escravidão não significa, de nenhuma forma, exploração e tráfico somente da raça africana.

Desde o início das civilizações e das pequenas nações, os povos derrotados em batalhas eram escravizados e explorados pela nação vencedora, por seus conquistadores. A escravidão baseia-se inicialmente em se apropriar do trabalho de outrem, normalmente tarefas pesadas e bem árduas, sem qualquer pagamento e/ou pagamento ínfimo ou recompensa por isto, locupletando de forma injusta os conquistadores e senhores de escravos em detrimento destes.

Contudo, em conceito um pouco mais profundo e realista, a escravidão pode ser definida como um sistema laboral, no qual o escravo era uma "coisa" de propriedade de outrem que detinha o direito de usar, gozar e dispor como bem lhe entendesse. O proprietário de um escravo podia vendê-lo, doá-lo, emprestá-lo,

---

(1) TEIXEIRA, João Regis F. *Direito do trabalho*. p. 27.

alugá-lo, hipotecá-lo e confiscá-lo livremente. Já a parte adversa, o escravo, não tinha nenhum direito, jamais poderia reunir, possuir ou gerir bens, laços fraternos, família, tampouco ser o protetor de seus filhos, podendo ser punido e castigado sempre que seu proprietário assim desejasse.

2. A ESCRAVIDÃO NO BRASIL

A escravidão faz parte da história de nosso Brasil. Um capítulo, triste, que deve ser analisado com o máximo rigor, pois se entende necessário, primeiramente, conhecer o passado da nação e suas consequências, para que se possa, de forma sadia e correta, definir e planejar o seu futuro.

Não é possível ignorar, tampouco apagar, a escravidão que perdurou em nosso país por mais de trezentos anos. Entretanto, é possível pensar práticas capazes de atenuar os insanos estragos e os danos causados às vítimas envolvidas.

"Recebendo o seu maior golpe com a Revolução Francesa, que proclamou a indignidade da escravidão, esta, a partir 1857, foi também proscrita oficialmente dos territórios sob o domínio da Inglaterra. Oitenta anos depois a Liga das Nações reconhecia ainda existirem escravos na Ásia e na África, e, ainda agora, passado mais de um século, esse estigma da civilização ainda perdura em alguns pontos desses dois continentes. Em nosso País os portugueses, desde o descobrimento, introduziram o regime da escravidão: primeiro dos indígenas, depois dos negros trazidos da África. O regime escravocrata no Brasil, combatido desde os primórdios de sua independência, foi mantido até o final do século XIX, porque, como bem afirma *Edmundo Moniz*, 'pode-se dizer que o desenvolvimento inicial do Brasil se fez sobre o suor, o sangue e o sacrifício do negro'. A riqueza, o conforto, o luxo no período colonial e no império são resultados do trabalho servil. Foi sobre a exploração inumana e desumana do índio e do negro pelos implacáveis colonizadores que se estruturou o sistema de produção para integrar o Brasil na economia mundial. Mas o escravo brasileiro, salvo raras exceções, não trouxe ao progresso do nosso país senão o trabalho braçal na forma mais primitiva: 'A contribuição do escravo preto ou índio para a formação brasileira é, além daquela energia motriz, quando se nula'."[2]

Até os dias atuais, ao se verificar a história, especificamente falando, do Brasil, percebe-se e se encontra ainda o trabalho escravo. Naturalmente que, hoje, tal forma de trabalho apresenta-se em índices e níveis menores que na época de nossa

---

(2) SÜSSEKIND, Arnaldo *et al*. *Instituições de direito do trabalho*. p. 28-29.

colonização, mas, isto não justifica de forma alguma a isenção e a culpa do Estado na falta de uma fiscalização mais rigorosa e pontuada com o intuito de extermínio desses males.

Somente em 1981, por meio do Decreto n. 81.234 é que houve, pelo menos em tese, a abolição mundial da escravatura.

No tocante à escravidão que perdurou por aproximadamente trezentos anos no Brasil, faz-se necessária uma análise histórica e mais aprofundada desde nosso descobrimento e de nossa colonização até os dias atuais.

Quando da colonização do Brasil, pela metrópole Portugal, foi instituído um modo de produção em que a colônia só poderia manufaturar produtos e extrair matéria-prima tropical que não concorresse com os da Metrópole. Ou seja, a colônia não deveria ser uma concorrente econômica ou comercial de Portugal, mas, sim, enviar a este, produtos que fossem capazes de ser vendidos por toda a Europa com lucros extraordinários. À colônia era ainda imposta a proibição de qualquer fabricação de produto para sua subsistência, portanto, o Brasil, o povo que aqui vivia à época, era obrigado a comprar tudo que necessitava diretamente da Metrópole com preços por ela estipulados.

Assim se estabeleceu a exploração da Metrópole junto à colônia, em um sistema de monopólio, em que a colônia só poderia entregar seus recursos e sua matéria-prima a Portugal, bem como, somente Portugal detinha o monopólio de abastecimento dos recursos necessários da colônia, o Brasil.

Ao analisar a formação social do Brasil Colônia verifica-se a existência de duas classes sociais, uma formada por uma elite de senhores rurais, detentores e possuidores das terras, e outra formada por pequenos produtores rurais, índios e negros na sua maioria escravos. Estes últimos trabalhavam visando o lucro da elite e da Metrópole, que possuía uma ganância infindável, buscando em um modelo extrativista o enriquecimento em detrimento do desenvolvimento colonial.

Com o descobrimento do Brasil, os portugueses ameaçados por invasão de outros povos se viram obrigados a povoar a colônia e a exercer sobre ela um domínio ímpar e como já dito monopolista. No entanto, não havia no Brasil mão de obra suficiente para realização de todo trabalho necessário para o cultivo da terra e para o latifúndios que aqui seriam então instituídos.

Em um primeiro momento a Metrópole utilizou a mão de obra indígena que aqui residia, mas, por força da Igreja Católica e dos Jesuítas que os catequizaram, que os enxergavam como puros e agora cristãos, conjuntamente com a escassez de mão de obra indígena que se tornara crescente devido às doenças e guerras que os dizimavam, os índios escravos foram trocados pelos negros.

Como a mão de obra era necessária, porém, escassa na colônia, os portugueses partiram em busca de africanos para a realização de trabalho escravo, visando um lucro extremista e praticamente irrevogável. A história demonstra que a escravidão se iniciou no Brasil por volta do século XVI, com a importação de escravos negreiros para trabalhar nos engenhos de açúcar do Nordeste.

Formou-se então outra linhagem profissional, portugueses comerciantes de escravos. Estes se dirigiam por meio de embarcações para as colônias da África e capturavam os negros, nativos, para vendê-los como mercadorias e "coisas" no Brasil colônia.

Os negros africanos eram surpreendidos pelos comerciantes de escravos, todos sem exceção, independente de sua posição social, reis, ministros, artesãos, eram apreendidos e enjaulados, como verdadeiros animais, para então posteriormente serem vendidos como escravos.

O preço de venda de um escravo era alto, mas dependia da curvatura, do porte, do sexo, da saúde, da idade e da qualidade dos dentes de cada escravo, uns valiam mais, podendo chegar até ao dobro do valor, outros menos. Nem seria necessário relembrar o que é aprendido em bancos escolares, mas somente para enfatizar a crueldade, vale dizer que os negros eram transportados em condições completamente desumanas, como animais, como objetos. Os escravos eram amontoados em números homéricos nos porões dos navios negreiros, e a viagem chegava a durar meses. As famílias dos escravos eram vendidas separadamente para evitar rebeliões e associações entre eles.

Havia negros mais aptos e valiosos para o trabalho da lavoura, que seriam os negros oriundos de Moçambique e Angola, bem como os negros mais aptos e mais capazes na realização de mão de obra capacitada para mineração, que vinham da atual Elmina em Gana.

Por causa das péssimas e desumanas condições de transporte, doenças, epidemias e outros males que acometiam os escravos, levando-os à morte, estes então eram simplesmente lançados ao mar sem qualquer cerimônia, como se realmente fossem apenas "coisas", instrumentos e utensílios de trabalho.

Melhor sorte não aguardava os que conseguiam chegar ao Brasil. Eram vendidos aos seus supostos "Senhores", que sob o tratamento de tortura e castigos físicos, obrigavam-nos a trabalhar como dito "de sol a sol", sem qualquer descanso, sem qualquer proteção, sem qualquer respaldo médico e alimentar. Muitos adoeciam e chegavam a óbito. Esses negros escravos viviam em senzalas, termo dado aos galpões úmidos e infectos onde eram amontoados os escravos no final de cada dia de trabalho. Muitos passavam dias e noites completamente acorrentados, tudo isto justificado pelo medo de fuga e possível desobediência.

A rotina diária dos escravos era muito bem definida, trabalhavam todos os dias, iniciando ao amanhecer e finalizando ao entardecer. Depois eram levados à senzala, recebiam uma péssima alimentação e apenas alguns trapos de peças de vestuário, e a nada mais tinham acesso. E assim foi durante todo o tempo de escravidão no Brasil.

Como se tudo dito ainda não bastasse, vale relembrar que essa ideologia escravista, que enxergava o negro como "outro", como um ser inferior e de menor importância que os da raça branca, serviu apenas para inflamar ainda mais os males acometidos à raça negra, pois institui uma coerção "despersonalizada", permitindo os castigos físicos, a discriminação e a negação da cultura da raça negra como algo "natural e normal", como algo permitido.

Aos negros era proibida qualquer manifestação cultural nativa, foram obrigados, por meio da coação física e práticas de torturas, a negarem seus rituais e suas crenças, sendo submetidos às verdades e crenças de seus senhores. Ou seja, a cultura afro, as crenças africanas, as danças, as músicas, a capoeira, os costumes, a alimentação, as rezas nativas eram completamente abominadas e, consequentemente, seus seguidores eram severamente castigados e torturados em praça pública, justamente para que servissem de exemplo aos demais escravos "desobedientes" que insistissem em sua realização. Além de tudo, os escravos ainda eram proibidos de se expressar em língua nativa, sendo obrigados a utilizar o português na sua comunicação.

Enquanto os escravos negros homens eram mais utilizados como mão de obra pesada, as escravas acabavam sendo, em sua grande maioria, utilizadas como mão de obra nos serviços domésticos. Às escravas ainda restavam os abusos sexuais cometidos por seus senhores, abusos que eram entendidos como naturais e completamente permitidos no meio social, o resultado desses abusos deu início a uma representativa população mulata no Brasil.

Esses mulatos não tinham qualquer direito ou resguardo que os protegesse, nasciam escravos e eram considerados pelos senhores como bastardos, sem qualquer reconhecimento paternal ou fraternal. Sem dúvida foi uma maneira ou uma alternativa barata, torpe e vil que os senhores encontraram para aumentar a quantidade de seus escravos.

Em razão das precariedades citadas a vida útil dos escravos adultos não passava muito de dez anos, mas, "impedindo o prejuízo" do senhor, seus filhos os substituíam.

Os escravos tentavam de tudo para se livrar de tanto sofrimento, alguns chegavam a se suicidar, outros tentavam uma fuga para os quilombos, mas por vezes eram capturados pelos capitães-do-mato e torturados até a morte, servindo de exemplo aos demais escravos.

Os quilombos eram terras, sítios, localizados em áreas de difícil acesso onde os escravos viviam em liberdade, produziam seus alimentos e seus utensílios, economia básica de subsistência. Estavam espalhados por toda extensão da Colônia, o mais famoso dos quilombos foi o quilombo dos Palmares, chefiado pelo Zumbi.

Houve inúmeras tentativas de extermínio do quilombo dos Palmares, assim como de todos os outros, mas Palmares estava preparado e armado, chegando a derrotar um número aproximado de trinta expedições enviadas pelo governo português e holandês.

Segundo a história, o quilombo dos Palmares foi definitivamente destruído em 1695, com a colaboração do bandeirante Domingos Jorge Velho. Após um ano Zumbi foi capturado e executado.[3]

Nessas expedições com intuito único de exterminar os quilombos, morreram de forma cruel, desumana e arbitrária aproximadamente quinhentos mil negros.

Resta claro que a elite, os senhores e os letrados da época buscaram proteção legal e moral para tanta atitude cruel contra a raça negra. Foi desenvolvido pelos governantes um código de conduta baseado no cristianismo e no colonialismo, utilizando a religião para justificar a escravidão e seus atos desumanos, tudo em busca de uma suposta ordem social.

Para a análise da resistência negra, da luta organizada e dos processos criminais resultantes da escravidão, Alfredo Bosi observa que:

> (...) a alternativa para o escravo não era, em princípio, a passagem para um regime assalariado, mas a fuga para os quilombos. Lei, trabalho e opressão são correlatos sob o escravismo colonial. Nos casos de alforria, que se tornam menos raros a partir do apogeu das minas, a alternativa para o escravo passou a ser a mera vida de subsistência como posseiro em sítios marginais, ou a condição subalterna de agregado que subsistiu ainda depois da abolição do cativeiro. De qualquer modo, ser negro livre era sempre sinônimo de dependência.[4]

Portanto, a solução não seria apenas remunerar o escravo negro, pois este não era apenas tratado como um mero escravo, que trabalhava e não recebia. Era necessário que se resgatasse toda uma cultura, todo um costume que fora extraído de forma crucial, devolver a identidade, os direitos fundamentais de toda a raça negra, devolvê-los às suas origens, à sua cultura.

E para que o negro pudesse viver novamente e resgatar sua verdadeira identidade cultural e social só havia um caminho, arrumar uma pequena terra e viver às margens da sociedade, como um fugitivo, como um criminoso, trabalhando apenas para sua subsistência. Como dito, negro livre, porém, por sua condição socioeconômica, sempre dependente e aprisionado.

No século XVIII, denominado Século do Ouro, já era permitido a alguns escravos a compra de sua própria liberdade. Alguns conseguiam ainda a alforria por intermédio de testamento deixado por seus senhores.

Observa-se, no entanto, que o negro escravo conseguiu a compra de sua alforria, mas, nunca, comprar, apagar e enterrar o preconceito já tão enraizado na

---

(3) WOLKMER, Antonio Carlos. *História do direito no Brasil*. p. 24.
(4) BOSI, Alfredo. *Dialética da colonização*. p. 24.

sociedade. Tampouco houve a possibilidade de reencontrar os entes queridos e retornar ao seu país de origem.

Com o surgimento, na Europa, dos ideais iluministas, que considerava o ser humano como uma obra divina, que necessitava sem discriminação ser protegida, defendendo a liberdade, a igualdade e a fraternidade de todos os seres humanos, inicia-se um movimento abolicionista.

A Inglaterra em 1833, apesar de ter sido a maior nação traficante de escravos, e ter enriquecido muito à custa dos navios negreiros, resolve abolir a escravatura. Em 1845 aprova o *Bill Aberdeen* – uma lei britânica que autoriza a Inglaterra a interceptar e apreender quaisquer navios negreiros, podendo ainda julgar seus tripulantes.

Cumpre destacar que tal fato não ocorreu simplesmente pela consciência iluminista dos governantes britânicos, o fato primordial para tal decisão foi mais uma vez o dinheiro, ou seja, o lucro. Após a Revolução Industrial, a Inglaterra necessitava criar consumidores para comprar seus produtos; como os escravos não recebiam salários por seus trabalhos não poderiam consumir, ou seja, pagar pelos produtos por ela industrializados. Como o Brasil era na época o maior comprador de escravos, a Inglaterra intensificou sobre o Brasil uma fiscalização e uma pressão para a abolição da escravatura.

Ocorre que a mão de obra escravista ainda era muito necessária para a elite do Brasil, devido à sua extensão, devido a seu comércio de minério e latifúndio. Ainda era necessário manter a escravidão, a fim de proteger os lucros dos Senhores de Engenhos e da elite governante.

O Brasil resistiu enquanto pode, mas em 1871, foi assinada a Lei do Ventre Livre, e em 1885 a Lei dos Sexagenários, que tornava livres os escravos com mais de 60 anos.[5]

Nessa época a imprensa escrita, os jornais, já alimentavam as ideias abolicionistas, o povo em geral passou a tomar conhecimento de tais mazelas derivadas da escravidão, e o assunto começou a incomodar.

As novas percepções sociais, a alfabetização do povo brasileiro, que passou a ler, a ouvir histórias e romances, tendo acesso às ideias do iluminismo e do liberalismo europeu, fez desenvolver em grande parte da sociedade um pensamento crítico e questionador. As ideias abolicionistas estavam por toda parte e se espalhavam aos quatro ventos.

Há quem afirme que no final do Século XIX já existia certa consciência negra ecoando pela sociedade que já era mesticizada. Enfim, a abolição não tardaria a ocorrer.

---

[5] A Lei dos Sexagenários foi encarada pelos abolicionistas como uma ironia, uma brincadeira, vez que dificilmente um escravo completava 60 anos, ou, quando muito, tinha um documento verídico atestando sua idade.

Com a forte pressão dos abolicionistas, em 13 de maio de 1888, a Princesa Isabel assina a Lei Áurea declarando extinta a escravidão no Brasil, libertando formalmente todos os negros escravos.

Depois de mais de trezentos anos de escravidão uma lei estabelece a liberdade formal de aproximadamente oitocentos mil escravos negros no Brasil. Entretanto, cumpre questionar quais foram as reais consequências disso e os benefícios trazidos aos escravos.

Para os latifundiários não houve grandes prejuízos, muitos já contavam com a mão de obra de inúmeros imigrantes que, fugindo das mazelas da guerra que ocorria em toda a Europa, e com inúmeros incentivos governamentais, vieram trabalhar nas plantações e nos latifúndios do País.

Não se pode ainda deixar de relatar que os imigrantes europeus, que vieram substituir o trabalho escravo dos negros no nosso País, estavam fugindo da miséria gerada pela guerra, que devastava toda a Europa e aqui encontraram um lar pacífico, trabalho e uma maneira digna de sobreviver. Vieram juntos, com suas famílias, trouxeram sua cultura, suas crenças e seus costumes, nada foi arrancado de suas entranhas. Não eram escravos, tampouco submetidos a castigos físicos. Os imigrantes ainda contaram com políticas de crédito, de financiamento, com políticas fundiárias que permitiram a concessão e a destinação de terras para moradia e cultivo. Completamente o oposto do ocorrido com os ex-cativos africanos.

Esses imigrantes, diferentemente dos negros, não eram obrigados nem capturados, vinham com suas famílias e com todas as suas tradições e costumes para trabalhar nas fazendas e no comércio ainda insipiente das grandes cidades. Já os negros não estavam aqui por opção, foram capturados, escravizados, extraídos de suas terras e de sua cultura, impedidos de conviver com suas famílias e entes queridos. Eram tratados como objetos, como raça inferior e subalterna.

Para os negros, ex-escravos, as consequências da abolição foram muito mais penosas que para os senhorios, os negros foram libertados, expulsos das fazendas e jogados à margem da sociedade. Tanto na época do Império como do Brasil Republicano a posse ou propriedade de qualquer pedaço de terra foi fielmente negada aos antigos escravos.

Os libertos não tinham sequer terra para cultivar, não havia escolas para eles, não havia hospitais, menos ainda políticas públicas e sociais a fim de inseri-los na sociedade, ou seja, libertos, porém excluídos, ficaram à mercê da própria sorte, vagando pela sociedade como se dela não fizessem parte.

Note-se que, mesmo após a abolição, a raça branca continuou a discriminar, a manipular e a se privilegiar em detrimento da raça negra e de todos os mestiços com a edição de leis que reprimiam os negros, os ex-escravos. Algumas chegaram a proibir a participação desses em reuniões, em escolas, proibir a prática da capoeira, da participação em candomblé, proibição de voto, proibição de servir à carreira pública, entre tantas outras leis arbitrárias, racistas e discriminatórias.

Ressalta-se que destes oitocentos mil escravos que foram libertados muitos eram mulatos e brasileiros, nascidos no Brasil, o que não impediu de serem friamente e meticulosamente excluídos e marginalizados.

Sem direito a nada, sem qualquer proteção, por causa do preconceito que assombrava o país e pela falta de escolarização e mão de obra qualificada, os escravos não conseguiam emprego, não havia trabalho para eles, a estes sobrou apenas o preconceito e a discriminação em massa.

Foram libertos, mas não receberam qualquer ajuda financeira, social ou política para serem incluídos na sociedade, ficaram apartados, viviam à margem como se criminosos fossem, dependendo da doação e boa vontade de alguns ínfimos semelhantes da raça branca.

Nem os escravos, nem seus senhores receberam qualquer indenização do Estado pela abolição da escravatura. Rui Barbosa, na época Ministro de Finanças do primeiro Governo Republicano, tentando evitar possíveis pleitos futuros de indenizações, assinou um decreto em 14 de dezembro de 1890, determinando que todos os livros de registro de escravos fossem recolhidos e queimados, o que de fato ocorreu em 1891, mesmo ano que Rui Barbosa deixou o cargo que ocupara.

Mas a falta de reformas públicas e sociais de inclusão desses escravos, agora libertos, permitiu por parte da sociedade a exploração quase escravista do "ex-escravo", que não se livrou da subordinação e da dependência da elite da época, no Brasil.

Sem emprego, sem trabalho, sem qualquer tipo de assistência, a grande parte desses libertos marchou rumo às grandes cidades. São Paulo e a cidade do Rio de Janeiro foram as que receberam o maior número de ex-escravos em busca de um local para viver e se incluir na sociedade. À margem dessas cidades os negros começaram a construir seus casebres, formando os bairros africanos, o que originou o que hoje verificamos como favelas. Vivendo na miséria, trocaram apenas as senzalas por minúsculos quartos, se libertando apenas das torturas e dos castigos físicos, mas continuando a viver de forma desumana, apartados e completamente discriminados pela sociedade.

Inegável, portanto, que a Lei Áurea libertou os escravos, mas não foi capaz de incorporá-los à sociedade, não definiu mecanismos, regras sociais e políticas para a sua inserção no mercado de trabalho e na comunidade, enfim, de uma vida digna.

Não eram mais escravos, porém ainda carregavam nos ombros o jugo do preconceito, da discriminação, da miséria, da ignorância e do consequente sentimento de inferioridade.

Foram libertos, mas, na verdade seria mais correto dizer que foram marginalizados, colocados na rua sem qualquer proteção legal, sem qualquer direito, sem qualquer garantia capaz de permitir o mínimo de dignidade para continuidade e recomeço de suas vidas. Famílias inteiras eram vistas perambulando, de forma entendida como escusas pelas ruas das grandes cidades, sem dinheiro, sem documento, sem qualquer proteção institucional.

A Lei Áurea não previu nenhuma indenização. Os senhores que durante muitos anos, durante gerações e gerações enriqueceram à custa do árduo trabalho dos escravos, não foram obrigados a indenizá-los por isso, ou seja, nada pagaram com o decreto da abolição. No entanto os negros, agora, ex-escravos, estes sim, pagaram um preço muito alto pela Lei Abolicionista, ou, o que ainda é mais lamentável, seus descendentes pagam até hoje.

Sem dúvida pensar e refletir os trezentos anos de escravidão existentes no Brasil se faz necessário para compreendermos os problemas sociais existentes no nosso país. As diferenças atualmente existentes no país, de classe social, cultural, falta de mobilidade social, discriminação e racismo estão diretamente ligadas ao capítulo da escravidão ocorrida no Brasil, bem como diretamente ligadas à forma errônea e falha em que foi instituída a abolição desses escravos.

Não há como negar, a escravidão e também a sua abolição, da maneira como foi realizada, deixaram marcas até hoje visíveis em nossa sociedade. Não é por acaso a concentração de índios, negros e mestiços nas camadas mais pobres e marginalizadas da sociedade.

Também não é mero acaso que negros e pardos estão dentro da grande fatia de analfabetos e desempregados, bem como não é por acaso que a raça negra e os pardos formem a grande massa carcerária de nosso país. Isso somente é um reflexo dos trezentos anos de exploração e escravidão da raça negra no Brasil, bem como um reflexo de uma lei abolicionista que na verdade não visou libertar de fato os escravos, mas sim visou atender e ceder a uma forte pressão dos abolicionistas da época, bem como pretendeu agradar os interesses do mercado europeu, em detrimento de toda uma nação brasileira formada por negros e mestiços.

Nesse tocante, a reflexão que se deve fazer é como reparar as mazelas decorrentes de séculos de escravidão da raça negra e de discriminação e exclusão racial dos negros e mestiços, ocorridas no Brasil desde o seu descobrimento até os dias atuais. Há que se refletir se nossa legislação de fato está possibilitando a inclusão da raça negra em todos os setores sociais e se de fato está eliminando toda forma de discriminação racial tão enraizada em nossa sociedade.

Libertos dos açoites e dos castigos físicos sim. Mas, até hoje, ainda não libertos do preconceito e da exclusão social, ainda vítimas de uma sociedade racista que pratica a discriminação social velada.

3. A INFLUÊNCIA DO DIREITO INTERNACIONAL NA LEGISLAÇÃO BRASILEIRA ANTIRRACISMO

A sociedade brasileira, mesmo diante dos novos pensamentos do iluminismo e da ideia de igualdade e liberdade a todos os homens, que se propagava mundialmente desde o século XIV na Europa, mantinha um comportamento bem distante para a solidificação de um contexto social de aceitação dos negros.

Em 1917, o mundo presenciava normas constitucionais de proteção ao trabalho diante da nova Constituição Mexicana. No mesmo ano a Constituição Russa determinava a socialização dos meios de produção e de troca, na tentativa de se pôr fim ao trabalho alienado. Já em 11 de agosto de 1919 a Constituição de Weimar atribuía ao trabalho a proteção do Estado, com o principal enfoque na melhoria das condições de trabalho e de vida do proletariado. E o Brasil mantinha-se inerte frente a tais enfoques.

Mesmo diante das inúmeras legislações internacionais, como afirmado acima, dos tratados e convenções das organizações internacionais que combatiam a discriminação de raça, o Brasil se mantinha estanque permanecendo com suas legislações conservadoras, não se manifestando inicialmente de fato sobre as questões antirraciais.

A Constituição de 1934, em seu art. 121, parágrafo primeiro, alínea *a*, apenas estabelecia "a proibição de diferença de salário para um mesmo trabalho, por motivo de idade, sexo, nacionalidade ou estado civil", sem qualquer menção à discriminação racial.

Já a Constituição de 1937, mantendo a linha conservadora, nada tratou ou delineou sobre o tema.

No entanto, após a Carta das Nações Unidas em 1945 (proibia a discriminação por raça), a Declaração Universal dos Direitos Humanos de 1948 (proibia a discriminação por raça), a Convenção da OIT de n. 111 (em matéria de emprego proibia a discriminação por raça e cor), de 1958, e à Convenção de n. 117, de 1962 (supressão de toda discriminação ao trabalhador por motivo de raça e cor), a Convenção Internacional para Eliminação de Todas as Formas de Discriminação Racial em 1965 (combate a qualquer forma de discriminação). Todas elas foram celebradas e depois promulgadas pelo Brasil.

A Constituição Brasileira de 1967 trouxe finalmente alguma posição positiva no tocante à discriminação racial. Em seu art. 158, inciso III, esse Constituição estabeleceu "a proibição de diferença de salários e de critérios de admissões por motivo de sexo, cor e estado civil" deixando de mencionar a discriminação pela idade e nacionalidade que constavam da Constituição de 1934.

Nota-se que nas Constituições anteriores a proibição da discriminação limitava-se ao tocante à discriminação de salários, e nessa última, de 1937, referia-se aos critérios de admissão no emprego.

No Brasil a primeira lei que visou combater o racismo foi a Lei n. 1.390/51, conhecida como Lei Afonso Arinos. Esta determinava a proibição da recusa de entidades públicas e/ou privadas em atender pessoa em razão de cor ou raça. Mas, pela falta de uma punição efetiva e significante contra os atos discriminatórios, a mesma não obteve nenhum êxito ou reflexo no contexto social.

A Constituição de 1967, por meio da Emenda n. 1, de 1969, implantou o crime de preconceito e de raça, bem como consagrou o princípio da igualdade perante a lei, sem distinção de raça, credo, trabalho, sexo e convicção política.

Esses foram os passos iniciais de nossas normas constitucionais no tocante à proibição da discriminação racial no trabalho, antes da Constituição Cidadã de 1988. Em passos lentos, nossas normas constitucionais foram de certa forma mantendo o contexto racista e conservador existente desde o descobrimento do Brasil.

Essa manutenção do *status quo* somente servia para dar continuidade a uma discriminação racial existente desde os primórdios de nosso país, mantendo-se e enraizando ainda mais o preconceito contra o negro e os descendentes dos ex-escravos.

Enquanto o mundo tentava apagar ou minimizar os séculos de um triste passado de racismo, o Brasil, por força de sua elite conservadora, mantinha-se inerte o que somente auxiliou para até os dias atuais estarmos convivendo com um preconceito tão vívido e intenso contra a raça negra. Mantendo estes últimos à margem da sociedade, discriminando e lhes impossibilitando uma mobilidade e ascensão social. Continuamos a negligenciar e a ver como "menor" toda a cultura e história dos afrodescendentes.

4. O DIREITO INTERNACIONAL DO TRABALHO

Primeiramente se faz mister conceituar Organização Internacional do Trabalho (OIT). Essa Instituição foi criada conjuntamente com a Liga das Nações, em 1919, pelo Tratado de Versalhes, em sua parte XIII, com a intenção de delimitar de forma universal garantias e condições mínimas de proteção ao trabalhador.

Em 1944, ainda sem a existência da ONU e com o fracasso da Liga das Nações, a OIT aprovou a Declaração de Filadélfia, que ampliou os princípios já existentes no Tratado de Versalhes. O compromisso primeiro da OIT sempre foi no sentido de cooperação e proteção trabalhista em âmbito internacional, visando o desenvolvimento e progresso dos Estados Soberanos sem qualquer, ou com o mínimo de, afronta aos Direitos Humanos.

Somente em 1946 é que ocorreu a vinculação da OIT à Organização das Nações Unidas (ONU), que atualmente possui sua sede em Genebra, na Suíça.

Há que se ressaltar que o Brasil foi um dos fundadores e participa ativamente como um dos dez membros permanentes de seu Conselho de Administração.

A Organização Internacional do Trabalho elabora Convenções e Recomendações. Esta última trata-se apenas, como o próprio nome já diz, de uma sugestão ou indicação de caminho para o qual o direito do trabalho internacional e interno de cada país deve caminhar.

A OIT é formada por três órgãos principais, a Assembleia Geral, o Conselho de Administração e a Repartição Internacional do Trabalho.

No plano internacional, as Convenções da OIT passam a ter vigência após doze meses do registro de duas ratificações pelos Estados-membros junto ao órgão da Repartição Internacional do Trabalho.

Ressalte-se que a grande maioria das Convenções proferidas pela OIT possui caráter de Tratado Internacional, ou seja, se uma Nação ratificar uma dessas Convenções, deverá implementá-la em sua totalidade no sistema jurídico interno do país.

5. O DIREITO DO TRABALHO NO BRASIL

No que tange ao Direito do Trabalho brasileiro, sabe-se que a Consolidação das Leis do Trabalho (CLT) não é em si um verdadeiro Código, vez que se trata apenas de uma reunião de preceitos e normas legais existentes à época. Nesse sentido, o Direito do Trabalho no Brasil é marcado por um pluralismo de fontes, pois é embasado nas normas jurídicas do Estado, em normas jurídicas de certos grupos sociais como as convenções e acordos coletivos, nas sentenças normativas, na jurisprudência de nossos Tribunais, nas sentenças arbitrais, nos usos e costumes e principalmente nas Declarações e Convenções Internacionais.

O art. 8º da CLT, em seu *caput*, estabelece que na falta de legislação específica para o caso concreto, a autoridade administrativa e a judiciária devem se valer das jurisprudências, da analogia, da equidade, dos princípios do Direito do Trabalho, dos usos e costumes e do Direito Comparado.

Assim, há que se esclarecer que o Direito Comparado, no mínimo, é fonte subsidiária para interpretação do Direito do Trabalho no Brasil, desde que respeite e não vá de encontro com as normas nacionais de proteção laboral.

6. A HIERARQUIA DAS NORMAS INTERNACIONAIS NO DIREITO BRASILEIRO

Tratando-se do tema do Direito Internacional do Trabalho, faz-se necessário entender a incorporação de normas internacionais ao sistema interno brasileiro.

Nesse sentido, esclarece Del'Olmo[6] que a lei estrangeira pode regular questões jurídicas nacionais de duas formas: pela sua aplicação direta pelo juiz brasileiro, equiparada à lei do foro, e pela aplicação indireta, mediante sentenças prolatadas no estrangeiro e que gerem efeitos no território nacional.

Para que uma norma internacional entre em vigor no nosso sistema jurídico há que primeiro ocorrer a celebração de um tratado internacional pelo Presidente da República. A simples celebração da norma internacional não significa a incorpo-

---

(6) DEL'OLMO, Florisbal de Souza. *Direito internacional privado*: abordagens fundamentais, legislação e jurisprudência. p. 53.

ração da mesma por si só ao ordenamento jurídico interno, fazendo-se necessária a aprovação pelo Estado.

Tal aprovação cabe ao Congresso Nacional que poderá aprovar ou não uma norma internacional, sendo que a aprovação acontece por meio de um decreto legislativo. Somente após a aprovação da norma internacional é que ocorre a ratificação da mesma, sendo que essa ratificação se refere ao depósito da aceitação da norma internacional no órgão internacional competente. É por meio dessa ratificação, desse depósito, que ocorre a comunicação internacional de que nossa nação aprovou os ditames da norma internacional.

Essa norma internacional, que foi celebrada, aprovada pelo Congresso, ratificada e depositada no órgão internacional competente, deve ainda passar pelas mãos do Presidente da República a fim de ser ou não promulgada por meio de um decreto presidencial, atestando ou não, assim, a validade interna da norma jurídica. Após a promulgação, o passo seguinte é a sua publicação mesma no Diário Oficial dando ciência e publicidade à mesma, preenchendo os requisitos necessários para sua entrada em vigor nas normas internas de nosso país.

No tocante à hierarquia das normas internacionais o entendimento adotado pelo Supremo Tribunal Federal é de que eles ocupam a mesma posição de lei ordinária, ficando em inferioridade à nossa Constituição Federal, vez que esta detém a supremacia no ordenamento jurídico nacional, manifestando a soberania do Estado.

Mas tratando de normas internacionais, Declarações e Convenções Internacionais, no âmbito restrito à matéria de direitos humanos fundamentais, uma vez que passem a integrar nosso ordenamento jurídico interno, o fazem com o mesmo peso das normas constitucionais, tudo isso previsto pelo art. 5º, parágrafo segundo, da Constituição Federal de 1988. O art. 4º da mesma Carta Magna, em seu inciso II, acaba por afirmar essa interpretação.

Nesse contexto, é imprescindível citar o § 3º do art. 5º da CF que foi acrescentado pela Emenda n. 45, de 2004, que acabou por incorporar importante modificação sobre o tema:

> § 3º Os tratados e convenções internacionais sobre direitos humanos que forem aprovados, em cada Casa do Congresso Nacional, em dois turnos, por três quintos dos votos dos respectivos membros, serão equivalentes às emendas constitucionais.

Dessa feita, as normas internacionais atinentes aos direitos humanos, desde que aprovadas, conforme art. 5º, § 3º, da CF/88, serão equivalentes às Emendas Constitucionais. No entanto, se aprovadas sem o *quorum* estabelecido integram o sistema nacional, equiparando-se às leis ordinárias.

Já as demais normas internacionais que tratem de direitos distintos, fora do alcance da matéria relativa aos direitos humanos, após a devida aprovação, figuram em nosso ordenamento na mesma hierarquia das leis ordinárias.

CONSIDERAÇÕES FINAIS

Em que pese positivado no Direito Brasileiro o respeito à igualdade e a proibição de qualquer forma de discriminação de racismo, sem dúvida, os anos de escravidão deixaram marcas no contexto social dos afrodescendentes.

As diferenças visíveis em nossa sociedade, que marginalizam uma grande massa de brasileiros negros, analfabetos e desempregados que por muitas vezes formam a população carcerária de nosso país são reflexo deste triste capítulo de escravidão e da falha como foi instituída a abolição no Brasil.

Importante destacar que as ações de promoção da inclusão social, realizadas por meio da responsabilidade social, tão propagada na atualidade, tendem a transformar e atingir positivamente as futuras gerações.

Nesse tocante, a reflexão que se deve fazer é de que a incorporação dos atos internacionais ao direito interno brasileiro é necessária, não somente com normas dispositivas, mas sim pragmáticas e dentro de um viés axiológico, capaz de traduzir o fundamento ético às indagações suscitadas, tendo em vista uma mudança de valores na consciência coletiva. Afirma-se isso em razão da existência de um racismo velado em muitos segmentos de nossa sociedade.

Resta ainda ponderar que as ações afirmativas nada mais são que medidas compensatórias, pautadas em projetos e programas financiados e elaborados tanto pela iniciativa privada como pelo poder público, com o intuito de reparar as desigualdades presentes, lamentavelmente pautadas apenas em uma "cor de pele".

Por fim, é de se ressaltar a importância dessas ações, que possuem o objetivo de permitir a inclusão e a mobilidade social dos afrodescendentes, ao mesmo tempo em que podem representar uma forma de indenização para minimizar as marcas e cicatrizes existentes na história da população negra de nosso país. Visto que na história estes sempre foram relegados a uma condição inferior, marginalizados na sociedade e privados até da própria dignidade, numa Nação que, ironicamente, é formada por uma maioria de negros e mestiços.

REFERÊNCIAS BIBLIOGRÁFICAS

ALMEIDA, Amador Paes de. *Curso prático de processo do trabalho*. 20. ed. São Paulo: Saraiva, 2009.

ARAÚJO, Luiz Alberto David. *Curso de direito constitucional*. 6. ed. São Paulo: Saraiva, 2002.

BADARÓ, Rui Aurélio de. O momento mais perigoso da história humana. *Revista Jurídica Consulex*. Ano XV — N. 351. Brasília. 2011.

BOSI, Alfredo. *Dialética da colonização*. São Paulo: Companhia das Letras, 1987.

DARCANCHY, Mara Vidigal. *Responsabilidade social nas relações laborais*. São Paulo: LTr, 2007.

_____. Direito do trabalho, direitos humanos e cidadania na globalização, In: *Estudos de Direito Internacional*, Curitiba: Juruá, 2007.

DEL'OLMO, Florisbal de Souza. *Direito internacional privado:* abordagens fundamentais, legislação e jurisprudência. 6. ed. Rio de Janeiro: Forense, 2006.

HERZ, Mônica e HOFFMANN, Andrea Ribeiro. *Organizações internacionais:* história e práticas. Rio de Janeiro: Campus, 2004.

LENZA, Pedro. *Direito constitucional.* 12. ed. São Paulo: Saraiva, 2009.

MARTINS, Sergio Pinto. *Direito do trabalho.* 23. ed. São Paulo: Atlas, 2007.

MARTINS FILHO, Ives Gandra. *Manual de direito e processo do trabalho.* 19. ed., rev. e atual. São Paulo: Saraiva, 2010.

MORAES, Alexandre de. *Direitos humanos fundamentais.* São Paulo: Atlas, 1997.

MOTTA, Roberto. Desigualdade e discriminação racial — paradigmas brasileiros. In: *Revista Jurídica Consulex* — ano XV, n. 351 — 1º de setembro de 2011, Brasília. 2011.

NASCIMENTO, Amauri Mascaro. *Curso de direito do trabalho.* 26. ed. São Paulo: Saraiva, 2011.

OCAMPO, Raul Granillo. *Direito internacional público da integração.* São Paulo: Campus Jurídico, 2008.

PEREIRA, Bruno Yepes. *Curso de direito internacional público.* 3. ed. São Paulo: Saraiva, 2009.

PIOVESAN, Flávia. *Direitos humanos e o direito constitucional internacional.* São Paulo: Max Limonad, 2002.

ROUSSEAU, Jean-Jacques. *Discurso sobre a origem e os fundamentos da desigualdade entre os homens,* traduzido por Paulo Neves. Porto Alegre: L&P, 2010.

SILVA, Jorge da. *Direitos civis e relações raciais no Brasil.* Rio de Janeiro: Luam, 1994.

SOARES, Maria Victoria Benevides. Cidadania e direitos humanos. In: CARVALHO, José Sergio (Org.). *Educação, cidadania e direitos humanos.* Petrópolis: Vozes, 2004.

SOUZA, Carlos Aurélio Mota et al. *Princípios humanistas constitucionais.* 1. ed. São Paulo: Letras Jurídicas, 2010.

SÜSSEKIND, Arnaldo et al. *Instituições de direito do trabalho.* Vol. 1 e 2, 21. ed. São Paulo: LTr, 2003.

SÜSSEKIND, Arnaldo. *Convenções da OIT.* 2. ed. São Paulo: LTr, 1998.

TEIXEIRA, João Régis F. *Direito do trabalho.* São Paulo: Sugestões Literárias, 1968.

AS VERTENTES DA CONCILIAÇÃO

Josefa Florencio Nascimento
Mestre em Direito Regulatório e Responsabilidade Social. Especialista em Didática e Metodologia do Ensino Superior. Pós-Graduada em Engenharia de Software e graduada em Direito e em Processamento de Dados. Membro de Grupo de Pesquisa certificado no CNPq. Conciliadora do Tribunal de Justiça do Estado de São Paulo atuando nos Aeroportos/Nacional. Professora Universitária. Professora das ETECs — Escola Técnica do grupo das escolas técnicas do Estado de São Paulo do Centro Paula Souza e Coordenadora do Curso Técnico em Serviços Jurídicos da ETEC de Barueri.

As Vertentes da Conciliação

INTRODUÇÃO

Numa audiência de conciliação podem parecer difíceis os caminhos para se conseguir o acordo entre partes. Porém, acredita-se que também depende muito mais do tipo de conflito apresentado que do(a) conciliador(a) e de sua prática profissional.

É muito comum em alguns casos o conciliador ler o processo e supor que dali não logrará êxito na audiência de conciliação e que aquela ação prosseguirá para a audiência de Instrução e Julgamento. Porém, é muito bom quando o conciliador se engana quanto a essa primeira impressão.

Na área trabalhista, a conciliação prévia, a função de tentar conciliar os conflitos individuais do trabalho, fica a cargo dos profissionais que compõem a Comissão de Conciliação Prévia, que é instituída pela empresa ou pelo sindicato previsto na norma da CLT — Consolidação das Leis do Trabalho. Portanto, em qualquer região onde surgir um conflito processual trabalhista entre partes, e lá existindo uma Comissão de Conciliação Prévia, a lei determina a obrigatoriedade de haver a tentativa de conciliação.

Ressalta-se que o entendimento sobre o acordo judicial na Audiência de Conciliação não deve ser visto apenas como um meio facilitador do "desafogamento" do Poder Judiciário. Contudo, não se pode negar que essa também é uma interessante função do processo conciliatório.

Ademais, os acordos firmados nas Audiências de Conciliação devem ser vistos também, em especial, como uma satisfação das partes por terem seus conflitos de interesses resolvidos em curto prazo, pois quem mais lucra com o fechamento de um bom acordo, praticando a conciliação, são as partes envolvidas naquele conflito.

O acordo é importante, e quando vem acompanhado da audiência de conciliação deverá ser visto como gratificante, vez que, havendo o cumprimento do acordo, cessará o litígio e, havendo a conciliação entre as partes, certamente o cumprimento do acordo será mais leve, encerrando-se também o conflito pessoal, dando vazão ao restabelecimento da paz entre os litigantes.

Cabe às partes no momento da Audiência de Conciliação apresentar boas propostas para a tentativa não só de se firmar um bom acordo, mas de realmente se conciliarem. Também é importante que tenham o conhecimento da seriedade do acordo e do termo que assinam, no qual constarão as cláusulas processuais e penais quando for necessário, amparando judicialmente as partes em caso de descumprimento do mesmo.

Portanto, sempre será de bom proveito usar aquela Audiência de Conciliação em que se firmou acordo referente à pretensão que levou as partes ao conflito para também objetivar␣ conciliá-las, já que sabe-se que a conciliação é um meio alternativo para a pacificação de conflitos de interesses.

Assim, o presente trabalho pretende desenvolver um estudo sobre alguns dos principais aspectos positivos da conciliação tanto na área cível quanto na área trabalhista.

1. AS DUAS VERTENTES DA CONCILIAÇÃO

1.1. *A Conciliação Judicial e a Conciliação Emocional*

Não se pode generalizar os dois tipos de conciliação que serão abordados, afirmando que, ao se conseguir a conciliação judicial por meio do acordo, também se conseguiu a conciliação emocional. O fato de as partes litigantes se conciliarem judicialmente não quer dizer que houve a conciliação na esfera emocional. Contudo não se pode desprezar a conciliação em sua essência, o que motiva a defesa das duas vertentes.

Por outro lado, existe uma grande possibilidade de que, uma vez conseguida a primeira conciliação, a segunda venha a caminhar em paralelo, designando, assim, a conciliação como uma necessidade para o bem comum. Porém, para isso acontecer, basta que as partes envolvidas num processo aceitem que o conflito existente entre elas tenha sido sanado na conciliação judicial, e assim continuem com a amizade e a convivência em harmonia.

Tal entendimento também é cabível na demanda judicial em que litigam pessoas jurídica e física. Pois, sendo a parte contrária pessoa física e cliente da jurídica, qualquer que seja o conflito, nada impede que a relação comercial continue.

Não seria de bom tom ignorar que deva se preservar certa passividade entre as partes, tendo elas de entender e aceitar que, quando se ingressa com uma ação judicial ou pré-processual, ou quando se é citado para uma audiência, seja na Justiça Comum, nos Juizados Especiais ou em Posto de Conciliação e/ou para uma Conciliação Prévia, elas irão passar pela vertente da tentativa da conciliação, já que essa é considerada um meio alternativo para se resolver conflitos de interesses.

1.1.1. Da conciliação judicial

Conforme já foi abordado, cabe reiterar que a conciliação judicial em qualquer situação é satisfatória para o Poder Judiciário e para a Justiça do Trabalho e boa para as partes que litigam. Assim defende-se que a conciliação deve ser praticada, se não for pela conscientização de que ela está prevista no Código de Processo Civil e na Consolidação das Leis do Trabalho, tratando-se de Conciliação Prévia, pelo uso do bom senso ou da razão.

Ademais, reiterando o raciocínio do bom senso, passa-se a trabalhar com o entendimento de que, ocorrendo a primeira conciliação, a judicial, há grande possibilidade de acontecer a segunda, chamada conciliação emocional.

Muitos conflitos de interesses podem ser resolvidos nas varas de conciliação criadas pelo Poder Judiciário, ou ainda nos juizados especiais, nos setores de conciliação, bem como sob a condução dos integrantes de uma comissão de conciliação prévia, quando se tratar de conflitos laborais.

Para a parte que ingressa com ação judicial, a conciliação se dá quando ela consegue que seja reparado o dano que no seu entendimento lhe foi causado, reparação essa, ainda que não seja em sua totalidade, que venha a satisfazer um mínimo de sua pretensão.

A parte afetada, quando ingressa e ganha a ação judicial, fica satisfeita, principalmente quando se trata de exclusão da restrição do nome junto ao(s) Órgão(s) de Proteção ao Crédito, no caso de ter sido indicado indevidamente pela parte requerida.

São mais alguns exemplos básicos para a satisfação da conciliação judicial de que trata o Poder Judiciário e a Justiça do Trabalho, no sentido de que as partes presentes em sala de audiência se acordem:

Quando se tratar de dívida de valor pecuniário, que a parte devedora pague a parte credora.

Quando se tratar de reparação de danos em veículos, que a parte requerida, sendo ela culpada, repare de alguma forma o dano causado no veículo do(a) requerente.

Quando se tratar de obrigação de fazer, considera-se cumprida a obrigação quando a parte requerida cumpre ou repara de alguma forma os danos causados ao requerente, ou ao seu bem que foi danificado, motivo que gerou a ação.

Quando se tratar de litígios laborais, a parte reclamante fica satisfeita quando recebe da reclamada o valor pecuniário referente ao trabalho prestado.

Assim, qualquer que seja o motivo do litígio, para que se considere acordo firmado em audiência de conciliação, tem de haver a concordância da parte autora em relação à oferta por parte da requerida. Se houver tal concordância, terá ocorrido a conciliação judicial.

Quando acontece de uma petição inicial conter mais de um pedido, pode ocorrer de a parte requerida apresentar proposta para cumprimento de acordo apenas de um ou de alguns dos pedidos; não existe a obrigatoriedade de se ofertar proposta para todos os pedidos da inicial. Contudo, desde que haja o aceite da parte autora do processo, firma-se o acordo e a conciliação judicial.

Ainda tratando-se do "desafogamento" de pilhas de processos do Poder Judiciário e da Justiça do Trabalho, em relação aos resultados obtidos nas audiências de conciliação, também se conta com a desistência da parte autora em relação ao processo.

Às vezes, ocorre de as partes estarem diante do(a) conciliador(a), prontas para iniciar a audiência de conciliação, e a parte autora desistir da lide, por razões diversas, que muitas preferem não relatar. No entanto tal situação de desistência por parte da reclamante é muito rara na Justiça do Trabalho.

Outros litigantes desistem da lide antes da audiência de conciliação, seja porque firmaram acordo fora do Judiciário, seja também por motivo íntimo. Porém, qualquer que seja o motivo da desistência de prosseguir com a lide, normalmente uma das partes comparece em cartório da vara ou do juizado para juntar ao processo o acordo assinado por ambas ou comunicar a desistência do processo.

É importante salientar que compete a possibilidade da desistência do processo somente à parte autora desse.

1.1.2. Da conciliação emocional

A Conciliação Emocional é algo inerente a todos. O que pode acontecer é que, com o passar do tempo, ocorram fatos não favoráveis entre determinadas pessoas, chegando a abalar a estrutura emocional, consequentemente abalando também uma amizade já existente ou bloqueando uma amizade que poderia surgir entre pessoas, perdendo-se alguns valores.

Mesmo que ocorra tal abalo e esse tenha sido gerado por causa do conflito que as levou a uma ação judicial ou pré-processual, ainda há muitas chances de se restabelecer a amizade, sobretudo se ela já existia.

Esse tipo de situação é muito comum quando se trata de conflitos de interesses entre vizinhos ou entre pessoas conhecidas entre si que já tenham uma amizade traçada ou não ou que sejam apenas conhecidas. Ou seja, quando ocorrem conflitos de interesse entre pessoa física *versus* pessoa física.

A figura e o trabalho do(a) conciliador(a) são muito importantes em qualquer situação ou modalidade de tentativa de conciliação aqui citada. Porém, quando as pessoas praticam a conciliação, costuma-se dizer que o conciliador também tem de usar seu "lado psicólogo".

Na conciliação processual ou na pré-processual, o bem perdido pelas partes, a partir do qual o conciliador trabalha, na tentativa de recuperar ou tentar devolver o que é de cada uma por direito, o chamado "dai a César o que é de César", é o bem material. Esse, uma vez perdido, pode ser reposto através da compra. Se não for igual, o bem poderá ser substituído.

Na modalidade da conciliação emocional, o conciliador trabalha com as partes lidando com o "bem" chamado sentimento, que não se compra e não se substitui; são valores que podem ser resgatados.

O sentimento não é palpável; esse bem não pode ser mudado de lugar na expectativa de que naquele canto ele poderá ficar melhor ou mais apresentável.

O sentimento não é apenas apresentável. Ele poderá ser apreciado, praticado e melhorado cada vez mais.

Aprecia-se, admira-se, pratica-se o sentimento de um ser humano por outro ser.

Assim, o conciliador trabalha com as partes tentando fazer com que elas entrem em acordo em relação ao pleito que deu origem àquela ação judicial, pré-processual ou laboral.

Contudo, o conciliador também trabalha praticando e fazendo com que as partes pratiquem a conciliação emocional de forma prazerosa, pois é mais sadio sair da sala de audiência de uma forma leve, sentido-se livre de uma situação que o(a) incomodava. Por isso se diz que é importante as partes agirem de boa-fé e nunca agirem de má-fé.

Na modalidade de conciliação emocional, e para que aconteça tal conciliação, o conciliador também trabalha com as partes na tentativa de recuperar o que está se perdendo ou que talvez já tenha se perdido entre elas, mas que poderá ser recuperado. Nesse caso, o conciliador trabalha as próprias ferramentas apresentadas pelas partes, ou seja, trabalha o sentimento bom que cada uma apresenta naquela sala de audiência.

Pode-se até levantar a hipótese de que não exista ou de que não tenha sido apresentado esse tipo de sentimento por determinada pessoa que componha a mesa de audiência ou ainda entre as partes que estão litigando. Mas o que não se pode esquecer, tampouco se deixar de lado, é o trabalho do conciliador. Esse profissional preparado tende a perceber que, talvez, no momento em que as partes entraram naquela sala de audiência, realmente não tenham apresentado sentimento para trabalhar, mas, com a colocação dos fatos de forma clara, calma e passiva, espera-se que desperte a inerência do sentimento que aqui de acredita ser existente em cada uma das pessoas.

Ademais, não se deve subestimar o que existe dentro de cada ser; deve-se saber trabalhar para se fazer aflorar, em especial, o que de bom neles está guardado.

É compreensível que as pessoas fiquem incomodadas tendo que ingressar com ação judicial, até mesmo ingressar com ação pelo procedimento pré-processual, para resolver pequenos conflitos. É compreensível também o incômodo sofrido pela parte que é citada.

Por causa desses incômodos, às vezes, elas já entram em sala de audiência "armadas", ou seja, sem qualquer paciência para um diálogo, até mesmo com o conciliador.

Existem casos em que determinada parte de um processo entra na sala de audiência esbravejando a frase "não tem acordo", como se fosse uma "frase chave" para se encerrar aquela situação.

É importante que se saiba que essa não é a forma correta de se proceder. Muito pelo contrário. Dessa forma, só se complica e adia o encerramento do conflito de interesses. Às vezes, a parte que não quis fazer acordo não tem conhecimento suficiente sobre o assunto para o qual foi citada ou convidada a tratar. E por causa daquela "fúria" perde-se um acordo que poderia até ser bom para ela.

Como também existem casos em que é a própria parte autora do processo a usar de tal comportamento, ou seja, entrar na sala de audiência de conciliação esbravejando a frase "não tem acordo!". Essa pessoa está totalmente sem conhecimento dos passos que devem ser seguidos quando se ingressa com uma ação judicial, ou pelo procedimento pré-processual. Ou esteja ela, a autora do processo, totalmente sem paciência para resolver o conflito para o qual ela mesma procurou os meios legais para tentar solucionar.

É muito importante, conforme dito anteriormente, que as partes tenham o conhecimento de que, quando se ingressa com uma ação judicial, ou com o procedimento pré-processual para se resolver conflitos de interesses, passa-se primeiro pela vertente da audiência de conciliação, exatamente para se tentar resolver o conflito antes que ele chegue à audiência de instrução e julgamento.

É de grande importância se ter o conhecimento de tais procedimentos. E se assim não o for, que as partes sejam alertadas por seus respectivos advogados, quando esses forem constituídos, principalmente quando tal procedimento de "fúria", em dizer que não tem acordo, tratar-se da parte autora do processo, porque foi ela quem manifestou junto à Justiça a vontade de resolver o seu conflito de interesse em relação à outra parte envolvida.

É muito bom quando as partes citadas entram "desarmadas" na sala de audiência de conciliação, ou seja, que estejam passivas, dispostas a ouvir, a expor os fatos conforme a sua narração, e deixar fluir uma conversa. Assim, a audiência certamente será mais proveitosa, com grande probabilidade de que surja um acordo que talvez não estivesse previsto por nenhuma delas.

A seguir, há alguns exemplos que podem colaborar para se chegar ao acordo acompanhado da conciliação emocional.

1.1.3. Exemplos e resultados que colaboram para o acordo e a conciliação emocional

Pode-se citar alguns exemplos de como se obter a conciliação emocional, usando os personagens de pessoa física *versus* pessoa jurídica. Vejamos:

Um cliente de determinado estabelecimento comercial se vê prejudicado por ter parte do seu veículo danificado durante o período em que o mesmo esteve na garagem daquele estabelecimento. O cliente reclamou, e o gerente ou o proprietário do estabelecimento não concordou em reparar o dano.

Sabemos que todo ponto comercial vive de sua clientela e que se tornou hábito muitos clientes fazerem de determinado estabelecimento que frequentam um ponto de encontro de amigos ou de familiares. Em contrapartida, quando acontece situação conforme o exemplo mencionado e o conflito não se resolve extraprocessualmente, ou seja, na situação "amigável", e o cliente toma a iniciativa de ingressar com ação judicial de reparação de danos contra o estabelecimento, dá-se início também a um abalo na relação comercial entre as partes: cliente *versus* empresa.

Nesse caso, numa audiência de conciliação, é passível de acontecer uma das três hipóteses a seguir:

— Uma das hipóteses é o preposto do estabelecimento comercial dizer que não tem proposta, alegando que a empresa não vai pagar porque não entende que o dano no veículo da parte autora tenha sido causado por seu manobrista ou nas dependências do seu estabelecimento comercial.

Daí a parte autora do processo, por sua vez, afirma ter certeza de que, quando seu carro foi deixado naquele estabelecimento, o mesmo estava intacto, assim, deseja que os danos sejam reparados.

E ainda acontece de a parte requerente completar dizendo que é cliente há muito tempo daquele estabelecimento e que não esperava tal reação por parte de seus dirigentes.

Numa situação semelhante a esse exemplo e que não se chega a um acordo, o processo se arrastará para a Audiência de Instrução e Julgamento, com probabilidade de chegar até a fase de recurso.

No caso apresentado, para acontecer a conciliação emocional, ou seja, o cliente continuar frequentando o mesmo estabelecimento, antes que o conflito se resolva, conta-se com pequena possibilidade.

— Em segunda hipótese pode acontecer na audiência de conciliação; o preposto do estabelecimento comercial também não apresentar proposta de acordo, mas, sim, provas de que, quando o veículo da parte autora foi deixado naquele estabelecimento, o dano já existia, OU que, quando o carro saiu de seu estacionamento, não constava aquele dano apontado na petição inicial. Se as provas forem verossímeis e havendo o aceite por parte do(a) requerente, cria-se expectativa de o cliente continuar frequentando o estabelecimento. Mesmo que não seja de imediato, mas em momento posterior. Nada impede tal procedimento; pelo contrário, a empresa continua recebendo e servindo o seu cliente; esse, por sua vez, continua frequentando e se encontrando com os amigos e familiares no ambiente de que gosta.

— Por fim, é possível que, na audiência de conciliação, o preposto do estabelecimento comercial apresente para o(a) requerente uma proposta de acordo oferecendo parte do valor reivindicado, ou mesmo, contando com muita sorte, ofereça o valor integral, para reparar o dano causado no veículo, e o cliente, requerente no processo, aceite e eles firmem o acordo judicial. Ainda que não seja o valor integral, o que é mais comum de acontecer. Porém, nessa hipótese, vale ressaltar que muito depende da política da empresa, ou seja, do entendimento de seus dirigentes.

É importante salientar que, num acordo, cada parte cede um pouco, não necessariamente tendo a parte autora do processo que receber o valor total do pleito, tampouco a parte citada pagar valor "irrisório" ao pleiteado.

Nessa última hipótese, não importa qual seja a explicação dos dirigentes do estabelecimento comercial. Seja sob a alegação de que "depois de estudado o assunto entendeu-se por bem reparar o dano em consideração ao tempo que a parte autora é cliente da casa" ou que "após a apuração dos fatos se constatou que a parte autora tinha razão". Ou mesmo que não seja exposta qualquer explicação. O importante é que as duas partes usem de bom senso, se assim for o resultado da audiência, então consideramos que ocorreu a conciliação judicial com o fechamento do acordo, podendo-se contar com muitas chances de que ocorra também a conciliação emocional. Ficando assim "guardada", grande possibilidade de o "cliente", que é a parte autora no processo, continuar frequentando o mesmo estabelecimento comercial com quem litigou.

Nesse exemplo, quando se fala da possibilidade de o preposto do estabelecimento comercial apresentar provas de que o veículo da parte autora do processo já estava danificado quando lá entrou ou que quando o carro saiu de seu estacionamento não constava aquele dano apontado na petição inicial, é possível que o leitor venha a dizer: "Mas na audiência de conciliação não cabe apresentação de provas! Só cabe na audiência de instrução e julgamento." Isso é o mesmo que dizer: na audiência de conciliação não se discute mérito!

Realmente, na audiência de conciliação não cabe apresentação de provas, não se discute mérito, tampouco cabe depoimentos de testemunhas. Mas é certo dizer que é comum e correto que no momento em que a parte autora ingressa com esse tipo de ação judicial, ela junte ao processo fotos do veículo, exibindo a parte que dele foi danificada, para assim requerer a reparação do tal dano. Portanto, caso a parte contrária também apresente na audiência de conciliação prova de que quando o carro do cliente adentrou no estabelecimento o mesmo já apresentava aquele dano, ou que não apresentava dano naquele lugar apontado nas fotos e requerido na petição inicial, é motivo, sim, de se discutir as provas, pois poderão ser aquelas provas o motivo que levará a parte autora a pedir a extinção do processo, pois talvez ela não tivesse tal conhecimento e não tivesse consciência do erro cometido. E, assim, ainda há grande possibilidade de as partes se conciliarem naquela audiência.

1.1.4. Exemplos de conflito de interesses entre vizinhos e seus resultados que colaboram para o acordo e a conciliação emocional

Outro exemplo com o qual se pode trabalhar é o da situação de conflito de interesses entre vizinhos. É comum acontecer determinado conflito entre esses personagens quando suas residências são construídas conjugadas uma à outra. Ou quando o muro de uma das residências foi construído, servindo tanto para uma quanto para a outra casa. Ou ainda, quando cada residência tenha o seu muro e esse seja conjugado.

Em qualquer dessas situações mencionadas, pode ocorrer de a falta de uma calha em uma das casas ou que a calha já existente esteja quebrada e gere estrago na outra casa. Seja tal estrago na parede de determinado cômodo ou no próprio muro que serve de separação entre as casas. Situação em que o personagem que se sentir prejudicado, após várias solicitações ao morador da casa causadora do dano para que ele coloque a calha faltante ou que conserte a danificada, que após suas solicitações não tenham obtido êxito, e esgotando-se todas as tentativas amigáveis, tenha como único caminho recorrer à justiça para que possa ingressar com ação judicial.

Nesse exemplo, a parte prejudicada pode ainda contar com a opção de, antes do ingresso da ação judicial, socorrer do procedimento pré-processual.

Contudo, optando o prejudicado pela ação, seja na Justiça Comum ou no Juizado Especial Cível, ou pelo procedimento pré-processual nos setores de conciliação, o pedido que lhe cabe fazer é o da "obrigação de fazer". O pedido se resume a que a parte requerida repare de alguma forma o dano causado na casa do(a) requerente, ou seja, que seja colocada a calha faltante ou que seja consertada a calha danificada.

Porém, dependendo da situação e do estágio avançado em que estiver tal estrago, ou que já esteja ocorrendo perdas ou risco de perdas de móveis da residência do personagem prejudicado, e que esteja próxima ou não a data da audiência de conciliação, caberá na ação judicial o pedido de tutela antecipada liminar incidental para que a parte requerida faça o conserto antes da audiência de conciliação, e lá se discutirão as razões que cada um entenda por ter.

Assim, estando as partes presentes na audiência de conciliação e havendo a composição, ou seja, a conciliação entre elas, resolve-se o problema. Devendo o conciliador fazer constar em termo de conciliação que a parte citada se compromete a não mais agir em situação semelhante a que gerou o conflito, seja colocando a calha faltante ou, no caso da calha quebrada, procedendo ao conserto dessa.

Conforme veremos adiante, em algumas observações sobre a redação do termo de conciliação a respeito de cláusulas e multas processuais, também se deve observar o período em que será cumprida a obrigação.

No exemplo da calha faltante ou quebrada, a obrigação, se ainda não tiver sido cumprida antes da audiência de conciliação, certamente se dará depois dela, dependendo do que as partes acordarem. Portanto, no termo de conciliação deverá constar o prazo para o cumprimento da obrigação, bem como cláusula de multa em caso de descumprimento por parte do(a) requerido(a).

Quanto à disposição legal, trabalhando com esse último exemplo, agora com a hipótese de que a parte autora no processo tenha se valido especialmente do procedimento pré-processual e ingressado com a pretensão em um dos setores de conciliação instalados nas Comarcas e nos Foros do Estado, em primeiro e segundo graus de Jurisdição do Tribunal de Justiça, autorizados pelo Egrégio Conselho Superior da Magistratura, nos termos do Provimento n. 953/2005.

"Comparecendo as partes na reunião designada e havendo a composição, ou seja, havendo a conciliação entre elas, no termo de conciliação, também deverá constar as cláusulas e multas processuais."

Salienta-se que tal termo referido, após assinado pelas partes, pelo conciliador e pelo escrevente, se esse último houver, será homologado pelo juiz, tendo valor de sentença, inclusive, para execução em caso de descumprimento do mesmo.

Na hipótese de a parte convidada não comparecer àquela reunião designada como audiência de conciliação, nada impede que a parte autora ingresse com ação judicial para tentar solucionar o conflito de interesses.

Vale ressaltar, nesse exemplo, que, para que ocorra a ausência desse tipo de conflito, deve se praticar o bom senso e a cooperação das pessoas envolvidas.

2. A IMPORTÂNCIA DA PACIFICAÇÃO E DA SATISFAÇÃO NA CONCILIAÇÃO

2.1. *Da pacificação e da satisfação*

Sem a pacificação não se consegue o satisfatório entre as partes. Por quê? Porque se espera que com o acordo cesse o processo e as partes se conciliem.

2.1.1. *Da pacificação*

E o que é a pacificação nesse caso? Para esclarecer, serão citados alguns simples exemplos.

Numa audiência de conciliação na fase pré-processual, é comum a petição inicial não relatar os fatos esclarecedores do motivo pelo qual a parte contrária está sendo convidada para aquela reunião. Assim, haverá naquela audiência de conciliação a necessidade de a parte autora expor o motivo ou os motivos que a levaram a ingressar com aquele procedimento. Nesse caso, tanto a parte autora quanto a parte convidada terão o benefício da oportunidade de falar para expor os fatos.

Muito bem, as partes envolvidas irão relatar os fatos conforme a versão de cada uma delas. Momento em que o(a) conciliador(a) também ficará sabendo dos fatos e qual a pretensão da parte requerente.

Porém, quando na "carta convite", na situação pré-processual, relatar os fatos, há de se considerar que a parte autora já teve a oportunidade de expor os fatos conforme a versão e a pretensão dela. Portanto, na hora da audiência de conciliação, deve se dar a oportunidade de a parte convidada também falar. Expor os fatos de acordo com a versão e o entendimento dela. Tal oportunidade se dá para que as partes envolvidas conversem e possam chegar à conciliação. Poderá a parte autora ou o advogado da mesma (caso alguma parte opte por ir acompanhada de advogado) dizer que na audiência de conciliação não se entra no mérito! Conforme já falamos anteriormente, tal alegação é questionável. Porém, desde que se tenha a intenção de se ofertar proposta para compor a conciliação, pode, sim, entrar no mérito. Inclusive discutindo-se os pontos que às vezes não estão bem esclarecidos na "carta convite" ou os que deixaram de ser mencionados por ser um procedimento normal que ocorre, tratando-se de "carta convite".

Mais uma vez ressalta-se que a conciliação é um meio alternativo para solucionar conflitos de interesses entre partes. Portanto, para se resolver um conflito, parte-se do princípio de que naquela conciliação, obviamente, haja a presença de todas as partes envolvidas. Assim, será, portanto, necessário se dar a oportunidade para a parte citada ou convidada ter o conhecimento pleno da situação em que está envolvida e para que possa expor sua proposta à conciliação e firmar acordo dentro do grau que ela entenda ser o seu comprometimento, se assim concordar, e, se não concordar, a parte citada ou convidada terá de tomar as devidas providências para a sua defesa na próxima audiência.

Ademais, tratando-se de audiência de conciliação, o procedimento pré-processual, será exatamente aquele momento em que a parte convidada terá de aproveitar para explicar que nada tem a ver com aquela situação a que está sendo chamada a conciliar, e apresentar documentos comprobatórios, se assim forem solicitados. E, se não forem, também não se pode negar o benefício da oportunidade de a parte citada ou convidada ter o seu momento para lançar sua proposta para o fechamento de acordo, caso entenda que deva alguma coisa à parte autora do processo, afinal, a parte autora não pode ensejar receber valor, ou mesmo que se cumpra determinada obrigação a seu favor, em que a parte citada não tenha qualquer relação com o fato.

Esses exemplos foram expostos também para se dizer que "não se deve pagar no escuro", ou seja, não existe a obrigatoriedade de uma pessoa pagar algo quando não se tenha o conhecimento de que realmente deve, antes de ser condenada e/ou perder em todas as instâncias judiciais.

A Constituição Federal de 1988 reza defesas que poderão se aplicar para arguir tal situação quando imposta.

"Aos litigantes, em processo judicial ou administrativo, e aos acusados em geral são assegurados o contraditório e ampla defesa, com os meios e recursos a ela inerentes.

Art. 5º, inciso LV, da Constituição Federal de 1988."

Nas audiências de conciliação, ao adotar o procedimento de ouvir as partes, pratica-se a pacificação, a virtude do saber ouvir, adquirindo maior possibilidade de se obter a conciliação entre elas.

Portanto, a pacificação, nesse caso, resume-se em saber proporcionar à parte contrária a oportunidade de falar, de ser ouvida, para poder ofertar com consciência e segurança a proposta para conciliar.

2.1.2. Da satisfação

Falou-se anteriormente da pacificação. Resta saber, nesse caso, o que é o satisfatório.

Para a parte requerente, o satisfatório é receber da parte vencida a pretensão na quantidade que supra a sua expectativa.

Para a parte vencida não é diferente, a satisfação se dá quando ela entrega ao credor o que entende ser devido e de direito, de forma que possa honrar com o compromisso assumido, sem que cause prejuízo ao seu próprio sustento e ao de sua família.

Assim, havendo a satisfação das duas partes, a que pagou e a que recebeu, ou seja, devedor e credor, podemos falar que judicialmente as partes se conciliaram. Pois é dito que "quem paga sempre tem crédito", e a satisfação ocorreu.

2.2. A importância da conciliação judicial e emocional

2.2.1. Da importância da conciliação judicial

Na vertente da audiência de conciliação judicial, o "bem" trabalhado pelo(a) conciliador(a) com as partes é o bem material, sendo ele um bem palpável, um dos pontos importantes que terá de se conseguir a satisfação naquela audiência.

Já foram abordados vários pontos demonstrando o quanto é importante se praticar a conciliação. Ela é importante não só porque "desafoga" o Poder Judiciário ou porque termina com o processo ou, ainda, porque pode ser considerada por muitos um meio célere e de economia processual. Também vale acrescentar que, quando se consegue firmar o acordo na audiência de conciliação, é tirado um peso das partes que litigavam. E que os aborrecimentos causados em consequência daquela situação tiveram fim.

É válido dizer que as partes sentem uma sensação de leveza que não poderá ser comparada à possível leveza das pilhas de processos do Poder Judiciário.

2.2.2. Da importância da conciliação emocional

Para se definir a conciliação emocional e falar de sua importância, além do que já foi abordado, podem-se ainda descrever diversos parágrafos e criar diversos conceitos, mas certamente cada pessoa tem a sua opinião, que não pode ser desprezada para que os valores não se percam além dos que já se foram quando pensaram em litigar. Mas também não se pode ignorar que, para a conciliação acontecer, devem ser praticados valores ou simplesmente resgatados. Muitas vezes, as partes tendem a resistir a uma conciliação, levando a situação ali exposta para um lado rancoroso, seja por uma palavra mal colocada entre elas ou ainda por quererem esperar a sentença do juiz, resistindo entre si por mero prazer de provocar situações constrangedoras, esquecendo-se de praticar o bom senso, que é um ponto fundamental numa audiência de conciliação, bem como para o fechamento do acordo. E, consequentemente, esquecendo-se de praticar a conciliação.

Há de se esclarecer que a contribuição que cada parte oferta quando fecha acordo de seus conflitos de interesses, quando nele é possível se acordar, é de grande valia para todos que litigam.

Na vertente da conciliação emocional, se trabalha com um "bem" chamado sentimento, esse "bem" não se compra e não se substitui. Ele não é palpável, tampouco poderá ser mudado de lugar, ou seja, não poderá ser transferido para "outra coisa ou outra parte". Pois, se assim fosse, ele seria designado sentimento volúvel. O que não se pode fazer jamais, pois, se assim o for, passará para negativo tudo o que de positivo o bom sentimento contém. Correndo ainda o risco de também passar para a inverdade que ele, o sentimento, seja inerente à cada pessoa.

Acredita-se que o "bem" de que trata o sentimento na vertente da conciliação emocional pode, sim, ser passado para outra pessoa.

Para a prática da conciliação emocional não se pode incluir negativismo a respeito dos sentimentos das partes litigantes. Isso quer dizer que não se deve subestimar o que de bom nelas poderá está guardado.

Portanto, o "bem" que o conciliador trabalha com as partes foi ferramenta apresentada na audiência de conciliação por elas próprias. Sendo assim, esse "bem" é ímpar e pode ser apresentável, apreciável e melhorado cada vez mais, admirado e praticado pelo ser humano em prol de outro ser.

Esse conjunto de necessidades e qualidades do ser humano é o que faz a conciliação emocional ser importante, abrindo-se a "brecha" para a almejada paz interior e social.

Apesar de tudo o que já foi abordado, há de se completar a explicação de que, da mesma forma que a prática da conciliação judicial, o perseguido é o acordo. Diz-se que, quando ocorre a conciliação emocional, é exatamente essa pretensão a almejada.

Assim, a conciliação emocional se dá quando as partes aceitam de forma pacífica que o pagamento executado e/ou valor recebido se resumam num acordo. Acordo esse que põe fim não só ao processo, mas também a todo e a qualquer conflito gerado em face dele entre as partes litigantes. E que o fim do conflito se dá por meio da prática da conciliação e da pacificação, e assim se alcança a satisfação.

3. A DIGNIDADE DA PESSOA HUMANA

3.1. *Do ponto de vista do bom senso e da razão*

A respeito da dignidade da pessoa humana, no que se refere ao bom senso e à razão, bem como ao respeito ao ser humano, serão abordados alguns pontos que possam expressar a importância que se deve dedicar ao ser humano, em especial, à sua dignidade.

Assim, na história da filosofia, desde o prefácio de João Cruz Costa, em Descartes, encontra-se uma das explicações do que se possa dizer sobre o bom senso e a razão.

Descartes aborda o uso do bom senso a partir da primeira parte em sua obra *Discurso do Método*.

"Dividido em seis partes, o notável prefácio do pensamento moderno que é o Discurso do Método contém, na Primeira Parte, diversas considerações relativas às ciências.

Para começar, nesta série de considerações é mister não esquecer que a razão (o bom senso), a faculdade de bem julgar, é igual em todos os homens. Se divergimos nas nossas opiniões, diz Descartes, se uns são mais capazes de chegar à verdade do que outros, é porque uns conduzem bem a sua razão e porque, naturalmente, outros a conduzem mal.

(...)

O bom senso é a cousa mais bem repartida deste mundo, porque cada um de nós pensa ser dele tão bem provido, que mesmo aqueles que são mais difíceis de se contentar com qualquer outra cousa não costumam desejar mais do que o que têm. Não é verossímil que todos se enganem; ao contrário, isto mostra que o poder de bem julgar e de distinguir o verdadeiro do falso, que é propriamente o que se chama o bom senso ou a razão, é naturalmente igual em todos os homens; e, assim, a diversidade de nossas opiniões não resulta de serem umas mais razoáveis do que outras, mas somente de conduzirmos nossos pensamentos por diversas vias, e de não considerarmos as mesmas cousas. Porque não basta ter o espírito bom, o principal é aplicá-lo bem. As grandes almas são capazes dos maiores vícios como das maiores virtudes; e os que andam lentamente podem avançar muito mais, se seguirem sempre o caminho direito, do que os que correm e dele se afastam.

(...)

Porque, embora vejamos o Sol muito claramente, não devemos julgar por isso que ele seja do tamanho que o vemos; e, embora possamos imaginar uma cabeça de leão unida ao corpo de uma cabra, não devemos concluir daí que no mundo existe uma quimera. A razão não nos diz, pois, que o que vemos ou imaginamos seja verdadeiro. Ela nos diz que todas as nossas ideias ou noções devem ter algum fundamento de verdade, porque não seria possível que Deus, que é absolutamente perfeito e verdadeiro, as tivesse posto em nós sem isso. E, desde que os nossos pensamentos não são nunca tão evidentes nem tão completos durante o sono quanto o são na vigília, conquanto algumas vezes as nossas imaginações sejam tanto ou mais vivas e expressivas, ela indica-nos ainda que não podendo os nossos pensamentos ser verdadeiros por não sermos totalmente perfeitos, o que eles têm de verdadeiro deve infalivelmente encontrar-se naqueles que temos quando acordados."[1]

Pode-se entender, portanto, que ao mesmo tempo em que Descartes exalta que DEUS é o ser perfeito e infinito, declara que a nossa razão é a maior das razões.

3.1.1. Do respeito ao ser humano

Quanto ao ponto de vista do respeito ao ser humano, com excelência, Ricardo Alves Bento faz menção direta ao item aqui abordado. Sabiamente, ele defende o direito do ser humano quando a sua inocência se vê ameaçada.

"O respeito ao ser humano pode ser situado como paradigma necessário à evolução da presunção de inocência, proporcionando, além da possibilidade do exercício das garantias inerentes ao processo, não prejulgar qualquer cidadão, preservando-se a presunção de não culpabilidade até que transite em julgado a acusação em face de sua pessoa."[2]

4. A IMPORTÂNCIA DA CONCILIAÇÃO CÍVEL

4.1. Dos meios criados para a prática da conciliação e do amparo legal

Há alguns anos tornou-se cada vez maior a procura e o crescimento da criação de cursos preparatórios para pessoas com interesse em praticar a conciliação no papel de conciliador(a).

Muitos conciliadores passaram a colaborar com o Poder Judiciário, atuando na realização de audiências de conciliação.

Quanto aos juizados especiais anexos às faculdades de Direito, a função de conciliador ficou a cargo dos alunos estagiários que realizam as audiências de conciliação naqueles locais.

---

(1) DESCARTES, René. *Discurso do método*. Rio de Janeiro: Coleção Universidade: Edições de Ouro. p. Prefácio I.
(2) BENTO, Ricardo Alves. *Presunção de inocência*. 1. ed. São Paulo: Quartier Latin do Brasil, 2007. p. 8.

Segue o que reza a Constituição da República Federativa do Brasil de 1988 a respeito da criação de meios para se obter a conciliação:

> "A União, no Distrito Federal e nos Territórios, e os Estados criarão:
>
> I — juizados especiais, providas por juízes togados, ou togados e leigos, competentes para a conciliação, o julgamento e a execução de causas cíveis de menor complexidade e infrações penais de menor potencial ofensivo, mediante os procedimentos oral e sumaríssimo, permitidos, nas hipóteses previstas em lei, a transação e o julgamento de recursos por turmas de julgamento de primeiro grau."
>
> Art. 98, inciso I, Constituição Federal de 1988.

É correto dizer que o Direito é o melhor caminho para a pacificação dos conflitos, que "a Conciliação é o recurso mais eficaz para solucionar conflitos de interesses", é correto também dizer que todas essas afirmações têm o propósito de fazer com que as partes, quando estiverem na audiência de conciliação, primem pelo acordo e se conciliem.

O acordo, sem sombra de dúvidas, é importante, tão importante que está amparado pela Lei n. 5.869, de 11.1.1973, Código de Processo Civil, em seu Capítulo VII, DA AUDIÊNCIA, Seção II, Da Conciliação, Art. 447 e seguintes. Porém, o acordo não vem sozinho, ele vem depois de muito trabalho durante a audiência de conciliação, sendo essa realizada pelo juiz antes da audiência de instrução e julgamento, conforme apresenta o Código de Processo Civil:

> "Quando o litígio versar sobre direitos, patrimoniais de caráter privado, o juiz, de ofício, determinará o comparecimento das partes ao início da audiência de instrução e julgamento.
>
> Parágrafo único. Em causas relativas à família, terá lugar igualmente a conciliação, nos casos e para os fins em que a lei consente a transação.
>
> Antes de iniciar a instrução, o juiz tentará conciliar as partes. Chegando a acordo, o juiz mandará tomá-lo por termo.
>
> O termo de conciliação, assinado pelas partes e homologado pelo juiz, terá valor de sentença."
>
> Artigos 447 a 449, do Código de Processo Civil.

5. FASES DA CONCILIAÇÃO CÍVEL

5.1. Fase Pré-processual

A conciliação poderá ser praticada para obter a solução de conflitos de interesses, também em fase pré-processual, desde que o conflito possa ser resolvido fora do Poder Judiciário.

A fase da conciliação pré-processual é a que antecede o processo e, se assim ocorrer, e sendo o termo de conciliação homologado pelo juiz e cumprido pela parte vencida, não há por que se falar em propositura de ação em relação àquele conflito que de acordo com o termo assinado pelas partes já foi resolvido.

5.2. Fase processual

A conciliação praticada na fase processual ocorre durante o tempo em que perdurar o processo, sendo essa a conciliação preliminar de que trata o art. 448 do Código de Processo Civil brasileiro, já abordado anteriormente.

5.3. Fase da conciliação incidental

Durante o período em que perdurar o processo, também poderá ocorrer de uma ou de todas as partes nele envolvidas manifestarem interesse em resolver o conflito pelo qual estão litigando, antes da audiência de conciliação marcada pelo Poder Judiciário, e se assim ocorrer, será realizada uma conciliação incidental.

6. DOS RESULTADOS COM A CONCILIAÇÃO CÍVEL

6.1. Onde se pratica a conciliação

Tem-se obtido grandes resultados com a realização das Audiências de Conciliação.

Assim, diversos países como Argentina, Canadá, Estados Unidos, Itália, entre outros adotaram o Instituto da Mediação para resolver conflitos de interesses, e os resultados têm sido muito satisfatórios.

No Brasil, a prática da tentativa para a conciliação muito tem crescido, favorecendo não só o Poder Judiciário devido à crise no que tange ao "desafogamento" da pilha de processos, mas favorecendo em especial as partes envolvidas no processo, exatamente pelo sucesso obtido não só na área cível, mas também na trabalhista e penal. Relembrando que na área penal a conciliação no JECRIM se pratica quando o crime for de menor potencial ofensivo, e na área trabalhista a conciliação é praticada pela Comissão de Conciliação Prévia.

Grandes bons exemplos não nos faltam para enriquecer a relação dos êxitos das audiências de conciliação, haja vista o sucesso dos Setores de Conciliação instalados nas Comarcas e nos Foros dos Estados brasileiros, em primeiro e segundo graus de Jurisdição do Tribunal de Justiça, autorizados pelo Egrégio Conselho Superior da Magistratura, nos termos do Provimento n. 953/2005, bem como o Movimento pela Conciliação, criado no ano de 2006, pelo Conselho Nacional de Justiça — CNJ —, com o *slogan* "Conciliar é legal", traz a Semana Nacional da Conciliação. O evento tem contado com a participação conjunta das Justiças Federal, Estadual e do Trabalho.

É louvável a preocupação que se vê aflorar no que tange ao assunto da conciliação, com o incentivo e a criação de meios para a solução de conflitos de interesses.

6.2. O "Movimento pela Conciliação"

Há outro grande trabalho também ligado diretamente à aplicação dos meios de conciliação, para solução de conflitos de interesses, que é o do Conselho Nacional de Justiça — CNJ —, chamado Movimento pela Conciliação, o qual acontece de ano em ano, especificamente no final de cada ano, conforme descrito na reportagem de 21.8.2006 sobre o Conselho Nacional de Justiça:

21.8.2006 — 16:10 — CNJ lança Movimento pela Conciliação

"A presidente do Conselho Nacional de Justiça (CNJ), ministra Ellen Gracie, lança nesta quarta-feira (23/08), em Solenidade no Supremo Tribunal Federal, em Brasília, o Movimento pela Conciliação. Trata-se de uma grande mobilização nacional de iniciativa do CNJ em parceria com órgãos do Judiciário, Ordem dos Advogados do Brasil (OAB) e Conselho Nacional do Ministério Público (CNMP), além de associações de magistrados, entidades, universidades, escolas de magistratura e outros setores da sociedade civil.

O movimento, sob o *slogan* "Conciliar é legal", tem como objetivo promover, através da cultura da conciliação, a mudança de comportamento dos agentes da Justiça, de todos os seus usuários, dos operadores de Direito e da sociedade. Além disso, pretende-se mudar comportamentos e induzir na sociedade a cultura de que um entendimento entre as partes e a conciliação é sempre o melhor caminho para o encerramento de um processo jurídico.

O entendimento traz inúmeros benefícios para todos os envolvidos, como uma maior satisfação do usuário, diminuição do tempo do processo, economia de recursos, integração entre a Justiça e a sociedade civil, pacificação social e a construção de um Judiciário mais acessível, eficiente e rápido. Atualmente, a taxa de conciliação do país ainda é baixa. Fica entre 30% e 35%, frente a um índice de cerca de 70% nos países desenvolvidos.

O CNJ tem uma agenda de ações pela conciliação desde o lançamento do movimento até o Dia Nacional da Conciliação, marcado para 8 de dezembro. Nesta ocasião, o Judiciário de todo o país fará um grande mutirão, em todos os estados, promovendo audiências de conciliação e divulgando a importância do entendimento.

O Movimento pela Conciliação foi desenvolvido no âmbito da Comissão dos Juizados Especiais do CNJ. Estão à frente da comissão os conselheiros Eduardo Lorenzoni e Germana Moraes. Fazem parte da coordenação do projeto o desembargador Marco Aurélio Buzzi, do Tribunal de Justiça de Santa Catarina, e a juíza Mariella Nogueira, do Tribunal de Justiça do Estado de São Paulo.

Mariella explica que o movimento é uma ação nacional e conjunta de todo o Judiciário. "É uma grande iniciativa a caminho da pacificação social". Segundo a juíza, a conciliação busca harmonizar interesses, fazendo com que as próprias partes construam uma solução. "Quando um processo é concluído, sempre há um perdedor e um ganhador e sempre há algo imposto. Com a conciliação, chega-se a uma solução que é boa para os dois lados", afirma.

O desembargador Marco Aurélio Buzzi lembra que para fazer conciliação não é preciso fazer grandes investimentos nem contratar novos servidores, beneficiando a parcela menos favorecida da população. "O serviço de conciliação tem custo zero para o Estado, não depende de lei nem de reforma para acontecer e atende aos anseios da população carente. Por isso tem tanta legitimidade junto à sociedade civil", diz.

Participam do lançamento do movimento, nesta quarta-feira, as 10h30, presidentes de tribunais de justiça, tribunais do trabalho e tribunais regionais federais, tribunais superiores, advogados, Ministério Público, defensorias, escolas de magistratura, associações, universidades e entidades. A solenidade será realizada na sala de sessões da Primeira Turma do STF, no Anexo II B."[3]

Abaixo segue a definição de conciliação na visão dos criadores do Movimento pela Conciliação do Conselho Nacional de Justiça (CNJ):

O que é conciliação?

"É um meio alternativo de resolução de conflitos em que as partes confiam a uma terceira pessoa (neutra), o conciliador, a função de aproximá-las e orientá-las na construção de um acordo. O conciliador é uma pessoa da sociedade que atua, de forma voluntária e após treinamento específico, como facilitador do acordo entre os envolvidos, criando um contexto propício ao entendimento mútuo, à aproximação de interesses e à harmonização das relações. Conforme o momento em que for feito o acordo, a conciliação pode se dar na forma processual, quando a lide já está instaurada, ou pré-processual, também denominada informal, quando os conflitos ainda não foram jurisdicionalizados.

No caso da conciliação judicial, o procedimento é iniciado pelo magistrado ou por requerimento da parte, com a designação de audiência e a intimação das partes para o comparecimento. Na conciliação pré-processual, a parte comparece à unidade do Poder Judiciário apta a atendê-la — no caso, as unidades de conciliação já instaladas ou os Juizados Especiais —, que marca uma sessão na qual a outra parte é convidada a comparecer. Na efetivação do acordo, o termo da audiência se transforma em título judicial. Na falta de acordo, é dado o encaminhamento para o ingresso em juízo pelas vias normais.

A Justiça de Conciliação favorece o processo de paz social ao fomentar a cultura do diálogo e tornar a Justiça mais efetiva e ágil, com a redução do número de conflitos litigiosos e do tempo para a análise dos processos judiciais. Atualmente, a taxa de conciliação do país ainda é baixa, entre 30% e 35%, enquanto nos países desenvolvidos esse índice chega a 70%. Para reverter essa situação, o Conselho Nacional de Justiça (CNJ) lançou, no último dia 23 de agosto, o Movimento pela Conciliação, que pretende difundir uma nova cultura no país para a resolução de conflitos. A implantação do projeto não depende de aprovação de nenhuma lei nem de investimentos financeiros, já que ele utiliza a estrutura administrativa do Judiciário."[4]

7. DA RESPONSABILIDADE DO TERMO DE CONCILIAÇÃO

Na sala de Audiência de Conciliação, após o fechamento do acordo, é comum se dizer que o próximo passo será as partes assinarem o "Termo de Acordo". Quanto a esse termo, é importante dizer que estamos nos referindo ao Termo de Conciliação.

---

(3) CNJ lança Movimento pela Conciliação. Brasil. Acesso em: 4 de maio de 2007. Disponível em: <http://www.stf.gov.br/noticias/imprensa/ultimas/ler.asp?CODIGO=205289&tip=um&param=>.

(4) Conselho Nacional de Justiça. Movimento pela Conciliação. Brasil. Acesso em: 4 de maio de 2001. Disponível em: <http://www.conciliar.cnj.gov.br/conciliar/pages/conciliação/Conciliação.jsp>.

A insistência em chamá-lo de "termo de acordo" é simplesmente porque é ele o acordo, o perseguido nas audiências de conciliação, pois ele está previsto em lei, conforme dito anteriormente.

Portanto, quando se fala que fechou acordo, o documento a ser assinado deve ter o título de "Termo de Audiência de Conciliação", porque judicialmente está se falando que houve a conciliação. Que reza o Código de Processo Civil (CPC) a respeito:

> "Antes de iniciar a instrução, o juiz tentará conciliar as partes. Chegando a acordo, o juiz mandará tomá-lo por termo.
>
> O termo de conciliação, assinado pelas partes e homologado pelo juiz, terá valor de sentença."
>
> Arts. 448 e 449 do Código de Processo Civil.

O acordo vem acompanhado de grande responsabilidade e importância, pois é ele, como já dito, o responsável pelo fim do conflito judicial. Contudo, o acordo tem de ser bom para as partes que compõem a lide, ou seja, não se deve firmar um acordo deixando sem solução qualquer pedido constante na petição inicial, bem como não pode haver impasse. As partes também não devem ter dúvidas quanto ao termo de conciliação que estão firmando e assinando.

É importante também se verificar a forma de cumprimento do acordo, principalmente quando se tratar de pagamento de valor pecuniário, o que poderá ser acordado em mais de uma parcela. A parte vencida deverá ter certeza de que vai poder honrar com o compromisso, não se esquecendo da existência de cláusulas de multas processuais e até mesmo cláusula penal que poderá constar no acordo.

O termo de conciliação deve ser claro e objetivo, de forma que as partes, por mais simples que sejam em termo de conhecimento jurídico, possam entender o que naquele termo consta, ficando elas conscientes de que, após assinado o termo, e esse homologado pelo juiz, não restará qualquer chance de se voltar atrás do acordado.

7.1. Da responsabilidade da digitação do termo de audiência de conciliação

A responsabilidade da elaboração e digitação do termo de audiência de conciliação fica a cargo do escrevente ou do(a) conciliador(a), este último que conduziu a audiência de conciliação, sendo eles os primeiros a ler e corrigir o termo, passando-o em seguida para as partes litigantes, advogados e prepostos, quando houver.

Quando se tratar de audiência de conciliação em Juizado Especial, o termo normalmente será digitado pelo próprio conciliador/estagiário.

Já na audiência de conciliação tratando-se de Justiça Comum, o termo de audiência de conciliação será digitado pelo escrevente do Poder Judiciário.

Quando se tratar de audiência de conciliação proferida pelo juiz, esse também deverá ler o termo, digitado pelo escrevente e depois de lido e corrigido por todas as partes interessadas, assinam o tal termo.

Outros pontos importantes que também devem constar no termo de conciliação são as cláusulas de multas processuais e penais, quando couber, para a execução do acordo em caso de descumprimento do mesmo.

Depois de firmado o acordo, a(o) requerente fica ciente de que nada mais poderá reclamar em relação ao pleito daquela ação, normalmente tal redação no termo de conciliação. O texto digitado que é o acordo dará a quitação dos pedidos da inicial.

Para que se deixe claro o que se firmou em um acordo, serão citados exemplos de trechos "finais" de como deve ser redigido e escrito um "termo de acordo", ou seja, o termo de audiência de conciliação.

Exemplo 1: "Com o presente acordo, as partes <u>dão-se</u> plena, total, geral e irrevogável quitação, nada mais podendo ser discutido acerca do objeto descrito na inicial." (negrito e grifo da autora)

No exemplo 1 acima apresentado, está sendo considerado no termo que a obrigação requerida no processo foi cumprida no ato da audiência de conciliação.

Exemplo 2: "Com o cumprimento do presente acordo, as partes <u>dar-se-ão</u> plena, total e irrevogável quitação, nada mais podendo ser discutido acerca do objeto descrito na inicial." (negrito e grifo da autora)

Já no exemplo 2 apresentado, está sendo considerado no termo que a obrigação requerida no processo será cumprida após alguns dias ou meses depois da realização da audiência de conciliação.

7.2. *Trabalhando a proposta para o fechamento do acordo*

Para se fechar um bom acordo é importante que a proposta lançada pelo devedor seja boa para que haja o aceite do credor ou, no mínimo, que se lance uma proposta negociável.

Quando se tratar de valor pecuniário é necessário que o devedor faça uma proposta de pagamento cujo valor ofertado não fuja muito do valor pretendido pelo credor para não dificultar a aceitação. Não se pode lançar uma proposta que gere indignação perante a parte contrária, não se pode esquecer de que o acordo tem de ser bom para as partes, e não apenas para o devedor, caso esse almeje pagar um valor "irrisório" em relação ao valor devido.

Em alguns casos pode ocorrer que, quando chegar a hora da audiência de conciliação, o devedor já tenha pagado o valor do seu débito, mas, se o pagamento não tiver ocorrido na data do vencimento do título, com o passar do tempo, serão acumulados juros e correções, e a cobrança gerada será chamada de "bola de neve", e se isso ocorrer poderá gerar o seguinte resultado: valor principal da dívida pago, porém os encargos ainda serão devidos, motivo que muito provavelmente impossibilitará o acordo extrajudicial, em virtude de o credor acreditar que realmente tenha direito a receber todos os valores gerados ao longo do tempo em que perdurou a dívida, recorrendo esse último à Justiça.

O credor, por sua vez, também não pode esperar que na audiência de conciliação venha a receber o valor total de seu crédito. Não pode ele esquecer que naquela audiência a proposta é para acordo, e para que haja acordo é importante que cada parte esteja disposta a ceder um pouco do que entende ser de seu direito.

Quando o credor é pessoa física e está magoado devido à demora do recebimento do pagamento de seu crédito, e na audiência de conciliação recebe do devedor uma proposta com oferta muito distante do valor devido, tende a recusá-la, se sentindo ofendido, porque tinha a pretensão de receber boa parte do valor a que entende ter ou ser de direito.

Também existe o credor pessoa jurídica, que tende a resistir à proposta do devedor por entender que o valor ofertado seja pequeno em relação ao valor devido. Porém, mesmo que a oferta esteja a contento, tende ele a não concordar com a forma de pagamento, caso a proposta seja ofertada em grande ou em razoáveis números de parcelas.

O credor resiste, desejando receber o pagamento em número pequeno de parcelas no lugar das apresentadas pelo devedor, quando longas. Tal resistência normalmente se dá em razão de uma política interna da empresa. O fato é que tais entendimentos e resistências dificultam o acordo, e às vezes a conciliação acaba não acontecendo.

Caso o credor almeje receber o pagamento total de seu crédito, muito raro isso acontecerá na audiência de conciliação, pois ele precisará ter o conhecimento de que dali sairá um termo de audiência de conciliação, e não uma sentença.

Ressaltando o que já é de conhecimento de todos, mesmo em sentença proferida pelo juiz em audiência de instrução e julgamento, o valor a receber talvez não seja o total devido. Depende da avaliação de alguns itens e também do entendimento do juiz.

Ainda tratando-se de cobrança, existem casos em que o credor ingressa com ação judicial cobrando do devedor valores, incluindo também valores que já tenham sido pagos anteriormente à distribuição da ação. Nesses casos, se caracterizará litigância de má-fé.

Portanto, é importante que as pessoas, físicas ou jurídicas, entendam que podem e devem procurar a Justiça quando se sentirem lesadas ou com a necessidade de receberem de seus credores; os valores, objetos, bens ou qualquer benefício; que seja tal pedido sem a pretensão por mero prazer de levar a situação à fase de instrução e julgamento, que poderá se arrastar ao recurso, quando daquela situação for possível sair uma conciliação, bem como não fazer uso da litigância de má-fé.

É muito importante, conforme abordamos anteriormente, que as partes não esqueçam que, para realizar um acordo, cada uma deve ceder um pouco, pondo em prática o seu bom senso e a conciliação.

Uma das ferramentas de trabalho importantes para se praticar a conciliação é o uso do bom senso, que deverá ser praticado por todos que estão participando da audiência, seja por parte do credor, do devedor, do preposto da empresa, dos advogados das partes e também do conciliador.

Partindo do princípio de se fazer uso do bom senso, a audiência fluirá com grande probabilidade de nela se fechar o esperado acordo, e para também que se possa dizer que naquela audiência foi praticada a conciliação.

7.3. *Do acordo na audiência de conciliação e sua importância*

No meio jurídico, muito se fala do acordo. Conforme exposto, o acordo é a situação perseguida quando existe uma pretensão *versus* uma resistência.

E o que é o acordo? Esse é o ponto importante. O acordo é o acontecimento na audiência de conciliação que coloca um fim em uma ação judicial, bem como em um procedimento pré-processual ou em um procedimento extrajudicial.

Daremos para o acordo uma definição clara e concisa para um rápido entendimento. O acordo nada mais é que a parte devedora pagar o que deve à parte credora ou provar que nada lhe deve. E, em qualquer dessas situações, com o aceite da parte credora, encerra-se o conflito, acontecendo a conciliação.

Com o firmamento do acordo na audiência de conciliação, encerra-se o processo, sendo bom para todos os envolvidos.

Bom para a parte reclamante, que recebeu, na sua totalidade ou em parte, o que entendia ser seu por direito.

Bom para o devedor porque às vezes mantinha a intenção de pagar o seu débito e a parte credora resistia em receber o valor ofertado, entendendo ser tal quantia pequena em relação ao que já havia perdido com o passar do tempo, ou que, às vezes, mantinha a pretensão ao dano moral. Por fim, o firmamento do acordo também é bom para o Poder Judiciário, que se beneficia com o "desafogamento" de suas pilhas de processos.

Quando as partes litigantes chegam a um consenso e fecham um acordo na audiência de conciliação, esse exemplo serve para outras audiências de conciliação, que servirão para perseguir o acordo quando na vertente da Conciliação Judicial e alcançar a vertente da Conciliação Emocional.

8. A CONCILIAÇÃO PRÉVIA E SUA IMPORTÂNCIA

8.1. *Do amparo legal à Conciliação Prévia*

No Brasil, a conciliação também passou a ser praticada para resolver conflitos de interesses na área trabalhista, dando ênfase à Responsabilidade Social do Direito do Trabalho. Assim, a Conciliação Prévia é aplicada na Justiça do Trabalho e prevista na Consolidação das Leis do Trabalho, Decreto-Lei n. 5.452, 1º.5.1943, Título VI-A, acrescentado pela Lei n. 9.958, de 12.1.2000. Das Comissões de Conciliação Prévia — CCP, arts. 625-A a 625-H. Vejamos:

> "As empresas e os sindicatos podem instituir Comissões de Conciliação Prévia, de composição paritária, com representantes dos empregados e dos empregadores, com a atribuição de tentar conciliar os conflitos individuais do trabalho."
>
> Art. 625-A *caput*, da Consolidação das Leis do Trabalho, Decreto-lei n. 5.452, 1º.5.1943.

8.1.1. Conciliação trabalhista — Das Comissões de Conciliação Prévia — CCP

Vale ressaltar que a lei determina a condição de que, para que haja a aplicação da conciliação nos conflitos trabalhistas, tenha de existir uma comissão de conciliação prévia no âmbito da empresa ou do sindicato da categoria, conforme veremos no dispositivo abaixo.

> "Qualquer demanda de natureza trabalhista será submetida à Comissão de Conciliação Prévia se, na localidade da prestação de serviços, houver sido instituída a Comissão no âmbito da empresa ou do sindicato da categoria.
>
> A demanda será formulada por escrito ou reduzida a termo por qualquer dos membros da Comissão, sendo entregue cópia datada e assinada pelo membro aos interessados.
>
> Não prosperando a conciliação, será fornecida ao empregado e ao empregador declaração da tentativa conciliatória frustrada com a descrição de seu objeto, firmada pelos membros da Comissão, que deverá ser juntada à eventual reclamação trabalhista."
>
> Arts. 625-A *caput* e 625-D, §§ 1º e 2º, da Consolidação das Leis do Trabalho, Decreto-lei n. 5.452, 1º.5.1943.

8.1.2. "Pressuposto processual"

A seguir uma entrevista com o ministro Ives Gandra Martins Filho, dada à *Revista Consultor Jurídico*, em que ele cita um exemplo de processo trabalhista extinto sem julgamento do mérito, por falta de Conciliação Prévia:

> "Ação é extinta por falta de conciliação prévia
>
> A 4ª Turma do Tribunal Superior do Trabalho decidiu extinguir um processo, sem julgamento do mérito, porque não houve audiência em Comissão de Conciliação Prévia. De acordo com o relator, ministro Ives Gandra Martins Filho, a norma da CLT que prevê a submissão de qualquer demanda às Comissões de Conciliação Prévia, quando existentes na localidade, é pressuposto processual negativo para o ajuizamento da reclamação na Justiça do Trabalho. Ele enfatizou que a lei determina essa condição em termos imperativos — 'será submetida" e não' poderá ser submetida".

O processo em questão foi ajuizado por um ex-empregado da Laeta S/A — Distribuição de Títulos e Valores Mobiliários contra a empresa. O Tribunal Regional do Trabalho da 2ª. Região (São Paulo) rejeitou recursos ordinários de ambas as partes.

A empresa recorreu ao TST. Pediu a nulidade do processo. Argumentou que houve cerceamento de defesa pelo fato de não ter sido feita a audiência em Comissão de Conciliação Prévia.

O ministro Ives Gandra Martins Filho destacou que, no caso em questão, não há controvérsia nos autos quanto à existência da comissão. Diante da ausência de documentos que comprove que foi frustrada a conciliação prévia, e não tendo sido apresentado motivo relevante da não submissão à CCP, concluiu pela extinção do processo sem julgamento do mérito. Ele mencionou vários precedentes do TST neste sentido.

Com a decisão, ficou prejudicada a análise do restante do recurso o reclamante ficou responsável pelo pagamento das custas processuais."[5]

Portanto, após o conhecimento do fato acima mencionado, vale ressaltar a importância e a eficácia da aplicação da lei na prática da Conciliação Prévia, no que tange a resolver conflitos processuais na área trabalhista.

8.2. Do Histórico da Conciliação Prévia

É interessante que se saiba que a Lei de n. 9.958, de 12 de janeiro de 2000, que alterou e acrescentou à CLT — Consolidação das Leis do Trabalho —, dispondo sobre as Comissões de Conciliação Prévia, no início, encontrou resistência como meio de solução de conflitos trabalhistas.

Durante algum tempo existiram e podemos dizer que ainda existem discussões quanto a sua constitucionalidade, porém é importante lembrar que o art. 625-D da lei em questão, conforme já dissemos anteriormente, reza que qualquer demanda de natureza trabalhista será submetida à Comissão de Conciliação Prévia, antes de se propor qualquer demanda trabalhista. Cabendo o entendimento de que as partes não são obrigadas a firmar acordo na audiência de conciliação, se assim não desejarem. Portanto, não há o que se discutir quanto à sua constitucionalidade.

8.2.1. Da doutrina e jurisprudência

Passou-se a apreciar inteligentes jurisprudências quanto ao entendimento da constitucionalidade dos trabalhos das Comissões de Conciliação Prévia.

"Da obrigatoriedade de reclamar perante as Comissões de Conciliação Prévia *

Diz o art. 625-D da CLT, instituído pela Lei n. 9958/00, que dispõe sobre as Comissões de Conciliação Prévia que, qualquer demanda de natureza trabalhista será submetida à Comissão de Conciliação Prévia.

---

(5) Consultor Jurídico: Pressuposto processual: *Revista Consultor Jurídico*, RR 2456/2003-065-02-00.0, 11 de junho de 2007. Acesso em: 12 de junho de 2007. Disponível em: <http://conjur.estadao.com.br/static/text/56424,1>.

Referido dispositivo ensejou diversos debates doutrinários e jurisprudenciais sobre a obrigatoriedade ou não da submissão de demanda trabalhista às Comissões de Conciliação antes de ajuizamento de Reclamação Trabalhista.

Além do dispositivo em comento, o art. 4º da portaria GM/TEM n. 329, de 14 de agosto de 2002, também trata da questão, estabelecendo que *"A submissão de demanda de natureza trabalhista à Comissão de Conciliação Prévia é obrigatória quando houver Comissão instituída no âmbito da empresa ou do sindicato da categoria, na localidade da prestação de serviços do trabalhador."*

Para aqueles que entendem ser obrigatória a apresentação de reclamação às Comissões de Conciliação Prévia (CCP), o não cumprimento enseja a extinção do feito sem julgamento do mérito, por se tratar de uma condição da ação.

Neste sentido, assim nos ensina Eduardo Carrion, na atualização da CLT comentada por Valentin Carrion: *"Sua constituição é obrigatória, não obstante o legislador utilize "poderá" no art. 625-A: é que o art. 625-D, caput, dispõe que "qualquer demanda de natureza trabalhista será submetida à Comissão" e seus §§ 2º e 3º exigem a juntada de declaração de tentativa conciliatória frustrada com a descrição do objeto, quando do ajuizamento da ação. Essa exigência coloca-se como condição da ação trabalhista, já que, inobservado esse requisito, faltaria interesse de agir."*

Também entendendo como obrigatória a passagem pelas CCP, assim é a lição do saudoso professor Eduardo Gabriel Saad:

"Assim, é fora de dúvida, que, onde houver Comissão de Conciliação Prévia — de empresa ou sindical — é o trabalhador obrigado a levar a seu conhecimento — para fins de mediação — e ou os fatos geradores do litígio com a empresa.

A nosso ver, trata-se de nova condição da ação."

Recentemente, em 17.9.2004, foi publicado acórdão do Tribunal Superior do Trabalho3, da lavra do Ministro Barros Levenhagen, extinguindo o feito sem julgamento do mérito, devido a não submissão da demanda às Comissões de Conciliação Prévia, cuja ementa é seguinte:

"RECURSO DE REVISTA — AUSÊNCIA DE PRESSUPOSTO DE CONSTITUIÇÃO E DE DESENVOLVIMENTO VÁLIDO E REGULAR DO PROCESSO: SUBMISSÃO DA DEMANDA À COMISSÃO DE CONCILIAÇÃO PRÉVIA. ART. 625, D, DA CLT. A obrigatoriedade imposta no art. 625-D da Consolidação das Leis do Trabalho, inserto no Título VI-A desse diploma Legal acrescentado pela Lei n. 9.958/2000, não afronta o princípio do livre acesso ao Poder Judiciário porque não impede o ajuizamento de ação visando à satisfação das pretensões ressalvadas ou a declaração de nulidade do ajuste celebrado perante a comissão. A conciliação constitui precedente fundamental no processo do trabalho, estando intimamente ligada à sua finalidade histórica, alçada à condição de princípio constitucional, dispondo o art. 114 da Lei Maior: Compete à Justiça do Trabalho conciliar e julgar os dissídios individuais e coletivos..., podendo ser citados outros exemplos na Consolidação das Leis do Trabalho e legislação correlata. A novidade introduzida com a mencionada legislação compatibiliza-se com a função institucional da Justiça do Trabalho, revelando-se excelente instrumento de solução rápida e mais adequada dos conflitos, porque inserido no seio de convivência das partes envolvidas, fora a grande economia processual daí advinda. Contra o argumento de acesso ao Judiciário, pode-se invocar, ainda, a disposição do art. 625-F, que fixa o prazo de 10 (dez) dias para a realização da conciliação, sendo que exaurido, in albis o mesmo, o interessado poderá invocar a proteção dos §§ 2º e 3º do art. 625-D da CLT. Recurso Provido."

Contudo, "data maxima venia" o entendimento consagrado pelo Tribunal Superior do Trabalho rema em contramão aos mais comezinhos princípios do processo do trabalho, posto que o

Juiz do Trabalho, antes de extinguir o feito sem julgamento do mérito, tem o dever de tentar conciliar as partes e, o que o legislador pretendeu com a criação das CCP não foi dificultar o acesso ao judiciário, mas sim criar mais uma alternativa de solução de conflitos, de forma a incentivar a participação dos interessados na tentativa de uma solução mais célere, sem a mobilização do Estado.

Resta claro tratar-se de uma faculdade do empregado diante da ausência de previsão de cominação. Extinguir o processo sem julgamento do mérito não comunga com os ideais de Justiça, sendo certo que as CCP devem ser utilizadas como instrumento para satisfação dos direitos trabalhistas e não como obstáculo para alcançá-los.

Qual a utilidade processual da extinção do feito para determinar a remessa ao órgão administrativo (CCP), se o juiz, no exercício da sua função conciliatória, não obteve êxito?

Ademais disso, para se declarar nulo um processo não submetido as CCP, como fez o Tribunal Superior do Trabalho, é necessário resultar prejuízo, o que não se verifica na hipótese de não submissão às CCP, porquanto o acordo é perfeitamente possível na esfera judicial.

Sobre este tema, o Tribunal Regional do Trabalho da 2ª Região, brilhantemente, editou a Súmula n. 2 que assim dispõe: *"O comparecimento perante a Comissão de Conciliação Prévia é uma faculdade assegurada ao Obreiro, objetivando a obtenção de um título executivo extrajudicial, conforme previsto pelo artigo 625-E, parágrafo único da CLT, mas não constitui condição da ação, nem tampouco pressuposto processual na reclamatória trabalhista, diante do comando emergente do art. 5º, XXXV, da Constituição Federal."*

Neste mesmo sentido, também tem sido o entendimento de outros Tribunais Regionais, senão vejamos algumas ementas:

"EXTINÇÃO DO PROCESSO SEM O JULGAMENTO DO MÉRITO POR NÃO EXAURIDA A VIA ADMINISTRATIVA — ART. 625-D DA CLT — COMISSÕES DE CONCILIAÇÃO PRÉVIA — ÓBICE PROCESSUAL AFASTADO — PROVIMENTO DO RECURSO DO AUTOR — A propositura da ação perante o Judiciário já demonstra rejeição das partes à submissão a estas Comissões, ou, por outra, que existia motivo relevante para não submeter a solução de demanda a estes interlocutores. Entre o direito constitucional de ação e a regra prevista no art. 625-D da CLT, não deve ter dúvida o operador do direito: não se pode compelir as partes à auto-composição, já que este mecanismo de solução é etiologicamente situado no campo da autonomia privada dos interesses. O direito de ação, ao seu turno, é público por excelência, constitui garantia constitucional das liberdades do cidadão e certamente, uma das maiores conquistas do Estado Democrático de Direito. Não comporta minimizações. Uma vez exercido o direito de ação pressupõe-se a existência de litigiosidade impassível de ser solucionada no âmbito da esfera privada, competindo ao Estado-Juiz a entrega da prestação jurisdicional, que não comporta delegação e da qual não pode se eximir. No mais, se constitui um poder-dever do Juiz promover a conciliação entre as partes, não há razão plausível para que, comparecendo autor e réu perante o órgão Judiciário e, uma vez frustrada esta tentativa de conciliação, se determine que a auto-composição seja tentada em outra esfera." (TRT/15ª — RO n. 25.942/2001 — Relatora Juíza Maria de Fátima Vianna Coelho — DOESP 28.1.2002)

"NÃO APRECIAÇÃO DA DEMANDA TRABALHISTA PELA COMISSÃO DE CONCILIAÇÃO PRÉVIA — CARÊNCIA DA AÇÃO — Com o advento da Lei n. 9.958, de 12 de janeiro de 2000, a Justiça do Trabalho passou a contar com o auxílio das Comissões de Conciliação Prévia, como uma forma de triagem natural das lides que são submetidas à sua apreciação. Entretanto, essa arbitragem é facultativa, mesmo sendo uma alternativa para a jurisdição, cumprindo importante papel no sentido de reduzir o número de processos trabalhistas. Em nenhum momento estabelece essa lei qualquer sanção quando não cumprido o previsto no art. 625-D da CLT, ou ainda que a falta de tentativa de Conciliação Prévia configuraria carência de ação por parte do empregado. O seu valor jurídico advém da Conciliação Prévia, e não da ausência desta, visto que o que for nela acordado não poderá ser tema de discussão em reclamatória trabalhista." (TRT/12ª — RO-V n. 8.640/2001 — (07979/2002) — 2ª T. — Rel. Juiz Dinei Ângelo Biléssimo — j. 18.7.2002).

A nosso ver, com a devida vênia, a decisão proferida pelo TST, nada mais fez do que alimentar o descrédito na Justiça do Trabalho pois, preocupando-se com um formalismo exacerbado, negou jurisdição a um trabalhador, sendo que se houvesse qualquer possibilidade de acordo o mesmo teria ocorrido em juízo, sendo desnecessário a via administrativa."[6]

"Conciliação extrajudicial não pode ser anulada

O termo assinado na comissão de conciliação prévia tem eficácia plena e não pode, assim, ser anulado. Com esse entendimento, a 6ª Turma do Tribunal Superior do Trabalho negou o pedido de Jacques Araujo Netto, ex-técnico de vôlei do Flamengo, que entrou na Justiça para anular a conciliação.

De acordo com o processo, o técnico foi demitido, sem justa causa, em dezembro de 2004, quando coordenava as equipes infanto-juvenil, juvenil e adulto da seleção de vôlei do clube. Na reclamação trabalhista, disse que exerceu essa função por mais de 10 anos, desde que fora contratado, em 1995, como auxiliar técnico de voleibol feminino. Alegou trabalhar mais do que a jornada contratual e de participar dos jogos em todas as categorias nos fins de semana, sem que o Clube o remunerasse com horas extras.

O técnico disse que soube de sua demissão por meio da imprensa no dia 3 de dezembro de 2004. Segundo ele, a demissão foi decidida "de forma leviana" por um diretor do clube, a partir de acusações infundadas feitas por pessoas ligadas ao voleibol. Isso teria trazido sérios abalos de ordem moral e profissional porque "sempre trabalhou na formação de atletas com boa conduta, desenvolvendo um trabalho inquestionável de descobrir novos talentos". A rescisão foi feita extrajudicialmente na comissão de conciliação prévia. Posteriormente, ele ajuizou a reclamação trabalhista na 11ª Vara do Trabalho do Rio de Janeiro pedindo a nulidade do acordo extrajudicial e o pagamento de diversas verbas que considerava devidas, mais indenização por dano moral de mais de R$ 100 mil.

Em seu depoimento, afirmou que fez o acordo com base em experiências passadas por outros colegas de trabalho. Disse que "deveria receber naquele momento ou então não receberia mais, uma vez que só poderia receber se entrasse na Justiça". A primeira instância extinguiu o processo sem julgar o mérito. O Tribunal Regional do Trabalho do Rio de Janeiro analisou seu recurso e observou que ele não ressalvou, no termo de conciliação, o direito de postular qualquer pedido na Justiça, e manteve a decisão de primeiro grau.

No recurso ao TST, sustentou que a quitação ampla, incluindo até mesmo parcelas não constantes no contrato, esbarra nos princípios da irrenunciabilidade dos direitos trabalhistas e da inafastabilidade da jurisdição, previstos no artigo 5º, inciso XXXV, da Constituição Federal. O relator, ministro Horácio de Senna Pires, manteve as decisões anteriores. Afirmou que, "quando as partes procuram solucionar o conflito através de foro extrajudicial, suas manifestações de vontade devem ser respeitadas".

---

(6) SAAD, Eduardo Gabriel. *Comissões de Conciliação Prévia, cuja ementa é seguinte:* Brasil. Acesso em: 14 novembro 2010. Disponível em: <http://www.getusp.org.br/webapps/imagefile/arquivos/artigo_-_comiss%C3%B5es_de_concilia%C3%A7%C3%A3o_pr%C3%A9via_05-10-04.pdf>.

O ministro fundamentou sua decisão no artigo 625-E da CLT que, em seu parágrafo único, afirma que "o termo de conciliação [perante comissão de conciliação prévia] é título executivo extrajudicial e terá eficácia liberatória geral, exceto quanto às parcelas expressamente ressalvadas". Os Embargos de Declaração interpostos pelo técnico contra esta decisão aguardam julgamento pela 6ª Turma. RR-6/2006-011-01-00.9."[7]

A doutrina, no entanto, clareia os conhecimentos diante das experientes interpretações dos legisladores em relação ao instituto jurídico.

Estruturalmente, a criação do procedimento conciliatório liga os elementos, tanto da conciliação quanto da lei que a protege, descritos no regramento escrito nos § 2º e § 3º do art. 625-D, respectivamente, da CLT — Lei das Consolidações do Trabalho. Vejamos:

> Não prosperando a conciliação, será fornecida ao empregado e ao empregador declaração da tentativa conciliatória frustrada com a descrição de seu objeto, firmada pelos membros da Comissão, que deverá ser juntada à eventual reclamação trabalhista.
>
> Em caso de motivo relevante que impossibilite a observância do procedimento previsto no *caput* deste artigo, será a circunstância declarada na petição inicial da ação intentada perante a Justiça do Trabalho.

Portanto, tanto no dever quanto no desejo da tentativa de praticar a conciliação, sendo essa obrigatória no nosso Ordenamento Jurídico, o que se observa é que os legisladores não tomaram outro rumo senão o de ostentar que a Comissão de Conciliação Prévia é o caminho para as partes, ou seja, empregado e empregador que desejem resolver conflitos de interesses laborais.

REFERÊNCIAS BIBLIOGRÁFICAS

DESCARTES, René. *Discurso do método*. Rio de Janeiro: Coleção Universidade: Edições de Ouro.

BENTO, Ricardo Alves. *Presunção de inocência*. 1. ed. São Paulo: Quartier Latin do Brasil, 2007.

DARCANCHY, Mara Vidigal. *Teletrabalho para pessoas portadoras de necessidades especiais*. São Paulo: LTr, 2006.

Conselho Nacional de Justiça. Movimento pela Conciliação. Brasil. Acesso em: 4 de maio de 2001. Disponível em: <http://www.conciliar.cnj.gov.br/conciliar/pages/conciliação/Conciliação.jsp>.

CNJ lança Movimento pela Conciliação. Brasil. Acesso em: 4 de maio de 2007. Disponível em: <http://www.stf.gov.br/noticias/imprensa/ultimas/ler.asp?CODIGO=205289&tip=um&param=>.

---

(7) <http://www.conjur.com.br/2009-jan-26/acordo-firmado-conciliacao-previa-nao-anulado-decide-tst>.

Consultor Jurídico: Pressuposto processual: *Revista Consultor Jurídico*, RR 2456/2003-065-02-00.0. 11 de junho de 2007. Acesso em: 12 jun. 2007. Disponível em: <http://conjur.estadao.com.br/static/text/56424,1>.

Provimento n. 953/2005. Conselho Superior de Magistratura. Autoriza e disciplina a criação, a instalação e o funcionamento do "Setor de Conciliação ou de Mediação" nas Comarcas e nos Foros do Estado.

SAAD, Eduardo Gabriel. *Comissões de Conciliação Prévia,* cuja ementa é seguinte. Brasil. Acesso em: 14 de novembro de 2010. Disponível em: <http://www.getusp.org.br/webapps/imagefile/arquivos/artigo_-_comiss%C3%B5es_de_concilia%C3%A7%C3%A3o_pr%C3%A9via_05-10-04.pdf>.

<http://www.conjur.com.br/2009-jan-26/acordo-firmado-conciliacao-previa-nao-anulado-decide-tst>.

Constitucional brasileiro. Pressuposto processual. Revista Consultor Jurídico, RE 2+96/2002-065-02-00.0, 11 de julho de 2007. Acesso em: 12 jun. 2007. Disponível em: <http://conjur.estadao.com.br/static/text/36424,1>.

Provimento n. 953/2005, Conselho Superior de Magistratura. Autoriza a disciplinar a criação, a instalação e o funcionamento do "Setor de Conciliação ou de Mediação" nas Comarcas e nos foros do Estado.

SAAD, Eduardo Gabriel. Comissões de Conciliação Prévia, cuja ementa é seguinte. Brasil. Acesso em: 14 de novembro de 2010. Disponível em: <http://www.cetesp.org.br/webpub/integdir/arquivos/ufns%C3%B6es_de_conciliu%C3%A7%C3%A3o_pr%C3%A9via_05-10-04.pdf>.

<http://www.conjur.com.br/2009-jan-26/acordo-firmado-conciliacao-previa-nao-anulado-decide-tst>.

APONTAMENTOS SOBRE A GLOBALIZAÇÃO, O PAPEL REGULATÓRIO DO ESTADO E ALGUMAS POSSÍVEIS AÇÕES DA INICIATIVA PRIVADA NO SENTIDO DA REGULAÇÃO E DA RESPONSABILIDADE SOCIAL

Luís Alberto de Fischer Awazu

Advogado e parecerista. Autor de livros e artigos. Mestrando em direito do Estado pela faculdade de Direito do Largo São Francisco/USP. Especialista em Direito Empresarial pela Gv Law-Edesp-FGV. Graduado pela Universidade Presbiteriana Mackenzie. Contato: betoawazu@yahoo.com

Apontamentos sobre a globalização, o papel regulatório do Estado e algumas possíveis ações da iniciativa privada no sentido da regulação e da responsabilidade social

APRESENTAÇÃO

Este trabalho tem por objetivo buscar compreender as relações entre o atual processo de globalização e as tentativas de regulamentação dos mercados, a fim de se compreender como a atuação do Estado pode representar um meio de promoção de um capitalismo mais responsável, ressaltando-se, neste ponto, a atuação da iniciativa privada e os fundamentos éticos. Assim, que esta intervenção possa dar sentido de promoção da cidadania, com fundamento na realização dos preceitos contidos na Constituição da República de 1988.

1. O ATUAL PROCESSO DE GLOBALIZAÇÃO

A compreensão do processo de globalização, do ponto de vista da política internacional, remete-nos à ideia de que a comunidade internacional dos Estados é organizada em uma *ordem internacional*, na qual os países viveriam em uma aparente anarquia internacional. Portanto, a falta de coordenação entre os Estados nacionais soberanos levaria à imposição pela força, uma vez que entre esses há diferentes recursos de poder (econômico, militar, político etc.), de uma *ordem*.[1]

Essa visão estritamente baseada nos recursos de poder foi sendo questionada ao longo do tempo por parte da doutrina, entendendo que o uso da força por si só não seria capaz de garantir a paz e a estabilidade mundiais. Assim, a cooperação entre os Estados, o amplo uso do direito internacional por meio de organizações internacionais, viria a intermediar os conflitos e ser suficiente para a promoção do desenvolvimento.

---

(1) In: *Política Internacional Contemporânea*. Henrique Altemani de Oliveira e Antonio Carlos Lessa (orgs). São Paulo: Saraiva, 2006. p. 5.

Diante desse contexto, é possível analisarmos a globalização, fruto de relações complexas de poder entre economia, política e direito. O professor Carlos Eduardo Vidigal assim escreve sobre o conceito de globalização:

"A globalização deve ser compreendida, antes de mais nada, como um produto da expansão cada vez mais ampliada do capitalismo e da sociedade de consumo, numa sociedade moldada pelo fetichismo da mercadoria. Contempla-se dessa forma parte das preocupações presentes nas áreas da economia, geografia, da história e da sociologia.

Relegam-se, aparentemente, a um segundo plano, as áreas do direito e da ciência política.

No entanto, é necessário reconhecer que, se existe um tema em torno do qual gravitam as várias ciências do homem, esse centro é ocupado pelo capitalismo, enquanto fenômeno econômico, geográfico, histórico, político e social, além de sua dimensão institucional (jurídica). Como acontecimento de longa duração, é aquele que forjou, ao longo dos séculos, as principais estruturas do nosso mundo contemporâneo."[2]

Desse modo, recuando aos anos 70, observamos o encerramento do chamado "ciclo de ouro" de ascensão da economia capitalista, ocorrido especialmente nas décadas de 1960 e 1970. A "crise do petróleo" eleva o preço do produto de menos de dois dólares o barril para quase 30 dólares. Por outra parte, a reconstrução do pós-guerra e os "milagres" alemão e japonês reduziram a hegemonia econômica americana, provocando o surgimento de fortes concorrentes mundiais. Pela primeira vez, a conta-corrente dos Estados Unidos revelou-se negativa, enquanto na Europa e no Japão havia abundância de dólares.

Em 1973, o presidente americano Richard Nixon decreta o fim do sistema de paridades fixas e livre convertibilidade. O valor do dólar passa a "flutuar" de acordo com as leis do mercado, e o Tesouro americano livra-se da obrigação de trocar dólar por ouro. Flutuando em relação ao ouro e às moedas mais fortes, o dólar tendia a se desvalorizar, o que permitia a competitividade das empresas americanas e da balança comercial. Desobrigada da convertibilidade, a administração pôde continuar financiando seus déficits pela emissão de dólares, ocasionando, porém, uma alta inflacionária não só no país, mas em toda a área capitalista onde o dólar era moeda de referência para as transferências internacionais.

A crise do petróleo não foi a única "causa" da recessão mundial nos anos 70, tendo apenas alimentado os problemas estruturais já existentes. Os Estados Unidos, contudo, beneficiaram-se do período, pois dependiam menos do petróleo do que seus concorrentes europeus e japoneses. A balança comercial americana se

---
(2) Ob. cit., p. 7.

recuperou. Os "petrodólares" em mãos dos exportadores de petróleo (em sua maioria, americanos) foram investidos principalmente no mercado interno, valorizando sua moeda.

As políticas de recuperação dos países desenvolvidos envolveram a alta dos juros internacionais, aumentando as dívidas externas.

A prolongada crise econômica dos anos 70 repercutiu nas instituições políticas. Os partidos social-democrata e trabalhista voltaram ao poder, compondo governos orientados por políticas sociais. Esses governos tentaram conter o desemprego, proteger os salários da ação inflacionária e fortalecer as leis sociais (seguro-desemprego, aposentadoria etc.).

Nos anos 70, acelera-se um processo de reorganização das forças produtivas internacionais, baseado na exploração de zonas nas quais os custos de produção eram menores, além da obtenção de incentivos fiscais por parte das empresas estrangeiras que entravam nesses países, especialmente no leste asiático.

Esse quadro permitiu a expansão de setores como telecomunicações e eletrônica, dando início à terceira revolução industrial. Nos anos 80, o processo de oligopolização impulsionou as grandes empresas, que expandiram seus negócios para além das fronteiras de seus países-sede e tornaram-se conglomerados transnacionais. Assim como acontecera no pós-guerra, esse processo foi viabilizado por gastos estatais e pelo estímulo à pesquisa e ao desenvolvimento.

A partir de 1983, o fortalecimento das economias desenvolvidas apoiou-se na transferência dos custos da crise para os países do terceiro mundo, por meio da manipulação das taxas de juros internacionais e dos preços das *commodities* (produtos primários ou semielaborados).

As altas taxas de juros praticadas pela política econômica do governo do presidente americano Ronald Reagan (1981 a 1989) repercutiram no mercado financeiro internacional, prejudicando os países endividados com bancos e instituições sediados nos países desenvolvidos. O aumento dos juros determinou a explosão das dívidas externas, na chamada *debt crisis*. Os países subdesenvolvidos passam a ser fonte de capitais para os países industrializados.

Para a liberação de novos empréstimos, o FMI passa a exigir dos devedores a aplicação de estratégias de aumento das exportações que gerassem divisas destinadas ao pagamento das dívidas. O aumento da oferta no mercado internacional leva ao rebaixamento dos preços das *commodities*. Para garantir o crescimento dos saldos comerciais, os endividados tentam conter o consumo interno e diminuir as importações. Tais medidas conduzem ao aumento do desemprego e da inflação, conforme ocorreu no México, na Argentina, na Bolívia e no Peru.

Nos anos 80, viram-se a decadência das políticas orientadas para o Estado do Bem-Estar Social e a ascensão do neoliberalismo. Conforme essa doutrina, o Estado deveria abandonar políticas que desviassem os lucros resultantes do capital, estimulando investimentos nos novos setores da revolução tecnológica. Prega-se o "livre jogo do mercado" e a "liberdade da lei da oferta e da procura". Para tanto, o Estado deveria parar de opor restrições ao capital (tais como a subvenção de leis sociais), estimular a oligopolização e o desenvolvimento de pesquisas tecnológicas. Os governos Reagan e Thatcher ilustram nitidamente as orientações neoliberais que passaram a ter hegemonia sobre a política econômica dos países desenvolvidos.

A tendência globalizante dos fluxos de comércio e de capitais caracteriza a nova reorganização do capitalismo internacional com o fortalecimento dos blocos econômicos regionais. Os Estados assistem ao enfraquecimento das fronteiras nacionais, unindo-se em megablocos formados ao redor de economias hegemônicas. Em 1986, o Ato Único Europeu definiu, para o final de 1992, o fim de qualquer barreira ao trânsito de mercadorias, capitais, serviços e pessoas entre os países integrantes da União Europeia.

Ainda durante a década de 1980, o bloco econômico liderado pelo Japão passa a dominar a Bacia do Pacífico. Na América do Norte, a zona de livre-comércio do North America Free Trade Agreement (Nafta) redireciona os interesses americanos para o continente. A formação desses polos regionais aponta uma tendência do capitalismo às fusões e incorporações de empresas em conglomerados transnacionais.

Como resultado desse processo, temos hoje duas tendências conflitantes na economia mundial. Uma é a globalização dos mercados, que estimula o fluxo planetário de investimentos e elimina as barreiras à competição. A outra é a regionalização, que, erguendo barreiras protecionistas entre os megablocos, preserva a esfera de influência de cada uma das grandes zonas econômicas.

Ademais, no processo de globalização, torna-se visível a extraordinária mobilidade e o aumento no volume dos Investimentos Diretos Estrangeiros (IDE). Por outro lado, nota-se a crescente intangibilidade da riqueza, o que dificulta a ação dos Estados Nacionais e das empresas. Desenvolvendo-se paralelamente a globalização e a regionalização, ambas geram oportunidades para o fortalecimento das relações Norte-Sul, o aumento da produtividade, o crescimento da competitividade e os padrões de vida das populações.

O ímpeto globalizante cria novas formas de produção organizada. O processo de internacionalização da produção, que avançou substancialmente a partir dos anos 80, tem resultado em alterações nos planos tecnológico, organizacional e financeiro, intensificando a concorrência em escala mundial. A década de 1980 diferenciou-se pela dinâmica das transformações observadas no capitalismo internacional, que levaram a uma maior interdependência entre as economias nacionais. Ocorre uma verdadeira revolução tecnológica que criou um novo padrão de desenvolvimento com bases em novas formas de produção e administração.

Esse novo estilo de desenvolvimento encontra suporte na difusão acelerada de inovações técnicas, organizacionais e financeiras influenciadas por um novo paradigma tecnológico. A aplicação da microeletrônica nos diversos ramos da indústria e dos serviços levou a uma reestruturação da produção e da divisão internacional do trabalho. A atividade econômica é pautada pelo processamento de informações. A rentabilidade e o dinamismo dos sistemas industriais são atrelados à diversificação e ao grau de integração da eletrônica dentro da estrutura industrial.

Nesse contexto, ocorre a multiplicação das empresas globais. Essas definem suas estratégias de investimentos, administração e logística não mais a partir de fronteiras nacionais, mas com base na análise da competitividade de suas fábricas espalhadas por diversos países.

No entanto, a intensidade do grau de interpenetração das atividades econômicas dessas corporações e das economias nacionais tende a diminuir consideravelmente a força da interferência do Estado nas economias locais, diminuindo também o espaço das políticas econômicas.

Outra consequência da globalização ocorre no âmbito dos processos de produção. Os mecanismos digitalizados são capazes de programar o processo de automação, de forma a otimizar os fluxos de produção, tornando-os mais flexíveis. Essa maior flexibilização da produção responde à necessidade dos oligopólios de competir na medida em que melhoram e diferenciam seus produtos.

A consequência das novas tecnologias é a ocorrência de um maior nível de automação e integração entre as atividades de concepção, produção, gerenciamento e comercialização de produtos e serviços. Essas mudanças tecnológicas vêm acompanhadas de inovações organizacionais importantes, as quais provocaram a reestruturação global do setor industrial, interferindo nos padrões internacionais de competitividade. Porém, a propagação dessas novas bases tecnológicas somente se tornou viável com o processo de desregulamentação e de diminuição das fronteiras nacionais.

Do ponto de vista comercial, a globalização corresponde à expansão dos fluxos de comércio em meio ao acirramento da concorrência em âmbito internacional, o que torna a competitividade fator prioritário para o delineamento das políticas econômicas nacionais.

Financeiramente, a globalização está definida pela expansão dos fluxos financeiros internacionais. A tendência da desregulamentação financeira, o avanço da internacionalização da produção de serviços financeiros e a liberalização cambial facilitaram a expansão das relações financeiras internacionais.

Quanto à produção, a globalização está ligada ao incremento dos fluxos de investimentos estrangeiros diretos, às estratégias das empresas transnacionais e ao processo de reestruturação empresarial para fazer frente ao mercado cada vez mais competitivo.

O professor Fernando Herren Aguillar define a importância da doutrina liberal para o processo de globalização:

"Por outro lado, a globalização também pode ser vista como o triunfo de teorias individuais sobre a sociedade e o fracasso de suas correntes

estruturalistas. É uma exacerbação do capitalismo, o fruto do colapso das tentativas reais de organização da economia e do mercado pelo Estado.

Já a liberalização é uma exigência do capitalismo internacional contemporâneo. Os controles tradicionais que o Estado exerce sobre a economia (controle de preços mediante tabelamento e congelamento, fixação de tarifas de serviços públicos pelo Estado) foram substituídos por controles pela via concorrencial.

Déficits públicos são vistos com antipatia generalizada. Os governos devem manter políticas fiscais adequadas e enxutas, gastando apenas aquilo que arrecadam. **Mas a globalização também pode ser apontada como uma decorrência do fracasso da implementação de teorias estruturais de controle econômico, gerando exarcebação do individualismo, diante do sucesso momentâneo das teorias de mercado".**[3]

Os recursos propiciados pelas telecomunicações modernas diminuíram a distância entre os mercados local e internacional, permitindo a interconexão dos mercados financeiros e de capitais. Assim, os mercados de câmbio e monetários tornaram-se totalmente globalizados, enquanto os mercados de títulos e de capitais foram apresentando uma internacionalização crescente.

A globalização financeira da década de 1980 foi a pré-condição para a explosão dos investimentos diretos produtivos. Essa maior disponibilidade de recursos, que resulta da mobilidade crescente do fluxo internacional de capitais, foi responsável pelo processo de reestruturação industrial e tecnológica iniciada durante esse decênio.

Em uma síntese do processo descrito, o professor Gilberto Dupas assim comenta:

"Os Estados Nacionais não mais conseguiram responder aos chamados para garantir a sobrevivência dos cidadãos que estão sendo expulsos em grande quantidade do mercado de trabalho formal. Ocorre claramente o que se poderia chamar de 'efeito democracia': aumenta o número de desempregados e pobres, crescendo sua base política.

Introduz-se, assim, clara dissonância entre o discurso liberalizante das elites e sua práxis política. **Enquanto isso, a questão quanto ao futuro papel dos Estados nacionais continua em aberto, bem como a crescente disparidade entre as demandas sociais e a impossibilidade de o Estado antendê-las de**

---

(3) In: *Direito econômico:* do direito nacional ao direito supranacional. Fernando Herren Aguilar. São Paulo: Atlas, 2006. p. 58 (grifo nosso).

modo convencional, já que, enquanto o capitalismo global prospera e as ideologias nacionalistas avançam em todo o mundo, o Estado-nação perde parcelas consideráveis do seu poder."[4]

2. ALGUMAS ALTERNATIVAS À GLOBALIZAÇÃO CONTEMPORÂNEA E O PAPEL REGULADOR DO ESTADO

Conforme visto no tópico anterior, a globalização levou à exasperação de modelos de cunho teórico neoclássico (do ponto de vista da teoria econômica), espraiando-se para diversos campos do conhecimento, inclusive no Direito, com a *análise econômica do direito*, por meio de seu expoente Richard Posner, o qual propagava que o estudo do Direito enfoque se dar no sentido de atribuir maior eficiência alocativa dos recursos em disputa, sem levar em consideração considerações axiológicas a respeito da norma.

Neste sentido, surgiu na França a teoria da *regulação* com vistas a entender os fenômenos econômicos e sociais, por meio de uma visão integrada das diversas áreas do conhecimento, valendo-se de conclusões obtidas por outras áreas do conhecimento, *e.g.* história, como hipóteses para a dos fenômenos econômicos.

Além disso, a teoria da regulação busca compreender os conflitos em uma escala de tempo determinado, buscando compreender o maior número possível de fatores que determinaram dado acontecimento, em vez da aplicação de modelos teóricos estanques e genéricos de análise.

Do ponto de vista das relações internacionais, a teoria da regulação pretende superar a oposição simplificada entre economia aberta e economia fechada, visando entender tipos de estruturação do cenário internacional.

Há muitas definições sobre o que seja *regulação*. Dentre elas destacamos a teoria da regulação: *"um regime internacional não determina sozinho o modo de crescimento de um país: tudo depende das coerências estabelecidas entre este regime e as outras formas institucionais do país. A ideia de regime internacional ressalta que a multiplicidade dos arranjos institucionais que regem o comércio, o investimento direto, os fluxos financeiros e a organização das trocas não poderia se reduzir a ajustes de mercado."*[5]

Conforme aponta Marçal Justen Filho, a atividade regulatória confere ao Estado uma "natureza própria e inconfundível".[6] A evolução da atividade regulatória aponta para a transferência para a iniciativa privada de atividades desenvolvidas

---

(4) In: *O grupo do rio e a globalização*: Grupo de Reflexão de Alto Nível: contribuições e documento final. Heloísa Vilhena de Araújo (org). Brasília: Instituto de Relações Internacionais, 2005. p. 75 — grifo nosso.
(5) In: *Regulação econômica e globalização*. Bruno Théret, José Carlos de Souza Braga (orgs). Campinas, SP: Unicamp. IE, 1998. p. 15.
(6) JUSTEN FILHO, Marçal. *O direito das agências reguladoras independentes*. São Paulo: Dialética, 2002. p. 23.

pelo Estado, estabelecendo uma liberalização de atividades monopolizadas pelo Estado, visando a maior concorrência entre os agentes de mercado.

Calixto Salomão define a regulação como: *"toda forma de organização da atividade econômica através da concessão de serviço público ou o exercício de poder de polícia. A concepção ampla justifica-se pelas mesmas razões invocadas acima."*[7]

Logo, o entendimento dos modos de produção e sua relação com as relações sociais facilita a compor um quadro mais amplo do que é a globalização. Neste sentido escreve Jaime Marques-Pereira:

"A redefinição das relações internacionais a que levou o esgotamento do potencial de crescimento econômico da regulação fordista rompeu a complementaridade funcional que se estabeleceu então entre capitalismo e Estado de Bem-Estar. Impõe-se desta forma a questão de saber em que condições a flexibilidade do trabalho e a austeridade orçamentária, ao se tornarem os principais meios de obtenção dos ganhos de competitividade, podem desenhar uma nova configuração institucional da regulação econômica capaz de promover um modo de desenvolvimento estabilizado."[8]

Neste diapasão, em 2004, houve em Brasília a reunião do chamado *Grupo do Rio*, constituído de um grupo de países cujo objetivo principal se dá em debater assuntos ligados ao desenvolvimento e à integração da América Latina, cujo tema principal foi a inserção da América Latina em um contexto de globalização.

O relatório final do Grupo de Reflexão de Alto Nível aponta, dentre suas três ações,[9] uma melhor inserção dos países da região face ao processo de globalização, **a melhora da qualidade das respostas nacionais aos desafios da globalização, por meio de políticas públicas que deem grande ênfase na criação de empregos e na distribuição dos frutos do desenvolvimento.**

O texto esclarece que, para a melhora da qualidade das respostas nacionais, primeiro é necessário um esforço contínuo no sentido de aperfeiçoamento da democracia e da expansão da participação social. Isso significa a promoção da educação universal e da proteção social, a fim de que sejam capazes de efetivar direitos sociais, econômicos e culturais. A democracia, neste sentido, possui uma ligação direta com direitos civis e políticos, sendo essa muito mais do que apenas um sistema de participação política, devendo ser uma extensão da cidadania (no sentido econômico, social e cultural).

---

(7) SALOMÃO FILHO, Calixto. *Regulação da atividade econômica*. São Paulo: Malheiros, 2008. p. 21.
(8) Ob. cit., p. 325.
(9) Ob. cit., p. 170.

2.1. Fundamentos da ação estatal para regulação da ordem econômica e seus possíveis impactos

A adoção de teorias como a da regulação é apenas um exemplo de como a academia reagiu aos modelos preestabelecidos de desenvolvimento que apregoaram existir um único caminho para o desenvolvimento. Aliado a isso, deu-se nos anos 80 e 90 uma verdadeira campanha por diversos setores da mídia e da sociedade no sentido de que o Estado havia se tornado um *leviatã* e que, portanto, deveria ter sua atuação reduzida, havendo sua reestruturação para fins de que o setor privado pudesse atuar de modo mais livre, ou seja, a desregulamentação da economia.

Portanto, o que se quer expor é a necessidade de regulamentação da economia por parte do Estado, para que não se torne alvo de um debate maniqueísta. Afinal, como observado na América Latina, o resultado da globalização não foi o esperado. A recente crise financeira observada nos Estados Unidos a partir de 2008 demonstrou quão débil eram os controles estatais sobre um setor vital da economia, levando centenas de pessoas a ter suas economias e seus empregos abalados.

A atuação do Estado como regulador das relações sociais, principalmente em países da América Latina, onde as carências sociais ainda são grandes e não há intervenção estatal eficiente, provavelmente se tornará pior. Deve se dar por meios de instrumentos democráticos e transparentes a fim de se coadunar com a iniciativa privada as ações necessárias para a promoção do desenvolvimento social.

O debate sobre a intervenção estatal no domínio econômico não é novo. No Brasil, ele se acirrou nos anos 30 do século passado. Foi nesse momento que o Estado assumiu o papel de promotor do desenvolvimento, instituindo os mecanismos básicos de sua atuação e mesmo da atuação do setor privado (*v. g.* controles de preços, criação de organismos específicos para setores da economia etc.). Vale a pena citar o excerto da obra de Waldemar Martins Ferreira comentando os princípios da atuação do presidente norte-americano Roosevelt:

> "Tornou-se moeda corrente a teoria da intervenção do Estado na vida econômica e pleiteou-se nova declaração dos direitos do homem, que estabelecesse nova ordem social asseguradora de prosperidade para todos, sem preconceitos de raça, de cor ou de credo, como a que proclamou o presidente ROOSEVELT, em nossos dias, a saber:
>
> I. o direito a emprego útil e compensador nas indústrias, oficinas, fazendas ou minas do país;
>
> II. o direito de todo agricultor vender os produtos de sua propriedade por preço que lhe proporcione e a sua família vida decente;
>
> III. o direito de todo comerciante, grande ou pequeno, comerciar em livre concorrência, a salvo dos monopólios nacionais ou estrangeiros;
>
> IV. o direito de toda família ter casa decente, receber cuidados médicos adequados e oportunos e a oportunidade de fruir boa saúde;

V. o direito à proteção contra o medo econômico, originado em épocas passadas, resultante de enfermidades, acidentes e desemprego;

VI. o direito à boa educação.

Para converterem-se em realidades os direitos nessa cartilha consignados, tem o Estado de assumir responsabilidades maiores que as por que lhe cumpre assegurar os direitos políticos dos cidadãos.

Aqueles articulados, com maior ou menor amplitude, lograram enxertia nos textos das Constituições elaboradas nestes últimos tempos; e eles se fixaram na Constituição de 1934, como na carta de 1937, nesta mercê, principalmente, da doutrina corporativa e sindicalista a que se submeteu. Não variou de diretrizes, quanto a isso, a Constituição de 1946."[10]

Ressalta-se o conteúdo didático do art. 135 da Constituição da República de 1937, ao estabelecer que a Ordem Econômica é calcada: *"na iniciativa individual, no poder de criação, de organização e de invenção do indivíduo, exercido nos limites do poder de criação, de organização e de invenção do indivíduo, exercido nos limites do bem público, funda-se a riqueza e a prosperidade nacional. A intervenção do Estado no domínio econômico só se legitima para suprir as deficiências da iniciativa individual e coordenar os fatores de produção, de maneira a evitar ou resolver os seus conflitos e introduzir no jogo das competições individuais o pensamento e os interesses da nação, representados pelo Estado. A intervenção do domínio econômico poderá ser mediata e imediata, revestindo a forma de controle, do estímulo ou da gestão direta."*

O professor José Afonso da Silva assim comenta a atuação do Estado na Economia sob a égide da Carta de 1988:

> "A Constituição já não é tão clara, como as anteriores, quanto aos *modos de atuação do Estado na economia*. Fala em exploração direta da atividade econômica pelo Estado e do Estado como agente normativo e regulador da atividade econômica. **Quer dizer: o Estado pode ser um agente econômico e um agente disciplinador da economia.** Pode-se manter, em face da atual Constituição, a mesma distinção que surtia das anteriores, qual seja, a de que ela reconhece duas formas de ingerência do Estado na ordem econômica: a participação e a intervenção. Ambas constituem instrumentos pelos quais o Poder Público ordena, coordena e atua a observância dos princípios da ordem econômica tendo em vista a realização de seus fundamentos e de seu fim, já tantas vezes explicitados aqui. É importante ter em vista essas razões que fundamentam a atuação do Estado brasileiro no domínio econômico, porque, se essa atuação não é princípio da ordem econômica, não pode também ser vista como simples exceção, na medida em que tanto a iniciativa privada como a estatal se destinam ao mesmo objetivo de realização daqueles fins, princípios e fundamentos."[11]

---

(10) In: *História do Direito constitucional*. FERREIRA, Martins Waldemar. São Paulo: Max Limonad, 1954. p. 184.

(11) In: *Curso de Direito constitucional positivo*. SILVA, da Afonso José. São Paulo: Malheiros. 2002. 20. ed., p. 781. (grifo nosso).

Na Constituição Federal de 1988, resta claro pela conjugação dos arts. 170[12] e 174[13] que o Estado exercerá um papel normativo e regulador da atividade econômica, por meio da valorização do trabalho e da livre-iniciativa.

Tendo-se em conta que no título da Ordem Social, nas seções que tratam da seguridade social (art. 194 CF) e da educação (art. 205 CF), haverá a articulação entre o Estado e a sociedade para promoção de políticas sociais e que a educação visa ao pleno desenvolvimento do indivíduo, **podemos concluir que o Estado promoverá a regulamentação da economia e a promoção de políticas sociais — articuladas com a sociedade — de modo a promover a educação para que indivíduos possam ter plena capacidade de se desenvolver a fim de promover o desenvolvimento econômico por meio da sua livre-iniciativa.**

Podemos observar atualmente que o Estado continua a intervir no domínio econômico como meio de estímulo à atividade econômica como o que veio ocorrer durante o atual governo. Foram criadas novas estatais, como a Empresa de Pesquisa Energética, o aumento da atuação de empresas estatais federais (os bancos estatais foram autorizados a adquirir participações em instituições financeiras privadas) e a sucessiva concessão de incentivos fiscais a setores específicos. Ainda não está claro se estamos diante de um novo ciclo de intervenção mais agressiva estatal no domínio econômico ou apenas de medidas pontuais de estímulo, preservando assim uma orientação de intervenções corretivas do mercado.

3. A COOPERAÇÃO INTERNACIONAL PARA O DESENVOLVIMENTO COMO MEIO DE PROMOÇÃO DO DESENVOLVIMENTO SOCIAL

Como visto anteriormente, a globalização impõe sérios efeitos sobre os países, exigindo desses grandes esforços no sentido de adaptar suas estruturas de regulação e promoção do desenvolvimento social.

---

(12) Art. 170. A ordem econômica, fundada na valorização do trabalho humano e na livre-iniciativa, tem por fim assegurar a todos existência digna, conforme os ditames da justiça social, observados os seguintes princípios:
I — soberania nacional;
II — propriedade privada;
III — função social da propriedade;
IV — livre concorrência;
V — defesa do consumidor;
VI — defesa do meio ambiente, inclusive mediante tratamento diferenciado conforme o impacto ambiental dos produtos e serviços e de seus processos de elaboração e prestação; (*Redação dada pela Emenda Constitucional n. 42, de 19.12.2003*)
VII — redução das desigualdades regionais e sociais;
VIII — busca do pleno emprego;
IX — tratamento favorecido para as empresas de pequeno porte constituídas sob as leis brasileiras e que tenham sua sede e administração no País. (*Redação dada pela Emenda Constitucional n. 6, de 1995*)
Parágrafo único. É assegurado a todos o livre exercício de qualquer atividade econômica, independentemente de autorização de órgãos públicos, salvo nos casos previstos em lei.
(13) Art. 174. Como agente normativo e regulador da atividade econômica, o Estado exercerá, na forma da lei, as funções de fiscalização, incentivo e planejamento, sendo este determinante para o setor público e indicativo para o setor privado.

Uma das saídas encontradas tem sido a ajuda externa para o desenvolvimento. Neste sentido, apesar da grande divergência quanto ao conceito sobre desenvolvimento, preferimos adotar a denominação desenvolvida na *Declaração sobre o direito ao desenvolvimento*.

Referido documento foi adotado pela Assembleia Geral das Nações Unidas em 4 de dezembro de 1986. Nele constam dez artigos nos quais são ressaltadas as importâncias do desenvolvimento, tanto coletivamente quanto individualmente, no qual a pessoa humana é o sujeito central do desenvolvimento e o Estado tem a responsabilidade de formular políticas nacionais capazes de promover o bem-estar da sociedade e lhe garantir suas liberdades fundamentais. Além disso, os Estados têm obrigação de criar, no plano internacional, condições para o desenvolvimento dos países. São também abordadas as questões referentes à discriminação racial, à igualdade de sexos e de oportunidades e ao respeito aos direitos civis e políticos. Seu art. 1º dispõe que: *"O direito ao desenvolvimento é um direito humano inalienável no sentido em que todo ser humano e todo povo podem participar, contribuir para, e aproveitar de todo desenvolvimento social, cultural e político, nos quais todos os direitos humanos e liberdades fundamentais podem ser plenamente realizadas."*[14]

Entretanto, quando por volta dos anos 50 do século XX estabeleceu-se o debate sobre o que seria desenvolvimento, pensava-se que todos os países menos desenvolvidos alcançariam o *status* de desenvolvido por simples mimetismo dos países mais avançados. Isso aconteceria pela absorção de tecnologia ou pela assistência em transferência de tecnologia.

De fato, as primeiras décadas das ações de ajuda ao desenvolvimento aos países menos desenvolvidos restringiam-se à doação de bens em espécie ou financiamento pontual de infraestrutura. Nas décadas de 1970 e 1980 houve um enfoque maior para a sustentabilidade dos programas de assistência e cooperação após o seu término. Na década de 1990, houve uma evolução da doutrina acerca do tema, em especial em virtude de diversos organismos da ONU, que fez com que o debate atual se concentrasse não só na transferência de recursos dos países mais ricos para os mais pobres, mas principalmente na criação de *capacidades locais para os países receptores*.[15] Neste sentido, fala-se em capacidade individual, institucional e social.

O relatório do Desenvolvimento Humano do Programa das Nações Unidas para o Desenvolvimento (PNUD),[16] publicado em 1996, traz preciosas informações sobre o tema. Esclarece que criar capacidades humanas é a principal tarefa do desenvolvimento humano. Tal objetivo *"não pode ser atingido sem a expansão das oportunidades e possibilidades oferecidas pelos mecanismos reguladores"*. Deve-se procurar alcançar um maior nível de educação possível, o crescimento sustentável

---

(14) Declaração sobre o Direito ao Desenvolvimento. <http://www.ohchr.org/english/law/rtd.htm>.
(15) In: *Cooperação e desenvolvimento humano*: a agenda emergente para o novo milênio. São Paulo: Editora Unesp, 2005. p. 87.
(16) Ob. cit., p. 197.

e o investimento em seres humanos. Para que seja possível uma estratégia de longo prazo, é preciso que haja o envolvimento de todos os grupos sociais.

Juntamente com a criação de capacidades surge o que se chama de empoderamento (*empowerment*), que pode ser definido como: "*o processo de aquisição de controle e compreensão acerca dos direitos por meio do qual é possível assumir a condição de agente. Trata-se do método de aumentar a capacidade de indivíduos ou grupos para tomar decisões e transformar aquelas escolhas em ações ou consequências desejadas.*"[17].

A missão principal da análise da cooperação externa para o desenvolvimento é a de que, através dela, mas não somente por ela, torna-se possível o fortalecimento das capacidades locais de desenvolvimento social, sendo que um de seus mais eficientes mecanismos está justamente na regulamentação mais eficiente por parte do Estado.

4. DOS MECANISMOS DE CONTROLE DA AÇÃO ESTATAL PARA A PROMOÇÃO DO DESENVOLVIMENTO SOCIAL E DA REGULAMENTAÇÃO

Examinamos ao longo do presente trabalho como o Estado possui um papel chave tanto na promoção da regulação econômica quanto na oferta de serviços públicos essenciais para o desenvolvimento social. Nesse sentido, cumpre analisarmos algumas transformações recentes na gestão pública brasileira, com vistas a tornar o Estado mais permeável à sociedade, além da busca por maior eficiência na execução de políticas públicas.

Sobre esse tema, escrevem Bianor S. Cavalcanti e Alketa Peci:

"... Nesse contexto [da reforma administrativa], **redefine-se o papel do Estado, qualificando-o mais como regulador do que como indutor do processo de desenvolvimento do país. Paralelamente, mas não articuladamente, enfatiza-se a flexibilização da ação pública**, propondo-se um conjunto de medidas uniformizadoras que visam a dar ao administrador público mais autonomia gerencial, numa tentativa de tornar a administração pública mais parecida com a administração de empresas: o chamado movimento de 'agenciação'."[18]

O crescente papel normatizador e regulamentador da administração pública, dado o maior espaço da iniciativa privada, é notado na atuação das agências reguladoras, que enquanto autarquias especiais produzem um fenômeno novo na administração pública brasileira. Como visto, as políticas públicas dependem de uma

---

(17) Ob. cit., p. 178.

(18) In: *Desenvolvimento e construção nacional*: políticas públicas. Bianor Scelza Cavalcanti, Marcos Aurélio Ruediger, Rogério Sobreira (orgs) — Rio de Janeiro: Editora FGV, 2005. p. 37. (grifo nosso)

ação direta do Estado, e para isso a prestação dos serviços públicos deve atender às novas formas de aproximar o Estado do cidadão para que tenham maior eficácia.

Neste sentido, ressalta-se que a globalização econômica vem impondo à administração pública novas formas de relacionamento com a sociedade, com uma crescente influência de elementos da teoria econômica. Outrossim, a atual ciência do direito constitucional[19] reflete um longo período de evolução teórica, aumentando gradativamente o seu conteúdo, e, tal como na geologia, pode-se verificar em estratos sedimentados as diversas teorias acerca da constituição.

No início do século XXI nota-se um novo processo de estratificação ainda de difícil delineação. Neste sentido, a constituição passa a assumir um papel de lei reguladora, na qual a boa governança (*good governance*) se destaca na medida em que a efetivação dos direitos fundamentais — como objetivo central dos governos — envolva a transparência na operacionalização desses direitos.

Logo, diversos são os sentidos da boa governança, sendo o *primeiro* deles a "condução responsável dos assuntos do Estado". Isso quer dizer que o Estado deve ir além da mera direção das políticas de Estado, sem prestar contas à sociedade, para uma atuação responsável de todos os poderes.

Como *segundo* sentido da boa governança, ressalta-se a interdependência dos países, em que numa sociedade globalizada cada vez mais exige uma atuação coordenada para solução das questões de governo, em especial na União Europeia.

Um *terceiro* sentido seria o de parcerias entre o Estado e a sociedade na construção das demandas socais, devendo esse processo conter mecanismos de atribuição da responsabilidade (*accountability*) dos governantes, ou seja, a condução responsável dos assuntos do Estado.

Reforçando esse tema, Canotilho aponta como tema mais importante atualmente do direito constitucional a *accountability*. Em breves palavras, os principais temas do direito constitucional atual estariam na *i*) avaliação constante do respeito aos direitos humanos; *ii*) na atuação responsável e transparente dos recursos humanos e naturais; e *iii*) nos processos claros de decisão e medidas de combate à corrupção.

A boa governança, no âmbito do direito constitucional, faz admitir a existência de uma teoria do Estado no âmbito da constituição. Assim, os princípios que envolvem essa nova atuação do Estado que engloba a boa governança seriam, em suma, princípios da transparência, abertura e democracia de um lado, e de outro, a coerência das ações do Estado e sua eficácia.

Cabe ainda ressaltar que a boa governança está relacionada com a aplicação adequada, responsável e sustentável dos recursos públicos, em relação direta com o *princípio da proporcionalidade*, ou seja, uma adequação entre fins e meios nas

---

(19) CANOTILHO, J. J. Gomes. Constitucionalismo e geologia da *good governance*. In: "Brancosos" e Interconstitucionalidade — Itinerários dos Discursos sobre a história constitucional: itinerários dos discursos sobre a historicidade constitucional. Coimbra: Almedina, 2006. p. 325-334.

escolhas do administrador, utilizando esses os princípios da sustentabilidade, da racionalização, da eficiência e o da avaliação.

Logo, a *accountability* tem a ver com a prestação de contas por parte dos agentes públicos, em um dos pilares do que vem se intitulando de *governança pública*. O termo "governança" é uma conceituação que envolve a problematização das regras do jogo e a implementação dessas regras. Assim sendo, governança não diz respeito só ao governo, mas também às estruturas de funcionamento da sociedade.[20]

O professor Gustavo Justino de Oliveira assim define a governança pública:

> "Governança pública pode ser fundamentalmente entendida como um modelo alternativo a estruturas governamentais hierarquizadas, implicando que os governos sejam muito mais eficazes em um marco de economia globalizada, não somente atuando com capacidade máxima de gestão, mas também garantindo e respeitando as normas e os valores próprios de uma sociedade democrática."[21]

Como ressaltam os autores retrocitados, *"o conjunto de medidas de desestatização não se fez acompanhar nem de um processo de estabelecimento de consensos políticos, nem de um desenho adequado de agências e novas regulamentações"*.[22] Assim, faz-se necessária uma breve passagem acerca dos mecanismos de controle da administração na legislação vigente e as sugestões para alterações visando a sua adequação ao contexto da governança pública.

O professor Floriano de Azevedo Marques Neto, em texto intitulado *Os grandes desafios do controle da Administração Pública*,[23] busca estudar o tema do controle da administração pública ressaltando a sua relação com as relações de poder entre sociedade e o ente estatal titular de poder político, e de prerrogativas que lhe são conferidas pelo povo, devendo ser controladas em um Estado Democrático de Direito.

Neste sentido, há a necessidade de modernização da máquina estatal, por meio do aperfeiçoamento constante da atividade administrativa, com a utilização de mecanismos destinados a avaliar o desempenho institucional, incentivar a boa gestão e os resultados satisfatórios, a prevenir e combater a corrupção. Atualmente, os mecanismos de controle interno e as normas de organização da Administração Pública Federal estão contidos no Decreto-Lei n. 200/67. Recentemente, uma comissão de

---

(20) In: GAETANI, Francisco Alberto Savero de. Governança corporativa no setor público. In: LINS, João; MIRON, Paulo (coords.). *Gestão Pública*: melhores práticas. São Paulo: Quartier Latin, 2009. p. 259-275.
(21) OLIVEIRA, Gustavo Justino de. Governança pública. *Gazeta do Povo*, 15.1.2008. p. 2.
(22) Ob. cit., p. 38.
(23) MARQUES NETO, Floriano de Azevedo. Os grandes desafios do controle da Administração Pública. In: MODESTO, Paulo (coord.). *Nova organização administrativa brasileira*. Belo Horizonte: Fórum, 2009. p. 195-226.

juristas elaborou, a pedido do ministro de Estado do Planejamento e Gestão, um Anteprojeto de Lei para uma nova Lei Orgânica da Administração Pública Federal, merecendo destaque o controle da Administração.

No âmbito da União Europeia, a Comissão Europeia vem elaborando, desde 2000, uma reforma não apenas na gestão financeira, mas também nas formas de controle, com vistas à tentativa de equalização do chamado déficit democrático da União Europeia, relacionado à noção de *accountability*, compreendida como prestação de contas, responsabilização. A reforma implementada no sistema de controle interno da Comissão foi iniciada em abril de 2000 com a publicação pela Comissão de um Livro Branco estabelecendo um calendário do processo e as medidas a serem implantadas. Ademais, foi estabelecido um novo Regulamento Financeiro, o reforço da Auditoria Interna, sendo efetuada a descentralização do controle interno e implantada a declaração anual dos diretores-gerais.

Durante a evolução do Estado moderno, na legalidade e finalidade seriam, então, os princípios limitadores do poder confiado ao Estado. Na França estabeleceu-se um sistema de jurisdição que se caracteriza por uma jurisdição comum e outra administrativa, destinada a julgar demandas que envolvem a Administração Pública submetidas por um órgão supremo, em regra denominado Conselho de Estado.

Ao contrário, em outros países, como a Argentina e o Brasil, foi estabelecido um sistema de jurisdição um tanto para causas comuns e litígios em que a administração é parte. Há três elementos centrais no controle da administração, levando-se em conta o poder, aos meios e aos objetivos. O *controle do poder* procura garantir a liberdade, proteger os indivíduos contra o arbítrio. O *controle dos meios* busca a racionalização da atividade administrativa, para que ela seja orientada pela economicidade e probidade. O *controle dos objetivos* visa consagrar a estabilidade e a permanência das políticas públicas que, como programas de ação, instrumentos de consecução de finalidades, necessitam ser planejadas para um longo prazo.

Dentre os objetivos do controle está a a *defesa do patrimônio público* e a *adequada aplicação dos recursos públicos*. O Estado deve se preocupar com a eficiente gestão orçamentária como também com responsabilidade civil, economicidade (eficiência alocativa) e probidade. Outro objetivo do controle é o *cumprimento das finalidades da atuação administrativa*. O último objetivo do controle tem a ver com a *adstrição à legalidade*. Sendo a lei a base da atuação administrativa, a sujeição da administração à legalidade tem caráter preventivo e reativo.

Ressalta-se que dentre as diversas formas de controle está o controle social da atividade estatal, ligada à transparência da administração. O controle social está relacionado à maneira pela qual os administradores exercem seu direito subjetivo público à fiscalização adequada do Estado.

Note-se que o controle interno da administração em uma perspectiva mais contemporânea vai além do mero controle de legalidade dos atos administrativos. Pelo contrário, relaciona-se diretamente com a ideia de boa governança trazida

por Canotilho, e está relacionado com critérios qualitativos da administração (eficácia social do ato, economicidade etc.).

O autor conclui o texto apontando algumas das medidas que devem ser levadas em conta na nova organização do controle da Administração Federal: (i) a supressão de controles meramente formais — cujo custo seja evidentemente superior ao risco; (ii) o controle *a posteriori*; (iii) o predomínio da verificação de resultados; (iv) a simplificação dos procedimentos; (v) a eliminação de sobreposição de competências e de instrumentos de controle; (vi) o dever, para os órgãos ou entes de controle, de verificação da existência de alternativas compatíveis com as finalidades de interesse público dos atos ou procedimentos que sejam por eles impugnados; e (vii) a responsabilização pessoal do agente que agir com incúria, negligência ou improbidade.

5. DOS ASPECTOS ÉTICOS NA ABORDAGEM DOS DIREITOS SOCIAIS E DA REGULAMENTAÇÃO

A questão axiológica dos motivos pelos quais determinada política de regulação deve ser implementada ou por que determinado direito social deva ser atendido em detrimento de outro não será o alvo específico da abordagem neste tópico para não escapar do escopo metodológico. Procuraremos, sim, adentrar na discussão de alguns temas vinculados à ética e à cidadania, que vem dar suporte tanto à ação estatal quanto ao setor privado para que atuem como reguladores de suas próprias atividades ou mesmo no complemento da atividade do Estado como agente da responsabilidade social.

Destarte, ressaltamos o comentário do professor Ricardo Quadros Gouvêa:

> "A plena consciência da cidadania como parte da formação educacional de cada indivíduo é absolutamente necessária para a construção de um país democrático e bem-sucedido. Mais que isso, é uma necessidade para que haja um futuro feliz para toda a humanidade. Cabe portanto aos pensadores e educadores que se empenhem para que a plena consciência da cidadania torne-se uma realidade para todos, tanto no que se refere aos direitos quanto no que se refere aos deveres."[24]

Nesta seara, prossegue ressaltando a importância da educação, pois sem educação *não há pessoas conscientes de seus direitos e deveres e, inconscientes, iludidas pela dureza de sua sina e anestesiadas pelos narcóticos ou pela indústria cultural, não poderão reivindicar os seus direitos.*[25]

---

(24) In: *Ética e cidadania*. Márcia Mello Costa De Liberal (org.). São Paulo: Editora Mackenzie, 2002. p. 13.
(25) Ob. cit., p. 25.

Por outro lado, mas reforçando as ideias acima expostas, seguem João Clemente de Souza Neto e Márcia Mello Costa De Liberal:

"Nesse contexto, a Constituição Brasileira de 1988 incorpora um novo paradigma nas políticas que garantem os direitos sociais e preconiza um reordenamento institucional pautado na democratização, que assegura a universalidade do acesso aos bens públicos. Esta concepção contribui para erradicar as mazelas sociais e as violações de direitos. Com isso, diminui o impacto do modelo econômico gerador de 40 milhões de brasileiros excluídos dos bens produzidos pela sociedade.

Dentre as conquistas sociais, destacam-se vários direitos preconizados na Constituição Brasileira de 1988, tais como educação, saúde, transporte e assistência, numa concepção de direitos e não mais de favores. Os usuários dessas políticas são sujeitos de direitos e não objetos da caridade pública.

As mudanças sociais e econômicas geraram condições para o emergir de uma nova cultura de cidadania, com um novo perfil de cidadão, marcado pela criatividade, ética, responsabilidade, solidariedade, exigência, participação, pelo empreendimento, facetas essas, obviamente, indissociáveis do indivíduo."[26]

Citamos aqui a colocação feita por Gilberto Dimenstein em seu célebre livro *O cidadão de papel* acerca da efetivação dos direitos da cidadania previstos na Constituição da República:

"Este livro pretende mostrar, passo a passo, como funciona o motor de uma sociedade que produz crianças de rua. É uma viagem pelas engrenagens do colapso social, em que a infância é a maior vítima e a violência, uma consequência natural.

A descoberta das engrenagens é a descoberta do desemprego, da falta de escola, da inflação, da migração, da desnutrição, do desrespeito sistemático aos direitos humanos. <u>Com essa comparação, vamos observar como é a cidadania brasileira, que é garantida nos papéis, mas não existe de verdade. **É a cidadania de papel**</u>."[27]

Portanto, tanto a ação estatal quanto a da iniciativa privada devem se pautar na efetivação dos preceitos constitucionais, afinal hoje observamos uma crescente ação social da sociedade civil organizada em especial do chamado terceiro setor.

---

(26) Ob. cit., p. 45. grifo nosso.
(27) In: *Cidadão de papel*: a infância, a adolescência e os direitos humanos no Brasil. DIMENSTEIN, G. O. 16. ed., São Paulo: Editora Ática, 1999. p. 23. (grifo nosso)

Neste sentido, o Estado pode adotar mecanismos de cooperação com a sociedade civil, como os contratos de gestão e os convênios, quando for o caso.

6. A REGULAMENTAÇÃO NA INICIATIVA PRIVADA

No âmbito do setor privado existem diversas experiências de autorregulação, como ocorre em alguns setores da economia, como na publicidade, havendo cada vez mais uma tendência à adoção de compromissos éticos empresariais com boas práticas de mercado (o que inclui a certificação), a adoção de códigos de ética e compromissos sociais.

Quanto à autorregulação, Floriano de Azevedo Marques Neto assim escreve:

A regulação estatal não se confunde com a autorregulação. Nesta confusão incorre parte da doutrina quando enxerga na construção dos subsistemas regulatórios pelo Estado instrumentos de desregulação ou autorregulação. A menos que não se consiga conceber a atuação estatal sem o traço da unilateralidade e do autoritarismo (por exemplo, tomando por inconcebível a participação efetiva do administrado na atividade estatal), não se há de baralhar regulação estatal com autorregulação pelo mercado ou por instituições organizadas e geridas pelos agentes econômicos.

Autorregulação é a forma de regulação que surge a partir do interesse dos atores econômicos atuantes num dado subsistema, buscando a preservação das condições de exploração econômica, o fechamento deste sistema a novos entrantes ou a anulação ou absorção das interferências externas, de origem estatal ou não. A autorregulação tem caráter quase exclusivamente de regulação econômica. Seu caráter de regulação social é nulo ou meramente residual. Ela é bastante ineficiente para coibir externalidades ou para implementar políticas públicas.[28]

Iremos analisar um caso de regulação mista, parte estatal, parte privada, que é o do mercado da legislação de direito societário, por meio da governança corporativa. Adotada pela legislação brasileira (Lei n. 6.404/76) e por diversos regulamentos, esta pode ser conceituada como:

"A governança corporativa compreende o conjunto de instituições que disciplinam e influenciam as relações entre aqueles que investem recursos na companhia e os encarregados da sua gestão. Por conjunto de instituições, entendem-se tanto as de caráter público quanto privado, formais e infor-

---

(28) MARQUES NETO, Floriano de Azevedo. Regulação econômica e suas modalidades. *Revista de Direito Público da Economia*. Belo Horizonte: Editora Fórum, ano 7, n. 28, out./dez. 2009. p. 37. (grifo nosso)

mais, que se traduzem em leis, regulamentos, normas estatutárias, disposições contratuais, códigos de ética e conduta, e práticas negociais."[29]

Em breves palavras, as práticas da governança corporativa, ou da responsabilidade social corporativa, vêm sendo implementadas, uma vez que sua adoção tende a gerar ganhos de performance para as empresas, aumentando, assim, a eficiência da economia como um todo, afinal, os fatores de produção estão sendo alocados mais eficientemente, gerando ganhos marginais.

Ademais, a governança corporativa vem se refletindo em uma técnica de *marketing social*, contribuindo para a realização de novos negócios. A legislação que cuida das sociedades anônimas (Lei n. 6.404/76) prevê uma das causas de extinção da sociedade no caso de não atendimento da função social da empresa. Logo, a governança corporativa vem sendo utilizada no sentido de garantir determinadas condutas dos administradores ou controladores no sentido de exatamente garantir a realização do objeto social da empresa e, por tabela, sua função social.

Para que a governança corporativa seja implementada é preciso que diversos órgãos da companhia ajam de modo coordenado, como o *conselho de administração, a diretoria e a assembleia geral*.

A transparência por meio da divulgação de informações relevantes é um dos pilares da governança corporativa, dado que fornece aos acionistas e ao mercado maiores condições para decidir, bem como auxilia no equilíbrio saudável do mercado de capitais.

7. CONCLUSÃO

Ao longo deste trabalho procuramos analisar como o processo de globalização reflete na vida dos Estados Nacionais, na economia e na sociedade, produzindo efeitos, muitas vezes, adversos. Neste sentido, foram demonstradas algumas alternativas para uma nova atuação do Estado frente aos complexos processos de internacionalização vividos atualmente.

Coloca-se em debate o papel do Estado regulador bem como promotor do desenvolvimento social, sendo certo que os modelos tradicionais de gestão estatal baseados no modelo *burocrático* de atuação não dão conta dessa missão.

Em outra vertente, analisamos aspectos éticos que vêm embasar a responsabilidade social, a fim de enfatizar que a cidadania não pode ser apenas de "papel", mas deve, sim, ser um alvo constante da ação estatal e um marco de atuação do setor privado. Esperamos assim ter contribuído para um debate construtivo acerca da regulação econômica, em especial sobre as novas formas possíveis de atuação estatal para promoção do desenvolvimento econômico e social.

---

(29) In: *Direito Societário:* gestão e controle. Maria Eugênia Finkelstein, José Marcelo Martins Proença (orgs.). São Paulo: Saraiva, 2008. Série Gv Law. Diversos autores. p. 79.

8. REFERÊNCIAS BIBLIOGRÁFICAS

ABRUCIO. Fernando Luiz; LOUREIRO, Maria Rita. *Finanças públicas, democracia e accountability*. In: ARVATE, Paulo Roberto; BIDERMAN, Ciro (orgs.). Economia do setor público no Brasil. Rio de Janeiro: Elsevier, 2004.

AGUILAR, Fernando Herren. *Direito Econômico*: do direito nacional ao direito supracional. São Paulo: Atlas, 2006.

ARAUJO, de Heloisa Vilhena (org). *O Grupo do Rio e a Globalização*: Grupo de Reflexão de Alto Nível: contribuições e documento final. Brasília: Instituto de Relações Internacionais, 2005.

BARCELLOS, Ana Paula de. "*Constitucionalização das políticas públicas em matéria de direitos fundamentais*: o controle político-social e o controle jurídico no espaço democrático". In: SARLET, Ingo Wolfang; TIMM, Luciano Benetti (orgs.). *Direitos fundamentais. Orçamento e "reserva do possível"*. Porto Alegre: Livraria do Advogado, 2008.

BONAVIDES, Paulo. *Ciência política*. Rio de janeiro: FGV, 1967.

BRASIL. Constituição da República Federativa do Brasil de 5 de outubro de 1988. Disponível em: <www.planalto.gov.br>. Acesso em: 13 jun. 2010.

BUCCI, Maria Paula Dallari (org). *Políticas públicas*: reflexões sobre o conceito jurídico. São Paulo: Saraiva, 2006.

BUCCI, Maria Paula Dallari. *Direito administrativo e políticas públicas*. São Paulo: Saraiva, 2006.

CANOTILHO, J. J. Gomes. Constitucionalismo e geologia da *good governance*. In: "*Brancosos*" *e Interconstitucionalidade — Itinerários dos Discursos sobre a história constitucional*: itineráros dos discursos sobre a historicidade constitucional. Coimbra: Almedina, 2006.

CAVALCANTI, Bianor Scelza. RUEDIGER, Marcos Aurélio, Rogério Sobreira (orgs). *Desenvolvimento e construção nacional*: políticas públicas. — Rio de Janeiro: Editora FGV, 2005.

CONTI, José Maurício. *A autonomia do poder judiciário*. São Paulo: MP Editora, 2006.

DALLARI, Dalmo de Abreu. *Elementos de teoria geral do estado*. São Paulo: Saraiva, 2005.

Declaração sobre o Direito ao Desenvolvimento. Disponível em: <http://www.ohchr.org/english/law/rtd.htm>. Acesso em: 10 set. 2010.

DIMENSTEIN, Gilberto. *Cidadão de papel*: a infância, a adolescência e os direitos humanos no Brasil. 16. ed. São Paulo: Editora Ática, 1999.

FERREIRA FILHO, Manoel Gonçalves. *Curso de Direito Constitucional Comparado*. 33. ed. São Paulo: Saraiva. 2007.

GAETANI, Francisco Alberto Savero de. *Governança corporativa no setor público*. In: LINS, João; MIRON, Paulo (coords). *Gestão Pública*: melhores práticas. São Paulo: Quartier Latin, 2009.

JUSTEN FILHO, Marçal. *O direito das agências reguladoras independentes*. São Paulo: Dialética, 2002

LIBERAL, De Costa Mello Márcia(org). *Ética e cidadania*. São Paulo: Editora Mackenzie, 2002.

LOEWENSTEIN. Karl. *Teoría de La Constitucíon*. Barcelona: Ariel, 1964.

LOPES, Carlos.*Cooperação e desenvolvimento humano*: a agenda emergente para o novo milênio. São Paulo: Editora Unesp, 2005.

MARQUES NETO, Floriano de Azevedo. *Os grandes desafios do controle da Administração Pública*. In: MODESTO, Paulo (coord.) Nova organização administrativa brasileira. Belo Horizonte: Fórum, 2009.

_____. Regulação econômica e suas modalidades. *Revista de Direito Público da Economia*. Belo Horizonte: Editora Fórum, ano 7, n. 28, out./dez. 2009.

MEDAUAR, Odete.*O Direito administrativo em evolução*. 2. ed. São Paulo: RT, 2003.

OLIVEIRA, Gustavo Justino de. *Governança pública*. Gazeta do Povo, 15.1.2008.

OLIVEIRA, Henrique Altemani de; Antonio Carlos Lessa (orgs). *Política internacional contemporânea*. São Paulo: Saraiva, 2006.

SALOMÃO FILHO, Calixto. *Regulação da atividade econômica*. São Paulo: Malheiros, 2008.

SILVA, da Afonso José. *Curso de Direito constitucional positivo*. 20. ed. São Paulo: Malheiros, 2002.

THÉRET, Bruno. BRAGA, José Carlos de Souza (orgs). *Regulação econômica e globalização*. Campinas, SP: Unicamp.IE, 1998.

DO DIREITO FUNDAMENTAL DE ACESSO À JUSTIÇA E A ADVOCACIA COMO INSTRUMENTO DE EFETIVAÇÃO DOS DIREITOS SOCIAIS FUNDAMENTAIS

Luiz Antonio Nunes Filho

Mestre em Direito pela FMU. Graduado em Direito pela Faculdade de Direito de Itu. Professor de Direito Penal e de Direito Processual Penal das Faculdades Integradas de Itapetininga — FKB. Professor de Direito Penal Integrado e Prática Jurídica Penal da Faculdade de Direito de Itu. Lecionou, na condição de professor convidado, o módulo de Direito Penal no Curso de Pós-Graduação em Direito Imobiliário oferecido pela Faculdade de Direito de Itu. Lecionou, no Curso de Direito da Faculdade de São Roque/SP — Grupo Educacional Uniesp, as disciplinas Direito Penal, Direito Processual Penal e Prática Jurídica Penal. Advogado militante na seara empresarial, com ênfase em Direito Penal Empresarial e consultor jurídico.

Do direito fundamental de acesso à Justiça e a advocacia como instrumento de efetivação dos direitos sociais fundamentais

1. DA HONRA E DA IMPORTÂNCIA DO CONVITE

Tive o prazer de conhecer a professora doutora Mara Vidigal Darcanchy por intermédio de meu fraterno amigo Rui Aurélio de Lacerda Badaró, quando esse, na condição de coordenador adjunto do curso de Direito da Faculdade de São Roque — Grupo Educacional Uniesp —, com seu prestígio, conseguiu contratar tão eminente professora para integrar o corpo docente da primeira instituição que me acolheu no magistério superior, de cujos quadros me retirei recentemente, por conta de incompatibilidade de agenda, mas guardo em meu coração, com muito amor e carinho, todos os alunos e funcionários da faculdade onde iniciei meu aprendizado (eterno) na arte de compartilhar experiências com os alunos.

Logo após tê-la conhecido, perguntei ao meu amigo Rui se ele não me poderia indicar, com todo o prestígio de que goza no meio acadêmico, algum(a) colega para compor a banca examinadora que me avaliaria no programa de mestrado da UniFMU, e ele, ato contínuo, entrou em contato com a professora Mara, que, no mesmo instante, aceitou o convite, feito, é bem verdade, de última hora.

Entrei em contato com a hoje querida amiga Mara para enviar-lhe a dissertação para análise, quando ela, gentilmente, me passou seu endereço residencial, para que lhe entregasse pessoalmente o trabalho para análise.

Naquela época, meu amado e eterno tio Paulo fora internado no hospital Sírio Libanês, para tratar uma infecção de causa desconhecida que, em poucos meses, lhe ocasionou o precoce falecimento.

Lembro-me como se fosse hoje: no dia 9.9.2011 o visitara pela última vez e no dia 18.9.2011, exatamente um mês após minha defesa de mestrado, ele infelizmente faleceu.

Meu tio, pós-doutor em Medicina pela Universidade de São Paulo, com trabalhos festejados no mundo inteiro, nos deixou no dia 18.9.2011, mas, tenho certeza, sua luz, ladeada pela luz divina, me norteou naquela tarde abençoada, em que tive o prazer de ver, pela primeira vez, proclamado meu nome como mestre em Direito.

Naquele momento, lembrando Caetano Veloso, posso dizer que "eu vi o menino correndo... eu vi o tempo... brincando ao redor do caminho daquele menino...". Lembrei-me do carinho do meu querido tio Paulo para comigo, das brincadeiras, do incentivo, dos jogos de futebol no jardim da casa da minha amada avó Maria Ângela. Um filme passou pela minha cabeça nesse momento. Um rio de lágrimas escorreu pelo meu rosto. O desabafo perante a banca foi inevitável, ainda mais após a surpresa positiva com a nota que se me atribuiu.

E quem estava ao meu lado, abraçando-me com sua ternura inconfundível? A professora Mara Vidigal Darcanchy!

Nesse momento, eu verdadeiramente nascia para a vida acadêmica.

De repente, reencontro minha querida amiga e eterna professora no ambiente acadêmico, numa reunião na Faculdade de Direito de São Roque, e ela, uma vez mais, me surpreende com o convite: Nunes, você não gostaria de publicar um capítulo de uma obra coletiva que estou organizando?

Não consigo descrever a alegria que me tomou naquele momento. Era como se estivesse a ouvir, novamente, a proclamação do resultado da minha defesa de mestrado!

No mesmo instante, aceitei, mesmo sabedor de que, ainda tão jovem na carreira, não faço jus à tamanha honraria.

Feito o desafio, o que as linhas vindouras transcrevem não terá o condão de externar minha eterna gratidão à minha querida amiga e professora Mara, a quem, embora de forma singela, rendo minhas homenagens nestas tortuosas linhas.

2. NOTAS INTRODUTÓRIAS

O presente capítulo tem por objetivo o estudo do direito fundamental de acesso à Justiça, analisado pela perspectiva da inafastabilidade do controle jurisdicional (art. 5º, XXXV, da CR), do direito de petição (art. 5º, XXXIV, *a*, da CR), da isonomia substancial (art. 5º, *caput*, da CR) e do direito, assegurado aos hipossuficientes, à gratuidade das custas judiciais e, neste passo, a que sua pretensão seja levada a juízo por intermédio de advogados públicos, assumindo grande relevância, nesse ponto, as Defensorias Públicas dos Estados, do Distrito Federal, dos Territórios e da União.

O direito de ter sua pretensão levada ao conhecimento do Poder Judiciário consubstancia atributo imanente da dignidade humana, cuidando-se, pois, mais do que o simples direito de falar em juízo, o de ser efetivamente ouvido por um magistrado.

Discorreremos, ademais, acerca da necessidade de que se aparelhem as defensorias públicas dos Estados, a fim de que o maior número possível de pessoas carentes possa socorrer-se dos serviços jurídicos públicos, não olvidando do Poder Judiciário, assim, lesão ou ameaça de lesão a direito integrante de sua cidadela jurídica, mas sem descurar de observar a importância que assume a atuação supletiva da Ordem dos Advogados do Brasil, fazendo frente à omissão estatal na defesa dos menos favorecidos.

Nesse ponto, trataremos da advocacia como instrumento de efetivação do direito social fundamental de acesso à Justiça.

Passamos à exposição pormenorizada do tema.

3. DA FORÇA VINCULANTE DOS DIREITOS HUMANOS FUNDAMENTAIS

Os direitos humanos fundamentais, cuja previsão transborda ao extenso rol do art. 5º da Constituição da República Federativa do Brasil de 1988, representam o piso vital mínimo do cidadão, ou seja, atributos imanentes àquilo que se compreende por dignidade humana e cuja vulneração expõe à ruína as colunas que dão sustentabilidade ao Estado Democrático de Direito.

Temas da Revolução Francesa de 1789, os vocábulos liberdade, igualdade e fraternidade, dimensões dos direitos fundamentais, foram sobejamente prestigiados pelo Legislador Constituinte Originário de 1988, de cuja Carta Política se extrai extenso rol de direitos e garantias, nos planos individual e social, destinando, em diversas passagens, verdadeiras ordens aos Poderes Instituídos, para que assegurem a máxima efetividade de seus preceitos, a exemplo do que fez ao estatuir, no inciso LXXIV do art. 5º, que "O Estado prestará assistência jurídica integral e gratuita aos que comprovarem insuficiência de recursos".

Tais normas constitucionais, em sua maioria de conteúdo programático, ostentam aplicabilidade direta e imediata, na medida em que, se assim não o fosse, os governantes utilizariam eventual inércia do Poder Legislativo como justificativa para a não implementação de políticas públicas.

No dizer de JOSÉ AFONSO DA SILVA,[1]

> "Nos nossos estudos sobre as normas programáticas sempre as entendemos vinculadas à disciplina das relações econômico-sociais. É que há muito está superada a chamada 'regulamentação da liberdade', que pretendia que cada direito individual fosse organizado, isto é, que as condições e os limites de sua aplicabilidade fossem determinados por uma lei orgânica. Pois as normas constitucionais que enunciam direitos individuais são de aplicabilidade imediata e direta. Sua eficácia não depende da intermediação do legislador,

---

(1) SILVA, José Afonso da. *Aplicabilidade das normas constitucionais*. 7. ed. São Paulo: Malheiros, 2009. p. 140.

desde que, no "curso do século XIX, [como denota Biscaretti di Ruffia] a enunciação desses direitos sofreu dupla transformação: passou para o texto das Constituições, imprimindo às suas fórmulas, até então abstratas, o caráter concreto de *normas jurídicas* positivas, válidas para os indivíduos dos respectivos Estados (dita *subjetivação*), e, não raro, integrou-se também de outras normas destinadas a atuar uma completa e pormenorizada regulamentação jurídico-constitucional de seus pontos mais delicados, de modo a não requerer ulteriormente, a tal propósito, a intervenção do legislador ordinário (ou seja, sua *positivação*)."

Com efeito, a preservação dos direitos humanos fundamentais é, a um só tempo, direito e dever de todos, ostentando aplicabilidade imediata e força vinculante, devendo prover-se, não apenas, mas sobretudo, pelo Estado. Nesse diapasão, toda a sociedade, ao mesmo tempo em que tem o direito de reclamar do Estado a efetivação de seus direitos fundamentais, também tem a obrigação, imposta pelo próprio Estado, de respeitar a esfera jurídica alheia, representada por direitos tais como a vida, liberdade, honra, propriedade, tolerância religiosa e filosófica, e assim por diante.

Uma vez violado ou ameaçado um direito por ato de terceiro, ou do próprio Estado, surge para o seu titular, a quem o Direito veda, como regra, o exercício da autotutela, o direito fundamental à jurisdição efetiva, corporificado no inciso XXXV do art. 5º da Constituição da República Federativa do Brasil como a "inafastabilidade do controle jurisdicional", de que ora passamos a tratar mais de perto.

4. DA ADVOCACIA COMO INSTRUMENTO DE EFETIVAÇÃO DOS DIREITOS SOCIAIS FUNDAMENTAIS

Segundo prescreve a Constituição da República Federativa do Brasil em seu art. 5º, XXXV, não se pode excluir da apreciação do Poder Judiciário lesão ou ameaça de lesão a direito.

Esse mesmo diploma constitucional, em seu art. 5º, LIV, deixa claro que ninguém pode ser privado de sua liberdade, ou de seus bens, sem que se observem todas as regras inerentes ao devido processo legal.

Diante disso, exsurge o processo como meio necessário à solução de conflitos de interesses qualificados por pretensões antagônicas, a que FRANCESCO CARNELUTTI denominou lide.[2] No sentir do mestre peninsular, "*A finalidade do processo contencioso é tipicamente repressiva:* fazer que cesse a contenda, o que não quer dizer que cesse o conflito, que é imanente, e sim compor mediante o direito, seja com a formação de um *mandado* (infra, n. 31), seja com sua *integração* (infra, n. 32), seja com sua *atuação* (infra, n. 36)".

---

(2) CARNELUTTI, Francesco. *Instituições do processo civil.* v. 1. (tradução de Adrián Sotero De Witt Batista). Campinas: Servanda, 1999. p. 76.

Nesse diapasão, aquele que se sente ultrajado em sua cidadela jurídica tende a bater às portas do Poder Judiciário, porquanto se lhe veda, ao menos como regra, a justiça de mão própria, chamada de autotutela.

É nesse contexto que visualizamos o direito de ação como instrumento imprescindível à inauguração da relação jurídica processual. Trata-se, mais do que isso, do momento solene em que o autor, invocando sua condição de titular de um direito hipotético violado ou ameaçado de violação, pretende ver satisfeita sua pretensão com a invasão, determinada pelo Estado-Juiz, do patrimônio do suposto causador do dano. Isso na esfera cível, cuja esmagadora maioria dos direitos postos em conflito ostenta natureza disponível, por referir-se ao patrimônio.

No dizer de José Frederico Marques,[3]

> O direito ao *processo* tanto se projeta nos domínios da justiça penal, como nos setores do juízo civil. E ele tanto existe para compor litígios entre particulares, como para resolver conflitos do indivíduo com os órgãos estatais.

> Talvez tenha sido no *processo penal* que primeiro se sentiu o significado do processo como direito e garantia do cidadão. O antigo sistema inquisitivo cristalizava, em suas regras procedimentais, verdadeira forma de autodefesa para a resolução do conflito entre o interesse repressivo do Estado e o direito de liberdade do réu. Sentiu-se, assim, bem de perto, a deficiência do sistema e pôs-se à mostra a sua iniquidade. Com o procedimento acusatório, a *persecutio criminis* se processualizou. O juiz penal não é mais o titular da pretensão punitiva, pois a sua função é estritamente jurisdicional, cumprindo-lhe, por isso, solucionar imparcialmente a lide penal.

Já na esfera criminal, é o processo penal acusatório a única forma legítima de vulneração ao segundo bem jurídico mais importante do cidadão, qual seja, a sua liberdade de ir, vir e permanecer, sendo certo que, no polo ativo da relação jurídica processual figura, como regra, o Estado, representado pelo Ministério Público, na condição de detentor do monopólio da ação penal de iniciativa pública (art. 129, I, da CR). Apenas excepcionalmente, a lei outorga ao próprio ofendido ou aos seus sucessores o direito de perseguir a condenação do autor do fato pretensamente criminoso em juízo (*jus persequendi in judicio*), nas hipóteses em que se deva proceder mediante queixa, *nomen juris* da ação penal de iniciativa privada.

Com efeito, seja na esfera cível, seja na seara criminal, é certo que deverão assegurar-se a ambas as partes o pleno exercício do contraditório e, especialmente no que concerne à pessoa do réu, o da ampla defesa, com todos os meios e recursos a ela inerentes (art. 5º, LV, da CR), sob pena de nulidade absoluta do processo, por ofensa a princípios de natureza constitucional.

---

(3) MARQUES, José Frederico. *Instituições de direito processual civil*, v. 1. (revisão, atualização e complementação de Ovídio Rocha Barros Sandoval). Campinas: Millennium, 2000. p. 10.

Nada obstante, para veicular pretensão em juízo, é fundamental a *capacidade postulatória,* atributo que, tirante a ação constitucional de *habeas corpus* e outras poucas situações em que a parte dispõe do chamado *jus postulandi (p. ex.; ações promovidas no Juizado Especial Cível até o limite de vinte salários mínimos),* a própria parte não detém.

Entretanto, num país de dimensões continentais, cuja distribuição de renda é marcada pela desigualdade social, parcela expressiva da população se vê desamparada juridicamente, na medida em que carente de recursos financeiros que lhe propiciem arcar com custas processuais e com a contratação de advogado particular para militar na defesa de seus interesses em juízo sem prejuízo de sua própria subsistência e de sua família.

Daí a importância da mobilização da advocacia em prol da causa pública.

Voltando os olhos para a Defensoria Pública do Estado de São Paulo, percebe-se que, a despeito de o Legislador Constituinte Originário, no art. 134 da Constituição de 1988, ter estabelecido que "A Defensoria Pública é instituição essencial à função jurisdicional do Estado, incumbindo-lhe a orientação jurídica e a defesa, em todos os graus, dos necessitados, na forma do art. 5º, LXXIV", a sua criação remonta ao ano de 2006, cuidando-se, portanto, de Instituição recente em solo bandeirante.

É no mínimo curioso constatar que o Estado mais populoso do Brasil apenas tenha efetivamente se preocupado em propiciar aos hipossuficientes acesso aos serviços jurídicos gratuitos, prestados por advogados integrantes dos quadros da Defensoria Pública, cuja investidura no cargo se dá mediante prévia aprovação em concurso público de provas e títulos, a exemplo do que acontece com promotores de justiça e magistrados, transcorridos dezoito anos da promulgação da Constituição Cidadã de 1988.

Deveras, o pequeno contingente de quinhentos defensores públicos no Estado de São Paulo não atende eficazmente sequer os cidadãos carentes da capital, cuja população supera os dez milhões de habitantes.

O que se dirá das longínquas comarcas interioranas, onde até a estrutura do Poder Judiciário se mostra deficitária?

É evidente que são poucos os que, efetivamente, conseguem beneficiar-se dos valorosos serviços públicos prestados pela Defensoria no Estado de São Paulo.

Diante da deficiência estatal, surge a necessidade de celebração de convênios com órgãos vinculados à iniciativa privada, transferindo-se a advogados não integrantes dos quadros da Defensoria Pública, mas igualmente avaliados por meio de rigoroso processo seletivo unificado (o exame unificado promovido pela Ordem dos Advogados do Brasil), o múnus público de patrocinar interesses dos mais carentes em juízo, mediante a percepção de módica remuneração por processo, diferentemente dos defensores de carreira, cujo salário mostra-se consentâneo com a grandeza e importância de suas atribuições.

O Supremo Tribunal Federal teve a oportunidade de debruçar-se sobre a matéria por ocasião do julgamento da ADI n. 4.163, conhecida, nos termos do voto do ministro relator, como Arguição de Descumprimento de Preceito Fundamental, cujo pedido foi acolhido em parte, derrubando-se aquilo que da tribuna se chamou de monopólio da Seccional Paulista da Ordem dos Advogados do Brasil no que diz respeito à celebração de convênio com a Defensoria Pública, a fim de que se lhe supra o déficit de contingente.

Na visão de Luís Roberto Barroso, externada da tribuna, "monopólios são ruins por si. São caros, ineficientes e arrogantes".

Princípio regente da boa administração pública, a eficiência administrativa foi incorporada ao *caput* do art. 37 da Constituição de 1988 por força da Emenda à Constituição n. 19/98, chamada de "Reforma Administrativa".

Contudo, como bem recorda Odete Medauar, aludido princípio já fora mencionado anteriormente em Leis Esparsas, notadamente no art. 123, parágrafo único, da Lei Orgânica do Município de São Paulo, de 4.4.1990, e no § 1º do art. 6º da Lei n. 8.987/95, que trata da concessão e permissão de serviços públicos, estatuindo, em linhas gerais, que o serviço público deve perseguir o melhor resultado no menor espaço de tempo possível.

São dela os seguintes dizeres:[4]

Na legislação pátria o termo *eficiência* já aparecera relacionado à prestação de serviços públicos. Assim, a Lei Orgânica do Município de São Paulo, de 4.4.1990, no art. 123, parágrafo único, diz que ao "usuário fica garantido serviço público compatível com sua dignidade humana, prestado *com eficiência*, regularidade, pontualidade, uniformidade, conforto e segurança, sem distinção de qualquer espécie". Por sua vez, a Lei n. 8.987/95 — Concessão e permissão de serviços públicos —, no § 1º do art. 6º, caracteriza o serviço adequado como aquele "que satisfaz às condições de regularidade, continuidade, eficiência, segurança, atualidade, generalidade, cortesia na sua prestação e modicidade das tarifas.

Agora a eficiência é princípio que norteia toda a atuação da Administração Pública. O vocábulo liga-se à ideia de ação, para produzir resultado de modo rápido e preciso. Associado à Administração Pública, o princípio da eficiência determina que a Administração deve agir, de modo rápido e preciso, para produzir resultados que satisfaçam às necessidades da população. Eficiência contrapõe-se a lentidão, a descaso, a negligência, a omissão — características habituais da Administração Pública brasileira, com raras exceções.

---

(4) MEDAUAR, Odete. *Direito administrativo moderno*. 12. ed. São Paulo: Revista dos Tribunais, 2008. p. 128.

Os serviços públicos, portanto, devem atender às expectativas da população, donde inferir-se que, no que concerne às Defensorias Públicas, a universalidade do serviço público impõe que toda a população carente tenha acesso ao patrocínio jurídico gratuito, o que, infelizmente, não acontece no Estado de São Paulo. Segundo nos parece, é utópico pensar que nas outras unidades da federação, notadamente naquelas cuja economia é menos aquecida e cujos índices de miserabilidade da população, por essa razão, se mostram alarmantes, a realidade seja diferente.

Essa omissão do governo bandeirante, pode-se dizê-lo sem medo, não se compadece com o que prescreve a Constituição, porquanto, conforme já se teve a oportunidade de salientá-lo linhas acima, os direitos e as garantias fundamentais, notadamente aqueles expressos em normas de conteúdo programático, prescindem de qualquer regulamentação legislativa, irradiando seus efeitos de plano e por si sós, não podendo o governante a eles fazer ouvidos moucos, sob pena de descumprir um mandamento constitucional.

Particularmente no Estado de São Paulo, a celebração de convênio com a Seccional Paulista, que já perdurava por longos dezoito anos e que supria, até então, a falência do Estado no tocante à Defensoria Pública, podia até refugir ao ideário do Constituinte de 1988, mas literalmente resgatou, da margem do esquecimento, pessoas cuja voz até então permanecia inaudita, a despeito de o inciso LXXIV do art. 5º da Constituição de 1988 deixar claro que o Estado prestará assistência jurídica integral aos que comprovarem insuficiência de recursos e o art. 134 do mesmo diploma trazer a obrigatoriedade de que os Estados, o Distrito Federal e os Territórios e a União instituam e aparelhem suas respectivas Defensorias.

Assim deveria ser, já que, na conhecida visão de Seabra Fagundes, "administrar é aplicar a lei de ofício", e a Lei Maior obriga o governante a instituir e aparelhar adequadamente a Defensoria Pública, para que atenda às necessidades dos mais carentes.

Neste passo, no instante em que o governante deixa de dar cumprimento ao que prescrevem os arts. 5º, LXXIV e 134, ambos da Constituição da República Federativa do Brasil, voltamos os olhos ao que prescreve o art. 133 da Magna Carta, a erigir a advocacia como coluna mestra do Estado Democrático de Direito, porquanto essencial à Administração da Justiça, e nos apercebemos diante de uma solução, ainda que intermitente, para que as classes menos favorecidas não se vejam à míngua da efetividade de seus direitos.

Com efeito, se, por um lado, se malfere o princípio do concurso público, instituindo-se uma Defensoria Pública *ad hoc*, cria-se um mecanismo, de outro lado, de salvaguarda da dignidade humana dos mais carentes, para quem os governantes não voltam suas atenções, senão durante o período eleitoral, já que, no Brasil, o voto não é censitário, ostentando o mesmo valor, independentemente da casta donde provenha.

Um problema que se levanta, em parte sem razão, é que não dispõe o Estado de instrumentos seguros de avaliação de desempenho dos advogados credenciados à Defensoria Pública independentemente de prévia aprovação em concurso público de provas e títulos, na medida em que aludidos advogados, diferentemente dos Defensores Públicos efetivos, não se sujeitam a qualquer estágio probatório.

Contudo, a própria Ordem dos Advogados do Brasil, com a contribuição que se lhe paga pelos advogados inscritos, tem condições de aparelhar suficientemente seu órgão corregedor, constituído pelos Tribunais de Ética e Disciplina, onde se avalia a conduta de todo e qualquer advogado, quando sobre ela paire alguma dúvida no plano ético-disciplinar.

Diante disso, poder-se-ia questionar: ora, se não se concebe a existência de juiz *ad hoc* e de promotor *ad hoc*, sob pena de se malferirem, respectivamente, os princípios constitucionais do juiz natural e do promotor natural, por que se normatizou no Estado de São Paulo a figura do "Defensor Público *ad hoc*"?

Segundo Jurisprudência do Supremo Tribunal Federal, a atuação do Ministério Público em favor do hipossuficiente se legitima, nos termos do art. 68 do Código de Processo Penal pátrio, que é datado de 1941, para fins de execução (hoje chamada de cumprimento) da sentença transitada em julgado em sede de ação civil *ex delicto*. Contudo, asseverou-se na Corte, essa atuação se mostrará progressivamente inconstitucional à medida que se forem aparelhando as Defensorias Públicas nos Estados.

Nesse sentido, trazem-se à colação os seguintes julgados:

EMENTA: Ministério Público: legitimação para promoção, no juízo cível, do ressarcimento do dano resultante de crime, pobre o titular do direito à reparação: C. Pr. Pen., art. 68, ainda constitucional (cf. RE 135328): processo de inconstitucionalização das leis. 1. A alternativa radical da jurisdição constitucional ortodoxa entre a constitucionalidade plena e a declaração de inconstitucionalidade ou revogação por inconstitucionalidade da lei com fulminante eficácia ex tunc faz abstração da evidência de que a implementação de uma nova ordem constitucional não é um fato instantâneo, mas um processo, no qual a possibilidade de realização da norma da Constituição — ainda quando teoricamente não se cuide de preceito de eficácia limitada — subordina-se muitas vezes a alterações da realidade fáctica que a viabilizem. 2. No contexto da Constituição de 1988, a atribuição anteriormente dada ao Ministério Público pelo art. 68 C. Pr. Penal — constituindo modalidade de assistência judiciária — deve reputar-se transferida para a Defensoria Pública: essa, porém, para esse fim, só se pode considerar existente, onde e quando organizada, de direito e de fato, nos moldes do art. 134 da própria Constituição e da lei complementar por ela ordenada: até que — na União ou em cada Estado considerado -, se implemente essa condição de viabilização da cogitada transferência constitucional de atribuições, o art. 68 C. Pr. Pen. será considerado ainda vigente: é o caso do Estado de São Paulo, como decidiu o plenário no RE 135328. (STF RE 147776/SP — SÃO PAULO RECURSO EXTRAORDINÁRIO Relator(a): Min. SEPÚLVEDA PERTENCE Julgamento: 19.5.1998 Órgão Julgador: Primeira Turma Publicação DJ 19.6.1998 PP-00009 EMENT VOL.-01915-01 PP-00136 Parte(s) RECTE.: ESTADO DE SÃO PAULO RECDO.: GERALDA CARDOSO DE PAULA)

EMENTA — LEGITIMIDADE. AÇÃO EX DELICTO. MINISTÉRIO PÚBLICO. DEFENSORIA PÚBLICA. ARTIGO 68 DO CÓDIGO DE PROCESSO PENAL. CARTA DA REPÚBLICA

DE 1988. A TEOR DO DISPOSTO NO ARTIGO 134 DA CONSTITUIÇÃO FEDERAL, CABE À DEFENSORIA PÚBLICA, INSTITUIÇÃO ESSENCIAL À FUNÇÃO JURISDICIONAL DO ESTADO, A ORIENTAÇÃO E A DEFESA, EM TODOS OS GRAUS, DOS NECESSITADOS, NA FORMA DO ART. 5º, LXXIV, DA CARTA, ESTANDO RESTRITA A ATUAÇÃO DO MINISTÉRIO PÚBLICO, NO CAMPO DOS INTERESSES SOCIAIS E INDIVIDUAIS, ÀQUELES INDISPONÍVEIS (PARTE FINAL DO ART. 127 DA CONSTITUIÇÃO FEDERAL). INCONSTITUCIONALIDADE PROGRESSIVA. VIABILIZAÇÃO DO EXERCÍCIO DE DIREITO ASSEGURADO CONSTITUCIONALMENTE. ASSISTÊNCIA JURÍDICA E JUDICIÁRIA DOS NECESSITADOS. SUBSISTÊNCIA TEMPORÁRIA DA LEGITIMAÇÃO DO MINISTÉRIO PÚBLICO. Ao Estado, no que assegurado constitucionalmente certo direito, cumpre viabilizar o respectivo exercício. Enquanto não criada por Lei, organizada — e, portanto, preenchidos os cargos próprios, na unidade da Federação — a Defensoria Pública, permanece em vigor o art. 68 do Código de Processo Penal, estando o Ministério Público legitimado para a ação de ressarcimento nele prevista. Irrelevância de a assistência vir sendo prestada por órgão da Procuradoria Geral do Estado, em face de não lhe competir, constitucionalmente, a defesa daqueles que não possam demandar, contratando diretamente profissional da advocacia, sem prejuízo do próprio sustento. (STF; RE 135328; SP; Tribunal Pleno; Rel. Min. Marco Aurélio; Julg. 29.6.1994; DJU 20.4.2001; p. 00137) (Publicado no DVD Magister n. 17 — Repositório Autorizado do TST n. 31/2007)

O fato é que não há, na Constituição da República Federativa do Brasil, dispositivo algum que fale da exclusividade, atribuível a Órgãos da Defensoria Pública, na prestação de serviços jurídicos aos hipossuficientes.

Diversamente, com relação aos magistrados, os incisos XXXVII e LIII do artigo deixam claro que não se admite a instituição de juízo ou tribunal de exceção, criado "ex post facto" e que, portanto, ninguém será processado e nem sentenciado senão perante a autoridade judiciária constitucionalmente competente.

Infere-se, ainda que implicitamente, que o mesmo raciocínio se aplica ao Órgão do Ministério Público, dentre cujas funções institucionais está o patrocínio da ação penal de iniciativa pública, razão pela qual o direcionamento na distribuição de inquéritos e feitos poderia dar azo a perseguições de toda ordem.

Já com relação à defesa dos interesses de todos quantos comprovarem a insuficiência de recursos, apenas diz o Constituinte Originário que cumpre ao Estado promovê-la, o que, a rigor, fará por meio das Defensorias.

Não se fala, em momento algum, num monopólio constitucional em favor das Defensorias Públicas, de sorte a que nenhum outro órgão possa promover a defesa dos desafortunados.

Exemplo clássico de quebra desse pretenso monopólio diz com a possibilidade de que associações ajuízem ação civil pública, para o que ostentam legitimidade os Ministérios Públicos e, por força de recente alteração legislativa, as próprias Defensorias.

Nem mesmo ao Ministério Público, a quem o Legislador Constituinte Originário confere o múnus de tutelar os interesses sociais indisponíveis (art. 127, *caput*, da CR), foi dado o monopólio da ação civil pública. Ao contrário, a legitimidade para o seu ajuizamento se estende a associações legitimamente constituídas e à própria Defensoria Pública, justamente na defesa dos hipossuficientes.

Isso porque, pedindo licença para reproduzir os dizeres de Luís Roberto Barroso, embora em contexto diverso, "monopólios sãos ruins por si. São caros, ineficientes e arrogantes".

Noutro dizer, quanto mais órgãos houver autorizados a promover a tutela dos direitos sociais indisponíveis, mais bem amparados estarão os menos favorecidos economicamente, porquanto o déficit de um órgão poderá facilmente suprir-se com uma atuação proativa e supletiva de outro, sempre objetivando ao atendimento do interesse público primário, tal qual o sucede quando a Ordem dos Advogados do Brasil faz as vezes de Defensoria Pública, cujo contingente no Estado de São Paulo, de apenas quinhentos membros, se mostra de todo insuficiente ao adequado implemento do que dispõe o inciso LXXIV do art. 5º da Constituição da República Federativa do Brasil, ao contrário da Seccional Paulista, que conta com mais de trezentos mil advogados inscritos.

Numa conta rápida, considerando-se apenas cinquenta por cento da população do município de São Paulo, já são mais de dez mil cidadãos para cada defensor público. Ou seja, o contingente de defensores sequer tem condições de atender adequadamente os moradores da capital, isso sem levar em conta o restante do Estado, que ficaria a descoberto não fosse a iniciativa corajosa da Seccional Paulista da Ordem dos Advogados do Brasil.

Destarte, não fosse o convênio celebrado com a Defensoria Pública do Estado de São Paulo, que não dispõe de quadros suficientes à integral salvaguarda jurídica dos mais necessitados, quantos milhões de pessoas teriam deixado de levar, ao conhecimento do Poder Judiciário, lesão ou ameaça de lesão a um seu direito, ou mesmo estariam literalmente indefesas em processos criminais?

Nesse ponto, se por um lado a Constituição da República manda prover a defesa dos interesses dos necessitados e o Estado descumpre tal previsão, descurando de instituir e aparelhar a Defensoria Pública, de outro surge o convênio com a advocacia privada como o único instrumento de efetivação do direito social fundamental de acesso à jurisdição, analisado tanto sob o prisma do direito de ação quanto do sagrado e constitucional direito de defesa, já que ninguém pode ser privado de sua liberdade ou de seus bens sem que se observem as regras inerentes ao devido processo legal.

5. DA CONSTITUCIONALIDADE SISTEMÁTICA DOS CONVÊNIOS ENTRE A ORDEM DOS ADVOGADOS DO BRASIL E AS DEFENSORIAS PÚBLICAS

A nossa Lei Maior de 1988 traz o primado da dignidade humana como um dos Fundamentos do Estado Democrático de Direito sob cujo manto se sustenta a República Federativa do Brasil.

Trata-se, é bem de ver, de valor maior integrante do núcleo intangível da Constituição, de cujo art. 60, § 4º, IV se extrai que não se admitirá emenda à constituição que seja ao menos tendente a abolir direitos e garantias fundamentais.

Tamanha a relevância da dignidade como direito fundamental que, em determinadas situações, ela ostenta preponderância sobre a própria vida humana, a exemplo do que acontece no abortamento humanitário ou sentimental, quando a gestação tenha sido decorrente de estupro sendo que, mais recentemente, se está a discutir acerca da possibilidade, ou não, de interrupção da gestação quando diagnosticada a anencefalia, tudo isso em homenagem, sobretudo, à dignidade humana da gestante, dentre cujos atributos imanentes estão a incolumidade física e psíquica e em detrimento da vida humana intrauterina.

No contexto do que se está a cuidar no presente capítulo, o legislador traz, no rol dos direitos e das garantias fundamentais, valores tais como a igualdade substancial, a dignidade humana, o direito ao contraditório e à ampla defesa, colunas mestras do devido processo legal e, acima de tudo, como se fora o resumo desses direitos, o direito a não ter excluída da apreciação do Poder Judiciário lesão ou ameaça de lesão a direito.

De outro lado, é bem verdade que, segundo reza a Magna Carta de 1988, cabe ao Estado, por intermédio da Defensoria Pública, a defesa dos interesses daqueles que comprovarem insuficiência de recursos.

O fato é que, olhando para a realidade dos vinte e seis Estados da Federação, que não difere muito daquilo que se verifica no Estado de São Paulo, cujo contingente de defensores públicos é irrisório (apenas quinhentos defensores públicos), percebe-se que o apego exacerbado ao formalismo hermenêutico a outro caminho não conduzirá senão à carência de tutela jurisdicional efetiva, na medida em que parcela expressiva da população, que não dispõe de recursos suficientes para custear o acesso ao Poder Judiciário, tampouco conseguirá ser atendida pelos poucos defensores públicos concursados.

Nessa perspectiva, qual outro Órgão de Classe, que não a Ordem dos Advogados do Brasil, ostenta melhores condições de suprir a notória deficiência do Estado?

Com efeito, sendo o advogado indispensável à Administração da Justiça nos termos da Constituição, cabe a ele socorrer a todos quantos necessitem de serviços jurídicos, sem que isso caracterize captação ilegal de clientela, sendo justa a contraprestação estatal pelos relevantes serviços prestados, mesmo porque a advocacia deve ter observada sua função social, não podendo, pois, ser privilégio de poucos.

Se assim o é, parece melhor amoldar-se ao espírito do Legislador Constituinte Originário de 1988 a preocupação com a mais ampla distribuição da Justiça, do que, sob o argumento de que existiria um monopólio inconstitucional da Ordem dos Advogados do Brasil, deixar a descoberto interesses de milhões de desafortunados, até que o Estado venha a aparelhar eficazmente a Defensoria Pública.

Deveras, segundo nos parece, a Constituição não pode interpretar-se senão com estrita observância ao espírito do Poder que a originou, e o legislador constituinte originário foi pródigo em matéria de direitos e garantias fundamentais, notadamente aqueles que tocam ao acesso igualitário à jurisdição.

Por essa razão, sustentamos que a intervenção da Ordem dos Advogados do Brasil, sempre que falaciosa a Defensoria Pública, mostra-se sistematicamente compatível com o espírito que norteou a Assembleia Nacional Constituinte de 1988, cuja maior bandeira é a máxima efetividade dos direitos e das garantias fundamentais.

6. DA RECENTE CONTENDA ENVOLVENDO AS DUAS ENTIDADES DE CLASSE

Não é demasiado rememorar que a Ordem dos Advogados do Brasil, notadamente por intermédio de sua Seccional Paulista e da Defensoria Pública, travou intenso debate acerca da necessidade, ou não, de que os membros dessa carreira mantenham ativa sua inscrição para postular validamente em juízo, visto que argumentam os defensores que a tão só investidura no cargo já bastaria, não devendo submeter-se, portanto, a nenhum outro órgão que não à sua própria corregedoria.

Sustentam que o interesse da Ordem dos Advogados do Brasil seria unicamente arrecadatório, razão pela qual muitos defensores requereram sua desfiliação a referido órgão de classe.

Parece prevalecer o entendimento no sentido de que, para ser defensor público, é pressuposto estar regularmente inscrito nos quadros da Ordem dos Advogados do Brasil, sob pena de lhe faltar capacidade postulatória.

Há decisões judiciais nesse sentido e, ao que tudo indica, também deverá haver pronunciamento do Supremo Tribunal Federal a respeito da matéria, dada sua grande repercussão.

Abriu-se este tópico justamente para demonstrar o clima de animosidade que impera entre as duas entidades de classe, que apenas se agravou com a procedência parcial do pedido deduzido na ADI n. 4.163, conhecida como arguição por descumprimento de preceito fundamental, derrubando-se aquilo que se chamou de monopólio para firmar convênio.

7. ALGUNS DOS ARGUMENTOS OPONÍVEIS AO NOSSO ENTENDIMENTO

Para os que divergem do nosso posicionamento, o que o Constituinte Originário garante no art. 5º, LXXIV, é a criação de um órgão responsável pela defesa dos interesses daqueles que, comprovadamente, demonstrarem insuficiência de recursos.

Traz, portanto, uma missão a ser cumprida pelo Estado, e não por particulares que sequer se encontrem diretamente sob sua batuta, na medida em que não regularmente investidos nos quadros da Administração Pública por meio de concurso de provas e títulos.

Nessa toada, dispõe, no art. 134 do diploma fundamental, acerca da Defensoria Pública dos Estados como órgão essencial à administração da justiça.

Ora bem, pode-se ponderar, havendo uma norma originariamente constitucional de conteúdo programático no inciso LXXIV do art. 5º, é certo que o mandamento nela contido se dirige ao Estado, a quem cabe a efetivação da justa defesa dos hipossuficientes, e não à iniciativa privada, ainda que o exercício da advocacia em si seja considerado um múnus público. E a razão é simples: só estão legitimados, nos termos da Constituição, a receber subsídio público pela defesa dos menos favorecidos os defensores públicos, cujo ingresso na carreira se dá por meio de concurso público de provas e títulos, sendo inconstitucional, por afrontar o princípio do concurso público, qualquer outra forma alternativa de filiação ao serviço público.

É evidente que para o Estado é acentuadamente menos dispendioso o credenciamento de profissionais integrantes da iniciativa privada independentemente da realização de concurso público de provas e títulos, visto que isso não lhe gera ônus algum além do pagamento de valor módico pela atuação individual em cada processo, o que, a rigor, apenas se verifica no termo deste.

Com efeito, na visão dos detratores, cria-se, por assim dizer, uma função pública sem cargo, ou mesmo um cargo *ad hoc*, sem que haja o necessário comprometimento do Estado para com a representatividade jurídica dos menos favorecidos economicamente e, o que é pior, independentemente da existência de vínculo jurídico válido entre o advogado e a Administração, ocorre a afetação de verba pública, a atividade essencialmente pública, mas cuja prestação, ao arrepio do que dispõe nossa Lei Maior, se comete à iniciativa privada, relegando-se a Defensoria Pública a um plano subalterno.

Já se disse, noutra passagem deste texto, que o serviço público deve primar pela máxima eficiência, o que, para atingir-se, reclama a periódica realização de rigoroso controle de qualidade. Daí a razão do estágio probatório de três anos (art. 41 da CR) no funcionalismo público em geral, durante cuja fluência se realizam avaliações de desempenho do funcionário público em caráter precário, que apenas adquirirá estabilidade no serviço público uma vez ultrapassada, com sucesso, aludida etapa.

Com o defensor público *ad doc*, na visão dos detratores, isso não aconteceria. Quando muito, o Tribunal de Ética e Disciplina do Órgão de Classe — Ordem dos Advogados do Brasil — realizará um controle sobre a conduta do advogado credenciado junto à defensoria no plano ético-disciplinar, mas a fonte pagadora, o Estado, afeta verba pública ao pagamento dos defensores *ad hoc* literalmente desconhecendo o seu efetivo desempenho na defesa dos menos afortunados.

Conforme já salientado, por força do que prevê o art. 68 do Código de Processo Penal pátrio, o Ministério Público, enquanto não instituídas as Defensorias Públicas, faz-lhes as vezes em casos concretos, na defesa dos hipossuficientes. Diz o Supremo que essa atuação ministerial supletiva é progressivamente inconstitucional; ou seja, passa a ser inconstitucional a partir do momento em que implantado o órgão próprio e adequado para o desempenho dessa relevante função pública, que outro não é senão a Defensoria.

Nada obstante, o membro do Ministério Público, embora se desviando de suas funções ordinárias e constitucionais, na medida em que ainda não implantado o órgão próprio para promover a defesa dos menos afortunados, quando ingressa em juízo em favor do hipossuficiente, assim o faz na condição de órgão do Estado e verdadeiro advogado da sociedade, que não pode ficar à míngua, mas o seu ingresso na carreira se deu mediante concurso público de provas e títulos e o seu desempenho passa, periodicamente, pelo rigoroso crivo do órgão corregedor próprio.

Sendo assim, como argumento se o promotor for desidioso no desempenho de suas funções, o Estado responderá objetivamente pelos prejuízos que ele, nessa condição, causar ao jurisdicionado, nos termos do que prescreve o art. 37, § 6º, da Constituição da República Federativa do Brasil.

E se o advogado credenciado não se houver com a honradez e diligência que o múnus público lhe exige, deixando desprotegido direito integrante da cidadela jurídica do hipossuficiente, o Estado responderá direta e objetivamente por isso?

À luz da Constituição da República Federativa do Brasil, a resposta a essa pergunta parece sinalizar no sentido negativo.

Afora o precitado julgamento da ADI n. 4.163, o Supremo Tribunal Federal, na assentada do último dia 14/03, acolheu os pedidos deduzidos nas ADIs ns. 3.892 e 4.270 e proclamou a inconstitucionalidade da atuação supletiva da Seccional de Santa Catarina da Ordem dos Advogados do Brasil na defesa dos hipossuficientes, porquanto essa unidade da Federação ainda não implantou a Defensoria Pública, situação que não poderá perdurar por mais de um ano.

CONSIDERAÇÕES FINAIS

À guisa de arremate, conquanto não olvidemos do Estado a obrigação de promover, por intermédio da Defensoria Pública, a defesa dos interesses dos hipossuficientes, cuidando-se o inciso LXXIV do art. 5º, conforme já salientado, de norma constitucional de conteúdo eminentemente programático, cuja eficácia é plena, mesmo porque versa acerca de direitos sociais fundamentais, vemo-nos diante de uma realidade que impõe a adoção de posturas proativas, sendo, neste ponto, especialmente louvável o Convênio celebrado entre a Seccional Paulista da Ordem dos Advogados do Brasil e a Defensoria Pública, porquanto confere maior efetividade à inafastabilidade do controle jurisdicional que, do contrário, seria letra morta, já que o pequeno contingente de quinhentos defensores públicos não atende a contento, sequer, aos mais necessitados moradores da capital, que conta com milhões de pessoas que vivem abaixo da linha de pobreza.

Com efeito, a atuação supletiva da advocacia privada, fazendo as vezes de Defensoria Pública, tem o condão de prestigiar valores constitucionais de primeira grandeza, cláusulas pétreas por força do que dispõe o art. 60, § 4º, IV, da Carta Política de 1988, porquanto, apenas tendo em conta a advocacia bandeirante, são mais de trezentos mil advogados inscritos, contra apenas quinhentos defensores públicos, para atender milhões de pessoas em situação de miserabilidade, constituindo-se freio inconstitucional, isto, sim, a vedação à celebração de convênios desse jaez, sendo certo que nenhum outro órgão se encontra tão bem aparelhado para tanto quanto a Seccional da Ordem.

De mais a mais, nada impede que haja efetiva fiscalização da atuação dos profissionais credenciados junto à Defensoria, sendo certo que o efetivo dessa demorará, e muito, a atingir o número razoável para que haja a efetiva salvaguarda dos direitos dos mais carentes.

Nesse ponto, pedimos vênia ao entendimento defendido pelos nobres ministros do Supremo Tribunal Federal e, muito embora entendendo como incompatível com o mandamento prescrito no inciso LXXIV do art. 5º o baixo efetivo de defensores nos Estados, dentro de uma escala de ponderação de valores, não vemos solução mais adequada que a suplementação pelos milhares de advogados que, com bravura, denodo e destemor, defendem os interesses dos mais carentes em juízo, promovendo a igualdade substancial em matéria de acessibilidade à Justiça.

REFERÊNCIAS BIBLIOGRÁFICAS

BARROSO, Luís Roberto. *O direito constitucional e a efetividade de suas normas:* limites e possibilidades da constituição brasileira. Rio de Janeiro: Renovar, 2006.

CARNELUTTI, Francesco. *Instituições do processo civil.* v. 1. (tradução de Adrián Sotero De Witt Batista). Campinas: Servanda, 1999.

MARQUES, José Frederico. *Instituições de direito processual civil,* v. 1. (revisão, atualização e complementação de Ovídio Rocha Barros Sandoval). Campinas: Millennium, 2000.

MEDAUAR, Odete. *Direito administrativo moderno.* 12. ed. São Paulo: Revista dos Tribunais, 2008.

SILVA, José Afonso da. *Aplicabilidade das normas constitucionais.* 7. ed. São Paulo: Editora Malheiros, 2009.

Sítio eletrônico: <www.stf.jus.br>. Acesso em: 18.3.2012.

RESPONSABILIDADE CIVIL E SOCIAL

Maíra Moura de Oliveira

Mestranda em Direito nas Faculdades Metropolitanas Unidas — FMU em São Paulo/SP. Especialista em Direito Civil e em Direito Processual Civil pela Universidade Estácio de Sá. Graduada em Direito pela Universidade Estácio de Sá — Rio de Janeiro. Possui experiência na gestão acadêmica e no magistério superior. Integrante de grupo de pesquisa certificado no CNPq. Autora de obras jurídicas e vários processos técnicos na área acadêmica. Atualmente é Coordenadora Geral do Curso de Direito do Centro Universitário Estácio Radial — Núcleo Capital — São Paulo, e professora de Direito Civil e Direito Processual Civil do Centro Universitário Estácio Radial. Advogada militante atuando nas áreas Cível, Empresarial, Família e Trabalhista.

Responsabilidade Civil e Social

1. RESPONSABILIDADE: NOÇÃO E DEFINIÇÃO

Quando o homem passou a viver em sociedade, houve a necessidade de se criar um conjunto de normas que tivesse como finalidade a manutenção da harmonia do meio social. Aquele que infringisse alguma norma e causasse prejuízo a outrem deveria ser responsabilizado por seu ato, como forma de punição, na tentativa de se restabelecer o estado anterior. Portanto, observa-se o quanto é necessário compreender o significado da matéria responsabilidade, uma vez que há muito ela representa a própria materialização da Justiça.

Existe certa dificuldade em fixar um conceito adequado de responsabilidade, já que pode variar tanto como os aspectos que pode abranger, conforme as teorias filosófico-jurídicas. Noções de responsabilidade se confundem com culpabilidade e imputabilidade, porém, não se pode admitir esse tipo de assimilação. A definição que mais se aproxima seria a ideia de obrigação, contraprestação, contudo, ainda é imperfeita.

Tem-se que a violação de um dever jurídico (originário) acarreta o ilícito, que normalmente gera dano a outrem, gerando um novo dever jurídico (sucessivo), qual seja, o de reparar o dano. Assim sendo, chega-se à conclusão que <u>obrigação</u> é sempre um dever jurídico originário, enquanto <u>responsabilidade</u> é um dever jurídico sucessivo, consequente à violação do primeiro.[1]

Tal distinção também pode ser encontrada no Código Civil, em seu art. 389, primeira parte, que assim preleciona: "não cumprida a obrigação, responde o devedor por perdas e danos (...)."

Ainda, deve-se distinguir o ato jurídico, que permite ao seu autor uma licença legal, do ato injurídico e ilícito, que impõe esse dever de indenizar. O ato jurídico é o ato de vontade que produz efeitos de direito; ato ilícito também é ato de von-

---

(1) CAVALIERI FILHO, Sérgio. *Programa de responsabilidade civil*. 6. ed. São Paulo: Malheiros, 2006. p. 24.

tade, mas que produz efeitos jurídicos independentemente da vontade do agente, constituindo um delito, civil ou criminal, e, pois, violação à lei.

O Código Civil fornece a definição de ato ilícito da seguinte forma:

> Art. 186. Aquele que, por ação ou omissão voluntária, negligência ou imprudência, violar direito e causar dano a outrem, ainda que exclusivamente moral, comete ato ilícito.

Na verdade, o que se avalia em matéria de responsabilidade é a conduta do agente, qual seja, um encadeamento ou uma série de atos ou fatos, o que não impede que um único ato gere por si só o dever de indenizar.

As várias espécies de responsabilidade, que serão posteriormente estudadas, dependem do campo em que se apresenta o problema, porém não são um elemento exclusivo da vida jurídica, antes, se ligam a todos os domínios da vida social.[2] A imposição estabelecida pela sociedade humana, de que todos devem responder por seus atos, traduz para o sistema jurídico o dever moral de não prejudicar a outro.

2. A RESPONSABILIDADE CIVIL NA CONSTITUIÇÃO FEDERAL DE 1988 E NA LEI N. 10.406/02 — CÓDIGO CIVIL

A Constituição Federal de 1988 aborda a responsabilidade civil dentre os direitos e as garantias individuais, em seu art. 5º, incisos V e X,[3] demonstrando sua importância no âmbito das relações modernas e a consequente resolução dos conflitos sociais.

De acordo com San Tiago Dantas,[4] o principal objetivo da ordem jurídica é proteger o lícito e reprimir o ilícito. Busca-se, no mesmo instante, tutelar a atividade do homem que se comporta de acordo com o Direito, reprimindo a conduta daquele que o contrariou.

Não obstante o direito à reparação por dano sofrido resguardado pela Carta Magna, tem-se no Código Civil vigente, pertencendo ao direito obrigacional, importantes apontamentos quanto à responsabilidade civil. O CC/02 trata com mais

---

(2) AGUIAR DIAS, José de. *Da responsabilidade civil*. 11. ed., Rio de Janeiro: Renovar, 2006. p. 4.

(3) Art. 5º da CF/88 — Todos são iguais perante a lei, sem distinção de qualquer natureza, garantindo-se aos brasileiros e aos estrangeiros residentes no país a inviolabilidade do direito à vida, à liberdade, à igualdade, à segurança e à propriedade, nos termos seguintes:
[...]
V — é assegurado o direito de resposta, proporcional ao agravo, além da indenização por dano material, moral ou à imagem.
[...]
X — são invioláveis a intimidade, a vida privada, a honra e a imagem das pessoas, assegurando o direito à indenização pelo dano material ou moral decorrente de sua violação.

(4) DANTAS *apud* CAVALIERI FILHO, *op. cit.*, p. 23.

profundidade a matéria, dando-lhe espaço exclusivo, arts. 927 e seguintes, quando em comparação com o Código Civil de 1916, que tratava a matéria de forma esparsa.

O art. 186 do CC define o ato ilícito, acrescentando a possibilidade de indenização pelo dano exclusivamente moral, como fora determinado pela CF/88. Por sua vez, o art. 187 do estatuto civil define o abuso de direito, norma ausente no código anterior.

Constituem fontes das obrigações: a lei, o contrato, o ato ilícito (compreendendo também o abuso do direito), os atos unilaterais e os títulos de crédito. Contudo, verifica-se em nosso sistema que a violação a direito passível de responsabilização, origina-se, basicamente, de duas fontes — **lei** e **contrato**.

A primeira tem, exclusivamente, como origem ou fundamento a lei, denominada também como responsabilidade extracontratual ou aquiliana. Já a segunda deflui das obrigações contratuais assumidas pelas partes integrantes da relação jurídica de direito material, denominada, portanto, de responsabilidade contratual.

Observa-se, portanto, que ambos os institutos que resguardam a matéria responsabilidade civil, em suas várias espécies (que serão estudadas mais detalhadamente), são recentes, tendo papel fundamental, ou seja, indispensável para a resolução dos casos concretos, quando verificado o dever de indenizar, determinando sobre quem recairá tal responsabilidade.

De acordo com Antônio Montenegro,[5] a teoria da indenização de danos só começou a ser analisada racionalmente quando os juristas constataram, após séculos de discussões em torno da culpa, que o verdadeiro fundamento da responsabilidade civil devia-se buscar na quebra do equilíbrio econômico-jurídico provocada pelo dano, derrubando, portanto, a tese de Ihering, de que a obrigação de reparar nascia da culpa e não do dano.

3. PRESSUPOSTOS DA RESPONSABILIDADE CIVIL

Analisando o dispositivo do Código Civil, art. 186, que em regra é utilizado como matriz da responsabilidade civil, observa-se quatro pressupostos necessários à sua caracterização: a conduta do agente, a culpa, o dano e o nexo de causalidade.

3.1. Conduta

Entende-se por conduta o comportamento humano voluntário que se exterioriza através de uma ação ou omissão, produzindo consequências jurídicas. A exigência de um fato voluntário na base do dano exclui do âmbito da responsabilidade civil os danos causados por forças da natureza, bem como os praticados em estado de inconsciência.

---

(5) MONTENEGRO apud CAVALIERI FILHO, op. cit., p. 36.

Não haveria que se falar em responsabilidade civil se não houvesse um determinado comportamento humano contrário à ordem jurídica. Portanto, tem-se que a responsabilidade civil pode decorrer de dois tipos de conduta do agente, quais sejam: ação ou omissão.

A ação consiste em uma conduta positiva, forma mais comum de exteriorização. Consiste no movimento corpóreo, na manifestação de uma força que, no caso em tela, termina por ocasionar um dano a outrem.

Ao contrário, a omissão seria a não realização de um dever jurídico de praticar determinado ato. Por se tratar de inatividade, o dano experimentado pela vítima não poderia, a rigor, ser resultado de um comportamento daquele que nada praticou. Todavia, o legislador tratou de atribuir uma relevância jurídica à omissão, tornando o omitente responsável, quando esse tem o dever de agir para impedir o resultado.

Na lição de Frederico Marques,[6] a omissão é uma abstração, um conceito de linhagem puramente normativa, sem base naturalística. Ela aparece, assim, no fluxo causal que liga a conduta ao evento, porque o imperativo jurídico determina um *facere* para evitar a ocorrência do resultado e interromper a cadeia de causalidade natural, e aquele que deveria praticar o ato exigido, pelos mandamentos da ordem jurídica, permanece inerte ou pratica ação diversa da que lhe é imposta.

Na omissão, a dificuldade de sua comprovação consiste em ter de demonstrar, concomitantemente, que a conduta não foi realizada, que existe o dever jurídico de praticar aquele ato e que, se a conduta fosse praticada, o dano teria sido evitado.

A ação, contudo, facilmente comprovada pode ser praticada por ato próprio, por ato de terceiro ou pelo fato da coisa ou do animal.

3.1.1. Por ato próprio

Em regra, só responde pelo fato aquele que lhe dá causa, por conduta própria. Tal conduta pode decorrer da infração a um dever que pode ser legal, contratual e social.

Como exemplo de infração a um dever social, tem-se o abuso de direito. Esse é considerado pelo ordenamento jurídico um ato ilícito (art. 187, do CC), pois o agente excede os limites impostos pela boa-fé e pelos bons costumes, mesmo que o pratique no exercício regular de um direito. Aqui, o titular do direito desvia-se da sua função social para qual o direito subjetivo foi concedido. Dessa forma, atribuir-lhe responsabilidade pelo abuso praticado é reprimir o exercício antissocial dos direitos subjetivos.

---

(6) MARQUES *apud* STOCO, Rui. *Tratado de responsabilidade civil*. 6. ed. rev., atual. e ampl. São Paulo: Revista dos Tribunais, 2004. p. 131.

3.1.2. Por ato de terceiro

A responsabilidade por fato de outrem causou certo desconforto no cenário jurídico brasileiro, posto que, com a entrada em vigor do Código Civil de 2002, a teoria da culpa presumida, que tratava o revogado diploma civil (arts. 1.521 e 1.522), fora rechaçada pelos novos dispositivos, quais sejam, arts. 932 e 933 do Código Civil, *in verbis*:

> Art. 932 do CC — São também responsáveis pela reparação civil:
>
> I — os pais pelos filhos menores que estiverem sob sua responsabilidade e em sua companhia;
>
> II — o autor e o curador, pelos pupilos e curatelados, que se acharem nas mesmas condições;
>
> III — o empregador ou comitente, por seus empregados, serviçais e prepostos, no exercício do trabalho que lhes competir, ou em razão dele;
>
> IV — donos de hotéis, hospedarias, casas ou estabelecimentos onde se albergue por dinheiro, mesmo para fins de educação, pelos seus hóspedes, moradores e educandos;
>
> V — os que gratuitamente houverem participado nos produtos do crime, até a concorrente quantia.
>
> Art. 933 do CC — As pessoas indicados nos incisos I a V do artigo antecedente, ainda que não haja culpa de sua parte, responderão pelos atos praticados pelos terceiros ali referidos.

Diante de tal solidariedade, a vítima pode mover ação contra as pessoas indicadas nos incisos do art. 932, pelo ato ilícito praticado pelos terceiros ali descritos, sem que elas possam se exonerar da responsabilidade, provando que não houve culpa de sua parte.

3.1.3. Por fato de animal

A responsabilidade por fato de animal pode ser encontrada no art. 936 do CC, em que se tem que o dono ou detentor do animal ressarcirá o dano por esse causado se não houver culpa da vítima ou força maior.

Percebe-se, no entanto, que não há necessidade de provar a culpa do dono ou detentor do animal para que ele seja obrigado a indenizar. Todavia, esse poderá se eximir dessa obrigação se provar que houve culpa exclusiva da vítima ou força maior, único meio de romper o liame de causalidade entre a conduta e o resultado danoso.

> ➤ **Exemplo:** se um animal de circo fugir e atacar uma pessoa, essa poderá acionar tanto o detentor quanto o dono do animal, de acordo com a solidariedade contida no art. 942, parágrafo único, do CC. Se preferir acionar o preposto do circo, deverá fazê-lo com fundamento no art. 936 do CC (responsabilidade objetiva do detentor). Porém, se preferir acionar o dono do animal, deverá fundamentar-se no art. 932, inciso III, c.c. art. 933 do CC (responsabilidade civil objetiva indireta, bastando comprovar culpa do detentor).

Em acórdão proferido pelo Tribunal de Justiça do Rio Grande do Sul, neste ano, verifica-se que os eméritos julgadores entenderam pela responsabilidade solidária entre o agente causador do dano e o detentor do animal doméstico, posto que se encontrava fora da vigilância de seu detentor. Lê-se na ementa:

> REPARAÇÃO DE DANOS. ATROPELAMENTO DE ANIMAL. AUTORIA QUE NÃO É NEGADA. FATO INCONTROVERSO.
>
> Legitimidade para postular reparação de quem arcou com os custos médico-veterinários do tratamento dispensado para recuperação do animal. Demonstração da realização do atendimento médico-veterinário, inclusive com realização de cirurgia junto ao hospital de clínicas veterinárias da UFRGS. Valores compatíveis com o tratamento e despesas necessárias devidamente comprovadas. **Divisão de responsabilidade**. Animal doméstico que se encontra solto na via pública. Recurso provido em parte. (Recurso Cível n. 71001212984, Primeira Turma Recursal Cível, Turmas Recursais, Relator: Heleno Tregnago Saraiva, Julgado em 10.5.2007)

3.1.4. Por coisas inanimadas

Como observa Carlos Roberto Gonçalves,[7] de quem se extrai as noções básicas sobre o tema, a origem da teoria da responsabilidade na guarda da coisa inanimada remonta ao art. 1.384 do Código de Napoleão, que atribuiu responsabilidade à pessoa não apenas pelo dano por ela causado, mas, ainda, pelo dano causado pelas coisas sob sua guarda.

Não obstante o uso habitual dos Tribunais Superiores e da doutrina quanto à responsabilidade pelo fato da coisa, o Código Civil atual não dispôs de parte especial para a matéria, exemplificando, porém, alguns casos, como se observa nos arts. 937 e 938.[8]

Todavia, como já dito, a jurisprudência pátria encarregou-se de definir de forma clara a responsabilidade do guarda ou guardião pelo fato da coisa, de modo que, na prática, a falta de disposição expressa no ordenamento não é obstáculo para o ressarcimento do prejuízo.[9]

---

(7) GONÇALVES, op. cit., p. 231.

(8) Art. 937 do CC — O dono do edifício ou construção responde pelos danos que resultarem de sua ruína, se esta provier de falta de reparos, cuja necessidade fosse manifesta.
Art. 938 do CC — Aquele que habitar prédio, ou parte dele, responde pelo dano proveniente das coisas que dele caírem ou forem lançadas em lugar indevido.

(9) STJ — Acidente de trânsito. Transporte benévolo. Veículo conduzido por um dos companheiros de viagem da vítima, devidamente habilitado. **Responsabilidade** solidária do proprietário do automóvel. **Responsabilidade pelo fato da coisa**. Em matéria de acidente automobilístico, o proprietário do veículo responde objetiva e solidariamente **pelos** atos culposos de terceiro que o conduz e que provoca o acidente, pouco importando que o motorista não seja seu empregado ou preposto, ou que o transporte seja gratuito ou oneroso, uma vez que, sendo o automóvel um veículo perigoso, o seu mau uso cria a **responsabilidade pelos** danos causados a terceiros. Provada a **responsabilidade** do condutor, o proprietário do veículo fica solidariamente responsável pela reparação do dano, como

O art. 937 do CC faz conexão com o art. 927, parágrafo único, do mesmo diploma, na medida em que impõe o dever de reparar o dano, independentemente de culpa, nos casos específicos em lei, ou quando a atividade normalmente desenvolvida pelo autor do dano implicar, por sua natureza, risco para direitos de outrem. Ao contrário do que dispõe o art. 937 do CC, não há a necessidade de provar que a falta de reparo fosse manifesta, uma vez que a necessidade de reparação é sempre ínsita à segurança que se espera de um empreendimento dessa magnitude.[10]

Quanto ao art. 938 do CC, em primeiro lugar, deve-se ter um conceito amplo de prédio, em segundo, quando não for possível saber quem lançou a coisa líquida ou sólida, será o condomínio quem responderá pelos danos, não excluindo qualquer condômino. Todavia, ao se apurar qual foi o condômino responsável pelo dano, poderá o condomínio mover ação de regresso contra aquele, nos termos do art. 934 do CC.[11]

Conclui-se, portanto, que estando ou não disposto no Código Civil, a responsabilidade civil indireta pelo fato da coisa é entendimento sedimentado pela doutrina e jurisprudência, garantindo à pessoa que sofreu dano por coisa inanimada o direito de ser ressarcida pelo dono ou detentor da coisa.

3.2. *Culpa* (lato sensu)

A existência da culpa no ato praticado pelo agente era, até a entrada do novo Código Civil, imprescindível para a caracterização da responsabilidade de indenizar. Hoje, porém, admite-se a responsabilidade sem que haja a prova da conduta culposa.

Apesar de tal inovação, o Código Civil de 2002 adotou o princípio da responsabilidade mediante a comprovação de culpa como regra geral, disposto em seu art. 186. Ao conceituar o ato ilícito, exigiu-se para sua concretização que a conduta tenha ocorrido intencionalmente ou por imprudência ou por negligência. Tornou-se evidente que o elemento essencial da responsabilidade era a culpabilidade. O Código Civil adotou o vocábulo culpa de forma ampla, ou seja, abrangeu também a conduta dolosa.

---

criador do risco para os seus semelhantes. Recurso especial provido. (REsp n. 577.902/DF. Rel. Min. Antônio de Pádua Ribeiro. 3ª Turma. DJ 28.8.2006. p. 279).

(10) TJRJ — Responsabilidade civil. Desabamento parcial e posterior implosão do Edifício Palace II. Reflexos no Edifício Palace I, ocasionando a interdição do prédio e provocando clara desvalorização das suas unidades imobiliárias. Obras de recuperação estrutural que ainda hoje demandam permanente controle de manutenção. Danos materiais que devem ser ressarcidos. Danos morais configurados, ante o sofrimento, a angústia, sensação de desgraça, impotência, tristeza, dor, humilhação, revolta, o desânimo e a depressão provocados nos adquirentes das unidades imobiliárias. Verba reparatória dos danos morais fixada na sentença que atendeu aos critérios da razoabilidade e da proporcionalidade. (Ap. Cível n. 2006.001.18859. Des. Fabrício Bandeira Filho — Julgamento: 24.5.2006 — 17ª Câmara Cível).

(11) Art. 934 do CC — aquele que ressarcir dano causado por outrem pode reaver o que houver pago daquele por quem pagou, salvo se o causador do dano for descendente seu, absoluta ou relativamente incapaz.

O dolo, ou culpa consciente, seria a infringência de uma norma com o propósito deliberado de causar mal ou propiciar um injúria ou cometer um delito. Seria o ato praticado com a finalidade de causar dano. Ato inspirado na intenção de lesar.

A culpa (em sentido estrito) pode ser definida, de acordo com as palavras de Aguiar Dias,[12] como sendo a falta de diligência na observância da norma de conduta, isto é, o desprezo, por parte do agente, do esforço necessário para observá-la, com resultado não objetivado, mas previsível, desde que o agente se detivesse na consideração das consequências eventuais da sua atitude.

Tanto no dolo como na culpa existe a conduta voluntária do agente, sendo que no primeiro caso a conduta nasce ilícita, tendo como finalidade um resultado antijurídico, enquanto no segundo caso a conduta nasce lícita, se modificando pela falta de diligência necessária para a não ocorrência do dano, tornando-se ilícita sem que o agente a desejasse.

A culpa pode ser revelada de três formas: através da imprudência, que seria a falta de cautela, comportamento exagerado, precipitado; através da negligência, que seria a falta de atenção, a indolência, também quando o agente que se omite quando deveria agir; e através da imperícia, atuação profissional sem o necessário conhecimento técnico que desqualifica o resultado e conduz ao dano.[13]

Falava-se, antes do advento do novo código civil, em distinção da culpa nas seguintes modalidades: culpa in eligendo, oriunda da má escolha do representante, ou do preposto; culpa in vigilando, oriunda da ausência de fiscalização, de atenção ou cuidado com o procedimento de outrem que estava sob a guarda ou responsabilidade do agente; culpa in custodiando, pela falta de atenção em relação ao animal ou à coisa que estivesse sob os cuidados do agente. Contudo, após a adoção da responsabilidade objetiva dos pais, do patrão, do detentor do animal ou da coisa, deixou-se de ser perquirida a culpa desses agentes, afastando a teoria da responsabilidade com culpa presumida.

3.3. O Dano

Somente haverá possibilidade de indenização se antes for comprovada a ocorrência do dano. Silvio Venosa[14] entende que o dano deve ser atual e certo, posto que, se for hipotético, não poderá ser indenizado. Sem dano, moral ou patrimonial, não se corporifica a indenização. A materialização do dano ocorre com a definição do efetivo prejuízo suportado pela vítima.

O referido pressuposto da responsabilidade civil pode ocorrer tanto nas relações originadas por meio de um contrato quanto nas extracontratuais, em que a ofensa pode desencadear prejuízos materiais e imateriais à vítima.

---

(12) AGUIAR DIAS, op. cit., p. 65.
(13) STOCO, op. cit., p. 132.
(14) VENOSA, Silvio de Savo. Direito Civil: responsabilidade civil. 3. ed. São Paulo: Atlas, 2003, v. IV, p. 28.

O dano material ou patrimonial, como bem define Cavalieri Filho,[15] é suscetível de avaliação pecuniária, podendo ser reparado, senão diretamente, pelo menos indiretamente (por meio de equivalente ou indenização pecuniária). Esse tipo de dano ainda comporta outras duas ramificações: <u>danos emergentes</u> (imediatos e que derivam diretamente da diminuição do patrimônio do lesado) e <u>lucros cessantes</u> (perda de um ganho efetivamente e razoavelmente esperável). Tais fundamentos podem ser encontrados nos arts. 402 e 403[16] do Código Civil.

Recentemente, vem se admitindo uma outra espécie de dano material, **o dano por perda de uma chance**. Sua definição seria, na verdade, a possibilidade de obtenção de lucro ou da realização de um fato esperado, se não tivesse ocorrido o fato impeditivo.

De acordo com Sergio Savi,[17] a indenização por perda de uma chance parte da premissa de que os danos passíveis de reparação são efetivamente potenciais e prováveis, ou seja, objetivamente aferíveis, jamais se admitindo com relação àqueles eventuais e hipotéticos, ou seja, previsões meramente subjetivas, revelando-se de suma importância a atuação do magistrado em cada caso concreto.

Para elucidar essa nova espécie de dano, tem-se a seguir o julgado do STJ:

> RECURSO ESPECIAL. INDENIZAÇÃO. IMPROPRIEDADE DE PERGUNTA FORMULADA EM PROGRAMA DE TELEVISÃO. PERDA DA OPORTUNIDADE.
>
> O questionamento, em programa de perguntas e respostas, pela televisão, sem viabilidade lógica, uma vez que a Constituição Federal não indica percentual relativo às terras reservadas aos índios, acarreta, como decidido pelas instâncias ordinárias, a impossibilidade da prestação por culpa do devedor, impondo o dever de ressarcir o participante pelo que razoavelmente haja deixado de lucrar, pela **perda da oportunidade**. Recurso conhecido e, em parte, provido.(STJ, REsp n. 788.459/BA, Min. Fernando Gonçalves, 4ª Turma, DJ 13.3.06, p. 334)

O dano moral ou imaterial, apesar de admitido pela doutrina majoritária antes do advento da Constituição Federal de 1988, somente ganhou maior proeminência após esse preceito constitucional.

Pode ser conceituado, de acordo com Silvio Venosa, como o "prejuízo que afeta o ânimo psíquico, moral e intelectual da vítima [...] abrange também os direitos da personalidade, direito à imagem, ao nome, à privacidade, ao próprio corpo etc." [18]

---

(15) CAVALIERI FILHO, *op. cit.*, p. 90.
(16) Art. 402 do CC — Salvo as exceções expressamente previstas em lei, as perdas e os danos devidos ao credor abrangem, além do que ele efetivamente perdeu, o que razoavelmente deixou de lucrar.
Art. 403 do CC — Ainda que a inexecução resulte de dolo do devedor, as perdas e os danos só incluem os prejuízos efetivos e lucros cessantes por efeito dela direto e imediato, sem prejuízo do disposto da lei processual.
(17) SAVI *apud* ROSSI, Julio César. ROSSI, Maria Paula Cassoni. *Direito civil*: responsabilidade civil. São Paulo: Atlas, 2007, v. 6, p. 187. (Série leituras jurídicas: provas e concursos)
(18) VENOSA, *op. cit.*, p. 33-34.

Ao contrário do dano material que pode ser indenizado voltando ao seu *statu quo ante* ou através de equivalente pagamento pecuniário, o dano moral é irreparável, insusceptível de avaliação pecuniária, porque é incomensurável[19]. A indenização paga em dinheiro é apenas um consolo àquele que sofreu o dano, já que não há como reparar a dor sofrida.

Existe, também, o caráter punitivo, como em toda indenização, altamente relevante, posto que, no caso específico do dano moral, serve de desestímulo ao agente causador do dano.

Com relação ao *quantum* indenizável, fica por conta do julgador, devendo-se sempre levar em conta a extensão do dano e o valor aquisitivo das partes, para que não resulte no empobrecimento de um e em contrapartida o enriquecimento sem causa do outro.[20]

A maior dificuldade para o judiciário que se tem atualmente é de fato verificar a extensão do dano e determinar seu hipotético valor pecuniário, uma vez que as provas não se produzem como no dano patrimonial, já que se trata de dor moral, de difícil demonstração. Por esse motivo é que se vê, em inúmeros julgados, o valor indenizado em discrepância com o caso concreto. Outro ponto de extrema relevância é o dever que o judiciário tem de evitar que o dano moral venha a se tornar uma fábrica de dinheiro, consequentemente, enriquecimento ilícito. Não se pode considerar meros dissabores do cotidiano como um dano moral passível de reparação.

Uma vez que o Código Civil e outros preceitos não identificam quais são os danos morais indenizáveis, o que seria impossível à delimitação, resta aos julgadores a análise criteriosa do evento danoso e estabelecer, em cada caso concreto, sua compensação.[21]

---

(19) *Idem, ibdem*, p. 35.
(20) TJRJ — Responsabilidade civil. Falta civil-constitucional do transportador. Acidente ferroviário. Queda de passageiro. A responsabilidade civil do transportador pelos danos causados ao passageiro em acidente de circulação, por fato do serviço, é objetiva (art. 14 do CPDC e 37, § 6º da CF/88). O transportador assume o compromisso de levar o passageiro ao seu destino são e salvo. Transgride o dever de cuidado e viola a obrigação contratual e legal de transporte incólume quando permite a circulação da composição ferroviária transportando pessoas em condições perigosas, proporcionando, em vista, sua falta de diligência e prudência, a queda e o dano morte a passageiro. Impõe-se a condenação da transportadora nas verbas de pensionamento e danos morais arbitrados. A quantificação dos danos morais encontra-se alinhada aos princípios da Proporcionalidade, Equidade e Justiça, considerando as circunstâncias do fato. Rejeição do agravo retido. Provimento parcial do primeiro recurso. Desprovimento do segundo e terceiro. (Ap. Cível n. 2007.001.49422 — Des. Roberto de Abreu e Silva — julgamento: 23.10.2007 — 9ª Câm. Cível).
(21) TJRJ — Telefone celular — Cartão de recarga — Erro no código de identificação — Pretensão de majoração do Dano Moral — Sustenta a apelante ser proprietária de bazar, realizando revenda de recarga para celulares, constatando erro no código de identificação de um dos cartões, não logrando êxito na solução do problema. Em tema de dano moral, não se faz necessária a comprovação do desequilíbrio afetivo ou psíquico de quem se afirma lesado, pois o desajuste de tal índole constitui corolário da própria condição humana e eclode por mera consequência do meio social adverso em

Por fim, tem-se o **dano estético**, que há muito foi causador de muita balbúrdia no ordenamento jurídico brasileiro. Uns entendiam que se tratava de uma terceira espécie de dano, outros, em contrapartida, entendiam estar diretamente ligado ao dano moral, não podendo haver cumulação de pedidos sob o argumento de se ter o *bis in idem*, posto que tratava de uma lesão à integridade física do ser humano, ofensa capaz de atingir um direito da personalidade.

Contudo, já é pacífico o entendimento entre os Tribunais Superiores de que o dano estético trata-se de uma terceira espécie do dano, formando uma tríade: material, moral e estético. Veja, portanto, a decisão do STJ, REsp n. 705.457/SP, julgado em 2.8.2007, relatado pelo ministro Aldir Passarinho Junior, da quarta Turma:

> CIVIL E PROCESSUAL. INDENIZAÇÃO. ACIDENTE. AMPUTAÇÃO. PARTE DISTAL DO PÉ DIREITO. **DANO ESTÉTICO.** CÓDIGO CIVIL DE 1916, ART. 1.538. EXEGESE. INCLUSÃO COMO **DANO MORAL.** POSSIBILIDADE DE CUMULAÇÃO. CONDIÇÕES AUSENTES. REVISÃO DE MATÉRIA FÁTICA. SÚMULA N. 7-STJ. VEDAÇÃO.
>
> I. As questões federais não enfrentadas pelo Tribunal estadual recebem o óbice das Súmulas n. 282 e 356 do C. STF, não podendo, por falta de prequestionamento, ser debatidas no âmbito do recurso especial.
>
> II. Podem cumular-se **danos estético** e **moral** quando possível identificar claramente as condições justificadoras de cada espécie. III. Importando a amputação traumática do pé em lesão que afeta a estética do ser humano, há que ser valorada para fins de indenização, ainda que possa ser deferida englobadamente com o **dano moral**.
>
> IV. Sucumbentes as partes em parcelas equivalentes, consistente na exata metade dos pedidos formulados, dá-se o decaimento recíproco.
>
> V. Recurso especial conhecido em parte e provido.

3.4. O nexo de causalidade

Outro elemento essencial para a responsabilidade civil é o nexo causal, compreendendo na ligação ou relação de causa e efeito entre a conduta e o resultado. Para Rui Stoco[22], não basta que o agente haja procedido *contra jus*, isto é, não se

---

determinadas circunstâncias, devendo a situação concreta ser sopesada em consonância com as reações normais das pessoas, sem passionalismo ou exigência de temperamento inquebrantável. No que se refere ao quantitativo indenizatório, não há critério apriorístico no ordenamento jurídico pátrio para o arbitramento do valor do dano moral, porque impossível de quantificação o denominado *pretium doloris*, mas a jurisprudência e a doutrina nacionais têm entendido que o quantum não deve ser estabelecido em valor ínfimo, em ordem a não atingir os objetivos punitivos e preventivos da condenação, elementos de pacificação social buscados pela teoria da responsabilidade civil; menos ainda em dimensão exagerada, que possa inculcar no lesado a ideia de mais-valia material em relação ao seu patrimônio moral atingido, de maneira a resultar satisfação e sensação de haver sido agraciado com o erro cometido pela contraparte. Negado seguimento ao recurso.(Ap. Cível n. 2007.001.55970 — Des. Edson Vasconcelos — Julgamento: 18.10.2007 — 17ª Câm. Cível).

(22) STOCO, *op. cit.*, p. 143.

define a responsabilidade pelo fato de cometer um erro de conduta. Não basta, ainda que a vítima sofra um dano, que é elemento objetivo do dever de indenizar, pois, se não houver um prejuízo causado pela conduta antijurídica, não existirá a obrigação de indenizar.

Esse pressuposto é considerado por uns o mais delicado dos elementos da responsabilidade civil. O mais difícil de ser determinado. Se a vítima comprovar o dano e não tiver como fazer a ligação com o agente responsável, não terá como ser ressarcida.

Para Caio Mário,[23] após apontar várias doutrinas sobre o tema, o que na verdade importa

> "é estabelecer, em face do direito positivo, que houve uma violação de direito alheio e um dano, e que existe um nexo causal, ainda que presumido, entre uma e outro. Ao juiz cumpre decidir com base nas provas que ao demandante incumbe produzir".

Dessa forma, para aferição do nexo causal, necessária é a perquirição do fato que efetivamente conduziu ao dano. Diante de tal complexidade, foram surgindo algumas teorias que em determinados casos auxiliavam na conclusão do fato determinante para o prejuízo. Em outros, apenas servia para conduzir a resultados absurdos dentro do direito, como será demonstrado a seguir.

3.4.1. Teorias do nexo causal

Três foram as principais teorias com relação à pesquisa do nexo causal: a da equivalência das condições, a da causalidade adequada e da causalidade direta ou imediata.

A primeira, também chamada de "condição *sine qua non*", determinava que toda e qualquer conduta que tenha concorrido para a ocorrência do dano deve ser considerada como causa. Adotando tal teoria, a conclusão que se chegava era impraticável, por isso foi alvo de tantas críticas.

Imagine o seguinte caso: um morador de um prédio deixa cair um vaso de planta na cabeça de um pedestre, que nesse momento se desequilibra e, ao cair na rua, é atropelado por um carro que vinha em alta velocidade e morre. Teria o morador do prédio que suportar a responsabilidade por todos os danos ocorridos? Se analisado por essa teoria, sim, uma vez que a queda do vaso foi uma condição para que o dano ocorresse.

Percebe-se que a teoria da equivalência das condições peca pelo excesso, visto que, se alguém mata utilizando revólver para o crime, a própria invenção da arma

---

(23) PEREIRA, Caio Mario da Silva. *Responsabilidade civil*. 9. ed. Rio de Janeiro: Forense, 1999. p. 82.

é causa, pois o crime não teria ocorrido se não tivessem patenteado e produzido industrialmente o revólver inventado por Samuel Colt. Com efeito, a invenção do revólver por Samuel Colt é fato relevante, pois o homicídio não teria ocorrido se a arma não tivesse sido inventada. Também seria punido o comerciante de armas, visto que a negociação é condição *sine qua non* para a existência do delito. Por essa tese, incabível a distinção entre condições essenciais e não essenciais, o que sobejamente amplia demasiadamente a ressarcibilidade numa cadeia infinita.

A teoria da causalidade adequada, por sua vez, procura identificar, entre as concausas existentes, aquela que tenha maior potencial para produzir o dano. Assim, nem todas as condições serão consideradas causa, mas tão somente aquela que for a mais apropriada a produzir o resultado, ou seja, aquela que, de acordo com a experiência comum, for mais idônea à realização do evento danoso.

No entanto, caberá ao juiz determinar qual foi a causa do dano, ou seja, a mais idônea, e para isso será necessário proceder-se a um juízo de probabilidades, de modo que, dentre os antecedentes do dano, haveria de se destacar aquele que está em condições efetivas de tê-lo produzido. Reduz, portanto, a investigação do nexo causal à equação de probabilidade, podendo chegar a resultados exagerados.

Diante das dificuldades enfrentadas na aplicação das teorias anteriores aos casos concretos e observando detalhadamente o que dizia o art. 403 do CC é que se chegou à elaboração da terceira teoria, denominada de causalidade direta e imediata. Por essa teoria, nem todas as causas teriam relevância na imputação do dano, mas somente aquela que foi a mais direta, a mais determinante.

O STF preferiu denominá-la de <u>teoria da interrupção do nexo causal</u> e a consagrou no famoso acórdão abaixo reproduzido:

> RESPONSABILIDADE CIVIL DO ESTADO. DANO DECORRENTE DE ASSALTO POR QUADRILHA DE QUE FAZIA PARTE PRESO FORAGIDO VÁRIOS MESES ANTES.
>
> A responsabilidade do Estado, embora objetiva por força do disposto no art. 107 da Emenda Constitucional n. 1/69 (e, atualmente, no parágrafo 6. do artigo 37 da Carta Magna), não dispensa, obviamente, o requisito, também objetivo, do nexo de causalidade entre a ação ou a omissão atribuída a seus agentes e o dano causado a terceiros.
>
> Em nosso sistema jurídico, como resulta do disposto no art. 1.060 do Código Civil/16, a teoria adotada quanto ao nexo de causalidade é a teoria do dano direto e imediato, também denominada teoria da interrupção do nexo causal.
>
> Não obstante aquele dispositivo da codificação civil diga respeito a impropriamente denominada responsabilidade contratual, aplica-se ele também a responsabilidade extracontratual, inclusive a objetiva, até por ser aquela que, sem quaisquer considerações de ordem subjetiva, afasta os inconvenientes das outras duas teorias existentes: a da equivalência das condições e a da causalidade adequada.
>
> No caso, em face dos fatos tidos como certos pelo acórdão recorrido, e com base nos quais reconheceu ele o nexo de causalidade indispensável para o reconhecimento da responsabilidade objetiva constitucional, é inequívoco que o nexo de causalidade inexiste, e, portanto, não

pode haver a incidência da responsabilidade prevista no art. 107 da Emenda Constitucional n. 1/69, a que corresponde o § 6º do art. 37 da atual Constituição.

Com efeito, o dano decorrente do assalto por uma quadrilha de que participava um dos evadidos da prisão não foi o efeito necessário da omissão da autoridade pública que o acórdão recorrido teve como causa da fuga dele, mas resultou de concausas, como a formação da quadrilha, e o assalto ocorrido cerca de vinte e um meses após a evasão. Recurso extraordinário conhecido e provido.(STF — RE n. 130.764/ PR — Paraná. Rel. Min. Moreira Alves. pub. DJ 7.8.1992)

Tratava-se de ação indenizatória em face do Estado do Paraná, sobre um assalto praticado por quadrilha que contava, entre seus membros, com um presidiário fugitivo de prisão estadual. A responsabilidade do Estado era invocada em virtude da omissão da qual resultou a fuga do preso e a sua permanência em liberdade por quase dois anos. Postulava-se que a causa do assalto teria sido a omissão do Poder Público, atraindo a responsabilidade objetiva do ente público. O STF negou a indenização, por considerar que o fato imputado ao Estado não era causa direta e imediata do dano. Isso porque observa o voto condutor que a fuga do integrante da quadrilha tinha acontecido 21 meses antes do referido assalto; logo, ela não poderia ser considerada com causa direta do roubo, em função da existência de concausas (a formação da quadrilha, por exemplo), das quais o dano foi efeito necessário. Não foi a distância entre a causa e o efeito que afastou a responsabilização do Estado, mas, sim, o aparecimento de concausas, ou seja, a intercorrência de outra cadeia causal como o planejamento, a associação e a execução do roubo.

3.4.2. Concausas

Concausa é outra causa que, se juntando à principal, concorre para o resultado. Esta não inicia e nem interrompe o processo causal. São circunstâncias que concorrem para o agravamento do dano, mas que não excluem o nexo causal, desencadeado pela conduta principal.[24]

As concausas podem ser definidas como <u>preexistentes, supervenientes</u> e <u>concomitantes</u>.

Concausa preexistente é aquela que já existia antes da conduta danosa do agente e que, apesar de agravar o resultado, **não elimina o nexo causal**. Como exemplo, segue abaixo o acórdão do TRT — 14ª Região, RO n. 00138.2007.001.1400-3, relatora doutora Vânia Maria da Rocha Abensur:

> ACIDENTE DE TRABALHO. DESENCADEAMENTO DE DOENÇA PREEXISTENTE. CONCAUSA. INCAPACIDADE LABORAL PERMANENTE. DANOS MATERIAIS — Restando demonstrado que o acidente de trabalho concorreu para deflagração da doença preexistente, isto é, precipitou os traumas físicos, participando, no mínimo, como uma concausa para o surgimento do quadro clínico, a ponto de comprometer a capacidade laborativa de forma permanente, a indenização por danos materiais se impõe, na proporcionalidade das sequelas advindas e da concausalidade.

---

(24) CAVALIERI FILHO, op. cit., p. 84.

Na mesma linha é a concausa superveniente, porém, é aquela que ocorre depois da conduta do agente. Embora concorra para o agravamento do dano, em nada favorece o agente que responderá pela lesão mais grave.

> **Exemplo:** vítima de um atropelamento não é socorrida a tempo, perde muito sangue e vem a falecer. O agente responde pelo evento mais grave, pois a demora no atendimento, por si só, não produziria o resultado final, apenas o agravou.

No entanto, se a causa superveniente romper o nexo causal anterior, sendo a causa direta e imediata do dano, o agente só responderá pelos danos causados, especificamente por ele.

> **Exemplo:** Se o paciente chegou a receber alta hospitalar saindo do nosocômio como curado, não há como reconhecer nexo de causalidade entre o acidente que o mantivera anteriormente acamado e a broncopneumonia que depois veio a vitimá-lo.

A concausa concomitante é aquela que ocorre simultaneamente com a conduta do agente. Igualmente a anterior, só terá relevância (rompe o nexo causal) se, por si só, for causa direta e imediata do dano final.

> **Exemplo:** dois agentes, cada um desconhecendo a conduta do outro, colocam arsênico na água para determinada pessoa beber, visando ao seu óbito; e esse só vem a se consumar não em razão do comportamento isolado de cada um, mas, sim, pela somatória da quantidade de venenos ministrados. Nesse caso, a causa será concomitante. Nessa hipótese, como se vê, não está se falando em coautoria, mas, sim, que a soma de esforços dos agentes foi suficiente para a produção do resultado morte da vítima, de modo que nesse caso houve uma causa relativamente independente. Em ambos os casos, os agentes respondem pelo resultado, e isso decorre de que a existência de causas concorrentes para o resultado nunca excluem a imputação, já que não há desvinculação da cadeia causal entre a conduta deles e o resultado.

4. AS EXCLUDENTES DA RESPONSABILIDADE CIVIL

Algumas circunstâncias, por expressa disposição legal ou contratual, são consideradas causas excludentes do dever de indenizar. São elas: <u>legítima defesa</u>, <u>estado de necessidade</u>, <u>exercício regular de direito</u>, <u>culpa exclusiva da vítima ou de terceiro</u>, <u>caso fortuito e força maior</u>, <u>cláusula de não indenizar</u> e <u>prescrição</u>.

4.1. *Legítima defesa*

Nos termos do art. 188, I, do Código Cível, os atos praticados em legítima defesa não constituem atos ilícitos, ou seja, é causa excludente de antijuridicidade.

Embora a lei civil tenha deixado de conceituar a legítima defesa, pode ser encontrada sua definição no Direito Penal como sendo uma medida defensiva adotada pelo indivíduo a fim de repelir o agressor, em face de uma agressão injusta dirigida contra sua pessoa ou de seus familiares, ou contra seus bens.

A agressão que fora revidada deve ser injusta (na forma objetiva) e também exclui a responsabilidade criminal do agente. A legítima defesa ou o exercício regular do direito reconhecido e o próprio cumprimento do dever legal excluem a responsabilidade civil, mas, entretanto, se ocorrer o *aberratio ictus*, e uma terceira pessoa for atingida (ou algum bem), deve o agente reparar, podendo esse mover ação regressiva contra o agressor a fim de se ressarcir da importância desembolsada, conforme disposto no art. 930, parágrafo único, do CC: "a mesma ação competirá contra aquele em defesa de quem se causou o dano (art. 188, inciso I)".

É evidente que tal medida defensiva deva ser moderada e proporcional entre aquilo que defende e o dano que causar. Também não se pode confundir com a autotutela (justiça com as próprias mãos), o que tornaria o ato ilícito.

Assim, configurado o excesso, quer ocorra por negligência, imprudência ou imperícia, se estará diante da hipótese disposta no art. 159 do CC. Diverso do que ocorre na legítima defesa real, a putativa se baseia em erro, inexistindo agressão, mas, sim, um equívoco do pseudoagredido. É uma conduta ilícita penalmente irrelevante, posto que ausente o dolo, mas ingressa na órbita civil e enseja a indenização.[25]

Cumpre acrescentar que, se o agente do fato danoso for preposto do Estado, sua ação, ainda que praticada em legítima defesa, acarretará para o Estado o dever de indenizar os terceiros atingidos, por força do art. 37, § 6º, da Constituição Federal, que estabelece a responsabilidade objetiva. Não terá, porém, o Estado o direito de regresso contra o agente público, se esse for absolvido no crime ou se for comprovado no cível que ele tenha agido em legítima defesa.

---

(25) STJ — Responsabilidade civil. Dano moral. Legítima defesa putativa. Cabimento. Indenização fixada em 20.000,00 na hipótese. Considerações do min. Ary Pargendler sobre o tema. CF/88, art. 5º, V e X. CCB/2002, art. 186. Na legítima defesa putativa, ao contrário da real, cabe indenização pelos prejuízos causados pelo suposto agressor. Nesse sentido, são os ensinamentos de Pontes de Miranda: "... na legítima defesa putativa, o erro de fato sobre a existência da situação de legítima defesa, que não está presente, eis que os elementos excludentes do suporte fático do ato ilícito só foram supostos por erro, não configura autêntica legítima defesa, havendo negligência na apreciação equivocada dos fatos. Da mesma forma, no estado de necessidade putativo, onde não estão presentes os seus pressupostos, embora o autor tenha crido na sua ocorrência, cabe a indenização por negligência, em respeito ao art. 159 do Código Civil" (Revista dos Tribunais, ano 77, junho de 1988, vol. 632, p. 69). Voto, por isso, no sentido de conhecer do recurso especial e de dar-lhe provimento para julgar procedente o pedido condenando o recorrido, Moacyr Pessoa de Araújo, ao pagamento de indenização por danos morais na quantia correspondente a R$ 20.000,00 (vinte mil reais), mais juros desde a citação e correção monetária a partir desta data, bem como das custas processuais e honorários de advogado, estes fixados à base de 15% (quinze por cento) sobre o valor da condenação. (Min. Ari Pargendler) (STJ — Rec. Esp. 513.891 — RJ — Rel.: Min. Ari Pargendler — J. em 20.3.2007 — DJ 16.4.2007).

4.2. Estado de necessidade

Nos termos do art. 188, II, do Código Civil, não constituem atos ilícitos a deterioração ou destruição da coisa alheia, ou a lesão à pessoa, a fim de remover perigo iminente. Ressalta-se que o parágrafo único do mesmo artigo dispõe que o ato só será legítimo se as circunstâncias o tornarem absolutamente necessário, não excedendo os limites do indispensável para remoção do perigo.

Contudo, apesar de o ato ser considerado lícito, haverá o dever de indenizar o terceiro prejudicado. Essa obrigação de indenizar advém do art. 929 do CC, que determina que, se a pessoa lesionada ou dona da coisa, no caso do inciso II do art. 188, não for culpada do perigo, terá o direito de ser indenizadas.

> **Exemplo**: o motorista que, para evitar o atropelamento de várias pessoas, desvia seu veículo e bate em outro, causando um acidente de trânsito. Reconhecido o estado de necessidade na esfera criminal, será obrigado a indenizar o dono do outro veículo na esfera civil.

Tal dever de indenizar, como bem explica José de Aguiar,[26] é porque não há argumento capaz de convencimento de que o direito de lesar a outrem, em estado de necessidade, seja mais forte e mais merecedor de proteção do que o que assiste ao prejudicado de se ver reposto na situação anterior ao dano.

Cumpre esclarecer que estado de necessidade não se confunde com legítima defesa. Essa é espécie, aquele é gênero. Enquanto o estado de necessidade tem essencialmente o caráter de ação, a legítima defesa representa uma reação.

No Código Civil de 1916, o art. 160, II (atual art. 188, II), se referia apenas às coisas, deixando de proteger a personalidade humana, podendo ser interpretado como se o bem material fosse mais digno de proteção do que o bem extrapatrimonial. No entanto, já naquele período, a jurisprudência começara a abrir caminhos para o entendimento que se tem hoje, denunciando a injustiça que saltava aos olhos, que era a falta de proteção ao bem maior, a vida. Neste sentido, tem-se um trecho do acórdão do Tribunal de São Paulo, publicado em 1936, invocando o brilhante ensinamento de Peretti-Griva, que assim elucidava:

> "Se é humano que cada um procure salvar-se, é também humano que aquele que sofre, por fato nosso, o dano, em vez de nós, tenha direito de reclamar a conversão patrimonial do sacrifício que lhe tenhamos causado. O estado de necessidade, considerando como força maior na determinação do dano, se fosse deixado a si, haveria imposto suas consequências danosas sobre nós: nós o desviamos de seu mecanismo para fazê-lo atingir um terceiro inocente. Somos, assim, responsáveis pelo evento."

---

(26) AGUIAR DIAS, *op. cit.*, p. 920.

4.3. Exercício regular de direito

A parte final do inciso I do art. 188 do Código Cível dispõe que não se considera ato ilícito aquele praticado no exercício regular do direito. Pode-se dizer que seria o fato de não prejudicar o direito de outrem, independentemente de causar dano.

O fundamento moral dessa causa de isenção da responsabilidade civil, segundo Caio Mario,[27] encontra-se no ditado *"qui iure suo utitur neminem laedit"*, ou seja, quem usa de um direito seu não causa dano a ninguém.

> **Exemplo**: a inclusão do nome do devedor em cadastros restritivos ao crédito. Neste caso, constitui um direito do credor, defendido por lei, de negativar o nome do devedor. É um ato lícito, que gera dano ao devedor, porém não passível de indenização.

Nessa espécie de excludente é bem comum haver conflito entre princípios e direitos, cabendo ao julgador delimitar onde começa e onde termina o direito de cada parte.[28]

No exercício regular do direito, a ação do agente deve-se conter no âmbito da razoabilidade. Em caso de excesso, causará um mal desnecessário e injusto, equiparando seu comportamento ao ilícito.[29]

4.4. Culpa exclusiva da vítima ou de terceiro

Neste caso da excludente, por culpa da vítima, qualquer responsabilidade do suposto causador do dano é rechaçada. A própria vítima deverá arcar com todos os prejuízos. O agente torna-se apenas um instrumento do acidente, causado exclusivamente por comportamento da vítima.

---

(27) PEREIRA, *op. cit.*, p. 294.
(28) STJ — Direito civil. Direito de imagem. Topless praticado em cenário público. Não se pode cometer o delírio de, em nome do direito de **privacidade**, estabelecer-se uma redoma protetora em torno de uma pessoa para torná-la imune de qualquer veiculação atinente a sua imagem. Se a demandante expõe sua imagem em cenário público, não é ilícita ou indevida sua reprodução pela **imprensa**, uma vez que a proteção à **privacidade** encontra limite na própria exposição realizada. Recurso especial não conhecido.(REsp. n. 595600 / SC — Min. Cesar Asfor Rocha — 4ª Turma — 18.3.2004).
(29) TJRJ — Responsabilidade civil. Dano moral. Consumidor. Exercício regular de direito x abuso do direito. Ingresso barrado em estabelecimento comercial sem motivo justo. Abuso do direito configurado. Verba fixada em R$ 5.000,00. CCB/2002, arts. 186 e 187. CF/88, art. 5º, V e X. Há uma linha divisória entre o exercício regular do direito e o abuso do direito. O primeiro transforma-se em ato ilícito, gerando o dever de indenizar, quando ultrapassa os limites objetivos estabelecidos na lei. Impedir, sem justo motivo, ingresso de qualquer consumidor em estabelecimento prestador de serviço, longe de ser exercício regular do direito, caracteriza o abuso do direito. E se essa vedação foi feita com arbitrariedade e expressão ofensiva pelos prepostos do prestador do serviço, devida será a indenização por dano moral, cujo arbitramento, no caso, respeitou o princípio da razoabilidade. (TJRJ — Ap. Cív. 1.623/2007 — Rel.: Des. Sergio Cavalieri Filho — J. em 11.4.2007).

Não há aqui o nexo de causalidade entre o agente e o dano, uma vez que não houve responsabilidade daquele no evento danoso.

Alguns doutrinadores preferem denominar esta excludente como "fato exclusivo da vítima ou de terceiro", uma vez que não se trata de averiguação de culpabilidade, mas, sim, interrupção do nexo causal, bastando que o comportamento da vítima seja fato decisivo do evento.

> **Exemplo**: pessoa que se atira, repentinamente, na frente de um veículo em movimento. Os danos causados pelo atropelamento terão de ser suportados pela própria vítima, pois o condutor não teve tempo hábil de desviar.

No entanto, caso ocorra a hipótese do art. 945 do CC, ou seja, caso a vítima tenha apenas concorrido para o evento danoso, o agente não poderá se eximir da responsabilidade civil. Neste caso é importante apurar qual a parcela de culpa da vítima, de modo que, na liquidação do dano, deverá ser calculada, proporcionalmente, a participação de cada um, reduzindo, consequentemente, o valor da indenização.

No que tange ao contrato de transporte, a culpa concorrente da vítima não elide a responsabilidade do transportado, posto que a legislação específica que rege esse tipo de contrato (Decreto n. 2.681, de 1912) apenas cogita a hipótese de culpa exclusiva da vítima para a exclusão de responsabilidade do transportador.

Referente ao fato de terceiro, o problema é saber se o causador do dano poderá se exonerar do dever de indenizar ou se ele teria concorrido para o evento. Porém, cabe ao agente provar que não concorreu para o fato danoso e que o ato praticado pelo terceiro tornou o dano imprescindível de ocorrer.[30]

A dificuldade está na identificação do terceiro, que quase sempre é impossível de ser verificada, restando ao agente o dever de indenizar. Contudo, se for verificada a identidade do terceiro, a vítima poderá mover ação diretamente contra ele, ou, se imputar o fato ao agente, caberá a esse o direito de regresso contra o terceiro.

Na relação contratual considera-se terceiro quem não é parte no negócio jurídico, ou seja, pessoa estranha ao contrato firmado entre as partes, mas que interfere nessa relação para influenciar na contratação em si, ou para alterar os efeitos e o resultado do objeto da avença. Se, por exemplo, uma contratação resultar de uma coação exercida por terceiro e se o beneficiário não souber dessa coação, apenas o terceiro será responsabilizado a indenizar a parte prejudicada. Porém, se o beneficiário souber da coação, esse responderá solidariamente com o terceiro por perdas e danos.

---

(30) TJRJ — Ação ordinária. Indenização. Colisão de veículos. Responsabilidade objetiva não configurada. Culpa exclusiva de terceiro. Depoimentos das testemunhas que guardam harmonia com laudo pericial de local e com BRAT confeccionado pela PMERJ. Desprovimento do apelo. (Ap. Cível n. 2007.001.10421 — Des. Wany Couto — julgamento: 19.9.2007 — 10ª Câm. Cível)

Deve ser levado em consideração, tanto na responsabilidade contratual como extracontratual, que o terceiro deverá ser pessoa estranha a relação jurídica, ou seja, não cabendo nesta definição, aqueles que são obrigatoriamente responsáveis pelos atos do agente, como os pais, o tutor e curador, o patrão etc.[31]

Na relação de transporte, de acordo com a Súmula n. 187 do STJ e o art. 735 do CC, o fato exclusivo de terceiro não influencia na responsabilidade do transportador, ou seja, qualquer acidente ocorrido com o passageiro obriga o transportador a indenizá-lo, já que assumiu o risco da atividade e a obrigação de incolumidade.

4.5. *Caso fortuito e força maior*

Apesar de se tratarem de coisas distintas, para a matéria de responsabilidade, seus efeitos se equivalem, posto que afastam o nexo causal e desconstituem a responsabilidade. Todavia, cumpre esclarecer que o caso fortuito decorre de forças da natureza, enquanto a força maior decorre do ato do homem. Ainda, quando se trata de evento imprevisível, e por isso inevitável, estaremos falando de caso fortuito. Se, no entanto, o evento for inevitável, porém previsível, estaremos falando de força maior.

Ambos tratam de acontecimentos que escapam a todas as diligências, inteiramente estranhos à vontade do devedor da obrigação.

São inúmeros os exemplos que podem ser extraídos da jurisprudência, observe, porém, dois deles:

> AGRAVO REGIMENTAL NO RECURSO ESPECIAL. RESPONSABILIDADE CIVIL. ASSALTO NO INTERIOR DE ÔNIBUS. CASO FORTUITO OU **FORÇA MAIOR**. EXCLUDENTE DE RESPONSABILIDADE. AGRAVO IMPROVIDO.
>
> 1. O fato de terceiro que não exime de responsabilidade a empresa transportadora é aquele que guarda uma relação de conexidade com o transporte. 2. Segundo pacífico entendimento firmado nesta Segunda Seção, a ocorrência de assalto no interior de composição ferroviária mostra-se fato inteiramente alheio à relação de transporte propriamente dita, excluindo a responsabilidade da empresa concessionária de transporte público. 3. Agravo improvido. (STJ- AgRg no REsp n. 960.578/SP — Min. Hélio Quaglia Barbosa — 4ª Turma — 18.9.2007).

> O mal súbito que acomete motorista hígido, levando-o a perder o controle do veículo, equipa-se ao caso fortuito, o qual exclui a responsabilidade. (RT 453/92).

---

(31) STJ — Consumidor. Responsabilidade civil. Contrato de prestação de serviços. Furto de valise no interior de estabelecimento comercial. Responsabilidade do fornecedor afastada por ato de terceiro. CDC, art. 14, § 3º. Não se pode responsabilizar a concessionária de serviço público por furto de bolsas, carteiras e outros objetos de guarda pessoal, se comprovada culpa de terceiro. O fato presente também tem suas raízes fincadas no descuido do próprio consumidor, responsável primeiro e direto pela guarda da coisa. Diante do quadro fático delineado pelas instâncias ordinárias, inegável que o furto da valise no interior de loja, em rua de grande movimento, constitui fato de terceiro, agravado pelo descuido do autor. (STJ — Rec. Esp. 659.019 — RJ — Rel.: Min. Castro Filho — J. em 23.8.2007 — DJ 12.11.2007)

Apesar dos exemplos que se extraem da jurisprudência, existe um rigor excessivo dos Tribunais para acolher essas excludentes.[32] Sobre isso, vale lembrar o que expõe Silvio Rodrigues:[33]

> "A excessiva severidade dos tribunais na admissão do caso fortuito como exonerador da responsabilidade, principalmente em um país como o nosso, em que o seguro de responsabilidade é pouco difundido, pode aumentar enormemente o número de casos em que o agente, embora agindo sem culpa, causa dano a outrem e é obrigado a indenizar. Tal solução, como já foi apontada, em muitos casos apenas transferirá a desgraça da pessoa da vítima para a pessoa do agente, este também inocente e desmerecedor de tão pesada punição."

4.6. Cláusula de não indenizar

A cláusula de não indenizar está adstrita a ser excludente no âmbito da responsabilidade contratual e consiste na estipulação, inserida no contrato, por meio da qual uma das partes declara, com a anuência da outra parte, que não será responsável pelos prejuízos decorrentes do inadimplemento absoluto ou relativo da obrigação ali contraída. Os riscos são transferidos para a vítima por via contratual. Na lição de Aguiar Dias,[34]

> "a cláusula ou convenção de irresponsabilidade consiste na estipulação prévia por declaração unilateral, ou não, pela qual a parte que viria a obrigar-se civilmente perante outra afasta, de acordo com esta, a aplicação da lei comum ao seu caso. Visa anular, modificar ou restringir as consequências normais de um fato da responsabilidade do beneficiário da estipulação".

Muito se discute a respeito de sua validade; para uns, deve ser nula, por ser contrária ao interesse social, vedando-se principalmente nos contratos de adesão para se proteger a parte mais fraca. Já outros a defendem em prol do princípio de autonomia da vontade.

---

(32) STJ — Consumidor. Responsabilidade civil. Roubo de veículo no interior de oficina de reparo. Caso fortuito. Não configuração. Previsibilidade do fato. Ressarcimento devido. CCB, arts. 1.058 e 1.266. CDC, art. 14. O estabelecimento comercial que recebe o veículo para reparo em suas instalações é responsável pela sua guarda com integridade e segurança, não se configurando como excludente da obrigação de indenizar a ocorrência de roubo mediante constrangimento por armas de fogo, por se cuidar de fato previsível em negócio dessa espécie, que implica na manutenção de loja de acesso fácil, onde se acham automóveis e equipamentos de valor. (STJ — Rec. Esp. n. 218.470 — SP — Rel.: Min. Aldir Passarinho Júnior — J. em 27.3.2001 — DJ 20.8.2001.
(33) RODRIGUES *apud* VENOSA, *op. cit.*, p. 44.
(34) DIAS, *op. cit.*, p. 906.

Por outro lado, partindo do pressuposto que o CDC incide diretamente na maioria das relações contratuais, tem-se expressamente vedada, nos arts. 24 e 25 do referido diploma, a cláusula de exoneração da responsabilidade de indenizar. Também contraria os princípios instituídos no art. 51, que expressamente considera nula de pleno direito.

É fato que o direito pátrio não simpatiza com tais cláusulas e a jurisprudência de forma radical não a admite nos contratos de transporte (Súmula n. 161 do STF).

Também não se admite cláusula de exoneração na matéria delitual, sendo seu domínio restrito à responsabilidade contratual. Não terá validade se visar afastar uma responsabilidade imposta em atenção a interesse de ordem pública.

São consideradas cláusulas ilícitas: as de transferências de obrigações essenciais do contratante, as que exonerem de responsabilidade pelo dolo ou pela culpa grave e, em geral, todas as que interessem à proteção da vida, da integridade física e da saúde do contratante. Só será tolerada se a cláusula de não indenizar for destinada à mera tutela do interesse individual.

➢ **Exemplo**: É inteiramente ineficaz a declaração unilateral do hoteleiro que não se responsabiliza pelos frutos das bagagens dos viajantes hospedados em seu hotel.

➢ **Exemplo**: Tem-se por não escrita a cláusula de não indenizar em contratos bancários de locação de cofres a clientes.

Alguns são os requisitos de validade para a cláusula de não indenizar: a bilateralidade do consentimento e a não colisão com o preceito cogente de lei (ordem pública e os bons costumes), igualdade de posição das partes (impedimento em contratos de adesão), inexistência do escopo de eximir o dolo ou a culpa do estipulante (impossibilidade em matéria delitual) e ausência da intenção de afastar obrigação inerente à função

São muitas as aplicações cabíveis da cláusula de não indenizar como no contrato de compra e venda no que tange a não garantia em razão de falta da área com relação à evicção e aos vícios redibitórios; nos depósitos de bagagens de hóspedes; no contrato de depósito bancário; no contrato de seguro, de mandato e de locação, entre outros.

Em síntese, a cláusula de não indenizar, pertinente à responsabilidade contratual, quando prevista e cabível, sem importar no rompimento do nexo causal, afasta o dever de reparação do dano, a cargo do agente.

4.7. *Prescrição*

Prescrição é a perda da ação atribuída a um direito e de toda a sua capacidade defensiva, em consequência do não uso dela, durante determinado espaço de tempo. Pode-se considerar, então, que a prescrição é causa indireta de irresponsabilidade, já que o término do direito de ação gera a impossibilidade de a vítima acionar o causador do dano.

O Código Civil de 1916 estabelecia que o prazo prescricional para as ações pessoais era de 20 anos. Atualmente, o novo Código Civil estabelece, para a mesma matéria, o prazo de 10 anos, em seu art. 205. No entanto, esse prazo é tido como regra geral, devendo ser observado o que diz o artigo seguinte, que estabelece prazos especiais. Precisamente o § 3º, inciso V, do art. 206, reduz consideravelmente o prazo da reparação civil, de 20 anos para 3 anos somente, quer seja a reparação por dano material ou moral. O fundamento para tamanha redução é que o prazo anterior gerava insegurança jurídica e instabilidade nas relações sociais, não se adequando mais aos dias de hoje graças à agilidade dos negócios no mundo atual.

O grande problema enfrentado nessa transição foi com relação à conciliação entre o tempo prescricional que se passou na vigência da lei antiga e o que restou. Porém, o próprio código tratou de esclarecer a questão determinado em seu art. 2.028 a seguinte regra: "serão os da lei anterior os prazos, quando reduzidos por este código, e se, na data de sua entrada em vigor, já houver transcorrido mais da metade do tempo estabelecido na lei revogada." Veja abaixo a regra aplicada a um caso concreto:

RESPONSABILIDADE CIVIL. ATROPELAMENTO. DIREITO INTERTEMPORAL. ART. 2028 NCC. PRESCRIÇÃO. O conjunto probatório carreado aos autos demonstra que a genitora do autor faleceu em 21 de outubro de 2002. Assim, não transcorrido mais da metade do prazo previsto no CC/16 quando da entrada em vigor do NCC, o prazo será de 3 anos conforme a lei nova e contados a partir de sua edição, ex vi art. 206, § 3º, V do CC/02. A ação foi distribuída apenas em 22 de junho de 2007, quando já decorridos os três anos previstos para o ajuizamento da ação. DESPROVIMENTO DO RECURSO. (TJ-RJ. AP. Cível n. 2008.001.04381 — Des. Roberto de Abreu e Silva — Julgamento: 15.4.2008 — Nona Câmara Cível).

Ressalta-se que o prazo prescricional do novo Código Civil em nada alterou os prazos estabelecidos pelas leis específicas. Tratando-se de relação de consumo, por exemplo, o prazo prescricional continua sendo de cinco anos, de acordo com o art. 27 do Código de Defesa do Consumidor.[35]

---

(35) STJ — Responsabilidade civil. Consumidor. Transporte rodoviário de pessoas. Acidente de trânsito. Defeito na prestação do serviço. Prescrição. Prazo prescricional. Nova interpretação, válida a partir da vigência do novo código civil. CDC, art. 27. CCB/2002, art. 734. O CC/16 não disciplinava especificamente o transporte de pessoas e coisas. Até então, a regulamentação dessa atividade era feita por leis esparsas e pelo CCom, que não traziam dispositivo algum relativo à responsabilidade no transporte rodoviário de pessoas. Diante disso, cabia à doutrina e à jurisprudência determinar os contornos da responsabilidade pelo defeito na prestação do serviço de transporte de passageiros. Nesse esforço interpretativo, esta Corte firmou o entendimento de que danos causados ao viajante, em decorrência de acidente de trânsito, não importavam em defeito na prestação do serviço e, portanto, o prazo prescricional para ajuizamento da respectiva ação devia respeitar o CC/16, e não o CDC. Com o advento do CC/02, não há mais espaço para discussão. O art. 734 fixa expressamente a responsabilidade objetiva do transportador pelos danos causados às pessoas por ele transportadas, o que engloba o dever de garantir a segurança do passageiro, de modo que ocorrências que afetem o bem-estar do viajante devem ser classificadas de defeito na prestação do serviço de transporte de pessoas. Como decorrência lógica, os contratos de transporte de pessoas ficam sujeitos ao prazo

Outra consideração importante que deve ser destacada é com relação ao ato que também constitui ilícito penal. A prescrição penal não influenciará na ação de reparação do dano na esfera cível, devendo, portanto, ser observado o estabelecido no art. 200 do Código Civil, que diz que, se o fato estiver sendo apurado em juízo criminal, a prescrição não transcorrerá até que se tenha uma sentença definitiva.[36]

5. ESPÉCIES DE RESPONSABILIDADE CIVIL

5.1. Quanto ao fundamento

A responsabilidade poderá se revestir de duas teorias, a subjetiva (art. 186 do CC) e a objetiva (art. 927, parágrafo único do CC), podendo identificá-las quando a lei estabelecer ou, havendo omissão, em cada caso concreto, a partir do exame da conduta ou do resultado.

	Código Civil	Pressupostos
Responsabilidade subjetiva	Art. 186 (regra geral)	• ação ou omissão; • dolo ou culpa; • dano; • nexo causal.
Responsabilidade objetiva	Art. 927, parágrafo único; • casos previstos em lei; • atividades de risco.	• ação ou omissão; • dano; • nexo causal.

---

prescricional específico do art. 27 do CDC. Deixa de incidir, por ser genérico, o prazo prescricional do Código Civil.(STJ — Rec. Esp. n. 958.833 — RS — Rel.: Min. Nancy Andrighi — J. em 8.2.2008 — DJ 25.2.2008 — Boletim Informativo da Juruá 454/041884).

(36) STJ — Responsabilidade civil. Ação indenizatória. Ato ilícito praticado por agentes do Estado. Ação penal. Reconhecimento da autoria e do fato no juízo criminal. Prazo prescricional. Prescrição. Termo inicial. Precedentes do STJ. CCB/2002, arts. 186, 200 e 935. CCB, art. 1.525. CPC, art. 548, III. As jurisdições cível e criminal intercomunicam-se. A segunda repercute de modo absoluto na primeira quando reconhece o fato ou a autoria. Nesse caso, a sentença condenatória criminal ou decisão concessiva de *habeas corpus* constituem títulos executórios no cível. Quando a ação se originar de fato que deva ser apurado no juízo criminal, não correrá a prescrição antes da respectiva sentença definitiva (CCB/2002, art. 200). O art. 1.525 do CC/1916 (art. 935 do novel CC) impede que se debata no juízo cível, para efeito de responsabilidade civil, a ocorrência do fato e a sua autoria quando tais questões tiverem sido decididas no juízo criminal. O próprio CPC confere executoriedade à sentença penal condenatória transitada em julgado (art. 548, II). Assim, não se poderia, coerentemente, obrigar a vítima a aforar ação civil dentro dos cinco anos do fato criminoso. Remanesce o ilícito civil. A jurisprudência do Superior Tribunal de Justiça é uníssona no sentido de que o termo inicial para a propositura da ação indenizatória, em face de ilícito penal que está sendo objeto de processo criminal, é do trânsito em julgado da sentença condenatória, ou, no caso, se reconhecidos a autoria e o fato no juízo criminal, da suspensão do processo (trânsito em julgado da decisão concessiva de *habeas corpus*). Precedentes das 1ª, 2ª e 4ª Turmas do STJ (STJ — Rec. Esp. 996.722 — MG — Rel.: Min. José Delgado — J. em 20.11.2007 — DJ 10.12.2007 — Boletim Informativo da Juruá 451/041539)

5.1.1. Responsabilidade subjetiva

Em regra, o Código Civil adota o sistema da responsabilidade civil subjetiva, com fundamento na teoria da culpa (*lato sensu*), bastando, para caracterizar o dever de indenizar, a existência de dano, do nexo de causalidade entre o fato, o dano e a culpa. Esta é a orientação seguida na elaboração do Projeto de Lei n. 634-B/75, sob supervisão de Miguel Reale, que se transformou no atual Código Civil, conforme suas palavras:[37]

> "Deve ser reconhecida, penso eu, a responsabilidade subjetiva como norma, pois o indivíduo deve ser responsabilizado, em princípio, por sua ação ou omissão, culposa ou dolosa. Mas isso não exclui que, atendendo à estrutura dos negócios, se leve em conta a responsabilidade objetiva. Este é o ponto fundamental."

O elemento principal à indenização é a identificação da culpa (que abrange o dolo e a culpa em sentido estrito: imprudência, negligência e imperícia).

Carlos Roberto Gonçalves[38] corrobora este entendimento da seguinte forma; "Diz-se, pois, ser 'subjetiva' a responsabilidade quando se esteia na ideia de culpa. A prova da culpa do agente passa a ser pressuposto necessário do dano indenizável."

> ➢ **Exemplo**: Uma pessoa joga um objeto pela janela e esse atinge o carro de outrem, causando-lhe prejuízo. Assim, a pessoa que jogou o objeto agiu ilicitamente, por ser imprudente e negligente, e sua ação causou prejuízo, pois existe uma relação direta entre seu ato e a lesão. Essa é a ideia clássica de responsabilidade, denominada responsabilidade subjetiva (depende da culpa do agente).

Observa-se, portanto, que não há divergência quanto ao conceito de responsabilidade subjetiva e de que se trata de regra geral do Código Civil.

A dificuldade, porém, encontra-se nas teorias surgidas para intermediar o nascimento da responsabilidade objetiva, como exemplo, a teoria da culpa presumida, que não se desvincula da ideia de culpa, porém, admite que o lesado não tenha que prová-la.

Antes de se passar ao estudo da evolução da responsabilidade objetiva, deve-se ter maior atenção com relação à **responsabilidade da pessoa jurídica de direito privado**.

Analisando o período que antecedeu o Código de Defesa do Consumidor e o atual Código Civil, percebe-se que não existia previsão legal com relação à res-

---

(37) REALE *apud* GONÇALVES, *op. cit.*, p. 24.
(38) *Idem, ibdem*, p. 21

ponsabilidade civil da pessoa jurídica de direito privado. Reconhecida então essa ausência, os doutrinadores entendiam que a pessoa jurídica de direito privado não poderia ser civilmente responsável. Como, na época, a responsabilidade civil era pautada na comprovação da culpa, e essa, por sua vez, advinha de uma vontade voluntária do agente, defendiam os autores que, por ser considerada um ente fictício, a pessoa jurídica seria incapaz de "querer", não podendo, portanto, lhe ser imputado o fato danoso.[39]

De qualquer ângulo que fosse analisada, se chegaria à conclusão de inimputabilidade da pessoa jurídica e, consequentemente, a irresponsabilidade pelos danos causados, uma vez que mesmo que se entendesse que fossem os seus dirigentes e empregados, seus representantes, a impossibilidade perduraria, pois não se compreende a outorga de poderes para a prática de atos ilícitos, e não existe representação sem outorga de poderes.

Posteriormente, foram criadas várias teorias para explicar a natureza da pessoa jurídica, o que permitiu aos autores da época enquadrar a pessoa jurídica na teoria da responsabilidade subjetiva, em primeiro momento.

Contudo, tanto no código anterior (art. 15) como no atual (art. 43), apenas pode ser encontrada determinação expressa de responsabilidade (objetiva) com relação às pessoas jurídicas de direito público. Equiparam-se a essas, por determinação do art. 37, § 6º, da CF/88, as pessoas jurídicas de direito privado prestadoras de serviços públicos.

Não cabe argumentar que o atual Código Civil tenha estabelecido a responsabilidade civil das pessoas jurídicas de direito privado no art. 931, porque ela se mostra restritiva, alcançando apenas as empresas que colocam produtos em circulação. No mais, essa norma já nasceu obsoleta, considerando que o Código do Consumidor disciplinou não só a responsabilidade das pessoas indicadas nesse preceito, mas foi muito além.

Lamentavelmente, a responsabilidade civil das pessoas jurídicas de direito privado, cujas atividades não se enquadram na previsão no CDC, ficou mal resolvida.

A fim de preencher essa lacuna, a doutrina passou a considerar que toda pessoa jurídica com fins lucrativos ou não passaria a responder por seus danos. Nas palavras de Caio Mario,[40] "as pessoas jurídicas de direito privado, qualquer que seja sua natureza e os seus fins, respondem pelos atos de seus dirigentes ou administradores, bem como de seus empregados ou prepostos, que, nessa qualidade, causem dano a outrem". Adotou-se, portanto, a teoria do risco administrativo, ou seja, a responsabilidade objetiva.

---

(39) MAZEAUD e MAZEAUD apud STOCO, op. cit., p. 152.
(40) PEREIRA, op. cit., p. 122.

5.1.2. Responsabilidade objetiva

Como já apontado, o fundamento original da responsabilidade era exclusivamente subjetivo e, ainda hoje, é a regra geral do Código Civil. Porém, com a evolução da sociedade, a ideia de responsabilidade ligada diretamente à culpabilidade foi aos poucos sendo combatida.

Em meados do século XX, notou-se a necessidade do alargamento do conceito de culpa, posto que muitos problemas emergentes da época tornaram-se impossíveis de ser resolvidos, graças às dificuldades de se provar a culpa do agente, muitas vezes por causa da desigualdade econômica.

Segundo Rui Stoco,[41] impressionados com essa situação, juristas de escol (salvo os irmãos Mazeaud, ferrenhos opositores da teoria) se rebelaram contra os termos restritivos do art. 1.382 do Código de Napoleão, e por via de processo hermenêutico entraram a buscar técnicas hábeis a desempenhar mais ampla cobertura para a reparação do dano. E assim nasceu a doutrina objetiva.

A teoria da culpa presumida, por exemplo, foi uma técnica utilizada que veio para abrir caminho à responsabilidade objetiva. No caso da presunção da culpa, não se exclui o pressuposto subjetivo (culpa), porém cabe ao agente causador do dano comprovar a inexistência da culpa para se eximir da indenização. Há a inversão do ônus da prova. Não é mais a vítima que tem de provar os elementos fundamentais de sua pretensão. Foi uma medida intermediária, em que o lesado não precisa mostrar a culpa do agente, mas sem repelir a responsabilidade subjetiva tradicional. Pode-se entender, pelas palavras de Aguiar Dias,[42] como foi esse período de evolução da responsabilidade civil:

> "Não confundimos, pelo menos propositadamente, os casos de responsabilidade objetiva com os de presunção de culpa. Na realidade, como já tivemos ocasião de dizer, o expediente da presunção de culpa é, embora não confessem os subjetivistas, mero reconhecimento da necessidade de admitir o critério objetivo. Teoricamente, porém, observa-se a distinção, motivo por que só incluímos como casos de responsabilidade objetiva os que são confessadamente filiados a esse sistema. Assim, não quisemos aludir ao Decreto n. 2.681, regulador da responsabilidade das estradas de ferro, que se funda, por declarações reiteradas de seus textos, em presunção de culpa, nem a outros dispositivos de lei, onde houve o propósito de conservar a culpa como base da responsabilidade. [...] Em essência, repetimos, a assimilação entre um e outro sistema é perfeita, significando o abandono disfarçado ou ostensivo, conforme o caso, do princípio da culpa como fundamento único da responsabilidade."

---

(41) STOCO, *op. cit.*, p. 149.
(42) DIAS, *op. cit.*, p. 91-92.

Este, como pode ser observado no trecho acima, foi um modo de afirmar a responsabilidade civil, sem a necessidade de provar o lesado a conduta culposa do agente, mas sem repelir o pressuposto subjetivo da doutrina tradicional.

Registra-se, porém, que o atual Código Civil preferiu abandonar, em grande parte, a culpa presumida, para adotar, ainda que em exceção e sempre expressamente, a responsabilidade objetiva. Nela, basta que a vítima apresente o dano sofrido e nexo de causalidade entre o dano e a ação ou omissão do agente.[43]

Silvio Venosa[44] conceitua a responsabilidade objetiva dizendo em síntese que cuida-se da responsabilidade sem culpa, em inúmeras situações, na qual sua comprovação inviabiliza a indenização para a parte presumivelmente mais vulnerável, dando como exemplo a legislação dos acidentes de trabalho.[45]

Conclui-se, portanto, que na responsabilidade objetiva leva-se em conta o dano, em detrimento do dolo ou da culpa. Assim, para o dever de indenizar, bastam o dano e o nexo causal. Exemplo disso é a Lei n. 8.078/90, denominada Código de Defesa do Consumidor, que entra no cenário atual como um divisor de águas no direito contratual, de acordo com Cavalieri Filho, introduzindo uma nova área na responsabilidade do direito brasileiro, a responsabilidade nas relações de consumo.[46]

Presente no art. 927, parágrafo único, do Código Civil, a responsabilidade civil objetiva aplica-se, além dos casos previstos em lei, também quando a atividade

---

(43) TJRJ — RESPONSABILIDADE CIVIL. ACIDENTE ECOLÓGICO. Vazamento de pó catalisador atóxico. Alegação de Dano Moral. Nexo de Causalidade não Comprovado. Ao autor incumbia a prova inequívoca de que o pó catalisador casou-lhe alergia e que os sintomas que alega, também sem provas, foram por ele ocasionados. É bem verdade que o dano moral, por se tratar de algo imaterial ou ideal, não pode ser provado através dos mesmos meios utilizados para a comprovação do dano material. Contudo, não se pode afastar o exame da ocorrência de pressuposto da responsabilidade civil que é o nexo de causalidade. Ainda que se trate de responsabilidade objetiva, em que se prescinde da prova da conduta culposa por parte do agente, cabe ao requerente demonstrar a ocorrência do dano e do nexo de causalidade. Ninguém pode responder por um resultado a que não tenha dado causa. O ônus na demonstração da causa de exclusão do nexo de causalidade é do réu. Mas a demonstração do próprio nexo é ônus do autor. São aspectos diferentes de prova. O réu não pode responder pelo que aparentemente deu causa. A relação de causalidade deve ser examinada tecnicamente, constatando-se a efetiva causa do dano. Provimento do recurso. (Emb. Infringentes n. 2007.005.00157 — Des. Sergio Cavalieri Filho — 13ª Cam. Cível — 19.9.07).
(44) VENOSA, Silvio de Salvo. *Direito Civil*: responsabilidade civil. 3. ed. São Paulo: Atlas, 2003, v. IV, p. 13.
(45) TACivSP — Conexão. Acidente de trabalho e indenizatória pelo direito comum. Inexistência. Na ação acidentária pede-se a indenização prevista na legislação específica e na ação ordinária de responsabilidade civil o pedido tem por objeto a indenização pelo direito comum. Nesta, a causa de pedir é a culpa do empregador por manter a obreira em atividades incompatíveis com seu estado físico, ocasionando o agravamento do mal; na ação acidentária, a causa de pedir baseia-se na teoria do risco profissional, rescindindo da indagação da culpa. Em sendo assim, inexiste a conexão. (2º TACIVSP — AP. SUM. n. 85.696 — 8ª Câm. — Rel. Juiz Martins Costa — 27.12.85, RT 2/300).
(46) CAVALIERI FILHO, *op. cit.*, p. 40.

normalmente desenvolvida pelo autor do dano implicar, por sua natureza, risco a direito de outrem.[47]

A dificuldade de aplicação desse dispositivo consiste em definir quais são as atividades perigosas, exigindo do julgador determinada cautela para que não ocorram exageros. Vale aqui a advertência de Silvio Venosa:[48]

> "Sob esse prisma, o novo Código Civil apresenta, portanto, uma norma aberta para a responsabilidade objetiva no parágrafo único do art. 927. Esse dispositivo da lei nova transfere para a jurisprudência a conceituação de atividade de risco no caso concreto, o que talvez signifique perigoso alargamento da responsabilidade sem culpa. É discutível a conveniência de uma norma genérica nesse sentido. Melhor seria que se mantivesse nas rédeas do legislador a definição da teoria do risco."

Importante esclarecer que o referido dispositivo não se aplica aos acidentes de trabalho, uma vez que a CF/88 já estabeleceu no art. 7º, inciso XXVIII, garantia aos trabalhadores de seguro contra acidentes de trabalho, a cargo do empregador, e indenização a que este está obrigado, quando incorrer em dolo ou culpa (responsabilidade subjetiva). Nesse sentido:

> STJ. RESPONSABILIDADE CIVIL. ACIDENTE DE TRABALHO. CULPA LEVE DO EMPREGADOR. SUFICIÊNCIA PARA O DEFERIMENTO DA INDENIZAÇÃO. PRECEDENTE DO STJ. CONSIDERAÇÕES DA MIN.ª NANCY ANDRIGHI SOBRE O TEMA. SÚMULA N. 229/STF (SUPERADA). CF/88, ART. 7º, XXVIII. Após o advento da Lei n. 6.367/76 e, sobretudo, da Constituição Federal, em que se incluiu previsão expressa de que é direito dos empregados o «seguro contra acidentes do trabalho, a cargo do empregador, sem excluir a indenização a que este está obrigado, quando incorrer em dolo ou culpa, ficou superado o entendimento anteriormente cristalizado na Súmula n. 229, do STF, que limitava as hipóteses de responsabilidade do empregador aos casos de dolo ou culpa grave. Atualmente, a jurisprudência é unânime em entender que a culpa do empregador, mesmo leve, autoriza a imputação de sua responsabilidade pela indenização do trabalhador acidentado. Essa orientação levou parte da jurisprudência a considerar que a responsabilidade do empregador por eventuais acidentes não se encerra no momento em que ele disponibiliza equipamentos de segurança aos seus empregados. Ele permanece responsável pela fiscalização da sua correta utilização, e o não cumprimento desse dever caracterizaria sua culpa in vigilando, autorizando sua responsabilização, exclusiva ou concorrente, pelo acidente. (STJ — Rec. Esp. n. 555.468 — ES — Rel.: Min. Nancy Andrighi — J. em 4.10.2005 — DJ 14.11.2005).

---

(47) STJ — Responsabilidade civil. Assalto. Banco. Estabelecimento Bancário. Roubo a cliente. Tratando-se de atividade que cria risco especial, dada a natureza da mercadoria que dela constitui objeto, impõe-se sejam tomadas as correspondentes cautelas para segurança dos clientes. Responsabilidade pelo assalto sofrido por quem, no interior da agência, efetuava saque de dinheiro. (STJ — Rec. Esp. n. 149.838 — SP — Rel.: Min. Eduardo Ribeiro — J. em 7.4.1998 — DJ 15.6.1998)
(48) VENOSA *apud* STOCO, *op. cit.*, p.165.

Inobstante ao grande avanço da aplicabilidade da responsabilidade objetiva, certo é que não chegou a substituir a responsabilidade subjetiva, e nem poderia. Contudo, é indiscutível que ambas devem andar lado a lado, abrangendo um número maior de litígios, sendo a teoria da culpa a regra geral da responsabilidade e a teoria do risco ocupando o espaço excedente, onde a outra não alcança.

5.2. Quanto ao agente

A responsabilidade civil caracterizar-se-á como direta ou indireta, conforme diga respeito a ato próprio ou a ato de terceiro.

Responsabilidade civil direta	• ato próprio
Responsabilidade civil indireta	• ato praticado por terceiro (vínculo legal) • fato de animal • fato de coisa inanimada

5.2.1. Responsabilidade direta

Em regra, só há responsabilidade de indenizar àquele que causar dano a outrem, por conduta própria. Toda via, essa espécie se confunde muito com a punição do Direito Penal, cuja pena tem sentido social e repressivo.

Veja, portanto, um exemplo de responsabilidade direta, em acórdão proferido pelo Tribunal de Justiça do Mato Grosso:

RECURSO DE APELAÇÃO CÍVEL. INDENIZAÇÃO POR DANOS MORAIS. IMPRENSA. ENTREVISTA CONCEDIDA A EMPRESA DE TELEVISÃO. OFENSA PRATICADA PELO ENTREVISTADO. RESPONSABILIDADE. IMPARCIALIDADE. DIREITO DE RESPOSTA CONCEDIDO. IMPROCEDÊNCIA. SENTENÇA CONFIRMADA.

"É do entrevistado a **responsabilidade direta** pelo que declarou, quando o órgão de imprensa se limita à reprodução da entrevista, sem deturpá-la ou modificá-la, servindo-se apenas de instrumento de divulgação da notícia. Não havendo comentários sobre a matéria, e concedendo o direito de resposta, tem-se que a apelada agiu no exercício regular de direito ao divulgar a entrevista. Sentença de improcedência confirmada" (TJ/MT, 1ª Cam. Cív., Apel. Cív. n. 8416/2004 — Tangará da Serra, j. 31.1.2005, rel. Dr.ª Marilsen Andrade Adário).

O que se tem, no entanto, é a dificuldade, em alguns casos, em determinar se se trata de responsabilidade direta ou indireta. Para ilustrar tal assertiva, apresenta-se o caso da responsabilidade pela demora da prestação judicial. A quem caberá o dever de indenizar? Ao Estado ou ao magistrado? Apesar de a doutrina dominante prelecionar que seria o caso de responsabilidade objetiva do Estado, a jurisprudência nacional, em contrapartida, entende que é responsabilidade pessoal do magistrado, ancorada nas regras do direito civil, valendo dizer a responsabilidade subjetiva e direta do agente público, exigente de demonstração da culpa.

Portanto, o sistema de responsabilidade direia é subjetivo, devendo haver nexo de causalidade entre dano indenizável e o ato ilícito e culpável praticado pelo agente. Só responde pelo dano, em princípio, aquele que lhe der causa. É a responsabilidade por ato próprio que deflui do art. 186 do Código Civil.

5.2.2. Responsabilidade indireta

Se, por um lado, a regra é a responsabilidade direta, por outro, existe um complicador, visto que, se apenas os causadores dos danos fossem obrigados a indenizar, muitas situações de prejuízo ficariam sem solução.

É por esse motivo que o atual Código Civil passou a admitir a responsabilidade proveniente de ato de terceiro, com o qual o agente tenha vínculo legal de responsabilidade, de fato de animal e de coisas inanimadas sob sua guarda, conseguindo, assim, ampliar as possibilidades de reparação de prejuízos causados ao patrimônio de alguém.

Cavalieri Filho, no entanto, em vez de conceituar a responsabilidade indireta como sendo responsabilidade por fato de outrem, preferiu defini-la da seguinte forma: "é a responsabilidade por fato próprio omissivo, porquanto as pessoas que respondem a esse título terão sempre concorrido para o dano por falta de cuidado ou vigilância."[49]

Certo é que a responsabilidade civil de terceiros, indicada no art. 933 do CC, é de natureza objetiva, pois a condição de responsáveis indiretos torna desnecessária a perquirição de sua culpa.

Contudo, a responsabilidade civil dos agentes causadores citados nos incisos do art. 932 do CC é de natureza subjetiva, motivo pelo qual é indispensável a demonstração de culpa no evento, posto que, se o fato danoso não puder ser imputado ao agente, a título de culpa, os responsáveis indiretos não terão o dever de indenizar.

5.3. Quanto ao fato gerador

No que tange ao fato gerador, a responsabilidade civil pode derivar ou não de um negócio jurídico, denominando-se, consecutivamente, de contratual e extracontratual, essa última também chamada de aquiliana.

Há quem critique essa distinção, pois pouco importaria os aspectos sob os quais se apresente a responsabilidade civil no cenário jurídico, uma vez que uniformes são seus efeitos. Os adeptos da tese unitária entendem que ambas necessitam de três condições para a configuração da responsabilidade: o dano, o ato ilícito e o nexo de causalidade.

---

(49) CAVALIERI FILHO, op. cit., p. 201.

Ressalta-se, porém, que o ordenamento jurídico brasileiro acolhe a tese dualista, embora a corrente doutrinária majoritária seja adepta à tese unitária.

	Código Civil	Pressupostos	Ônus da prova
Responsabilidade extracontratual	Art. 186; Art. 927.	• ato ilícito; • violar direito; • culpa (*lato sensu*); • dano	Quem sofreu o dano
Responsabilidade contratual	Art. 389; Art. 475	Inadimplemento do contrato	Agente causador do dano

5.3.1. *Responsabilidade civil extracontratual ou aquiliana*

A responsabilidade civil extracontratual no Direito Brasileiro, de acordo com a doutrina pacífica, fundamenta-se na culpa (sentido lato). Ocorre da inobservância da lei ou da lesão a um direito, sem que exista uma relação jurídica preexistente entre o ofensor e o ofendido.

Assim, se a transgressão for a um dever jurídico imposto pela lei, ou seja, gerado fora de um negócio jurídico, o ilícito será extracontratual.

Sergio Cavalieri Filho[50] assim esclarece:

> "... tanto na responsabilidade extracontratual como na contratual há um dever jurídico preexistente. A distinção está na sede deste dever. Haverá responsabilidade contratual quando o dever jurídico violado estiver previsto no contrato. [...] Haverá, por seu turno, responsabilidade extracontratual se o dever jurídico violado não estiver previsto no contrato, mas, sim, na lei ou na ordem jurídica."

Portanto, para que seja caracterizada a responsabilidade extracontratual, basta que o autor tenha cometido ato ilícito, ou seja, violado um direito e causado dano a outrem, cabendo a este provar a culpa do agente, quando movida uma ação. Seus princípios básicos são encontrados nos arts. 186 e 927[51] do Código Civil.

Há de ser ressaltada, mesmo que via de regra, a possibilidade de a responsabilidade extracontratual advir de um ato lícito. A exemplo disso, cita-se o caso em que o agente age em estado de necessidade, que de acordo com o art. 188, II, do Código

---

(50) CAVALIERI FILHO, *op. cit.*, p. 38-39.
(51) Art. 927 do CC — Aquele que, por ato ilícito, causar dano a outrem, fica obrigado a repará-lo.

Civil, é considerado ato lícito, mas que, mesmo assim, pelo que preleciona o art. 929 do mesmo diploma, obriga o agente causador do dano a indenizar o dono da coisa.

5.3.2. Responsabilidade civil contratual

A responsabilidade civil será contratual quando tiver origem no inadimplemento de uma obrigação, advindo de um negócio jurídico unilateral ou bilateral, dever jurídico que os indivíduos criam para si. Como o contrato estabelece um vínculo jurídico entre os contratantes, diz-se que nesse tipo de responsabilidade há uma relação jurídica preexistente.

O Código Civil preleciona essa espécie de responsabilidade em seu art. 389, *in verbis*:

> Art. 389. Não cumprida a obrigação, responde o devedor por perdas e danos, mais juros e atualização monetária segundo índices oficiais, regularmente estabelecidos, e honorários de advogados.

Na responsabilidade civil contratual, o inadimplemento presume-se culposo, bastando que o credor prove o inadimplemento do contrato.

> ➤ **Exemplo**: quando um passageiro de ônibus for ferido em consequência de um acidente no percurso, dar-se-á o inadimplemento contratual. A empresa responsável pelo transporte deverá indenizar o acidentado por perdas e danos, uma vez que, quando se entra no ônibus, celebra-se um contrato tacitamente (contrato de adesão) no qual a empresa transportadora assume a obrigação de conduzir o passageiro ao seu destino, são e salvo.[52]

Para Aguiar Dias,[53] a questão da existência do contrato não oferece maior dificuldade se a convenção foi caracterizadamente estabelecida. Porém, torna-se desfavorável quando surge, como problema preliminar, a exigência de qualificar o contrato.

> ➤ **Exemplo**: no transporte gratuito, a vítima do dano não poderá demandar contra o autor, com base em pretenso contrato, uma vez que o próprio Código Civil, em seu art. 736,[54] o exclui da responsabilidade contratual.

---

(52) STJ — Cuida-se, na hipótese, de passageiro de ônibus, havendo portanto **responsabilidade objetiva e contratual** da empresa de transportes. A orientação desta Corte é no sentido de que em tal circunstância os juros moratórios correm a partir da citação. Inaplicável, *in casu*, a Súmula n. 54/STJ, por não se tratar de **responsabilidade extracontratual**. (REsp n. 726.939/RJ. Min. Jorge Scartezzini. DJ 1º.7.2005) Precedentes: REsp. n. 327.382/RJ; REsp. n. 131.376/RJ; REsp. n. 247.266/SP.
(53) AGUIAR DIAS, *op. cit.*, p. 165.
(54) At. 736 do CC — Não se subordina às normas do contrato de transporte o feito gratuitamente, por amizade ou cortesia.

Aqui, seria necessário provar que o autor agiu de forma ilícita, provando, portanto, a culpa.[55]

A responsabilidade civil contratual, para Maria Helena Diniz,[56]

"... é o resultado da violação de uma obrigação anterior, logo, para que exista, é imprescindível a preexistência da obrigação. [...]. O ônus da prova, na realidade contratual, competirá ao devedor, que deverá provar, ante o inadimplemento, a inexistência de culpa ou a presença de qualquer excludente do dever de indenizar. [...]. O devedor, para ilidir a obrigação de indenizar, deverá evidenciar que o descumprimento contratual foi devido a caso fortuito ou força maior."

Nesse tipo de responsabilidade, como verificado na citação supra, o ônus da prova caberá àquele que está sendo acusado de inadimplemento. A vítima não precisa provar a culpa do causador do dano, bastando, apenas, evidenciar o inadimplemento e o nexo causal ao dano experimentado.

Não se pode esquecer, nesta hipótese, a análise do **Princípio da Boa-fé Objetiva**, regido pelo Código Civil atual, que tem como seus alicerces os princípios da eticidade, da socialidade e operabilidade.[57]

O princípio da boa-fé objetiva é uma verdadeira cláusula geral, que deve ser respeitada, entre as partes contratantes, mesmo que não esteja explícita no instrumento negocial. Como exemplo, tem-se o dever de respeito, dever de lealdade e probidade, dever de colaboração ou cooperação, dever de agir conforme a razoabilidade, entre outros. Alguns podem ser encontrados entre os arts. 421 e ss. do Código Civil. Portanto, aquele que contraria a boa-fé comete abuso de direito.[58]

---

(55) Súmula n. 145 do STJ — No transporte desinteressado, de simples cortesia, o transportador só será civilmente responsável por danos causados ao transportado quando incorrer em dolo ou culpa grave.
(56) DINIZ, Maria Helena. *Curso de direito civil brasileiro*: responsabilidade civil. 12. ed. São Paulo: Saraiva, 1998, v. 7, p. 111.
(57) TJRJ — Contrato Bancário. Desconto de Título de Crédito. Cláusula Responsabilizando o Financiado pela Solvência dos Devedores dos Títulos. Age no exercício regular do direito o banco que atua dentro dos limites estabelecido no contrato firmado pelas partes. O contrato bancário de desconto de duplicata, com cláusula expressa de responsabilidade do financiado pela solvência do devedor, quando o título não for pago, permite ao banco reaver o que foi antecipado sob pena de violação dos princípios da boa-fé objetiva e o que veda o enriquecimento sem causa. Desprovimento do recurso. (Ap.Cível n. 2007.001.46798 — Des. Sergio Cavalieri Filho — 13ª Câm. Cível — 17.10.07).
(58) Enunciado n. 37 do CJF — Art. 187: A responsabilidade civil decorrente do abuso de direito independe de culpa e fundamenta-se somente no critério objetivo-finalístico.
Enunciado n. 22 do CJF — A função social do contrato, previsto no art. 421 do novo Código Civil, constitui cláusula geral, que reforça o princípio de conservação do contrato, assegurando trocas úteis e justas.
Enunciado 23 do CJF — A função social do contrato, prevista no art. 421 do novo Código civil, não elimina o princípio da autonomia contratual, mas atenua ou reduz o alcance desse princípio quando presentes interesses metaindividuais ou interesse individual relativo à dignidade da pessoa humana.

Recentemente, a doutrina e a jurisprudência têm entendido que o princípio da boa-fé deve ser estendido às fases pré-contratual e pós-contratual, além daquela já existente, ou seja, durante a execução do contrato. Exemplo, disso são os Enunciados ns. 25 e 170, do Conselho de Justiça Federal, que, desde logo, se pronunciam a favor desta extensão:

> Enunciado n. 25 — O art. 422 do Código Civil não inviabiliza a aplicação, pelo julgador, do princípio da boa-fé nas fases pré e pós-contratual.
>
> Enunciado n. 170 — A boa-fé objetiva deve ser observada pelas partes na fase de negociações preliminares e após a execução do contrato, quando tal exigência decorrer da natureza do contrato.

Ilustrando o fato de que já é pacífico o entendimento quanto à responsabilidade pré-contratual, tem-se, por exemplo, o acórdão do REsp n. 23.517/SP, relator ministro Dias Trindade, Terceira Turma, com a seguinte ementa:

> CIVIL. CORRETAGEM. COMISSÃO. Aproximados os figurantes e formalizado negócio preliminar de compra e venda, é devida a comissão ao intermediador, sem relevo que o **pré-contrato** venha a ser desfeito, por arrependimento de um ou de ambos os promitentes.

Outro exemplo de responsabilidade pré-contratual é a promessa de casamento,[59] que segundo Eduardo Espínola[60]

> "... configura iniludivelmente um período pré-contratual, em que pode bem assentar a responsabilidade do promitente que o não quis celebrar, não a título de sucedâneo pela não realização, mas em face das perdas porventura determinadas pelo rompimento, relativamente a despesas feitas na convicção de que a promessa se concretizaria."

Contudo, de acordo com Aguiar Dias,[61] a responsabilidade pós-contratual, não obstante sua evidente importância, não teve seu reconhecimento no mesmo nível que fora atribuída à responsabilidade pré-contratual, embora sejam inconscientemente abordados sem esse *nomem iuris*.

---

(59) TJRJ — Apelação — Ação de Indenização por danos morais e materiais decorrentes de alegado desvirginamento da Autora, mediante sedução, com promessa de casamento, bem como de rompimento noivado — prova insuficiente à demonstrar o fatos alegados — Ação proposta após 5 anos de namoro, que culminou, com convivência entre as partes, durante certo período — Inocorrência de qualquer dano indenizável — O rompimento de noivado, ainda que comprovada sua existência, não gera, por si só a obrigação de indenizar, o que só ocorre em caso de ter ocorrido danos, devidamente comprovados. Improcedência da ação — Desprovimento do apelo. (Ap. Cível n. 2001.001.14100. — Des. Miguel Pacha — 18ª Cam. Cível — 21.8.01).

(60) ESPÍNOLA *apud* AGUIAR DIAS, *op. cit.*, p. 171.

(61) *Idem, ibdem*, p. 168.

Em apoio à tese da responsabilidade pós-contratual, observa-se o acórdão proferido pelo ilustre ministro Ruy Rosado de Aguiar Júnior, quando ainda era desembargador do tribunal local, que relatou a Apelação Cível n. 588.042.580, pela 5ª Câmara, decidindo o seguinte:

> Compra e venda. Resolução. Culpa *pos factum finitum*. O vendedor que imediatamente após a venda torna inviável a compradora dispor do bem, ameaçando-a de morte e escorraçando-a do lugar, para aproveitar-se disto e vender a casa para outrem, descumpre uma obrigação secundária do contrato e dá motivo à resolução. Princípio da boa-fé. Preliminar de nulidade rejeitada.

REFERÊNCIAS BIBLIOGRÁFICAS

AGUIAR DIAS, José de. *Da responsabilidade civil*. 11. ed., Rio de Janeiro: Renovar, 2006.

AGUIAR JUNIOR, Ruy Rosado. *Responsabilidade civil do médico*. RT718/33. *apud* STOCO, Rui. *Tratado de responsabilidade civi*. 6. ed. rev., atual. e ampl. São Paulo: Editora Revista dos Tribunais, 2004.

ALVIM, Eduardo Arruda e JORGE, Flávio Cheim, *A responsabilidade Civil no Código de proteção e Defesa do Consumidor e o Transporte Aéreo*. Revista de Direito do Consumidor, n. 19.

BANDEIRA DE MELLO, Celso Antonio. *Regime constitucional dos servidores da administração direta e indireta*. São Paulo: Editora Revista dos Tribunais, 1990.

BARASI, Ludovico. *La teoria generali delle obbligazioni*. 1948, v.2. *apud* STOCO, Rui. *Tratado de responsabilidade civil*. 6. ed. rev., atual. e ampl. São Paulo: Revista dos Tribunais, 2004.

CAHALI, Yussef Said. *Responsabilidade civil do Estado*. 2. ed. São Paulo: Revista dos Tribunais, 1995.

_____. *Responsabilidade dos bancos pelo roubo de bens depositados em seus cofres*. RT 591/9.

CAVALCANTI, André Uchôa. *Responsabilidade civil do transportador aéreo*. Rio de Janeiro: Renovar, 2003.

CAVALIERI FILHO, Sérgio. *Programa de responsabilidade civil*. 6. ed. São Paulo: Malheiros Editores, 2006.

DANTAS, San Tiago. *Programa de direito civil*. Rio de Janero: Rio, [19--]. v.1. *apud* CAVALIERI FILHO, Sérgio. *Programa de responsabilidade civil*. 6. ed. São Paulo: Malheiros Editores, 2006.

DINIZ, Maria Helena. *Curso de direito civil brasileiro*: responsabilidade civil. 12. ed. São Paulo: Saraiva, 1998, v. 7.

ESPÍNOLA, Eduardo. *Anotações ao código civil brasileiro*. Rio de Janeiro. v. 2.

FIGUEIRA JUNIOR, Joel Dias *Comentários ao código de processo civil*. São Paulo: Revistas dos Tribunais, 2001, v. 4, t. 1.

GOMES, Orlando. *Obrigações*. Rio de Janeiro: Forense, [19--].

GONÇALVES, Carlos Roberto. *Responsabilidade civil*. 8. ed. ver. de acordo com o novo Código Civil (Lei n. 10.406, de 10.1.2002). São Paulo: Saraiva, 2003.

_____. *Direito das obrigações*: parte especial, tomo II: responsabilidade civil. 4. ed. São Paulo: Saraiva, 2007. (Coleção sinopses jurídicas: v. 6)

LEHMANN. *El comentário al Código de Comercio alemán de Düringer-Hachenburg*. 3. ed. v. 5. *apud* STOCO, Rui. *Tratado de responsabilidade civil*. 6. ed. rev., atual. e ampl. São Paulo: Revista dos Tribunais, 2004.

MACHADO, Maria Helena. *A profissão de enfermagem no Século XXI*. In: Revista Brasileira de Enfermagem. Brasília — DF, v. 52, n. 4, out./dez., 1999.

MARQUES, José Frederico. *Tratado de direito penal*. 2. ed. São Paulo: Saraiva, 1955, v. 2. *apud* STOCO, Rui. *Tratado de responsabilidade civil*. 6. ed. rev., atual. e ampl. São Paulo: Revista dos Tribunais, 2004.

MAZEAUD e MAZEAUD. *Traité de la responsabilité civile*. 6. ed. Paris: Ed. Montchrestien. *apud* STOCO, Rui. *Tratado de responsabilidade civi*. 6. ed. rev., atual. e ampl. São Paulo: Revista dos Tribunais, 2004.

MEIRELLES, Hely Lopes. *Direito administrativo brasileiro*. 26. ed. São Paulo: Malheiros Editores, 2001.

_____. *Direito de construir*. 2. ed. São Paulo: Revistas dos Tribunais, p. 240.

MELLO, Cleyson de Moraes. *O que o Direito?* Rio de Janeiro: Freitas Bastos, 2006.

_____. *Responsabilidade civil e a interpretação pelos tribunais*. Rio de Janeiro: Freitas Bastos, 2006.

MONTENEGRO, Antonio Lindbergh. *Ressarcimento de danos*. 4. ed. Rio de Janeiro: Âmbito Cultural, 1992. *apud* CAVALIERI FILHO, Sérgio. *Programa de responsabilidade civil*. 6. ed. São Paulo: Malheiros Editores, 2006.

_____. *Do ressarcimento de danos pessoais e materiais*. Rio de Janeiro: âmbito Cultural Ed., 1992. *apud* STOCO, Rui. *Tratado de responsabilidade civil*. 6. ed. rev., atual. e ampl. São Paulo: Revista dos Tribunais, 2004.

NEGRÃO, Theotonio. *Código de processo civil e legislação processual em vigor*. 24. ed. São Paulo: Malheiros Editores, 1993. *apud* STOCO, Rui. *Tratado de responsabilidade civil*. 6. ed. rev., atual. e ampl. São Paulo: Editora Revista dos Tribunais, 2004.

PEREIRA, Caio Mario da Silva. *Responsabilidade civil*. 9. ed. Rio de Janeiro: Forense, 1999.

_____. *Instituições de direito civil*. Rio de Janeiro: Forense, 1961, v. 1.

REALE, Miguel. Diretrizes gerais sobre o projeto de código civil. In: *Estudos de filosofia e ciência do direito*. Saraiva. 1978. *apud* GONÇALVES, Carlos Roberto. *Responsabilidade civil*. 8. ed. ver. de acordo com o novo Código Civil (Lei n. 10.406, de 10.1.2002). São Paulo: Saraiva, 2003.

RODRIGUES, Silvio. *Responsabilidade civil*. 18. ed. São Paulo: Saraiva, 2000.

SAVI *apud* ROSSI, Julio César. ROSSI, Maria Paula Cassoni. *Direito civil*: responsabilidade civil. São Paulo: Atlas, 2007, v. 6. (Série leituras jurídicas: provas e concursos)

SILVA, Alfredo Canellas Guilherme da. *Constituição interpretada pelo STF, tribunais superiores e textos legais*. Rio de Janeiro: Freitas Bastos, 2006.

SODRÉ, Ruy de Azevedo. *A ética profissional e o Estatuto do Advogado*. São Paulo: LTr, 1984. *apud* STOCO, Rui. *Tratado de responsabilidade civil*. 6. ed. rev., atual. e ampl. São Paulo: Revista dos Tribunais, 2004.

STOCO, Rui. *Tratado de responsabilidade civil*. 6. ed. rev., atual. e ampl. São Paulo: Revista dos Tribunais, 2004.

VEDEL, George e P. DEVOLVE. *Droit administratif*. 9. ed. Paris: Presses Universitaires de France, 1984 *apud* STOCO, Rui. *Tratado de responsabilidade civil*. 6. ed. rev., atual. e ampl. São Paulo: Revista dos Tribunais, 2004.

VENOSA, Silvio de Savo. *Direito Civil*: responsabilidade civil. 3. ed. São Paulo: Atlas, 2003, v. 4.

_____. *Direito civil*: Teoria das obrigações e teoria dos contratos. 6. ed. São Paulo: Atlas, 2006, v. 2.

INCLUSÃO E RESPONSABILIDADE SOCIAL NOS DIREITOS CONSTITUCIONAIS TRABALHISTAS

Mara Darcanchy

Doutora e Mestre em Direito das Relações Sociais pela Pontifícia Universidade Católica de São Paulo — PUC/SP. Pós-Graduada em Direito do Trabalho — USP. Especialista em Didática do Ensino Superior. Graduada em Direito e em Letras. Avaliadora e Supervisora Institucional e de Cursos Superiores presenciais e a distância do Ministério da Educação/Instituto Nacional de Estudos e Pesquisas Educacionais Anísio Teixeira — MEC/Inep — Brasília/DF. Jurista com ênfase na área de Direito do Trabalho e de Direito Internacional do Trabalho. Pesquisadora Científica. Líder de Grupos de Pesquisa certificados no Diretório de Grupos de Pesquisa do Conselho Nacional de Desenvolvimento Científico e Tecnológico — CNPq. Conferencista. Professora Universitária de Pós-Graduação e Graduação. Autora e Coordenadora de Obras Jurídicas, já traduzidas em vários idiomas; Colaboradora de Revistas Científicas; Integrante do Corpo de Pareceristas e do Conselho Editorial de Revistas Jurídicas; Avaliadora *ad hoc* de Periódicos Jurídicos e de Eventos Científicos. Consultora Acadêmica; Consultora Jurídica. Professora Titular na Graduação e na Pós-Graduação. Coordenadora de Projetos de Pesquisa e de Projetos de Extensão e Membro de Conselhos Acadêmicos Superiores de IES. Membro da Academia Brasileira de Direito Internacional — ABDI. Membro do Conselho Nacional de Pesquisa e Pós-Graduação em Direito — CONPEDI. Membro da Associação Brasileira de Ensino do Direito e Membro Fundador da ABEDI Regional São Paulo. Parecerista Nacional e Internacional. Advogada associada.

José Cabral da Silva Dias

Pós-Graduado em Direito Tributário pela Pontifícia Universidade Católica de Campinas — PUC Campinas. Atualmente, exerce o cargo de Diretor-Geral da Faculdade de São Roque, Grupo Educacional Uniesp. Tem grande experiência no contencioso e na área de Direito Público Municipal. Exerceu o cargo de Diretor-Geral da Câmara Municipal de Sorocaba. Professor de Direito Constitucional na Faculdade de São Roque — Grupo Educacional Uniesp. Advogado militante na área cível e empresarial.

Inclusão e Responsabilidade Social nos Direitos Constitucionais Trabalhistas

INTRODUÇÃO

A revolução tecnológica tem propiciado profundas mudanças na sociedade, a começar pelos grandes paradigmas sobre o papel e a função da empresa no mundo capitalista. A tecnologia da informação é, em grande medida, a responsável por um salto de qualidade nos modos de produção, que promovem uma rápida substituição do trabalho humano, afetando, desta forma, todas as relações humanas. Em pouco mais de duzentos anos, a sociedade ocidental produziu um modo de vida que abraçou todas as instituições sociais, contudo, as mudanças no campo material e mesmo espirituais afetam sobremaneira as empresas, que devem atualizar suas concepções a respeito de sua atuação no campo social.

A sociedade moderna tem dado mostras de que é preciso novos padrões de relacionamento entre a empresa e a coletividade, uma vez que as demandas sociais impingem uma consciência mais desenvolvida, em torno de temas e problemas como a exploração do trabalho infantil, a questão ambiental e a relação das empresas com o meio ambiente, além de aproximações significativas em relação a contingentes que sofrem discriminação racial, social etc., bem como ações afirmativas no sentido de fortalecer o corpo social.

Este artigo apresenta uma reflexão acerca da importância da responsabilidade social das empresas, notadamente no que tange às demandas e exigências de uma sociedade civil que atua no sentido de promover a cidadania.

Entretanto, o quadro atual, sem precedentes na história da humanidade, de tamanha integração cultural e econômica entre os povos, ao mesmo tempo em que propicia inúmeras facilidades para a sociedade como um todo, traz para o mundo das relações trabalhistas uma nova questão social — resultante da extinção de postos de trabalho nos mais diversos setores — com elevados índices de desemprego e uma crescente exclusão social.

Contingente de excluídos que tem assumido proporções assustadoras, mesmo nos países de economia mais estável, com o trabalho humano tornando-se a cada dia menos necessário e os níveis de competitividade aumentando as dificuldades de inserção no processo de globalização.

O que dizer então da nossa realidade, de desigualdades sociais tão flagrantes, num mercado sem condições de absorver toda mão de obra disponível, em sua maioria totalmente despreparada para um mercado de trabalho mais seletivo e alheia aos interesses que a mantém assim...

Apresenta-se uma reflexão acerca da importância da responsabilidade social das empresas no âmbito nacional, notadamente no que tange aos aspectos relativos às mudanças significativas no atual contexto da produção material, bem como no que se refere às demandas e exigências de uma sociedade civil que atua no sentido de promover a cidadania em todos os níveis institucionais, inclusive as relações da empresa com a coletividade, o seu meio e as ações afirmativas no sentido de aproximar a empresa da coletividade, tendo como elemento fundamental a comunicação racionalizada para dialogar com a sociedade.

É neste sentido que este artigo procura traçar uma trajetória histórica a respeito da responsabilidade da empresa, tendo como inspiração inicial o pensamento liberal inglês que se mostra coerente com o propósito da empresa capitalista. Procura apresentar as mudanças sociais provocadas pela revolução tecnológica que propiciam transformações no modo da empresa atuar socialmente, também através de uma reflexão sobre os aspectos mais importantes quanto à responsabilidade no que tange à comunicação social e em que medida a empresa é compelida a considerar a comunicação como elemento imprescindível para a construção de relações com a coletividade. E, especialmente, o interesse deste artigo também recai sobre as práticas mais recentes das empresas a respeito da responsabilidade social e uma abordagem dos aspectos mais significativos constantes da Constituição Federal.

O presente estudo, por claras razões, não pretende esgotar o assunto, contudo, ao tratar de um problema que envolve todos, direta ou indiretamente, tenta despertar a elite cultural presente na comunidade universitária, para a busca de soluções, uma vez que o futuro da Nação está em suas mãos, visto que as outras elites (política e econômica) preferem evitar mudanças que possam contrariar seus interesses.

1. DA RESPONSABILIDADE SOCIAL EMPRESARIAL

Numa visão juslaborista, este estudo evidencia a importância de se produzir leis ou adaptar as existentes à realidade das micro e pequenas empresas, responsáveis por uma elevada e crescente parcela de trabalhadores brasileiros; apresenta também algumas experiências verificadas no direito comparado com a utilização de várias modalidades contratuais, mais maleáveis e menos onerosas, como uma das tendências da flexibilização trabalhista; bem como o total descompasso em que se encontra a nossa legislação, visto que não se pode prescindir da relevância atribuída a todas as tentativas de adaptação das relações jurídicas à conjuntura econômica.

1.1. A responsabilidade das micro e pequenas empresas

As microempresas (ME) e as empresas de pequeno porte (EPP), em nosso país, têm sua origem, via de regra, em trabalhadores excluídos do mercado de trabalho, que entram no setor de serviços ou de produção em pequena escala com mínima tecnologia e pouca formalidade de atividades administrativas.

Essas empresas representam, em última análise, pequenos capitais responsáveis pelo aproveitamento de uma considerável parcela de mão de obra. Parcela que poderia ser em número bem maior, se, conforme o principal fim objetivado pela nova lei, qual seja, de combate ao desemprego, houvesse um tratamento diferenciado aos empregados de empresas de menor porte, com normas trabalhistas mais simplificadas, que pudessem favorecer melhor utilização dos contratos a prazo.

Toda a sociedade é regulada por códigos de ética. Todos os grupos sociais são pautados pela ética, seja essa de um compromisso apenas voltado para o grupo ou no sentido de sua universalização. A ética diz respeito a um conjunto de conceitos acerca das ações dos indivíduos e das instituições, entre si e entre os próprios indivíduos.

As regras sociais da empresa focam-se para o interno dos procedimentos, no entanto, cada vez mais, a sociedade cobra das empresas um posicionamento ético e politicamente correto.

A empresa brasileira, no tocante a uma estratégia de relacionamento com a sociedade, seus consumidores e outras instituições, tem revelado mudanças importantes que não dizem respeito apenas ao seu público interno.

As empresas vivem na comunidade e não necessariamente da comunidade, esta afirmação é um elemento constatável que leva as empresas a um posicionamento sobre os problemas sociais que atingem o meio. De modo progressivo, as empresas compreendem seu papel social, como função reguladora de equilíbrio, uma vez que em grande parte os processos produtivos se modernizam rapidamente, exigindo novos patamares de preparação dos que ingressam no mercado de trabalho e, por conseguinte, estimulam um novo padrão de profissionais, que se tornam mais críticos, mais conscientes do seu papel social com maior criatividade.

2. NORMAS TRABALHISTAS RESPONSABILIZADORAS

O nosso obsoleto sistema de produção de normas que somente estabelece diversidade de tratamento entre as pequenas e grandes empresas na área fiscal, sem considerar suas enormes desigualdades no que diz respeito às exigências trabalhistas, deve ser amplamente revisto.

Nada justifica a utópica visão de que todos os trabalhadores têm os mesmos interesses e necessidades num mercado de trabalho tão heterogêneo. Não é aceitável que uma empresa de poucos empregados e pequena renda bruta anual tenha as mesmas regras trabalhistas de uma empresa de grande porte, cuja possibilidade de assimilação de custos e consequente condição de competitividade no mercado são extremamente superiores.

Ademais, não se pode olvidar também que, independentemente do tamanho das respectivas empresas, tudo que é firmado através de acordo coletivo, convenção coletiva e em sede de dissídio coletivo tem força abrangente de toda categoria funcional e econômica da base territorial.

Em face disto, a legislação trabalhista deve tornar-se mais dispositiva e menos imperativa, com medidas mais flexíveis como a retipificação do contrato de trabalho, sobretudo com novas modalidades de contratos a prazo, que poderão amenizar os efeitos negativos da presente crise, uma vez que *"há que ser avaliada a necessidade de se promover o emprego ou, menos ambiciosamente, repartir melhor o emprego disponível"*.[1]

3. A RESPONSABILIDADE E A INCLUSÃO SOCIAL

Essas novas características fazem com que as empresas, em particular as indústrias, percebam seu papel no contexto social, abrindo-se para novas demandas sociais, como o conceito atual de inclusão. Em virtude das mudanças na concepção social da participação das minorias, a questão da inclusão social assume a centralidade na sociedade.

A inclusão deixou de ser um termo apenas compreendido no campo do silogismo e no campo matemático para se tornar um conceito extremamente latente na atualidade, pois um novo contexto social impingiu ao conjunto da sociedade a necessidade de promover ações afirmativas no sentido de proteger contingentes sociais que, de alguma forma, estão em condições de empobrecimento, de indigência ou em situações discriminatórias.

Porém, historicamente, a necessidade de desenvolver políticas inclusivas tem como princípio todas as formas e processos de exclusão social. É, por conseguinte, a partir das várias formas de exclusão social que a sociedade se organiza com o intuito de erradicá-las na sua origem ou, de outro modo, reduzi-las a condições satisfatórias.

Dessa forma, é preciso reconhecer que não há sociedade alguma na história humana que não tenha algum tipo de exclusão. Isto, em outras palavras, indica que toda sociedade baseada em contratos sociais estabelece aspectos que são, em sua essência, inclusivos e outros excludentes. No entanto, certos princípios de exclusão são aceitos dentro da conformidade geral da sociedade. O que parece marcar de forma negativa o termo da exclusão é o fato de que, em grande medida, revela uma prática de discriminação intolerável que alija radicalmente indivíduos do convívio

---

(1) ROBORTELLA, Luiz C. A. *O moderno Direito do Trabalho*. São Paulo: LTr, 1994. p. 78.

social, que limita suas ações, impede contingentes sociais inteiros de terem acesso aos bens produzidos em coletividade.

Assim, a exclusão social não se dá apenas no campo econômico, porém revela-se extremamente nociva em todas as áreas das relações sociais: no campo político, nas relações humanas, nas empresas, entre grupos étnicos, entre religiões, entre pessoas de opções sexuais diferentes, entre gêneros etc.

Dentre as várias formas de exclusão, as que dizem respeito ao corpo são latentes por um lado e escamoteadas por outro. Pessoas portadoras de deficiências de toda ordem são tratadas de modo a que sejam excluídas não de forma deliberada, mas dentro de procedimentos velados.

A sociedade contemporânea tornou-se imensamente complexa em todos os seus sentidos, e o contexto atual é de grande fragmentação social, que demonstra uma força renovada de diferentes identidades, de culturas que estiveram submetidas aos grandes sistemas. Mas, por outro lado, os bens, tanto materiais como espirituais, produzidos pela sociedade moderna não são distribuídos equitativamente entre seus próprios membros. Isso demonstra grandes injustiças que também se colocam no campo da exclusão social.

Com isso, a cada dia mais, mesmo reconhecendo a fragilidade do modelo social ora vigente, faz-se necessária a inclusão desses contingentes no conjunto do seio da sociedade. Por isso, os chamados excluídos socialmente têm na cidadania uma referência estratégica e também um novo paradigma, pois remete o conceito a uma perspectiva de direitos iguais, possibilitando a reflexão a respeito dos novos fundamentos de uma sociedade que emerge em consequência da mudança e da crise, partindo da constatação de que há diferenças que devem ser respeitadas e até mantidas, numa condição civilizatória, como um marco a ser alcançado a partir do reconhecimento dos direitos à própria existência.

4. DO DIREITO BRASILEIRO E COMPARADO

Em nosso ordenamento, a flexibilização dos direitos laboristas encontra precedentes na Constituição Federal, que dispõe, em seu capítulo sobre os direitos sociais, inciso VI do art. 7º, ser o salário irredutível, "salvo o disposto em convenção ou acordo coletivo", e no inciso XIV prevê a jornada de seis horas para o trabalho realizado em turnos ininterruptos, *"salvo negociação coletiva."*

Há também que se incentivar a criação de empresas de menor porte, através de medidas que lhes propiciem melhores condições de existência, em virtude da situação econômica mundial. Incentivo que é fundamental, levando-se em conta a busca de novas opções de produção e trabalho para a manutenção da qualidade de vida e do bem-estar social.

Diante da crescente problemática em que os atores sociais buscam soluções para os novos ciclos evolutivos, verificou-se, na experiência de outros países, as vantagens da utilização de várias modalidades de contrato de trabalho mais maleáveis e menos onerosas.

Com efeito, a celebração de vários tipos contratuais a prazo determinado tem constituído ideia dominante, que, sob certas condições, este tipo de contrato pode servir de instrumento de fomento ao emprego, devendo proporcionar o ajuste de condições de trabalho às novas tendências, expandindo, assim, a tese da modernização do Direito do Trabalho.

Inquestionavelmente, a tendência internacional é a da partilha do trabalho disponível, através da redução da jornada e da precarização do emprego, com os contratos atípicos a tempo parcial e a prazo determinado. A multiplicação de contratos atípicos gera mais ocupações, embora precárias, porque reduz o custo da mão de obra.

A Espanha, desde 1976, vem editando leis reguladoras de contratos temporários para fomento de emprego. Portugal, com o mesmo intuito, criou novas formas negociais, como a contratação de trabalhadores à procura de primeiro emprego ou de desempregados de longa duração, além de outras situações previstas em legislação especial de política de emprego.[2]

Na Argentina, foram criadas quatro novas figuras, o contrato como medida para o fomento do emprego, para o lançamento de uma nova atividade, para a prática aos jovens e para o trabalho-formação, todas mediante manifestação em negociações coletivas e com redução dos encargos sociais.[3]

CONSIDERAÇÕES FINAIS

Há ainda, obviamente, um longo caminho a percorrer, pois é preciso mobilizar não apenas as empresas, mas as entidades e associações a que pertencem e principalmente a sociedade como um todo, através de, entre outras iniciativas, a criação de foros apropriados para a discussão sobre a responsabilidade social na atual conjuntura do país.

Observa-se, de modo crescente, o engajamento de parte do empresariado na luta por melhores condições sociais, e testemunha-se, em muitas ocasiões, a atuação positiva de entidades em favor de causas comuns, que afetam direta ou indiretamente os interesses da cidadania brasileira.

Destaca-se, por outro lado, que em grande medida a ação social de muitas empresas está voltada para o seu público interno. Ações de caráter eminentemente formativo, de incentivo ao grupo de colaboradores, têm sido a marca de inúmeras empresas, visando oferecer melhores condições de acesso a bens e serviços sociais.

---

(2) Lei n. 38, de 31 de agosto de 1996.
(3) Lei Nacional de Empleo, arts. 46 a 65.

Mas o propósito da responsabilidade social é de articular ações que visem não somente uma aproximação entre empresa e coletividade, mas, em maior medida, engajar objetivamente a empresa no âmbito de sua responsabilidade, que em última instância, é um elemento constitutivo dos primeiros pensamentos liberais que inspiraram a livre-iniciativa e o capitalismo de empresa.

Para tanto, a comunidade tem um papel que não pode ser passivo nesse processo de responsabilidade social. Ela deve ser encarada como parceira e não simplesmente como receptora de ações que convalidem suas necessidades, como se fosse uma ação social caritativa. Nesse sentido, a empresa tem de assumir compromissos conjuntos com a coletividade, seja no âmbito local, regional ou abrangente, do ponto de vista institucional.

Contudo, a empresa não poderá jamais substituir as funções que são precípuas do Estado em quaisquer circunstâncias. O Estado pode promover parcerias com a empresa privada — e o tem feito em escala crescente — no entanto, a relação da empresa com a coletividade é de natureza colaborativa, com o objetivo de ampliar possibilidades, oferecer condições de acesso a bens e serviços, discutir de modo a contribuir para o fortalecimento da sociedade civil.

Muitas vezes, a ação social da empresa pode resvalar em um comodismo por parte da comunidade e, de outro lado, fortalecer as relações de dependência social, não possibilitando o amadurecimento das relações sociais. Isto pode significar um paternalismo que não produz efeitos positivos de emancipação social, ao contrário, oferece condições para manter um círculo vicioso que não contribui para o desenvolvimento das partes.

A função da legislação é dar amparo aos cidadãos e às instituições que compõem o espectro social. Faz-se necessário, desta forma, a promoção de uma abertura no campo da reflexão jurídica e ética para que os empresários se sintam fortalecidos e incentivados. Cabe, então, ao direito oferecer instrumentos para que a empresa disponha de condições para assumir sua responsabilidade social e promover ações que além de promoções para a empresa se revertam em contribuições efetivas no âmbito social.

Como se vê, tão distante da maturidade em matéria de justiça social quanto da noção de justiça distributiva, essencial ao Direito do Trabalho, nosso país revela-se ainda muito desajustado à nova realidade.

Sabe-se que o surgimento de novos empregos — diretamente ligado a fatores econômicos — não irá depender de uma legislação trabalhista ou de qualquer outra.

Obviamente, não se criam empregos por leis ou por decretos.

Todavia, em busca de soluções que poderão amenizar os efeitos da presente crise através de medidas próprias de sua área específica, a legislação trabalhista deve apresentar a sua parcela de contribuição, tornando-se mais flexível, tendo em vista que, embora as expectativas da flexibilização não se tenham cumprido integralmente, os problemas sociais seriam mais graves na sua falta.

REFERÊNCIAS BIBLIOGRÁFICAS

ANDRADE, Everaldo Gaspar Lopes de. A nova reforma laboral espanhola, em busca de um novo conceito de pleno emprego. *Suplemento Trabalhista LTr,* 1997, n. 131.

COUTINHO, Aldacy Rachid. Contrato de trabalho por prazo determinado. In: *Direito do Trabalho — Estudos.* São Paulo: LTr, 1997.

DARCANCHY, Mara (Coord.). *Responsabilidade social nas relações laborais.* São Paulo, LTr, 2007.

DE MASI, Domenico. *A sociedade pós-industrial.* São Paulo: Editora SENAC, 1999.

GRAJEW, Oded. O que é responsabilidade social. In: *Mercado Global.* São Paulo. Ano 27, n. 07, junho/2000.

HENDERSON, Hezel. *Além da globalização:* modelando uma economia global sustentável. Tradução de Maria José Scarpa, São Paulo: Editora Cultrix, 2003.

LAVOR, Francisco Osani de. Perspectivas das relações individuais e coletivas de trabalho na sociedade globalizada. *Suplemento Trabalhista LTr,* 1998, n. 02.

NASCIMENTO, Amauri Mascaro. *Curso de Direito do trabalho.* 26. ed. rev. atual., São Paulo: Saraiva, 2011.

PASTORE, José. *Flexibilização dos mercados de trabalho e contratação coletiva.* São Paulo: LTr, 1994.

RAYMOND, Aron. A sociedade industrial. In: FORACCHI, Marialice Mencarini, Martins, José de Souza. *Sociologia e sociedade* (leituras de introdução à sociologia). Rio de Janeiro: Livros Técnicos e Científicos Editora S.A., 2002.

ROBORTELLA, Luiz Carlos. *O moderno Direito do trabalho.* São Paulo: LTr, 1994. p. 78.

SOUZA, Herbert de; RODRIGUES, Carla. *Ética e cidadania.* São Paulo: Moderna, 1994.

TOFFLER, Alvin. *A terceira onda.* 18. ed., Trad. de João Távora, Rio de Janeiro: Record, 1992.

VATTIMO, Gianni. *A sociedade transparente.* Biblioteca de filosofia contemporânea. Tradução de Carlos Aboim de Brito. Lisboa: Edições 70, 1989.

O FORTALECIMENTO DA AÇÃO DO ESTADO POR INTERMÉDIO DAS AGÊNCIAS REGULADORAS NO DIREITO BRASILEIRO

Masako Shirai
Doutora e Mestre em Direito do Estado pela Pontifícia Universidade Católica de São Paulo — PUC/SP. Professora Universitária. Advogada. Conciliadora e Mediadora no Poder Judiciário. Servidora pública aposentada pelo Tribunal de Contas do Estado de São Paulo. Membro da Comissão de Ensino Jurídico e Comissão de Exame de Ordem da OAB/SP.

O Fortalecimento da Ação do Estado por Intermédio das Agências Reguladoras no Direito Brasileiro

CONSIDERAÇÕES PRELIMINARES

A atividade de regulação surge no Estado como "uma das formas de atuação pública na economia, alternativa da intervenção propriamente dita, modificando a ideia de Estado Liberal. Nestes termos, Bresser Pereira[1] explica que:

> Reforma Gerencial de 1995 foi definida no *Plano Diretor do Aparelho de Estado* (1995). Nesse documento, após constatar a ineficiência do serviço público existente no Brasil, desenvolve-se um quadro teórico para a reforma, inspirado nas reformas gerenciais que estão sendo implementadas desde a década de 80 em certos países da OCDE,[2] e particularmente na Grã-Bretanha. A reforma envolve: a) a descentralização dos serviços sociais para estados e municípios; b) a delimitação mais precisa da área de atuação do Estado, estabelecendo-se uma distinção entre as atividades exclusivas que envolvem o poder do Estado e devem permanecer no seu âmbito, as atividades sociais e científicas que não lhe pertencem e devem ser transferidas para o setor público não estatal, e a produção de bens e serviços para o mercado; c) a distinção entre as atividades do núcleo estratégico, que devem ser efetuadas por políticos e altos funcionários, e as atividades de serviços, que podem ser objeto de contratação externas; d) a separação entre a formulação de políticas e sua execução; e) maior autonomia para as atividades executivas exclusivas do Estado que adotarão a forma de "agências executivas";

---

(1) BRESSER PEREIRA, Luiz Carlos. *Reflexões sobre a Reforma Gerencial Brasileira de 1995*, São Paulo: Revista do Serviço Público, 50(4), 1999. p. 5-30.
(2) OCDE — Organização para Cooperação e Desenvolvimento Econômico, criada em 30.9.1961, sucedendo a Organização para a Cooperação Econômica Europeia, com sede no Château de la Muette, em Paris, na França, também chamada de "Grupo dos Ricos", pois seus membros são economias de alta renda com um alto índice de Desenvolvimento Humano e são considerados países desenvolvidos.

f) maior autonomia ainda para os serviços sociais e científicos que o Estado presta, que deverão ser transferidos para (na prática, transformados em) "organizações sociais", isto é, um tipo particular de organização pública não estatal, sem fins lucrativos, contemplada no orçamento do Estado (como no caso de hospitais, universidades, escolas, centros de pesquisa, museus etc.);
g) assegurar a responsabilização (*accountability*) através da administração por objetivos, da criação de quase-mercados, e de vários mecanismos de democracia direta ou de controle social, combinados com o aumento da transparência no serviço público, reduzindo-se concomitantemente o papel da definição detalhada de procedimentos e da auditoria ou do controle interno — os controles clássicos da administração burocrática —, que devem ter um peso menor.

Destarte, da Reforma Administrativa, através de Emenda Constitucional, foi criado em nosso ordenamento jurídico o instituto de Agências Reguladoras, que representa significativa inovação, apta a fortalecer e qualificar a intervenção do Estado.[3]

Explica Marques Neto[4] que:

> (...) a atividade estatal de regulação não deixa de ser uma forma de intervenção na economia. Porém uma forma de intervenção que, nos seus pressupostos, objetivos e instrumentos diferem substancialmente da intervenção direta no domínio econômico.[5] Difere nos seus pressupostos, porque a intervenção regulatória é muito mais pautada pelo caráter de mediação do que pela imposição de objetivos e comportamentos ditada pela autoridade. Difere dos seus objetivos porque, contrariamente ao que ocorre na intervenção estatal direta, os objetivos se deslocam dos interesses do Estado-nação e passam a se identificar mais com os interesses da sociedade (tanto os interesses dos cidadãos — consumidores efetivos ou potenciais de bens econômicos — quanto os interesses subjacentes às relações econômicas). Difere nos instrumentos porque a regulação vai demandar a construção de mecanismos de intervenção estatal que permitam efetivar essa nova forma de relacionamento com os agentes econômicos.

A regulação visa à correção das deficiências do mercado, por meio de edição de regras (de direito) ou pela instituição de autoridades de fiscalização.[6]

---

(3) MARQUES NETO, Floriano de Azevedo e FERNANDES, Luis Justiniano de Arantes. As Agências Reguladoras no Direito Positivo Brasileiro. In: *Curso de Direito Administrativo Econômico III*, org. CARDOZO, QUEIROZ e SANTOS, São Paulo: Malheiros, 2006. p. 298.
(4) MARQUES NETO, Floriano de Azevedo. *Agências Reguladoras*: instrumentos do fortalecimento do Estado, de avulso publicado pela Associação Brasileira das Agências Reguladoras, p. 13.
(5) MARQUES NETO, Floriano de Azevedo. *Ibidem*, p. 13.
(6) JEAMMAUD, Antoine. In: *Direito Regulatório*: temas polêmicos, org. Maria Sylvia Zanella Di Pietro, Belo Horizonte: Fórum, 2003. p. 28.

1. SUPERAÇÃO DO MODELO BUROCRÁTICO COMO MEIO DE EFETIVAÇÃO DA DEMOCRACIA

Considera Diogo de Figueiredo Moreira Neto[7] que no

> Estado pós-moderno sobressai a **regulação** como um adequado exemplo do instrumento de gestão que surge auspiciosamente para o seu aperfeiçoamento, em sua versão hétero-regulatória, a ser desempenhada por instituições estatais **autônomas** dotadas de **diversificadas funções, apropriadamente articuladas**, tais como orientadoras, normativas, dialógicas, executivas e arbitrais.
>
> Essas qualidades, potenciadas pelo arsenal de funções de que efetivamente dispõem ou deveriam dispor os seus órgãos de atuação — as **agências reguladoras** —, para serem eficientes, tornam-se essenciais para gerar a necessária confiança institucional, cimento do progresso.
>
> É essa **confiança** que atrai os **investidores**, para negociar e contratar com o Estado, atividades cuja execução demanda agilidade, objetividade e comedimento de gastos, e que estimula os usuários ao exercício cívico do controle social.

2. AGÊNCIA REGULADORA: NATUREZA JURÍDICA

Justen Filho[8] ensina que:

> Natureza jurídica consiste em um dos instrumentos fundamentais através dos quais se desenvolve o pensamento jurídico. A atividade jurídica da doutrina, mas também dos demais operadores do Direito, produz o agrupamento dos diferentes fenômenos examinados em categorias. Isso significa a necessidade de identificar características de diferenças. Utiliza-se a expressão natureza jurídica para referir-se às qualidades relevantes apresentadas por um fenômeno examinado sob o enfoque jurídico, as quais são utilizadas como critério para classificação em gêneros, espécies e subespécies.

E quanto às Agências Reguladoras, prossegue Justen Filho:

> O tema da natureza jurídica das agências reguladoras apresenta uma originalidade muito relativa no âmbito do Direito pátrio, especificadamente em

---

(7) MOREIRA NETO, Diogo de Figueiredo. *A regulação como instrumento de fortalecimento do Estado*, em exposição apresentada ao Fórum da ABAR: Uma década de Regulação no Brasil, Rio de Janeiro, em 26 de novembro de 2007.

(8) JUSTEN FILHO, Marçal. *O Direito das Agências Reguladoras Independentes*, p. 380.

virtude da impossibilidade de comparação precisa e exata com o Direito estrangeiro. Talvez o tema da natureza envolva um dos aspectos em que as diferenças entre o sistema brasileiro e os estrangeiros mais se acentuam.

Nesse sentido, Aragão[9] informa que, "em nosso Direito, todas as agências reguladoras foram qualificadas institucionalmente por suas respectivas leis instituidoras como 'autarquias especiais'".

3. AUTARQUIAS

Autarquias são pessoas jurídicas de Direito Público de capacidade exclusivamente administrativa.

Assim define Bandeira de Mello,[10] desprezando o formulado no Decreto-Lei n. 200,[11] por não permitir ao intérprete identificar quando a figura legalmente instaurada tem ou não natureza autárquica,

(...) pois deixou de fazer menção ao único traço que interessaria referir: a personalidade de Direito Público. Exatamente por serem pessoas de Direito Público é que as autarquias podem ser titulares de interesses públicos, ao contrário de empresas públicas e sociedade de economia mista, as quais, sendo pessoas de Direito Privado, podem apenas receber qualificação para o exercício de atividades publicas; não, porém, para titularizar as atividades públicas.

Além disso, uma vez que a lei crie uma dada entidade autárquica, isto é, uma pessoa de Direito Público dotada de capacidade exclusivamente administrativa, o só fato de fazê-lo já implica, de *per si*, que a atividade que lhe seja cometida passe, *ipso facto*, a ser qualificada como típica da Administração Pública, e como tal terá de ser havida.

Sendo, como são, pessoas jurídicas, as autarquias gozam de liberdade administrativa nos limites da lei que as criou; *não são subordinadas* a órgão algum do Estado, mas apenas *controladas*. Constituindo-se em centros subjetivados de direitos e obrigações distintos do Estado, seus assuntos são assuntos

---

(9) ARAGÃO, Alexandre Santos de. *Agências reguladoras e a evolução do direito administrativo econômico*. p. 270.

(10) BANDEIRA DE MELLO, Celso Antonio. *Curso de Direito Administrativo*, p. 139.

(11) Decreto-Lei n. 200, de 25.2.1967, art. 5º. I — "Para os fins desta lei, considera-se Autarquia o serviço autônomo, criado por lei, com personalidade jurídica, patrimônio e receita próprios, para executar atividades típicas da administração pública, que requeiram, para seu melhor funcionamento, gestão administrativa e financeira descentralizada."

próprios; seus negócios, negócios próprios; seus recursos, não importa se oriundos de trespasse estatal ou hauridos como produto da atividade que lhes seja afeta, configuram recursos e patrimônios próprios, de tal sorte que desfrutam de "autonomia" financeira, tanto como administrativa; ou seja, suas gestões administrativa e financeira necessariamente são de suas próprias alçadas — logo, descentralizadas.

Maria Garcia[12] pontua:

Tem-se, portanto, instrumento apropriado para a atuação estatal flexibilizada, autônoma, eficiente, tendente a alcançar os fins do Estado — pela *longa manus* das autarquias, especificamente, além das outras pessoas jurídicas de natureza pública constitucionalmente previstas.

Questiona Maria Garcia:

Quais os problemas básicos das *autarquias*, no Brasil, em termos da consecução das suas finalidades, ou seja, dos fins para os quais foram criadas — no dizer de Oswaldo Aranha Bandeira de Mello: atendendo e somente atendendo "aos fins considerados públicos pelo Estado"?
Exatamente os problemas apontados com referência à Administração Pública nos países em desenvolvimento, no que sobressai sublinha, basicamente: de um lado, a sua direção atribuída em função de distribuição partidária, por influência de partidos políticos e não técnico-administrativa, como exige a sua finalidade, e preveem os próprios estatutos; de outro lado, a falta quase total de educação continuada e treinamento aos servidores que compõem os quadros de pessoal — o que resulta na falta quase total também de conscientização da sua importância na sociedade: os servidores *são* o Estado, no atendimento ao público.

Nesse diapasão, Venâncio Filho[13] afirma que:

(...) o funcionamento das autarquias, inclusive as de caráter econômico, confirma, no entanto, um processo de atrofiamento em virtude de irem perdendo, progressivamente, as características autônomas que apresentavam, para serem absorvidas pelo regime da administração direta do Estado. (...)

---

(12) GARCIA, Maria. As Agências Reguladoras e a Reforma do Estado. In: *Revista de Direito Constitucional e Internacional*, n. 40, São Paulo: Revista dos Tribunais, julho-setembro 2002. p. 122.
(13) VENANCIO FILHO, Alberto. In: ARAGÃO, Alexandre Santos de. *Agências Reguladoras e a Evolução do Direito Administrativo Econômico*, p. 272.

A deturpação dessa caracterização deu lugar ao fenômeno chamado, com felicidade, de 'desautarquização das autarquias'.

Também Andrade Azevedo[14] observou que:

(...) o controle finalístico das autarquias (controle de resultados) foi sendo substituído pelo controle dos meios de sua atuação (admissão de funcionários, folha salarial, licitações etc.), resultando no engessamento de suas atividades, de tal sorte que pouco se distinguiam as autarquias de um departamento de administração direta.

Conclui Aragão:[15]

Estes fatores foram a razão de todas as agências reguladoras terem sido legalmente qualificadas como "autarquias de regime especial".

4. AUTARQUIA ESPECIAL OU SOB REGIME ESPECIAL

A primeira vez que a expressão "autarquia de regime especial" foi utilizada pelo legislador ocorreu na Lei n. 5.540/68, em relação às universidades públicas. Aragão acrescenta que:

(...) em geral, a nomenclatura de "autarquia especial" remete a uma maior autonomia da autarquia, às vezes assegurada, como no caso das universidades, pela impossibilidade de exoneração *ad nutum* dos seus dirigentes. Em um sentido mais restrito, a denominação representaria apenas a existência de um regime jurídico próprio, especial, distinto daquele genérico previsto no Decreto-Lei n. 200/67.

Aragão frisa ainda que a mera expressão "autarquia de regime especial" não lhe confere maior grau de autonomia, mas, sim, do regime jurídico dado objetivamente pela lei instituidora da entidade, isso porque existem muitas autarquias nominadas de "regime especial" cuja autonomia nada tem de especial em relação às demais autarquias. Seria meramente formal, desvestido de maiores consequências práticas.

---

(14) ANDRADE AZEVEDO, Eurico de. In: ARAGÃO, Alexandre Santos de. *Agências Reguladoras e a Evolução do Direito Administrativo Econômico*, p. 272.
(15) ARAGÃO, Alexandre Santos de. *Agências Reguladoras e a Evolução do Direito Administrativo Econômico*, p. 272.

Desse modo, infere Aragão que as agências reguladoras são autarquias de regime especial tanto formal (as respectivas leis instituidoras as denominam como tal) como material (são asseguradas diversas prerrogativas que aumentam consideravelmente a sua autonomia em comparação com as das demais autarquias, em especial a vedação de exoneração *ad nutum* dos membros do seu colegiado dirigente, nomeados por prazo determinado).

E é nesta perspectiva que Moreira Neto[16] nota que:

> (...) a descentralização autárquica, depois de um certo declínio, ressurgiu restaurada, como a melhor solução encontrada para conciliar a atuação típica de Estado, no exercício de manifestações imperativas, de regulação e de controle, que demandam personalidade jurídica de direito público, com a flexibilidade negocial, que é proporcionada por uma ampliação da autonomia administrativa e financeira, pelo afastamento das burocracias típicas da administração direta e, sobretudo, como se exporá, pelo relativo isolamento de suas atividades administrativas em relação à arena político-partidária.

5. DISPOSIÇÕES UNIFORMES DAS AGÊNCIAS REGULADORAS

A Lei n. 9.986, de 18 de julho de 2000, apesar de dispor sobre a gestão de recursos humanos das agências reguladoras e dar outras providencias, é conhecida como "Lei das Agências", talvez por ser, dentre todas as características marcantes das agências reguladoras, a independência administrativa, a autonomia financeira, a ausência de vinculação hierárquica ao Ministério supervisor. É na estabilidade e no mandato fixo dos dirigentes previstos nos arts. 6º e 9º que se pode configurar como a distintiva, visto que as demais, em maior ou menor grau, são encontradas em qualquer outra autarquia.

A nomeação dos dirigentes pelo presidente da República (art. 5º) acompanhada de sabatina pelo Senado e a vedação para sua demissão *ad nutum* — imotivada — são, pois, os aspectos que possibilitam às agências reguladoras possível *status* de novidades institucionais no Estado brasileiro. A direção será por um colegiado: conselho diretor ou diretoria. Os conselheiros ou diretores serão brasileiros de reputação ilibada, formação universitária e elevado conceito no campo de especialidade dos cargos para os quais serão nomeados, pois a regulação seria desenvolvida pelos interessados, e não por técnicos equidistantes dos interesses. A Lei das Agências não fixa o numero de diretores, que varia de acordo com a lei específica de criação de cada órgão. Os dirigentes são indicados pelo Poder Executivo e submetidos a um processo de legitimação política, pelo Senado Federal, nos termos do art. 52, III, *f*, da CF, para, então, serem nomeados pelo presidente da República.

---

(16) MOREIRA NETO, Diogo de Figueiredo. In: ARAGÃO, Alexandre Santos de. *Agências Reguladoras e a Evolução do Direito Administrativo Econômico*, p. 274.

É facultada a previsão de instalação de Ouvidoria, e a lei de criação de cada Agência Reguladora definirá as atribuições do ouvidor, assegurando-lhe autonomia e independência de atuação e condição plena para o desempenho de suas atividades.

Em prestígio perante a autonomia das Agências Reguladoras, a Lei das Agências prevê que essas desenvolverão sistemas próprios de administração de recursos humanos, inclusive cadastro e pagamento; no entanto, estão obrigados a alimentação dos sistemas de informações mantidos pelo órgão central do Sistema de Pessoal Civil — SIPEC (art. 31).

Poderão também editar regulamentos próprios para aquisições de bens e contratações de serviços, os quais poderão ser nas modalidades de consulta e pregão. No entanto, nas contratações referentes a obras e serviços de engenharia, deverão observar as normas gerais de licitação e contratação para a Administração Pública (art. 37 e parágrafo único), além de sofrerem incidências de controles formais e materiais dos atos da Administração Publica, tais como a Lei n. 4.117/1965 (Ação Popular); a Lei n. 8.443/1993 (Tribunal de Contas da União), além de leis gerais como a Lei n. 9.784/1999 (Processos Administrativos) e a Lei n. 8.666/1993 (Licitações e Contratos).

Embora a qualificação das agências reguladoras como "independentes" tenha uso corrente, Aragão[17] destaca que é mais adequado se falar em autonomia do ente regulador, ou melhor, nas palavras do autor, "autonomia reforçada". Pode-se afirmar, dessa maneira, que todas as entidades da administração indireta possuem alguma autonomia, ainda que muitas vezes seja uma autonomia quase que apenas nominal.

Mas uma espécie de entidade da administração indireta — as agências reguladoras — cuja autonomia, se comparada com a das demais, é bem maior, já que as suas leis instituidoras fixam competências próprias e garantias para seu exercício de forma bem mais firme da que faz ordinariamente. Tal autonomia reforçada visa a "propiciar a persecução estável, mais técnica possível, das políticas públicas estabelecidas em lei; e com a sucessão de vários presidentes da República ao longo do tempo, também o pluralismo no colegiado estará assegurado".

Ramalho[18] analisa:

> A constatação da necessidade de autonomia para as agências reguladoras ocorreu, inicialmente, na experiência norte-americana. A partir de então foi desenvolvido o conceito de "captura", ou seja, a tendência apresentada pelos órgãos reguladores de responderem aos interesses das empresas prestadoras

---

(17) ARAGÃO, Alexandre dos Santos. Agências reguladoras e governança no Brasil. In: SALGADO, Lucia Helena; MOTTA, Ronaldo Seroa da (Ed.). *Marcos regulatórios no Brasil:* o que foi feito e o que falta fazer. Rio de Janeiro: Ipea, 2005b, p. 130.
(18) RAMALHO, Pedro Ivo Sebba. Regulação e agências reguladoras: reforma regulatória da década de 1990 e desenho institucional das agências no Brasil, In: RAMALHO, Pedro Ivo Sebba (org.). *Regulação e Agências Regulatórias:* governança e análise de impacto regulatório. p. 133.

de serviços públicos. Salgado e Motta lembram que "a origem da ideia de que a regulação econômica deve ser exercida por agências com autonomia técnica e decisória reside na preocupação com o problema da captura".

6. A INDEPENDÊNCIA TÉCNICA DAS AGÊNCIAS REGULADORAS

Às Agências é atribuída independência técnica, porque é preciso que a Agência Reguladora seja dotada de capacidade para acompanhar o mercado, cuja velocidade de funcionamento exige que a estrutura administrativa que se dedica a fiscalizá-lo e orientá-lo seja a mais ágil possível, sob pena de ser ineficiente e não justificar sua existência.

A peculiaridade está, portanto, na independência. A ideia de "independência" não quer dizer que a agência é hermética ao controle do Executivo, do Legislativo ou do Judiciário, mas, sim, que ela tem imunidade em relação à interferência de critérios políticos na produção das suas manifestações de vontade. A independência é técnica no sentido de que as autoridades políticas não devem interferir no normal funcionamento da agência. Para preservar essa independência é que se previu uma direção colegiada, e não uma autoridade singular. Com isso, reduz-se o impacto de pressões sobre a autoridade com poder decisório em segmentos que envolvem grandes quantidades de pessoas, empresas e recursos.

7. A INDEPENDÊNCIA DECISÓRIA DAS AGÊNCIAS REGULADORAS

A independência decisória das agências, sustentam Oliveira, Fujiwara e Machado, é fruto da independência financeira, estrutural e funcional. Tais características são importantes para "a adoção de soluções técnicas, e não políticas, como frequentemente ocorre com os ministérios e órgãos a eles subordinados". Essa separação entre o técnico e o político redundaria na atribuição de *status* de órgãos de Estado às agências.

Vale ressaltar, entretanto, que a independência dos reguladores pode-se configurar como o insulamento desse corpo técnico frente ao setor regulado e ao próprio governo. Oliveira, Fujiwara e Machado defendem que a agência reguladora ideal deveria ser dotada de independência, "exigindo uma mudança da cultura de centralização administrativa que prevalece no país desde os gabinetes do Império".

Dessa forma, os autores concluem que, em se tratando das agências reguladoras, "a independência permite insular as instâncias de decisão técnica das pressões políticas de toda ordem". Apesar de sua maior independência, Wald e Moraes ressaltam que as agências reguladoras são submetidas ao poder de supervisão e tutela do Poder Executivo, pois, na qualidade de pessoas jurídicas de direito público, configuram-se como autênticas autarquias, encontrando-se invariavelmente vinculadas a algum ministério ou secretaria. Apesar disso, o termo "supervisão" não agrada aos dirigentes das agências, que em geral o identificam com a ideia de controle, considerando seu exercício como rompimento da autonomia das agências. A supervisão ministerial está prevista — e ainda em vigor — desde a edição do Decreto-Lei n. 200, em 25 de fevereiro de 1967.

8. A INDEPENDÊNCIA PARA A COMPOSIÇÃO DAS AGÊNCIAS REGULADORAS

Fundamental ainda a independência relacionada ao critério de composição do colegiado. A agência é composta de autoridades escolhidas dentre pessoas com notório saber no segmento regulado, exatamente para se buscar o insumo técnico de orientação de suas atividades. Uma vez indicadas pelo Poder Executivo, são submetidas ao controle parlamentar num processo de legitimação política, para então serem nomeadas. Os agentes reguladores são apenas estruturas para proteger a função contra a indevida interferência política na prática de atos administrativos, submetidos ao dever de motivação técnica resultante de ponderação entre custos e benefícios. Como tais, submetem-se ao controle posterior da Administração Pública.

O ponto particular e polêmico está no período de vinculação às funções. A nomeação do colegiado dá-se para o cumprimento de mandatos fixos e não coincide com o mandato político de quem nomeia, de modo a não encetarem todas ao mesmo tempo e serem nomeadas pela mesma autoridade política. A ideia é preservar a independência pela via da não vinculação ao mandato político.

É igualmente importante a competência normativa. As Agências não recebem competência para produção autônoma, seja de normas gerais, seja de normas individuais e concretas, mas, sim, a aplicação de norma concreta produzida pela agência não se traduz em uma inovação original na ordem jurídica, porém no reflexo à solução prevista em normas gerais de hierarquia legislativa ou regulamentar.

Figueiredo[19] explica que a função normativa das agências reguladoras é de categoria *derivada* e *complementar*, pois:

> Desse modo, os órgãos reguladores no Brasil somente podem editar normas jurídicas delimitadas pelo espaço entre a Constituição e a lei. Dizendo de outra forma: entendido que aludidos órgãos desempenham poderes administrativos (função administrativa), somente podem gerar normatividade secundária, complementar, o que, em essência, amolda-se a noção corrente de capacidade regulamentar, e, conclui Figueiredo,[20] é certo que as agências ou os órgãos reguladores somente podem produzir normas jurídicas (Direito), normatividade, no exercício de função administrativa, tal como compreendida na doutrina tradicional.

---

(19) FIGUEIREDO, Marcelo. *As Agências Reguladodras:* O Estado Democrático de Direito no Brasil e sua Atividade Normativa, São Paulo: Malheiros, 2005. p. 273.

(20) FIGUEIREDO, Marcelo. *As Agências Reguladoras:* O Estado Democrático de Direito no Brasil e sua Atividade Normativa, *op. cit.,* p. 273.

CONSIDERAÇÕES FINAIS

Bresser Pereira,[21] quando da proposta de reforma do aparelho do Estado, partiu da existência de quatro setores dentro do Estado: 1) o núcleo estratégico do Estado; 2) as atividades exclusivas do Estado; 3) os serviços não exclusivos ou competitivos; e 4) a produção de bens e serviços para o mercado.

No núcleo estratégico são definidas as leis e políticas públicas. É um setor relativamente pequeno, formado no Brasil, em âmbito federal, pelo presidente da República, pelos ministros de Estado e pela cúpula dos Ministérios, responsáveis pela definição das políticas públicas, pelos tribunais federais encabeçados pelo Supremo Tribunal Federal e pelo Ministério Público. Em âmbito estadual e municipal existem núcleos estratégicos.

As atividades exclusivas do Estado são aquelas em que o "poder de Estado", ou seja, o poder de legislar e tributar, é exercido. Inclui a polícia, as forças armadas, os órgãos de fiscalização e de regulamentação e os órgãos responsáveis pelas transferências de recursos, como o Sistema Unificado de Saúde, o sistema de auxílio-desemprego etc.

Os serviços não exclusivos ou competitivos do Estado são aqueles que, embora não envolvam poder do Estado, o Estado realiza e/ou subsidia porque os considera de alta relevância para os direitos humanos, ou porque envolvem economias externa, não podendo ser adequadamente recompensados no mercado através da cobrança dos serviços.

Finalmente, a produção de bens e serviços para o mercado é realizada pelo Estado por intermédio das empresas de economia mista, que operam em setores de serviços públicos e/ou em setores considerados estratégicos.

Em cada um desses setores será necessário considerar 1) qual o tipo de propriedade e 2) qual o tipo de administração pública mais adequado.

No núcleo estratégico e nas atividades exclusivas do Estado, a propriedade deverá ser, por definição, estatal. O núcleo estratégico usará, além dos instrumentos tradicionais — aprovação de leis (Congresso), definição de políticas públicas (Presidência e cúpula dos Ministérios) e emissão de sentenças e acórdãos (Poder Judiciário) — de um novo instrumento, que só recentemente vem sendo utilizado pela administração pública: o contrato de gestão. Através do contrato de gestão o núcleo estratégico definirá os objetivos das entidades executoras do Estado e os respectivos indicadores de desempenho, e garantirá a essas entidades os meios humanos, materiais e financeiros para sua consecução. As entidades executoras serão,

---

(21) BRESSER PEREIRA, Luiz Carlos. *Da Administração Pública Burocrática à Gerencial*. São Paulo: Revista do Serviço Público, 47(1) janeiro-abril, 1996. p. 18.

respectivamente, as "agências autônomas", no setor das atividades exclusivas de Estado, e as "organizações sociais" no setor dos serviços não exclusivos de Estado.

As atividades exclusivas de Estado deverão será em princípio, organizadas através do sistema de "agências autônomas". Uma agência autônoma deverá ter um dirigente nomeado pelo ministro, com o qual será negociado o contrato de gestão. Uma vez estabelecidos os objetivos indicadores de desempenho não apenas qualitativos, mas também quantitativos, o dirigente terá ampla liberdade para gerir o orçamento global recebido; poderá administrar seus funcionários com autonomia no que diz respeito à admissão, à demissão e ao pagamento e poderá realizar compras apenas obedecendo aos princípios gerais de licitação.

No outro extremo, no setor de bens e serviços para o mercado, a produção deverá ser em princípio realizada pelo setor privado. Daí o programa de privatização em curso. Pressupõe-se que as empresas serão mais eficientes se forem controladas pelo mercado e administradas privadamente. Daí deriva o princípio da subsidiariedade: só deve ser estatal a atividade que não puder ser controlada pelo mercado. Além disso, a crise fiscal do Estado retirou-lhe capacidade de realizar poupança forçada e investir nas empresas estatais, tornando-se aconselhável privatizá-las. Essa política está de acordo com a concepção de que o Estado moderno, que prevalecerá no século XXI, deverá ser um Estado regulador e transferidor de recursos, e não um Estado executor. As empresas podem, em princípio, ser controladas pelo mercado, no qual prevalece o princípio da troca. O princípio da transferência, que rege o Estado, não se aplica a elas; por isso é devido ao princípio da subsidiariedade que as empresas devem ser privadas.

Esse princípio não é absolutamente claro no caso dos monopólios naturais, em que o mercado não tem condições de funcionar; nesse caso, a privatização deverá ser acompanhada de um processo criterioso de regulação de preços e qualidade dos serviços. Não é também totalmente claro no caso de setores monopolistas, em que se possam realizar grandes lucros — uma forma de poupança forçada — e em seguida reinvesti-los no próprio setor. Nessas circunstâncias poderá ser economicamente interessante manter a empresa na propriedade do Estado. Os grandes investimentos em infraestrutura no Brasil entre os anos 40 e os anos 70 foram financiados principalmente dessa forma. Finalmente, esse princípio pode ser discutido no caso de setores estratégicos, como é o caso do petróleo, em que pode haver interesse em uma regulação estatal mais cerrada, implicando em propriedade estatal. Essa é uma das razões da decisão do governo brasileiro de manter a Petrobras sob controle estatal.

Isso porque os princípios estruturantes do Estado Democrático de Direito brasileiro consagrados no art. 1º e seus incisos são valores primordiais, de onde se destaca a Dignidade da Pessoa Humana, e "coloca a pessoa humana como fim último da nossa sociedade, e não como simples meio para alcançar certos objetivos, como, por exemplo, o econômico", refere Bastos.[22]

Destarte, a criação e o funcionamento das agências reguladoras têm por fundamento a própria juridicidade da dignidade da pessoa humana, a qual impregna toda a Constituição.

REFERÊNCIAS BIBLIOGRÁFICAS

ARAGÃO, Alexandre Santos de. *Agências reguladoras e a evolução do direito administrativo econômico*. Rio de Janeiro: Forense, 2008.

BRESSER-PEREIRA, Luiz Carlos. *Reflexões sobre a Reforma Gerencial Brasileira de 1995*. São Paulo: Revista do Serviço Público, 1999.

BRESSER-PEREIRA, Luiz Carlos. Da administração pública burocrática à gerencial. São Paulo: *Revista do Serviço Público*, 47(1) janeiro/abril, 1996.

CARDOZO, QUEIROZ e SANTOS (org.). *Curso de direito administrativo econômico III*. São Paulo, 2006.

DI PIETRO, Maria Sylvia Zanella (org.). *Direito regulatório*: temas polêmicos. Belo Horizonte: Fórum, 2003.

FIGUEIREDO, Marcelo. *As agências reguladoras:* o estado democrático de direito no Brasil e sua atividade normativa. São Paulo: Malheiros, 2005.

GARCIA, Maria. As Agências Reguladoras e a Reforma do Estado. In: *Revista de Direito Constitucional e Internacional,* n. 40, São Paulo: Revista dos Tribunais, julho/setembro 2002.

JUSTEN FILHO, Marçal. *O Direito das Agências Reguladoras Independentes*. São Paulo: Dialética, 2002.

MOREIRA NETO, Diogo de Figueiredo. A Regulação como instrumento de fortalecimento do Estado, em exposição apresentada ao Fórum da ABAR: *Uma década de regulação no Brasil*. Rio de Janeiro, em 26 de novembro de 2007.

RAMALHO, Pedro Ivo Sebba (org.). *Regulação e agências regulatórias*: governança e análise de impacto regulatório. Brasília, 2009.

---

(22) BASTOS, Celso Ribeiro. *Curso de Direito Constitucional*. 18. ed., São Paulo: Saraiva, 1997. p. 156.

RESPONSABILIDADE SOCIOAMBIENTAL DOS EMPRESÁRIOS

Michele Toshie Saito
Mestre em Direito Regulatório e Responsabilidade Social Empresarial pela Universidade Ibirapuera — UNIb. Pós-graduada em Direito e Processo Penal pela Universidade Estadual de Londrina — UEL. Pós-graduada em Direito e Processo do Trabalho pela Faculdade de Direito Professor Damásio de Jesus. Pós-graduada em Direito Processual Civil pela Instituição Toledo de Ensino. Graduada em Direito pelo Centro Universitário Eurípides de Marília. Advogada militante na área de Direito de Família.

Responsabilidade Sócioambiental dos Empresários

1. INTRODUÇÃO

A responsabilidade social se apresenta como um assunto cada vez mais relevante para as empresas.

Percebe-se que as empresas que estão preocupadas com as questões sociais e ambientais são aquelas maduras o suficiente para perceberem que práticas de responsabilidade social redundam em uma modificação de atitude, numa perspectiva de gestão empresarial com foco na qualidade das relações e na geração de valor para todos, além de trazer ganhos expressivos para a própria empresa.

As práticas sociais fazem com que as empresas adotem posturas éticas, gerando resultados que irão contribuir para o desenvolvimento social, econômico e ambiental.

Este estudo tem como objetivo demonstrar a importância e a necessidade das empresas de desenvolver uma nova gestão com responsabilidade social.

Ademais, é fundamental analisar a colaboração desta pesquisa com vistas a proporcionar um conhecimento mais amplo e um melhor entendimento sobre o assunto tratado.

É certo que, após ter realizado pesquisas, levantamentos recentes acerca da responsabilidade social das empresas, verifica-se que o assunto em referência aborda um tema de caráter polêmico.

A respeito do procedimento metodológico, ressalta-se que foi utilizado nesta dissertação o método dedutivo. Em outras palavras, a construção do saber jurídico aqui pretendida dá-se pela extração discursiva do conhecimento a partir de premissas gerais aplicáveis a hipóteses concretas.

Por conseguinte, a coleta da documentação existente acerca do tema desencadeou uma série de procedimentos para a localização e a busca metódica dos documentos que interessam ao tema discutido, tais como pesquisas realizadas em livros, sites de internet, revistas etc.

Para finalizar, é oportuno mencionar que não se pretende aqui exaurir de forma alguma a temática. Muito pelo contrário, objetiva-se promover ainda mais o debate acerca do intrigante tema a ser tratado.

2. A CONJUNTURA ATUAL E O MOVIMENTO DA RESPONSABILIZAÇÃO SOCIAL DAS EMPRESAS

Durante anos as empresas foram pressionadas a se preocupar tão somente com o preço competitivo, com a qualidade de produtos e serviços e com a maximização dos seus resultados financeiros; no presente, os debates que envolvem as empresas vão além.

Hodiernamente, nota-se uma intensa proliferação de discussões, de pressões, de seminários, de divulgação pela mídia a respeito da responsabilidade social das empresas.

Diante desse contexto, é fácil perceber que as empresas, na busca de eficiência e excelência, começam a realizar paulatinamente atividades de cunho social e ambiental.

E, simultaneamente, a expectativa de criarem condições para se inserirem de forma mais harmônica e solidária em questões de interesse da sociedade, o que antes era inimaginável para organizações capitalistas.

Vale ressaltar que a eficiência não é apenas "fazer as coisas bem", conforme as regras de mercado, mas, sim, "fazer as coisas boas", de acordo com princípios éticos.[1]

Indubitavelmente, o movimento da Responsabilidade Social Empresarial vem crescendo em vários países do mundo, sobretudo no Brasil.

Esta virada de milênio tem representado uma transição na forma de as empresas pensarem e desenvolverem suas estratégias, isto é, a maneira de como conduzir os negócios e o seu papel perante a coletividade.

A empresa passa a ser responsável pelo progresso da sociedade, devendo assim adotar atitudes em prol do bem-estar comum.

Assim, mudanças na postura das empresas em relação ao social vêm ocorrendo, processo esse resultante da união de fatores históricos que, correlacionados e paralelos, colaboraram para atitudes de responsabilização social da empresa.[2]

---

(1) CAPPELIN, Paola; GIULIANI, Gian Mário. Compromisso social no mundo dos negócios. In: *Boletim do Ibase "Orçamento e Democracia"*, n. 11, fev. 1999. p. 10-11.
(2) FÉLIX, Luiz Fernando Fontes. Os benefícios e efeitos advindos da responsabilidade social e cidadã das empresas. In: *Responsabilidade social das empresas: a contribuição das universidades*. v. II. São Paulo: Peirópolis: Instituto Ethos, 2003. p. 1.

A priori, pode-se dizer que um desses fatores é o fenômeno da globalização, caracterizado de um modo simplificado como o processo de 'encurtamento' das distâncias, decorrente do progresso tecnológico em comunicação e transporte.[3]

Com a evolução da economia mundial em virtude da globalização, as empresas passaram a ingressar numa concorrência em escala internacional para assegurar a entrada e permanência em mercados potenciais. As empresas necessitam se mostrar produtivas e competitivas a fim de captar a atenção do público consumidor. Além do novo panorama nas relações comerciais, a globalização contribuiu para alterações das formas tradicionais de a sociedade se organizar.[4]

Anteriormente, o Estado tinha uma atuação interventora em praticamente todos os aspectos sociopolítico-econômicos; agora, sua função se modifica, pois passa a ter uma intervenção mínima no mercado, passa a atuar cada vez mais como regulador, fiscalizador e menos agente, o que torna plausível as ações sociais das empresas.[5]

> Alteram-se os papéis dos Estados nacionais, das empresas e das pessoas. Redefine-se a noção de cidadania e constituem-se modalidades inovadoras de direitos coletivos. O crescimento vertiginoso do chamado terceiro setor, com a proliferação das organizações não governamentais, configura uma verdadeira revolução cívica, que o mundo da Internet e das comunicações vem potencializar.[6]

O Estado vem se retirando de forma progressiva de sua tradicional função de propiciador do bem-estar e realizador de políticas de cunho social, deixando, assim, as pessoas mais carentes, à margem da própria sorte. Fazendo com que as empresas passem a perceber que são em parte responsáveis pela situação de exclusão e injustiça social.[7]

"O governo não tem sido capaz de dar conta de todas as demandas sociais existentes. [...] 9 milhões de pessoas recebem atendimento social direto no Brasil

---

(3) *Ibid.*, p. 16.
(4) ARAÚJO, Marley Rosana Melo de. O que é responsabilidade social de empresas para o consumidor: significado e influências. In: *Responsabilidade social das empresas:* a contribuição das universidades. v. IV. São Paulo: Peirópolis: Instituto Ethos, 2005. p. 301-302.
(5) ARAÚJO, Marley Rosana Melo de. O que é responsabilidade social de empresas para o consumidor: significado e influências. In: *Responsabilidade social das empresas:* a contribuição das universidades. v. IV. São Paulo: Peirópolis: Instituto Ethos, 2005. p. 301-302.
(6) INSTITUTO ETHOS DE RESPONSABILIDADE SOCIAL EMPRESARIAL. *O novo contexto econômico e a responsabilidade social das empresas.* Disponível em: <http://www.ethos.org.br/docs/conceitos_praticas/indicadores/responsabilidade/contexto_economico.asp.>. Acesso em: 1º nov. 2011.
(7) FÉLIX, Luiz Fernando Fontes. Os benefícios e efeitos advindos da responsabilidade social e cidadã das empresas. In: *Responsabilidade social das empresas:* a contribuição das universidades. v. II. São Paulo: Peirópolis: Instituto Ethos, 2003. p. 17.

sem que o governo tenha de desembolsar 1 centavo para atendê-las".[8] Grande parte das ações sociais e dos recursos financeiros que esses dados abordam decorre de práticas sociais individuais e empresariais.

Tem sido observado, no Brasil, que muitas empresas vêm praticando sua responsabilidade social como uma madura decisão corporativa, fazendo uso do mesmo *know-how* que as torna líderes no seu segmento. Essas procuram amenizar os problemas do processo social brasileiro, em que o Estado é cada vez mais omisso, o que força e realça a participação benemérita do cidadão na edificação social.[9]

Nas palavras de Peliano:

> Levando-se em conta as dificuldades do Estado para responder às crescentes demandas por benefícios sociais, ganham força teses que sustentam o fortalecimento de organizações não governamentais e empresas privadas como os novos agentes sociais da era globalizada. [...] A participação privada na área social foi-se inserindo, pois, em um ciclo de relações sociais cada vez mais complexo, que não obedece apenas à lógica filantrópica ou econômica, mas também à tendência de buscar, fora do espaço estatal, uma nova alternativa de combate à pobreza.[10]

Ressalta-se que a globalização, ao passo que pressupõe avanços das tecnologias e nos meios de comunicação, influi também decisivamente no comportamento das empresas, pois suas atitudes passam a ser cada vez mais públicas e notórias, exigindo um cuidado maior com a imagem que a organização transmite à sociedade.[11]

Pois, se num passado remoto, quando se constatava a degradação do meio ambiente ou o maltrato da força de trabalho pela empresa, a veiculação dessa informação alcançava tão somente a comunidade local, o que, por sua vez, não ocasionava grandes embargos do mercado em relação à empresa. Já nos dias atuais, a situação é bem diferente, em virtude dos meios de comunicação de massa e com a internet, a informação sobre condutas condenáveis das empresas chega aos clientes de forma célere e precisa de qualquer parte do mundo, podendo, às vezes, trazer até constrangimentos sociais e danos em grande proporção para os empresários".[12]

---

(8) FRANÇA, R.; CARNEIRO, M. Novas faces do bem. In: *Veja*, outubro de 1999. p. 154-161.
(9) FREIRE, Fátima; MALO, François B. Memória social e decisões estratégicas. In: *Boletim do Ibase "Orçamento e Democracia"*. n. 12, jun. 1999. p. 10-11.
(10) PELIANO, A.M.T.M. *A iniciativa privada e o espírito público*: um retrato da ação social no Sudeste brasileiro. Disponível em <http//: www.ipea.gov.br>. Acesso em 16 jan. 2011.
(11) FÉLIX, Luiz Fernando Fontes. Os benefícios e efeitos advindos da responsabilidade social e cidadã das empresas. In: *Responsabilidade social das empresas*: a contribuição das universidades. v. II. São Paulo: Peirópolis: Instituto Ethos, 2003. p. 17.
(12) *Ibid.*, p. 17.

Outro fator que pode ser revelado como um dos motivos para o surgimento de uma cultura de responsabilidade social das empresas seria a crescente preocupação com a preservação ambiental, advinda da recente percepção do ritmo acelerado com que o indivíduo estava consumindo e explorando os recursos naturais do planeta Terra.[13]

Neste diapasão, observa-se uma atenção maior das empresas voltada para a "promoção de projetos de desenvolvimento ambientalmente sustentável nos diversos países com intuito de não comprometer, portanto, os ecossistemas nos processos de expansão industrial e econômica".[14]

Em síntese, as razões que fizeram com que o movimento da responsabilização social das empresas se tornasse mais relevante somente nesta última década, em tese, sobrevieram de um conjunto de fatores históricos, tais como o fenômeno da globalização, as enormes carências e desigualdades existentes no Brasil, aliadas às deficiências crônicas do Estado no atendimento das demandas sociais, o aumento da publicidade das empresas e as recentes preocupações com o meio ambiente.

3. RESPONSABILIDADE SOCIAL EMPRESARIAL INTERNA E EXTERNA

Importante observar que a responsabilidade social das empresas se dá através de políticas sociais e ambientais em dois âmbitos, quais sejam, a responsabilidade social interna e a externa.[15]

Uma empresa exerce plenamente sua responsabilidade social empresarial quando possui uma gestão eficaz de responsabilidade social tanto com relação ao seu público interno quanto ao externo.

Denomina-se responsabilidade social interna quando a esfera de atuação de práticas de responsabilidade social for voltada para o público interno das empresas.

Nesse prisma, a responsabilidade empresarial interna concretiza-se na medida em que o empresário pratica condutas que atinjam primeiramente seus próprios empregados, ou seja, os beneficiários internos da empresa, sem os quais a organização não pode subsistir.

Por outro lado, a responsabilidade social empresarial externa é constatada dentro da circunscrição das empresas, porém se estende até o ambiente externo.[16]

---

(13) *Ibid.*, p. 18.
(14) FÉLIX, Luiz Fernando Fontes. Os benefícios e efeitos advindos da responsabilidade social e cidadã das empresas. In: *Responsabilidade social das empresas*: a contribuição das universidades. v. II. São Paulo: Peirópolis: Instituto Ethos, 2003. p. 19.
(15) *Ibid.*, p. 19.
(16) *Ibid.*, p. 22.

Assim, a responsabilidade social externa tende a agir na sociedade na qual a empresa está implantada, com todos os seus públicos ou beneficiários externos, quais sejam, os fornecedores, consumidores, a opinião pública, o governo, a comunidade, o meio ambiente etc. E a consequência disso é que a empresa passa a obter maior visibilidade e admiração perante públicos relevantes para sua atuação.

As relações edificadas com base nos púbicos interno e externo, de modo a suprir seus interesses e suas necessidades, desencadeando valores para todos, garantem a sustentabilidade a longo prazo dos negócios, por estarem sincronizadas com as novas dinâmicas que atingem a sociedade e o mundo empresarial.

As empresas que dão mais importância à responsabilidade social externa do que à interna são típicas empresas que fazem uso do marketing social para ocultar a má gestão de recursos humanos. O privilégio da responsabilidade social externa em detrimento da interna pode acarretar ansiedade, conflitos e desmotivações dentro do quadro de funcionários.[17]

Portanto, as empresas devem ter responsabilização social no âmbito externo e interno de forma equilibrada, e não isoladamente.

Essa interação e esse envolvimento da organização na prática da responsabilidade social interna e externa geram sinergias com as partes interessadas das quais as empresas dependem, fortificando o seu desempenho no contexto global.

4. PARTES INTERESSADAS

É notória a constante busca das empresas pela garantia de inserção no mercado globalizado, bem como na potencialização do seu progresso.

Nesse diapasão, as empresas tiveram que desenvolver uma nova postura diante da concorrência no mundo para vir a assegurar sua sobrevivência no mercado atual, qual seja, a Responsabilidade Social da Empresa.

A Responsabilidade Social pode ser a diferença entre sobreviver no mercado ou não. Trata-se de conceito estratégico, e quem não estiver alerta a esse diferencial vai deixar o convívio social e, consequentemente, será excluído do mercado.[18]

Lídio Val Júnior e Natália Paludetto Gesteiro mencionam que as organizações que fazem investimentos no social e seguem a tendência tanto mercadológica quanto em conformidade à lei estão mudando seus próprios conceitos, porque melhoram a qualidade de vida de seus empregados, da coletividade e, em reflexo, têm maior aceitação social e produtividade.[19]

---

(17) MELO NETO, Francisco Paulo de; FRÓES, Cesar. *Responsabilidade social e cidadania empresarial: a administração do terceiro setor.* 2. ed. Rio de Janeiro: Qualitymark, 2002. p. 84.
(18) VAL JÚNIOR, Lídio; GESTEIRO, Natália Paludetto. *A responsabilidade social da empresa.* Disponível em: <http://www.jus.uol.com.br/revista/texto/5612>. Acesso em: 20 nov. 2010.
(19) *Ibid.*

No entanto, para se alcançar esse padrão de gestão responsável é imprescindível que a organização compreenda e conheça as partes interessadas e saiba, ainda, qual a importância que elas trazem e conheça a dinâmica dessa relação.

"Partes interessadas (ou *stakeholders*) são qualquer grupo dentro ou fora da organização que tem interesse no seu desempenho."[20]

Stakeholder é "qualquer indivíduo ou grupo que pode afetar a organização ou que é afetado por suas ações, políticas, práticas ou resultados".[21]

Ressalta-se que o diálogo com os *stakeholders* internos e externos auxilia a empresa a entender as consequências de suas decisões, antes de serem tomadas, e a ganhar conhecimento para fazer os resultados dessas decisões altamente valiosos para a empresa, a sociedade e o meio ambiente.[22]

A opinião e a conduta das partes interessadas com relação à empresa, em diferentes graus e níveis, são relevantes para a realização de suas respectivas atividades.

Vale apontar ainda que deve-se ter uma boa vontade entre as partes interessadas e a organização. Segundo Philip Lesly:

> É possível que as mais importantes forças que afetam todas as organizações e governos sejam hoje a opinião das pessoas. Empresários se dão conta disso quando falam de boa vontade. A boa vontade para com as empresas não significa apenas as atitudes dos consumidores em relação aos produtos da empresa, mas também atitudes dos empregados, da comunidade, do governo, dos acionistas, dos revendedores e distribuidores, dos fornecedores e outros. Todos esses grupos são vitais para o sucesso da empresa; a boa vontade de cada um deles é indispensável. Isso também é verdadeiro para todos os outros tipos de organizações.[23]

É diante desse contexto que as relações públicas assumem uma função essencial nas organizações contemporâneas, uma vez que as últimas sentem a necessidade

---

(20) DAFT, Richard L. *Administração*. 4. ed. Rio de Janeiro: LTC, 1999. p. 88.
(21) GRUNIG, J. E.; HUNT, T. *Managing public relations*. Nova York: Holt, Rinehart and Winston, 1984, p.12, apud, DAINEZE, Marina do Amaral. Códigos de ética empresarial e as relações da organização com seus públicos. In: *Responsabilidade social das empresas: a contribuição das universidades*. v. III. São Paulo: Peirópolis, 2004. p. 87.
(22) CORPORATE CITIZENSHIP STRATEGY, *apud*, ALIGLERI, Lilian. *Responsabilidade social na cadeia logística: uma visão integrada para o incremento da competitvidade*. In: *Responsabilidade social das empresas: a contribuição das universidades*. v. II. São Paulo: Peirópolis, 2003. p. 138. "Dialogue with internal and external stakeholders helps a company understand the consequences of its decisions, before they are taken, and take steps to make the outcomes of those decisions highly valuable to the company, society and the environment."
(23) LESLY, Philip. (org). *Os fundamentos de relações públicas e da comunicação*. São Paulo: Pioneira, 1995. p. 9.

de adotar novos comportamentos e relacionamentos mais transparentes e éticos perante as partes interessadas.

Assim, Margarida Kunsh afirma que um papel fundamental das relações públicas é administrar as relações de conflito entre a organização e suas partes interessadas, através de uma comunicação simétrica de duas vias, que procura a compreensão e o equilíbrio. Nos dias atuais, não se admite que elas atuem somente em benefício dos interesses da organização. É necessário escutar o outro lado, abrindo canais de comunicação com todos os segmentos.[24]

Paola Cappellin e Gian Mário Giuliani assinalam que:

A empresa deve procurar os canais certos para se manter em sintonia com o mercado. Essa busca leva-a rapidamente a perceber que não pode manter-se como uma organização fechada, isolada e rígida, mas que deve desenvolver formas de integração com as diversas entidades que a constituem internamente (seus funcionários e acionistas) e de interação com entidades externas (fornecedores, clientes, centros de pesquisa tecnológica, agências de publicidade e marketing, instituições públicas e privadas de crédito, organismos jurídico-legais do Estado etc.). É fácil perceber como esses *partners* não são outra coisa senão setores diversos da sociedade. Assim, empresas e sociedade convivem graças a uma rede de trocas e negociações amplas e flexíveis.[25]

Desse modo, tão relevante quanto a elevada produção e a capacidade de inovação da tecnologia das empresas é também a sua capacidade de estabelecer uma interação e comunicação aberta, eficaz e transparente com as partes interessadas, de modo que gere a boa vontade e a simpatia desses grupos estratégicos frente à organização.[26]

No entanto, é importante ressaltar que nem sempre foi essa a percepção dos empresários. Passaram-se anos e muitas modificações sociais e econômicas foram necessárias para que a importância das partes interessadas começasse a ser entendida pelas organizações.

Cumpre lembrar que no século XIX a única preocupação dos empresários era com os seus acionistas ou *stakeholders*.

---

(24) KUNSCH, Margarida M. K. (org). *Obtendo resultados com relações públicas*. São Paulo: Pioneira, 1997. p. 142.

(25) CAPPELLIN, Paola; GIULIANI, Gian Mário. Compromisso social no mundo dos negócios. In: *Boletim do Ibase "Orçamento e Democracia"*, n. 11, fev. 1999. p. 10-11.

(26) DAINEZE, Marina do Amaral. Códigos de ética empresarial e as relações da organização com seus públicos. In: *Responsabilidade social das empresas*: a contribuição das universidades. v. III. São Paulo: Peirópolis, 2004. p. 85.

Antigamente quase não existia concorrência, os consumidores/clientes não tinham conhecimentos de seus direitos, muito menos canais para reivindicá-los, e havia pouco ou quase nenhum respeito com as partes envolvidas no negócio.

A ausência de ética e de abertura era o modo pelos quais os empresários tentavam obstar que a verdade chegasse ao conhecimento público. Assim, a comunicação nessas organizações tinha seu enfoque voltado ao produto e sua missão era apenas prestar contas aos acionistas e impedir que informações indesejáveis a respeito da empresa chegassem à tona a sociedade.[27]

> Porém, a abertura dos mercados e o acirramento da concorrência, o surgimento de entidades de proteção ao consumidor, o próprio processo de amadurecimento e conscientização dos consumidores com relação aos seus direitos, a fiscalização dos governos, o criticismo e a cobrança da sociedade com relação às empresas e seus produtos, o espaço crescente que a mídia passou a dedicar às questões empresariais, entre outros fatores, levaram as empresas a reavaliar seus conceitos e a qualidade de suas relações.[28]

Foi nas últimas décadas do século XX que os empresários então começaram a mudar de foco, antes direcionado unicamente aos acionistas, para todas as partes interessadas.

Dessa forma, diante das mudanças estruturais no modo de fazer negócios, a questão de quem ou quais parceiros necessitam ser considerados quando se está em risco a sobrevivência da empresa.

Portanto, a seguir, serão apresentadas e abordadas as partes envolvidas no negócio, visto que cada uma interage e exerce uma influência diferente na empresa.

4.1. Acionistas e investidores

Os acionistas e investidores precisam ter uma relação de muita confiança com o empresário, já que estão sujeitos a correr riscos ao prover consideráveis valores para fomentar os negócios.

Para tanto, procuram por empresas sólidas, éticas e coerentes, que respeitem as condições humanas e sociais de seus funcionários, que preservem o meio ambiente, que zelem pela qualidade de suas relações com a coletividade ao efetuarem suas aplicações financeiras.[29]

---

(27) Ibid., p. 86.
(28) DAINEZE, Marina do Amaral. Códigos de ética empresarial e as relações da organização com seus públicos. In: *Responsabilidade social das empresas: a contribuição das universidades*. v. III. São Paulo: Peirópolis, 2004. p. 86.
(29) DUARTE, Cristiani de Oliveira Silva; TORRES, Juliana de Queiroz Ribeiro. Responsabilidade Social Empresarial: dimensões históricas e conceituais. In: *Responsabilidade social das empresas:* a contribuição das universidades. v. IV. São Paulo: Peirópolis: Instituo Ethos, 2005. p. 37.

Uma empresa "imbuída de responsabilidade social gera valor para os acionistas ao manter o negócio no lado da lei".[30] Pode-se citar, como exemplo, que "a observância pela empresa das normas sobre segurança do trabalho e sobre assédio sexual atende aos interesses dos acionistas, ao evitar que a empresa seja alvo de sanções legais [...]".[31]

Analistas financeiros vêm incorporando cada vez mais a variável ambiental em suas análises, pois um dos fatores analisados nos dias atuais para a definição do preço das ações são as atitudes das empresas perante o meio ambiente. Vale apontar que o Fundo Ethical, criado em novembro de 2001 pelo ABN Amro Real, foi o primeiro fundo de investimento em empresas socialmente responsáveis no Brasil.[32]

Portanto, o fato é que os investidores vêm dando preferência às empresas que são transparentes ao divulgar seus resultados aos acionistas, que sejam éticas nas relações com o mercado e respeitam os direitos dos acionistas tanto majoritários como minoritários, inclusive praticando o *tag along*, que assegura a todos os acionistas o recebimento por suas ações preferenciais ou ordinárias o mesmo valor pago pelos papéis dos controladores em caso de venda da empresa.[33]

As empresas devem ainda estabelecer um código de ética rígido e no qual se comprometam com a honestidade e a clareza nas demonstrações financeiras aos seus acionistas e investidores.

Uma ótima governança corporativa, isto é, a forma com que a empresa busca equilibrar a relação entre acionistas majoritários e minoritários, o conselho de administração (eleito pelos acionistas) e os executivos (selecionados pelo conselho)",[34] assegura aos sócios transparência, equidade, prestação de contas e responsabilidade pelos resultados, sendo exatamente o que os investidores têm procurado, visto que estão cada vez mais cautelosos.

4.1.1. Funcionários

Uma empresa que atua com responsabilidade social vai além do que simplesmente respeitar os direitos dos trabalhadores; investe no desenvolvimento pessoal e profissional dos seus funcionários; proporciona melhoria nas condições de trabalho; maior e melhor equilíbrio entre trabalho, família e lazer; maior igualdade salarial;

---

(30) HARVARD BUSINESS REVIEW (org.) *Ética e responsabilidade nas empresas*. Trad. Afonso Celso da Cunha Serra. Rio de Janeiro: Elsevier, 2005. p. 102.
(31) HARVARD BUSINESS REVIEW (org.) *Ética e responsabilidade nas empresas*. Trad. Afonso Celso da Cunha Serra. Rio de Janeiro: Elsevier, 2005. p. 102.
(32) DUARTE, Cristiani de Oliveira Silva; TORRES, Juliana de Queiroz Ribeiro, *op. cit.*, p. 37.
(33) DAINEZE, Marina do Amaral. Códigos de ética empresarial e as relações da organização com seus públicos. In: *Responsabilidade social das empresas*: a contribuição das universidades. v. III. São Paulo: Peirópolis, 2004. p. 107.
(34) INSTITUTO ETHOS DE EMPRESAS E RESPONSABILIDADE SOCIAL. *Formulação e implantação de código de ética em empresas*. São Paulo, 2000. p. 21.

participação nos lucros para os empregados; participação do trabalhador em algumas decisões da empresa; e, ainda, zela pela saúde, segurança e pelo estreitamento de suas relações com os seus empregados.

Outro aspecto a ser observado é que a empresa, ao recrutar e selecionar os candidatos para um determinado cargo, uma função, enfim, ao oferecer oportunidades, não pode vir a discriminá-los em razão de cor, sexo, idade, religião; deve, sim, garantir direitos iguais para todos aqueles que estiverem concorrendo a uma vaga de emprego, recebendo um treinamento e sendo avaliados, promovidos e/ou remunerados.

Ressalta-se que as demissões jamais devem ser a primeira forma de resolução para o corte de despesas, pois, caso a empresa realmente tiver que demitir seus empregados, ela deve fazê-lo com fundamento em critérios, isto é, considerando a idade do empregado, se é um funcionário temporário ou fixo, se ele tem família ou não, dentre outros. Ademais, as empresas também devem empenhar-se em auxiliar os trabalhadores a se recolocar no mercado de trabalho, garantindo-lhes o maior número de vantagens possível.[35]

O empresário responsável ainda pode oferecer formação abrangente aos empregados, plano de carreira e aconselhamento, ou elaborar programas de assistência para os empregados que têm problemas com drogas e álcool.[36]

A empresa, ao despertar para a prática da responsabilidade social, proporciona aos empregados melhores condições de trabalho, dando, assim, motivação a eles. E isso faz com que as empresas tenham um gradual retorno do trabalho dos funcionários, ou seja, aumento na produtividade e no comprometimento.

Ademais, os profissionais que têm uma ótima qualificação "preferem trabalhar em empresas que valorizem a qualidade de vida de seus funcionários e respeitem seus direitos".[37]

Lídio Val Júnior e Natália Paludetto Gesteiro assinalam que "Profissionais valorizam as empresas que os valoriza, são respeitados e tem claro os objetivos da empresa, fazendo o máximo para atingi-los".[38]

Em contrapartida, a empresa eleva sua capacidade de selecionar e manter talentos, fator-chave para seu sucesso numa época em que a criatividade e a inteligência são recursos cada vez mais valiosos.[39]

---

(35) LOURENÇO, Alex Guimarães; SCHRÖDER, Deborah de Souza. Vale investir em responsabilidade social empresarial? Stakeholders, ganhos e perdas. In: *Responsabilidade social das empresas*: a contribuição das universidades. v. II. São Paulo: Peirópolis: Instituto Ethos, 2003. p. 95.

(36) *Ibid.*, p. 95.

(37) LOURENÇO, Alex Guimarães; SCHRÖDER, Deborah de Souza. Vale investir em responsabilidade social empresarial? Stakeholders, ganhos e perdas. In: *Responsabilidade social das empresas*: a contribuição das universidades. v. II. São Paulo: Peirópolis: Instituto Ethos, 2003. p. 95.

(38) VAL JÚNIOR, Lídio; GESTEIRO, Natália Paludetto. *A responsabilidade social da empresa*. Disponível em: <http://www.jus.uol.com.br/revista/texto/5612>. Acesso em: 20 nov. 2010.

(39) LOURENÇO, Alex Guimarães; SCHRÖDER, Deborah de Souza, *op. cit.*, p. 95.

Outro ponto que demonstra a preocupação das empresas se dá no momento de reestruturação da empresa.

Corporações responsáveis, em momentos de modificações em sua estrutura, são aquelas que se preocupam e levam em conta o interesse dos afetados nas mudanças. Assim, em uma reestruturação de empresa, é responsável a organização que abre espaço de discussão entre direção e trabalhadores, principalmente em relação aos funcionários que seriam eventualmente dispensados ou realocados.[40]

É importante mencionar que o nível de saúde e a segurança no local de trabalho aumentam quando a empresa obedece à legislação de segurança do trabalho a fim de fornecer uma ambiente favorável aos seus empregados no desempenho das atividades.

4.1.2. Fornecedores

Hodiernamente, é importante que a empresa não selecione os seus fornecedores tão somente pelas propostas competitivas apresentadas, mas, sim, com base em critérios de comprometimento socioambiental.

Isso significa dizer que os empresários devem escolher os fornecedores profissionais que valorizem a livre concorrência, de modo a obstar a imposição de arbitrariedades comerciais nas situações em que haja desequilíbrio de poder econômico ou político entre empresa-cliente e fornecedores; que atuem com transparência na cotação de preços, além de avaliar questões como condições de trabalho dos terceirizados e, principalmente, se não há caso de trabalho infantil na cadeia produtiva.

Os fornecedores são, de certa maneira, uma extensão da empresa, dessa forma, devem compartilhar dos mesmos valores e estabelecer verdadeiramente uma relação de respeito, parceria e confiabilidade.

As empresas que atuam com responsabilidade social devem incentivar seus fornecedores e parceiros comerciais a adotar condutas de gestão moralmente positivas, sobretudo em questões que abordem o respeito com os seus empregados e com o meio ambiente.[41]

Embora haja numerosos e importantes compromissos da empresa-cliente para com seus fornecedores, lamentavelmente, nota-se que muitos códigos de condu-

---

(40) FÉLIX, Luiz Fernando Fontes. Os benefícios e efeitos advindos da responsabilidade social e cidadã das empresas. In: *Responsabilidade social das empresas:* a contribuição das universidades. v. II. São Paulo: Peirópolis: Instituto Ethos, 2003. p. 21.

(41) DAINEZE, Marina do Amaral. Códigos de ética empresarial e as relações da organização com seus públicos. In: *Responsabilidade social das empresas:* a contribuição das universidades. v. III. São Paulo: Peirópolis, 2004. p. 110.

ta empresarial atêm-se mais aos fatores relacionados à postura dos fornecedores perante a empresa, tais como favorecimento e obtenção de vantagens pessoais. Pouco se preocupando, assim, com a relação de respeito, parceria e confiança.

4.1.3. Consumidores e clientes

A relação consumerista entre consumidores/clientes e empresas vai além da simples troca de uma quantia de dinheiro por produtos e serviços. As denominadas relações de consumo implicam equilíbrio de direitos e obrigações entre consumidores/clientes e a empresa, estando implícitos nesse processo desejos, aspirações, necessidades, expectativas e objetivos de cada uma das partes envolvidas.[42]

As empresas socialmente responsáveis devem investir constantemente no desenvolvimento de produtos e serviços confiáveis e seguros que não causem danos e riscos à saúde do consumidor e à sociedade como um todo. Vale destacar que essa preocupação ganhou ênfase após a elaboração do Código de Defesa do Consumidor, que trouxe à tona a importância da ética em relação os consumidores.[43]

No Brasil, o processo de amadurecimento e conscientização de seus direitos por parte dos consumidores, embora seja recente, vem colaborando de modo eficaz para elevar os níveis de exigência e expectativas perante as empresas[44].

Um ótimo produto ou serviço com preço justo colocado no mercado já não é o suficiente, o que deve existir é a conscientização por parte das empresas na esfera ambiental e social e que inclusive tenha uma atuação ética.

Assim, paulatinamente, os consumidores e clientes brasileiros passam a ter consciência de seu poder de mobilização e influência sobre as empresas, bem como dos efeitos dos processos de consumo. Em paralelo, traz benefícios para as empresas que possuem seu foco no consumidor e nos clientes e que transformam em oportunidade, para o aperfeiçoamento de suas práticas e para a edificação de uma imagem positiva.[45]

Outro ponto importante é que o consumidor e o cliente optam por "produtos de empresas que não têm envolvimento em corrupção, que são transparentes nos seus negócios, que respeitam o meio ambiente e a comunidade".[46]

Ressalta-se que uma corporação que realiza suas atividades dentro de parâmetros éticos, fornecendo produtos e serviços que os consumidores e clientes

---

(42) DAINEZE, Marina do Amaral. Códigos de ética empresarial e as relações da organização com seus públicos. In: *Responsabilidade social das empresas*: a contribuição das universidades. v. III. São Paulo: Peirópolis, 2004. p. 104.
(43) DUARTE, Cristiani de Oliveira Silva; TORRES, Juliana de Queiroz Ribeiro. Responsabilidade Social Empresarial: dimensões históricas e conceituais. In: *Responsabilidade social das empresas*: a contribuição das universidades. v. IV. São Paulo: Peirópolis: Instituo Ethos, 2005. p. 27.
(44) DAINEZE, Marina do Amaral, *op. cit.*, p. 105.
(45) *Ibid.*, p. 105.
(46) DUARTE, Cristiani de Oliveira Silva; TORRES, Juliana de Queiroz Ribeiro, *op. cit.*, p. 27.

necessitam e almejam com a devida segurança, qualidade, respeito, enfim, atuando com responsabilidade social, tende a obter maiores vantagens, lucros e manter-se na atual economia.

Outrossim, a empresa passa a conquistar os consumidores e os clientes, que, por sua vez, tornam-se fiéis. É um aspecto positivo para as corporações pelo fato de que estabelecer relações leais com seus clientes e consumidores é a única forma pela qual pode-se fazer com que tais relações tornem-se duradouras.[47]

Neste sentido, assevera Marina Amaral Daineze que:

> Muitas empresas já reconhecem o valor do relacionamento com o cliente como um diferencial competitivo para se destacar no mercado e têm procurado estreitar essas relações por meio de programas contínuos de relações públicas e marketing de relacionamento. Num momento em que a competição entre as empresas constitui poder de barganha para o consumidor, ganham as empresas que descobrem o valor da fidelidade de seus clientes e investem na construção de relações duradouras.[48]

Outro aspecto que deve ser enfatizado é o da excelência no atendimento. É importante que a empresa dê a devida assistência aos seus clientes e consumidores antes da, durante e após a concretização da venda, de modo a precavê-los dos eventuais prejuízos com a utilização dos serviços e produtos.

Nesse contexto, devemos fazer referência à qualidade do serviço de atendimento a clientes (SAC ou outra forma de atendimento), uma vez que indica a disponibilidade da organização para adequar-se e adaptar-se às demandas, expectativas e necessidades dos clientes/consumidores.

A princípio, toda empresa tem o dever de assumir todos esses compromissos, o que, por sua vez, não significaria um diferencial para elas, que apenas os formalizam em seus códigos de ética.[49]

Portanto, ao passo que a empresa adota a responsabilidade social empresarial, ela traz consigo um maior reconhecimento e credibilidade diante dos consumidores que passam a prestigiá-la. O que, por sua vez, é imediatamente favorável para as empresas, pelo fato de que traz destaque e motivação ao enfrentar o mundo competitivo e globalizado.

---

(47) FÉLIX, Luiz Fernando Fontes. Os benefícios e efeitos advindos da responsabilidade social e cidadã das empresas. In: *Responsabilidade social das empresas:* a contribuição das universidades. v. II. São Paulo: Peirópolis: Instituto Ethos, 2003. p. 32.
(48) DAINEZE, Marina do Amaral. Códigos de ética empresarial e as relações da organização com seus públicos. In: *Responsabilidade social das empresas:* a contribuição das universidades. v. III. São Paulo: Peirópolis, 2004. p. 105.
(49) DAINEZE, Marina do Amaral. Códigos de ética empresarial e as relações da organização com seus públicos. In: *Responsabilidade social das empresas:* a contribuição das universidades. v. III. São Paulo: Peirópolis, 2004. p. 106.

4.1.4. Comunidade

Se a empresa faz investimentos na comunidade, em contrapartida, ela aufere capital social e infraestrutura e consequentemente viabiliza os negócios da empresa.

O gerenciamento pela empresa sobre o impacto de suas ações produtivas e a mantença de bons relacionamentos com as outras empresas atuantes no local e na região traz vantagens para a comunidade.

Quando uma empresa se instala em uma determinada comunidade, espera-se o engajamento dela na busca do crescimento econômico e do bem-estar social, e também tenha uma gestão direcionada para o desenvolvimento sustentável.[50]

O empresário deve dedicar-se em causas das comunidades locais, como por exemplo apoiar atitudes de promoção ao meio ambiente; patrocinar o lazer e cultura locais; selecionar e contratar pessoas vítimas de exclusão social; fazer donativos para instituições de caridade. Além do que a empresa pode contribuir com recursos voltados para a solução de conflitos sociais específicos para os quais se direcionam as entidades comunitárias e ONGs, ou até mesmo desenvolver projetos próprios, mobilizando suas competências para o fortalecimento da ação social e envolvendo seus empregados e parceiros na execução e no apoio a projetos sociais da comunidade.[51]

A empresa, ao investir, pode proporcionar apoio tanto material e de serviços a projetos comunitários como através de assistência e reconhecimento do trabalho voluntário de seus fornecedores. Verifica-se que o trabalho voluntário vem sendo considerado um fator de satisfação e motivação dos indivíduos no campo profissional.[52]

A empresa pode estimular essas atividades liberando seus funcionários de parte de seu horário de jornada de trabalho e despertando-os para a ideia de que ser voluntário não é somente doar, mas trocar:

> de um lado, as empresas transmitem conceitos de administração e gestão, como avaliação de resultados, estabelecimento de metas, parcerias e estratégias; de outro, as entidades filantrópicas, que têm em seus colaboradores pessoas que fazem mais com menos, ensinam sobre motivação, trabalho em equipe e como se portar diante de tantas diversidades.[53]

---

(50) Ibid., p. 111.
(51) LOURENÇO, Alex Guimarães; SCHRÖDER, Deborah de Souza. Vale investir em responsabilidade social empresarial? Stakeholders, ganhos e perdas. In: *Responsabilidade social das empresas*: a contribuição das universidades. v. II. São Paulo: Peirópolis: Instituto Ethos, 2003. p. 96.
(52) DUARTE, Cristiani de Oliveira Silva; TORRES, Juliana de Queiroz Ribeiro. Responsabilidade Social Empresarial: dimensões históricas e conceituais. In: *Responsabilidade social das empresas*: a contribuição das universidades. v. IV. São Paulo: Peirópolis: Instituo Ethos, 2005. p. 38-39.
(53) Ibid., p. 39.

O empresário deve buscar o bem-estar coletivo e se conscientizar de que o próprio progresso da organização depende da comunidade da qual está inserida e que, por sua vez, também é parte de cada um.[54]

É importante que as empresas respeitem os costumes, a identidade cultural local, que difundam valores sociais, que promovam desenvolvimento na área educacional, pois tudo isso demonstra a percepção de sua missão de agente de melhorias sociais.

4.1.5. Governo e sociedade

O empresário deve ter uma postura ética e ser responsável diante dos poderes públicos, de forma a manter interações dinâmicas com seus representantes, objetivando a constante melhoria das condições sociais e políticas, bem como cumprir as determinações legais como pagar impostos, proporcionar condições de trabalho seguras e saudáveis, não tendo atitudes discriminatórias e respeitando a diversidade.

O comportamento ético pressupõe que as relações entre a empresa e governos sejam transparentes para as partes interessadas. Cabe ainda às empresas manter uma atuação política condizente com seus princípios éticos, que evidencie seu alinhamento com os interesses da sociedade.

Além dessas questões, as empresas responsáveis atuam com transparência e são cautelosas quanto ao apoio de campanhas políticas que podem causar desconfiança e impedir pagamentos com a finalidade de influenciar ou agilizar decisões governamentais.[55]

Outra questão pertinente diz respeito às discriminações. Ainda pode-se verificar que as empresas, ao recrutar pessoas, muitas vezes acabam discriminando as minorias e os grupos étnicos, mulheres, deficientes e idosos.

Deve a empresa socialmente responsável promover a igualdade de acesso às oportunidades de emprego.

A dimensão da questão social no Brasil torna importante a participação das empresas no seu enfrentamento por meio da participação em projetos e ações governamentais.

Importante mencionar os programas sociais lançados pelo governo, como Fome Zero e Primeiro Emprego, que inclusive contam com a grande colaboração do setor privado.

---

(54) FÉLIX, Luiz Fernando Fontes. Os benefícios e efeitos advindos da responsabilidade social e cidadã das empresas. In: *Responsabilidade social das empresas:* a contribuição das universidades. v. II. São Paulo: Peirópolis: Instituto Ethos, 2003. p. 35.
(55) DUARTE, Cristini de Oliveira Silva; TORRES, Juliana de Queiroz Ribeiro. Responsabilidade Social Empresarial: dimensões históricas e conceituais. In: *Responsabilidade social das empresas:* a contribuição das universidades. v. IV. São Paulo: Peirópolis: Instituo Ethos, 2005. p. 41.

O Fome Zero é o carro-chefe de um conjunto de iniciativas sociais do governo e representa um alerta e um convite a toda a sociedade, até mesmo a empresários, para um combate à desigualdade social na sua forma mais grave: o direito de se alimentar e de trabalhar, para até mesmo garantir renda mínima que combata a fome.

Já o Primeiro Emprego foi criado para dar oportunidades de trabalho a jovens de 16 a 24 anos e contribuir para uma formação cidadã. As empresas participantes contam com incentivos e concorrem para a construção de uma economia mais solidária.[56]

Portanto, as empresas responsáveis socialmente, além de cumprir em suas obrigações legais, ainda podem privilegiar as iniciativas direcionadas para o aperfeiçoamento de políticas públicas na área social.

4.1.6. Concorrentes

Para que uma empresa seja responsável socialmente no aspecto da concorrência, ela deve impedir práticas monopolistas e oligopolistas, *dumping* e formação de trustes e cartéis, procurando sempre fomentar a livre concorrência de mercado.[57]

A empresa deve combater o comércio ilegal e o contrabando não só como forma de sobrevivência do seu negócio, mas também como mecanismo para assegurar a qualidade de seus produtos e serviços.[58]

A qualidade dos produtos e serviços deve ser o vetor soberano para influenciar o mercado, sendo caracterizadas como crime e concorrência desleal as práticas de difamação, disseminação de inverdades e maledicências, sabotagens, espionagem industrial, contratação de funcionários de concorrentes para obtenção de informações privilegiadas etc.[59]

A empresa, portanto, não pode se envolver em nenhuma ação ilícita e imoral para a obtenção de benefício competitivo ou que venha causar o enfraquecimento e/ou a destruição de concorrentes, mas, sim, deve reger entre eles um relacionamento orientado por padrões éticos, de modo a não conflitar com os demais interesses das partes interessadas, sobretudo com os clientes e consumidores finais.[60]

---

(56) DUARTE, Cristini de Oliveira Silva; TORRES, Juliana de Queiroz Ribeiro. Responsabilidade Social Empresarial: dimensões históricas e conceituais. In: *Responsabilidade social das empresas*: a contribuição das universidades. v. IV. São Paulo: Peirópolis: Instituo Ethos, 2005. p. 40.
(57) LOURENÇO, Alex Guimarães; SCHRÖDER, Deborah de Souza. Vale investir em responsabilidade social empresarial? Stakeholders, ganhos e perdas. In: *Responsabilidade social das empresas*: a contribuição das universidades. v. II. São Paulo: Peirópolis: Instituto Ethos, 2003. p. 98.
(58) DUARTE, Cristiani de Oliveira Silva; TORRES, Juliana de Queiroz Ribeiro, *op. cit.*, p. 38.
(59) LOURENÇO, Alex Guimarães; SCHRÖDER, Deborah de Souza, *op. cit.*, p. 99.
(60) LOURENÇO, Alex Guimarães; SCHRÖDER, Deborah de Souza. Vale investir em responsabilidade social empresarial? Stakeholders, ganhos e perdas. In: *Responsabilidade social das empresas*: a contribuição das universidades. v. II. São Paulo: Peirópolis: Instituto Ethos, 2003. p. 99.

5. RESPONSABILIDADE AMBIENTAL DOS EMPRESÁRIOS

Nos tempos primitivos o homem não degradava o meio ambiente de forma indiscriminada, como infelizmente podemos verificar nos dias de hoje, uma vez que procurava retirar da natureza tão somente os recursos necessários ao seu sustento, com o fim precípuo de satisfazer as suas necessidades fundamentais.

A preocupação com a o meio ambiente é uma tendência que vem crescendo a cada dia.

Assim, a sociedade acordou e passou a erguer a bandeira protetiva ao meio ambiente, já que é dele que o ser humano extrai o seu sustento para sua sobrevivência. Embora haja empecilhos na resolução dos problemas ambientais em âmbito mundial, devemos solucionar os nossos através de medidas eficazes e adequadas, fazendo campanhas de conscientização de que o planeta Terra é nossa casa, por isso devemos tutelá-lo e conservá-lo para as presentes e futuras gerações.[61]

A questão ambiental atinge a sociedade e traz impactos para o futuro da humanidade e de suas relações.

Os impactos ambientais levam a efeitos desagradáveis que têm suas soluções e suas vantagens sensíveis a longo prazo. As empresas notam que é preciso corrigir prejuízos passados e impedir a reincidência de novos impactos, através da avaliação da deterioração possivelmente propiciada por seus processos produtivos no futuro e da maximização do uso de recursos naturais, fechando assim o fluxo de degradação, recuperação e preservação do meio ambiente em que estão instaladas.[62]

A empresa pode ter essa percepção por meio de imposição legal ou pelo fato de ela se achar responsável pelos danos e prejuízos causados ao meio ambiente durante seu processo de produção ou inclusive propiciados por outras empresas.

Desse modo, vale destacar que uma empresa responsável assume os diversos tipos de impacto que podem provocar ao meio ambiente, bem como sempre está atenta às ações de mantença e melhoria das condições ambientais, minimizando riscos e atitudes agressivas à natureza, pois as empresas possuem um arsenal de tecnologias, que permite praticar inúmeras ações responsáveis.

Sob essa óptica, a empresa, então, pode realizar a reciclagem de produtos e do resíduo gerado, maximizar o uso dos insumos por ela comprados pela redução de desperdício, investir em tecnologias antipoluentes, usar de modo racional e coerente os recursos naturais e materiais envolvidos diretamente na execução de suas atividades, bem como restringir a utilização de descargas nocivas.

---

(61) SIRVINSKAS, Luís Paulo. *Manual de Direito Ambiental*. 9. ed. rev., atual. e ampl. São Paulo: Saraiva, 2011. p. 79.
(62) MACHADO, Carla Mara. Contabilidade ambiental: o papel da contabilidade na evidenciação de investimentos, custos e passivos ambientais. In: *Responsabilidade social das empresas:* a contribuição das universidades. v. II. São Paulo: Peirópolis: Instituto Ethos, 2003. p. 279.

Como as empresas também são ligadas ao aspecto físico ambiental de onde se situam, essas podem influir muito na qualidade do ar, das águas, na contaminação do solo, no nível de congestionamento das estradas, no volume de poluentes lançados no ar. Assim, política de emissão de dejetos, agentes tóxicos e distúrbios no meio ambiente são vistas como ações responsáveis pelas empresas.[63]

Outra opção viável e também ambientalmente correta para as empresas é a diminuição do gasto energético ou a busca de insumos alternativos; iniciativa essa que, além de preservar o meio ambiente, pode trazer ganhos financeiros a curto prazo às empresas pela redução dos custos de produção.[64]

Uma empresa deve pautar suas atividades com base em modelos de desenvolvimento sustentável. A empresa ambientalmente responsável é aquela que participa na conscientização da comunidade frente às questões ecológicas, que influencia de forma positiva o meio ambiente, que contribui com organizações de defesa do meio ambiente, que proporciona cursos adicionais de formação ecológica, possibilitando, assim, que as gerações futuras desfrutem também os nossos ecossistemas.[65]

É importante que as empresas que assumem o compromisso da responsabilidade social e da chamada "gestão verde" tornem claros os valores e princípios que dão base a essa postura, bem como explicitem as formas por meio dos quais trabalham na busca desses objetivos, para todos os públicos com os quais se relacionam.

Dessa forma, impera destacar a ISO 14000, que agrega uma série de padrões internacionais reconhecidos por estruturar o sistema de gestão ambiental de uma organização e o gerenciamento do desempenho ambiental. Constata-se, assim, que paulatinamente está existindo um engajamento das empresas no crescimento econômico, no bem-estar social e ambiental da comunidade, como uma gestão direcionada para o desenvolvimento sustentável.[66]

6. SUSTENTABILIDADE

O atual modelo de desenvolvimento econômico vem ocasionando grandes desequilíbrios sociais e, sobretudo, ambientais.

---

(63) FÉLIX, Luiz Fernando Fontes. Os benefícios e efeitos advindos da responsabilidade social e cidadã das empresas. In: *Responsabilidade social das empresas:* a contribuição das universidades. v. II. São Paulo: Peirópolis: Instituto Ethos, 2003. p. 24.
(64) *Ibid.*, p. 22.
(65) FÉLIX, Luiz Fernando Fontes. Os benefícios e efeitos advindos da responsabilidade social e cidadã das empresas. In: *Responsabilidade social das empresas:* a contribuição das universidades. v. II. São Paulo: Peirópolis: Instituto Ethos, 2003. p. 24.
(66) DUARTE, Cristiani de Oliveira Silva; TORRES, Juliana de Queiroz Ribeiro. Responsabilidade Social Empresarial: dimensões históricas e conceituais. In: *Responsabilidade social das empresas:* a contribuição das universidades. v. IV. São Paulo: Peirópolis: Instituo Ethos, 2005. p. 39.

Vale ressaltar que a "Conferência das Nações Unidas sobre o Meio Ambiente Humano", também denominada de "Conferência de Estocolmo", realizada em 1972, constitui um marco histórico nos debates das questões referentes ao meio ambiente, pois foi a primeira reunião em que se discutiu sobre aspectos políticos, sociais e econômicos da problemática ambiental.[67] Possibilitando, assim, uma nova forma de se verificar o desenvolvimento, ocasionando uma revolução nos conceitos e princípios.

Os objetivos principais dessa Conferência foram:

> [...] a avaliação dos problemas ambientais e a identificação daqueles que poderiam ser resolvidos através de acordo e cooperação internacionais. Nessa época, poucos países possuíam organizações de controle de poluição em nível constitucional, e muitos, inclusive o Brasil, defendiam a ideia de que era preciso primeiro desenvolver-se industrialmente para somente depois se preocupar com o combate à poluição.[68]

Verifica-se, dia após dia, um incremento tanto da degradação ambiental como da miséria. E diante dessa constatação é que surge, então, a ideia do desenvolvimento sustentável, que visa a conciliar o crescimento econômico com a preservação do meio ambiente e com a erradicação da pobreza no mundo.[69]

Dessa forma, é de suma importância mencionar a proposta da sustentabilidade que originou no final do século XX como parte do processo de reflexão e preocupação na tutela do meio ambiente.

É imperioso que o ser humano transforme o modo de vida com o objetivo de recuperar a qualidade dos ambientes. Já que antigamente o homem parecia não ter um mínimo de consciência da natureza sustentável e da forma de como se utilizar os recursais naturais, priorizava o lucro e o progresso a qualquer custo. Não havia a cautela em conservar o meio ambiente.

A sustentabilidade é algo que não pode ser obtido de forma instantânea. Haja vista que é um processo de mudança estrutural e que necessita do engajamento de toda a sociedade.

Dentre as inúmeras definições existentes sobre sustentabilidade, Cíntia Maria Afonso ressalta que:

> O termo implica na manutenção quantitativa e qualitativa do estoque de recursos ambientais, utilizando tais recursos sem danificar suas fontes ou

---

(67) AFONSO, Cintia Maria. *Sustentabilidade*: caminho ou utopia? São Paulo: Annablume, 2006. p. 20.
(68) *Ibid.*, p. 20.
(69) COSTA, Raquel. *A contribuição da ciência contábil para a preservação do meio ambiente*. Disponível em: <http://www.serrano.neves.nom.br/MBA_GYN/apsa02.pdf>. Acesso em 12 out. 2011.

limitar a capacidade de suprimento futuro, para que tanto as necessidades atuais quanto aquelas do futuro possam ser igualmente satisfeitas.[70]

Conforme o Portal da Sustentabilidade:

Sustentabilidade é um conceito sistêmico, relacionado com a continuidade dos aspectos econômicos, sociais, culturais e ambientais da sociedade humana.

Propõe-se a ser um meio de configurar a civilização e as atividade humanas, de tal forma que a sociedade, os seus membros e as suas economias possam preencher as suas necessidades e expressar o seu maior potencial no presente, e ao mesmo tempo preservar a biodiversidade e os ecossistemas naturais, planejando e agindo de forma a atingir pró-eficiência na manutenção indefinida desses ideais.

A sustentabilidade abrange vários níveis de organização, desde a vizinhança local até o planeta inteiro.[71]

A Comissão Mundial sobre o Meio Ambiente e Desenvolvimento afirma que a sustentabilidade é caracterizada como:

um processo de transformação no qual a exploração dos recursos, a direção dos investimentos, a orientação do desenvolvimento tecnológico e a mudança institucional se harmonizam e reforçam o potencial presente e futuro, a fim de atender às necessidades e aspirações humanas.[72]

Nota-se que é importante suprir as necessidades fundamentais do ser humano, a mantença dos padrões basilares de consumo nos limites das possibilidades das nações em crescimento, tão pouco privilegiadas e vítimas de um desenvolvimento econômico globalizado e neoliberal, que, por vezes, ignora sua existência.[73]

De acordo com Édis Milaré, a preocupação atual é:

acentuar a necessidade de o consumidor, para além dos seus direitos, pensar também na sua contrapartida de deveres para com o meio ambiente — esta

---

(70) AFONSO, Cintia Maria. *Sustentabilidade:* caminho ou utopia? São Paulo: Annablume, 2006. p. 11.
(71) PORTAL DA SUSTENTABILIDADE. *O que é?* Disponível em: <http://www.sustentabilidade.org.br/>. Acesso em: 28 jun. 2011.
(72) COMISSÃO MUNDIAL SOBRE O MEIO AMBIENTE E DESENVOLVIMENTO. *Nosso futuro comum.* Rio de Janeiro: FGV, 1991. p. 46.
(73) SÉGUIN, Elida; CARRERA, Francisco. *Planeta terra:* uma abordagem de Direito Ambiental. 2 ed. Rio de Janeiro: Lúmen Júris, 2001. p. 119.

consiste, em síntese, na busca da sustentabilidade ambiental em todas as demandas que exerce sobre bens e serviços a fim de satisfazer às suas necessidades reais, condicionadas à disponibilidade da mesma forma real dos recursos ambientais. Se assim não for, a sua própria sobrevivência e o destino dos seus descendentes estão gravemente comprometidos. Vale lembrar que, além dos preceitos jurídicos, entram em cena também os requisitos da ética em todas as suas dimensões: individual, social e planetária.[74]

Elida Séguin e Francisco Carrera ressaltam que "as iniciativas devem ser reveladas, as práticas sustentáveis de produção e manejo devem servir de bandeira rumo ao pleno estabelecimento do desenvolvimento sustentável".[75] Caso contrário, de nada adianta falar em sustentabilidade.

A miséria, a pobreza, a fome que ainda presenciamos nos dias atuais, conjuntamente com a questão do equilíbrio ecológico, passaram a ser inseridas no cenário das preocupações com a geração presente e futura do planeta. E uma das alternativas para esse gravame é o fomento de educação e implementação de técnicas sustentáveis de produção.

O crescimento econômico há de atingir os potenciais de produção capazes de alcançar aqueles países que ainda desconhecem o progresso sustentável. A desinformação e a ausência de conhecimento e de cultura transformam esses povos em verdadeiros agentes negativos e agressores do meio ambiente. A desinformação e a pobreza também constituem vetores de impacto ambiental e devem ser eliminadas.[76]

Ademais, devemos erradicar a pobreza generalizada, a má distribuição de renda, a desigualdade social e adequarmo-nos à política mundial para obtermos o equilíbrio entre a realidade atual e o atendimento às necessidades humanas, pois são fatores que ainda não se estabilizaram.

Segundo Sirvinskas:

> Não se pode perder de vista que o Brasil precisa crescer, e sem crescimento haverá estagnação e empobrecimento geral. O poder aquisitivo cai e, consequentemente, a qualidade de vida em todos os níveis. Só que o crescimento econômico depende essencialmente da extração dos recursos naturais. São

---

(74) MILARÉ, Edis. *Direito do Ambiente:* A Gestão Ambiental em Foco — doutrina, jurisprudência, glossário. 5. ed. São Paulo: Revista dos Tribunais, 2007. p. 87.
(75) SÉGUIN, Elida; CARRERA, Francisco. *Planeta Terra:* uma abordagem de Direito Ambiental. 2. ed. Rio de Janeiro: Lúmen Júris, 2001. p. 119.
(76) *Ibid.*, p. 120.

os recursos ambientais que movimentam a economia brasileira. Assim, o País precisa crescer, mas de maneira planejada e sustentável. [77]

"A complexidade das relações do homem com o meio ambiente e os efeitos das ações humanas nos processos ambientais criam novos vínculos e, por vezes, afastam a possibilidade de atingirmos o desenvolvimento sustentado."[78] Por isso, sempre deve existir uma relação de harmonia entre o ser humano com o meio ambiente.

O desenvolvimento sustentável procura conciliar a proteção ecológica com o desenvolvimento socioeconômico para a melhoria da qualidade de vida do ser humano, de modo a buscar o uso racional dos recursos naturais não renováveis e com a finalidade de almejar a tão divulgada justiça social.[79]

Vale salientar que as indústrias e as empresas, ao adotarem políticas ambientais internas, se destacarão no mercado. "A qualificação ambiental e a certificação dos processos de produção demonstram-se positivas em relação à conscientização ambiental."[80]

"As práticas de comércio internacional já se impõem à concessão de selos ambientais e certificações em nível da ISO 14.000."[81] São normas comerciais que, gradativamente, vêm sendo implementadas e tendem ao crescimento dos incentivos e fomentos. Outrossim, são fruto das exigências do próprio mercado.[82]

Um caso que vale ressaltar e que obteve sucesso pela prática social da empresa foi o da rede de supermercados Walmart, por ter adotado ações de sustentabilidade, destacando, dentre elas, o programa de redução de sacolas plásticas.

A empresa concedia um desconto de 3 centavos para cada sacola que o cliente deixasse de utilizar quando fizesse compra.

De acordo com o Walmart, o programa já distribuiu R$ 360.000,00 (trezentos e sessenta mil) reais em descontos, o que teria obstado a utilização de 12 milhões de sacolas.[83]

O prêmio foi concedido pelo Guia Exame de Sustentabilidade como reconhecimento às ações de sustentabilidade da empresa e à velocidade com que as mudanças vêm sendo feitas na organização. Concorreram ao prêmio 210 companhias de grande e médio porte de todo o país, e 20 mereceram desta-

---

(77) SIRVINSKAS, Luís Paulo. *Tutela Constitucional do Meio Ambiente*. 2. ed. São Paulo: Saraiva, 2010. p. 185.
(78) *Idem.*
(79) *Ibid.*, p. 184.
(80) *Ibid.*, p. 122.
(81) *Ibid.*, p. 122.
(82) *Ibid.*, p. 122.
(83) *GUIA EXAME 2009*. Sustentabilidade. A lista das 20 empresas-modelo em responsabilidade social corporativa no Brasil. *Walmart*: A empresa Sustentável do Ano. São Paulo: Editora Abril, nov. 2009.

que pelas ações realizadas no último ano. [...] Walmart, a subsidiária brasileira da rede de varejo, se tornou um exemplo para a matriz ao perceber que o aquecimento global é uma ameaça à perpetuação do próprio negócio.[84]

O empresariado tem de enquadrar seus processos de produção às normas e exigências internacionais, senão terá sua clientela diminuída, visto que os consumidores estão exigindo cada vez mais transparência e ética das empresas no fornecimento de seus produtos.

As empresas não podem continuar a ser vistas como grandes vilãs e poluidoras do meio ambiente, pois elas constituem elemento de suma importância na implementação e na prática da sustentabilidade, inclusive porque ganham mercado junto aos consumidores e incentivam o conhecimento.[85]

Neste sentido Elida Séguin e Francisco Carrera afirmam que: "O lançamento no mercado destes produtos estará auxiliando o processo de caminhada ao pleno desenvolvimento que hoje denominamos sustentável e que amanhã poderá ser denominado como sustentado."[86]

Pode-se concluir que a sustentabilidade é o caminho para a empresa, esta deve atuar com ética, garantindo informação de forma clara e objetiva a respeito dos seus produtos; deve fornecê-los com durabilidade, bem como fazer uso de tecnologias adequadas, preocupar-se com a geração de empregos, estimular a sociedade a consumir de modo consciente a fim de despertar em todos uma consciência crítica e incentivar o enfrentamento das questões socioambientais para um futuro melhor.

7. CONCLUSÃO

À guisa de conclusão, fica nítido que o empresário vem reconhecendo a relevância e a necessidade de se realizar transformações na gestão dos negócios.

A responsabilidade social empresarial tornou-se uma questão de sobrevivência mercadológica, em que os consumidores estão cada vez mais exigentes e criteriosos quanto ao processo produtivo.

Isso porque a conscientização, no que diz respeito à preocupação dos indivíduos com o bem-estar social, aumentou, bem como a pressão por uma atuação transparente, ética e socialmente responsável.

---

(84) INSTITUTO AKATU. *Walmart é eleita a Empresa Sustentável do Ano pelo Guia Exame de Sustentabilidade*. Disponível em: <http://www.akatu.org.br/parceiros/acoes/2009/walmart-e-eleita-a-empresa-sustentavel-do-ano-pelo-guia-exame-de-sustentabilidade-1>. Acesso em: 15 mar. 2010.
(85) *Ibid.*
(86) *Ibid.*

Foi destacado ainda que as relações edificadas com fundamento nos públicos interno e externo desencadeia valores para todos, de modo a assegurar a sustentabilidade a longo prazo dos negócios.

É relevante, portanto, que o empresário compreenda e conheça as partes interessadas ou *stakeholders* a fim de que um padrão de gestão responsável seja alcançado.

Pois constatou-se que a responsabilidade socioambiental vem se revelando uma das estratégias mais importantes para o progresso e o crescimento das empresas no contexto mundial.

Por derradeiro é que o presente trabalho conclui enfatizando a sustentabilidade como o caminho para todas as empresas.

Uma empresa socialmente responsável que trabalha para encontrar soluções para os desafios socioambientais está ciente de que, mais do que reconhecer, o importante é replicar boas práticas socioambientais com o propósito de assegurar um planeta Terra saudável para as futuras gerações.

8. REFERÊNCIAS BIBLIOGRÁFICAS

AFONSO, Cintia Maria. *Sustentabilidade:* caminho ou utopia? São Paulo: Annablume, 2006.

ARAÚJO, Marley Rosana Melo de. O que é responsabilidade social de empresas para o consumidor: significado e influências. In: *Responsabilidade social das empresas:* a contribuição das universidades. v. IV. São Paulo: Peirópolis: Instituto Ethos, 2005.

CAPPELIN, Paola; GIULIANI, Gian Mário. Compromisso social no mundo dos negócios. In: *Boletim do Ibase "Orçamento e Democracia",* n. 11, fev. 1999.

COMISSÃO MUNDIAL SOBRE O MEIO AMBIENTE E DESENVOLVIMENTO. *Nosso futuro comum.* Rio de Janeiro: FGV, 1991.

COSTA, Raquel. *A contribuição da ciência contábil para a preservação do meio ambiente.* Disponível em: <http://www.serrano.neves.nom.br/MBA_GYN/apsa02.pdf>. Acesso em: 12 out. 2011.

DAFT, Richard L. *Administração.* 4. ed. Rio de Janeiro: LTC, 1999.

DAINEZE, Marina do Amaral. Códigos de ética empresarial e as relações da organização com seus públicos. In: *Responsabilidade social das empresas:* a contribuição das universidades. v. III. São Paulo: Peirópolis, 2004.

DUARTE, Cristiani de Oliveira Silva; TORRES, Juliana de Queiroz Ribeiro. Responsabilidade Social Empresarial: dimensões históricas e conceituais. In: *Responsabilidade social das empresas:* a contribuição das universidades. v. IV. São Paulo: Peirópolis: Instituo Ethos, 2005.

FÉLIX, Luiz Fernando Fontes. Os benefícios e efeitos advindos da responsabilade social e cidadã das empresas. In: *Responsabilidade social das empresas:* a contribuição das universidades. v. II. São Paulo: Peirópolis: Instituto Ethos, 2003.

FIORILLO, Celso Antonio Pacheco. *Curso de Direito Ambiental Brasileiro*. São Paulo: Saraiva, 2012.

FRANÇA, R.; CARNEIRO, M. Novas faces do bem. In: *Revista Veja*, outubro de 1999.

FREIRE, Fátima; MALO, François B. Memória social e decisões estratégicas. In: *Boletim do Ibase "Orçamento e Democracia"*. n. 12, jun. 1999.

GUIA EXAME 2009. *Sustentabilidade*. A lista das 20 empresas-modelo em responsabilidade social corporativa no Brasil. *Walmart*: A empresa Sustentável do Ano. São Paulo: Editora Abril, nov. 2009.

HARVARD BUSINESS REVIEW (org.) *Ética e responsabilidade nas empresas*. Trad. Afonso Celso da Cunha Serra. Rio de Janeiro: Elsevier, 2005.

INSTITUTO AKATU. *Walmart é eleita a Empresa Sustentável do Ano pelo Guia Exame de sustentabilidade*. Disponível em: <http://www.akatu.org.br/parceiros/acoes/2009/walmart-e-eleita-a-empresa-sustentavel-do-ano-pelo-guia-exame-de-sustentabilidade-1>. Acesso em: 15 mar. 2010.

INSTITUTO ETHOS DE EMPRESAS E RESPONSABILIDADE SOCIAL. *Formulação e implantação de código de ética em empresas*. São Paulo, 2000.

INSTITUTO ETHOS DE RESPONSABILIDADE SOCIAL EMPRESARIAL. *O novo contexto econômico e a responsabilidade social das empresas*. Disponível em: <http://www.ethos.org.br/docs/conceitos_praticas/indicadores/responsabilidade/contexto_economico.asp.>. Acesso em: 1º nov. 2011.

KUNSCH, Margarida M. K. (org). *Obtendo resultados com relações públicas*. São Paulo: Pioneira, 1997.

LESLY, Philip. (org). *Os fundamentos de relações públicas e da comunicação*. São Paulo: Pioneira, 1995.

LOURENÇO, Alex Guimarães; SCHRÖDER, Deborah de Souza. Vale investir em responsabilidade social empresarial? Stakeholders, ganhos e perdas. In: *Responsabilidade social das empresas:* a contribuição das universidades. v. II. São Paulo: Peirópolis: Instituto Ethos, 2003.

MACHADO, Carla Mara. Contabilidade ambiental: o papel da contabilidade na evidenciação de investimentos, custos e passivos ambientais. In: *Responsabilidade social das empresas:* a contribuição das universidades. v. II. São Paulo: Peirópolis: Instituto Ethos, 2003.

MACHADO, Paulo Affonso Leme. *Direito Ambiental Brasileiro*. São Paulo: Malheiros, 2011.

MELO NETO, Francisco Paulo de; FRÓES, Cesar. *Responsabilidade social e cidadania empresarial:* a administração do terceiro setor. 2. ed. Rio de Janeiro: Qualitymark, 2002.

MILARÉ, Edis. *Direito do Ambiente: a Gestão Ambiental em Foco — doutrina, jurisprudência, glosário*. 5. ed. São Paulo: Revista dos Tribunais, 2007.

PELIANO, A.M.T.M. *A iniciativa privada e o espírito público:* um retrato da ação social no Sudeste brasileiro. Disponível em <http//: www.ipea.gov.br>. Acesso em: 16 jan. 2011.

PORTAL DA SUSTENTABILIDADE. *O que é?* Disponível em: <http://www.sustentabilidade.org.br/>. Acesso em: 28 jun. 2011.

SÉGUIN, Elida; CARRERA, Francisco. *Planeta Terra:* Uma abordagem de Direito Ambiental. 2. ed. Rio de Janeiro: Lúmen Júris, 2001.

SIRVINSKAS, Luís Paulo. *Manual de Direito Ambiental.* 9. ed. rev., atual. e ampl. São Paulo: Saraiva, 2011.

_____. *Tutela Constitucional do Meio Ambiente.* 2. ed. São Paulo: Saraiva, 2010.

VAL JÚNIOR, Lídio; GESTEIRO, Natália Paludetto. *A responsabilidade social da empresa.* Disponível em: <http://www.jus.uol.com.br/revista/texto/5612>. Acesso em: 20 nov. 2010.

A UTOPIA DO "DIGNO" SALÁRIO MÍNIMO NACIONAL: SOB A ÓTICA DE JOHN RAWLS E DE AMARTYA SEN

Roger Moko Yabiku

Mestre em Filosofia pela Pontifícia Universidade Católica de Campinas — PUC-Campinas. Pós-graduado em Direito Penal e Direito Processual Penal pela Universidade Metodista de Piracicaba — UNIMEP. Pós-graduado (MBA) em Comércio Exterior pela Fundação Getúlio Vargas — FGV-Unifac. Graduado pelo Programa Especial de Formação Pedagógica de Professores de Filosofia. Bacharel em Direito e em Jornalismo pela PUC-Campinas. Exerceu cargo de Chefe de Gabinete na Câmara Municipal de Sorocaba. Diretor Jurídico da União Cultural e Esportiva Nipo-Brasileira de Sorocaba — UCENS. Professor Universitário e Advogado.

A Utopia do "Digno" Salário Mínimo Nacional: sob a Ótica de John Rawls e de Amartya Sen

INTRODUÇÃO

Todo ser vivo precisa suprir suas necessidades mais básicas para sobreviver. Isso é óbvio e ululante. No entanto, devemos lembrar que o ser humano precisa de mais para que sua vida tenha uma existência digna. Já há algum tempo, se utiliza a venda da força de trabalho[1] em troca de salário para que se possa, por meio do mercado, adquirir os bens mínimos (ou primários) para se manter vivo. Via de regra, as democracias constitucionais de molde ocidental, como a República Federativa do Brasil, insculpem em sua legislação, inclusive sob alçada constitucional, um salário mínimo para garantir tudo isso. Atenta Alexandre de Moraes (2006, p. 178) que os Direitos Sociais,[2] dentre os quais o do trabalho, "são normas de ordem pública, com características de imperativas, invioláveis, portanto, pela vontade das partes contratantes da relação trabalhista".

No entanto, verifica-se que muito disso fica só no papel, pois o salário mínimo estabelecido pelo Direito não atende aos requisitos da população na realidade como ela se apresenta. Diante do exposto, o presente texto aprecia o art. 7º, IV, da Constituição Federal,[3] sob a óptica do filósofo político norte-americano neocontratualista

---

(1) "Art. 6º, CF — São direitos sociais a educação, a saúde, o *trabalho*, a moradia, o lazer, a segurança, a Previdência Social, a proteção à maternidade e à infância, a assistência aos desamparados, na forma desta Constituição."

(2) "Direitos sociais são direitos fundamentais do homem, caracterizando-se como **verdadeiras liberdades positivas, de observância obrigatória em um Estado Social de Direito, tendo por finalidade a melhoria de condições de vida aos hipossuficientes**, visando à concretização da igualdade social, e são consagrados como fundamentos do Estado democrático, pelo art. 1º, IV, da Constituição Federal." (MORAES, 2006, p. 177, grifos nossos)

(3) "Art. 7º, CF — São Direitos dos trabalhadores urbanos e rurais, além de outros que visem à melhoria da sua condição social: (...)
IV — salário mínimo, fixado em lei, nacionalmente unificado, capaz de atender as suas necessidades vitais básicas e às de sua família com moradia, alimentação, educação, saúde, lazer, vestuário, higiene,

John Rawls,[4] célebre autor de *Uma teoria da justiça* (1971), e do indiano Prêmio Nobel de Economia Amartya Sen. Para Rawls (2000b, p. 7-8), a estrutura básica da sociedade tem como objeto primário a justiça, ou seja, "a maneira pela qual as instituições sociais mais importantes distribuem direitos e deveres fundamentais e determinam a divisão de vantagens provenientes da cooperação social." Ou seja: "Por instituições mais importantes quero dizer a Constituição política e os principais acordos econômicos e sociais."

Dessa forma, então, ajusta-se a teoria rawlsiana com as críticas feitas ao salário mínimo estabelecido no ordenamento jurídico pátrio, pois, apesar de esse estar previsto na constituição política, sua implementação de modo satisfatório está deveras longe daquilo que se requer para se construir a existência humana. Quer dizer, os principais acordos econômicos e sociais permitem que o salário mínimo seja legal, porém, extremamente injusto quando comparado com o mundo do ser. Suas justificativas esfacelam-se ao menor contato com a realidade, como cinzas e palavras vazias se perdem pelo vento.

Atualmente, de acordo com o Decreto n. 7.655, de 23 de dezembro de 2011, que regulamenta a Lei n. 12.382,[5] de 25 de fevereiro de 2011, o salário mínimo vigente é de R$ 622,00. No entanto, para o Departamento Intersindical de Estatística e Estudos Sociais e Econômicos (Dieese), o salário mínimo necessário deveria ser, em novembro de 2011, de R$ 2.349,26.[6]

É quase unanimidade dizer que o salário mínimo proposto pela legislação brasileira, sob a égide dos ilustres governantes, é uma utopia, quando dito que serve para suprir as necessidades básicas de um ser humano. Utilizando a terminologia de Rawls, os bens primários[7] são insuficientes, daí, não se pode dizer que essa sociedade seja bem-ordenada, muito menos justa.

---

transporte e Previdência Social, com reajustes periódicos que lhe preservem o poder aquisitivo, sendo vedada sua vinculação para qualquer fim;"
Aliás, a Consolidação das Leis do Trabalho (CLT) também já versava sobre o assunto: "Art. 76. Salário mínimo é a contraprestação mínima devida e paga diretamente pelo empregador a todo trabalhador, inclusive ao trabalhador rural, sem distinção de sexo, por dia normal de serviço, e capaz de satisfazer, em determinada época e região do País, as suas necessidades normais de alimentação, habitação, vestuário, higiene e transporte."
(4) "É assim que Rawls entende um contrato social — um acordo hipotético em uma posição original de equidade. Rawls nos convida a raciocinar sobre os princípios que nós — como pessoas racionais e com interesses próprios — escolheríamos caso estivéssemos nessa posição. Ele não parte do pressuposto de que todos sejamos motivados apenas pelo interesse próprio na vida real; pede somente que deixemos de lado nossas convicções morais e religiosas para realizar essa experiência imaginária." (SANDEL, 2011, p. 178)
(5) Dispõe sobre o salário mínimo e a sua política de valorização de longo prazo.
(6) Cf. URL: <http://www.dieese.org.br/rel/rac/salminMenu09-05.xml>. Acesso em: 11 fev. 2012.
(7) "Distinguimos cinco tipos desses bens: (I) Os direitos e liberdades básicos: as liberdades de pensamento e de consciência, e todas as demais. Esses direitos e liberdades são condições institucionais para o adequado desenvolvimento e exercício pleno e consciente das duas faculdades morais (...)

Bens primários, para Rawls (2000b, p. 98), são "direitos, liberdades e oportunidades, assim como renda e riqueza". Segundo Rawls, a satisfação de um bem racional é um bem. Cada indivíduo tem um plano de vida racional, fala Rawls, de modo que se delineia conforme as circunstâncias que enfrenta. Dessa forma, é necessário um mínimo vital que lhe garanta a existência. "A todos é assegurada igual liberdade para que persigam qualquer plano de vida que lhes agrade, contanto que isso não viole as exigências da justiça." (RAWLS, 2000b, p. 100)

No paradigma de pluralidade de hoje, é difícil estabelecer, para todos, um padrão de felicidade, diante da "diversidade de doutrinas religiosas, filosóficas e morais conflitantes e inconciliáveis", explica Rawls (2000a, p. 45). Daí se falar num projeto de vida racional, pois não é mais tarefa do Estado promover a felicidade, porém, garantir a liberdade. Mas a liberdade sem limites (em termos de poder econômico, principalmente) junto à igualdade meramente formal pode causar problemas quase irreparáveis em termos de distribuição de renda e igualdade social. Cada um define seu projeto de vida racional. Não se trata de altruísmo ou de egoísmo, mas da construção de um sistema de cooperação social, um sistema equitativo de cooperação.

LIBERDADE DE ESCOLHER SEU PROJETO DE VIDA

Argumenta Michael Sandel (2011, p. 248) que, para Aristóteles, justiça seria questão de adequação. Então, haveria de se conhecer o *télos* (fim último) das instituições e ajustar as as pessoas aos seus papéis, conforme suas aptidões naturais: "Dar aos indivíduos seus direitos significa dar-lhes os ofícios e as honrarias que merecem e os papéis na sociedade que se adequem a sua natureza."

No entanto, concepções teleológicas como a de Aristótoles podem justificar a desigualdade natural entre os seres humanos, acarretando escravidão, por exemplo. Algumas pessoas seriam diferentes das demais e, para seu próprio bem e o bem da sociedade, por não utilizarem plenamente a razão, deveriam ser comandadas por um mestre. Enfim, deveriam ser escravas, em razão de diversas questões, tal como a divisão do trabalho na *pólis* antiga. "Portanto, a noção de adequação pode facilmente transformar-se em escravidão, se aqueles que detêm o poder concluírem que um determinado grupo seja, de alguma forma, adequado a um papel subalterno", salienta Sandel (2011, p. 248).

(II) As liberdades de movimento e de livre escolha de ocupação sobre um fundo de oportunidades diversificadas, oportunidades estas que propiciam a busca de uma variedade de objetivos e tornam possíveis as decisões de revê-los e alterá-los; (III) Os poderes e prerrogativas de cargos e posições de autoridade e responsabilidade; (IV) Renda e riqueza, entendidas como meios polivalentes (que têm valor de troca) geralmente necessários para atingir uma ampla gama de objetivos, sejam eles quais forem; (V) As bases sociais do autorrespeito, entendidas como aqueles aspectos das instituições básicas normalmente essenciais para que os cidadãos possam ter um senso vívido de seu valor enquanto pessoas e serem capazes de levar adiante seus objetivos com autoconfiança." (RAWLS, 2003, p. 82)

Todavia, teorias liberais, como a de Rawls, defendem que os papéis sociais devem se originar de escolhas, e não de adequação. Assim, as pessoas deveriam ter oportunidade de escolher por si mesmas os seus papéis na sociedade. Caso não haja uma estrutura básica da sociedade que permita isso, jamais se será livre para que as pessoas escolham por si mesmas os seus papéis na sociedade.

Assim, estrutura básica de uma sociedade bem ordenada, segundo Rawls (2003, p. 13), "é a maneira como as principais instituições políticas e sociais da sociedade interagem formando um sistema de cooperação social, e a maneira como distribuem direitos e deveres básicos e determinam a divisão das vantagens provenientes da cooperação social no transcurso do tempo". Definindo melhor:

> "A Constituição política com um judiciário independente, as formas legalmente reconhecidas de propriedade e a estrutura da economia (na forma, por exemplo, de um sistema de mercados competitivos com propriedade privada dos meios de produção), bem como, de certa forma, a família, tudo isso faz parte da estrutura básica. A estrutura básica é o contexto social de fundo dentro do qual as atividades de associações e indivíduos ocorrem. Uma estrutura básica justa garante o que denominamos de justiça de fundo (*background justice*)." (RAWLS, 2003, p. 13-14)

Promover uma estrutura básica desse tipo é o objeto primário da teoria da justiça como equidade, de Rawls. Como se percebe, desde o nascimento, os efeitos da estrutura básica refletem nas metas, nas aspirações e no caráter dos cidadãos, tal como suas metas e capacidades, observa Rawls (2003, p. 14). Um salário mínimo de R$ 622,00, mais a atual situação dos direitos sociais no Brasil, não permite dizer que a estrutura básica dessa sociedade atente aos requisitos dos princípios da justiça, que são:

> "(a) cada pessoa tem o mesmo **direito irrevogável a um esquema plenamente adequado de liberdades básicas iguais** que seja compatível com o mesmo esquema de liberdades para todos; e
>
> (b) as desigualdades sociais e econômicas devem satisfazer duas condições: primeiro, devem estar vinculadas a cargos e posições **acessíveis a todos em condições de igualdade equitativa de oportunidades**; e, em segundo lugar, têm de **beneficiar ao máximo os membros menos favorecidos da sociedade** (o princípio da diferença)." (RAWLS, 2003, p. 60)

EFETIVAÇÃO DAS LIBERDADES BÁSICAS IGUAIS

Na sociedade bem-ordenada de Rawls, as liberdades básicas iguais são compatíveis para todos, o que enseja uma estrutura básica que atende a esses requisitos, de permitir, materialmente, que as pessoas possam partir, em caso de competição, de um ponto de largada igual. O filho do cidadão que recebe um salário mínimo[8] não seria afetado, em seu futuro — em termos de educação e possibilidade de escolha livre e consciente sobre qual carreira a seguir —, pela pobreza do seu pai, porque, simplesmente, a sociedade seria justa. A estrutura básica deve atender essencialmente ao primeiro princípio, de sorte que as liberdades básicas iguais realmente sejam efetivadas.

O primeiro princípio da justiça se aplica não somente à estrutura básica, mas também à Constituição, seja ela escrita ou não, por isso tem prioridade sobre o segundo princípio da justiça. As liberdades políticas iguais garantem que os cidadãos tenham possibilidades e motivações, conforme Rawls (2003, p. 65), de ter chances iguais de participar e influenciar a política de governo e de ascender em termos sociais, quaisquer que sejam suas posições e classes econômicas.

Sua autoaplicabilidade na teoria de Rawls é imediata, mas em termos materiais e não em termos meramente jurídicos, como se verifica na doutrina jurídica; dessa maneira "subordinação da regra da autoaplicabilidade prevista no § 1º, art. 5º, e suscetibilidade do ajuizamento do mandado de injunção, sempre que houver a omissão do poder público na regulamentação de alguma norma que preveja um direito social e, consequentemente, inviabilize seu exercício". (MORAES, 2006, p. 178)

O salário mínimo é fixado por normas, então, juridicamente, é praticamente inatacável, em tese, por mandado de injunção. Então, o que fazer? O Direito Social — salário mínimo vinculado ao trabalho — é regulamentado por uma norma, porém, essa norma não é efetiva no plano da realidade material. Bela pergunta, ainda sem resposta. Porém, medida tecnicamente perfeita e inatacável, nos moldes do positivismo jurídico de Hans Kelsen.

SEN: A POBREZA DE CAPACIDADES

A falta de um salário mínimo que, efetivamente, atenda às reais necessidades do cidadão acarreta consequências perversas, como a falta de oportunidades para a aquisição de capacidades.[9] A pobreza de renda influencia, não que seja determinante absoluta — a pobreza de capacidades. Para Amartya Sen (2000, p. 112), renda é meio importantíssimo para obter capacidades. Com o incremento das capacidades, o indivíduo aumentaria o seu potencial de ter renda mais elevada.

---

(8) Um salário mínimo nos termos do DIEESE, obviamente, não o salário mínimo nominal.
(9) Trata-se de uma capacidade para realizar funcionamentos. A capacidade, segundo Sen (2001, p. 80), representa diversas combinações de funcionamentos. Uma variedade de conjuntos combinados de funcionamentos que refletem a liberdade de uma pessoa escolher um tipo de vida ou outro. Porém, nem todos os tipos de capacidade são valiosos, assevera Sen (2001, p. 85), ou mesmo que tenha a ver com a avaliação do bem-estar de determinada pessoa.

No entendimento de Sen (2000, p. 112), se deve desviar a atenção principal dos meios — renda, por exemplo — para os fins que os indivíduos devem buscar, e, consequentemente, as liberdades, para atingi-las. Em miúdos, ao se investir em educação e saúde, por exemplo, há de se ter em mente que esse investimento deve andar *pari passu* com a expansão das produtividades, junto ao poder de auferir renda.

Enfim, as capacidades humanas necessárias para o desenvolvimento econômico e social, além de aumentarem o poder do indivíduo de ampliar seu poder aquisitivo, levam em consideração, segundo Sen (2000, p. 2010, p. 335), "1) sua relevância direta para o bem-estar e a liberdade das pessoas; 2) seu papel indireto, influenciando a mudança social; 3) seu papel indireto, influenciando a produção econômica". Não se trata, portanto, de apenas "capital humano", mas de encarar os seres humanos muito além da mera produção econômica, assevera Sen.

"A abordagem das capacidades se concentra na vida humana e não apenas em alguns objetos separados de conveniência, como rendas ou mercadorias que uma pessoa pode possuir, que muitas vezes são considerados, principalmente na análise econômica, como o principal critério do sucesso humano. Na verdade, a abordagem propõe um sério deslocamento desde a concentração nos meios de vida até as oportunidades reais de vida. Isso também ajuda a provocar uma mudança desde as abordagens avaliativas orientadas para os meios, principalmente focando no que John Rawls chama de 'bens primários', que são meios úteis para muitos propósitos, como renda e riqueza, poderes e prerrogativas associados a cargos, as bases sociais da autoestima, e assim por diante." (SEN, 2011, p. 267-268)

OS OPERADORES CONCRETOS DO MERCADO

Detrás da economia, há pessoas de carne e osso, com sonhos, expectativas, assim como frustrações e medo. Há sujeitos concretos, trabalhadores de carne e osso, que compram bens para poder viver, mais suas famílias, com seus salários. Há necessidade de se introduzir na economia, e também no Direito, a crítica a partir do trabalhador como sujeito vivo que opera nos sistemas como parte funcional. Muitos desses sujeitos vivos ainda carecem de consciência crítica sobre o que se passa em seu redor, para entender como seu ser é visto como uma peça de uma engrenagem numa máquina, de um sistema que lhe fornece apenas o mínimo para sobreviver. Para Henrique Dussel (2007, p. 529), assim seria o seu clamor:

"Na vítima, dominada pelo sistema ou excluída, a subjetividade humana concreta, empírica, viva, se revela, aparece como 'interpelação' em última instância: é o sujeito que já não pode viver e grita de dor. É a interpelação daquele que exclama 'Tenho fome! Deem-me algo de comer, por favor!'. É a vulnerabilidade da corporalidade sofredora — que o 'ego-alga' não pode captar em sua subjetividade imaterial ou imortal — feita ferida aberta última não cicatrizável. A não resposta a essa interpelação é morte para a vítima: é para ela deixar de ser sujeito em seu sentido radical — sem metáfora possível: morrer. É o critério negativo e material último e primeiro da crítica enquanto tal — da consciência ética, razão e da pulsão de críticas. Aquele que morre foi alguém: um sujeito, última referência real, o critério de verdade definitivo da ética. O outro é a vítima possível e causada por minha ação funcional no sistema. Eu sou responsável."

Não que, obviamente, se seja carrasco da vítima. Porém, trata-se do momento de haver empatia entre as pessoas, que deveriam ser portadoras de uma práxis solidária e comunicativa rumo à autonomia em todos os termos. Todavia, o que se coloca em questão é o ser a quem se direciona o salário mínimo e a necessidade de todos serem capazes de se colocar em seu lugar.

SALÁRIO MÍNIMO JUSTO

Há várias decisões no sentido de afastar o pagamento, ao empregado, de um salário que seja inferior ao mínimo:

"A garantia do salário mínimo está prevista para aqueles que trabalhem dentro da jornada normal também fixada constitucionalmente, conforme dispõe o art. 6º da Lei n. 8.542/92, nos seguintes termos. 'Salário mínimo é a contraprestação mínima devida e paga diretamente pelo empregador a todo trabalhador por jornada normal de trabalho, capaz de satisfazer em qualquer região do País, as suas necessidades vitais básicas e as de sua família, como moradia, alimentação, educação, saúde, lazer, vestuário, higiene, transporte e Previdência Social." (TST, RR 467.236/98.9, Galba Magalhães Velloso, Ac. 4ª Turma). (CARRION, 2002, p. 76)

Aliás, a própria doutrina reconhece que o salário mínimo praticado no Brasil atende apenas às necessidades de um indivíduo e não da sua família:

"Verifica-se que o salário mínimo deve atender, segundo o inciso IV do art. 7º da Constituição, às necessidades vitais básicas não só do trabalhador, mas também de sua família. A CLT menciona apenas necessidades normais. Agora o contexto constitucional é mais amplo, pois o salário mínimo deve atender às necessidades vitais básicas do trabalhador e a da sua família. Sabemos que na prática isso não será possível com o valor do salário mínimo. Teoricamente, não só o salário mínimo, mas também o salário, deve atender às necessidades vitais básicas do trabalhador e de sua família. Nota-se que o salário mínimo deve, assim, servir para atender à necessidade familiar do trabalhador e não apenas individual." (MARTINS, 2010, p. 136-137)

Sábias também são as palavras proferidas por um ministro do pretório excelso:

"A insuficiência do valor correspondente ao salário mínimo — definido em importância que se revele incapaz de atender às necessidades vitais básicas do trabalhador e dos membros de sua família — configura um claro descumprimento, ainda que parcial, da Constituição da República, pois o legislador, em tal hipótese, longe de atuar como sujeito concretizante do postulado constitucional que garante à classe trabalhadora um piso geral de remuneração digna (CF, art. 7º, IV), estará realizando, de modo imperfeito, porque incompleto, o programa social assumido pelo Estado na ordem jurídica. A omissão do Estado — que deixa de cumprir, em maior ou em menor extensão, a imposição ditada pelo texto constitucional — qualifica-se como comportamento revestido da maior gravidade político-jurídica, eis que, mediante inércia, o Poder Público também desrespeita a Constituição, também compromete a eficácia da declaração constitucional de direitos e também impede, por ausência de medidas concretizadoras, a própria aplicabilidade dos postulados e princípios da Lei Fundamental. As situações configuradoras de omissão inconstitucional, ainda que se cuide de omissão parcial, refletem comportamento estatal que deve ser repelido, pois a inércia do Estado — além de gerar a erosão da própria consciência constitucional — qualifica-se, perigosamente, como um dos processos informais de mudança ilegítima da Constituição, expondo-se, por isso mesmo, à censura do Poder Judiciário. Precedentes: RTJ 162/877-879, rel. min. Celso de Mello — RTJ 185/794-796, rel. min. Celso de Mello. (ADI 1.442, rel. min. Celso de Mello, DJ 29.4.2005). No mesmo sentido: ADI 1.458-MC, rel. min. Celso de Mello, DJ 20.9.96." (SILVA, 2006, p. 111)

Então, se atende, falando generosamente, apenas às necessidades individuais, como falar que o salário mínimo tem a função de promover as potencialidades dos membros de uma família? Não há de se falar para que essas se insiram num sistema equitativo de cooperação social, justamente por não terem a motivação requerida. Mas o que é isso?

SISTEMA EQUITATIVO DE COOPERAÇÃO SOCIAL

De acordo com Rawls (2000a, p. 58), a sociedade é um sistema equitativo de cooperação social, que possui regras e procedimentos públicos e aceitos por pessoas que os aceitam e cooperam com os mesmos, por serem considerados os mais adequados para suas vidas. Envolve ideia de reciprocidade:

"todos estão envolvidos na cooperação e fazem sua parte como as regras e os procedimentos exigem, devem beneficiar-se de forma apropriada, estimando-se isso por um padrão adequado de comparação. Uma concepção de justiça política caracteriza os termos equitativos da cooperação. (...) esses termos equitativos são expressos pelos *princípios que especificam os direitos e deveres fundamentais no interior das principais instituições da sociedade e regulam os arranjos da justiça de fundo ao longo do tempo, de modo que os benefícios produzidos pelos esforços de todos são distribuídos equitativamente e compartilhados de uma geração até a seguinte. A ideia de cooperação social requer uma ideia de vantagem racional ou do bem de cada participante.* Essa ideia de bem especifica o que aqueles envolvidos na cooperação, sejam indivíduos, famílias, associações ou até mesmo governos de diferentes povos, estão tentando conseguir, quando o projeto é considerado de seu ponto de vista." (RAWLS, 2000a, p. 59, grifos nossos)

A sociedade, como sistema equitativo de cooperação social, demanda que esta, por meio da sua estrutura básica, proporcione o mínimo vital para que cada indivíduo possa edificar seu projeto de vida racional. Então, esse indivíduo aderiria ao sistema de cooperação social, pois internalizaria princípios de justiça, já que a sociedade os promoveria, inclusive, em termos materiais e não meramente formais. Eis que urge um salário mínimo, portanto, que satisfaça às reais necessidades dos indivíduos, pois assim se envolveriam de maneira mais efetiva na cooperação social ("um por todos e todos por um", parodiando Alexandre Dumas), porque teriam uma vantagem racional ou de bem, já que os bens seriam equitativamente distribuídos. Não seria apenas um salário mínimo legal que não promovesse os bens básicos necessários para a vida de uma família como no Brasil, por exemplo.

Pessoas que ganham o salário mínimo e somente ele, no Brasil, não teriam sentimento, obviamente, de contribuir para um sistema de cooperação social no qual não recebem benefício mútuo. O sistema equitativo de cooperação social envolve, inclusive, a ideia de benefício mútuo, num plano teórico ideal, em que há reciprocidade expressa por princípios de justiça que "regulam um mundo social onde todos se beneficiam, julgando-se por um padrão apropriado de igualdade definido com respeito a esse mundo", explica Rawls (2000a, p. 60).

IGUALDADE MATERIAL E IGUALDADE FORMAL

Conforme a ordem jurídica brasileira, todo mundo é livre e igual para prestar vestibular de Medicina em uma universidade pública, como é livre e igual para cursar a faculdade de Direito e prestar concurso público para a Magistratura ou o Ministério Público, por exemplo. Sabe-se que essa igualdade de oportunidades é meramente formal, ou seja, uma meritocracia para "inglês ver". Os que provieram de boas famílias (com privilégios econômicos e sociais) e tiveram boas oportunidades educacionais, claramente, possuem vantagem sobre os que não tiveram. Daí, a necessidade do segundo princípio da justiça de Rawls, mormente, o princípio da igualdade equitativa de oportunidades.[10]

"De fato, não podemos reverter as dificuldades econômicas dos pobres no mundo se impedirmos que eles tenham acesso às grandes vantagens da tecnologia contemporânea à bem estabelecida eficiência do comércio e do intercâmbio internacionais e aos méritos sociais e econômicos de viver em uma sociedade aberta. Na verdade, o ponto central é como fazer um bom uso dos formidáveis benefícios do intercurso econômico e do progresso tecnológico de maneira a atender de forma adequada aos interesses dos destituídos e desfavorecidos." (SEN, 2010, p. 23)

O atual valor do salário mínimo nominal brasileiro não auxilia a correção dessas injustiças sociais e econômicas. Aliás, as sociedades de mercado atribuem que os cargos e melhores salários são distribuídos "justamente" para aqueles que possuem as aptidões mais necessárias.[11] Esse argumento libertário é teoricamente liberal, mas aperfeiçoa o sistema feudal e de castas. "Em termos legais, permite que todos possam se esforçar e competir. Na prática, entretanto, as oportunidades estão longe de ser seguidas", observa Sandel (2011, p. 191). O que fazer, então?

"Uma das formas de remediar essa injustiça é corrigir as diferenças sociais e econômicas. Uma meritocracia justa tenta fazer isso, indo além da igualdade de oportunidades meramente formal. Ela remove os obstáculos que cerceiam a realização pessoal ao oferecer oportunidades de educação iguais para todos, para que os indivíduos de famílias pobres possam competir em situação de igualdade com os que têm origens mais privilegiadas. Ela institui programas assistenciais para famílias de baixa renda, programas compensa-

---

(10) Repetindo: "(b) as desigualdades sociais e econômicas devem satisfazer a duas condições: primeiro, devem estar vinculados a cargos e posições **acessíveis a todos em condições de igualdade equitativa de oportunidades.**" (RAWLS, 2003, p. 60)

(11) "Não somos responsáveis pelo fato de nossa sociedade valorizar certas coisas. Suponhamos que nós, com os talentos que temos, não vivêssemos em uma sociedade tecnologicamente avançada e com tantos problemas como a nossa, mas em uma sociedade de caçadores, ou uma sociedade guerreira, ou uma sociedade que outorgasse suas mais altas recompensas e seu mais alto prestígio àqueles que demonstrassem maior força física ou devoção religiosa. O que seria do nosso talento? Evidentemente, ele não nos levaria muito longe. Sem dúvida, alguns de nós desenvolveriam outras aptidões. Mas seríamos menos merecedores ou menos virtuosos do que somos agora? Rawls responde que não. Poderíamos ganhar menos dinheiro, o que seria correto. Mas, ainda que ganhássemos menos, não seríamos menos merecedores do que as outras pessoas. O mesmo se aplica aos indivíduos de nossa sociedade que não ocupam uma posição de prestígio e que não possuem os talentos que a nossa sociedade recompensa. Assim, ao mesmo tempo em que merecemos os benefícios que as regras do jogo prometem para o exercício do nosso talento, é errado e prepotente supor que merecemos, antes de tudo, uma sociedade que valorize nossas maiores qualidades." (SANDEL, 2011, p. 202)

tórios de nutrição e de saúde para a infância, programas educacionais e de treinamento profissional — tudo o que for preciso para que todos, independentemente de classe ou situação familiar, tenham acesso ao mesmo ponto de partida. Segundo a concepção meritocrática, a distribuição de renda e fortuna que resulta do livre mercado é justa, mas só se todos tiverem as mesmas oportunidades para desenvolver suas aptidões. Os vencedores da corrida só serão merecedores das recompensas se todos partirem da mesma linha de largada." (SANDEL, 2011, p. 192)

Os brasileiros não têm pontos de partida iguais. As famílias cujos chefes percebem um salário mínimo estão muito aquém do ponto de partida. Estão sujeitos a concepções morais arbitrárias, pretensamente meritocráticas.[12] Porém, é certo que, em virtude de dotes naturais ou esforço, alguns se sobressaiam aos outros. Conforme Amartya Sen (2010, p. 23), "o principal desafio refere-se à desigualdade — internacional e dentro de cada país. As preocupantes desigualdades incluem disparidades na riqueza e também assimetrias brutais no poder e nas oportunidades políticas, sociais e econômicas".

Seria justo impedir o progresso dessas pessoas? Claro que não. Aí entra em cena o princípio da diferença da teoria da justiça de Rawls,[13] já que o princípio da igualdade equitativa de oportunidades não seria suficiente para tornar justa uma estrutura básica de uma sociedade bem-ordenada. Assim, os mais ricos beneficiariam os mais pobres da sociedade, na forma de tributação, por exemplo. Eis, pois, o princípio da diferença.

"A resposta de Rawls é que o princípio da diferença permite desigualdades de renda a título de incentivo, desde que esses incentivos sejam necessários para melhorar a vida dos menos favorecidos. Pagar mais aos executivos ou cortar os impostos cobrados aos mais ricos apenas para aumentar o Produto Interno Bruto não seria suficiente. Mas, se os incentivos gerarem um crescimento econômico que permita àqueles que se encontram na base da pirâmide uma vida melhor do que a que teriam com uma distribuição mais equilibrada, então são permitidos pelo princípio da diferença. (...) Se Rawls estiver

---

(12) Sandel (2011, p. 196) explica: "Rawls repudia a teoria meritocrática de justiça com base no fato de que os talentos naturais não são mérito de quem o possui. Mas e o trabalho árduo a que muitas pessoas se dedicam para cultivar seu talento? Bill Gates trabalhou com afinco e durante muito tempo para fundar a Microsoft. Michael Jordan passou infindáveis horas treinando basquete. A despeito de seus talentos e dotes, será que não merecem ser recompensados por tudo que conseguiram conquistar com seu esforço? Rawls responde que até o esforço pode ser produto de uma educação favorável. (...) Como outros fatores que determinam nosso sucesso, o esforço é influenciado por contingências cujos créditos não podemos reivindicar."
(13) Novamente: "(b) as desigualdades sociais e econômicas devem satisfazer a duas condições: (...) em segundo lugar, têm de **beneficiar ao máximo os membros menos favorecidos da sociedade (o princípio da diferença)**." (RAWLS, 2003, p. 60)

certo, as desigualdades de renda só serão justas na medida em que incentivarem esforços que, no cômputo geral, ajudem os menos privilegiados, e não porque os altos executivos ou os astros do esporte mereçam ganhar mais do que os operários de fábricas." (SANDEL, 2011, p. 196)

No Brasil, foi criado o Fundo de Combate e Erradicação da Pobreza (Lei Complementar n. 111, de 6 de julho de 2001), porém, e o Imposto sobre Grandes Fortunas, tal como preceitua o artigo 153, VII, da Constituição Federal, a ser implementado por Lei Complementar como uma das fontes para guarnecê-lo?[14] O Direito aponta soluções, mas não as concretiza. Seria uma forma de a política burlar a Constituição ou um problema muito mais profundo, estrutural, da racionalidade e do jeito de ser do brasileiro?

ESCRAVIDÃO DISFARÇADA?

A exploração da mão de obra sempre foi realidade no Brasil. A herança colonial, segundo Gerson Lacerda Pistori (2009, p. 219), possibilitou que o império fixasse a economia no latifúndio, no trabalho escravo e na monocultura. Não só o escravo, mas também o colono, o arrendatário e, posteriormente, o operário ganhavam terreno na medida em que o tráfico de escravos foi gradativamente coibido pela Inglaterra no âmbito internacional. Aqui, aliás, há questões *sui generis*, como explica Pistori (2009, p. 219): "o advento do proletariado em nosso país foi tardio, retardado pela própria escravidão mercantil (cujo sistema atrasou até o saneamento básico nas grandes cidades)".

"O trabalhador livre não tinha lugar na sociedade, sendo um nômade, um mendigo, e, por isso, em parte nenhuma achava ocupação fixa", narra Pistori (2009, p. 220). No entanto, vieram para o Brasil colonos estrangeiros por programas de incentivos do governo, que exigia mão de obra para a cultura do café. Ampliou-se o consumo e o mercado consumidor, com o começo da produção industrial. Com o mau tratamento nas fazendas, um ambiente cultural escravocrata, o colono foi para as cidades, onde tomou lugar na indústria.

Isso, no começo do século XX; porém, atualmente, no século XXI, o cenário é de uma licitude disfarçada. A exploração do trabalhador se dá na forma de trabalho temporário, empresas e prestação de serviços de atividades meio, ou de maneira ilícita como pseudocooperativas urbanas e rurais de prestação de serviços de mão de obra, pseudofirmas, segundo Pistori (2009, p. 229)

Há de se falar igualmente na exclusão social pela pobreza, em razão do desemprego, da terceirização (ilícita, na maioria das vezes), que se assemelha ao trabalho escravo, ou uma reciclagem desse. Parece que o Estado atua, com esse tipo

---

(14) As demais fontes de renda, assim como sua utilização, estão discriminadas no art. 80, parágrafos e incisos da CF.

de exclusão, como na época da escravatura, mas com um novo olhar, o da cidadania, democracia e preocupação social. No papel, diga-se de passagem. Pois no mundo empírico, real, a escravidão se dá de maneira disfarçada.

A extrema flexibilização dos direitos trabalhistas, por exemplo, "sem interferência do Estado e sem preocupação social, senão preservar-se postos de trabalho, sem as garantias mínimas sociais, tais como salário mínimo, jornada de 8 horas, garantia de higiene e segurança no trabalho, preservação dos direitos previdenciários, férias, repouso semanal remunerado, a par da responsabilização social e jurídica de quem se utiliza da força de trabalho de outrem, representa um retrocesso de séculos, contado o período europeu", arremata Pistori (2009, p. 229).

Promove-se, então, o aumento da exclusão social. Os escravos contemporâneos recebem salário mínimo que lhes permite apenas sobreviver, mas não viver em plenitude, com o aperfeiçoamento das capacidades que lhes ampliem os funcionamentos, para que, cada vez mais, tenham concepções racionais de bem, com projetos racionais de vida, mas para isso as pessoas devem ser livres e iguais.

O QUE SÃO PESSOAS LIVRES E IGUAIS?

Para John Rawls, pessoas livres e iguais são aquelas capazes de se engajar no sistema de cooperação social, no entanto, para isso, devem ter duas faculdades morais. Se elas possuem essas faculdades morais, podem envolver-se na cooperação social durante toda a vida, mas também honrar os termos de equidade. Elas são:

"Uma dessas faculdades é a capacidade de ter um **senso de justiça**: é a capacidade de compreender e aplicar os princípios da justiça política que determinam os termos equitativos de cooperação social, e de agir a partir deles (e não apenas de acordo com eles). A outra faculdade moral é a capacidade de formar uma **concepção do bem**: é a capacidade de ter, revisar e buscar atingir de modo racional uma concepção de bem. Tal concepção é uma família ordenada de fins últimos que determinam a concepção que uma pessoa tem do que tem valor na vida humana ou, em outras palavras, do que se considera uma vida digna de ser vivida. Os elementos dessa concepção costumam fazer parte de, e ser interpretados por, certas doutrinas religiosas, filosóficas ou morais abrangentes à luz das quais vários fins são ordenados e compreendidos." (RAWLS, 2003, p. 26)

Os cidadãos são iguais na medida em que possuem faculdades morais que lhes permitam participar do sistema de cooperação pela vida toda e participar do mesmo como cidadãos de pesos iguais. Porém, para serem vistos como iguais, devem ser plenamente cooperativos de uma sociedade política. No paradigma atual, o fator econômico pesa muito forte, pois o Brasil não é a sociedade bem-ordenada de John Rawls, assim, só algumas das liberdades democráticas básicas são postas em prática por todos. Porém, quem tem possibilidade de se capacitar — por ter melhores condições econômicas — está bem à frente de quem não tem essa possibilidade. Como falar, então, de liberdades democráticas iguais se a liberdade encarada no Direito Brasileiro é formal, e não efetiva?

Num primeiro sentido de liberdade, os cidadãos consideram-se livres quando consideram-se reciprocamente, incluindo a si mesmos, como possuidores de concepções de bem, salienta Rawls (2003, p. 30):

> "Na qualidade de pessoas livres, os cidadãos reivindicam o direito de que suas próprias pessoas sejam consideradas como independentes de qualquer concepção do bem específico ou de qualquer esquema específico de fins últimos, e de não ser identificadas a alguma dessas concepções. Dada a faculdade moral que têm de formar, rever e racionalmente procurar atingir uma concepção do bem, sua identidade pública ou legal como pessoas livres não é afetada por mudanças que possam ocorrer, no tempo, na concepção específica do bem que afirmam."

Num outro sentido, os cidadãos são livres, explica Rawls (2003, p. 32-33), se "são livres na condição de fontes de reivindicações legítimas que se autenticam por si mesmas":

> "Ao descrevermos a maneira pela qual os cidadãos consideram a si mesmos livres, levamos em conta como os cidadãos tendem a se conceber numa sociedade democrática quando surgem questões de justiça política. Que isso faz parte de uma concepção política específica de justiça fica evidente do contraste com uma concepção política distinta, para a qual os membros da sociedade não são vistos como fontes que se autenticam por si mesmas de reivindicações legítimas. Nesse último caso, suas reivindicações só têm valor se derivarem dos deveres e obrigações para com a sociedade, ou do papel que lhes é atribuído numa hierarquia social justificada por valores religiosos ou aristocráticos. Para tomar um exemplo extremo, escravos são seres humanos que não são tratados como fontes de reivindicações, nem mesmo de reivindicações baseadas em deveres ou obrigações sociais, porque não se considera que sejam capazes de ter deveres ou obrigações. Leis que proíbem maltratar e explorar escravos não se fundamentam em reivindicações feitas por escravos em benefício próprio, mas em reivindicações oriundas quer de senhores de escravos ou de interesses gerais da sociedade (que não incluem os escravos). Escravos são, por assim dizer, indivíduos socialmente mortos: não são de modo algum reconhecidos como pessoas. Essa comparação com uma concepção política de justiça que admite a escravidão evidencia por que conceber os cidadãos como pessoas livres em virtude de suas faculdades morais e de eles terem uma concepção de bem está intimamente ligado a uma determinada concepção política da justiça."

No Brasil, a escravidão foi abolida. Hoje, existe o delito de "redução à condição análoga a de escravo". Porém, isso é motivo de comemoração? Passa-se, a seguir, à análise.

O TRATAMENTO NO DIREITO PENAL

Preceitua o Código Penal brasileiro acerca do crime de redução à condição análoga a de escravo.[15] Trata-se da proteção do bem jurídico liberdade pessoal, o *status libertatis*, seu direito de ir e vir ou permanecer onde quiser. Qualquer pessoa pode ser tanto sujeito ativo quanto sujeito passivo do delito em questão. O indivíduo é posto sob o domínio de outrem, ensina Luis Régis Prado (2011, p. 149). Em tese, afronta o princípio da dignidade da pessoa humana prevista no art. 3º, III, da Constituição Federal. O crime se consuma, ensina Prado (2011, p. 149-150), quando a vítima é reduzida à condição análoga a de escravo por certo período, suprimindo-se completamente seu *status libertatis*. A execução se protrai no tempo.

Ensina André Estefam (2010, p. 300) que tal delito, no Brasil, é recente, visto que a escravidão só foi abolida em 1888. O Código Criminal de 1830, do Império, somente impunha punição à escravidão de pessoa livre. Enquanto ao escravo havia diversas espécies de tratamento desigual.

> "O Código Penal de 1890, embora editado pouco tempo depois do fim do escravagismo no nosso país, deixou de tipificar semelhante comportamento, algo injustificado e, quiçá, revelador de que o tratamento jurídico do escravo ainda não coincidia com a realidade fática. **Foi o atual Código o primeiro diploma a criminalizar o ato.**" (ESTEFAM, 2010, p. 300)

De acordo com Rogério Greco (2012, p. 404), se reduz alguém à condição análoga à de escravo quando: "a) o obriga a trabalhos forçados, b) impõe-lhe jornada exaustiva de trabalho, c) sujeita-o a condições degradantes de trabalho, d) restringe, por qualquer meio, sua locomoção em razão de dívida contraída com o empregador ou preposto."

---

(15) "Art. 149. Reduzir alguém à condição análoga a de escravo, quer submetendo-o a trabalhos forçados ou à jornada exaustiva, quer sujeitando-o a condições degradantes de trabalho, quer restringindo, por qualquer meio, sua locomoção em razão de dívida contraída com o empregador ou o preposto: Pena — reclusão, de 2 a 8 anos, e multa, além da pena correspondente à violência.
§ 1º Nas mesmas penas incorre quem:
I — cerceia o uso de qualquer meio de transporte por parte do trabalhador, com o fim de retê-lo no local de trabalho;
II — mantém vigilância ostensiva no local de trabalho ou se apodera de documentos ou objetos pessoais do trabalhador, com o fim de retê-lo no local de trabalho.
§ 2º A pena é aumentada de ½ , se o rime é cometido:
I — contra criança ou adolescente;
II — por motivo de preconceito de raça, cor, etnia, religião ou origem.

"O § 1º do art. 149 ainda responsabiliza criminalmente, com as mesmas penas cominadas ao caput do mencionado artigo, aquele que: I — cerceia o uso de qualquer meio de transporte por parte do trabalhador, com o fim de retê-lo no local de trabalho; II — mantém vigilância ostensiva no local de trabalho ou se apodera de documentos ou objetos pessoais do trabalhador, com o fim de retê-lo no local de trabalho. A pena será aumentada de metade, nos termos do § 2º, do art. 149, diploma repressivo, se o crime for cometido: a) contra criança ou adolescente; b) por motivo de preconceito de raça, cor, etnia, religião ou origem." (GRECO, 2012, p. 405)

A liberdade pessoal é o bem jurídico protegido pela norma penal. No entanto, essa proteção diz respeito tão somente a uma proteção da liberdade formal, de ir, vir e permanecer onde se quiser. Narra Luis Régis Prado (2011, p. 473) que o consentimento do ofendido é irrelevante, não havendo exclusão da ilicitude se o indivíduo concorda com que sua liberdade pessoal seja suprimida, pois isso anularia sua personalidade. No entanto, é só esse o aspecto de liberdade que anularia a personalidade da vítima?

Há outras maneiras de se reduzir à escravidão que não significam meramente restringir a liberdade formal. A pobreza é uma dessas maneiras, aliás, uma injustiça num plano sofisticado. Diante do cenário de desemprego, de falta de oportunidades e de qualificação, há de se falar em possibilidade de escolha de emprego? Muitas vezes, o indivíduo sujeita-se ao que consegue para se manter vivo.

O Direito Penal não abarca, em sua proteção, o aspecto positivo da liberdade, ou seja, o aspecto de uma liberdade efetiva, de poder, realmente, adquirir capacidades (conjuntos de funcionamentos) que possam concretizar projetos racionais de vida. É sutil a violência contra quem percebe um salário mínimo de R$ 622,00. Troca-se a chibata pelo poder aquisitivo e pelas necessidades básicas.

CONCLUSÃO

Em termos jurídicos, o Governo fez a sua parte, distribuindo sua "parcela de bondades". Porém, há de se pensar também nos problemas relacionados, como o déficit da Previdência Social, cujos benefícios são pagos em salários mínimos. Caso haja o reajuste do salário mínimo para o valor que o brasileiro realmente precisa, as contas públicas ficam ao relento, expostas à putrefação.

O que fazer com relação a esse intrincado problema interdisciplinar que envolve Direito, Filosofia, Economia e outras áreas do conhecimento? Uma resposta que ainda permanece em aberto, pelo que se apresenta.

Restringe-se o Governo e os blocos que se reservam no poder à formalidade legal. O formalismo jurídico por vezes ignora a realidade social tal como ela se apresenta e pode ser motivo de maior injustiça do que justiça propriamente dizendo.

Como tratar de maneira igual os desiguais? Aliás, tratar de maneira igual os desiguais é injustiça, pois não há uma relação matemática de igualdade entre as partes, segundo Pitágoras. Não se trata de eliminar o mérito de quem venceu na vida pelo próprio esforço, mas também reconhecer os direitos daqueles que, porventura, não tenham os talentos requeridos pela sociedade nas atuais circunstâncias.

O Produto Interno Bruto (PIB) brasileiro, em 2011, foi de R$ 4,1 trilhão. O PIB, *per capita*, R$ 21.252,00. Há de se reconhecer que o salário mínimo tal como oferecido no Brasil demonstra uma contradição muito grande entre crescimento econômico e distribuição de renda. O que é o PIB? Em termos simples, é a soma de todas as riquezas de um país durante o período de um ano. Então, no seu cálculo entra desde o salário do operário chão de fábrica ao do presidente de multinacional. E o PIB *per capita*? É o PIB dividido pela quantidade de pessoas domiciliadas no Brasil. Trata-se, portanto, de uma ficção. O ser humano médio do PIB *per capita* não existe.

Esse tipo de lógica, primado da razão instrumental, coloca os números em primeiro lugar, em vez de colocar as pessoas. Daí os problemas estruturais que agoniam a população como um todo. Há de se rever toda a racionalidade por detrás do problema, para que os brasileiros tenham direito de fato a um salário mínimo que lhe possa guarnecer sua dignidade e, de acordo com John Rawls, o maior bem de uma sociedade: sua autoestima.

REFERÊNCIAS BIBLIOGRÁFICAS

CARRION, Valentin. *Comentários à Consolidação das Leis do Trabalho*. 27. ed. atua. ampl. São Paulo: Saraiva, 2002.

DUSSEL, Henrique. *Ética da libertação* — na idade da globalização e da exclusão. 3. ed. Petrópolis: Vozes, 2007.

ESTEFAM, André. *Direito penal, volume 2*. São Paulo: Saraiva, 2010.

GRECO, Rogério. *Código Penal comentado*. 6. ed. rev. ampl. atua. Niterói: Impetus, 2012.

MARTINS, Sérgio Pinto. *Comentários à CLT*. 14. ed. São Paulo: Atlas, 2010.

MORAES, Alexandre de. Direito constitucional. 19. ed. São Paulo: Atlas, 2006.

PRADO, Luis Régis. *Comentários ao Código Penal*. 6. ed. rev. atua. ampl. São Paulo: Revista dos Tribunais, 2011.

PISTORI, Gerson Lacerda. As transformações no mundo do trabalho e seus reflexos no Brasil. In: LEMOS FILHO, Arnaldo; BARSALINI, Glauco; VEDOVATO, Luís Renato; MELLIM FILHO, Oscar. *Sociologia geral e do Direito*. 4. ed. Campinas: Alínea, 2009.

RAWLS, John. *O liberalismo político*. 2. ed. São Paulo: Ática, 2000a.

_____. *Uma teoria da justiça*. São Paulo: Martins Fontes, 2000b.

_____. *Justiça como equidade*. Uma reformulação. São Paulo: Martins Fontes, 2003.

SANDEL, Michael J. *Justiça: o que é fazer a coisa certa*. 2. ed. Rio de Janeiro: Civilização Brasileira, 2011.

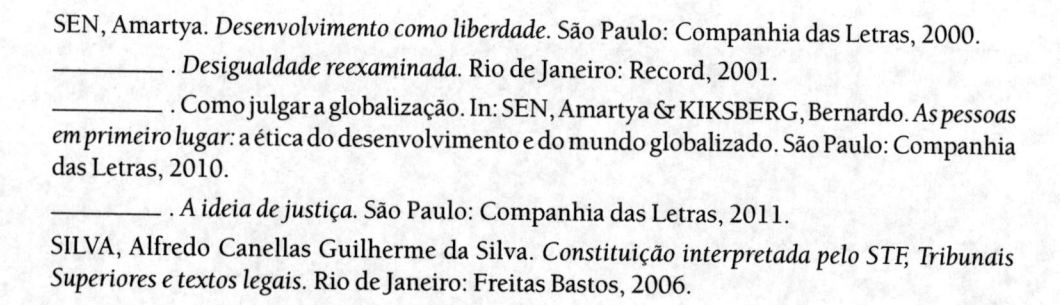

SEN, Amartya. *Desenvolvimento como liberdade*. São Paulo: Companhia das Letras, 2000.

_____ . *Desigualdade reexaminada*. Rio de Janeiro: Record, 2001.

_____ . Como julgar a globalização. In: SEN, Amartya & KIKSBERG, Bernardo. *As pessoas em primeiro lugar*: a ética do desenvolvimento e do mundo globalizado. São Paulo: Companhia das Letras, 2010.

_____ . *A ideia de justiça*. São Paulo: Companhia das Letras, 2011.

SILVA, Alfredo Canellas Guilherme da Silva. *Constituição interpretada pelo STF, Tribunais Superiores e textos legais*. Rio de Janeiro: Freitas Bastos, 2006.

OS DIREITOS FUNDAMENTAIS SOCIAIS NA TEORIA DE ROBERT ALEXY: APLICAÇÃO IMEDIATA POR MEIO DA PONDERAÇÃO

RUI AURÉLIO DE LACERDA BADARÓ

Doutorando em Direito Internacional pela Universidade Católica de Santa Fé. Mestre em Direito internacional pela Universidade Metodista de Piracicaba. Consultor UNESCO (2005-2008). Coordenador-adjunto do curso de Direito da Faculdade de São Roque. Diretor de projetos da Academia Brasileira de Direito Internacional — ABDI. Membro da Sociedade Brasileira de Direito Internacional — SBDI. Membro da International Law Association — ramo brasileiro. Autor do livro *Direito Internacional do Turismo*, Ed. Senac, 2008. E-mail: rdlbadaro@gmail.com

Os Direitos Fundamentais Sociais na Teoria de Robert Alexy: aplicação imediata por meio da ponderação

1. A CONSTRUÇÃO E O DESENVOLVIMENTO DO CONCEITO DE NORMA JURÍDICA[1]

> *"Temperança é ocupar-se das próprias coisas: executar a própria obra e fazer o que incumbe a cada um."*
>
> PLATÃO, *Carmides* 161 D

Diversos doutrinadores de escol[2] dedicaram seus estudos a tentar desvendar o real significado da norma jurídica, bem como sua estrutura, vigência e interpretação, posto que a vida em sociedade impõe a regulação de seus quadrantes, sob pena de colapso.[3]

Etimologicamente, o vocábulo norma, de origem latina, promana do grego *gnorimos*, que significa esquadria, esquadro.[4] Em seu sentido literal possui múlti-

---

(1) Este capítulo pertence ao artigo intitulado DIÁLOGO DAS FONTES E LIBERDADE DE CIRCULAÇÃO DE PESSOAS: entre normas de direitos humanos e fundamentais, de minha autoria e da dra. Greiciane Sanches, publicado em 2010, nos anais do Congresso Brasileiro de Direito Internacional.

(2) Dentre os filósofos, destacam-se Platão, Aristóteles, Santo Agostinho, Santo Tomás de Aquino, Kant, Schopenhauer, Hegel, Karl Marx, Habermas, John Rawls e Alasdair MacIntyre, cabendo destacar também os jusfilósofos mais influentes: Karl Larenz, Savigny, Alf Ross, Jhering, Hans Kelsen, Gustav Radbruch, Evgeny Pachukanis, Carl Schmitt, Friedrich Müller, Ronald Dworkin, Klaus Günther, Norberto Bobbio, Michel Villey, Georges Kalinowski, Robert Alexy, John Finnis, Miguel Reale, entre outros.

(3) Não se pretende aqui realizar uma análise sobre as diferentes e diversas teorias que explicam o funcionamento do sistema ou da sociedade, menos ainda pretende-se criar nova teoria. Parte o presente trabalho do pressuposto que a sociedade conhece a regulação, por normas e regras, mas que essas não detêm exclusivamente a prerrogativa de organizar, modular e constranger o comportamento dos atores sociais.

(4) Segundo MASSINI CORREAS, é sabido que a palavra "norma" deriva diretamente do termo latino idêntico, que significa o esquadro com que os artesãos verificavam se os produtos de seus esforços encontravam-se em ordem, direitos e retos. Tal como ocorreu com outras palavras, também "norma"

plas designações, podendo ser definido como regra, modelo, preceito, paradigma, padrão de comportamento[5] ou simplesmente como *"aquilo que se estabelece como base ou medida para a realização ou a avaliação de alguma coisa"*.[6]

Para Immanuel KANT[7] a norma ou mandamento se expressa pela fórmula (ou expressão linguística) do imperativo, que por sua vez se manifesta através de um dever-ser estabelecido tanto hipotética quanto categoricamente. Grosso modo, em sua teoria, um imperativo hipotético seria aquele que ordena certa conduta (ação ou omissão) como um *meio* para se atingir determinado *fim*, sendo, portanto, essa conduta boa para o fim almejado, isto é, boa *para outrem*. Diferentemente, o imperativo categórico seria aquele que apresenta uma ação ou omissão como *fim*, e não como um *meio* para alcançá-lo, sendo, dessa forma, boa *por si*.

Ainda segundo o referido autor, apesar de a relação meio-fim ser causal, a relação entre o *querer* do fim e o *querer* do meio é um dever-ser, razão pela qual qualifica a regra do meio e fim como um "imperativo de habilidade". Esta posição de KANT é muito criticada, sobretudo por KELSEN, para o qual a relação meio-fim equivale a uma relação causa-efeito, em que a necessidade dessa relação é causal, um *ter de* e não um dever como sustentado pelo jusfilósofo alemão. Assim, para KELSEN, o que KANT denomina imperativo de habilidade de maneira alguma é uma norma ou um imperativo, mas, sim, um *ter de*.[8]

A norma pode ser definida, segundo KELSEN, como "um imperativo ou uma proposição de dever-ser",[9] que tem como essencial o fato de que uma conduta seja

---

(latim ou outros idiomas) passou de seu significado originário técnico-material a conotar realidades de caráter ético, que guardam certa semelhança metafórica com seu uso inicial, passando a significar a regra, ou melhor, as regras da conduta humana, notadamente às que a conduta deve ajustar-se ou comensurar-se para atingir a retidão. MASSINI CORREAS, Carlos Ignacio. *Filosofia del derecho*. Tomo I — El derecho, los derechos humanos y El derecho natural. Buenos Aires: Abeledot-Perrot, 2005, p. 51
(5) DINIZ, Maria Helena. *Dicionário Jurídico*. v. 3. São Paulo: Saraiva, 1998, p. 366.
(6) FERREIRA, Aurélio Buarque de Holanda. *Novo Dicionário Aurélio de Língua Portuguesa*. 2. ed. São Paulo: Nova Fronteira, 1986. p. 1.198.
(7) *Apud* KELSEN, Hans. *Teoria geral das normas*. Tradução de José Florentino Duarte. Porto Alegre: Sérgio Antonio Fabris, 1986. p. 18 e ss.
(8) KELSEN, Hans. *op. cit.*, p. 19-21. Segundo o citado autor, a expressão "ter de" exprime uma necessidade causal enquanto que o "dever-ser" expressa uma necessidade normativa, sendo, portanto, um equívoco a utilização de tais termos como sinônimos. O "ter de" expressa uma relação "entre dois fatos, dos quais um, como meio, é a causa; o outro, como o fim, é o efeito. O fim é um efeito querido, mas não necessariamente um efeito devido. Mas a relação entre dois fatos como meio e fim não é dever-ser. O dever-ser não é relação entre dois elementos: nem uma relação entre uma norma e a conduta que lhe responde, nem uma relação entre o ato de fixação da norma e a conduta correspondente à norma. O dever-ser é a norma, quer dizer: é o sentido do ato". (p. 15).
Destarte, à indagação "Que tenho de fazer para dilatar um corpo metálico?" corresponde à resposta "Tu tens de aquecer o corpo metálico". "Com esta resposta indica-se o nexo causal que existe entre o aquecimento de um corpo metálico e sua dilatação, e esta necessidade causal expressa-se no ter de". (p. 14).
(9) *Op. cit.*, p. 2.

estatuída como *devida*.⁽¹⁰⁾ Para ele, ainda que o ato de fixação da norma seja um *dever-ser*; o seu objetivo é um *ser*, qual seja, a conduta existente na realidade.⁽¹¹⁾

Já para Alf ROSS, dois são os grupos de normas jurídicas: normas de conduta e normas de competência. No primeiro grupo, encontram-se aquelas que prescrevem certa linha de ação, v. g. a regra jurídica que determina a indenização do empregado quando se procede a demissão sem justa causa. Já no segundo grupo, as normas de competência são aquelas que criam uma competência, poder ou autoridade, como por exemplo as Constituições que estabelecem o Poder Legislativo e seu modo de atuação.⁽¹²⁾

Em contrapartida, Karl ENGISCH, em sua "Introdução ao pensamento jurídico", também realiza uma análise⁽¹³⁾ sobre a norma e seus elementos, utilizando-se, entretanto, do termo "regra jurídica". Seguindo o ensinamento de DEL VECCHIO, reafirma que "o Direito tem um caráter ao mesmo tempo hipotético e categórico":⁽¹⁴⁾ hipotético, no sentido (diversamente do Kantiano)⁽¹⁵⁾ de serem os imperativos jurídicos "conexionados a determinados pressupostos, em parte expressivamente fixados, em parte tacitamente subentendidos";⁽¹⁶⁾ e categóricos quanto à sua substância, pois prescrevem de maneira incondicional.

Já para Herbert HART, afirmar que a norma é essencialmente um imperativo sancionador, como faz Hans KELSEN, é eleger a sanção como elemento fundamental para seu caráter vinculante. Há normas⁽¹⁷⁾ que preveem sanção, podendo-se falar

---

(10) Continua a explicar o jurista austríaco que "No fato de que uma norma *deve* ser cumprida e, se não cumprida, *deve* ser aplicada encontra-se sua *validade*, e essa constitui sua específica *existência*". *Op. cit.*, p. 4.
(11) *Op. cit.*, p. 16.
(12) VIGO, Rodolfo Luis. *Perspectivas jusfilosóficas contemporâneas*. Buenos Aires: Abeledo-Perrot, 2006. p. 46-51.
(13) Karl ENGISCH diz que se pode distinguir "... *nos conceitos jurídicos indeterminados um núcleo conceitual e um halo conceitual. Sempre que temos uma noção clara do conteúdo e da extensão dum conceito, estamos no domínio do núcleo conceitual. Onde as dúvidas começam, começa o halo do conceito*". In: *Introdução ao pensamento jurídico*. Tradução de João Baptista Machado. 7. ed. Lisboa: Fundação Calouste Gulbenkian, 1996. p. 209.
(14) *Op. cit.*, p. 52.
(15) Preocupado para que não se confunda sua teoria com a de KANT, ENGISCH denomina seu "imperativo hipotético" de "imperativo condicional", referindo-se à relação de condicionalidade existente entre os elementos da regra jurídica. Para ele, são elementos constitutivos da regra jurídica tanto a hipótese legal como a estatuição (consequência jurídica). Assim, a relação de condicionalidade reside no fato de que "a hipótese legal, como elemento constitutivo abstrato da regra jurídica, define conceitualmente os pressupostos sob os quais a estatuição da consequência jurídica intervém, a consequência jurídica é desencadeada". ENGISCH, K. *Op. cit.*, p. 58.
(16) *Op. cit.*, p. 54.
(17) Hart afirma que as normas jurídicas, em sua grande maioria, são mais desse segundo tipo. Ou são ou pressupõem normas de competência, que apenas determinam o agente capaz para a realização de certos atos. Assim, ensaia uma classificação: normas primárias de obrigação e secundárias de reconhecimento, em face da carga valorativa dessas expressões. A validade das regras primárias decorre

em imperativos respaldados em ameaças. Contudo, nem todos imperativos são respaldados em ameaças.[18]

Conforme sua teoria da norma jurídica, Norberto BOBBIO define norma jurídica como *aquela cuja execução é garantida por uma sanção externa e institucionalizada*. Esse conceito direciona a concepção do direito como ordenamento, pois ao defini-lo através da noção de sanção organizada e institucionalizada pressupõe um complexo orgânico de normas — e não apenas um elemento individual da norma.[19]

Em oposição ao juspositivismo e criticando inicialmente a teoria de Herbert HART, Ronald DWORKIN propõe uma teoria do Direito[20] com base normativa e com fundamento nos direitos individuais. Propõe-se a aproximação e relação do pensamento moral com o jurídico,[21] afastando-se desse modo a interpretação analítica que havia estancado esse relacionamento, e por isso DWORKIN evidencia o caráter fragmentário e insatisfatório das teses que fazem repousar a validade do sistema de fontes do Direito em critérios normativos.[22] Pode-se compreender por meio de DWORKIN que todo o ordenamento jurídico está integrado por um "*conjunto de princípios, medidas políticas e regras normativas específicas*".

---

de sua compatibilização com a regra secundária, que, em si, não é válida, nem inválida, mas simplesmente adequada para fundamentar o sistema jurídico. Hart prescreve a natureza fática da norma de reconhecimento com base na adesão que lhe emprestam aqueles que a invocam, sejam os tribunais e os funcionários públicos, sejam os particulares. HART, H. L. A. *El concepto de derecho*. Buenos Aires: Abeledo-Perrot, 1963. p. 224.

(18) Observe-se o exemplo citado por Tércio SAMPAIO FERRAZ JUNIOR in *Introdução ao Estudo do Direito* que "a diferença entre a ordem de um ladrão ao caixa do banco", "passe-me o dinheiro ou eu o mato!", e a ordem que ele dá a seu capanga, "vigie a porta!". Ambas são imperativas. A primeira vem respaldada em ameaça, a sanção lhe é essencial; a segunda, não, pressupõe hierarquia, relação institucionalizada de autoridade: a sanção é aí secundária.

(19) BOBBIO, Norberto. *Teoria do ordenamento jurídico*. 4. ed. Brasília: EdUNB, 1994. p. 25.

(20) DWORKIN, Ronald. *O Império do Direito*. São Paulo: Martins Fontes, 1999, *passim*.

(21) _____. *Levando os direitos a sério*. São Paulo: Martins Fontes, 2002, *passim*.

(22) Segundo Simon HONEYBALL e James WALTER: *Ronald Dworkin has had a great and beneficial influence on legal thought. He has frontally challenged legal positivism and moral scepticism, and has scouted economic analysis and critical legal studies. He has advanced a view of law deeply imbued with moral principles, and yet has done so in a manner that bypasses the mainstream of natural law theorizing. He has allied himself with hermeneutics, especially the thought of Hans-Georg Gadamer, but has done so in a way that exhibits continuity with the 'Legal Process' school from which he emerged. He has been intellectually his own man, with no visible school of followers or acolytes, and yet his work is everywhere at the storm's eye of controversy. Many have disagreed with him, but have done so invariably with respect*. HONEYBALL, Simon and WALTER, James. *Integrity, Community and Interpretation: A Critical Analysis of Ronald Dworkin's Theory of Law*. Aldershot, UK, Brookfield, USA: Ashgate Publishing Company, 1998. p. 175.

Em manifestação mais recente, ao reconhecer que o conceito de norma é um dos mais fundamentais no Direito, senão o mais fundamental de todos,[23] Robert ALEXY inicia sua tese com um alerta acerca da importância de se diferenciar a norma de um simples enunciado normativo. Neste aspecto, a norma é o significado de um enunciado normativo, pois uma única norma (conceito primário) pode ser expressa por meio de diversos enunciados. Ao mesmo tempo, salienta que as normas também podem ser expressas sem o auxílio de tais enunciados, como ocorre, por exemplo, com as luzes de um semáforo.[24]

Sobre a conceituação da norma jurídica, o jusfilósofo John FINNIS entende que o objeto da norma[25] é a conduta cuja justiça ou injustiça não está totalmente nas mãos do legislador. Assim, sobre a importância daquilo que é especificamente técnico-jurídico, Rodolfo Luis VIGO lembra o seguinte sobre a teoria de FINNIS:[26]

"Es que el derecho es una realidad que ha ido adquiriendo y consolidando notas formales o específicas que una definición completa no puede ignorar. Hay medios instrumentales o procedimentales, respecto a los cuales no se justifica su violación aduciendo beneficios de orden axiológico o sustancial. Un caso central de derecho debe receptar los ocho desiderata del imperio del derecho bajo riesgo de perder fuerza explicatoria práctica. No solo hay una racionalidad práctica jurídica que atiende aspectos sustanciales (p. ej. derechos morales), sino también una más vinculada a los aspectos formales o técnicos del derecho con los que están familiarizados los profesionales del derecho (p. ej. Características del debido proceso)."

Desse modo, conforme referenciado inicialmente, a tarefa de conceituar a norma jurídica e adequar esse conceito ao estudo que se pretende realizar é árdua, mas em que pese a advertência doutrinária enquanto inadequação do conceito semântico de norma a toda e qualquer finalidade, conforme assinala ALEXY,[27] não deixa de ser o mais adequado quando se trata de questões de dogmática jurídica e aplicação do direito, conforme análise a ser feita na sequência.

---

(23) ALEXY, Robert. *Teoria dos Direitos Fundamentais*. Tradução de Virgílio Afonso da Silva. São Paulo: Malheiros Editores, 2008. p. 51.
(24) ALEXY, Robert, *op. cit.*, p. 54. Neste ponto, ALEXY demonstra certa afinidade com a teoria de Hans KELSEN, pois, considerando que as normas regulam o comportamento humano, acórdão que estas significam que algo *deve ser* ou acontecer, basicamente que uma pessoa *deve* se conduzir de determinada maneira. KELSEN, Hans. *Teoria pura do direito*. Tradução de João Baptista Machado. 7. ed. São Paulo: Martins Fontes, 2006, p. 5. Por esta razão, afirma ALEXY que "parece haver relações estreitas entre o modelo aqui utilizado e a concepção de Kelsen". *Op. cit.*, p. 53, nota 10.
(25) FINNIS, John. *Natural Law and Natural Rights*. Oxford: Clarendon Press, 1992. p. 15 e 103.
(26) VIGO, Rodolfo Luis. *Perspectivas iusfilosóficas contemporâneas*. Buenos Aires: Abeledo-Perrot, 2. ed., 2006. p. 382.
(27) ALEXY, Robert, *op. cit.*, p. 60.

2. DISPERSÃO DOS ENFOQUES, TENDÊNCIA INFLACIONÁRIA E TERMINOLOGIA DOS DIREITOS INERENTES À PESSOA HUMANA[28]

2.1. Dispersão dos Enfoques

O embate entre o positivismo e o historicismo, durante o século XIX, sobre os pressupostos dos Direitos Humanos[29] conduziram ao enfraquecimento do consenso até então existente a seu respeito.[30]

Esta perda do consenso originário sobre os pressupostos dos direitos humanos gerou uma multiplicidade de vontades de fundamentação que vão desde as afirmações teológicas de BRUNNER ao marxismo estrito dos teóricos soviéticos; do utilitarismo de SCANNON ao axiologismo de GOLDSCHMIDT; do tomismo de PIZZORNI ao neovitalismo erótico de J. LO DUCCA; do positivismo-normativista de PECES-BARBA ao neokantismo de HÖFFE; do ultraindividualismo de NOZICK ao hegelianismo de BOURGEOIS.

Em alguns casos parece que os autores referem-se a uma problemática distinta, tão heterogêneos que são as linguagens, os traços e os pressupostos empregados nos diversos ensaios/estudos de justificativas para os direitos humanos.

As consequências dessa dispersão são negativas para a fundamentação dos direitos humanos, vez que conduzem ao enfraquecimento das doutrinas e, em definitivo, no esvaecer dos fundamentos dos direitos humanos.

Em última instância, proposições que objetivam justificar direitos de maneira tão diferente e até contraditória tendem a firmar-se como mera afirmação dogmática,[31] sendo que a imposição ideológica tem pouca probabilidade de obter o respeito necessário para que não se torne mera declamação vazia de conteúdo.

---

(28) Este capítulo é parte integrante de outro estudo realizado por mim e pela dra. Greiciane Sanches no ano de 2010. Vide nota de rodapé 2.

(29) Segundo MASSINI, "... la noción de 'derechos humanos' nació en el marco de relativa unidad doctrinal: aceptación de un 'estado de naturaleza' en el que el hombre gozaba de derechos innatos; postulación de un 'contrato social' como origen de la sociedad política; consenso acerca de la nómina de los derechos fundamentales de los hombres: libertad, igualdad ante la ley, propiedad, resistencia a la opresión; convicción acerca de la existencia de una naturaleza humana, fundamento a su vez de la *dignidad del hombre*...". MASSINI, C.I. *Los derechos humanos*. 2. ed. Buenos Aires: Abeledo-Perrot, 1994. p. 170.

(30) Jean RIVERO esclarece sobre o enfraquecimento do consenso sobre os pressupostos dos Direitos Humanos que "*Marxismo, personalismo, positivismo jurídico... han atacado, el uno la idea de permanencia de la naturaleza humana independientemente del curso de la historia, el otro el individualismo inherente a la teoría del contrato social, el último, en fin, a la noción de un derecho transcendente a los ordenamientos positivos.*" RIVERO, J. in MASSINI, C.I. *Los derechos humanos*. 2. ed. Buenos Aires: Abeledo-Perrot, 1994. p. 170-171.

(31) *Cf.* FREUND, J. Les droits de l'homme au regard de la science et de la politique. In: *Politique et impolitique*. Paris: Sirey, 1987. p. 189-200.

2.2. Tendência inflacionária

Outra característica da literatura contemporânea sobre os direitos humanos encontra-se na tendência em incrementar o número e a qualidade dos direitos a serem satisfeitos. Assim, sabe-se que nos "direitos do homem" é possível distinguir várias gerações no processo de sua proclamação e tematização: 1) Direitos-Liberdades; 2) Direitos sociais; 3) Direitos difusos; 4) Jusnaturalismo libertário ou Direito ao erotismo e 5) Direitos infra-humanos.

Da enumeração dos direitos integrantes das diversas gerações detrai-se que a noção de Direito utilizada é equivocada. Pouco pode existir em comum entre a liberdade de imprensa e o direito às férias; o direito à paz e o direito ao aborto, dentre outros. Nesses casos, nem o 1) **sujeito** (homem até os seres inanimados), nem o 2) **obrigado** (Estado, Comunidade, particulares e associações); nem o 3) **objeto** (desenvolvimento, paz...), em muitos casos, indeterminável; nem o 4) **fundamento** que em certas ocasiões pode ser a natureza humana, em outros, os animais, em outros, o erotismo, e assim sucessivamente, podem ser considerados uma categoria unitária. Observa-se ainda que o fato de ampliar o âmbito de aplicação de um conceito, de forma desmedida, conduz a um esfacelamento conceitual, visto ser menor sua precisão significativa.

Tudo isso leva à degradação de uma ideia que, pretendendo significar tudo, termina sem significar nada. Por outro lado, essa mesma imprecisão do conceito parece mais tentadora ao uso ideológico, à manipulação como instrumento demagógico, sectário e maniqueísta a serviço de algum projeto político determinado.

Essa redução do discurso dos direitos humanos como mera retórica ideologizada é um perigo iminente que já foi denunciado por vários autores, dentre eles, Gregorio ROBLES[32] e Michel VILLEY[33]. Segundo MASSINI, trata-se de um perigo, pois desqualifica a noção de direitos humanos e permite sua utilização a serviço de causas que pouco tem a ver com a intenção original da Declaração dos Direitos: a proteção do cidadão contra o abuso de poder.

2.3. TERMINOLOGIA DOS DIREITOS INERENTES À PESSOA HUMANA[34]

O reconhecimento do ser humano como tal, bem como a compreensão acerca da existência de direitos a ele imanentes, remonta ao período cingido entre os séculos VIII e II a.C., também denominado período axial, conforme lição de Fábio

---

(32) ROBLES, Gregorio. *Análisis crítico de los supuestos teóricos y del valor político de los derechos humanos*. Milão: R.I.F.D., 3-LVII, 1980. p. 479 e ss.

(33) VILLEY, M. *Le droit et les droits de l'homme*. Paris: PUF, 1983, *passim*.

(34) *Depuis la fin du XXe siècle, nombreux sont ceux qui préfèrent le terme de « droits humains » (qu'ils trouvent moins sexiste et plus cohérent, et qui se trouve être la traduction littérale de l'équivalent dans les autres langues romanes ou en anglais : « diritti umani » (italien), « derechos humanos » (espagnol), « direitos humanos » (portugais), « human rights » (anglais). La dénomination française héritée du XVIIIe siècle est la seule parmi les langues romanes à véhiculer l'ambiguïté entre droits de l'homme « mâle » et droit de*

Konder COMPARATO.⁽³⁵⁾ Nessa época de personagens como Zaratustra, Confúcio, Pitágoras e Isaías surge a concepção de uma igualdade essencial entre todos os homens ligada à lei escrita, que, como preceito a ser observado indistintamente por todos, torna-se alicerce da sociedade política concomitantemente ao costume e as chamadas leis universais.⁽³⁶⁾

O conceito dessa categoria de direitos está interligado à ideia de algo essencial à vida das pessoas. Para os jusnaturalistas, por exemplo, seriam esses inerentes à pessoa humana simplesmente por ela assim se caracterizar, incumbindo ao Estado somente o seu reconhecimento e sua formalização. A denominação destinada a eles, porém, gera discussões, posto que invariavelmente as expressões "direitos fundamentais" e "direitos humanos" são utilizadas como sinônimos em detrimento ao alerta majoritário da doutrina que estabelece clara distinção.⁽³⁷⁾

Assim, embora ambas as expressões atentem-se aos direitos de titularidade do ser humano,⁽³⁸⁾ consideram-se "direitos fundamentais"⁽³⁹⁾ os direitos positivados na

---

l'homme « être humain », alors que le mot latin homo dont elle découle étymologiquement désignait plutôt l'être humain (l'homme mâle étant désigné par le mot vir). La <u>commission française consultative des droits de l'homme</u> a réfuté ces arguments dans un avis daté du 19 décembre 1998 et la dénomination traditionnelle reste la plus utilisée en France. Cela dit, les Français utilisent souvent l'expression « droits des femmes » lorsqu'il est explicitement question de femmes, ce qui rajoute à l'ambiguïté d'origine en suggérant que les femmes auraient des droits différents de ceux des hommes. Pour sortir de ces ambiguïtés, même en France certains, comme le <u>Mouvement français pour le planning familial</u> MFPF), proposent de parler de « droits de la personne », comme on le fait au <u>Canada</u> ; <u>Amnesty international</u> en France a explicitement choisi de parler de « droits humains » comme le fait la section suisse de cette organisation dans ses publications en français. Il est à noter que les autorités suisses utilisent régulièrement, au plus haut niveau, l'expression « droits humains » plutôt que « droits de l'homme ». Enfin, l'usage « droits de l'Homme » avec un « H » majuscule à « Homme » n'est guère attesté dans les dictionnaires de langue française, il est par contre constant chez les juristes ainsi que dans l'ensemble des textes normatifs français. Comme les directives « Norma » émises par le Conseil d'État et suivies par le secrétariat général du Gouvernement et les Journaux officiels. Dans un texte juridique français l'omission de la majuscule change le sens du terme et constitue donc une faute de rédaction comme pour plusieurs termes juridiques. MANDELSTAM, N. *La protéction internationale des droits de l'Homme.* Paris: R.C.A.D.I., (1963) 2009-IV, v. 38, p. 129-231.

(35) COMPARATO, Fábio Konder. *A afirmação histórica dos direitos humanos.* 2. ed. São Paulo: Saraiva, 2001. p. 8-11.

(36) *Idem.*

(37) A respeito disso, prescreve Willis Santiago GUERRA FILHO que, "De um ponto de vista histórico, ou seja, na dimensão empírica, os direitos fundamentais são, originalmente, direitos humanos. Contudo, estabelecendo um corte epistemológico, para estudar sincronicamente os direitos fundamentais, devemos distingui-los, enquanto manifestações positivas do direito, com aptidão para a produção de efeitos no plano jurídico, dos chamados direitos humanos, enquanto pautas ético-políticas, situadas em dimensão suprapositiva, deonticamente diversa daquela em que se situam as normas jurídicas — especialmente aquelas de Direito interno". *Dos direitos humanos aos direitos fundamentais.* Porto Alegre: Livraria do Advogado, 1997. p. 12.

(38) SARLET, Ingo Wolfgang *apud* VEÇOSO, Fábia Fernandes Carvalho. O Poder Judiciário e os Direitos Humanos. In: AMARAL JÚNIOR, Alberto do; JUBILUT, Liliana Lyra (orgs.). *O STF e o Direito Internacional dos Direitos Humanos.* São Paulo: Quartier Latin, 2009. p. 80, nota 1.

(39) Segundo Marcelo NOVELINO, a expressão "direitos fundamentais" ("*droits fondamentaux*") surgiu na França em 1770, no movimento político e cultural que deu origem à "Declaração dos Direitos do Homem e do Cidadão" (1789). *Apud* RODRIGUES MENDES, Dayane Aparecida. *A eficácia*

Constituição estatal e "direitos humanos" aqueles reconhecidos em tratados ou em costumes de caráter internacional, "que se pretendem universais, independentemente de sua relação com o ordenamento constitucional de determinado Estado".[40]

3. A TEORIA DE DIREITOS FUNDAMENTAIS DE ROBERT ALEXY

Os direitos fundamentais encontram-se intimamente conectados às lutas políticas nas quais indivíduos conquistaram direitos como pessoas e como cidadãos,[41] todavia, é imprescindível compreender a quais princípios a legislação estatal está sujeita e quais são as exigências para a realização da dignidade humana, da liberdade e da igualdade. Nesse contexto, discute-se muito a vigência imediata dos direitos fundamentais e o controle exercido pelos tribunais constitucionais. Eis o ponto principal que Robert Alexy[42] traz em sua Teoria dos Direitos Fundamentais.[43]

A tese de Alexy explica que os direitos fundamentais fazem parte de um catálogo que regula de uma forma vaga questões discutidas da estrutura normativa básica do Estado e da sociedade.[44] Ainda assim, conforme o entendimento de Alexy, o

---

dos direitos fundamentais nas relações entre particulares e a atuação do Poder Judiciário. Disponível em: <http://intertemas.unitoledo.br/revista/index.php/ETIC/article/viewFile/1620/1544>. Acesso em: 28. mar. 2010.

(40) *Idem.* Conforme assinala Valério de Oliveira MAZZUOLI, a Constituição Federal brasileira utilizou-se precisamente de tal terminologia, pois quando fez referência aos direitos nela previstos referiu-se a "direitos fundamentais", como, por exemplo, no § 1º do art. 5º ("As normas definidoras dos direitos e garantias fundamentais têm aplicação imediata".); e quando relacionou os direitos do ser humano à ordem internacional, tratou-os como "direitos humanos", consoante disposição do § 3º do supracitado artigo ("Os tratados e convenções internacionais sobre direitos humanos (...)"). MAZZUOLI, Valério de Oliveira. *Curso de direito internacional público*. 4. ed. São Paulo: Revista dos Tribunais, 2010. p. 751.
(41) ALEXY, R. *Teoria dos direitos fundamentais*. São Paulo: Malheiros, 2006. *passim*
(42) *Op. cit. passim*
(43) A teoria dos direitos fundamentais de Alexy remete-nos a uma discussão em três vieses: a) de uma teoria dos direitos fundamentais da Constituição Alemã, b) uma teoria jurídica dos direitos fundamentais e, por fim, c) uma teoria geral dos direitos fundamentais.
(44) Segundo Paula GORZONI: "Um dos pontos mais importantes da teoria de Alexy é a distinção entre princípios e regras utilizada para analisar a estrutura das normas de direitos fundamentais. Segundo o autor, essa distinção é a base da teoria da fundamentação no âmbito desses direitos e a chave para a solução de problemas centrais da dogmática dos direitos fundamentais (p. 85). Sem essa distinção não pode haver nem uma teoria adequada sobre as restrições e as colisões entre esses direitos, nem uma teoria suficiente sobre o papel dos direitos fundamentais no sistema jurídico. Por isso, Alexy afirma que essa distinção é uma das 'colunas-mestras' do edifício da teoria dos direitos fundamentais. O autor faz uma distinção precisa entre regras e princípios e uma utilização sistemática dessa diferença em sua teoria. O método adotado não é em relação ao grau de generalidade ou abstração das normas, como é usualmente descrito pela doutrina tradicional. Trata-se de uma distinção qualitativa. Isso porque, seguindo a concepção de Alexy, princípios são mandamentos de otimização, ou seja, normas que ordenam que algo seja feito na maior medida possível, de acordo com as possibilidades fáticas e jurídicas do caso concreto (p. 90). Por outro lado, regras são mandamentos definitivos, ou

fato de as formulações serem vagas não justificariam suficientemente a discussão acirrada sobre a vigência imediata dos direitos fundamentais.[45] Nesse sentido, ao se tratar do tema dignidade, são agregados conceitos de Estado e, por conseguinte, conceitos estruturais de democracia, Estado de direito e Estado social, desaguando em conceitos específicos e primordiais para o direito racional.

Logo, a "ciência" dos direitos fundamentais objetiva responder racional e fundamentadamente às questões que estejam atreladas aos direitos fundamentais. A teoria dos direitos fundamentais de Alexy, segundo Luciana Blazejuk SALDANHA, *"é uma teoria jurídica geral sobre os direitos fundamentais da Lei Fundamental. Tem como base a teoria dos princípios e a teoria das posições jurídicas. O que Alexy quer fazer é reabilitar a axiologia dos direitos fundamentais, para demonstrar que não é possível uma prática adequada dos direitos fundamentais sem uma teoria dos princípios".*[46]

Dentre os problemas centrais,[47] trazidos por Alexy, da prática dos direitos fundamentais, destacar-se-á no presente estudo aqueles relacionados aos direitos sociais fundamentais,[48] sempre tomando por norte a vontade do jusfilósofo ale-

---

seja, normas que só podem ser cumpridas ou não, sendo realizadas por meio da lógica 'tudo ou nada'. Isso implica formas diversas de solucionar conflitos entre regras e colisões entre princípios: enquanto o primeiro deve ser solucionado por meio de subsunção, a colisão deve ser resolvida por meio do sopesamento." GORZONI, P. *Entre o princípio e a regra.* Disponível em: <http://www.scielo.br/scielo.php?pid=S0101-33002009000300013&script=sci_arttext>. Acesso em: 10 mar. 2012.
(45) Segundo Daniel Rosa Correia: "A interpretação da 'aplicabilidade imediata' como um mandado de otimização se mostra adequada para a solução dos conflitos que envolvem a efetivação dos direitos fundamentais sociais, pois, diante dos óbices representados pelo princípio da separação dos poderes e pela reserva do possível, poder-se-á aferir qual o grau de aplicabilidade imediata desses direitos, a fim de possibilitar sua máxima concretização." CORREIA, D. R. *A Concretização judicial de direitos fundamentais sociais e a proteção do mínimo existencial.* Disponível em: <http://www.esmesc.com.br/upload/arquivos/8-1267643746.PDF>. Acesso em: 10 mar. 2012.
(46) SALDANHA, L. B. *Estudo da teoria dos direitos fundamentais de Alexy e sua aplicação em casos concretos.* Santa Cruz do Sul, Programa de Mestrado em Direito, UNICS, 2008. p. 12.
(47) ALEXY, R. *Teoria dos direitos fundamentais.* São Paulo: Malheiros, 2008. *passim*
(48) Entende Daniel R. Correia: No início do século XX, em razão das desigualdades do sistema capitalista de produção, surgiram, com influência dos movimentos socialistas, as primeiras Constituições contendo direitos sociais: Constituição do México de 1917, Constituição Soviética de 1918 e Constituição de Weimar de 1919. Essas Constituições marcaram o início da preocupação com a redução das desigualdades sociais, criando-se novos direitos aos cidadãos, como o direito à educação, à saúde, à assistência social, à previdência social, entre outros. A superação do modelo de Estado Liberal, inspirada na corrente de ideias expostas por Rosseau, Hegel, Engels e Marx, trouxe no seu âmago a ampliação do rol de direitos fundamentais. A crise do liberalismo abriu caminho para o surgimento da segunda dimensão de direitos fundamentais. A partir de então os diretos sociais se tornaram o eixo das Constituições contemporâneas. Os direitos fundamentais sociais, diversamente dos direitos civis e políticos, exigem prestações positivas por parte do Estado para serem concretizados. A adoção dessas novas funções caracteriza o Estado Social, que busca a promoção da igualdade material entre os cidadãos. O Estado Social consolidou o reconhecimento dos direitos fundamentais sociais, no entanto, entre a declaração desses direitos e sua efetiva concretização ainda existe um grande vácuo, sobretudo causado pelas deficiências financeiras dos Estados, bem como pelo apego à hermenêutica

mão em demonstrar que a positivação dos direitos fundamentais representa uma abertura do sistema jurídico em relação ao sistema da moral.[49] Assim, em sua teoria dos direitos fundamentais, Alexy propõe uma integração ampla, enunciados gerais, verdadeiros e corretos que possam ser formulados nas dimensões analítica, empírica e normativa, vinculando-as.[50]

4. AS NORMAS DE DIREITOS FUNDAMENTAIS NA TEORIA DE ROBERT ALEXY

As normas de direitos fundamentais, ou seja, positivadas em uma Constituição, são estruturalmente classificadas em dois modelos distintos: a denominada "construção de regras", estreita e exata, e a "construção de princípios", larga e ampla.[51]

---

clássica (positivista-legalista) que não mais condiz com a realidade constitucional contemporânea. CORREIA, D.R. *Op. cit*

(49) ALEXY, R. *Op. cit. passim*.

(50) Entende Dieter GRIMM: "Une contribution théorique essentielle a été produite à ce sujet par Robert Alexy dans sa « théorie des droits fondamentaux ». Il opère une distinction entre deux types de normes: les principes et les règles. Contrairement à une acception courante, il considère que la différence entre les deux ne réside pas dans le degré de généralité ou d'imprécision d'une norme. Il comprend plutôt les principes comme des impératifs d'optimisation, que l'on parvient à concrétiser plus ou moins, en fonction de ce que d'autres normes ou les données factuelles autorisent. Les règles, en revanche, ne peuvent que s'appliquer ou ne pas s'appliquer. Si des règles entrent en conflit, il faut alors décider laquelle des deux doit s'appliquer (ce pourquoi il existe des métarègles). Si une règle est applicable, il doit arriver précisément ce qu'elle prescrit. Si ce sont des principes qui entrent en conflit, il est possible de soupeser l'un par rapport à l'autre, de sorte que les deux conservent leur validité et qu'ils s'appliquent ou s'effacent l'un ou l'autre, au cas par cas et en fonction des problèmes donnés. Les droits fondamentaux ne sont pas des règles, mais des principes. Comme il a été montré, la Loi fondamentale a adjoint aux droits fondamentaux davantage de dispositions relatives à leur mode de validité que les constitutions plus anciennes, et ce justement dans l'intention d'exclure une ancienne pratique justifiée par la théorie (comme par exemple l'idée selon laquelle les droits fondamentaux seraient subordonnés à la loi ou même qu'ils seraient vides de sens). Mais elle ne répond pas, de loin, à toutes les questions qui se posent au moment de leur application. La réponse à ces questions incombe, au plan théorique, à la science du droit qui est elle-même indépendante des recours juridictionnels et des contraintes décisionnelles et qui peut dès lors exercer, en amont, une fonction de réflexion pour le compte des praticiens. La réponse incombe, au plan pratique, aux organes compétents pour décider et en fin de compte, dans les systèmes dotés d'une juridiction constitutionnelle, à la Cour constitutionnelle. Les réponses aux questions laissées en suspens par la Loi fondamentale, qui ont été fournies au fil du temps par la Cour constitutionnelle fédérale, s'assemblent pour former un remarquable édifice et ont fait de la théorie et de la dogmatique des droits fondamentaux en Allemagne l'une des plus influentes, voire la plus influente au monde. Il n'y a que les Etats-Unis d'Amérique et leur jurisprudence constitutionnelle beaucoup plus ancienne qui ne se trouvent pas sous l'influence des développements survenus dans l'Allemagne d'après-guerre. GRIMM, D. *L'interprétation constitutionnelle. L'exemple du développement des droits fondamentaux par la Cour constitutionnelle fédérale*. Disponível em: <http://www.juspoliticum.com/L-interpretation-constitutionnelle.html?artpage=2-4>. Acesso em: 10 mar. 2012.

(51) ALEXY, Robert. Direitos fundamentais, ponderação e racionalidade. Tradução de Luís Afonso Heck. *Revista de Direito Privado*, São Paulo, SP, n. 24, p. 334-344, out.-dez., 2005. Ainda segundo o autor são normas de direitos fundamentais aquelas expressas por disposições de direitos fundamentais, que por sua vez, são os enunciados presentes na Constituição. *Op. cit.*, 2008. p. 65.

Para entendê-las, no entanto, é necessário realizar a distinção entre o que se concebe por regras e por princípios.

Consideram-se regras as normas que determinam a realização de determinada conduta exatamente como prescrito, de forma que são sempre satisfeitas ou não satisfeitas. Princípios, por sua vez, são mandamentos (normas) de otimização que ordenam a realização de algo, conforme as possibilidades fáticas e jurídicas existentes, caracterizando-se por sua possibilidade de satisfação em graus variados.[52]

Feita essa distinção, tem-se que, para a construção de regras, as normas de direitos fundamentais não se diferenciam essencialmente de outras que compõem o ordenamento jurídico, tendo como peculiaridade apenas o fato de protegerem os direitos dos cidadãos frente ao Estado. Para a construção de princípios, porém, tais normas possuem sentido mais abrangente, posto que além de aludir à relação Estado-cidadão possuem efeito irradiador sobre os demais âmbitos do Direito.

Ambas as teorias consideradas isoladamente, no entanto, demonstram-se insuficientes à análise do cerne da questão, motivo pelo qual o mais adequado quando se examina estrutura das disposições de direitos fundamentais é considerar que apresentam caráter dúplice,[53] na medida em que reúnem em seu conteúdo regras e princípios, ou seja, na hipótese de inclusão, na norma constitucional, de *"uma cláusula restritiva com a estrutura de princípios"*,[54] a fim de permitir a realização de sopesamento entre princípios colidentes por meio do critério da ponderação. Dessa forma, às normas de direitos fundamentais são atribuídos tanto regras quanto princípios.

5. DIREITOS À PRESTAÇÃO EM SENTIDO ESTRITO OU DIREITOS FUNDAMENTAIS SOCIAIS NA TEORIA DE ROBERT ALEXY

Sobre os direitos à prestação em sentido estrito, Alexy elucida que são direitos do indivíduo em face do Estado, a algo que o indivíduo, se dispusesse de meios financeiros suficientes e se houvesse uma oferta suficiente no mercado, poderia também obter de particulares. Assim, direitos à assistência à saúde, ao trabalho, à moradia e à educação representam os direitos à prestação em sentido estrito.[55]

Nesse sentido, os direitos fundamentais sociais podem ser vinculantes ou não vinculantes, subjetivos ou objetivos, definitivos ou *prima facie*.[56] Para Alexy, o principal argumento a favor dos direitos fundamentais sociais é baseado na liber-

---

(52) ALEXY, Robert, *op. cit.*, 2008. p. 90.
(53) ALEXY, Robert, *op. cit.*, 2008. p. 144.
(54) ALEXY, Robert, *op. cit.*, 2008. p. 141.
(55) ALEXY, R. *Teoria dos direitos fundamentais*. São Paulo: Malheiros, 2008. p. 499.
(56) Robert Alexy entende, em oposição ao pensamento de Ronald Dworkin, que não é possível tratar os direitos fundamentais sociais como "tudo-ou-nada".

dade.⁽⁵⁷⁾ Sendo assim, é a liberdade, enquanto princípio, que deve exigir meios para que o indivíduo se desenvolva livre e dignamente na sociedade.

Os direitos fundamentais sociais, segundo Alexy, são muito vagos e, por isso, não judiciáveis ou reduzidamente judiciáveis.⁽⁵⁸⁾ Segundo SALDANHA, isso ocorre porque *"a competência para tais direitos seria do legislador, ou seja, os tribunais só poderiam decidir sobre o que o legislador já houvesse decidido. Tudo devido ao custo desses direitos. Isso sob uma ótica formal".*

De outro lado, por um prisma material,⁽⁵⁹⁾ Alexy esclarece que os direitos fundamentais sociais são incompatíveis com normas constitucionais materiais e, no caso de colisão de direitos fundamentais de liberdade com direitos fundamentais sociais, a ação estatal se limitaria a dar até o limite do arrecadado para tanto, visto o alto custo dos direitos fundamentais sociais.⁽⁶⁰⁾

Nesse sentido, deve-se realizar uma ponderação entre princípios para compreender e saber quais os direitos fundamentais sociais que um indivíduo possui definitivamente. Dentre os princípios a serem ponderados, Alexy realça os da liberdade fática, os formais de competência decisorial do legislador e o princípio da divisão de poderes, além dos princípios materiais referentes à liberdade jurídica de outros e a outros direitos fundamentais sociais e bens coletivos.⁽⁶¹⁾

---

(57) Segundo Robert Alexy, "a primeira tese sustenta que a liberdade jurídica não tem valor sem uma liberdade fática, isto é, a possibilidade fática de escolher entre as alternativas permitidas. A formulação dessa tese é bastante geral. Mas ela é ao menos necessariamente correta se interpretada de forma a que a liberdade jurídica de "a" de realizar, ou não, a ação "h" não deixa de ter valor — no sentido de ser inútil — para "a" se "a". por razões fáticas, não tem a possibilidade de escolher entre a realização e a não realização de "h". A segunda tese defende que, sob as condições da moderna sociedade industrial, a liberdade fática de um grande número de titulares de direitos fundamentais não encontra seu substrato material em um "espaço vital por eles controlado", ela depende sobretudo de atividades estatais." ALEXY, R. *Op. cit.*, p. 503-504.

(58) Entende Daniel R. Correia que: "A discussão acerca da efetividade dos direitos fundamentais sociais suscita duas ordens de questões. A primeira se circunscreve ao vácuo produzido nesta seara em razão de omissões legislativas e à dificuldade de combatê-la por meio dos instrumentos jurídicos disponíveis (mandado de injunção, ação declaratória de inconstitucionalidade por omissão e arguição de descumprimento de preceito fundamental). A segunda se refere à problemática encontrada na imposição judicial, ao administrador público, de obrigações tendentes a efetivar direitos fundamentais sociais. É precisamente neste último aspecto que se situa o objeto do presente artigo, sobretudo, no que tange à questão relativa ao combate de omissões administrativas que vulneram os diretos fundamentais sociais. Sabe-se que a imposição ao Estado de prestações positivas tem encontrado obstáculos que podem ser sintetizados em três tópicos: (a) ferimento ao princípio da separação dos poderes, (b) infração à discricionariedade administrativa e (c) o limite da "reserva do possível", representada pela escassez de recursos (reserva do possível fática) e pela competência parlamentar em matéria orçamentária (reserva do possível jurídica)." CORREIA, D.R. *Op. cit.*

(59) ALEXY, R. *Op. cit.*, p. 509 e segs.

(60) *Op. cit.*, p. 510.

(61) ALEXY, R. *Teoria dos direitos fundamentais*. São Paulo: Malheiros, 2008. *Passim.*

Logo, uma prestação estaria garantida se o princípio da liberdade fática fosse exigido com urgência e se os demais princípios formais e materiais opostos fossem afetados reduzidamente, ou seja, se um possuísse maior peso que os outros.[62]

6. APLICAÇÃO DIRETA DOS DIREITOS FUNDAMENTAIS SOCIAIS – O ENTRAVE DAS NORMAS PROGRAMÁTICAS

Acirrada é a discussão sobre a possibilidade de os direitos fundamentais sociais serem exigidos dos Poderes Públicos com fundamento direto na Constituição. O entrave a respeito da efetividade encontra-se na esfera dos direitos prestacionais, vez que, em sua maioria, encontram-se positivados em normas-princípio, sendo concebidos como metas programáticas, condicionando-se, por conseguinte, sua concretização à hipótese de legislação superveniente.[63]

Todavia, imperativo destacar o fato de que normas-princípio também podem conter eficácia positiva; caso contrário, a normatividade constitucional seria etérea, não existindo mecanismos para o combate a omissões de ordem administrativa que fragilizam os direitos fundamentais sociais.[64]

Nesse sentido, ladeando as normas que precisam de integração legislativa, existem aquelas normas programáticas que estabelecem direitos prestacionais dotados de eficácia e, na forma principiológica, permitem e possibilitam a aplicação direta do direito subjetivo previsto na Constituição. Observe-se que o caráter de princípio dessas normas permite a utilização da ponderação como mecanismo densificador de seu conteúdo no caso concreto, tornando-as exigíveis diretamente da Lei Maior.[65]

7. CONSIDERAÇÕES FINAIS

Muito embora sejam diversas as discussões a respeito do conceito, da estrutura e da interpretação da norma jurídica, sua análise semântica não deixa de ser a mais adequada quando se trata de questões atinentes à dogmática jurídica e à aplicação do direito.

Em meio à tendência inflacionária do que são efetivamente "direitos humanos", a doutrina, precipuamente endossada pelos internacionalistas, tem realizado uma cisão conceitual entre os termos "direitos fundamentais" e "direitos humanos", em que o primeiro refere-se aos direitos previstos em uma Constituição estatal, e o segundo é reservado a instrumentos de índole internacional, como tratados e convenções.

Consequentemente, em razão dessa distinção, normas de direitos fundamentais e normas de direitos humanos são institutos diferentes, que devem ser

---

(62) *Op. cit. passim.*
(63) ALEXY, R. *Op. cit.*, p. 503 e segs.
(64) *Op. cit. passim*
(65) *Op. cit. passim*

tratados como tal. Estruturalmente, segundo a teoria de Robert ALEXY, as normas de direitos fundamentais são formadas na medida em que à norma constitucional são insertas cláusulas restritivas principiológicas, de sorte que possuam, em seu conteúdo, regras e princípios.

Em sua teoria dos direitos fundamentais, Robert ALEXY esclarece que os direitos fundamentais integram um rol que regula de uma forma vaga as questões discutidas da estrutura normativa básica do Estado e da sociedade. Dentre os diversos problemas centrais relacionados à prática dos direitos fundamentais, um deles são os direitos fundamentais sociais, abordado neste estudo.

Os direitos fundamentais sociais, para ALEXY, estão intrinsecamente conectados ao princípio da liberdade como garantidor de sua exigência e efetivo cumprimento. De outro lado, observou-se que os direitos prestacionais são pouco judiciáveis, vez que a ação estatal se limitaria a dar até o limite do arrecadado para tanto, visto o alto custo dos direitos fundamentais sociais.

Segundo a tese de ALEXY, existe incompatibilidade dos direitos fundamentais sociais com normas constitucionais materiais, fragilizando sua aplicação direta. Assim, por meio da ponderação entre princípios, será possível compreender quais são os direitos fundamentais sociais que um indivíduo possui em definitivo.

Em guisa de conclusão, os direitos fundamentais sociais são imprescindíveis para a garantia de um Estado democrático de Direito, e o modelo ponderativo de Robert Alexy representa importante mecanismo para sua aplicação imediata.

REFERÊNCIAS BIBLIOGRÁFICAS

ACCIOLY, Hildebrando, SILVA; Geraldo Eulálio do Nascimento e; CASELLA, Paulo Borba. *Manual de direito internacional público*. 16. ed. São Paulo: Saraiva, 2008.

AGUIAR, Ana Laura Becker; GODOY, Gabriel Gualano de. *Corte Interamericana de Direitos Humanos e a ampliação do conteúdo material do conceito normativo de* jus cogens. Disponível em: <http://www.corteidh.or.cr/tablas/21857.pdf>. Acesso em: 1o abr. 2010.

ALEXY, Robert. *Teoria dos Direitos Fundamentais*. Tradução de Virgílio Afonso da Silva. São Paulo: Malheiros, 2008.

_____ . Direitos fundamentais, ponderação e racionalidade. Tradução de Luís Afonso Heck. *Revista de Direito Privado*, São Paulo, SP, n. 24, p. 334-344, out./dez., 2005.

AMARAL JÚNIOR, Alberto do; JUBILUT, Liliana Lyra (orgs.). *O STF e o Direito Internacional dos Direitos Humanos*. São Paulo: Quartier Latin, 2009.

BADARÓ, R.A.L. *Estudos de direito do turismo*. São Paulo: IBCDTur, 2008.

BOBBIO, Norberto. *A era dos direitos*. Tradução de Carlos Nelson Coutinho. Rio de Janeiro: Campus, 1992.

_____ . *Teoria do ordenamento jurídico*. 4. ed. Brasília: EdUNB, 1994.

CASELLA, Paulo Borba. *Fundamentos do direito internacional pós-moderno*. São Paulo: Quartier Latin, 2009.

CAVARZERE, T.T. *Direito internacional da pessoa humana*. Rio de Janeiro: Renovar, 2001.

CIJ. *Estatuto da Corte Internacional de Justiça*. Disponível em: <http://www.trf4.jus.br/trf4/upload/arquivos/ji_cortes_internacionais/cij-estat._corte_intern._just.pdf>. Acesso em 18 abr. 2010.

COMPARATO, Fábio Konder. *A afirmação histórica dos direitos humanos*. 2. ed. São Paulo: Saraiva, 2001.

CORREIA, D. R. *A Concretização judicial de direitos fundamentais sociais e a proteção do mínimo existencial*. Disponível em: <http://www.esmesc.com.br/upload/arquivos/8-1267643746.PDF>. Acesso em: 10 mar. 2012.

DINIZ, Maria Helena. *Dicionário jurídico*. v. 3. São Paulo: Saraiva, 1998.

DWORKIN, Ronald. *O Império do Direito*. São Paulo: Martins Fontes, 1999.

_____. *Levando os direitos a sério*. São Paulo: Martins Fontes, 2002.

ENGISCH, Karl. *Introdução ao pensamento jurídico*. Tradução de João Baptista Machado. 7. ed. Lisboa: Fundação Calouste Gulbenkian, 1996.

FERREIRA, Aurélio Buarque de Holanda. *Novo Dicionário Aurélio de Língua Portuguesa*. 2. ed. São Paulo: Nova Fronteira, 1986.

FINNIS, John. *Natural Law and Natural Rights*. Oxford: Clarendon Press, 1992.

FREUND, J. .Les droits de l'homme au regard de la science et de la politique. In: *Politique et impolitique*. Paris: Sirey, 1987.

GORZONI, P. *Entre o princípio e a regra*. Disponível em: http://www.scielo.br/scielo.php?pid=S0101-33002009000300013&script=sci_arttext. Acesso em: 10 mar. 2012.

GUERRA FILHO, Willis Santiago (coord.). *Dos direitos humanos aos direitos fundamentais*. Porto Alegre: Livraria do Advogado, 1997.

GRIMM, D. *L'interprétation constitutionnelle. L'exemple du développement des droits fondamentaux par la Cour constitutionnelle fédérale*. Disponível em: <http://www.juspoliticum.com/L-interpretation-constitutionnelle.html?artpage=2-4>.

HANNUM, Hurst, *The Right to Leave and Return in International Law and Practice*, Martinus Nijhoff Publishers, 1987.

HART, H. L. A. *El concepto de derecho*. Buenos Aires: Abeledo-Perrot, 1963.

HONEYBALL, Simon and WALTER, James. *Integrity, Community and Interpretation*: A Critical Analysis of Ronald Dworkin's Theory of Law. Aldershot, UK, Brookfield, USA: Ashgate Publishing Company, 1998.

KANT, Immanuel. *Para a paz perpétua*. Tradução de Bárbara Kristensen. Rianxo: Instituto Galego de Estudos de Segurança Internacional e da Paz — (Ensaios sobre Paz e Conflitos; Vol. V), 2006. Disponível em: <http://www.igesip.org/publicacions.htm>. Acesso em: 14 jan. 2010.

KELSEN, Hans. *Teoria geral das normas*. Tradução de José Florentino Duarte. Porto Alegre: Sérgio Antonio Fabris, 1986.

_____. *Teoria pura do direito*. Tradução de João Baptista Machado. 7. ed. São Paulo: Martins Fontes, 2006.

MANDELSTAM, N. *La protéction internationale des droits de l'Homme*. Paris: R.C.A.D.I., (1963)2009-IV, v. 38.

MASSINI CORREAS, Carlos Ignacio. *Filosofía del derecho*. Tomo I — El derecho, los derechos humanos y El derecho natural. Buenos Aires: Abeledot-Perrot, 2005.

_____. *Los derechos humanos*. 2. ed. Buenos Aires: Abeledo-Perrot, 1994.

MAZZUOLI, V. *Curso de direito internacional público*. 5. ed. São Paulo: RT, 2011.

MENEZES, Wagner (coord.). *Estudos de Direito Internacional:* Anais do 3º Congresso Brasileiro de Direito Internacional. v. V. Curitiba: Juruá, 2005.

ROBLES, Gregorio. *Análisis crítico de los supuestos teóricos y del valor político de los derechos humanos*. Milão: R.I.F.D., 3-LVII, 1980.

RODRIGUES MENDES, Dayane Aparecida. *A eficácia dos direitos fundamentais nas relações entre particulares e a atuação do Poder Judiciário*. Disponível em: <http://intertemas.unitoledo.br/revista/index.php/ETIC/article/viewFile/1620/1544>. Acesso em: 28 mar. 2010.

SALDANHA, L.B. *Estudo da teoria dos direitos fundamentais de Alexy e sua aplicação em casos concretos*. Santa Cruz do Sul, Programa de Mestrado em Direito, UNICS, 2008.

SILVA, José Afonso da. *Direito Constitucional positivo*. 24. ed. São Paulo: Malheiros, 2005.

SOARES, Guido Fernando Silva. *Curso de direito internacional público*. v. 1. São Paulo: Atlas, 2002.

VIGO, Rodolfo Luis. *Perspectivas iusfilosóficas contemporâneas*. Buenos Aires: Abeledo-Perrot, 2006.

VILLEY, M. *Le droit et les droits de l'homme*. Paris: PUF, 1983.

A ÉTICA E A FUNÇÃO SOCIAL PLURIDIMENSIONAL NAS ORGANIZAÇÕES EMPRESARIAIS

SALIM REIS DE SOUZA

Mestre em Direito Regulatório e Responsabilidade Social da Empresa pela Universidade Ibirapuera — São Paulo. Especialista em Direito Processual Civil pelo Centro Universitário Salesiano de São Paulo. Graduado em Direito pelo Centro Universitário de São Paulo. Coordenador do curso de Direito da FACIC — Cruzeiro. Professor Universitário e Professor em cursos preparatórios da área jurídica. Advogado militante nas áreas cível, penal e trabalhista.

A Ética e a Função Social Pluridimensional nas Organizações Empresariais

INTRODUÇÃO

Desde os primórdios, a aspiração humana por justiça foi um dos motores fundamentais da organização social, que não pode subsistir na ausência de regras amplamente aceitas para a solução de conflitos e para a promoção da cooperação dentro de qualquer grupo.

O problema do fundamento dos códigos e dos costumes morais foi aprofundado por Sócrates, que o fez com tal originalidade de ideias que mereceu ser considerado o criador da filosofia moral: "Sócrates é o principal ponto de partida, de quem partem todas as linhas sucessivas de desenvolvimento do pensamento ético grego; as especulações sobre a conduta humana, antes de Sócrates, são, a nosso ver, simplesmente um prelúdio à representação efetiva."[1]

Na antiga Atenas, por exemplo, a relevância da obra de legisladores como Sólon (640 a 580 a.C) e Clístones (Séculos VI e V a.C) consistiu no legado de um sistema público de justiça destinado a dirimir pacificamente disputas, muitas vezes sangrentas, entre clãs familiares.

Os contratualistas do século XVII, a exemplo dos ingleses Thomas Hobbes (1588-1679) e John Locke (1632-1704), destacaram o papel central de um poder soberano, a um tempo comum e superior aos indivíduos e grupos de uma comunidade nacional, de modo a impedir que o prejuízo ao direito alheio fosse enfrentado com o recurso à justiça pelas próprias mãos, eternizando, na famosa fórmula hobbesiana, um estado de guerra de todos contra todos.[2] J. J. Rousseau, em sua obra *O Contrato Social*, sustenta que o homem deixado a sua livre natureza foi bom e pacífico.

Sempre atual é o pensamento de Aristóteles em sua obra — a *Política* — ao definir que o homem é essencialmente político e sociável. Hodiernamente, qualquer

---

(1) SIDGWICK, H. *Outlines of the History of Ethics*, p. XVIII.
(2) HOBBES, Thomas. *Leviatã*. São Paulo: Martins Fontes, 2003, *passim*; e LOCKE, John. Segundo Tratado sobre Governo Civil. Volume da coleção *Os Pensadores*. São Paulo: Abril Cultural, 1978, *passim*.

ato humano por menor que seja está tecido no seio social e sua repercussão pode atingir toda a comunidade. A dimensão de sociabilidade por efeito direto da globalização e dos modernos meios de comunicação alcançou um horizonte ilimitado de aproximação de pessoas e fatos em qualquer parte do planeta.

Nessa escala de valores, o homem social está sujeito às mais diversas necessidades, igualmente imperiosas, de ordem física, intelectual, econômica e moral, que só podem ser satisfeitas ainda que instintivamente e reflexivamente dentro do contexto de socialização. Nesse sentido, "toda perfeição humana também se acha, por sua vez, ligada ao estado social: fora de qualquer sociedade, não há senão esterilidade, degradação e morte".[3]

Por mais que se recue às origens humanas, verifica-se sempre a existência de uma sociedade civil, mesmo que rudimentar. O ser humano, em virtude de sua fragilidade original e frente as suas necessidades básicas, desde o seu primeiro aparecimento na Terra, sempre viveu em grupos sociais; no início, bem pequenos (a família, o clã, a tribo), e depois, maiores (a aldeia, a cidade, o Estado).

A sociedade atual gravita em uma órbita de extraordinário desenvolvimento tecnológico. O vertiginoso progresso da informática, a internet e o seu mercado virtual desafiam as regras sociais institucionalizadas e exigem revisão e adaptação constantes de novos paradigmas comportamentais. As novas descobertas mudaram profundamente a "face da Terra" e a "face do homem" que vive na Terra.

A concepção de conceito de dignidade humana — hoje presente em inúmeras Cartas Constitucionais dos Estados de Direitos que se denominam "civilizados" — experimenta profunda metamorfose, acarretando um sentimento de inquietude que leva o hermeneuta hodierno a sentir-se dividido entre inúmeras consciências sobre o conceito jurídico-normativo e sua dimensão relativa à ética geral predominante nas diversas sociedades democráticas.

O surgimento das corporações mercantis e das megassociedades que nem sempre têm nacionalidade nem bandeira tem no lucro e na concentração de ganhos o seu objetivo supremo; e em decorrência desse fator essas corporações impõem suas próprias regras no mundo dos negócios; nas suas buscas incansáveis de domínios de mercados acabam, muitas vezes, violando princípios ético-jurídicos.

Esse desenvolvimento tecnológico e essa nova integração global como instrumento de mercado levantaram sérias questões éticas. Em um cenário como o atual, em que reinam apenas dois valores, a eficiência e o lucro, não resta lugar para a aplicação dos Princípios da Dignidade da Pessoa Humana, nem há meios coercitivos estatais ou corporativos suficientemente fortes para fazê-los respeitá-los e prevalecê-los.

É necessário repensar-se o direito em relação à empresa sob o espectro da função social, já que as incontáveis relações jurídicas e obrigações (contratos) refletem direta e gravemente alterações substanciais no seio da sociedade, sendo que isso

---

(3) JOLIVET, Régis. *Curso de filosofia*. Trad. Eduardo Prado de Mendonça, p. 412.

se dá de modo especial para as comunidades de trabalhadores e de consumidores, bem como para o meio ambiente. Neste quadro, faz-se necessário muitas vezes o surgimento da intervenção estatal a exigir uma responsabilidade social que recai tanto sobre as consequências de seus atos e funções internas — sobrevivência e continuidade — como também sobre as externas — organização da produção e abastecimento —, ambas necessariamente fundamentadas e orientadas pelos princípios da equidade, da boa-fé e da proporcionalidade, de modo a temperar e a conformar a autonomia privada, expectativas sociais e fins sociais do Direito, e consequentemente inadmitir desarmonias entre meios e fins e a punir os abusos e desvios de poder, estabelecendo uma proporcionalidade de importância da empresa para a sociedade.

Partindo do pressuposto de que a ética se baseia, essencialmente, no respeito da pessoa humana, será que essas tecnologias, associadas à maximização da eficiência negocial dos denominados Mercados Integrados, respeitam a pessoa humana como destinatário final dos direitos que se originam da criação desses mercados? Não há o risco de reduzir a pessoa humana a um mero objeto de manipulação na famosa busca da eficiência e da qualidade total do mundo dos negócios? O fato de ser hoje o portador de maior soma de conhecimentos leva o homem a reconhecer o caminho do seu dever com o próximo, com a sociedade e com o meio ambiente em que vive? Esses questionamentos precisam ser solucionados e analisados à luz da eticidade, da moral e dos Direitos Fundamentais da Pessoa Humana. São perguntas que interessam a todas as pessoas e a comunidade em geral, mas particularmente aos sociólogos, psicólogos, jornalistas, filósofos, teólogos e também aos juristas, que hoje precisam dialogar, numa atitude interdisciplinar, com o seguinte objetivo: colocar o progresso tecnológico e o conjunto de normas reguladoras do mundo dos negócios a serviço da vida humana, da dignidade da pessoa humana como valores supremos de toda espécie de harmonia e convivência social.

1. BREVES REFLEXÕES SOBRE ÉTICA

Etimologicamente, a palavra ética significa ciência dos costumes (*ethos*, em grego, é costume). Diz Henrique C. Lima Vaz: "De um lado, a explicitação da racionalidade imanente do *ethos* se constitui como teoria da *praxis* individual e assume a forma de uma doutrina da virtude (*areté*), ou Ética no sentido estrito. O *ethos* é então conceptualizado fundamentalmente como hábito (*hexis*). De outro lado, a razão do *ethos* irá exprimir-se na forma de uma teoria do existir e do agir em comum e se apresentará como doutrina da lei justa (*politeia*) que é, na comunidade, o análogo da virtude no indivíduo. E *ethos* é, então, conceptualizado fundamentalmente como costume."[4]

O problema do valor do homem como ser que age, ou melhor, como o único ser que se conduz, põe de maneira tal que a ciência se mostra incapaz de resolvê-lo.

---

(4) VAZ, Henrique C. Lima. *Escritos de filosofia II*. p. 135.

Esse problema que a ciência exige, mas não resolve, porque trata do valor da ação humana, chama-se problema ético.

A *ética*, que pode ser definida como a ciência do comportamento humano em relação aos valores, aos princípios e às normas morais, foi um assunto tradicionalmente reservado aos estudiosos de filosofia e aos mestres religiosos. Na atualidade, passou a ser discutida pelos cidadãos comuns, nas concentrações de grupos e nos canais de comunicação.

A reflexão ética acompanhou com dificuldade as transformações das estruturas organizacionais do mundo e das consequentes formas ou dos estilos de vida da humanidade. Além disso, as mudanças estruturais ocorridas na sociedade, no campo da ética, provocaram a passagem da microética para a macroética.

O problema do fundamento dos códigos e dos costumes morais foi aprofundado por Sócrates, que o fez com tal originalidade de ideias que mereceu ser considerado o criador da filosofia moral. Sócrates é o principal ponto de partida de quem partem todas as linhas sucessivas de desenvolvimento do pensamento ético grego: em que "a virtude é conhecimento e o vício é ignorância. Quem conhece a verdade faz o bem e é feliz. Ideal: formar o homem bom".[5]

> A Ética grega entendia que o homem é um animal político (da polis) por natureza. Sendo assim, o homem só se humanizaria, se tornaria verdadeiramente homem, na comunidade. Ela era, pois, uma busca racional por critérios que tornassem possível a vida digna em comum.[6]

Alguns estudiosos atribuem a paternidade da filosofia do Direito ao pensador grego Aristóteles por tê-la desenvolvido em "três obras fundamentais: a Ética a Nicômaco, a Retórica e a Política, onde ele aplica, à vida da polis, os conceitos filosóficos-jurídicos".[7] Com este ideário, se inicia um processo conflituoso onde são questionadas as relações do direito com a moral *lato sensu*,[8] quer no tocante ao entendimento desta como um fator distintivo daquele, quer quanto a existência de uma relação do tipo conteúdo/continente. O próprio Aristóteles ensinou que "as coisas que temos que aprender antes de fazer, aprendemo-las fazendo-as".[9]

Para Aristóteles, a ética (virtude) não depende apenas do conhecimento, mas também da vontade, e pela educação pode-se transmutar os impulsos do desejo em

---

(5) RAMPAZZO, Lino. *As correntes do pensamento ético*. Lorena: Unisal, 2009. Digitado.

(6) PINHEIRO, Lília. Valores Universais. *Filosofia ciência & vida*. p. 33.

(7) BORGES, Arnaldo. *Origens da filosofia do direito*, p. 55; DALLARI, Dalmo de Abreu. *Elementos de teoria Geral do Estado*, p. 7-8; CHÂTELET, François; DUHAMEL, Olivier; PISIER-Kouchner.

(8) BOBBIO, Norberto. *Teoria do ordenamento jurídico*, p. 22; REALE, Miguel. *Lições preliminares de direito*, p. 33; TEIXEIRA, Antônio Braz. *Op. cit.*, p. 141; HART, Hebert L. A. *O conceito de direito*, p. 12; NALINI, José Renato. *Op. cit.*, p. 80.

(9) ARISTÓTELES. Ética a Nicômaco. In: *Aristóteles — Vida e Obra.*, p. 137-8.

ações racionais e refletidas. "Para Aristóteles, a razão não basta. É preciso cultivar o hábito da virtude. De tanto praticar, o homem chega a ser virtuoso."[10]

Cabe destacar que, para Aristóteles, a lei é um instrumento para o aprendizado, pois prescreve atos morais — bons e justos —, o que se comprova com os seguintes excertos de sua obra:

> Se há, então, para as ações que praticamos, alguma finalidade (...), tal finalidade deve ser o bem e o melhor dos bens. (...) Aparentemente ele é o objeto da ciência mais imperativa e predominante sobre tudo. Parece que é a ciência política, pois esta determina quais são as demais ciências que devem ser estudadas em uma cidade, e quais são os cidadãos que devem aprendê-las, e até que ponto; e vemos que mesmo as atividades tidas na mais alta estima se incluem entre tais ciências, como por exemplo a estratégia, a economia e retórica. Uma vez que a ciência política usa as ciências restantes e, mais ainda, legisla sobre o que devemos fazer e sobre aquilo que devemos abster-nos, a finalidade desta ciência inclui necessariamente a finalidade das outras, e então esta finalidade deve ser o bem do homem.[11]
>
> (...)
>
> As coisas que temos que aprender antes de fazer, aprendemo-las fazendo-as (...); da mesma forma, tornamo-nos justos praticando atos justos, moderados agindo moderadamente, e corajosos agindo corajosamente. Esta asserção é confirmada pelo que acontece nas cidades, pois os legisladores formam os cidadãos habituando-os a fazer o bem; esta é a intenção de todos os legisladores; os que não a põem corretamente em prática falham em seu objetivo, e é sob este aspecto que a boa constituição difere da má.[12]

Para São Tomás de Aquino, o ser humano é constituído de razão e liberdade que fundamentam a ética da razão reta, que levará ao agir ético, baseado no conhecimento, na liberdade, nas paixões e nos hábitos. Com São Tomás de Aquino há "o equilíbrio entre a fé a razão, a autonomia do homem e a submissão a Deus". [13]

Para Tomás de Aquino, cuja ética nos seus traços gerais coincide com a de Aristóteles, Deus é o fim supremo, cuja posse causa a felicidade: nisto se afasta de Aristóteles, para quem a felicidade é o fim último. Mas, como Aristóteles, a contemplação, o conhecimento (como visão de Deus), é o meio mais adequado para alcançar o fim último (acento intelectualista).[14]

---

(10) NALINI, José Renato. *Ética geral e profissional*. p. 47.
(11) ARISTÓTELES. Ética a Nicômaco. In: *Aristóteles — Vida e Obra*, p. 119.
(12) ARISTÓTELES. *Op. cit.*, p. 137-8.
(13) SILVA, Paulo César da. A Gênese das Normas Éticas. *Revista Direito e Paz. Lorena*, ano 7, n. 12, 1º semestre 2005. p. 180.
(14) RAMPAZZO, *op. cit.*

Já em Kant, o homem que possui o conhecimento tem a consciência de seu dever. "A liberdade é a *conditio essendi* da moral e constitui, para ele, o primeiro postulado da razão prática, isto é, da filosofia moral. A escolha daquilo que é considerado 'bem' é livre e, normalmente acompanhada de sacrifício."[15]

Para Kant, uma ação consciente é motivo para que o modo de agir se torne uma lei universal. Ele também distingue a ação ética da ação legal, enquanto a última se conforma com as leis e age de acordo com ela, a sua ação, além de legal, é moral; já a ação ética é formal e autônoma, pois o ser humano é legislador de si mesmo, age de acordo com as leis que lhe dita a consciência.

"A ética kantiana é formal e autônoma. Por ser puramente formal, postula um dever para todos os homens independentemente da sua situação social e seja qual for o seu conteúdo concreto. Por ser 'autônoma' (= vem de dentro) e não 'heterônoma', aparece como a culminação da tendência antropocêntrica iniciada no renascimento. E por conceber o comportamento moral como pertencente a um sujeito autônomo e livre, Kant é o ponto de partida de uma ética na qual o homem se define como ser ativo, produtor ou criador."[16]

Após Kant, a filosofia seguiu basicamente dois caminhos:

(...) alguns filósofos, como Kant, tentavam estabelecer uma ética fundamentada em princípios últimos e universais, defendendo a possibilidade de regras fundamentais válidas para todos e em qualquer lugar, outros mais céticos quanto a esta pretensão buscavam defender uma ética baseada em consensos fáticos ou contratos.[17]

O fato moral se distingue de todos os outros fatos porque comporta a enumeração do que deve ser, enquanto os outros fatos significam simplesmente o que é. A ideia do que é ético recorre às noções de bem e mal, de dever, de obrigação, de responsabilidade, de mérito, de sanção, de direito, de justiça, que são juízos de valores, de dar a cada um o que lhe é devido. Na trajetória da humanidade, os homens sempre admitiram a existência de valores morais distintos dos valores materiais. Foi o reconhecimento através dos tempos de leis morais totalmente dissociadas das leis físicas que criou um ideal moral que impediu o homem de se equiparar aos animais irracionais.

Na verdade, toda organização humana depende de regras para funcionar, que, por sua vez, estão baseadas em costumes, características de "uma certa ordem de

---

(15) LANDSCHECK, Luiz Maximiliano; MADERO, Miguel Carlos. *Ética empresarial. Biodireito, ética e cidadania*. Taubaté. p. 95.
(16) RAMPAZZO, *op. cit.*
(17) PINHEIRO, *op. cit.*, p. 34.

valores".[18] Atualmente, vivemos a experiência da prioridade do sujeito-social em virtude das grandes transformações sociais e tecnológicas. É a acepção da abertura da macroética, a ética das ações feitas com a participação de muitos atores. Aqui, o sujeito da ação moral não é o indivíduo, mas o grupo, a associação, a comunidade política. É a aspiração universalizante da reflexão moral aplicada ao grupo que a todos vincula e afeta de forma recíproca; é a resultante de valores que dá sustentação aos costumes em qualquer esfera da vida social.

É o fenômeno da universalização da ética cidadã que empresta um sentido e uma finalidade social em nossa civilização. Partindo do pressuposto do "imperativo categórico", pivô da ética kantiana, e de outros precursores religiosos e filosóficos, da própria filosofia cristã; chegar-se-á a questão fundamental da dignidade da pessoa humana, como mola propulsora de como devemos tratar o próximo como fins em si mesmos e jamais como meios ou instrumentos para os nossos próprios fins.

Seguindo esta linha de raciocínio, é o ensinamento de Viviane Séllos Gondim:

"Emerge que a ética, como teoria ou ciência da conduta moral dos homens em coletividade, é ciência peculiar ao comportamento individual e das sociedades, por tratar do rompimento das fronteiras entre o aceitável e o não aceitável, o cabível e o não cabível, o escusável e o não escusável na conduta humana."[19]

Para Luc Ferry, ainda existe a sacralização do humano. Sua convicção é de que:

"os únicos seres pelos quais arriscaríamos a vida seriam outros humanos próximos de nós. É um fenômeno sobre o qual vale a pena refletir. Somos canais de transcendências verticais acima das cabeças dos homens de transcendências horizontais, encarnados na humanidade".[20]

Em nosso convívio diário, em que predomina a sociedade consumista, a boa vida se traduz em êxito social. Da violência urbana, da proliferação do medo, dos escândalos morais e da corrupção desenfreada, temos a sensação de que estamos retornando ao caos e à barbárie. Daí o surgimento do papel a ser conferido a ética como reaproximação dos valores, da dignidade, da justiça e da harmonia social. É nesse desdobramento que surge a ética diária sugerida por Peter Singer:

"A ética é um exercício diário, precisa ser praticada no cotidiano. Só assim ela pode se afirmar em sua plenitude numa sociedade. Se uma pessoa não

---

(18) RODRIGUES, Ricardo Vélez. *Ética empresarial:* conceitos fundamentais. p. IX.
(19) GONDIM, Viviane Coêlho de Séllos. *Ética:* aplicada à advocacia, p. 2.
(20) FERRY, Luc. Filósofo e ex-ministro francês da Educação, autor de Aprender a Viver, em entrevista a Antonio Gonçalves Filho, para o *Estado de S. Paulo* de 17.2.2007, Caderno 2, p. DI.

respeita o próximo, não cumpre as leis de convivência, não paga seus impostos ou não obedece às leis de trânsito, ela não é ética. Num primeiro momento, pequenas infrações isoladas parecem não ter importância. Mas ao longo do tempo, a moral da comunidade é afetada em todas as suas esferas. Chamo a isso de círculo ético. Uma ação interfere na outra, e os valores morais perdem força, vão se diluindo. Para uma sociedade ser justa, o círculo ético é essencial."[21]

Com a finalidade de fundamentar os valores para a manutenção de um Estado Democrático de Direito, Viviane Séllos Gondim salienta que:

"a atitude ética perante a vida em todas as suas dimensões tem o *status de* condição *sine qua non* para a manutenção do Estado Democrático de Direito, para a promoção do desenvolvimento sustentado e para a concretização do justo, vez que por meio da prática ética minimizamos nossas deficiências de convivência e tolerância".[22]

2. CONCEITO DE MORAL, DIREITO E DEVER

Os termos moral e ética derivam de duas palavras, uma latina e outra grega que designam os costumes (*mores*); ou se trata de uma ciência referente aos costumes ou à conduta moral do homem. Spencer define moral como "ciência da conduta, enquanto esta tem para nós e para os outros consequências boas ou más".[23] Os sociólogos positivistas contemporâneos (Durkheim, Lévy-Bruhl) definem moral como a "ciência dos costumes". Muitas outras definições, que também são válidas, porém menos precisas, foram feitas ao longo da história. Moral como "a ciência do bem e do mal", a "ciência da felicidade ou do fim da atividade humana", a "ciência do destino humano" etc.

Na essência, "moral é a ciência das leis ideais da atividade livre do homem, como tal; ou também de uma maneira mais explícita, que a Moral é a ciência que trata do emprego que o homem deve fazer de sua liberdade para conseguir seu fim último".[24]

O sentido moral pronuncia-se como uma forma de honestidade dos atos humanos, porém não é uma ciência, do mesmo modo que o bom senso não é uma lógica. Durkheim anuncia: "Hoje não é mais possível negar que não só o direito e

---

(21) SINGER, Peter. A Ética do Dia-a-Dia. In: *Revista Veja* de 21.2.2007, p. 11.
(22) GONDIM, Viviane Coêlho de Séllos. *Op. cit.*, p. 3.
(23) SPENCER, H. *Les bases de la morale évolucioniste*, tr. Fr. Paris, Alcan, cap. III.
(24) JOLIVET, Régis. *Tratado de filosofia*, p. 17.

a moral variam de um tipo social a outro, senão também que mudam num mesmo tipo, se as condições da existência coletiva se modificam."[25]

Ainda que possa ser criticada, a sustentação teórica acerca de a moral ter seu fundamento na consciência do indivíduo traz consigo o elemento decisivo para fixação do ordenamento ético como anterior à moral. É unânime o entendimento de que era mínimo, na sociedade primitiva, o espaço para a individualidade em face dos seguintes fatores, dentre outros: a coletivização dos bens e dos recursos, a necessidade de uma cooperação orgânica, a não distinção entre direitos e deveres, a irrelevância da consanguinidade, a pequena divisão do trabalho, a repartição de alimentos.[26]

Com o crescente prestígio do indivíduo na sociedade primitiva, a moral surgiu para harmonizar a antiga ordem social com as novas exigências. Romperam-se as estruturas sociais baseadas nos supracitados fatores e mostrou-se possível ao indivíduo sobrepujar o coletivo. Tornou-se significativa a vontade pessoal no ordenamento social, fez-se a distinção entre direitos e deveres, a propriedade foi privatizada e surgiu o Estado rudimentar[27] e a *pólis*, onde, possivelmente, teve início a presente discussão.

Os homens não se vinculam em seu agir apenas por valores de transcendência, mas se aproximam e se inter-relacionam com algo que existe neles mesmos e nos seu semelhantes. Quando uma ação é direcionada para um valor, estamos diante de um ato de natureza moral. Não basta conhecer e descrever os costumes, é preciso interpretá-los, dirigi-los e governá-los em nome das leis de conduta moral.

A moral visa a formular princípios universais, e esses princípios referem-se essencialmente à atividade prática humana. Tudo o que está fora do domínio da liberdade se acha ao menos indiretamente fora do domínio da moral. Ninguém pode praticar um ato moral pela força ou pela coação. A moral é incompatível com qualquer ideia de natureza coercitiva, seja ela de ordem física ou psíquica.

Os costumes estão sempre circunscritos a hábitos, valores e opções dentro de uma determinada comunidade com seus interesses específicos e coletivos, com seus conflitos e privilégios. O homem visto pela sua essência finalística é "pessoa" dotada de escolha constitutiva de valores. A moral é a ciência dos valores, e seu objetivo é promover valores (a justiça, a caridade, a paz, a esperança, a sabedoria

---

(25) DURKHEIM, *Les règles de la méthode sociologique*, p. 57.
(26) DURKHEIM, Émile. Da divisão do trabalho; As regras do método sociológico; O suicídio; As formas elementares da vida religiosa, p. 208-9; MEKSENAS, Paulo. Sociedade, filosofia e educação, p. 22-23; ROBINSON, Joan. Ensaios sobre a teoria do crescimento econômico; Liberdade e necessidade, p. 191; MORGAN, Lewis H. A Sociedade Primitiva II, p. 114-118; ENGELS, Friedrich. A origem da família, da propriedade privada e do Estado, p. 21-37; GASTALDI, J. Petrelli. Elementos de economia política, p. 70-2; GOUGH, Kathleen. A origem da família. In: *A família:* origem e evolução, p. 71-74; DIAKOV, V.; Kovalev, S. A Sociedade Primitiva, p. 23-27.
(27) BOBBIO, Norberto. *Estado, governo e sociedade*. p. 73-74.

etc.). Mas afinal o que são esses valores? Valores representam a vontade humana que estabelece o que é bom, o que é justo, o que é verdadeiro etc. É a característica pela qual uma coisa é digna de ser desejada. Valor é essencialmente um ideal, uma criação, um impulso do homem para fins livremente propostos e jamais "realizados".

Uma importante distinção entre moral é ética vem do ensinamento de Viviane Séllos Gondim ao esclarecer que "de notável relevo é o que não se confunda moral com ética, pois esta representa o estudo filosófico dos fundamentos da moral, mas a existência de uma ética une-se a determinado grau de desenvolvimento cultural, sendo própria de grupos específicos".[28]

Para Leonardo Boff, "a ética vai além da moral. Por ela, expressamos o comportamento justo e a maneira correta de o ser humano se relacionar, consoante à dinâmica própria e intrínseca à natureza de cada coisa".[29]

Continua Leonardo Boff: "a ética hoje dominante é utilitarista e antropológica. O ser humano estima que tudo se ordena a ele. Considera-se senhor e patrão da natureza, que está aí para satisfazer suas necessidades e realizar seus desejos".[30]

O papel da moral será, portanto, a partir de juízos sobre o bem e o dever do homem de deduzir os deveres particulares da conduta humana, tanto individual como social.

O termo dever está diretamente relacionado a uma obrigação moral de fazer ou não fazer alguma coisa. "A essência do dever consiste numa necessidade moral de tal ordem que a vontade não possa fugir a ele sem perturbar a ordem da razão, ou violar um direito de outrem."[31]

Todo dever concreto é um juízo prático moral extraído da abstração de um princípio geral da lei natural ou positiva que impõe uma obrigação. Para os positivistas, a pressão exercida pela sociedade faz com que os indivíduos assimilem com o tempo a obrigação moral.

O dever que nos impõe certas obrigações graves pode, algumas vezes, obrigar-nos a transgredir outras obrigações incompatíveis com esse dever. É nessa seara que surgem os conflitos de deveres. Na realidade, esses conflitos são parentes, pois não há direito contra direito, ou seja, o direito anterior e superior anula direito posterior e inferior. Exemplo: o direito que tenho de tocar algum instrumento musical em minha casa à noite é anulado pelo direito mais importante que têm meus vizinhos de dormir.

Na concepção de Kant, o direito deve se basear na dignidade da pessoa humana, dignidade que se exprime na liberdade moral. Tendo a liberdade um valor absoluto, como que constituindo o bem supremo do homem. Essa ideia racionalista de

---

(28) GONDIM, Viviane Coêlho de Séllos. *Op. cit.* p. 3.
(29) BOFF, Leonardo. *Ecologia mundialização espiritualidade*, p. 34.
(30) BOFF, Leonardo. *Op. cit.*, p. 34.
(31) JOLIVET, Régis. *Curso de filosofia*. Trad. Eduardo Prado de Mendonça. 16. ed. p. 364.

contratualismo deontológico considera a liberdade como um bem absoluto. Só que a liberdade não é um bem absoluto — nada vale por si mesmo, mas pelo uso que dela se faz. Ela se submete à ordem moral e à dignidade humana, antes pela obediência do que pela liberdade, que é meio, e não fim.[32]

A definição de deveres implica previamente a formulação de juízos das tendências do homem, a fim de hierarquizá-los segundo uma ordem de direito. O problema das relações de Direito e Moral acha-se intimamente vinculado à problemática política, implicando questões de conteúdo social e econômico.

O ser humano, mesmo solicitado pelos múltiplos dinamismos que percebe existentes dentro de si, sente-se, de certo modo, dono de si próprio, capaz de se relacionar e de solicitar outras forças para a realização de um projeto comum. Quando grupos humanos se reúnem ao redor de valores, eles acabam tendo uma mesma maneira de pensar, sentir, agir. Tudo isso se torna o mundo do grupo, o *ethos,* a maneira de entender a vida.

Esse último aspecto, organização da comunidade, foi feito objeto de particular atenção por parte do poder público para disciplinar, fiscalizar e eventualmente punir os transgressores. No primeiro caso, temos a ética, no segundo, o direito. No primeiro, temos o mundo dos valores e da sua percepção e obrigatoriedade e, respectivamente, da parte do sujeito, a presença da consciência e da responsabilidade. No segundo caso, temos uma intervenção positiva e parcial, em vista de um bem supostamente comum, por parte da autoridade legítima.

O direito é o regulador da vida social: não trata em si do bem e do mal, mas proíbe como errado o que pode causar prejuízo à vida social e exige comportamentos bons enquanto são necessidades para a convivência.

No sentido abstrato, o dever (*officium*) exprime obrigação ou necessidade moral de fazer ou omitir alguma coisa. Concretamente, a palavra dever designa ação ou omissão a que está obrigado em razão da lei. É neste sentido que se considera o que é dever. Os deveres, segundo Jolivet, podem ser divididos em quatro ponto de vista: em razão de forma, de seus termos, da ordem jurídica ou do grau de obrigação:

a) em razão da forma, os deveres são positivos quando impõem a obrigação de fazer alguma coisa (por exemplo, o dever de pagar as próprias dívidas); ou negativos quando enunciam uma proibição;

b) em razão de termos, distinguem-se os deveres para com Deus, para com o próximo e para consigo mesmo; só as pessoas inteligentes e livres podem ser objetos de deveres da parte do homem, porque as pessoas têm por si mesmas razão de fim;

---

(32) JOLIVET, Régis. *Op. cit.*, 368.

c) em razão de ordem jurídica, desse ponto de vista, distinguem-se deveres jurídicos ou não jurídicos, conforme são ou não definidos pela lei positiva; os deveres não jurídicos são, pois, puramente morais;

d) em razão da obrigação, distinguem-se aqui os deveres de justiça e os deveres de simples equidade.[33]

O direito na ordem moral é etimologicamente aquilo que, sem se desviar, conduz o homem ao seu fim último. No sentido próprio e técnico do termo, a palavra direito implica a ideia de direção, compreendida como um mandamento ou uma ordem de razão (em latim, *jus, de jubeo,* mandar).[34] Desse ponto de vista, o direito é aquilo que é conforme à lei, isto é, o justo.

Reale define que o "direito é uma projeção do espírito, assim como é o momento da vida espiritual toda experiência ética. Mas é, propriamente, o espírito como intersubjetividade objetiva, visto como ordena o *ego* e o *alter* na validade integrante do nós".[35] Continua Reale:

"Realizar o Direito é, pois, realizar os valores de convivência, não deste ou daquele indivíduo, não deste ou daquele grupo, mas da comunidade concebida de maneira concreta, ou seja, como uma unidade de ordem que possui valor próprio, sem ofensa ou esquecimento dos valores peculiares às formas de vida dos indivíduos e dos grupos."[36]

3. ÉTICA NAS EMPRESAS

Empresa significa atividade econômica organizada. Os valores éticos para uma empresa valem as mesmas metas primárias para as pessoas individuais, como o de sua existência, a de sua liberdade de ação e de solidariedade, entendida no sentido de cooperação. A empresa precisa de liberdade de ação que está diretamente relacionada ao princípio constitucional da livre-iniciativa; caso contrário, estaria privada de liberdade e de todo o progresso econômico. Necessita da cooperação de todos os que participam do processo econômico para alcançar as metas primárias. Está também obrigada à cooperação ou à solidariedade para com as pessoas, além do seu próprio interesse de obtenção de lucro; porque há um dever maior, de respeito ao Princípio da Dignidade da Pessoa Humana, que abarca o princípio da responsabilidade social com os seus colaboradores, com a sociedade, com os consumidores em geral e com o próprio meio ambiente.

---

(33) JOLIVET, Régis. *Curso de filosofia.* Trad. Eduardo Prado de Mendonça, p. 122.
(34) JOLIVET, Régis. *Op. cit.*, p. 142.
(35) REALE, Miguel. *Filosofia do direito*, p. 700.
(36) REALE, Miguel. *Op. cit.*, p. 701.

Os fundamentos do Estado Brasileiro, no inciso IV do art. 1º da Constituição Federal, enunciam, por sua vez, num mesmo dispositivo legal, estar ele sustentado tanto no valor social do trabalho como na livre-iniciativa. Isso significa que restam elevados à condição de princípios constitucionais dos Direitos Fundamentais, nascidos em duas fases diversas, quais sejam: a segunda e a primeira etapa, respectivamente, advindos de duas plataformas emancipatórias diferentes, já que, enquanto o princípio constitucional da livre-iniciativa apresenta-se como corolário natural do direito fundamental à liberdade (incisos II, XII e XVII do art. 5º), o princípio constitucional do valor social do trabalho, por seu lado, se dá por conhecer por via da igualdade (*caput* do art. 5º).

O princípio constitucional da livre-iniciativa submete-se ao princípio amortecedor de seu valor social, bem como à função social da propriedade. A utilização da propriedade (pública, privada, imóvel, móvel, corpórea ou incorpórea) com a finalidade de lucro somente será regular se for submetida àquela finalidade. Não há direito subjetivo de lesar, sendo irregular e abusivo o direito que, exercido, atinja a esse fim, caracterizando ato ilícito.

A atividade econômica que alcance uma ampla gama de consumidores, fornecendo-lhes produtos destinados à utilização frequente ou habitual, consumíveis através de ingestão e processados pelo organismo humano, é inerentemente perigosa e impõe, para seu exercício, uma série de obrigações pré-contratuais (estudos e pesquisas exaustivas e conclusivas acerca dos efeitos e das consequências de seu uso), contratuais (atendimento das finalidades para o qual foi produzido, comercializado e adquirido pelo consumidor — adequabilidade e prestabilidade) e legais (normativas).

Não é o lucro como tal, nem o seu valor ou uma ou outra conduta, mas o que importa para a análise ética, porém, é a maneira de obtê-lo, bem como a sua aplicação e o seu destino, principalmente quando desvia da prática da justiça, da adequação, da dignidade humana e da lisura.

Para definirmos o conceito de "moral empresarial" citamos a definição feita por Leisinger:

a) moral empresarial é o conjunto dos valores e das normas que, dentro da empresa, são reconhecidos como vinculantes;

b) ética empresarial reflete sobre as normas e os valores efetivamente dominantes em uma empresa, interroga-se pelos fatores qualitativos que fazem com que um determinado agir seja um agir 'bom'.[37]

A ideia de que existe uma ética empresarial é muito recente: faz parte das especializações do conhecimento humano, derivadas de princípios gerais, com aplicação específica. A propósito, esclarece Leisinger:

---

(37) LEISINGER, Klaus M.; SCHMITT, Karin. *Ética empresarial*, p. 22.

"Até os anos 50, o conceito de 'ética empresarial' ainda não havia entrado em nosso vocabulário. Os aspectos morais das atividades econômicas, quando considerados, o eram no contexto da ética social, girando sobretudo em torno da 'questão trabalhista'. Desde a encíclica *Rerum Novarum* do Papa Leão XIII (1891), esta problemática sempre voltou a ser objeto de encíclicas sociais e outras doutrinas sociais. Só no final dos anos 60, as relações entre economia e sociedade chegaram a atingir um público mais amplo, o que ocasionou uma ampliação da faixa de interesses: passaram a estar em foco não tanto os interesses dos empregados e trabalhadores, mas sobretudo os direitos das minorias, os direitos das mulheres, a proteção ambiental, as questões de saúde e segurança com base nas novas teologias, a preocupação com os países em desenvolvimento etc. Tudo isso cabe hoje na rubrica 'ética empresarial'...".[38]

Pablo Jiménez Serrano afirma que a "a ética não é tudo, mas se alastra a todos. Ela, por exemplo, se faz notar com muita mais frequência nas relações econômicas e de consumo e, assim, se fala de questões morais do mundo das empresas, isto é, das morais empresariais".[39] E surgiram vários outros conceitos sobre "morais empresariais":

— Ética é a ciência do comportamento moral dos homens em sociedade.[40]

— A ética como ciência ocupa-se com o tema de uma maneira descritiva e comparativa, mas também como uma avaliação crítica da moral.[41]

— Foi denominada também estudo e filosofia da conduta humana, com ênfase na determinação do que é certo e do que é errado.[42]

Marvin T. Brown, em vez de ver a ética empresarial como um conjunto de regras ou punições ou mesmo como um código de ética, define ética:

Como o processo de decidir o que deve ser feito. Estas decisões podem finalmente desenvolver um código de ética, mas este não é realmente o objetivo. O objetivo é propiciar recursos, de modo que as pessoas possam tomar melhores decisões. Códigos de conduta tornam-se muito facilmente substi-

---

(38) LEISINGER, Klaus M. Karin Schmitt. *Op. cit.* p. 13.
(39) SERRANO, Pablo Jiménez. Tema TV *Ética nas Empresas* — Lorena: Unisal, 2008. Digitado.
(40) VÁSQUEZ, Adolfo Sánchez *apud* Nalini, José Renato, Ética Geral e Profissional, 4. ed., São Paulo: Revista dos Tribunais, 2004. p. 26.
(41) LEISINGER, Klaus M. *Ética empresarial:* responsabilidade global e gerenciamento moderno. Petrópolis: Vozes, 2001. p. 18.
(42) FERREL, O. C.; Fraedrich, Jonh; Ferrel, Linda. *Ética empresarial:* dilemas, tomadas de decisões e casos. Tradução (da 4. ed. Original), Cecília Arruda. Rio de Janeiro: Reichmann & Affonso. 2001. p. 6.

tutos para a reflexão ética. Podem ser úteis como diretrizes ou parceiros em conversação, mas, quando tomam o lugar do processo, param a conversação contínua que mantém a ética viva.[43]

Contra uma economia do crescimento ilimitado, orientada pela simples acumulação de riquezas, devemos chegar a uma economia do suficiente centrada na vida das pessoas. A tecnologia deve ser socialmente apropriada, deve produzir bens com responsabilidade, com respeito aos seres humanos e proteção da vida, da sociedade e do meio ambiente. O fato de o mercado "fracassar moralmente" significa que existe uma irresponsável exploração de economia de mercado amealhada às custas da saúde e da vida das pessoas. A dimensão de uma enorme gama de erros onde houve graves violações dos direitos fundamentais do homem deu-se em virtude da assombrosa eclosão tecnológica, que, preocupada com a produção e o desenvolvimento apenas econômico e mercadológico, colocou, muitas vezes, o ser humano em segundo plano, com risco de perder a saúde e a própria vida. Neste contexto, o valor social do trabalho quase deixou de existir.

No campo econômico, a Revolução Industrial promoveu a grande modificação na estrutura do mercado, realizando a grande revolução no setor econômico e no comportamento humano na sociedade, pois, como ensina Zygmunt Bauman, "para que se adaptassem aos novos trajes, os futuros trabalhadores tinham que ser antes transformados numa 'massa': despida da antiga roupagem dos hábitos comunitariamente sustentados."[44]

É de se acentuar que, no início da Revolução Industrial, foi deflagrada uma "onda" de modificações para destruir os padrões e papéis da comunidade, de tal forma que as unidades humanas privadas de sua individualidade pudessem ser condensadas na massa trabalhadora.

Nas fábricas, ao contrário das cooperativas de artesãos, o ambiente era frio e impessoal, e existia comando, vigilância e punição para que todos alcançassem a mesma habilidade no trabalho.

Ora, é de se lembrar que, anteriormente, os artesãos, de modo natural, realizavam um trabalho bem feito e se orgulhavam disso, havendo dignidade, mérito e honra, além de uma teia de laços morais e emocionais que ligavam a família, a vizinhança, enfim, todos contavam com a compreensão da comunidade.

Essa ligação do homem com a *pólis* já existia desde os gregos, no entanto, com a industrialização, ocorreu uma verdadeira modificação do comportamento social para quebrar esse sentido de "trabalho bem feito dos artesãos" e, por con-

---

(43) BROWN, Marvin T. *Ética nos negócios*. Tradução: Flavio Denny Steffen. Revisão técnica: Luciano Zajdsznajder. São Paulo: Makron Books, 1993. p. 2.
(44) ZYGMUNT, Bauman. *Comunidade*: a busca por segurança no mundo atual. Tradução: Plínio Dentzien. p. 30.

sequência, "dignidade, mérito e honra". O trabalhador deveria obedecer apenas aos movimentos da máquina, sem ter tempo para admirar o produto do próprio esforço ou apreciar sua qualidade. Os trabalhadores deveriam seguir a rotina sem alma, durante o trabalho na fábrica, como também deveriam ser separados da teia de laços comunitários que tolhiam seus movimentos, para que pudessem ser, mais tarde, redispostos como equipes da fábrica.

Zygmunt Bauman acentua que:

"Os gerentes da indústria capitalista e os pregadores morais, que corriam em sua ajuda, queriam, através da 'ética do trabalho' que projetavam e pregavam, forçar ou inspirar os trabalhadores a desempenhar as tarefas fúteis com a mesma dedicação e o abandono com que costumavam perseguir o 'trabalho bem feito'."[45]

Toda essa modificação social imposta pela Revolução Industrial continuou evoluindo com o passar dos séculos e dos acontecimentos mundiais, como as Grandes Guerras, a globalização, a velocidade das comunicações etc., influindo no comportamento humano. Nada mais pode ser fixado com segurança, durabilidade.

Hoje, com as demissões em massa, não apenas os trabalhadores são atingidos, mas toda a família desses trabalhadores e a sociedade de uma forma geral, já que nesse círculo todos são consumidores; isso se torna manifesto até onde chega a competência da ética social. Essas pessoas não são só arrebatadas do seu contexto social, mas também são atingidas negativamente em sua segurança social, em sua renda, em seu *status* dentro e fora da empresa. Sem contar as perdas emocionais e psicológicas de ter perdido o trabalho e de não saber como irá sustentar sua família e sua prole.

É nesse prisma que surge a importância dos valores éticos que se orienta pela pureza da própria intenção, sem levar em conta todas as consequências práticas que podem advir de uma decisão desastrosa que pode causar um dano irreparável não só na vida dos colaboradores daquela empresa, mas a toda a sociedade e ao meio ambiente — quando o que se espera é uma atitude de preservação e de respeito ao ser humano.

Nesse contexto, uma ética de princípios pode ser equiparada a uma ética de resultados comerciais de curto prazo, que "santifica" o agir correto dentro dos princípios norteadores da dignidade da pessoa humana. O agir de uma empresa quando é fundada na eticidade responsável pode significar a salvação e a proteção de todo um ecossistema social, espiritual e ambiental.

Em razão dessa modificação, os escritórios mais veneráveis e as fábricas mais orgulhosas de seu longo e glorioso passado tendem a desaparecer da noite para o dia, e sem aviso; empregos tidos como permanentes e indispensáveis do tipo

---

(45) BAUMAN, *Op. cit.* p. 32.

"impossível passar sem eles" se evaporaram antes que o trabalho estivesse terminado; as rotinas de trabalhos são viradas de cabeça para baixo antes de serem apreendidas.

É incontestável o dano planetário de toda ordem ocorridos com o solo, o ar, a água, o clima, a flora, a fauna e principalmente com a qualidade de vida humana. Não há dúvidas de que o eixo estruturador da sociedade moderna é a economia. E, em muitos lugares, os colaboradores são vistos como "recursos humanos" em função de uma meta de produção; a degradação da natureza é um simples "recurso natural" ou uma fonte de "matéria-prima".

Por isso é necessária uma nova ordem ética por meio da qual se valorize o ser humano, os ecossistemas, que respeite todas as formas de vida. Assim sendo, existe uma série de boas razões para atribuir às empresas (e também a outras organizações) o *status* de um agente moral na busca do bem comum e do bem-estar social.

4. RESPONSABILIDADE SOCIAL

O conceito de função social é de difícil delimitação. Sob a influência do princípio da solidariedade social, introduzido com a Constituição Alemã de Weimar de 1919, a ideia de função social corresponde ao dever de empregar os meios de produção no modo mais útil à coletividade. Esse modo mais "útil" está diretamente relacionado com a função de melhor distribuição de renda; de prover a mais ampla assistência possível às classes menos favorecidas e promover a dignidade da pessoa humana em relação ao respeito à vida, ao valor social dos trabalhadores; respeito e proteção ao meio ambiente, mitigando-se o princípio da livre-iniciativa e da ordem econômica ao princípio norteador da Dignidade da Pessoa Humana.

Para alguns, a função social, aplicada à propriedade dos meios de produção, se reduziria apenas a uma abstenção — ou seja, a um não fazer, significando o dever de exercer a atividade econômica de forma não contrária ou não nociva ao interesse da coletividade.[46] Outros a entendem como uma forma de atitudes comportamentais positivas que se submete ao dever de organizar, explorar e dispor; ora abrange, além deste, aqueles atos de realização externas de ordem coletiva.[47] Há quem considere a função social como meio para promover a solidariedade entre os membros da comunidade, visando ao maior bem-estar geral.

O art. 170 da Constituição Federal contempla a livre-iniciativa, ou seja, a liberdade para entrar, permanecer e sair do mercado; reconhece o direito à propriedade privada, mas limita esses direitos. Já que esses direitos não são absolutos, seja pela valorização do trabalho humano para assegurar a existência digna às pessoas, seja pela livre concorrência, que tem como efeito indireto a defesa do consumidor, pelo desenvolvimento sustentável, ou seja, pelo direito à vida.

---

(46) Assim Francesco Santoro Passarelli (Proprietà Privata e Constituzione) in: *Revista Trimestrale di Diritto e Procedura Civile*, anno XXVI — 197, n. 7, p. 953/991 a p. 959-960).

(47) VIDIGAL, Geraldo de Camargo. *Teoria geral do direito econômico*, p. 27.

Nota-se que não há referência dentro do conceito estritamente legal de função social da empresa de forma explícita e normativa. Mas há definição legal de função social da propriedade e de defesa do meio ambiente, o que gera extensão desses princípios como uma forma de adequação, necessidade e de ponderação ao uso racional dos "recursos naturais e humanos". Não se deseja que o mundo dos negócios deixe de existir ou que sofra todo e qualquer tipo de limitação; o que se espera é que o mercado funcione de forma correta e de forma responsável na busca do bem-estar social.

A função social tem essa característica de equilibrar a relação entre trabalhadores e empregadores na atribuição de melhores salários, estabilidade entre os detentores do poder econômico e os colaboradores, sem perder de vista que há os outros elementos de ordem social que merecem destaque protetivo, como o meio ambiente como a justiça, a segurança e o desenvolvimento sustentável. A função social deve agir em atenção aos interesses coletivos.

Embora para alguns dentro do sistema capitalista seja comum imaginar que exercer uma função social é mera opção da empresa. Sendo que seu objetivo primordial é a obtenção de lucro, enquanto o Estado tem o dever de promover os direitos sociais. Não estão de acordo com os Direitos Fundamentais da pessoa humana expressos na Constituição.

É necessário repensar se o direito em relação à empresa sob a lente da função social, já que as incontáveis relações jurídicas e obrigações (contratos) refletem direta e gravemente, alterações substanciais no seio da sociedade, sendo que isso se dá de modo especial para as comunidades de trabalhadores e de consumidores, bem como para o meio ambiente. Daí o surgimento da intervenção estatal a exigir uma responsabilidade social que recai tanto sobre as consequências de seus atos e funções internas — sobrevivência e continuidade — como também sobre as externas — organização da produção e abastecimento —, ambas necessariamente fundamentadas e orientadas pelos princípios da equidade, da boa-fé e da proporcionalidade, de modo a temperar e a conformar a autonomia privada, expectativas sociais e fins sociais do Direito, e consequentemente inadmitir desarmonias entre meios e fins e a punir os abusos e desvios de poder, estabelecendo uma proporcionalidade de importância da empresa para a sociedade.

Nesse entendimento é a manifestação de Leonardo Boff:

"A nova ordem ética deve encontrar uma outra centralidade. Deve ser ecocêntrica, deve visar ao equilíbrio da comunidade terrestre. Tarefa fundamental consiste em refazer a aliança destruída entre o ser humano e a natureza e a aliança entre povos para que sejam aliados uns dos outros em fraternidade, justiça e solidariedade. O fruto disso é a paz. E a paz significa a harmonia do movimento e o pleno desabrochar da vida."[48]

---

(48) BOFF, Leonardo. *Ecologia, mundialização espiritualidade*, p. 35.

Adam Smith, economista do século XVIII, afirmava[49] que os indivíduos, ao perseguir os seus interesses pessoais, promoveriam os interesses mais amplos da sociedade. Os incentivos para superar os rivais levariam a custos mais baixos e à produção de bens desejados pelos consumidores, e os consumidores e a sociedade em geral se beneficiariam com ambos. Na economia de Smith, a moralidade não desempenhava nenhum papel. Os indivíduos não tinham de pensar no que era certo ou errado, apenas no que era de seu interesse pessoal; o milagre de mercado era que, dessa maneira, eles promoviam o bem-estar geral. Baseados nessa lógica, muitos economistas acreditam que a única responsabilidade da empresa é com os acionistas, e a moralidade serve apenas para impor às empresas que pensem, sobretudo, nos interesses dos acionistas.

Porém, até Adam Smith[50] percebeu que, numa economia de mercado sem freios, os incentivos privados, muitas vezes, não se harmonizam com os custos e benefícios sociais, e, quando isso acontece, a busca do interesse pessoal não resultará no bem-estar da sociedade. Os economistas modernos chamam essas desarmonias de falhas de mercado. Para que a economia seja eficiente, as empresas devem levar em conta o impacto de suas ações sobre os empregados, o meio ambiente e as comunidades em que atuam.

Suborno e corrupção representam outra área em que os interesses sociais e privados entram em choque. Na visão amoral da corporação moderna, se as empresas conseguem escapar impunes do suborno — se o retorno esperado supera os riscos e os custos de serem flagradas —, então, se não fosse ilegal, elas teriam praticamente a obrigação de subornar, pois isso aumentaria seus lucros e o retorno dos acionistas.

O problema das empresas que não assumem os custos que suas políticas impõem à sociedade surge em todos os tipos de negócio, multinacionais ou nacionais, grandes ou pequenos. Esse problema não poderia ser previsto por Adam Smith pois na sua época os negócios eram relativamente pequenos e, em geral, dirigidos por indivíduos que podiam ser responsabilizados por qualquer dano que causassem. Hoje as empresas são companhias enormes, e o empresário se esconde atrás de um véu tecido com vários tipos societários, e sob o manto de várias normas de proteção ao mercado que não punem condutas imorais das empresas, ou, se punem, a pena é irrisória, e não atinge a pessoa física do empresário.

De outra forma, outro grave problema é a instalação de multinacionais longe de seus países de origem, pois não cumprem com a responsabilidade moral por suas ações, pois não tratam os seus empregados ou o meio ambiente com respeito e atendendo às leis, como o fazem no seu país de origem, uma vez que pensam que a população local é pobre e as suas vidas e terras têm menos valia do que no país de origem.

---

(49) Cf. SMITH, Adam. *A riqueza das nações*. Tradução Maria Teresa Lemos de Lima. Curitiba: Juruá, 2006, *Passim*.
(50) Cf. *Ibid*.

Ferrel define responsabilidade social da seguinte forma: "A responsabilidade social no mundo dos negócios consiste na obrigação da empresa de maximizar seu impacto positivo sobre os *stakeholders* (clientes, proprietários, empregadores, comunidade, fornecedores e governo) e em minimizar o negativo."[51]

Com maior frequência surgem conflitos nas relações das empresas com clientes, fornecedores, empregados e outros, e como resultado de condutas práticas empresarias, tais como distribuir presentes, pagar comissões e praticar discriminação na formação de preços. Todos reconhecem que essas questões são de natureza ética e que podem ser eliminadas.

5. FUNÇÃO SOCIAL MULTIDIMENSIONAL DA EMPRESA POLÍTICA

O direito privado reside num perfeccionismo social refletindo a concorrência entre normas e valores sociais. Alguns entendem que o direito privado é instrumental, ou seja, é uma forma de regulação que não se distingue de outras normas no que se refere a incentivos. Para outros o direito privado é um sistema autônomo que fica isolado de escopos sociais, econômicos, culturais ou políticos. Empresa significa atividade econômica organizada. Segundo Miguel Reale, a disciplina conjunta das obrigações civis e mercantis já constitui orientação dominante em nossa experiência jurídica, em virtude do superamento do vestuto Código Comercial de 1850, com efeito, O Direito Comercial se baseia no Código Civil.

As empresas estão todas elencadas no Livro II — Direito de Empresa — do Código civil de 2002. Ali estão todos os dispositivos que tratam da vida societária, com remissão inclusive à legislação especial que trata especificamente das sociedades anônimas e das cooperativas, porque abrangem questões que extrapolam a Codificação Civil. Isso significa que o Código Civil de 2002 é o aparato normativo adequado para a disciplina da atividade empresarial.

Este preâmbulo tratando da codificação de funcionamento, da existência da pessoa jurídica se torna fundamental para que analisemos outras estruturas empresariais como a empresa política que não está inserida em nenhuma lei ou precisamente não está codificada no Código Civil. Por isso a importância do estudo, para viabilizar a compreensão de que, além da finalidade comum da atividade econômica, há outras dimensões do fenômeno empresarial, por exemplo, a empresa política, que é exercida sob a forma dos *lobbies* eleitoral e pós-eleitoral.[52]

Esse tipo de atividade é frequentemente exercido por macroempresa societária, muito comum durante os pleitos eleitorais, sem a devida disciplina jurídica específica, e por esse motivo, impede a caracterização de modelos de governo

---

(51) Cf. FERREL, *Op. cit.* p. 15.
(52) WARDE Jr, Jorge Walfrido. A Empresa Pluridimensional. Empresa Política e Lobby. In: *Revista do Advogado* n. 96, ano XXVIII — março de 2008, p. 137-145.

societário mais adequados; e atenta contra os ideais democráticos, causando enorme insegurança jurídica.

Hanbsmann e Kraakman, dois dos mais influentes doutrinadores do Direito Societário atual, profetizaram, em um estudo publicado recentemente, o fim da história do Direito Societário.[53] Em verdade, as sociedades nunca foram forma exclusiva de organização jurídica da empresa, sempre existiram outras formas, a exemplo do que há muito concluíram a sociologia das organizações ou a ciência política — caracterizando apenas uma entre as várias dimensões do fenômeno empresarial.

O que chama a atenção nesse tipo de atividade empresarial é o objeto de sua atividade organizacional, ou seja, muitas dessas organizações empresariais desempenham papel e finalidade política tão importantes no cenário econômico que dão a impressão de ser a finalidade econômica um objetivo secundário. Isso pode sugerir que essas organizações políticas exerceram uma atividade política e não econômica.

A questão assume tamanha relevância na órbita jurídica e econômica que paira dúvidas de que a atividade dessa empresa seja de natureza econômica ou política. Se é uma empresa, será que a atividade econômica é apenas uma atividade meio e não fim? Estamos diante de um terceiro gênero empresarial? Com atividade fim atípica?

Essas empresas têm o papel definido de fazer vultosas doações a candidatos políticos e partidos políticos em pleno pleito eleitoral. Porém é um investimento de risco, feito em razão de prognóstico de vitórias. Já que nem sempre o candidato beneficiado por essas doações sai vencedor das eleições. Essas doações são feitas em favor de partido ou de candidato que disputam cargos eletivos dos Poderes Executivo e Legislativo.[54]

Essas doações pressupõem um interesse normalmente de caráter político. Ainda que não exista a condição de não obter a capitalização ou o reembolso do investimento, ainda que não exista nenhum resíduo de vantagem econômica ao doador, existe um interesse não econômico, no mínimo político, já que a vantagem ou o interesse social torna-se nesse tipo de investimento uma possibilidade bastante remota.

Nesse tipo de sociedade revela-se a coexistência e a interdependência de plúrimas finalidades empresariais e o consequente condicionamento, por essas inúmeras finalidades, da teia de estruturas e de relações internas e externas que caracterizam as organizações empresariais.[55]

A ideia de função social da empresa é, muitas vezes, utilizada como pretexto a justificar essas doações. Não se trata, por óbvio, de um fundamento jurídico

---

(53) Cf. WARDE Jr, Jorge Walfrido. Artigo cit. p. 138.
(54) Cf. Às claras. Disponível em: <www.asclaras.org.br>.
(55) Cf. SIMON, Herbert A., organizations, New York, John Wiley, 1958. James G. March, Handbbok of Organizations, Chicago, Rd mac Naly, 1965, W. Scott, *op. cit.*

válido. O pretenso financiamento do bem-estar social e do desenvolvimento do país não pode ser objeto de uma sociedade empresária. A única maneira de validar tais doações, dentro da legalidade do Direito Societário, e sem que ultrapasse os limites impostos pelo objeto social (que é restrito ao exercício da empresa econômica), seria demonstrar que a eleição de dado candidato traria benefícios econômicos à sociedade empresária em questão, e, no particular, que promoveria um aumento dos lucros distribuíveis e do valor das participações societárias. A empresa política alinha-se, por outro lado, entre os fins pretendidos por uma organização.

As contribuições a partido e a candidato a cargo político eletivo, ainda que não retribuído de forma direta em benefício do donatário, são atos que configuram o chamado *lobby* eleitoral, que é a atividade típica dedicada a convencer candidatos a cargo político eletivo, uma vez eleitos, a empregar o poder político que lhes atribui o cargo, com o propósito de satisfazer aos interesses de organizações e pessoas.

A Lei Orgânica dos partido políticos (Lei n. 5.682/1971), quando criou o chamado "Fundo de Assistência Financeira dos Partido Políticos", vedou expressamente o recebimento, direto ou indireto, por partido político, de contribuição, auxílio ou recurso procedente de sociedade empresária e de entidade de classe ou sindical, e instituiu — em que pese a origem por vezes privada dos recursos componentes do fundo — o financiamento público de campanha.

Por meio da Lei n. 9.096/1995, o legislador alterou a Lei Orgânica dos Partidos Políticos e rumou em direção a um modelo misto de financiamento, mantendo o "fundo partidário", composto de recursos públicos, mas, para além disso, permitindo o recebimento, desde de que declaradas à Justiça Eleitoral, de contribuições prestadas diretamente por pessoas físicas e pessoas jurídicas de Direito Privado.

É evidente que a manifestação da empresa econômica não pode ser simplesmente proibida, deve ser restrita dentro de limites aceitáveis e razoáveis. O que causa reflexão dentro do tema abordado é que esse modelo de empresa tem o interesse de querer se manifestar e perpetuar seu poder político na condução do país.

O receio é de que isso vire uma moeda de "troca de favores", em que doador **e donatário munidos de recursos passem a praticar condutas contrárias à ética, à moral e aos bons costumes, tudo em prol dos seus próprios interesses e à revelia dos interesses coletivos e da própria nação.**

O que gera inquietação é a possibilidade de que esse tipo de empreendimento que não está devidamente regulamentado pelo direito societário crie uma íntima ligação com a má governança. Já que pessoas que dispõem de um poder que não está sujeito à controle são mais propensas a abusar de suas prerrogativas e inclinadas a praticar a corrupção.

A corrupção podemos definir como o "abuso do poder em benefício privado". O "benefício" pode ser dinheiro, mas também proteção, tratamento especial, elogio, promoção ou favores de pessoas influentes etc. Sabendo que estão de mãos livres para praticar atos e que não precisam prestar contas de forma transparente, poderão envidar esforços para alcançar vantagens no mercado e obter "favores" pessoais; contrariando, destarte, toda a principiologia ética.

CONCLUSÕES

É de suma importância destacar que os seres humanos têm a sua própria maneira de viver e de se organizar, diferente dos animais irracionais. Estes, por um código genético preestabelecido, têm sua ação e organização levada a se dirigir, até se desenvolver individualmente ou em grupo, mas de maneira instintiva, irrefletida e inconsciente.

O ser humano, mesmo solicitado pelos múltiplos dinamismos que reconhece existentes dentro de si, sente-se, de certo modo, dono de si próprio, capaz de se relacionar e de solicitar outras forças para a realização de um projeto comum. Quando grupos humanos se reúnem ao redor de valores, eles acabam tendo uma mesma maneira de pensar, sentir, agir. Tudo isso se torna o mundo do grupo, o *ethos*, a maneira de entender a vida.

Esse último aspecto, organização da comunidade, foi feito objeto de particular atenção por parte do poder público para disciplinar, fiscalizar e eventualmente punir os infratores. No primeiro caso, temos a ética, no segundo, o direito. No primeiro, temos o mundo dos valores e da sua percepção e obrigatoriedade e, respectivamente, da parte do sujeito, a presença da consciência e da responsabilidade. No segundo caso, temos uma intervenção positiva e parcial, em vista de um bem supostamente comum, por parte da autoridade legítima. O direito é o regulador da vida social: não trata em si do bem e do mal, mas proíbe como errado o que pode causar prejuízo à vida social e exige comportamentos bons enquanto são necessidades para a convivência.

Os conflitos de deveres só podem existir entre deveres positivos (coisas que cumpre fazer), ou então entre deveres positivos e negativos (proibições), mas nunca deveres negativos. O efeito essencial da lei moral consiste na obrigação, ou seja, na necessidade moral que se impõe ao homem de praticar um ato ou não de acordo com a ordem essencial das coisas. A moral tem a ver com os costumes (mores = costumes = moral, como ciência dos costumes). Os costumes estão sempre relacionados diretamente a hábitos, valores e opções dentro de uma determinada cultura ou de um determinado grupo. A ética vai além, ultrapassa as barreiras da moral. Através da ética é possível expressar o que é justo, o que é correto e a maneira como os seres humanos se inter-relacionam no meio social. Ética significa a "ilimitada responsabilidade por tudo o que existe e vive".[56] "O ser humano vive eticamente quando renuncia estar sobre os outros para estar junto com os outros."[57] É perfilando esses valores que o homem consegue manter o equilíbrio de conter seus próprios desejos e viver de forma solidária e em comunhão.

---

(56) BOFF, Leonardo. *Ecologia, mundialização espiritualidade*, p. 35.
(57) BOFF, Leonardo. *Op. cit.*, p. 36.

É necessário traçar um perfil da universalização da ética tanto no aspecto individual quanto no social, para que se efetive um verdadeiro consenso sobre o que é certo ou o que é errado, e que essas regras sejam monovalentes, ou seja, que valham para todos. Para fulminar de vez a corrente do vício social entre o "jeitinho da gente" e a corrupção "dos outros".

Considerando que o homem é social por natureza e sua busca última atrela-se à ideia de felicidade, o fim social também deve prezar pela felicidade de seus membros, pois a felicidade da sociedade compõe-se, afinal, de felicidades individuais, de sua soma, de alguma forma, de todo o seu conjunto.

Partindo dessa premissa, as organizações corporativas, como as empresas e demais instituições, têm o dever de agregar os valores éticos em sua finalidade econômica e aos seus membros, de agir com responsabilidade e equilíbrio para atingir suas metas. Ainda que pautem pela liberdade e pela livre-iniciativa na obtenção de lucro como sua primordial função econômica, devem ao mesmo tempo respeitar e fazer cumprir os valores da dignidade da pessoa humana, os valores sociais do trabalho, da preservação ambiental e do equilíbrio ecológico sustentável.

A moral empresarial ou a ética do mundo dos negócios deve levar em consideração o que é economicamente adequado como formas de grandezas de justiça, de dignidade humana e transparência. O processo de globalização tecnológica deve ser ordenado por uma humanização mínima de valores, como a cidadania, a equidade, o bem-estar — humano e ecológico —, o respeito às diversidades culturais e sociais.

As empresas políticas, embora não devidamente adequadas à legislação societária vigente, deverão se submeter à mesma ordem ética e moral. Terão de harmonizar a prática comercial-lucrativa com o agir moral e ético na consecução de suas metas corporativas. A esse respeito, Victor Kraft leciona com maestria:

"moral não é um mero desejo dos fracos de se protegerem dos fortes, nem um recurso dos fortes para dominarem os fracos, mas sim um fator de extrema importância que beneficia o público em geral e o bem-estar de todos. Se na história da humanidade não se **houvessem pecado** tanto contra a moral — muito sofrimentos lhe seriam **poupados**".[58]

Não se pode olvidar que o homem **não** foi feito para a sociedade ou para o Estado. É a sociedade que é feita para **a pessoa humana** e desempenha papel vital na busca de sua felicidade individual **ou em grupo**, e tem a obrigação precípua de ajudá-la a cumprir seu destino, que é de ordem moral e espiritual.

---

(58) Cf. KRAFT, Die Grundlagen der Erkenntnis und der Moral, 28. Duncker & Humblot, Berlim 1968. p. 92s.

REFERÊNCIAS BIBLIOGRÁFICAS

ARISTÓTELES. *Ética a Nicômaco. Vida e obra*. São Paulo: Nova Cultural, 1996.

ÀS CLARAS. Disponível em: <www.asclaras.org.br>.

BOBBIO, Norberto. *A era dos direitos*. Rio de Janeiro: Campus, 1996.

_____. *Estado, governo e sociedade:* para uma teoria geral da política. 7. ed. Rio de Janeiro: Paz e Terra, 1999.

_____. *Teoria do ordenamento jurídico*. 7. ed. Brasília: Unb, 1996.

BOFF, Leonardo. *Ecologia mundialização espiritualidade*. 3. ed. São Paulo: Ática, 1999.

BORGES, Arnaldo. *Origens da filosofia do Direito*. Porto Alegre: Safe, 1999.

BROWN, Marvin T. *Ética nos negócios*. Tradução Flavio Denny Steffen. Revisão Técnica Luciano Zajdsznajder. São Paulo: Makron Books, 1993. Cecília Arruda. Rio de Janeiro: Reichmann & Affonso. 2001.

CHÂTELET, François. DUHAMEL, Olivier. PISIER-KOUCHNER, Évelyne. *História das ideias políticas*. Rio de Janeiro: Jorge Zahar, 1994.

DALLARI, Dalmo de Abreu. *Elementos de teoria geral do Estado*. 19. ed. São Paulo: Saraiva, 1995.

DIAKOV, V. KOVALEV, S. *A sociedade primitiva*. 3. ed. São Paulo: Global, 1987.

DURKHEIM, Émile. *Da divisão do trabalho*. As Regras do Método Sociológico; O Suicídio; As Formas Elementares da Vida Religiosa. São Paulo: Abril Cultural, 1978. ENGELS, Friedrich. A Origem da Família, da Propriedade Privada e do Estado. 15. ed., Rio de Janeiro: Bertrand Brasil, 2000.

FERREL, O. C. Fraedrich, Jonh; Ferrel, Linda. *Ética empresarial*: dilemas, tomadas de decisões e casos. Tradução (da 4. ed. Original).

FERRY, Luc. Filósofo e ex-ministro francês da Educação, autor de Aprender a Viver, em entrevista a Antonio Gonçalves Filho, para o *Estado de S. Paulo* de 17.2.2007, Caderno 2, p. DI.

GASTALDI, J. Petrelli. *Elementos de economia política*. 22. ed. São Paulo: Saraiva, 1995.

GONDIM, Viviane Coêlho de Séllos. *Ética:* aplicada à advocacia. Rio de Janeiro: Elsevier, 2008.

GOUGH, Kathleen. A origem da família. In: *A família:* origem e evolução. Porto Alegre: Villa Martha, 1980. (Coleção Rosa-dos-ventos).

H. SIDGWICK. **Outlines of the History of Ethics, MacMillan, Londres, 1949, p. XVIII.**

HART, Hebert L. A. *O conceito de Direito*. 3. ed. Lisboa: Fundação Calouste Gulbenkian, 2001.

HOBBES, Thomas. *Leviatã*. São Paulo: Martins Fontes, 2003.

JOLIVET, Régis. *Curso de filosofia*. Trad. Eduardo Prado de Mendonça. 16. ed. Rio de Janeiro: Livraria Agir, 1966.

JOLIVET, Régis. *Tratado de filosofia*. 5. ed. Rio de Janeiro: Livraria Agir, 1986.

KRAFT, Die Grundlagen der Erkenntnis und der Moral, 28. Duncker & Humblot, Berlim 1968.

LANDSCHECK, Luiz Maximiliano; MADERO, Miguel Carlos. *Ética empresarial. Biodireito, ética e cidadania*, Taubaté, 2003.

LEISINGER, Klaus M. *Ética empresarial:* responsabilidade global e gerenciamento moderno, Petrópolis: Vozes, 2001.

LOCKE, John. "Segundo Tratado sobre Governo Civil", Locke, volume da coleção *Os Pensadores*, São Paulo: Abril Cultural, 1978.

MONDIN, Battista. *Introdução à filosofia:* problemas, sistemas, autores, obras. 12. ed., Tradução de J. Renard; revisão técnica de Danilo Morales; revisão literária de Luiz Antônio Miranda. São Paulo: Paulus, 1980.

NALINI, José Renato. *Ética geral e profissional.* 4. ed. rev. e atual. São Paulo: Revista dos Tribunais, 2004.

PASSARELLI, Francesco Santoro (Proprietà Privata e Constituzione) in: *Revista Trimestrale di Diritto e Procedura Civile*, anno XXVI — 197, n. 7.

PINHEIRO, Lília. *Valores universais. Filosofia ciência & vida.* São Paulo, ano II, n.13, 2007.

RAMPAZZO, Lino. *As correntes do pensamento ético.* Lorena: Unisal, 2009. Digitado.

REALE, Miguel. *Lições preliminares de Direito.* 22. ed. São Paulo: Saraiva, 1995.

ROBINSON, Joan. *Ensaios sobre a teoria do crescimento econômico; liberdade e necessidade*, p. 191; Morgan, Lewis H. A Sociedade Primitiva II.

RODRIGUES, Ricardo Vélez. *Ética empresarial:* conceitos fundamentais. Londrina, Humanidades, 2003.

ROUSSEAU, Jean-Jacques. *Do contrato social; Ensaio sobre a origem das línguas; Discurso sobre a origem e os fundamentos da desigualdade entre os homens; Discurso sobre as ciências e as artes.* São Paulo: Abril Cultural, 1978.

SERRANO, Pablo Jiménez. Tema *TV ética nas empresas*. Lorena: Unisal, 2008.

SILVA, Paulo César da. A Gênese das Normas Éticas. *Revista Direito e Paz*. Lorena, ano 7, n. 12, 1º semestre 2005.

SIMON, Herbert A. Organizations, New York, John Wiley, 1958. James G. March, Handbbok of Organizations, Chicago, Rd mac Naly, 1965, W. Scott.

SINGER, Peter. A Ética do Dia-a-Dia. In: *Revista Veja* de 21.2.2007.

SMITH, Adam. *A riqueza das nações.* Tradução Maria Teresa Lemos de Lima. Curitiba: Juruá, 2006.

SPENCER, H. *Les Bases de la Morale Évolucioniste*, Trad. Fr. Paris, Alcan, cap. III.

TEIXEIRA, Antônio Braz. *Sentido e valor do direito* — Introdução à Filosofia Jurídica. 2. ed. Lisboa: Imprensa Nacional-Casa da Moeda, 2000.

URKHEIM, Émile. Da Divisão do Trabalho; **As Regras do Método Sociológico; O Suicídio; As Formas Elementares da Vida Religiosa, Meksenas, Paulo.** *Sociedade, Filosofia e Educação.*

VÁSQUEZ, Adolfo Sánchez *apud* **NALINI, José Renato,** *Ética geral e profissional.* **4. ed.,** São Paulo: Revista dos Tribunais, 2004.

VAZ, Henrique C. Lima. *Escritos de Filosofia II* — Ética e Cultura. 3. ed.

VIDIGAL, Geraldo de Camargo. *Teoria geral do Direito econômico.* São Paulo, 1977.

WARDE JR, Jorge Walfrido. A Empresa Pluridimensional. Empresa Política e Lobby. In: *Revista do Advogado* n. 96, ano XXVIII — março de 2008, p. 137-145.

WEBER, Max. *Ciências e política:* duas vocações. 10. ed. São Paulo: Cultrix, 2000.